Norman Birnbaum

Nach dem Fortschritt

Norman Birnbaum

Nach dem Fortschritt

Vorletzte Anmerkungen zum Sozialismus

Aus dem Amerikanischen von
Suzanne Gangloff und Angela Schumitz

Deutsche Verlags-Anstalt
Stuttgart München

Die Originalausgabe erschien 2001 unter dem Titel »After Progress«
bei Oxford University Press, Inc. Diese Übersetzung erscheint gemäß
Übereinkunft mit Oxford University Press, Inc. U.S.A.

This translation of »After Progress«, originally published in English in 2001
by Oxford University Press, Inc., is published by arrangement with
Oxford University Press, Inc. U.S.A.

Fachberatung: Peter Kramper, Universität Freiburg

Bibliografische Information Der Deutschen Bibliothek
Die Deutsche Bibliothek verzeichnet diese Publikation
in der Deutschen Nationalbibliografie; detaillierte
bibliografische Daten sind im Internet über
<http://dnb.ddb.de> abrufbar.

Gestaltung und Satz: Brigitte Müller, Stuttgart
Druck und Bindearbeiten: Friedrich Pustet, Regensburg
Printed in Germany
ISBN 3-421-05515-7

Inhalt

In Erinnerung an
Enrico Berlinguer,
Willy Brandt und
Michael Harrington

Vorwort

Dieses Buch wurde Ende 1999 beim Verlag [Oxford University Press] eingereicht und erschien dann 2001. Die Welt ist noch immer wie damals, die Probleme treten nur schärfer hervor. 2000 gewann die Demokratische Partei in den USA mit einer verwaschenen, ja sogar widersprüchlichen Botschaft ganz knapp die Präsidentschaftswahlen, nur, um sich den Sieg von republikanischen Richtern entreißen zu lassen. Seitdem bemüht sich die Partei verzweifelt, ein Mindestmaß an ideologischer und moralischer Kohärenz aufrechtzuerhalten. Doch wie Al Gore im Wahlkampf wechselt sie schwindelerregend zwischen einer Bestätigung des Marktes als der dominanten moralischen Instanz der amerikanischen Gesellschaft und dem Zurückgreifen auf den Staat für ein Minimum an sozialem Anstand. Dank der Ambivalenz der Demokraten trugen die Republikaner 2002 bei den Zwischenwahlen den Sieg davon – trotz ihrer Leugnung des Offensichtlichen, daß sie nämlich die Partei des Kapitals sind. In Großbritannien dagegen errangen die Ideologen des Dritten Weges 2001 einen großen Sieg – eben durch das Versprechen umfassender öffentlicher Investitionen in Bildung, Gesundheit und Transport. Eine geschwächte konservative Opposition und eine liberal-demokratische Partei, der es nicht gelingt, eine überzeugende Alternative darzustellen, erleichterten es Tony Blair, die Labour Party weiterhin fest im Griff zu behalten, auch wenn diese gute Gründe hätte, einem Führer zu mißtrauen, der sich mit den radikalen und sozialen Traditionen der Partei schwertut. Es bleibt abzuwarten, ob Blairs Führung ernstlich in Frage gestellt werden wird von Parteigenossen, die noch an die Umverteilung glauben und sich Blairs bedingungsloser Ergebenheit den USA gegenüber widersetzen.

2001 zerbrach auch das Reformprojekt des Mitte-Links-Bündnisses in Italien. Deshalb konnte Silvio Berlusconi mit seiner einzigartigen

Mischung aus schamloser Korruption und vulgären Schuldzuweisungen ins Amt zurückkehren. Die Weigerung Fausto Bertinottis und der kommunistischen *Rifondazione*, sich ihren früheren Verbündeten in einer gemeinsamen Wahlplattform anzuschließen, bewirkte in Italien genau das, was Ralph Naders unabhängige Kandidatur in den USA ausgelöst hatte – die Demokraten verloren wichtige Stimmen in Staaten, die ihnen zum Sieg hätten verhelfen können. Und obgleich diese beiden Länder so unterschiedlich sind, hatten sie etwas gemeinsam: Trotz Clintons Bündnis mit der Wall Street und vielen Unternehmen der New Economy finanzierte ein Großteil der amerikanischen Geschäftswelt die Republikaner. In Italien ließen sich die Kapitalisten nicht von der Aussöhnung der Kommunisten mit dem Kapitalismus überzeugen und brachen den Sozialvertrag mit den Gewerkschaften. Kurzum – ihre Kompromißbereitschaft kostete die Reformer die Unterstützung des linken Lagers, ohne ihnen Stimmen aus dem rechten einzubringen.

Die Fähigkeit der Linken, sich selbst zu opfern, sollte nicht unterschätzt werden. 2002 erreichte sie in Frankreich einen Höhepunkt. Im Vertrauen darauf, daß Jospin genügend Stimmen auf sich vereinen würde, um sich Chirac in der zweiten Runde der Präsidentschaftswahlen zu stellen, verwehrte ihm eine Reihe linker Parteien diese Chance und ermöglichte Le Pen den Durchbruch in der ersten Runde. Danach gerieten die beträchtlichen Erfolge der *gauche plurielle*, der pluralen Linken (Kommunisten, dissidierende Sozialisten, Grüne, Radikale, Sozialisten) in Vergessenheit, und das Mitte-Rechts-Lager errang eine stattliche Mehrheit. Vielleicht nahmen die Wähler letztlich Jospins Versicherung ernst, die er selbst auch vergessen hatte: Er sagte, dass er nicht als Sozialist anträte.

Die Wahlen 2000 in Spanien und 2002 in Schweden brachten keine Überraschung. Die spanische Volkspartei errang die absolute Mehrheit, und eine neue sozialistische Führung, die behauptete, den Generationenwechsel zu verkörpern, vertrat nur eine überzeugend uninspirierte Version der Verwaltungspolitik, die González' letztes Amtsjahr geprägt hatte. Seitdem sind die spanischen Sozialisten durchweg vage geblieben bei der Frage, was sie zu tun gedächten, wenn sie wieder an der Regierung wären. Im Gegensatz dazu war nichts Vages an dem, was die schwedischen Sozialdemokraten dem Wahlvolk einschärften: Nur wir garantieren die Fortsetzung des Wohlfahrtsstaates. Dies reichte. Anders in den Niederlanden: Dort wurde der Erfolg des

sozialdemokratischen Beschäftigungsmodells nicht vom Volk honoriert; es wandte sich einer Partei zu, die versprach, die Nation vor weiteren Einwanderern zu schützen. Der fremdenfeindliche Jörg Haider
schließlich erlitt 2002 in Österreich eine schwere Niederlage; die Wähler wandten sich von seiner Partei ab und der phlegmatischeren Volkspartei zu. Man muß sich allerdings fragen, ob nicht ein großer Teil
der österreichischen Politik »haiderisiert« worden ist. Sicher ist, daß
eine antipolitische und leicht autoritäre Rhetorik den Wahlkampf der
erfolgreichen Volkspartei kennzeichnete. Dies gilt zwar nicht für die
Sozialdemokraten, aber sie (und viele andere sozialistische Formationen in Europa, seien sie nun an der Regierung oder in der Opposition)
tun sich leichter, eine Verteidigung der gegenwärtigen Institutionen des
Wohlfahrtsstaates anzubieten als ein Programm zu seiner Belebung.

Wie sieht es nun in Deutschland aus? Die Koalition von Sozialdemokraten und Grünen wurde unablässig dafür gegeißelt, daß es ihr
nicht gelungen ist, das soziale Wohlfahrtssystem in Deutschland zu
»modernisieren« – aber in der Sprache der Akademiker und Journalisten bedeutet »Modernisierung« unweigerlich die Zerstörung des
Wohlfahrtsstaates. Die Ideologen des wilden Kapitalismus verlassen
sich auf die Unfähigkeit der Koalition, neue Konzeptionen des Wohlfahrtsstaates hervorzubringen. Der Vorwurf, die Regierung habe nur
dann entschlossen gehandelt, als es um die Verteidigung der unmittelbaren Interessen ihrer wichtigsten Wählergruppen ging (Gewerkschaften, und bis zu einem gewissen Grad auch die arbeitenden Frauen)
trifft zu. Ihre Wiederwahl verdankte die Koalition auch der Art, wie
die Regierung auf das Hochwasser reagierte, sowie ihrer unnachgiebigen Weigerung, sich an einem von den USA geplanten Krieg gegen
den Irak zu beteiligen. Mehr jedoch war ihr Wahlsieg dem zu verdanken, daß sie auf glaubwürdige Weise die Modernität verkörperten (in
Schröders Worten »Der deutsche Weg«): Erhaltung des Wohlfahrtsstaates, das Verfolgen eines ökologisch gangbaren Entwicklungsmodells,
und ein Projekt internationaler Solidarität, das das Nord-Süd-Gefälle
überwinden soll. Allerdings ist viel Glaubwürdigkeit bei taktischen
Querelen verlorengegangen.

Der Kanzler hat sich auf Taktik beschränken müssen. In Ermangelung eines neuen sozialistischen Projektes, das seine kritischen Genossen einfach nicht formulieren können, kann kein sozialdemokratischer
Kanzler von der Volatilität an der Oberfläche der westlichen Politik
unberührt bleiben. Ende 2002 war der Kanzler, der die Medien einst

hervorragend im Griff gehabt hatte, zu ihrem Angriffsziel der Wahl geworden. Dies wurde jedoch von strukturellen Ursachen ermöglicht, die weitaus tiefer liegen als die nicht enden wollende Serie von – oft eingebildeten – Krisen. Die Aufkündigung des deutschen Modells war schließlich durch die Grenzen des Haushalts impliziert, die die Christdemokraten (ohne allzuviel Opposition seitens der Sozialdemokraten) als Teil der Maastrichter Verträge akzeptiert hatten. Die deutschen Sozialdemokraten könnten durchaus argumentieren, daß ihre französische Schwesterpartei die Schuld daran trage: 1997 hatte sich Jospin bei seinem Amtsantritt für zu schwach gehalten, um ernstlich seine Forderung nach einer »Wirtschaftsregierung« in der EU zu verfolgen.

In einer durch begrenzte Handlungsspielräume geprägten historischen Lage ist es stets möglich, naheliegende Gründe für Niederlagen zu finden. In dieser Hinsicht tun sich die europäischen Sozialisten (und die Intellektuellen in ihrem Dienst) ganz besonders hervor. Allerdings ist der erste und offensichtlichste dieser Gründe eigentlich die Depolitisierung. Die Professionalisierung der Politik hat kaum dazu beigetragen, ihre Qualität zu verbessern. Statt dessen bilden die Akademiker, Bürokraten, Berater, Lobbyisten, Publizisten und Politiker (in ihren Funktionen oft austauschbar), die nicht für, sondern von der Politik leben, eine zunehmend geschlossene Gesellschaft, die von den Sorgen (und gewiß auch vom Durchschnittseinkommen) normaler Bürger weit entfernt ist. In einer verständlichen Reaktion sind diese mittlerweile davon überzeugt, daß sich ihre politische Elite mit allem möglichen befaßt, das Wohl der Bürger jedoch nicht zu ihren Prioritäten gehört. Gewiß ist die Wahlbeteiligung in Westeuropa bei weitem nicht so gering wie in den USA (die Kongreßwahlen, mit denen George Bushs Politik ratifiziert wurde, mobilisierten nicht einmal vierzig Prozent der wahlberechtigten Bevölkerung). Die Depolitisierung drückt jedoch einen Mangel an staatsbürgerlicher Begeisterung aus und die wachsende Enthaltung der Europäer eine Überzeugung, daß politische Institutionen auf die Ereignisse keinen Einfluß mehr haben. Das daraus resultierende psychokulturelle Vakuum füllt sich mit einer unsteten Unzufriedenheit, die höchst widersprüchliche (und pathologische) Formen annehmen könnte. Das Auftauchen einer von den Parteien unabhängigen Bürgerbewegung in einer kranken Gesellschaft wie der Italiens ist ein Lichtstrahl, der plötzlich die sich ausbreitende Dunkelheit erhellt – doch aufgehoben ist diese damit noch lange nicht.

Im Deutschen gibt es ein Wort, für das es kein exaktes englisches

Gegenstück gibt: Seriosität. Der Mangel an Seriosität in den Medien trägt beträchtlich zur Depolitisierung bei. Die in der Politik stattfindende Trivialisierung und Personalisierung dient einem ganz spezifischen Ziel: der Darstellung einer nicht enden wollenden und unveränderlichen Gegenwart, in der der bloße Gedanke an Veränderung gottlos oder verrückt ist. Die Medien sind zum größten Teil kapitalistische Unternehmen, und diejenigen, die sich in staatlichem Besitz befinden, treten freiwillig oder unfreiwillig in einen Wettlauf zum geistigen Tiefpunkt ein. Die kriecherische Servilität eines Großteils der öffentlichen Rundfunk- und Fernsehanstalten in den USA hat sie nicht vor einer systematischen Verleumdungskampagne wegen angeblicher »liberaler Voreingenommenheit« bewahrt. Doch warum akzeptiert der verbliebene Rest von Öffentlichkeit seine Entmündigung, und dies sogar noch höchst bereitwillig?

Die schon fast zur Karikatur geratene unermüdliche Reproduktion der Oberfläche der Ereignisse in den Medien ist wahrlich nichts Neues. Adorno griff auf jahrzehnte alte kritische Literatur zurück, als er vor siebzig Jahren über dieses Phänomen schrieb: Tönnies und Simmel wußten alles darüber. Es ist nicht einfach nur die Folge der verwirrenden Dimensionen, der undurchsichtigen Steuerung der modernen Gesellschaft. Nach den Schrecken des letzten Jahrhunderts sind vor allem die Europäer eher darauf bedacht, das zu behalten, was sie haben, als nach Alternativen zu suchen. Die Privatisierung der Alltagsexistenz ist eine Tatsache. Doch es gibt auch ein Paradoxon: Gerade die Erfolge des Wohlfahrtsstaates schwächen die Motivation für einen Wandel. Darunter leidet die gesellschaftliche Vorstellungskraft. Die Beschäftigung mit dem eigenen Selbst bezeugt einen gigantischen Mißerfolg der Sozialisation, der sich auch in der Häufigkeit offener Gewalt in unseren Ländern spiegelt. Das komplexeste gesellschaftliche System bringt am Ende beschämend primitive Menschen hervor, die unfähig sind, kulturelle und soziale Unterschiede zu ertragen, und sich eifrig darum bemühen, vor jeder anderen als einer völlig frei erfundenen (und nicht weniger narzißtischen) nationalen Geschichte zu fliehen.

Unter diesen Umständen mag das Bemühen um eine Republik der Solidarität und Tugend lächerlich erscheinen. Der amerikanische egalitäre Philosoph John Rawls wurde nach seinem Tode mehr gewürdigt als zu seinen Lebzeiten. Wer wird eigentlich eine neue Welt suchen? Das Abstraktum »Arbeiterklasse« der frühen industriellen Epoche war ein theoretisches Gebilde, doch im Zusammenhang mit Konzepten des Staatsbürgertums und der Emanzipation verknüpfte es die Aufhebung der Ausbeutung mit einer plausiblen Aufzählung historischer Möglichkeiten. In diesem Buch beziehe ich mich auf die Worte eines äußerst intelligenten britischen Tory-Premiers, Harold Macmillan: »Wir sind jetzt alle Arbeiter.«

Macmillan, ein Intellektueller, war ein bemühter Fürsprecher des Wohlfahrtsstaates, der ihm für die nationale Selbstachtung unabdingbar schien. Nachdem er erkannt hatte, daß Großbritannien von der Gnade des globalen Kapitalismus (und insofern dies überhaupt voneinander getrennt werden kann, der USA) abhängig war, zog er sich aus der Politik zurück. Seine Nachfolger, Wilson und Callaghan, waren entschlossene Sozialisten, doch ihnen erging es nicht besser.

Wer hat jetzt den schärferen Blick? Die Befürworter des Dritten Weges behaupten, daß eine gesellschaftliche Steuerung der Wirtschaft in einer von Arbeitsteilung und einem allmächtigen Markt geprägten Gesellschaft unmöglich sei. Das einzige, was zu tun bliebe, sei, die Produktion zu steigern, damit sich die Arbeit einigermaßen lohne. Ihre Kritiker halten dagegen, daß die totale Mobilität des Kapitals (ein anderer Begriff für Globalisierung) neue Formen der Unterdrückung schaffe und alte verstärke. Deshalb sei ein kollektives Eingreifen nötiger denn je, selbst wenn wir uns nicht sicher sein können, wie wir den zunehmenden Warencharakter der Existenz aufhalten sollen. Die Gewerkschaften befinden sich mittlerweile in einer Zeitfalle. Sie repräsentieren die alte Arbeitsgesellschaft, während die neue Gesellschaft, die offensichtlich ein größeres Maß an Freiheit anbietet, die meisten Formen der Arbeit zunehmend abwertet und Arbeitskämpfe sinnlos macht. Doch die Befürworter einer neuen Politik bemühen sich noch immer um internationale Organisationsformen, eine transnationale Politik.

Die sozialistischen Parteien sind für die kritische Jugend nicht mehr attraktiv und verlieren so ihre Verbindung zur kulturellen Avantgarde. Die gesellschaftlichen Gruppen, die früher kämpferisch eingestellt waren, spüren, wenn auch noch unausgesprochen, daß neue Kampfformen notwendig sind. Mit ihrer Sensibilität für die Umwelt, ihren radikalen demokratischen Forderungen, ihrer Aufgeschlossenheit für feministische Belange und ihrem neuen Internationalismus weist die Bewegung der Grünen tatsächlich eine Kontinuität zur Sozialdemokratie auf. Die Mischung der Teilnehmer an den Demonstrationen in Seattle, Genua, Porto Allegre und Florenz liefert einen – wenn auch unvollständigen – Hinweis darauf, daß sich eine neue Koalition herausbildet. Viele Gewerkschaftsführer, darunter auch der sozialkatholische Führer der amerikanischen Gewerkschaften, John Sweeney, waren dabei.

In den Vereinigten Staaten verbindet sich ein aggressiver Dirigismus mit einem Rückzug ins Private, auch wenn diese Synthese nicht sehr weit reicht. Die christlichen Fundamentalisten fordern eine Sakralisierung der Welt, die säkularen Zyniker tun so, als habe Gott die Welt verlassen. Die amerikanische Stellung als Weltmacht erfordert ein hohes Maß an innerer Mobilisierung. Es bleibt abzuwarten, ob die damit einhergehenden Kosten gerecht geteilt werden oder ob der minimale amerikanische Wohlfahrtsstaat komplett abgebaut wird. Kann die Integration von Millionen von Einwanderern ohne eine Zunahme an Spannungen gelingen? Die Lebensfähigkeit der konstitutionellen Freiheiten in den USA ist ernstlich in Frage gestellt, solange das Streben nach geopolitischer Hegemonie ungehindert weitergeht. Letztlich haben die Angriffe des 11. September ein amerikanisches Muster, das es schon lange gegeben hat, aktiviert und kristallisiert. Man kann es so sagen: Die Republikaner Bushs argumentieren, daß die Welt die Pflicht habe, den USA zu gehorchen, während Clintons Demokraten behaupteten, daß es im Interesse der Welt läge, sich so zu verhalten. Die Angriffe auf New York und Washington bedeuteten das Ende des amerikanischen Gefühls der Unverwundbarkeit. Anfang des 21. Jahrhunderts sind die amerikanischen Bürger mit dem konfrontiert, was die Europäer den Großteil des vergangenen Jahrhunderts hindurch erlebt haben. Als die Vereinigten Staaten zu Beginn des 20. Jahrhunderts die Weltmacht ergriffen, entwickelten sie ihre eigene Form eines Sozialimperialismus (mit Theodore Roosevelts Progressivismus, Woodrow Wilsons New Freedom, Franklin Roosevelts New Deal und Lyndon B. Johnsons Great Society). Heute ist ihr Imperialismus deutlich hervorgetreten, ihre soziale Dimension in Frage gestellt, ihre Brutalität offensichtlicher als je zuvor.

Wir kommen jetzt zum Gegensatz zwischen dem amerikanischen und den europäischen Modellen. Zu Zeiten des Kalten Krieges lagen sie nicht weit auseinander. Schließlich wurde der Kalte Krieg von Roosevelts politischen Erben geführt, und selbst die republikanischen Regierungen unter Eisenhower und Nixon taten nichts, um den Wohlfahrtsstaat abzuschaffen, ja, Nixon tat sogar einiges, um ihn zu entwickeln. Der Aufbau eines konsumorientierten Kapitalismus beschränkte allmählich die Tendenz zu mehr Wohlfahrt und gesellschaftlicher

Kontrolle der Wirtschaft. Die Vorstellung einer völligen Opposition von amerikanischen und europäischen Modellen ist nicht haltbar, um so mehr, als der momentane politische Niedergang der reformorientierten Demokraten, die sich die Epochen des Progressivismus, des New Deal und der Great Society zum Maßstab nahmen, nur vorübergehend sein mag. Wenn die Demokraten aus ihrem momentanen Koma erwachen, werden sie entscheiden müssen, wie die Rolle – abgesehen von der hegemonialen – in der Welt beschaffen sein soll, die sie sich für ihren Staat wünschen. Diese Frage stellten sie sich bislang höchst unwillig.

Aber auch die Europäer müssen sich diese Frage stellen. Die Nachkriegserfolge Westeuropas waren die politische Ausrottung des Faschismus, die Festigung und Entwicklung des Wohlfahrtsstaates und die französisch-deutsche Versöhnung, die zum Projekt der Europäischen Union geführt hat. Mit der Fremdenfeindlichkeit ist eine der wichtigsten Komponenten des Faschismus zurückgekehrt; der Wohlfahrtsstaat wird von Eliten angegriffen, die ihn früher akzeptierten, und nur halbherzig von denen verteidigt, die am meisten von ihm profitierten. Das europäische Projekt leidet unter einem Mangel an Begeisterung. Dieses orientierungslose Europa kann keine globale Opposition gegen die von ihrer Macht berauschten Vereinigten Staaten anführen. Eine der Quellen politischer Dissonanz sowie geistiger und moralischer Verwirrung ist die Vermengung von Innen- und Außenpolitik – vor allem in Europa. Natürlich konkurrieren innenpolitische Themen wie Immigration, Umwelt und Geschlechterkampf mit dem Thema Verteilungspolitik – vor allem in Europa. International betrachtet lassen der Aufstieg völlig neuer Machtkomplexe und die relative Verschärfung eines Großteils des Elends der Welt (Afrika) die nationale Sprache des Sozialismus und der Sozialdemokratie auf breiter Front völlig veraltet erscheinen. Hier war Willy Brandt in seinen späten Lebensjahren ein Prophet. Die in der Zeit der Depression der dreißiger Jahre eine wesentliche Rolle spielenden wirtschaftlichen Vorstellungen (ein ausgeglichener Staatshaushalt, der heilige Krieg gegen die Inflation, der um so heiliger wird, je weniger Inflation es gibt, und enggefaßte »Effizienz«-Kriterien, die einen Großteil des sozialen Lebens ausschließen), sind ihrer Leichentücher beraubt. Ein Markt zumindest funktioniert – der für dubiose intellektuelle Wiedergänger.

Auch mobiles Kapital ist Kapital, und die Priester und Diener des neuen Molochs sind ebenso devot wie ihre Vorgänger aus dem 19. und

20. Jahrhundert. Die Impulse, die zum Sozialismus führten (christliche Vorstellungen von Gemeinschaft, nationale Vorstellungen des Ausgleichs, radikal demokratische Ansichten und brüderliche Gefühle der Solidarität) können heute unterschiedlich ausgedrückt werden – von internationalen Staatsbediensteten, Militanten in NGOs (Nichtregierungsorganisationen) und Anwälten transnationaler Solidarität. Der Kampf um die Kontrolle über die träge Kraft einer Wirtschaft, die ihre Antriebskraft gänzlich aus sich selbst nimmt, und der Versuch, der rein quantitativen Berechnung realer Austausch- und Machtbeziehungen Lebensqualität einzuflößen, ist eine gleichermaßen wissenschaftliche wie geistige Herausforderung. Wissenschaftlich, weil wir eine neue Sicht auf das geschichtlich Mögliche brauchen, und geistig, weil wir eine neue Sprache für unsere moralischen Anliegen brauchen. Nichts ist gewonnen, wenn wir die Erfolge der Vergangenheit leugnen, und viel geht verloren, wenn wir vergessen, wie flüchtig und zerstückelt sie geworden sind.

Ich vertraue darauf, daß die deutsche Öffentlichkeit sich für die Gedanken eines aus den USA stammenden Gelehrten interessieren wird, der von der deutschen Kultur und seinen deutschen Freunden in jeder Hinsicht viel gelernt hat.

Washington, im Dezember 2002   *Norman Birnbaum*

Danksagung

Folgenden Institutionen möchte ich für Gespräche und Stipendien danken, die mir während meiner Arbeit an diesem Buch gewährt wurden: Juristische Fakultät der Universität Bari; Fondazione Alcide de Gasperi; Friedrich-Ebert-Stiftung; École des Hautes Études en Sciences Sociales; Center for German and European Studies der Georgetown University; Internationales Friedensinstitut, Wien; Italienische Kommission für Kulturellen Austausch mit den USA; United States Council for the International Exchange of Scholars; Fakultät für Geschichte, Institutionen und Politik der Universität Bologna (Fulbright Chair).

Meine Kollegen am Law Center der Georgetown University lieferten mir viele Anregungen und unterstützten mich gleichermaßen. Eine Reihe von Rechercheassistenten halfen mir beträchtlich: James Doran, Jeremy Evans, John Kelley, Ajay Mehrotra, Beate Krieger, Richard

Spitzer und Gregory Wach. Mary Ann DeRosa war die Geduld in Person bei der Anfertigung des Manuskriptes, und auch Karen Neal leistete ihren Beitrag. Die Bibliothekare des Law Center bearbeiteten meine Anfragen stets gründlich und zuverlässig.

Lewis Coser, S. M. Miller und Marcus Raskin waren so freundlich, eine erste Fassung des Buches kritisch zu lesen. Wie immer hatten sie mit ihren Beiträgen recht: Ich hoffe, daß die endgültige Fassung den hohen Maßstäben gerecht wird, die sie an ihre eigene Arbeit anlegen.

Mein Herausgeber, Sheldon Meyer, stand mir auch bei diesem Werk ebenso ermunternd zur Seite, wie er es mehr als dreißig Jahre lang getan hat. Das Bonmot eines Kollegen – bei ihm zu veröffentlichen käme einer Auszeichnung mit einem Gelehrtenpreis gleich – kann nur wiederholt werden. Es ist mir eine Ehre, unter seiner Schirmherrschaft zu stehen, und ich bin ihm sehr dankbar für seine gründliche Lektüre des Textes.

Eine Reihe von Kollegen, Kameraden und Freunden aus mehreren Ländern trugen durch ihr moralisches Beispiel, durch den intellektuellen Austausch und durch ihr politisches Urteil zu diesem Buch bei. Sie wissen, wie dankbar ich ihnen bin; unsere gemeinsame Geschichte wird in meinen kulturellen und politischen Memoiren, *From the Bronx to Oxford – And Not Quite Back*, erzählt werden, an deren Fertigstellung ich momentan arbeite. Doch zwei Veteranen der europäischen Bewegung für Menschenrechte und Frieden gebührt besonderer Dank: Anna und Antonia Birnbaum.

Christopher Hill, langjährig engagiert, die Gesellschaft des 20. Jahrhunderts zu transformieren, veröffentlichte vor einiger Zeit seine Überlegungen zum Los unserer politischen Vorfahren, als im 17. Jahrhundert die Englische Revolution der Restauration gewichen war. Er folgerte, daß die Revolution weiterlebte, um in Großbritannien – und auch in den nordamerikanischen Kolonien – in der Kunst, im Denken, in den Erinnerungen, den Bewegungen und den Menschen abweichende Meinungen und Innovationen hervorzubringen (*The Experience of Defeat: Milton and Some Contemporaries* [New York, 1984].) Unsere Chancen, in einer besseren Welt zu leben, hängen von denen ab, die in dieser Welt aus dem Rahmen fallen.

Hiermit widme ich dieses Buch der Erinnerung an drei verstorbene Freunde. Von jedem dieser drei habe ich auf ganz besondere Weise sehr viel gelernt. Ihre Bekanntschaft betrachte ich als Auszeichnung.

1 Einleitung

Das Nachdenken über den Sozialismus westlicher Prägung hört nicht auf. Sozialistischen und sozialdemokratischen Regierungen in Frankreich, Deutschland, im Vereinigten Königreich und zeitweilig in Italien fällt es schwer, eine spezifisch sozialistische Politik zu definieren oder gar zu praktizieren. Die herausragende Bedeutung der Idee von der überlegenen Effizienz des Marktes, die mit dem Begriff der Globalisierung verbundenen großen Veränderungen sind, historisch gesehen, recht neuen Datums. Sie stellen jedoch die zeitgenössischen Formen immer wiederkehrender Zwangslagen dar. Die sozialistische Bewegung sah sich seit eh und je zu einem verzweifelten Rennen über eine nicht enden wollende Hindernisbahn gezwungen. Ihre Vergangenheit war weder leichter noch einfacher als ihre Gegenwart.

Auch die kritischen Betrachtungen über die Vergangenheit – und die enttäuschende Gegenwart – des Sozialismus in Amerika nehmen kein Ende. Daß in den Vereinigten Staaten eine bedeutende politische Gruppierung fehlt, die eine umfassende Alternative zur amerikanischen Variante des Kapitalismus anbieten würde, ist unschwer zu erkennen. Der auffallende Mangel an Begeisterung, den zahlreiche Mitglieder der Demokratischen Partei für die amerikanische Tradition der Sozialreform an den Tag legen, ist das Höchstmaß an politischer Leidenschaft, das sie aufzubringen vermögen. Es gibt jedoch gute Gründe, diese Tradition als die amerikanische Erscheinungsform der sozialen Demokratie zu betrachten, die in säkularer Form das Erlösungsethos dieser Republik darstellt.

Der Sozialismus in allen seinen Ausprägungen war ebenfalls eine Erlösungsreligion. Jetzt, da sein Versprechen einer veränderten Welt, ja, einer veränderten Menschheit einer Vergangenheit angehört, die, so heißt es, nie mehr wiedererstehen wird, wollen wir seine Geschichte eingehender untersuchen. Bei Anbruch des 20. Jahrhunderts gerieten die sozialistischen Bewegungen infolge ihrer stockenden Integration in die demokratischen Gesellschaften in eine Krise. Waren sie noch immer revolutionär oder waren sie reformistisch? Waren sie widerstrebend zu dem Schluß gelangt, daß die Gesellschaft nicht von Grund auf verändert werden konnte und daß leichte Modifizierungen das Äußerste waren, was sie bewirken konnten? Die heftigen Fluktuationen der konjunkturellen Zyklen im Kapitalismus des frühen 20. Jahrhunderts, die ausbeuterischen Praktiken der besitzenden Klassen und ihrer politischen Komplizen trieben Millionen in Elend und Entbehrung. Aber die Produktivität des Industriekapitalismus, die ungeheuren Errungenschaften eines beginnenden Konsumentenkapitalismus führten dazu, daß einfache Vorstellungen von einer wachsenden Verelendung in Zweifel gezogen wurden. Die Führer einer sehr militanten, aber keineswegs revolutionären amerikanischen Arbeiterklasse handelten aufgrund von Prämissen, die Europäer nicht immer aussprachen, die sie aber zunehmend teilten. Wenn Aktionen im Betrieb und politische Präsenz das Gleichgewicht der Klassenverhältnisse verändern konnten, war eine Revolution im Sinne von totalem Umsturz nicht mehr notwendig.

Unterdessen erschütterten das Unvermögen der Sozialistischen Internationale, den Ausbruch des Ersten Weltkriegs zu verhindern, und die anfängliche Beteiligung der sozialistischen Parteien und ihrer Wähler an den Kriegsanstrengungen ihrer jeweiligen Nationen zutiefst den Glauben, daß die Bewegungen Ideale der Solidarität repräsentierten, die nationale Begrenzungen hinter sich gelassen hatten. Als eine erfolgreiche Revolution stattfand, ereignete sie sich im zaristischen Russland, an der rückständigsten Peripherie anstatt im Zentrum des westlichen Kapitalismus, wo dieser am weitesten fortgeschritten war. Die sich daraus ergebende Spaltung innerhalb der sozialistischen Bewegungen, mit verhängnisvollen Folgen für ihren Zusammenhalt und ihre Leistungsfähigkeit, hatte zahlreiche Gründe. Ein Grund war eindeutig die Bindung der westlichen Parteien an die parlamentarische Demokratie, ihre Ablehnung des Leninismus. Ein weiterer Grund war die absurde Geschichtsverzerrung, die die Auffassung, daß der Sozialismus in der UdSSR um jeden Preis verteidigt werden müsse (und daß der Sowjetpartei die Weltführung zufalle), nach sich zog. Tatsächlich riefen diese und spätere außerhalb der Industrienationen stattfindenden Revolutionen auch Chauvinismus in den

Mutterländern des Sozialismus hervor, und zwar bei Anhängern der sozialistischen Bewegungen, die sich weder moralisch noch wirtschaftlich von Imperialismus und Nationalismus gelöst hatten. Jedenfalls mußten die sozialistischen Bewegungen mit ihren gespaltenen Kräften sowohl der Stärke und Macht des Kapitalismus in der Nachkriegszeit als auch den herrschenden Eliten, die als die wahren Verteidiger nationaler Interessen auftraten, die Stirn bieten.

In der Zeit nach dem Ersten Weltkrieg standen im Mittelpunkt der Organisation des Kapitals die Internationalisierung der Weltwirtschaft, die wachsende Bedeutung des Finanzkapitalismus und eine zunehmend differenzierte Arbeiterschaft. Jeden einzelnen dieser Faktoren vermochten viele sozialistische Führer und Ideologen nur schwer zu verstehen. Sie blieben im großen und ganzen der älteren Vorstellung einer sich der Befehlsgewalt über den Staat bemächtigenden Massenbewegung der Arbeiterklasse verhaftet – während Keynes (ebenso wie Hitlers Wirtschaftsexperte Hjalmar Schacht) demonstrierte, daß es andere Mittel und Wege gab, die kapitalistische Krise zu lenken. Der italienische Faschismus, autoritäre Regime in Mittel- und Osteuropa, der Sieg des Nazismus, das knappe Überleben der parlamentarischen Demokratie in Frankreich, eine wirtschaftlich und politisch rückläufige Entwicklung in Großbritannien sowie die Triumphe des Reformismus im amerikanischen New Deal boten eine verwirrende historische Collage. Die Ablösung des Leninismus durch den stalinistischen Terror, der spanische Bürgerkrieg und die zweite Auflage eines europaweiten Krieges gaben dem Ganzen etwas Alptraumartiges, an das wir uns erinnern sollten, ehe wir uns einem durch die Nachwehen des Kalten Krieges ausgelösten Selbstmitleid hingeben. Mit dem Krieg trat eine Pause ein, in der sich die einzelnen Gruppierungen der sozialistischen Bewegung im Kampf gegen den Faschismus zusammenfanden.

Das Ende des Zweiten Weltkriegs brachte ein Wiederaufleben des Konflikts zwischen demokratischem Sozialismus und Stalinismus, vor allem mit der Integration der westlichen sozialistischen und sozialdemokratischen Parteien in den Westblock. Dieser Block wurde von den Vereinigten Staaten genau in der Zeitspanne organisiert und geführt, in der diese einen begrenzten Gesellschaftsvertrag, das amerikanische Äquivalent einer Sozialdemokratie hatten. Die nationalen Befreiungsbewegungen in Afrika und Asien und der Sieg des Maoismus komplizierten die Situation ungeheuer. Viele der postkolonialen Regime waren (und sind) ausbeuterisch und tyrannisch. Einige schlugen sich auf die

Seite Chinas und der Sowjetunion. Die Sympathien der sozialistischen Bewegungen in den Mutterländern (und vieler der Tradition des New Deal verhafteten Amerikaner) für die Dritte Welt wurden auf eine harte Probe gestellt. Und innenpolitisch eher anständig agierende westliche Nationen waren in der Dritten Welt zu äußerster Brutalität, begleitet von frommer Scheinheiligkeit, fähig.

Die Integration der westlichen Sozialisten in den Kapitalismus nach dem Zweiten Weltkrieg zeitigte ein weitreichendes positives Resultat: die Entwicklung eines von der absoluten Oberherrschaft des Marktes ziemlich unabhängigen kapitalistischen Wohlfahrtsmodells. Der stete Anstieg des Lebensstandards ließ jedoch Probleme der Lebensqualität in den Vordergrund treten: Gipfelten anderthalb Jahrhunderte Kampf um Bürgerrecht und wirtschaftliche und soziale Rechte in einer plebiszitären Konsumkultur? Weitere Anliegen wurden laut. Die Sorge um die Erhaltung der Natur wurde von der Umweltbewegung geweckt. Die Wahrung der menschlichen Existenz beschäftigte diejenigen, die der Koexistenz absolute Priorität einräumten aus Furcht, ein Atomkrieg könne die Konkurrenten des historischen Supremats vernichten und damit der Geschichte als solcher ein Ende setzen. Unterdessen erinnerte die Frauenbewegung die Sozialisten und die Sozialreformer ganz allgemein daran, daß deren bisherige Konzentration auf die Männer keineswegs nur eine sprachliche und inhaltliche Reduktion war, daß sie Argumente ignoriert oder bagatellisiert hatten, die mindestens so alt wie die 1792 von Mary Wollstonecraft vorgetragenen Forderungen waren.[1] Kurz, damals wie heute befand sich der Sozialismus in einer Krise, seine moralischen Zielsetzungen, seine historische Vision und seine politische Strategie waren in Frage gestellt. Die Krise trat vielleicht nicht so offen zutage. In den Jahren des Kalten Krieges neigte die westliche Gesellschaft kaum zu öffentlicher Selbstkritik, und die Sozialisten schlossen sich ihren christlichen und liberalen Verbündeten und Antagonisten in deren zweckmäßiger Selbstgefälligkeit an.

Zwei Probleme verleihen der gegenwärtigen Krise eine besondere Schärfe. Erstens, daß der Sozialismus auf der Idee eines steten Fortschritts in der Geschichte beruhte, und zweitens die Überzeugung, daß die innere Dynamik der Geschichte der menschlichen Erkenntnis zugänglich sei. Sie korrekt zu interpretieren, mußte zwangsläufig ermutigend sein, da der endgültige Sieg des Sozialismus schon durch die Natur des Menschen vorgegeben war. Die Sozialisten sind heute nicht die einzigen, die sich höchst verunsichert fühlen, wenn es darum geht, die Zukunft oder auch nur die nahe Zukunft vorherzusagen oder die Richtung anzugeben, in die die Gesellschaft sich bewegen wird. Die Sozialisten behaupten jedoch, die Geschichte beherrschen oder sie verändern zu können. Der Sicherheiten und Tröstungen der Fortschrittsidee beraubt, ist ihre Orientierungslosigkeit sehr groß. Der Zustand der menschlichen Gesellschaft erscheint zu Beginn des 21. Jahrhunderts nicht sehr vielversprechend. Der westliche Sozialismus glaubte, die Menschen seien entweder von ihrem Wesen her solidarisch oder könnten gewissermaßen im Schnellverfahren zur Solidarität erzogen werden. Auch nahmen die Sozialisten an, normale Menschen könnten ohne große Schwierigkeiten erkennen, wo ihre Interessen liegen. Kurz, sie glaubten an so etwas wie eine erfüllte Staatsbürgerschaft, an sowohl großzügige als auch vernünftige Mustercharaktere.

Das alles war auf nahezu fatale Weise paradox: Der Sozialismus setzte bereits die Art menschliche Natur voraus, die er erst ermöglichen sollte. Angesichts des gegenwärtigen Ausbruchs von Brutalität, Ignoranz und Egoismus, von ethnischem Haß und religiösem Fanatismus in vielen Regionen der Welt (einschließlich der amerikanischen) sind diejenigen, die keine umfassende Veränderung unserer Umwelt anstreben, zwar beunruhigt, sie klagen aber nicht, daß ihr Weltbild oder ihre Anschauungen erschüttert worden sind. Sie erwarten eben nicht sehr viel von der Menschheit. Sozialismus oder Barbarei war die Wahl, vor die uns einst die modernen Gründer des Sozialismus stellten – sie ahnten nicht, daß die Menschheit letztlich für die Barbarei optieren würde. Die Schaffung minimaler Voraussetzungen für eine friedliche Koexistenz innerhalb einer jeden Gesellschaft und zwischen den Gesellschaften untereinander erfordert außergewöhnliche Anstrengungen, die durchaus fehlschlagen können.

Daß die Menschheit sich – wenigstens in einzelnen Etappen – auf ein Utopia hin bewegen solle, scheint zuviel verlangt zu sein. Die darüber von Sozialisten empfundene moralische Enttäuschung und metahistorische Leere wird von anderen, die an der Vorstellung eines steten Fortschritts in der Geschichte festhalten – ja, auch von vielen frommen Gläubigen, die auf der Suche nach einer Spur des Göttlichen in der weltlichen Existenz sind –, geteilt. Immerhin kann der Sozialismus das unbequeme Prädikat für sich in Anspruch nehmen, seinen Anhängern ein Höchstmaß an Qual aufzuerlegen: Sie können weder über den gähnenden Abgrund hinwegspringen noch vor ihm

zurückweichen. Wir können noch nicht einmal den von Trotzki gegen
Ende seines Lebens dargebotenen Trost in Anspruch nehmen: Selbst
wenn sich der Sozialismus zuletzt als eine Illusion herausstellen sollte,
sagte er, bleibe es unsere moralische Pflicht, die Sklaven und Opfer
des Kapitalismus, den wir nicht auszustechen vermochten, nach
besten Kräften zu verteidigen.[2] Aber angenommen, die Sklaven und
Opfer lehnen es ab, sich als solche zu bezeichnen, weisen unsere Hilfe
zurück und richten selber Verwüstung an?

Es ist unsinnig anzunehmen, die anscheinend unlösbaren Probleme
von 2000 und der Folgejahre seien lediglich auf 1989 zurückzuführen.
1933, 1914 oder 1871 sind genauso einleuchtende Daten. Unsere Probleme entspringen historischen Quellen, deren Wasser sich im Gezei-
tenstrom menschlicher Geschichte vereinen. Gelegentlich sind wir
mit festen, sogar starren Gebilden konfrontiert, dann wieder mit un-
aufhaltsamer und mitreißender Bewegung. Die Metapher ist unzulänglich, und doch gleicht die Geschichte einem breiten Strom, der,
von einer Vielfalt kleinerer Flüsse gespeist und von einer Reihe wan-
dernder Sandbänke durchsetzt, in einer sich verändernden Landschaft dahinfließt. Wenn er den Ozean erreicht, läßt sich die Eigen-
heit der einzelnen Quellen, die ihn speisten, nicht mehr ausmachen.
Mit anderen Worten, der zurückliegende Hintergrund ist wichtiger als
der sichtbare Vordergrund.

Ehe wir einige der heutigen Notlagen der sozialistischen Bewegung
untersuchen, möchte ich daher auf die Geschichte der Bewegung eingehen. Irrwege wurden eingeschlagen, falsche Gedankengänge nicht
überprüft, Trugschlüsse als unerläßliche Grundlagen behandelt. Welche waren das? Was können wir aus der Vergangenheit lernen? Diese
Vergangenheit war nicht nur Niederlage, nicht nur ein auf ewig hin-
ausgeschobener Sieg: Es gab Errungenschaften, zuweilen sogar beein-
druckende. Inwieweit diese ihrerseits von einer Kollaboration mit
anderen Kräften und Gruppierungen abhingen – mit christlichen Anhängern der Solidaritätsidee oder mit auf der Autonomie der Bürger
und der Unabhängigkeit der bürgerlichen Gesellschaft beharrenden
Liberalen –, darüber muß nachgedacht werden. Unter welchen Umständen schlagen Siege in ihr Gegenteil um – und was sagt das über
die neue Situation aus, in der wir uns befinden, über die Definition
dessen, was neu an ihr ist? Was ist Sozialismus? Sozialismus ist ein
Projekt, das auf die Umgestaltung, die Transformation der menschlichen Gesellschaft durch Steigerung der Souveränität ihrer Mitglie-

der, durch Ausdehnung der Vorherrschaft der Vernunft auf bislang für unveränderbar gehaltene ökonomische und soziale Prozesse zielt. Sozialismus sucht den Markt zu bändigen und unnötiger Ungleichheit von Menschen ein Ende zu setzen. Er versucht, primäre Solidaritätsgefühle, unter gebotener Beachtung der Verhältnismäßigkeit, auf die gesamte Gesellschaftsstruktur auszudehnen. Sozialismus beinhaltet eine radikale und gründliche demokratische Praxis – und diese wiederum ist auf eine Gesellschaft von Demokraten, Bürgern und Menschen angewiesen, die mit Großzügigkeit und Intelligenz, Wissen und Hingabe zu handeln vermögen. In diesen Begriffen definiert, ist Sozialismus eindeutig utopisch: Keine Gesellschaft ist je auf diese Weise organisiert worden und keine wird vermutlich so organisiert werden können. Die sozialistische Utopie kann als Bezugspunkt fungieren, sie kann als Vision, als ein Richtmaß dienen, an dem erlösende Maßnahmen in einer unerlösten Welt gemessen werden können.

Der Gedanke der Erlösung deutet an, daß dem Sozialismus etwas Religiöses anhaftet. Als säkulares Derivat des jüdisch-christlichen Chiliasmus besaß der Sozialismus eine Theologie, eine Darlegung der ersten und letzten Dinge, und seine irdischen Körperschaften ähnelten Kirchen und Sekten. Das ist der Grund, weshalb seine großen Gegenspieler andere – sowohl kirchlich institutionalisierte als auch weltliche – Religionen waren. Und vielleicht reichen auch deshalb seine erkennbaren Aussichten, seine empirische Beschreibung von Institutionen und sozialen Prozessen und vom Lauf der Geschichte nicht aus, um seine Anziehungskraft – oder seine Fortdauer – zu erklären.

Vor einigen Jahren veröffentlichten Eric Hobsbawm und Terence Ranger ein Buch über die Erfindung von Traditionen, in dem sie die absichtsvolle Konstruktion »verwertbarer« Vergangenheiten aus der Geschichte beschrieben.[3] Sozialismus bedarf nicht nur seiner eigenen Version der Vergangenheit, sondern auch seines eigenen Gerechtigkeitssinns. Max Weber sagte einmal, Habsucht und Gier, hochentwickelte Formen von Handel und Produktion seien universell – aber nur der Westen habe den Kapitalismus erfunden: das rationalisierte und systematische Gewinnstreben unter kalkulierter Ausnutzung der sich auf Märkten bietenden Chancen.[4] Aufstände der Unterdrückten, Forderungen nach moralischer Wiedergutmachung, institutionelle Träger des Gedankens der Solidarität sind überall anzutreffen, aber das planmäßige Streben nach einer anderen Gesellschaft hat wiederum nur der Westen erfunden.

In anderen Teilen der Welt gibt es gesellschaftliche Einrichtungen und Praktiken, die an westliche sozialistische Ideen erinnern, die indessen von ureigensten kulturellen, nationalen und religiösen Traditionen hergeleitet sind. Anläßlich einer vor dem Zweiten Weltkrieg in Paris stattfindenden Tagung des Verbands afrikanischer Künstler und Schriftsteller wurde ein »afrikanischer Weg zum Sozialismus«, eine Synthese aus westlichen Ideen und afrikanischen Traditionen, angeregt und auch tatsächlich von den ersten Führern befreiter Völker wie Kenyatta, Nkrumah, Senghor und Touré eingeschlagen.[5] Der sowjetische Kommunismus ging zum Teil auf die russischen Populisten zurück. Die *Narodniki* hielten den *Mir,* die bäuerliche Bodengemeinschaft des Dorfes, für *die* russische Institution von einzigartiger Bedeutung. Ein Historiker vertrat die These, die östlich-orthodoxe Auffassung von der Ausgießung des Heiligen Geistes auf die ganze Gemeinde, nicht auf einzelne Gläubige (Sobernost), sei ein Element sowjetischen Denkens und Empfindens.[6] Schließlich hat Stalin seine Laufbahn als Theologiestudent in Georgien begonnen. Engels und Marx, vom Multikulturalismus weit entfernt, stellten ihre Doktrin als Kulmination westlichen Denkens dar. Mit Sicherheit dachten sie über ihr Verhältnis zur religiösen Tradition in Begriffen sowohl der Kontinuität als auch des Bruchs. Die westlichen Ursprünge des Sozialismus zeugen ebenso wie die des Kapitalismus von einer verändert betrachteten, aber keineswegs verschwundenen Vergangenheit.

Die Sozialisten selbst haben auf der Suche nach ihrer Geschichte deren Anfänge auf die – von Kautsky als solche bezeichneten – »Vorläufer des Sozialismus« zurückgeführt.[7] Diese entdeckten sie in Volksbewegungen jeder Art seit der Antike – in Sklavenrevolten, Protesten und Revolutionen der unteren Schichten, erbitterten Aktionen zur Verteidigung von Gewohnheitsrechten gegen Usurpatoren, Bauernaufständen und Klassenkonflikten in mittelalterlichen Städten. Die Interpretation von Ereignissen wie das Entstehen des Franziskanertums, der mittelalterlichen chiliastischen Bewegungen in ihrem sozialen Kontext erscheint heute selbstverständlich. Als Engels (aus einer pietistischen Familie stammend und mit fundierter Kenntnis der Geschichte des Christentums) sein Buch »Der Deutsche Bauernkrieg« schrieb, war die gesellschaftliche Analyse der Religion Teil der von der Aufklärung geübten Kritik am Glauben. Engels erklärte, in religiösen Epochen nehme sozialer Protest unweigerlich religiöse Formen an.[8] Marx und Engels selbst begriffen den Marxismus als weltlichen Nachfolger der Religion, und zwar in zweifacher Hinsicht. Die Religion war durch die generelle Säkularisierung des Denkens verdrängt worden, und der Marxismus war in den Augen seiner Schöpfer der höchste Ausdruck intellektuellen Fortschritts. Aber angenommen, in diesem intellektuellen Fortschritt waren spürbare Mengen religiöser Energie zurückgeblieben, die sublimierte religiöse Ideen speisten? Die Faszination, die christlich motivierter sozialer Protest in vor- und frühkapitalistischer Zeit auf die Marxisten ausübte, war durchaus zweideutig. Mehr noch, die Vorstellung von einer vollendeten Menschheit, die die Entfremdung überwunden und durch expressive Erfüllung ersetzt hätte, verband den alten Himmel mit einer neuen Erde.

Wenn wir die Anfänge der Neuzeit untersuchen, fallen zwei Aspekte des Christentums durch ihre Übereinstimmung mit dem Sozialismus auf. Zum einen das Beharren von Anfang an auf der Unantastbarkeit der Gemeinschaft, den unauflösbaren Banden der Menschen untereinander. Die grundlegende christliche Forderung nach Gleichheit und Solidarität – mal als Ausdruck des Glaubens, daß Menschen nicht nur fehlbar und sündig, sondern auch Kinder Gottes sind, mal den Vorrang der Gemeinschaft betonend – machte das Christentum zu einer potentiell revolutionären Religion. Die Rationalisierung sozialer Unterschiede und die Legitimierung der Reichtum und Macht Besitzenden gehörten zu den alltäglichen Aufgaben der Kirchen. Deren Lehren mußten ständig überwacht werden, damit keine für die Ordnung der Dinge verhängnisvollen Schlüsse gezogen würden. In diesem Punkt waren Dostojewskis Großinquisitor und Brechts Kardinal Bellarmin einer Meinung.[9]

Zum anderen führte das Christentum – in Form der protestantischen Lehre und Praxis der Priesterschaft aller Gläubigen – auch zur Entstehung des Individualismus, aus dem sich später der Liberalismus entwickelte. Die protestantischen Sekten, die die Einrichtung gottgefälliger Gemeinschaften auf Erden anstrebten und die von den ersten Christen geübte Entsagung der Welt wiederaufleben lassen wollten, wurden häufig Träger radikaler Doktrinen sozialer Gleichheit. Während der glorreichen Revolution in England kamen, etwa in den Putney-Debatten, die vielen Möglichkeiten zum Ausdruck, eine christliche Gesellschaftsordnung zu errichten – von der disziplinierten Einstellung zur Arbeit und der Achtung vor dem Eigentum der wohlhabenderen Kongregationalisten bis hin zum radikalen wirtschaftlichen Egalitarismus der Diggers, Levellers und Quintomonarchisten.[10] Weltliche Verfechter der Fortschrittsidee vergessen zuweilen, wieviel sie ihren gläubigen Vorfahren schulden, die in theologischer Sprache einen Großteil der modernen Debatten vorwegnahmen. In den christlichen Kirchen (und auch im Judentum) diente Religion gewissermaßen als Gedächtnisspeicher, als Erinnerungshort. Vergangene Konflikte, Forderungen nach Gerechtigkeit, Träume von einer besseren Welt wurden verschlüsselt, bisweilen schematisiert und häufig vergessen; aber sie waren da und konnten aktiviert werden, wenn die Verhältnisse es erforderten. Der – schwarze wie weiße – amerikanische Abolitionismus ist ohne die Bildersprache der King-James-Bibel kaum vorstellbar.

Der Sozialismus, scheinbar im Gefolge des industriellen Kapitalismus entstanden, hat seine Wurzeln somit in den tiefsten Schichten unserer Vergangenheit. Seine ersten Kämpfer waren die einer älteren Art sozialer Ordnung Verhafteten: unabhängige Handwerker, vom Ruin bedroht durch die Konzentration der Produktion in Fabriken. Marx erblickte in den Fabriken Erziehungsstätten, Orte, in denen ein Klassenbewußtsein geschmiedet werden konnte. Die Ideen, mit denen die Frühsozialisten an die neue Klasse der Fabrikarbeiter appellierten, waren jedoch stark geprägt von vorindustriellen Vorstellungen der Selbständigkeit und Unabhängigkeit des Handwerkers.

Die frühsozialistischen Ideen waren auch von dem ungeheuren Einfluß der Französischen Revolution gekennzeichnet. In der Tat ist die Geschichte des Sozialismus im 19. Jahrhundert gleichzeitig die Geschichte der Geburtswehen der Demokratie – vom Ringen um parlamentarische Institutionen zu Beginn des Jahrhunderts (Französische Revolution, Chartismus, die Revolutionen von 1848) bis hin zu den Widersprüchen der Massendemokratie (Aufkommen des autoritären Nationalismus und des organisierten Antisemitismus) am Ende des Jahrhunderts.

Der Sozialismus war das Erbe der Französischen Revolution. Lenin feierte den Tag, an dem die sowjetische Revolution einen Tag länger dauerte, als die Pariser Kommune gewährt hatte; und ehe die Internationale zur weltweiten Hymne des Sozialismus wurde, sangen die europäischen Sozialisten die Marseillaise. Das Vermächtnis der Französischen Revolution war jedoch komplex. *Liberté, Egalité, Fraternité* waren als Ideale nicht nur der revolutionären, sondern auch der alltäglichen Praxis zweifellos vorherrschend. Aber da waren auch die Jakobiner und ihre Clubs, die großangelegte Organisierung von Propaganda, die Religion der Vernunft und ihr Kult sowie der neue

Kalender. Schließlich waren da die Concierges, die scharfe Überwachung der Bürgerschaft – und der Terror. Zweifellos stammte Marx' Idee einer Diktatur des Proletariats von den im Gefolge der Französischen Revolution und ihren sporadischen Nachspielen in Frankreich entstandenen neuen Formen der Politik. Marx selbst erklärte, das französische Denken habe den *citoyen* hervorgebracht, es bleibe aber noch, aus Bürgern Menschen zu machen – andernfalls wäre das Erbe der Revolution ganz und gar bürgerlich.[11] Gegen Ende seines Lebens, als er über »die politische Ökonomie der Arbeiterklasse«[12] als Faktor im Rahmen der britischen Politik schrieb, konnte er sich jedoch – zumindest in Demokratien – einen parlamentarischen Weg zum Sozialismus vorstellen.

Es ist unsinnig (was aber viele nicht daran hindert, es zu tun), die Maßstäbe unseres heutigen politischen Systems auf das ausgehende 18. Jahrhundert zurückzuführen und so die Jakobiner wegen ihrer Nichtbeachtung der Regeln eines Spiels zu verurteilen, das damals in Frankreich noch gar nicht erfunden war: die parlamentarische Demokratie. Darüber hinaus setzt diese Demokratie, wenn sie überhaupt funktionieren soll, genau das voraus, was Frankreich in den Auseinandersetzungen des Umbruchs und den Mühen der Revolution fehlte: eine Zivilgesellschaft mit relativ soliden Institutionen und einem minimalen gesellschaftlichen Konsens. Bis zu einem gewissen Grade lassen die neueren Darstellungen der Französischen Revolution Rückschlüsse auf die Biographien ihrer Verfasser zu: Diese sind häufig *anciens communistes* oder *marxistes* voller Reue, daß sie einmal die Geschichte dieser Revolution in Kategorien des marxistischen Schemas für den Fortschritt der Menschheit deuteten. Der über Bord geworfene Marxismus hat sich für diese ausgezeichneten Historiker, und für ihre Leser, als ebenso nützlich erwiesen wie der bekräftigte Marxismus.[13]

Für Marx und die Sozialisten seiner Zeit und nachfolgender Generationen war die Französische Revolution teils eine Vorwegnahme, teils ein Modell der angestrebten künftigen großen Revolution. Sie interpretierten sie so, wie die Führer des revolutionären Frankreich die Geschichte der römischen Republik interpretierten – indem sie den Akteuren ihre eigene Kleidung verpaßten, sich eine Vorstellung von dem Drama nach ihren eigenen Begriffen machten und die mit ihren eigenen Zielen am besten zu vereinbarenden Schlüsse zogen. Mit anderen Worten, nicht allein die tatsächlichen, objektiven Abfolgen von Ereignissen, sondern auch subjektive Modelle derselben bestimmen Denken und Werk künftiger Generationen. Daher schreiben aufeinanderfolgende Generationen von Historikern die Vergangenheit ständig neu. Das wichtigste Vermächtnis der Französischen Revolution dürfte in dem durch sie erbrachten Beweis bestehen, daß Ideen zählen. Die Ideen und Empfindungen der Aufklärung etablierten sich dort, wo das angestammte philosophische Terrain der Sozialisten entstand. Die Verbindung von Altar und Thron, die religiöse Legitimation der Macht kennzeichneten die meisten menschlichen Gesellschaften und Regime. Die Allianz lebt weiter – aber eine mögliche, bedeutende Alternative war der aufklärerische Entwurf einer Menschheit, die sich von geistiger Knechtschaft befreit hat.

Religion wurde nahezu in ihrer Gesamtheit neu interpretiert als ein Zeichen von Blindheit, ihre Akzeptanz als selbstauferlegte Demütigung, die in politischer und sozialer Unterwürfigkeit resultierte. Wenn die Menschen jemals aufrecht gehen sollten, mußten sie einsehen, daß sie Gott nach ihrem eigenen Bild geschaffen hatten. Indem sie Religion im Sinne von Mitleid, Solidarität und Tugend neu begriff, würde die Menschheit lernen, nur die Autorität ihrer eigenen Macht anzuerkennen. Diese Talente waren unterdrückt, ja, hinter Schloß und Riegel gehalten worden. Jetzt war die Zeit gekommen, sie freizusetzen: Intelligenz und sittliche Kompetenz oder eine innewohnende Vernunft. Die Vernunft konnte sich auf eine Tatsache stützen, die vergangene Epochen nicht anerkennen konnten (oder wollten): daß es möglich war, eine soziale Ordnung nach dem Vorbild einer gütigen Natur zu errichten. Die ersten Triumphe der Naturwissenschaften, die Newtonsche Physik und die sich aus der Beherrschung der Erde ergebenden immensen Kräfte hatten moralische und gesellschaftliche Entsprechungen – eine angewandte Wissenschaft der Humanität.

Diese Überzeugungen waren international: Man erinnere sich, daß Kant seinen täglichen Spaziergang, nach dem die Bürger Königsbergs ihre Uhren zu stellen pflegten, nur einmal versäumte, nämlich an dem Tag, an dem er von der Lektüre von Rousseaus »Emile« zutiefst gefesselt war. Die Amerikanische und die Französische Revolution wurden von den Zeitgenossen und nachfolgenden Generationen als konkrete Experimente in der Philosophie der Aufklärung bezeichnet. Die Reaktion war geteilt. Viele europäische Verteidiger der Tradition erblickten in der neuen amerikanischen Republik – ungeachtet deren Billigung der Sklaverei und verfassungsmäßig verankerter Voreinge-

nommenheit zugunsten der Eigentumsrechte – eine gottlose Zurückweisung der rechtmäßigen Autorität. Das jakobinische Gedankengut
in Frankreich ruft bis auf den heutigen Tag Abscheu hervor.

Die Bewegung der Romantik wurde weitgehend als Teil einer Gegen-
aufklärung aufgefaßt, als ein Appell an Leidenschaft und irrationale
Energie gegenüber dem kühlen Rationalismus der Aufklärung. Diese
Antithese ist überzogen und in manchen Fällen falsch. Wordsworth'
Bemerkungen über die Französische Revolution, daß es Glückseligkeit
war, damals zu leben, ist einiges Gewicht beizumessen.[14] In seiner
Beschreibung der Entfremdung machte Marx sich Schillers Meinung
zu eigen, daß Menschen niemals in höherem Maße sie selbst seien als
beim Spiel – das heißt, niemals freier als in der Kunst.[15] Die Vorstellung von einer Menschheit, bestehend aus Künstlern, die jeweils
ihre eigene Welt erschaffen (im Unterschied zu der heutigen narzißtischen Überzeugung, daß jeder von uns seine eigene Identität erfinden könne), lag seiner Beurteilung der abstumpfenden Wirkung der
Arbeit an der Maschine und der Serienproduktion zugrunde. Die Berufung der Romantik auf eine erreichbare Welt der kraftvollen Tätigkeit, des Gefühls und der Freiheit ermöglichte nicht nur, sondern erzeugte revolutionäre Visionen. Was die nostalgische Komponente der
Romantik betrifft, ihre Wesensverwandtschaft mit einer Welt, die durch
die Industrialisierung zerstört zu werden drohte, läßt sich argumentieren, daß die Romantiker die Umweltbewegung initiierten. Sie gaben
dem Sozialismus das Gefühl, beides zurückzufordern, eine gemeinschaftliche Vergangenheit und ein fürsorglicheres Verhältnis zur Natur.

Zusammen mit der Vernunft der Aufklärung und der Leidenschaft
der Romantik bildete der Glaube an den Fortschritt die treibende geistige Kraft des Sozialismus. Für die Sozialisten war Fortschritt ein integraler Bestandteil sowohl der Beherrschung der Natur als auch der
Möglichkeit, eine gerechtere gesellschaftliche Ordnung zu erlangen, nach einer ausgedehnten vorgeschichtlichen Periode eine wahrhaft humane Geschichte zu beginnen, wie Marx es formulierte. Das
»Manifest der Kommunistischen Partei« von 1848 ist, wie immer man
es interpretiert, ein Lobgesang auf die historischen Errungenschaften
der Bourgeoisie und auf die fortgesetzten Innovationen des Kapitalismus. Engels und Marx kannten sich in der Wissenschaft ihrer Zeit
aus, bewunderten Denker wie Darwin und betrachteten den Marxismus als wissenschaftlich, als eine Fusion geschichts- und naturwis-
senschaftlicher Analysen. Marx' Evolutionsschema (demzufolge die

Geschichte aller bisherigen Gesellschaften die Geschichte von aufeinanderfolgenden Klassenkämpfen ist), mit der Etablierung des Sozialismus als Höhepunkt, ist eine Verweltlichung der christlichen Theo-
dizee. Allerdings begriffen Engels und Marx dieses Schema als völlig
frei von jeglichem metahistorischen Hintergrund. Die meisten späteren Marxisten vertraten eine rigoros positivistische erkenntnistheore-
tische Grundhaltung. Mit Ausnahme einiger religiöser Sozialisten –
und einiger sozialistischer Existentialisten – sahen sich die meisten
Sozialisten nicht nur im Lager des Fortschritts, sondern als dessen
Speerspitze. Hinderten Antisemitismus, ethnischer Haß und nationaler Chauvinismus, patriarchalisches Vorurteil, Unselbständigkeit und
schlichte Ignoranz oder Dummheit sowie die diversen Formen der
Käuflichkeit Millionen daran, sich dem Sozialismus anzuschließen,
obwohl er doch so offensichtlich in ihrem Interesse lag? Wie auch
immer, am Ende würde die fortschrittliche Strömung der Geschichte
sie in das sozialistische Lager tragen. Als sozialistische Massenparteien
die Macht – oder vielmehr die Regierungsgeschäfte – übernahmen,
waren sie da nicht durch höchst unbrüderliche Streitigkeiten gespalten? Verfielen die sowjetische und die chinesische Revolution etwa
nicht in Deformation und Rückschrittlichkeit – hervorgerufen keineswegs durch die Machenschaften der kapitalistischen Welt, sondern
durch das Wiederaufleben der weniger hehren Traditionen ihrer
jeweiligen Gesellschaft? Das waren bedauerliche, ja tragische historische Zwischenfälle – aber am Ende würde das dauerhafte Gute über
das flüchtige Böse triumphieren. Die der Fortschrittsidee verhafteten
Sozialisten waren fortgesetzt überrascht, wenn die Geschichte von
dem von ihnen für sie vorgesehenen Kurs abwich. Im Laufe der Zeit,
als den Enttäuschungen die Katastrophen folgten, überdachten einige
Sozialisten die philosophische Grundlage ihrer Politik. Christliche
Sozialisten und besonnene Marxisten reagierten auf die nach 1945
einsetzende Säkularisierung des Sozialismus, auf seine Bekehrung zur
Praxis der technokratischen Sozialreform, indem sie sich – in der
Regel dann, wenn sie von der Ausübung der Macht weit entfernt
waren – auf der Suche nach einem möglichen Neuanfang in die Geschichte vertieften. Immerhin war die kritische Beurteilung der Fortschrittsidee durch diejenigen, die manche Veränderungen immer noch
für möglich hielten, ungleich erhellender als die zwanghafte Verherrlichung eines sterilen Liberalismus durch viele, die unter dem Trauma
der historischen Verbindung von Faschismus und Stalinismus litten.

Der einzigartige Dualismus des Sozialismus als einer verweltlichten Erlösungskirche und einer profanen sozialen Bewegung war während seiner ganzen Geschichte offenkundig. Diese Geschichte verlief alles andere als geradlinig. Rückblickend läßt sich sagen, daß sie eher einem Gemälde von Pollock als einem von Delacroix glich. Während der Kapitalismus auf dem europäischen Kontinent voranschritt, nahmen die einzelnen sozialistischen Bewegungen das Gepräge ihrer jeweiligen nationalen Umgebung an. Die Franzosen besannen sich auf die Sansculotten, die Pariser Revolutionsausschüsse, die Engländer auf die radikalen Sektierer des 17. Jahrhunderts. In Gesellschaften mit stark einengender nationaler Vergangenheit (Italien und Spanien) konnten sich die frühen Sozialisten sogar noch freiere Geschichtsdarstellungen erlauben. Möglicherweise war das Aufflammen des Anarchismus in Südeuropa ein Zeichen dafür, wie unerhört neu eine offene Klassenpolitik in Gesellschaften war, die kein politisches Leben gekannt hatten. In der Tat waren die ersten Sozialisten nicht etwa Industriearbeiter, sondern kleine Handwerksmeister und deren Gesellen, für die der Industriekapitalismus den Verlust ihres Status als unabhängige Handwerker bedeutete. Als sich nach und nach die sozialistischen Gruppierungen bildeten, waren ihre Mitglieder in erster Linie gelernte und relativ gebildete Arbeiter mit genug Selbstachtung und hinreichenden kulturellen Ressourcen, um über ihre Lage kritisch nachzudenken. Die zur Fabrikarbeit genötigte arme Landbevölkerung, die zu städtischem Elend verurteilte neue Arbeiterklasse, war oft so überfordert mit dem Kampf ums tägliche Brot, daß sie weder die Energie noch die Zeit noch die Aufnahmefähigkeit besaß, um einer größeren Bewegung zur Beseitigung der Übelstände beizutreten. Darüber hinaus wurden diese Bewegungen oft verfolgt, und dann bedurfte es ungewöhnlicher Opferbereitschaft und persönlicher Charakterstärke, sich ihnen anzuschließen.

Die frühen Bewegungen begriffen sich zuweilen als Bestandteile umfassenderer – wenn auch oft noch in den Kinderschuhen steckender – Koalitionen zur Institutionalisierung der Demokratie. Der britische Sozialismus entstand aus dem Chartismus, der deutsche Sozialismus aus den 1848 unterlegenen Gruppierungen, der französische aus dem Gedankengut von 1789 und 1793. In den Vereinigten Staaten absorbierte der Abolitionismus viele der Energien, die andernorts der Sozialismus für sich gewinnen konnte. Tatsächlich schlossen sich nach dem amerikanischen Bürgerkrieg (und infolge des von ihm ausgelösten ungeheuren Aufschwungs der amerikanischen Industrie) viele Abolitionisten den aufkommenden Arbeiterbewegungen an.

In der Neuen Welt brachten ein Immigrantenstrom und dann eine Immigrantenflut viele europäische Sozialisten mit ihren Ideen ins Land. Aber die ethnische und religiöse Vielfalt innerhalb der industriellen Arbeiterklasse erschwerten das Zustandekommen eines gemeinsamen sozialen Projekts. Überdies fiel ein zentraler Aspekt vieler europäischer Kämpfe in den Vereinigten Staaten weg: Dort galt – Indianer, Asiaten, Schwarze und Frauen ausgenommen – das allgemeine Wahlrecht. Migrationen fanden auch innerhalb Europas statt: Polen wanderten ins Ruhrgebiet aus, Slawen nach Österreich, Italiener nach Frankreich. Weite Gebiete Südeuropas waren von der Industrialisierung unberührt: der Süden Italiens und ein Großteil Spaniens. Diese Unterschiedlichkeit der politischen und sozialen Rahmenbedingungen, der Zusammensetzung der Arbeiterklasse, auch der Organisation des Kapitals bewirkten, daß der Sozialismus nicht nur eurozentrisch war, sondern sich, wie Marx erkannte, auf einige wenige Länder (Frankreich, Großbritannien und Deutschland) konzentrierte. Der Vormarsch des industriellen Kapitalismus, so Marx, würde die übrigen Nationen ebenso verwandeln, wie das kapitalistische Mutterland in Nordwesteuropa durch ihn verwandelt worden war. Unterdessen mußten sich die frühen Sozialisten mit Konkurrenten wie den Anarchisten und, im zaristischen Rußland, mit den *Narodniki*, den Populisten, auseinandersetzen.

In den Vereinigten Staaten kam die moderne Arbeiterbewegung (ebenso wie die amerikanischen sozialistischen Bewegungen) erst nach dem Sezessionskrieg auf. Der moderne europäische Sozialismus, so wie er sich Anfang des 20. Jahrhunderts darbot, zeichnete sich erst mit der nach dem deutsch-französischen Krieg von 1870/71 einsetzenden vollen Entfaltung des Kapitalismus ab. Die brutale Unterdrückung der Pariser Kommune durch die französische Partei der Ordnung bedeutete, daß in Westeuropa eine revolutionäre Aktion nicht mehr unmittelbar den Sozialismus würde herbeiführen können. Rückgriffe auf die Französische Revolution und auf 1848 erschienen überholt. In parlamentarisch regierten Ländern wurde den Sozialisten widerstrebend politische Legitimität eingeräumt; sie mußten nun nicht mehr Bewegungen, sondern politische Parteien ins Leben rufen, um bei Wahlen kandidieren zu können. Diese Parteien befanden sich – anders als die meisten anderen Parteien – in einem Zustand ständiger moralischer Spannung. Einerseits waren sie im Grunde Bewegungen, übernahmen wichtige pädagogische Aufgaben und hatten ihre eigene Kultur – sie waren mit nichts so sehr vergleichbar wie mit Religionsgemeinschaften. Rhetorisch beabsichtigten sie die völlige Transformation der Gesellschaft. Andererseits mußten sie zusammen mit den Gewerkschaften (die selbst erst ganz allmählich nicht mehr direkten Verboten und ständigen Schikanen ausgesetzt waren) die unmittelbaren Interessen ihrer Mitglieder verteidigen.

Die konjunkturellen Schwankungen des Kapitalismus stürzten die zahlenmäßig ständig wachsende Arbeiterklasse in furchtbares Elend, aber der Lebensstandard stieg, wenn auch ungleichmäßig. Und was ebenso wichtig war, die Anfänge staatlicher Vorsorge machten sich bemerkbar: Sozialversicherung in Deutschland und Österreich-Ungarn, andernorts Verordnungen über die Sicherheit am Arbeitsplatz, eine verspätete Sozialversicherung in Großbritannien. Der Kapitalismus war nach wie vor weitgehend grausam und brutal. Gerade als die Sozialisten die größtmögliche Konzentration von Anlässen erwarteten, die eine Veränderung heraufbeschworen hätten, wurden in den Mutterländern des Kapitalismus die Kräfte, die für einen völligen Umschwung hätten mobilisiert werden müssen, durch kapitalistische Zugeständnisse geschwächt, die der sozialistische Druck den widerstrebenden herrschenden Eliten aufgezwungen hatte. Was immer ihre Motive gewesen sein mögen (und es gab noch andere, wie wir sehen werden), die Eliten vermochten ihre Herrschaft über die Staatsgewalt und mehr noch über die sozialen Ressourcen zu festigen. Sie lebten in angsterfüllter Erwartung einer sozialistischen Revolution – eine Furcht, die auf die Vereinigten Staaten übergriff und dort sowohl lokal zu polizeistaatlichen Zuständen (ebenso grausam wie ihre europäischen Entsprechungen, wenn nicht noch schlimmer) als auch zu den Reformen der Progressiven führte.

Die sozialistischen Führer und Denker teilten mit vielen ihrer Gegner den Glauben an den Fortschritt – wenn sie unter Fortschritt auch etwas ganz anderes verstanden. Nachdem sie (wie die Bewegung selbst) ihre Laufbahn mit der Vorstellung vom Kapitalismus als eines ausschließlichen Unterdrückers und Verursachers der bevorstehenden völligen Verarmung begonnen hatten, fiel es ihnen schwer, sich einem sehr viel differenzierteren und politisch flexibleren Kapitalismus anzupassen. Oder aber sie paßten sich allzu gut an, fanden aber keinen unmittelbaren Ersatz für den revolutionären Elan und die eschatologischen Hoffnungen, die die ersten beiden Drittel des 19. Jahrhunderts gekennzeichnet hatten. Die sozialistischen Parteien entwickelten sich bürokratisch in Frankreich, Deutschland und Österreich-Ungarn (sowie, unter ungleich härteren Bedingungen, im zaristischen Rußland). Sie boten ihren Kadern dauerhafte Beschäftigung und suchten eine spezifisch sozialistische Kultur zu verbreiten. (Wien besaß ein Arbeiter-Symphonieorchester, bis die österreichischen Faschisten 1934 die Sozialdemokratie zerschlugen.) Lager, Schulen, Bücher, Zusammenkünfte und Publikationen sorgten für eine sozialistische Erziehung. Die kulturelle Hegemonie der sozialistischen Parteien über ihre Anhängerschaft unter den Arbeitern war 1899 in vielen Ländern mit Sicherheit stärker ausgeprägt als ein halbes Jahrhundert später. Heutzutage ist sie natürlich kaum spürbar.

Wofür wurde diese Hegemonie eingesetzt? Zweifellos stärkte sie die Solidarität der Arbeiterklasse – aber diese Solidarität kam zustande durch das Wohnen in Arbeitervierteln, durch ähnliche Beschäftigungen und gleichartige Lebenszyklen. Außerdem gab es ein erhebliches Maß an Gegenerziehung. Diese war ausgeprägt in Italien, wo ihr ein gewisser Antiklerikalismus zugute kam, und in Deutschland, wo das staatliche Lehrpersonal häufig chauvinistisch und kaisertreu war. In Frankreich mit seinen republikanischen Lehrern war der Bedarf an Gegenerziehung etwas geringer. In England (nicht in Wales und Schottland) ermutigte die materielle und moralische Armut der Schulen, die der Arbeiterklasse zur Verfügung standen, die Gründung alternativer Lehranstalten. Gegenerziehung bedingte selbstverständlich Unterweisung in sozialistischer Ökonomie, aber auch in den Idealen der Demokratie und des Internationalismus. Eine gewisse Beachtung wurde den Naturwissenschaften geschenkt, die als endgültige Antwort auf die Behauptungen der Religion dargestellt wurden.

Die wesentlichen intellektuellen Postulate der Kultur der sozialistischen Bewegungen unterschieden sich kaum von denen des aufgeklärten Bürgertums der Zeit von 1871 bis 1914. Viele sozialistische Führer stammten nicht aus der Arbeiterklasse, sondern waren selber bürgerlicher Herkunft. Kautsky wies feinfühlig und Lenin brutal darauf hin, daß es häufig Außenstehende waren, die der Arbeiterklasse ein historisches Bewußtsein vermittelten. Die täglichen Kämpfe der Arbeiterschaft mußten an ihrer Statt und vor ihren Ohren von mit der Bewegung sympathisierenden Intellektuellen interpretiert werden. Kautsky folgerte daraus die Notwendigkeit einer bürokratischen Partei deutschen Typs, die Kadern aus den mittleren Schichten nicht nur Beschäftigung geben, sondern auch eine Strategie liefern würde, um die gebildete Mittelschicht für die Arbeiterklasse zu gewinnen. Lenin bediente sich – unter ganz anderen Umständen – dieses Arguments, um seine Idee einer sich als Avantgarde der Bewegung verstehenden Partei zu rechtfertigen, die die Macht in der Bewegung bei sich konzentrieren würde.[16]

Für die westeuropäischen Parteien waren diese kulturellen Fragen untrennbar mit ihren quälenden Debatten über den Reformismus verbunden, den sie trotz ihrer revolutionären Rhetorik praktizierten. Zugegeben, eine Veränderung der Gesellschaft war nur mit Hilfe wesentlicher Elemente aus der Bourgeoisie möglich – aber in diesem Fall, ganz abgesehen von deren wirtschaftlichem und gesellschaftlichem Los, konnte man kaum von ihnen erwarten, daß sie ihre Kultur aufgaben. Die sozialistischen Parteien wiederum begriffen sich nicht einfach als Interessenverbände: Sie wollten eine neue Gesellschaft, neue Möglichkeiten persönlicher Entfaltung, eine neue Kultur. Dabei wurden die kulturellen Aufgaben der Bewegung aber gerade denjenigen übertragen, die mit der Kultur der Gesellschaft, die es doch zu verdrängen galt, aufgewachsen und gründlich vertraut waren.

Auf diesen offenkundigen Widerspruch wurden des öfteren zwei Antworten laut: Die erste lautete, daß nicht genügend bürgerliche Kultur für alle verfügbar war, um allen zu genügen. Die ästhetischen und moralischen Wertvorstellungen Goethes und Kants, Mills und Wordsworth', Flauberts und Rousseaus blieben begrenzt und blockiert, ungeeignet, in einer Klassengesellschaft verwirklicht zu werden. Waren die Blockaden durch die Klassengesellschaft ausgeschaltet, konnte jeder ein Bourgeois mit der entsprechenden Kultur werden. Eine weitere Antwort wurde später (und unter der Illusion, daß die sowjetische Revolution ein echtes sozialistisches Projekt sei) von Gramsci und Lukács gegeben. Wären sozialistische Institutionen einmal etabliert, würden neue kulturelle Zusammenhänge und neue Wertvorstellungen entstehen, die man unmöglich mit einiger Genauigkeit vorhersagen oder auf die man sich im voraus einstellen könne, die aber mit Sicherheit völlig anders sein würden. Wenn das jedoch zuträfe, mit welchen Überzeugungen, Empfindungen und Wertvorstellungen konnten die Sozialisten für die Politik in der Gegenwart mobil machen? Die kulturellen Schwierigkeiten der Sozialisten waren analog denen der Christen in einer weltlichen Gesellschaft. Sagte nicht

Renan, die Christen hätten das Reich Gottes erwartet – und die
römisch-katholische Kirche bekommen?[17]

Die sozialistische Eschatologie – um bei theologischen Begriffen zu
bleiben – stellte sich ein Jüngstes Gericht in Form einer finalen kapitalistischen Krise vor. Überproduktion und Unterbeschäftigung, eine
sinkende Profitrate, die das Unternehmertum zu immer rücksichts-
loserer Ausbeutung der Arbeiterschaft zwänge, würden zu einer uner-
träglichen Verelendung führen, die, im Verein mit den seelischen
Nöten der Ausgebeuteten, dieselben für die sozialistische Heilsbot-
schaft empfänglich machen würde. Diese würde von den sozialistischen Parteien, der Avantgarde und Elite der Arbeiterklasse (zusammen mit den vorausschauenden Elementen aus der bürgerlichen
Gesellschaft, zunächst der Intelligenz, später anderen) verkündet werden. Sie würden darauf hinweisen, daß die Lösung in den entscheidenden Institutionen des Kapitalismus selbst liege, der durch Konzentration, Oligopolisierung und Monopolisierung große Kapital-
sektoren bereits sozialisiert habe. Bliebe dann nur noch, diese implizite
Sozialisierung beziehungsweise Verstaatlichung durch Überführung
in gesamtgesellschaftliches Eigentum anzuerkennen – und die Re-
organisation der Wirtschaft sowie der Gesellschaft auf der Grundlage
eines neuen Gesellschaftsvertrags einzuleiten. In den parlamentarischen Demokratien (das hat Marx gemeint, als er in seinem späteren
Leben über die »politische Ökonomie« der Arbeiterklasse schrieb)
würde einiges davon, wenn auch kaum sehr viel, durch demokratische Mittel erreicht werden können.

Trotz der wirtschaftlichen und gesellschaftlichen Schwächen des
Kapitalismus, ja sogar trotz seines angeblichen Endstadiums, blieb
seine Fähigkeit zu organisiertem Widerstand und zur Reaktion ungebrochen. Das stand in einem gewissen Widerspruch zu dem umfassenderen Determinismus des Schemas – ein Widerspruch, der jedoch
aufgelöst wurde durch den Rückgriff auf eine Vorhersage über das ultimative Schicksal des kapitalistischen Widerstands: vergeblich. Auf
den engstirnigen Einwand, wenn das Schicksal des Kapitalismus ohnehin besiegelt sei, weshalb man sich dann mit sozialistischer Organisation und sozialistischem Kampf befassen solle, folgte die (nicht
unvernünftige) Entgegnung, daß auch das ein notwendiger Bestandteil des historischen Prozesses sei. Allerdings warf die Erörterung des
kapitalistischen Widerstands recht unmittelbar die Frage nach der
relativen Autonomie der Politik auf. Was, wenn außer den der wirt-

schaftlichen Entwicklung inhärenten Kräften noch andere Faktoren nicht nur wichtig, sondern ebenso wichtig wären wie die Prozesse sozio-ökonomischer Strukturierung (und bisweilen noch wichtiger als diese)? Diese Frage beantwortete Engels gegen Ende seines Lebens mit der Äußerung, wirtschaftliche Elemente seien »letzten Endes« entscheidend.[18] Aber wie lange würde es dauern bis zu dem Zeitpunkt im historischen Prozeß, da diese Kräfte ihre Wirkung entfalteten – und trugen andere Kräfte dazu bei, gesellschaftliche Strukturen und deren innere Mechanismen zu festigen?

Die Sozialisten brauchten nur um sich zu blicken, um festzustellen, daß durchaus noch andere historische Kräfte am Werk waren. Ungeachtet der internationalen Gesinnung ihrer Führer und Denker waren die Bewegungen in der täglichen Praxis national orientiert. Die französischen Sozialisten faßten ihre Aufgabe als unmittelbar dem Vermächtnis der Französischen Revolution verpflichtet auf und verbündeten sich daher mit den Republikanern. Die deutschen Sozialisten waren sich bewußt, daß das zentrale Faktum der Geschichte ihrer Nation das Versäumnis war, auf die Französische Revolution positiv reagiert zu haben, und daß sie eine beträchtliche Komponente der demokratischen Bewegung ihres Landes darstellten. Die britische Labour Party wurde erheblich später als die übrigen sozialistischen Parteien gegründet, unter anderem weil die parlamentarische Demokratie und einige bürgerliche Freiheiten im Vereinigten Königreich bereits etabliert und somit nicht Teil des Programms der Labour Party waren. Für die Sozialisten im zaristischen Rußland und in Österreich-Ungarn stand indessen die Nationalitätenfrage im Vordergrund. Die Staaten, in denen sie sich befanden, waren multinational, ein Problem, dem sie sich nicht entziehen konnten. Auch die Religion komplizierte die Aufgabe für die Sozialisten. Die französischen Sozialisten begriffen sich als Teil des antiklerikalen Blocks, der die Revolution im Grunde bewerkstelligt hatte. Die britischen Sozialisten hingegen, insbesondere die walisischen und schottischen Mitglieder der organisierten Arbeiterbewegung, waren vom christlichen Sozialismus durchdrungen. In Mittel- und Osteuropa waren viele sozialistische Führer – wenn auch nicht praktizierende – Juden, ein Umstand, den man nicht ohne weiteres außer acht lassen oder nach innen und nach außen mit ein paar Phrasen abtun konnte.

Die Sozialisten mußten um die Loyalität der Arbeiterklasse mit drei Hauptströmungen und -bewegungen konkurrieren. Die beiden jüngeren päpstlichen Sozial-Enzykliken *Centesimus annus* und *In Re Solicitudnis* lassen, was eine gründliche Kritik des Kapitalismus und der menschlich verheerenden Auswirkungen der Marktwirtschaft anbelangt, wenig zu wünschen übrig.[19] Die Herausforderung der marxistischen Sozialisten und der säkular orientierten Sozialisten generell durch den Papst besteht in dessen Beharren auf einer christlichen Variante der Unantastbarkeit der Gemeinschaft und der Persönlichkeit; seine Ansichten über das traditionelle katholische Thema der Subsidiarität sind eher nachgeordnet. Subsidiarität kann, wie wir sehen werden, gewissen sozialistischen Vorstellungen von partizipatorischer Demokratie und politischer Macht der Arbeiterschaft so nahe kommen, daß sie unter modernen Rahmenbedingungen zu etwas völlig anderem als einer eindeutigen Ablehnung des Sozialismus wird. Das zumindest würde ein so prominenter Sozialist – und Katholik – wie Jacques Delors sagen.[20]

Europa blieb das ganze 19. Jahrhundert über weitgehend ländlich geprägt, und Millionen ehemaliger Landarbeiter, die sich der Arbeiterklasse in den Städten hinzugesellten, brachten ihre bäuerliche Grundeinstellung mit. Die Landbevölkerung war ein Bollwerk des Christentums – aber durchaus kein unkompliziertes. Tiefgreifender Antiklerikalismus und Groll über das Bündnis von Kirche und Grundbesitzern herrschten unter der Bauernbevölkerung, die absolut nicht bereit war, die Führerschaft entweder der Sozialisten oder der bürgerlichen Jakobiner anzuerkennen. Der strukturelle Verfall der moralischen und politischen Autorität der Kirche stellte für enttäuschte Christen keinen zwingenden Grund dar, die Lehren der Aufklärung anzunehmen. Viele – zum Teil seit langem bestehende – Strömungen sorgten in den Kirchen des 19. Jahrhunderts für Unruhe. Besonders in der katholischen Kirche kam es innerhalb des Klerus zu Loyalitäts- und Interessenkonflikten. Diejenigen Katholiken, die das Bündnis von Altar und Thron – oder Altar und Geld – für verwerflich hielten, vertraten diese Überzeugung aufgrund ihres Glaubens an ein auf das Wesentliche reduziertes Christentum. Die katholische Kirche bekämpfte insbesondere das Vermächtnis der Französischen Revolution – aber nicht ausschließlich wegen des weltlichen Rationalismus der Revolution, sondern aufgrund ihrer Konkurrenz als Religion der Menschlichkeit und des Fortschritts. Es waren die Untergrabung des Sonderstatus der Kirche als eines separaten, maßgeblichen Standes und die Verbreitung einer abstrakten Bürgerrechts-Idee als Fundament der politischen Gemeinschaft (samt der möglichen Integration von Protestanten, Juden, Agnostikern und Atheisten in diese Gemeinschaft), die die Kirche in höchste Unruhe versetzten. Katholische Philosophen und Theologen, ein ganzes Spektrum von Apologeten machte geltend, daß die Zerstörung einer unter dem Schutz der Kirche stehenden christlichen Staatsführung nur zu Anarchie und Chaos führen könne (wie das im revolutionären Frankreich der Fall gewesen sei) oder (ebenso unheilvoll) zu der Art Vergötterung menschlicher Autonomie, wie sie der Liberalismus mit sich bringe.

Diejenigen, die guten Grund zu der Befürchtung hatten, daß das Vermächtnis der Revolution sie – materiell und spirituell – enteignen würde, traten einer von der Kirche organisierten vereinigten Front der Reaktion bei. (Der Begriff Reaktion als solcher wurde eigens in diesem Zusammenhang geprägt; gemeint war die auf den Sturz der jakobinischen Diktatur am 9. Thermidor II [1794] folgende politische Reaktion.) Der Historiker Arno Mayer argumentierte, unter der Oberfläche eines in der Industrialisierung begriffenen Europa seien bis zum Ende des Ersten Weltkriegs die ländlichen Eliten und der Landadel nach wie vor sehr mächtig gewesen, sie hätten noch immer den Staatsapparat und insbesondere die Armeen in den jeweiligen Ländern Europas beherrscht.[21] Sicher ist, daß – entgegen der simplen Vorstellung, die Wucht des Fortschritts habe das Christentum an die Wand gedrückt – die etablierte Religion mit ihren Überzeugungen und Empfindungen ein ganz zentrales Element in der europäischen Kultur und Politik war und blieb, trotz des intellektuellen Erbes der Revolution, trotz des Darwinismus und trotz der ständig wachsenden Zahl säkularer Propheten und Prophezeiungen.

Das Fortbestehen der katholischen Kirche war zum Teil auf die Tatsache zurückzuführen, daß sie eine Kirche der Armen war. Es ist ein Fehler, den Katholizismus ausschließlich mit vorindustriellen Anschauungen zu identifizieren. Von dieser irrigen Annahme – eine aus der Einbettung der Kirche in vorindustrielle Strukturen und Regionen allzu voreilig gezogene Schlußfolgerung – sind auch das Luthertum und die orthodoxe Kirche betroffen. Genauer gesagt, die wechselseitige Durchdringung von Kirche und familiären wie dörflichen Strukturen, die Präsenz der Kirche im täglichen Leben machten sie zum bevorzugten Zufluchtsort in Krisenzeiten. Im Europa des 19. Jahrhunderts wurden die mit dem Aufstieg des Industiekapitalismus eingeführten Umstellungen als grausam empfunden. Die

Kirche war zur Stelle, bot eine gewisse moralische Unterstützung und schaltete sich zeitweise in den Kampf um materielles Wohlergehen ein. Die Kirche begleitete die Landarbeiter in die Stadt und überquerte den Atlantik mit den Auswanderern in die Vereinigten Staaten. Die moderne oder modernistische Partei innerhalb der Kirche regte eine andere Art des Widerstands gegen den Kapitalismus an.

Sie schlug vor, sich der neueren Institutionen des 19. Jahrhunderts zu bedienen (der Zeitung anstelle des Katechismus, der politischen Partei anstelle der örtlichen Bruderschaft), nicht nur, um die Interessen der Kirche zu verteidigen, sondern auch, um diese Interessen neu zu formulieren. Die Modernisten beteiligten sich am Kampf um den materiellen und moralischen Schutz der neuen Arbeiterklasse, indem sie dem Kapitalismus abwechselnd Widerstand entgegensetzten und dann wieder – bei gewissen Gegenleistungen – mit ihm kollaborierten. Das führte im 19. Jahrhundert zur Entwicklung eines sozialen Katholizismus, der offenkundig ein Kompromißgebilde war. Er stellte die Klassenverhältnisse nicht als entweder gut oder als unwandelbar hin, sondern hob die Möglichkeiten einer Klassenkollaboration hervor, die die Sozialisten sich nicht (oder noch nicht) vorstellen konnten. Er beharrte auf diesen Möglichkeiten, weil seine Vermutungen hinsichtlich des tatsächlichen und möglichen Verlaufs der Menschheitsgeschichte so ganz anders waren – er war an Sündhaftigkeit gewöhnt.

Es ist unsinnig anzunehmen, die Kirche habe sich des Quietismus befleißigt, weil sie alles *sub specie aeternitatis* sah. Es wäre nicht weniger unsinnig, die unterschiedliche Art und Weise außer acht zu lassen, in der die Fortschrittsdoktrin des Sozialismus einerseits und letztlich die Resignation des Christentums angesichts der Unvollkommenheit in der Geschichte andererseits die Ansichten über historische Möglichkeiten beeinflußten. Auch in den beiden großen, den Sozialismus bekämpfenden Bewegungen – im Nationalismus und im Antisemitismus – gab es christliche Elemente. Die Grenzen zwischen Bewegungen, Ideologien und deren jeweiligen Anhängern waren durchaus fließend.

Hielt der Protestantismus in seinem nimmermüden Bestreben, die Welt rational zu erklären, ein bürgerliches Gegenstück zum proletarischen Progressivismus des Sozialismus bereit? Vermeiden wir vor allem die oberflächliche Übernahme der Ansicht Max Webers über das Verhältnis zwischen Protestantismus und Fortschritt, die zu ihrer Entstellung und Simplifizierung geführt hat. Weber war skeptisch im

Hinblick auf den letztlichen Triumph des säkularen Liberalismus, den so viele aus dem Protestantismus ableiteten.[22] Die protestantische Ethik, wie er sie begriff, lag in jedem Fall vorwiegend in ihrer inneren Disziplin, in ihrer rigorosen Entsagung der Versuchungen des Fleisches und in ihrer generellen Übereinstimmung mit der kapitalistischen Askese, einem calvinistischen Phänomen. Die lutherische ebenso wie die orthodoxe Kirche nahmen eine etwas abseitige Stellung ein. Rückblickend läßt sich heute vielleicht sagen, daß eine bestimmte Art des Katholizismus gegenüber der Verschiedenartigkeit des menschlichen Wesens toleranter war, aufgeschlossener für das Irrationale und Primitive (und in diesem Sinne Farbigere) im menschlichen Leben und auch aufgeschlossener für die kulturelle Vielfalt der Menschheit. Nicht Weber, sondern (der von Weber zitierte) John Wesley erkannte den Widerspruch zwischen der Neigung zur Kapitalakkumulation und deren Umschlagen ins Gegenteil, der Übersättigung der Reichen. Marx erblickte im Protestantismus das weltliche Mönchtum, das für Weber von so großer Bedeutung war. Viele der Frühsozialisten waren in der Tat Protestanten, und in den protestantischen Ländern gab es Strömungen des protestantischen Sozialismus und der Sozialreform, die dem sozialistischen Wagnis zuweilen näher kamen als die Formen des sozialen Katholizismus. Bürgerliche Protestanten standen in ihrer Weltsicht seltsamerweise sozialistischen Intellektuellen näher als die katholischen Sozialtheologen – möglicherweise weil diese Protestanten in gesellschaftlicher Herkunft, Temperament und Fortschrittsglauben den sozialistischen Intellektuellen ähnlicher waren, wenn nicht gar glichen.

Man hat schon längst festgestellt, daß zwischen dem Protestantismus und einer bestimmten Art von reformistischem Sozialismus eine gewisse Affinität besteht. Die Labour Party in Großbritannien, die Sozialdemokraten in Skandinavien, sogar die Sozialdemokraten in Deutschland (insbesondere nachdem die offizielle lutherische Kirche den ihr nach 1945 spirituell unmöglich gemachten Quietismus nicht mehr praktizieren konnte) standen dem Protestantismus nahe – näher als etwa in den romanischen Ländern die Sozialisten dem Katholizismus standen. Die Sache ist kompliziert, und wir müssen unterscheiden zwischen institutioneller Distanz und geistiger Ähnlichkeit oder Parallelität. Liberale Protestanten begriffen die moderne Welt als in einer Weise emanzipiert, wie dies die Katholiken nicht zu erkennen vermochten, und diese Protestanten entwickelten Ideen des

freiwilligen Zusammenschlusses (heute würden wir sagen, einer Zivilgesellschaft), die zumindest mit der Selbstorganisation der Arbeiterklasse in Einklang standen. Es gab Elemente des Sozialismus, die, bei
allem Kollektivismus, Doktrinen (und die Praxis) individuellen Urteils-
vermögens erforderten in einer Art und Weise, die auf die Priesterschaft aller Gläubigen zurückging.[23]

Doch gibt es ein großes historisches Problem. In einem vom Protestantismus beherrschten Land, den Vereinigten Staaten, schlug der
Sozialismus – trotz aller sozialen Doktrinen eines liberalen Protestantismus – keine Wurzeln. Vielleicht müssen wir es bei der Feststellung
bewenden lassen, daß (wiederum mit Ausnahme der Vereinigten Staaten) die vom Protestantismus wie von der Sozialdemokratie geprägten
Länder, sowohl was ihre wirtschaftliche Entwicklung als auch was
ihre staatliche Organisation anbelangt, äußerst fortgeschritten waren.
Dennoch erwies sich die deutsche Eigenstaatlichkeit (und mehr noch
die Konstruktion einer nationalen Gemeinschaft) als problematisch,
und das Vereinigte Königreich setzte sich aus mehreren in einem
einzigen Staat zusammengefaßten Nationen zusammen. Damit sind
wir bei der Nationalitätenfrage angelangt; aber ehe wir uns mit ihr
beschäftigen, wollen wir noch auf das Verhältnis zwischen Juden und
Sozialismus eingehen.

Da der Judaismus – ungeachtet aller universell gültigen moralischen
und politischen Lehren, die auf ihn zurückgehen mögen – eine Natio-
nalreligion ist, läßt er sich nicht unmittelbar mit dem Sozialismus in
Zusammenhang bringen. Es trifft zu, daß in der Tradition der Propheten großer Wert auf soziale Gerechtigkeit gelegt wurde und daß
innerhalb der jüdischen Gemeinden (besonders in der Diaspora) *cari-
tas* ausgeprägt war. Diese Tatsachen erklären jedoch kaum die Beharrlichkeit, die moralische Energie und das sittliche Pathos, mit denen
eine beachtliche Anzahl moderner Juden den Sozialismus zu ihrem
persönlichen Äquivalent einer säkularen Religion machte. In den
Begriffen als solchen liegt bereits der Ansatz zu einer Erklärung. Im
Zuge der Assimilation – oder vielmehr der Emanzipation mit der ver-
führerischen, aber trügerischen Verheißung künftiger Assimilation –
begannen einige Juden, sich nach einer neuen spirituellen Zuflucht
umzusehen. Manche fanden sie in der Relativierung des Judaismus,
die in ihren Augen zur Variante einer universellen Religion wurde –
Jehova nunmehr in höflicher Koexistenz mit anderen Göttern. Andere
fanden diese Zuflucht, indem sie sich an die Prinzipien der Auf-

klärung klammerten, die allein den Qualen des Andersseins ein Ende
setzen konnten, da sie den Weg zu einer Gesellschaft wiesen, welche
Juden in ihrer Eigenschaft als Menschen Schutz und Würde zu garantieren vermochte.[24]

Man erinnere sich an Marx' Kritik der – der Französischen (und der
amerikanischen) Revolution zu verdankenden – Doktrinen religiöser
Toleranz: Daß diese die Religion vom Staat befreiten, nicht aber die
Menschheit von der Religion. Religion sei das Zerrbild der Gefühle
einer Menschheit, die besser lernen sollte, auf eigenen Füßen zu stehen. Solange die Juden an ihren althergebrachten Überzeugungen
und Praktiken festhielten, würden sie sich den Zugang zu einem
erfüllten Menschsein erschweren, wenn auch nicht verschließen.
Darüber hinaus fand Marx die im neuen europäischen Kapitalismus
den Juden zugewiesenen oder von Juden übernommenen wirtschaftlichen Funktionen widerwärtig. Diese ließen sich zweifellos dadurch
erklären, daß die Juden in einem Europa, das sich selbst als christlich
bezeichnet hatte, eine Position am Rande der Gesellschaft einnahmen – mit grimmiger Ironie ging Marx auf die Tatsache ein, daß
Christen sich in der kapitalistischen Wirtschaft so amoralisch beneh-
men konnten wie Juden des schlimmsten antisemitischen Klischees.
Sein eigener Gebrauch dieses Klischees verriet ein gewisses Maß an
Selbsthaß – und das wiederum ist ein Hinweis auf die sehr gemischten
Beweggründe für seine Forderung nach einer ganz universellen Humanität.[25]

Es wäre jedoch abwegig, den gesamten dynamischen Einsatz der
Juden für die Verwirklichung der Prinzipien der Aufklärung einfach
ihrem Wunsch nach Verleugnung ihres Judentums zuzuschreiben.
Offensichtlich bestand eine geistige Wahlverwandtschaft zwischen
Juden, die spürten, daß die nachaufklärerische Gesellschaft kaum sehr
aufgeklärt war, und dem Projekt einer völligen Transformation der
Menschheit. Da ein jüdischer Nationalismus für die übrigen europäischen Völker unannehmbar war und eine Rückkehr zu diesem Nationalismus oder dessen liberaler Verwässerung ausschied, blieb als einzige Reaktion die Elimination jeglichen Nationalismus. Die Motive, die
viele jüdische Denker zum Liberalismus führten, waren die gleichen,
die andere zum Sozialismus trieben. Was die Juden in den Sozialismus einbrachten, war eine eigenartige Intensität, die in Wirklichkeit Ausdruck des erlösenden Messianismus der Religion war, die sie
angeblich ablehnten.

Der Reiz des Sozialismus für die Juden war jedoch mehr als nur spiritueller Natur. Mit Fortschreiten des 19. Jahrhunderts entwickelte sich in den westlichen Regionen des zaristischen Rußlands, in den galizischen Provinzen Österreich-Ungarns und im deutschen Teil Polens ein jüdisches Proletariat. Handwerker und wandernde Hausierer mochten etwas dafür übrig haben, chiliastische Sehnsüchte mit der Vision von einer besseren säkularen Welt zu verbinden – die jüdischen Industriearbeiter hingegen erlebten den Kapitalismus tatsächlich auf der untersten Stufe sowie an seinen kulturellen Grenzen. Es entwickelte sich eine jüdische Gewerkschaftsbewegung, separat von den anderen Gewerkschaften, aber mit ihnen verbunden. Auch hier war die nationale mit der sozialen Frage verknüpft: Die Juden sahen sich einer zweifachen Unterdrückung ausgesetzt. Assimilationsbestrebungen von Juden waren in den jüdischen Kreisen des Sozialismus deutlich spürbar. Welcher Ansatzpunkt wäre auch besser gewesen, sich der westlichen Kultur anzuschließen, als an ihrer Spitze – in der Versöhnung aller Gegensätze, dem Neuanfang, den der Sozialismus darstellen würde?

Einige jüdische Denker beunruhigte der Gedanke, daß der Antisemitismus höchstwahrscheinlich unter keinen wie auch immer gearteten Umständen je verschwinden würde. Einer dieser Männer war Moses Hess, ein früher Wegbegleiter von Marx und einer der geistigen Väter des Zionismus. Der Zionismus hat viele Ursachen: Die materiellen und sozialen Nöte der jüdischen Massen in Mittel- und Osteuropa, die in Armut lebten und in der ständigen Gefahr – in Rußland vom Staatsapparat abgesegneter – antisemitischer Ausschreitungen; die entsetzte Verblüffung assimilierter Juden, wenn sie entdeckten, daß ihre Begeisterung für Goethe und ihr Erfolg im Geschäftsleben, in der Finanzwelt und in den freien Berufen dazu beitrugen, den Antisemitismus zu verstärken anstatt ihn zu mindern; biblische und theologische Vorstellungen und historische Sehnsüchte, stimuliert von der allgemeinen Welle des europäischen Nationalismus im 19. Jahrhundert – und schließlich auch der Wunsch, eine gerechtere, eine auf innerer Gleichheit beruhende Gesellschaft aufzubauen.[26] In der Tat sollten die sozialistischen Zionisten im Überlebenskampf der jüdischen Gemeinschaft in Palästina und später in den politischen Anfängen des jungen Staates eine führende Rolle spielen. In der Politik Israels brachten die Sozialisten für die mißliche Lage der besiegten, exilierten und unterdrückten Araber etwas mehr Verständnis auf als die rein nationalistischen – und viele der religiösen – Zionisten. Ob im Staat Israel eine Synthese zwischen europäischem Sozialismus und jüdischem Nationalismus von Bestand sein kann (und wenn ja, in welcher Gewichtung der beiden Elemente), ist eine völlig offene Frage.

Die mittel- und osteuropäischen Juden, deren Gemeinden sich in der zweiten Hälfte des 19. Jahrhunderts in einem Gärungsprozeß befanden, schlugen auch andere Richtungen ein. Ich meine Richtungen im wörtlichen Sinne, denn viele zogen nach Westen und wanderten nach Deutschland, Frankreich, in das Vereinigte Königreich und in die Vereinigten Staaten aus. Einen Großteil jüdisch-sozialistischer Energien beanspruchten die Arbeitskämpfe in den Städten des amerikanischen Ostens – und später die Konflikte der amerikanischen Intellektuellen mit den sozialen Dimensionen des Staatsbürgertums. Die jüdischen Sozialreformer des New Deal waren oft selbst ehemalige Sozialisten oder unmittelbare Erben aus Europa ausgewanderter jüdischer Sozialisten. Ihre rasche und verblüffend erfolgreiche Anpassung an die politischen Verhältnisse in Amerika – die keineswegs das Aufgeben einer älteren Überzeugung bedeuten mußte – wurde ermöglicht durch die amerikanische Auffassung von *citizenship*, durch den ungehinderten Zugang zu politischer Organisation und Mitwirkung und durch eine gewisse Übereinstimmung der prophetischen Traditionen säkularer Juden mit dem sozialen Ethos protestantischer Reformer – sowie durch eine Interessengemeinsamkeit mit den katholisch-sozialen Gruppen in der amerikanischen Kultur. Die Einbeziehung der Juden in das amerikanische Leben wurde von den Millionen amerikanischer Nativisten natürlich als ungeheurer Skandal empfunden, und in vielen Institutionen war der Antisemitismus stark ausgeprägt. Dessenungeachtet konnten die Immigranten Amerikaner werden, indem sie sich in den Vereinigten Staaten niederließen, sich ein Mindestmaß an nationalen Überzeugungen zu eigen machten und die Komplexität von ethnischem Pluralismus auf einem Markt und in einem Staat anerkannten. Das Vorwärtskommen der jüdischen Sozialisten in den Vereinigten Staaten entsprach durchaus dem anderer ethnischer Gruppen (der Briten, Deutschen, Italiener und Slawen) mit sozialistischen Traditionen. Wie ich sehe, habe ich den Begriff *Vorwärtskommen* mit dem ihm innewohnenden Werturteil gebraucht. Lassen wir das einstweilen so stehen.

2 Die ersten Kämpfe

Wie ganz anders war die Situation in Europa! Als die Demokratisierung an Boden gewann, wurde der auf diese Weise für die Mitwirkung der Öffentlichkeit eroberte Raum nur allzu oft nicht etwa von den Nachfahren der Aufklärung, sondern von deren eingeschworenen Feinden eingenommen. Das Ringen um die Ausweitung der Bürgerrechte geriet zu einem Kampf um die Frage, wer in Staaten mit gemischten Ethnien und Nationalitäten einen legitimen Anspruch auf Bürgerrechte erheben konnte. In Fällen, in denen diese Rechte formell gewährt worden waren, wurde die Rechtmäßigkeit ihrer Ausübung alsbald in Frage gestellt. Der Sozialismus mußte um seine Vorherrschaft mit Bewegungen konkurrieren, die seinen Universalismus verachteten und haßten, alternative Wege zu sozialer Solidarität anboten und gerade an die gesellschaftlichen Gruppen appellierten, die sich den sozialistischen Parteien irgendwie entzogen: die städtischen Mittelschichten und die Landbevölkerung.

Das Erwachen des europäischen Nationalismus war, wie Hobsbawm hervorgehoben hat, eine unmittelbare Folge der Demokratisierung der Politik. Ohne Rückgriff auf die Idee der vollen Zugehörigkeit zu einer Nation war es unmöglich, Militärdienst von (männlichen) Untertanen zu verlangen, den Einflußbereich einer modernen Verwaltung und des rudimentären Wohlfahrtsstaats zu erweitern, die Privilegien lokaler Körperschaften und der Überreste der Aristokratie einzugrenzen und nach und nach zu reduzieren sowie einen gewissen Bildungsstand auf die Allgemeinheit auszudehnen.[1] Aber was konnte innerhalb der Nation ein kohärentes gesellschaftliches Projekt darstellen?

Der materielle Wohlstand wuchs tatsächlich, allerdings nicht ohne ein erhebliches Maß an kulturellen Konflikten. In der neuen Welt der Eisenbahnen, der Großstädte und des im Schwinden begriffenen Analphabetismus suchten die europäischen Völker nach einer Möglichkeit, der ungewissen Reise, auf die sie sich eingelassen hatten, einen Sinn abzugewinnen. Sprache und Religion, Familientradition, lokale und regionale Besonderheiten bildeten Kernpunkte ideologischer Organisation – und, mehr noch, kommunaler und politischer Umgruppierung in den neuen Wahlsystemen. Diese gewannen eine erhebliche Bedeutung durch die mit Industrialisierung und Urbanisierung einhergehenden geosozialen Verwerfungen, die Menschen und Familien weit weg von ihrer heimatlichen Umgebung führten, an die sie sich seelisch um so verzweifelter klammerten. Andere wieder suchten sich in einer neuen Umgebung zu assimilieren – und auf diese Weise wurden slawische Auswanderer in den Industriezentren des benachbarten Auslands zu Deutschen und Österreichern, ebenso wie italienische Auswanderer in Lothringen zu Franzosen wurden. In Italien selbst begannen Sizilianer und Umbrer sich allmählich als Italiener zu fühlen. Nationale Ideologien wurden Klasseninteressen angepaßt, dienten zuweilen aber auch als Mittel der Einigung über die Klassenfronten hinweg.

In multinationalen Staaten befanden sich die Sozialisten in einer paradoxen Lage. Sie erklärten nachdrücklich, daß es ein Recht auf nationale Autonomie gäbe – und stellten dann fest, daß diese Autonomie dazu benutzt wurde, die grundlegenden Voraussetzungen für das sozialistische Projekt in Frage zu stellen. Natürlich gab es progressive Varianten des Nationalismus – das heißt Vorstellungen von Nationalismus, die mit Fortschrittsdoktrinen in Einklang zu bringen waren. Für diese setzte sich bisweilen das liberale Bürgertum ein, das in der Nation auch einen erweiterten Markt erkannte und im Staat ein Hilfsmittel für die Entfaltung des Kapitalismus sah. Die Liberalen betrachteten den Staat ebenfalls als Garanten der Entfaltung bürgerlicher Freiheiten, deren künftige Erweiterung sie für so gut wie sicher hielten. Zuweilen nahm Fortschritt die Gestalt von Ideen imperialer Herrschaft, gerechtfertigt durch den Anspruch auf kulturelle oder rassische Überlegenheit, an – ein aus machtpolitischem Interesse zynisch benutzter oder glühend verfochtener Darwinismus oder vielmehr ein sozialdarwinistisches Übertünchen ethnozentrischer Stupidität. Darwin selbst war eher zurückhaltend, was die Anwendung von evolutionaren Modellen auf menschliche Gesellschaften anbelangt, meinte aber, daß diejenigen gedeihen würden, die ein höheres Maß an innerer Solidarität an den Tag legten – ganz im Gegensatz zu dem reduktionistischen und krassen Individualismus, der ihm bisweilen zugeschrieben wird.[2]

Es gab – mal offen zugegebene, mal implizite – sozialistische Varianten des Nationalismus, so die von den deutschen Sozialdemokraten vertretene Überzeugung, daß ein Krieg mit dem zaristischen Rußland in Anbetracht der autokratischen Barbarei dieses Staates und seiner Gesellschaft gerechtfertigt sei. In Großbritannien befürworteten einige der ersten Fabier soziale Reformen und sogar den Sozialismus, um die Nation besser auf den imperialen Wettbewerb vorzubereiten. Mit diesem Thema beschäftigte sich auch Theodore Roosevelts *Progressive Movement* [Fortschrittsbewegung] in den Vereinigten Staaten. Immerhin war die sozialistische Utopie eine grundsätzlich menschliche Utopie, und der pazifistische Internationalismus der sozialistischen Bewegung führte zur Opposition gegen Vorbereitungen für den großen europäischen Krieg. Es ist die Frage, ob die in der Fortschrittsidee befangenen Sozialisten wirklich glaubten, daß der Krieg ausbrechen würde; sie standen nicht allein mit ihrer Meinung, daß ihre Zivilisation gegen das, was sie als Barbarei verurteilten, gefeit sei.

Inwieweit war das alles von Bedeutung? Wandten sich die Nationalisten und die Sozialisten etwa nicht an eine unterschiedliche Klientel? Die dem sozialistischen Programm zugrunde liegende historische Annahme war, der Kapitalismus würde diese Unterschiede auslöschen. Strukturelle Ähnlichkeiten im Prozeß der Unterordnung unter das Kapital würden genügen, eine weitgehend proletarisierte Gesellschaft für die sozialistische Botschaft aufnahmefähig zu machen. Wo die Sozialisten ihre kulturelle oder ideologische Hegemonie nicht etablieren konnten (wie Gramsci im darauffolgenden Jahrhundert erkennen sollte), war ihre Fähigkeit, die Führung der Gesellschaft zu übernehmen, zwangsläufig entscheidend geschwächt. Lenins Lösung war: revolutionärer Voluntarismus. Viele andere (einschließlich Lenins Gegner innerhalb des russischen Sozialismus) mühten sich, mit den neuen Schwierigkeiten fertig zu werden. Darüber hinaus ebnete gerade das Vorhandensein rivalisierender Ideologien – wie des Nationalismus und des sozialen Christentums – in einer Gesellschaft den Weg für eine breite Infiltration der potentiellen Anhängerschaft der Sozialisten innerhalb der Arbeiterklasse. Schließlich propagierten die Nationalisten eine Doktrin, die ebenfalls die Probleme der Arbeiter erklärte; diese wurden der Unterdrückung durch unterschiedliche ethnische und nationale Gruppen, den verschiedenen Arten der Fremdherrschaft oder der unzureichenden Erringung nationaler Autonomie und nationalen Raums zugeschrieben. Bisweilen waren nationalistisch und klassenorientierte Appelle in der Tat miteinander verschmolzen, und die sozialistischen Parteien mußten dieser Komplikation Rechnung tragen. Karl Lueger, in den Jahren 1897 bis 1910 Bürgermeister von Wien, einer sozialistischen Hochburg, war ein christlich-sozialer Antisemit mit einer starken Anhängerschaft in der Arbeiterklasse.

Auch die Nationalisten bauten nicht ausschließlich auf Stimmung und Ideologie. Sie organisierten – bisweilen mit der Komplizenschaft eines Staatsapparats, der bestrebt war, seine Gegner in den liberalen oder sozialistischen Fortschrittparteien zurückzudrängen – soziale Bewegungen. Lokale Gruppen und Clubs, Verbände und Sportvereine, Zeitschriften und Zeitungen bildeten die Grundlage einer nationalistischen Kultur, die von kritischen Institutionen wie literarischen Gesellschaften, Theatern und Universitäten wichtige Verstärkung erhielt. Nationalisten und Sozialisten standen einander als gegnerische Fraktionen der Gesellschaft gegenüber, aber die Grenzen der Bewegungen waren keineswegs vollkommen starr, und der gegenseitige Einfluß war beträchtlich. Das wiederum wirkte sich für die Sozialisten nachteilig aus: Wenn eine nationalistische Bewegung für sich in Anspruch nehmen konnte, wirtschaftliche und soziale Gerechtigkeit zu repräsentieren, untergrub sie den Anspruch der Sozialisten, die einzigen Repräsentanten dieser Werte zu sein. Manchmal liefen diese Anstrengungen parallel nebeneinander her, so etwa, als während der Aufbauphase des deutschen Wohlfahrtsstaats nationalistische Gruppen mit ihren Ideologien eine ungeheure Aktivität entfalteten. Wilhelm II. bezeichnete die Sozialisten – zum Ergötzen der Stammtische – als »vaterlandslose Gesellen«.

Der neue Nationalismus machte sich grundlegende Bindungen und Überzeugungen zunutze und lieferte – über die Familie, die unmittelbare Umgebung und den Kirchsprengel hinaus – neue Objekte der Loyalität. Er harmonisierte ausgezeichnet mit der ideologischen Mobilmachung, die zur Motivierung der Armeen von Wehrpflichtigen erforderlich war, welche zugleich als Zentren nationalistischer Indoktrination dienten. Reserveoffiziere stellten die Verbindung zwischen den Truppen und den mittleren Schichten der Gesellschaft dar. Alltäglichen Berufen nachgehend, erlangten sie Prestige durch ihren Umgang mit den aristokratischen Militärs der höheren Dienstgrade.

Organisationen wie der Deutsche Flottenverein setzten einen diffusen Nationalismus in konkrete imperialistische Projekte um.

In ähnlicher Weise benutzte der moderne Antisemitismus den tödlichen Haß am Beginn der Christianisierung und modernisierte ihn. Die Emanzipation der Juden erregte den Zorn derjenigen, die behaupteten, die Juden seien anders und könnten gar nicht umhin, anders zu sein. War Antisemitismus bislang eine Sache unüberlegter Vorurteile, wurde er nunmehr eine »Wissenschaft«, indem er vom Bereich der Theologie zur Pseudoanthropologie, Pseudobiologie, Pseudogeschichte überwechselte. Daß Juden als Störenfriede, als Träger neuer Ideen in ihrem emanzipierten Dasein auffielen, war schlimm genug. Daß andere Juden als Bankiers und als Geschäftsleute in Erscheinung traten, war noch schlimmer. Juden mußten als Sündenböcke für alle Mängel des aufstrebenden Kapitalismus der zweiten Hälfte des 19. Jahrhunderts herhalten. Kaum hatten sie den Kampf um Emanzipation allem Anschein nach gewonnen, als Juden für das, was sie aus sich gemacht hatten, angegriffen wurden. Der Antisemitismus war nicht weniger organisiert als der Nationalismus – in Clubs und Vereinen, mit einer Presse, in Form spezifischer politischer Gruppierungen oder als unverzichtbares Element größerer Einheiten. Die antikapitalistischen Elemente des Antisemitismus buhlten unverhohlen mit einem universalistischen Sozialismus um den Zuspruch der Arbeiterklasse.[3]

Der Faschismus des 20. Jahrhunderts entstand in gesellschaftlichen Bewegungen des 19. Jahrhunderts, die soziales Christentum, Nationalismus und Antisemitismus zu einem relativ einheitlichen Gesellschaftsmodell verbanden – und einige Formen der Massenorganisation des Faschismus weitgehend vorwegnahmen. Die Dreyfus-Gegner in Frankreich griffen die republikanische Tradition, den demokratischen Staat und das Vermächtnis der Revolution an. (Die antisemitische Gewalttätigkeit in Frankreich schockierte damals die öffentliche Meinung in Deutschland, die einen disziplinierteren Antisemitismus bevorzugte.) Die sozialistischen Führer Europas blieben im großen und ganzen standhaft bei ihrer Weigerung, zu ihren jüdischen Genossen auf Distanz zu gehen, was einen Verzicht auf die ihren Überzeugungen zugrunde liegenden Ideen bedeutet haben würde. Viele ganz normale Mitglieder und Anhänger der sozialistischen Parteien hatten keine jüdischen Arbeitskollegen und waren universalistischen Ideen ohnehin weniger stark verpflichtet. Der Unterschied war Teil der stän-

digen Spannung zwischen einem Sozialismus der Ideale und einem
Sozialismus materieller Errungenschaften. Die Kräfte, die die Sozialisten daran hinderten, ein neues Zeitalter zu initiieren, waren nicht
nur sehr alt, sie präsentierten sich gleichzeitig fortgesetzt in völlig
neuen Gewändern.

Welche konkrete Bedeutung hatte die Erlangung staatsbürgerlicher
Rechte für die Arbeiterklasse? Sie bedeutete in erster Linie das Wahlrecht und das Recht, sozialistische Parteien zu gründen sowie eine
sozialistische Presse herauszugeben und zu lesen. Sie bedeutete, einen
Platz in der politischen Struktur des Staates – zumindest in seinen
repräsentativen Institutionen – innezuhaben. Sie bedeutete ganz sicher
nicht Integration in die Gesellschaft in dem Sinne, daß die Arbeiterklasse sich mit den Vertretern des Großkapitals und deren staatlichen Helfershelfern oder auch mit den über geringere Kapitalbeträge
verfügenden Gesellschaftsgruppen (einschließlich der landbesitzen-
den Bauern) gesellschaftlichen Einfluß und Macht teilten. Denn ungeachtet des (langsam, sehr langsam) steigenden Lebensstandards war
die Arbeiterklasse nach wie vor überaus anfällig für den Konjunkturzyklus, für Unfälle und für Krankheit. Die Gewerkschaften mußten
um ihre Legalität kämpfen und sich dann Schritt für Schritt wirtschaftliches und gesellschaftliches Terrain in den Betrieben erobern.
In den Vereinigten Staaten, wo die staatsbürgerlichen Rechte für männliche Weiße (einschließlich Immigranten nach fünfjährigem Aufent-
halt) kein Problem darstellten, nahmen die Arbeitskämpfe und Streiks
gegen Ende des 19. Jahrhunderts an Gewalttätigkeit dermaßen zu,
daß viele der Besitzenden eine Revolution befürchteten. Die sozialistischen Bewegungen stellten noch immer kulturelle Enklaven dar, gewissermaßen erweiterte Familien gleichen Sinnes und Empfindens,
mit gemeinsamer Lebenserfahrung und gemeinsamem sozialem Schicksal. Ob dies Bereiche waren, von denen aus eine entschlossene und
erstarkte Arbeiterklasse losstürmen und die gesamte Gesellschaft erobern konnte, wurde von einer wachsenden Zahl sozialistischer Führer und Denker offensichtlich bezweifelt.

Rufen wir uns die berühmte Debatte zwischen Bernstein und Kautsky
ins Gedächtnis. Bernstein, zurückgekehrt aus dem Exil in Großbritannien, wo ihn die eigenständige Organisation der Arbeiterklasse
und die Tatsache, daß die im Entstehen begriffene Labour-Bewegung
die herrschende Elite so gut wie gar nicht dämonisierte, sehr beein-
druckt hatte, dachte noch einmal über die Unvermeidlichkeit einer

Revolution nach. Er hatte sich auch genügend von der für die britischen Sozialisten charakteristischen moralorientierten Politik zu eigen gemacht, um sich in seiner Skepsis hinsichtlich Marx' Ideen bestärkt zu fühlen. Daher erklärte er, der Sozialismus habe ein unwandelbar ethisches Fundament, das ihn zu einer Frage der moralischen Entscheidung mache; und weiter erklärte er, der letztliche Sieg des Sozialismus sei keineswegs unvermeidlich. Worauf es ankäme, sei, den Kampf um seiner selbst willen fortzuführen, sogar auf die Gefahr hin, daß das Endziel (eine klassenlose Gesellschaft) für immer hinter dem historischen Horizont verschwände.

Wenn wir die Nationalstaaten in starke und schwache einteilen und dabei Bürgerrecht, Stimmrecht und nationale Solidarität als Zeichen der Stärke, den Rückgriff auf autoritäre Mittel und Repression hingegen als Zeichen der Schwäche werten, können wir eine interessante Entdeckung machen. Je stärker der Staat, um so weniger revolutionär und um so reformistischer die dort tätige sozialistische Bewegung. Häufig wird jedoch unverändert das gleiche Vokabular benutzt. In seiner Untersuchung »Political Parties« gab uns Robert Michels eine unvergeßliche Schilderung der wilhelminischen Sozialdemokraten: durch nichts zu erschüttern, mit einem Viertel der gesamten Wählerstimmen im Reichstag etabliert, in einer Vielzahl von Organisationen – von der eigenen Versicherungsanstalt bis hin zu eigenen Abendschulen – tätig, tüchtige Manager städtischer Dienstleistungsbetriebe. Ganz gleich, was sie sagten, sie handelten, als sei die Aufrechterhaltung ihrer Organisation mindestens ebenso wichtig, wenn nicht noch wichtiger als die Ziele, die sie herbeiführen sollte.[4]

Michels' Lehrer, Max Weber, berichtete seinerseits über seine Eindrücke während eines Urlaubs, den er in einem sozialdemokratischen Ferienlager an der belgischen Küste verbracht hatte. Diese gutmütigen, patriarchalischen, kulturell traditionalistischen Arbeiter, erklärte er, könnten nur von denen, die ihnen nie begegnet seien, als revolutionär hingestellt werden.[5] War Deutschland ein starker Staat? Er verband parlamentarische Demokratie mit autoritären Institutionen (bei entsprechend widersprüchlichen Geisteshaltungen großer Teile seiner Bevölkerung) zu einer problematischen und unausgegorenen Synthese. Die Sozialdemokraten waren erklärte Antimilitaristen, ohne jedoch die Wehrpflicht zu sabotieren. Ihre Mitglieder und Wähler waren entrüstet, daß sie ausgebeutet wurden, hielten den Vorrang der Begüterten und der herrschenden Eliten für inakzeptabel, in der Überzeugung, daß große Ungerechtigkeiten begangen wurden, genossen jedoch viele kleinere und größere Freuden, die das Leben, das sie führten, ihnen bot. Die Sozialgesetzgebung und patriarchalische Verhältnisse am Arbeitsplatz – ebenso wie ein Sinn für Qualitätsarbeit und ein sich in Gewissenhaftigkeit äußerndes Pflichtgefühl – milderten den Druck des Kapitalismus. Die Ideologie des wilhelminischen Imperialismus – eine erschreckende Mischung aus Chauvinismus, Provinzialismus und Rassismus – dürfte bei der sozialdemokratischen Basis auf größere Gegenliebe gestoßen sein, als ihre Führung zur Kenntnis nehmen konnte. Zu dieser Basis zählten viele überzeugte Demokraten, die spürten, daß das universalistische Erbe der Aufklärung Deutschland zu einem gerechteren und weniger brutalen Staat machen könnte – aber auch sie vermochten die Revolution nicht auf die Tagesordnung zu setzen.

In Frankreich empfanden sich die Sozialisten – die kurz nach der Jahrhundertwende sogar amtierende Regierungen parlamentarisch unterstützten – als konstituierende Mitglieder eines republikanischen Blocks. Erinnerungen an das 19. Jahrhundert und die Dreyfus-Affäre machten die Verteidigung des Republikanismus zu einer Conditio sine qua non für jede demokratische Politik in einem durch die Antithesen katholischer Integralismus versus Laizismus, hierarchische Ordnung versus Gleichheit, autoritärer Traditionalismus versus *citoyenneté* noch immer erbittert und zutiefst gespaltenen Frankreich. Die französischen Sozialisten hatten allen Grund, sich als in das Volk der Französischen Revolution völlig integriert zu betrachten, als Verfechter eines Kampfes, der 1789 begonnen hatte. Frankreich war weniger industrialisiert als Deutschland oder Großbritannien, und die Sozialisten waren stark vertreten in den ländlichen Gebieten des republikanischen Südwestens und in Regionen, wo Schullehrer und sogar Kleingrundbesitzer für die Dritte Republik eintraten. In der Tat war der Konflikt der Klassen als solcher in den industriellen Hochburgen sehr heftig, wahrscheinlich heftiger als in Deutschland, aber die Sozialisten begriffen sich (ungeachtet der in der Unterdrückung der Kommune mit Blut getränkten Wurzeln der Dritten Republik) noch immer als die wahren Exponenten der Ideale der Nation. Ein Schlagwort wie *le Peuple* hatte einen anderen Klang als *das Volk*. Dennoch war es jemand aus dem *Peuple* – ein fanatisierter Nationalist –, der Jean Jaurès am Vorabend des Ersten Weltkriegs ermordete, dessen Ausbruch dieser zu verhindern gesucht hatte.

In Großbritannien formierte sich eine sozialistische Partei im eigentlichen Sinne (die Labour Party) erst nach quälenden Debatten darüber, ob die Arbeiterklasse in der Liberal Party angemessen vertreten werden könnte. Großbritannien war der Schauplatz eines Paradoxons, in dem die Arbeiterpartei starke, ja zentrale Gewerkschaftskomponenten hatte, aber in dem die Gewerkschaften auf ihrer Autonomie beharrten, Arbeitskämpfe auszutragen, die sich durch die ihrer Tätigkeit auferlegten gesetzlichen Grenzen um so schwieriger gestalteten. Auch in den anderen Parteien gab es Reformtendenzen: Die Sozialversicherung wurde von Lloyd George eingeführt, und die Tories waren überzeugt, daß sie eine britische Variante von *noblesse oblige* verkörperten. Das Vereinigte Königreich war im 18. und in den Anfangsjahren des 19. Jahrhunderts ein rigider Polizeistaat gewesen. Die allmähliche Durchsetzung demokratischer Rechte und der Unzulässigkeit richterlicher Willkür war ganz entschieden nicht allein das Resultat einer liberalen öffentlichen Meinung. Sie war zu einem großen Teil den britischen Jakobinern und der Chartisten-Bewegung zu verdanken (die auch Marx und Engels als ein Modell sozialistischer Organisation diente) sowie dem anhaltenden Druck des wachsenden Anteils der Arbeiterklasse an der Wählerschaft. Die Entscheidung für einen parlamentarischen Weg zum Sozialismus war (trotz des Elends, in dem sich das Volk Dickens' und später Orwells befand) die Folge des festen Glaubens an die Möglichkeit einer Integration in die Gesellschaft. In den Zeilen, ein neues »Jerusalem in England's green and pleasant land« [»Jerusalem in Englands lieblicher, grüner Landschaft«] zu errichten, kam sowohl eine utopische Hoffnung als auch ein tiefes Gefühl der Bindung an eine nationale Tradition zum Ausdruck.

Somit gaben überall historische Zwänge, traditionelle Überzeugungen und die kräftezehrenden Anforderungen politischer und gesellschaftlicher Routine den diversen sozialistischen Bewegungen ihre jeweils nationale Gestalt. In Österreich-Ungarn und in Rußland erschwerten ethnische und nationale Spaltungen das Zustandekommen von auf Klassenbindungen beruhender gesellschaftlicher Projekte und politischer Strategien. Die Sozialisten mußten es mit multiplen Loyalitäten aufnehmen. Klasseninteressen und nationale Empfindungen wurden von der zentralen Staatsgewalt, die der Sozialismus zu ersetzen suchte, in einem prekären Gleichgewicht gehalten, während die Sozialisten darüber stritten, was genau sie mit der Staatsgewalt tun würden.

Was bedeuteten ermutigende Worte über die Autonomie (heute
würden wir, noch vager, »Identität« sagen) der einzelnen Nationen
und Regionen für die von den Sozialisten versprochene konstitutionelle und politische Zukunft? Der Zerfall der Habsburger Monarchie
überraschte sie kaum; überrascht waren sie erst, als sie feststellten,
daß sie der darauffolgenden Ereignisse nicht Herr werden konnten.
Lenin rief eine neue Politik für die Nationen unter russischer Herrschaft aus – und ersetzte die Härte der zaristischen Bürokratie durch
die Strenge der bolschewistischen Herrschaft. In Italien sahen sich die
Sozialisten (und dann die Kommunisten) mit der Wirklichkeit des
Vorhandenseins zweier Nationen konfrontiert, des Nordens und des
kulturell andersgearteten und verarmten Südens. Sie hatten keine
Lösung parat, die ihnen im Süden eine große Anhängerschaft hätte
verschaffen können – für die reformorientierten Kräfte in Italien bis
auf den heutigen Tag ein Problem. Die organisatorischen Strukturen
und die Rhetorik des norditalienischen Sozialismus (und später der
Kommunisten) wurden von den subproletarisierten Süditalienern als
fremd empfunden. Desungeachtet fühlte sich eine bedeutende Anzahl
süditalienischer Intellektueller zum Sozialismus hingezogen. Als Analo-
gie hierzu fallen einem die Denker der Dritten Welt ein, die die Ideologie eines Mutterlandes einheimischen Realitäten anzupassen suchten.
Diese Ideologie fiel in der Dritten Welt in sich zusammen, wo neuere
Formen der Herrschaftsausübung, nämlich über den Markt, die militärische Präsenz der Mutterländer abgelöst hatten. In Italien kann der
kolonisierte Süden eine schleichende Eroberung des angeblich beherr-
schenden Nordens für sich in Anspruch nehmen – in Form der alles
durchdringenden Korruption und Ineffizienz des Nationalstaats.

Generalisierend ließe sich schlußfolgern, daß diejenigen Sozialisten
am erfolgreichsten die Macht ergriffen beziehungsweise den sozialistischen Idealen unter ganz anderen als den von Marx ins Auge gefaßten
Bedingungen am erfolgreichsten Geltung verschafften, die am stärksten in ihrer Gesellschaft verwurzelt waren. Der Sozialdemokrat Friedrich Ebert, der erste Präsident der Weimarer Republik, und Lenin werden gewöhnlich nicht in einem Atemzug genannt, aber beiden eignete
ein Verständnis für nationale Realitäten, das einigen ihrer vorwiegend universalistisch denkenden Zeitgenossen (zum Beispiel Rosa
Luxemburg und Leo Trotzki) völlig abging. Das sollte vielleicht dahin-
gehend korrigiert werden, daß Rosa Luxemburg und Leo Trotzki sich
mit Sicherheit über Hindernisse im klaren waren, die dem Sozialismus

in ihrem Deutschland und seinem Rußland entgegenstanden, daß aber keiner von beiden kompromißbereit war.

In den Vereinigten Staaten beruhte die Zugehörigkeit zur Nation ausdrücklich auf den allgemeingültigen Kriterien der Staatsbürgerschaft. Diesen standen rassistische und xenophobe Institutionen einer entschieden ethnozentrischen Art gegenüber. Die ethnischen, rassischen und religiösen Spaltungen innerhalb der Arbeiterklasse mögen die Bildung einer sozialistischen Bewegung und Partei, wie es sie in Europa gab, verhindert haben, aber die Angelegenheit verdient, eingehender untersucht zu werden. Im Jahre 1893 veröffentlichte der Historiker Frederick Jackson Turner seine berühmte These, daß die *frontier*, das Gebiet an der Siedlungsgrenze – dessen Besiedlung er nunmehr für abgeschlossen hielt – die amerikanische Geschichte weitgehend bestimmt hatte.[6] An der Siedlungsgrenze waren Beschäftigung und Land für diejenigen verfügbar gewesen, die andernfalls in wirtschaftlichem Elend versunken wären: Sie war ein Mittel zur Flucht aus der Misere und zugleich ein Patentrezept steter wirtschaftlicher Expansion. Nun, da die *frontier* besiedelt war, würden sich soziale Konflikte – insbesondere Klassenkonflikte – in Amerika verschärfen.

Dies war die Zeit, da Kleinfarmer im Süden und Westen, erbost über die Macht der Finanzwelt an der Ostküste, sich in der populistischen Bewegung zusammenschlossen und sich erhoben. Die Populisten suchten Maßnahmen gegen die Manipulation der Preise für ihre Agrarprodukte zu erwirken. Sie wiederholten Jeffersons scharfe Kritik an der Kommerzialisierung der amerikanischen Republik und bestanden auf einer scharfen Trennung zwischen der von ihnen verrichteten Arbeit und den Mechanismen des städtischen Kapitalismus. Sie sahen sich außerstande, mit der – zunehmend aus katholischen Immigranten bestehenden – städtischen Arbeiterklasse gemeinsame Sache zu machen. Sie sahen sich ebenso außerstande, in den Progressiven der Mittelschicht, die ihre eigene Kritik am Kapitalismus übten, potentielle Verbündete zu erblicken. Die Populisten unterlagen mit ihrem Präsidentschaftskandidaten William Jennings Bryan bei den Wahlen von 1896. Zweifellos spürten sie, daß sie mit Fortschreiten der Industrialisierung in den Vereinigten Staaten an politischem und sozialem Gewicht verloren. Ihre Rhetorik wurde immer erbärmlicher, die kulturelle Basis ihrer Politik immer provinzieller.

Die Populisten stellten das amerikanische Äquivalent der damaligen europäischen Bauernparteien dar – mit dem Unterschied, daß sie sich einem emsigen Protestantismus verschrieben anstatt dem sozialen Katholizismus, dem ein Großteil Europas huldigte. Immerhin taten die Bauernparteien im protestantischen Skandinavien das, was die amerikanischen Farmer ablehnten: Sie machten gemeinsame Sache mit der städtischen Arbeiterklasse und spielten eine große Rolle in der ersten Aufbauphase der skandinavischen Wohlfahrtsstaaten. Die europäischen Bauernparteien verdankten ihren Erfolg zum Teil dem Verhältniswahlrecht. Dessen amerikanisches Gegenstück war das föderative System, das den kleinsten Agrarstaaten wie den größten industriellen Staaten jeweils zwei Senatoren zugestand und es so unmöglich machte, die Farmer von irgendeiner politischen Vereinbarung auszuschließen. Das Problem dabei war, daß es den ländlichen Staaten leichter fiel, Veränderungen zu blockieren, als solche zu kontrollieren oder zu initiieren.

Die Populisten waren besiegt, aber um die Jahrhundertwende verschärfte sich in den Städten die heftige Konfrontation zwischen Fabrikbesitzern und Arbeitern, die so spannungsgeladen war, daß ängstliche Vergleiche mit Europa gezogen wurden. Die Gewerkschaftsbewegung wuchs, war aber gespalten. Sozialistische Parteien wurden gegründet, konnten sich jedoch zu keiner Einigung durchringen und wurden statt dessen zu Brutstätten lokaler und regionaler Agitation sowie politischer Sekten. Die Kapitalisten waren entsetzt über das Entstehen dessen, was sie für eine Massenbewegung hielten, die das nationale Gleichgewicht der Kräfte verändern könnte. Die staatliche Unterdrückung war stellenweise unbarmherzig – und wurde legitimiert von einer Gerichtsbarkeit, die den Eigentumsrechten absolute Priorität einräumte. Die gebildete Mittelschicht war nicht weniger entsetzt, aber ebenso bestürzt über die Korruption und den Mangel an Bürgersinn der von der kapitalistischen Elite verfolgten Politik. Das Progressive Movement war eine sowohl moralisierende als auch technokratische Reaktion auf die zerstörerische Wirkung des Kapitalismus, ein angestrengter Versuch, seine ungeheuren produktiven Kräfte für eine – teils aus dem sozialen Protestantismus, teils aus älteren Ideen des Republikanismus gespeiste – Variante des Gemeinwohls nutzbar zu machen.

Auffallend viele Theoretiker des Progressive Movement waren Kosmopoliten, die in Deutschland oder im Vereinigten Königreich studiert hatten. Die Ähnlichkeiten mit Europa, die sie wahrnahmen, schienen überzeugend, aber die amerikanische Geschichte hatte ihre eigenen Gesetze. In den Vereinigten Staaten herrschten ethnische Zersplitterung und Rassenkonflikt, ein neuer Nationalismus und Imperialismus (Theodore Roosevelt und später Woodrow Wilson), Reformismus unter Führung der Mittelschicht, das erwachte Gewissen der protestantischen Kirchen und eine Kirche der Armen und Ausgebeuteten, die von der Enzyklika *Rerum novarum* maßgeblich geprägte katholische Kirche.[7] Ebenso machten sich auch eine wachsende Zahl jüdischer Immigranten sowie die Anfänge dessen bemerkbar, was für die amerikanische Sozialreform des 20. Jahrhunderts so wichtig werden sollte: das Bewußtsein und die Gedankenwelt säkularisierter Juden. Auf ihre neue Umwelt reagierend, paßten sie die Lehren der alttestamentarischen Propheten und die eschatologischen Impulse des Judaismus den Verhältnissen in den Vereinigten Staaten an. Vor allem aber gab es in Amerika Sozialisten, Gruppen, deren Mitglieder mit Überzeugung für die kollektive Aneignung der Produktionsmittel, für die gesellschaftliche Kontrolle der Wirtschaft und für den Aufbau neuer Institutionen eintraten, die Demokratie und politische Repräsentation auf wirtschaftliche Prozesse ausdehnen würden.

Viel wurde über den »Liberalismus« der amerikanischen Gesellschaft geschrieben. In den (von einem von den großen Unternehmen, der Bundesregierung und den Gewerkschaften arrangierten gesellschaftlichen Konsens beherrschten) Nachkriegsjahren galt das von Louis Hartz verfaßte Buch »The Liberal Tradition in America« als Richtschnur und wurde fast ebenso häufig zitiert wie Turner, den nur wenige gelesen hatten.[8] Hartz' Analyse des Liberalismus war scharfsinnig und behandelte neben den Rechten auf Eigentum auch das, was wir heute Bürgerrechte nennen würden. Daniel Ernst vertrat die Auffassung, diejenigen, die von Hartz begeistert waren, weil er die politische Tradition Amerikas pries, könnten sich geirrt haben: Hartz ließe sich auch so interpretieren, als habe er den Mangel an Alternativen in Amerika beklagt.[9] Sklaverei war natürlich ein Schandfleck für diejenigen, die eisern behaupteten, die amerikanische Politik baue auf liberalen Prinzipien auf; aber es gab noch andere Schandflecke, darunter Ausbeutung, Imperialismus und privatisierte Gewalttätigkeit. Gestaltete der amerikanische Liberalismus als ein Konstrukt von Hypothesen über die Natur des Menschen und über die menschliche Gesellschaft die amerikanische Politik in einer Weise, daß eine sozialistische Alternative keine Chance hatte, sich zu entwickeln? Die Tatsache, daß die Urheber der Verfassung eine direkte Demokratie beharrlich zu zügeln suchten, ließ durchaus diesen Schluß zu. Der Wortlaut des »Tenth Federalist Paper« von James Madison mit seiner Warnung vor Angriffen auf die »natürliche« Ungleichheit ist zweifellos eine eindeutige Bekräftigung der Unvermeidlichkeit wie der Erwünschtheit einer Klassengesellschaft.[10]

Das »Tenth Federalist Paper« bezog sich auf ein öffentliches Interesse, das implizit als Anerkennung der Struktur einer Gesellschaft von Ungleichen definiert wurde – sofern man überhaupt von einer Definition sprechen kann. War der amerikanische Republikanismus somit eine Fassade für die Legitimierung privater Interessen und Leidenschaften, die ohne Rücksicht auf jedwede Beurteilung ihres Wertes befriedigt werden konnten?

Es gibt zwei offenkundige Einwände gegen ein solch oberflächliches Argument. Die frühe amerikanische Republik hatte eine hohe Vorstellung von den bürgerlichen Rechten ihrer Mitglieder – so hoch, daß ihre Verfechter glaubten, sie könnten auf ökonomische Angelegenheiten ausgedehnt werden. Die Amerikaner waren Nachfahren der Soldaten der New Model Army und der englischen Country Party. Sie sahen nicht ein, weshalb sie die Vorherrschaft der Reichen akzeptieren sollten. Das Beharren auf politischer Gleichberechtigung ist natürlich nicht dasselbe wie die Forderung nach einer radikal egalitären Gesellschaftsordnung, aber es ist deren Vorbedingung. Was an Sozialismus in der amerikanischen Gesellschaft vorhanden ist, hatte häufig Vorläufer in den Schattierungen radikaler Demokratie, die sehr viele Föderalisten verabscheuten.

In der amerikanischen Geschichte gibt es einen weiteren, einen religiösen Einwand gegen den zwanghaften Individualismus des amerikanischen Liberalismus. Die Idee – calvinistischen Ursprungs – sowohl von der Fehlbarkeit des Menschen als auch von seiner Fähigkeit, Vollkommenheit zu erlangen, stellte menschliche Wesen als potentiell besser dar, als sie es zu einem konkreten Zeitpunkt tatsächlich sind. Daraus folgte, daß Politik – und vieles andere auch – nach moralischen Kriterien beurteilt werden mußte, danach, ob menschliche Handlungen und Ansprüche Teil der Verwirklichung dieses Potentials waren. Eine mögliche Auffassung ist, dies als eine positive Freiheit zu verstehen, die Freiheit, einen moralischen Imperativ zu erfüllen. Daß diese erhabene Formulierung zu Mißbrauch und Entstellung führen kann, wissen wir. Darüber hinaus bekannten sich zum amerikanischen Liberalismus lange Zeit gerade diejenigen, die die Indianer vernichteten und die Schwarzen versklavten und später ausgrenzten: Der Republikanismus war nicht für jedermann. Desungeachtet ermutigte der Calvinismus bisweilen die Amerikaner, menschliche Gemeinschaften der Selbsttransformation für fähig zu halten und dem grenzenlosen Egoismus eines undisziplinierten Individualismus abzuschwören.

Die Unvereinbarkeit der amerikanischen Tradition mit dem Sozialismus wurde übertrieben. Daß die Amerikaner den Sozialismus nicht zu einer gewichtigen Komponente in der modernen Politik der Nation zu entwickeln vermochten, hatte viele Gründe, unter denen Manipulation und Unterdrückung mindestens ebenso ausschlaggebend wie der Liberalismus waren. Darüber hinaus existierten in der amerikanischen Kultur – man denke an ihre katholischen und jüdischen Elemente – andere soziale Wertvorstellungen, die mit Sozialismus vereinbar waren und sind. Im Rahmen der gegenwärtigen Diskussion über den »Kommunitarismus« schweigt man sich leider weitgehend darüber aus, ob die maximalen Freiheiten, die dem Funktionieren des Marktes in fast allen Bereichen der amerikanischen Gesellschaft gewährt werden, ein Gedeihen echter Gemeinschaften zulassen.

Die zentrifugalen Kräfte, die die amerikanischen Gruppen – die sich andernfalls in so etwas Ähnlichem wie der britischen Labour Party hätten zusammenfinden können – aufspalteten, waren stärker als die Anreize zur Einigkeit. Die Gewerkschaften konzentrierten sich auf die Arbeitskämpfe, aber nicht etwa in koordinierter Art und Weise. Die im Entstehen begriffene American Federation of Labor [Amerikanischer Gewerkschaftsverband] unter Samuel Gompers lehnte eine amerikanische Arbeiter- oder sozialistische Partei ausdrücklich ab. Das andere Extrem bildeten die Industrial Workers of the World, die sich auf eine amerikanische Variante von Anarchismus und Syndikalismus eingelassen hatten: auf die völlige Zurückweisung der kapitalistischen Ordnung, begleitet von vagen Vorstellungen von einer politischen Autonomie der Arbeiterschaft und noch vageren Vorstellungen davon, wie diese (außer durch unnachgiebigen Kampf) zu verwirklichen sei. Ungeachtet der im ersten Amendment [Zusatzartikel] der Verfassung enthaltenen konstitutionellen Garantien der Koalitionsfreiheit und der Redefreiheit, wurden die Gewerkschaften und die sozialistischen Gruppen von den in der Regel auf Geheiß des Kapitals handelnden Behörden unaufhörlich schikaniert. Sektiererische Konflikte taten das ihre: Die effektive Anziehungskraft des amerikanischen Sozialismus war geschwächt. In Eugene Debs besaß die sozialistische Bewegung

einen Führer großen Formats. Er äußerte einmal, er könne die amerikanischen Arbeiter nicht ins *Gelobte Land* führen, denn wenn er es täte,
würde jemand anders sie wieder herausführen. Er hatte begriffen, daß
der amerikanische Sozialismus einer breiten, aktiven Basis bedurfte.[11]

Die Entwicklung dieser Basis wurde durch die ethnische und rassische Fragmentierung außerordentlich erschwert. Wo optimale Bedingungen für die Entstehung eines Klassenbewußtseins vorhanden waren,
in den Industriestädten und in den Großbetrieben, die einen Nährboden für Arbeitergemeinschaften bildeten, konnte sich eine Arbeiterkultur entwickeln. Viele dieser selbstbewußten Arbeiter hielten
indes die Republikanische Partei für die Partei der Arbeiter – waren
später aber doch bereit, die ehrlichen Absichten und die Programme
der Reformer des Progressive Movement anzunehmen. Die Progressiven gehörten der gebildeten Mittelschicht an und waren erbost über
die Herrschaft emporgekommener Finanzleute und neureicher Industrieller. Die Progressiven waren Männer und Frauen des Wortes,
Journalisten, Anwälte, Pastoren, Professoren und Schriftsteller. Robert
Crunden nannte sie auch »Ministers of Reform« [»Reformpastoren«]
in Anspielung auf ihre Vorläufer im sozialen Protestantismus.[12] Das
politische Gewicht dieser Eliten (aus denen auch Theodore Roosevelt
hervorging) beruhte zum großen Teil auf ihren einwandfrei amerikanischen Wurzeln und ihrer tiefen Überzeugung, daß sie die Nation
von denjenigen zurückforderten, die sich ihrer Vorrechte als unwürdig erwiesen hatten.

Viele zur Arbeiterklasse zählenden Einwanderer wandten sich
zunächst den etablierten Amerikanern zu, die eine Art *noblesse oblige*
zu versprechen schienen. Andere, erbittert über die kulturelle Verachtung und die ökonomische Ausbeutung, der sie ausgeliefert waren,
bildeten eigenständige Enklaven. Ihre Kirchen dienten oft als Knotenpunkte ihrer Gemeinschaften. Formal lehnte die katholische Kirche
nach langem inneren Konflikt eine ethnische Trennung ab, aber in
Wirklichkeit waren ihre Pfarreien und häufig die Führung ihrer Diö-
zesen nach ethnischen Gesichtspunkten organisiert. Das stärkte (sofern
es überhaupt eine Wirkung hatte) die Selbstdarstellung des Katholizismus als Kirche der Armen in den Arbeitskämpfen, in die ganze
Gemeinden und Städte hineingezogen wurden. Auch gab es eine
wachsende Zahl säkularisierter oder ehemaliger Katholiken, insbesondere unter den Iren, die in der Arbeiterbewegung ihre Berufung
erblickten. Sie glichen darin den säkularisierten Juden, die, nachdem

sie die Synagoge ganz hinter sich gelassen oder sich von ihr entfernt hatten, sich mit um so größerer moralischer Energie in die Arbeiterbewegung stürzten. Dieses Gefüge aus ethnischem und Klassenbewußtsein, rassischem und religiösem Separatismus, politischer und sozialer Auseinandersetzung ähnelte in seinem fortgesetzten inneren Wandel einem jener beweglichen Gebilde moderner Kunst – während das Umfeld, in dem es untergebracht war, doch fest blieb.

Dieses Umfeld wurde bestimmt von der unermüdlichen Expansion der amerikanischen Industrie und der damit einhergehenden Abhängigkeit von einem wachsenden Inlandsmarkt und vom Welthandel. Im föderalen amerikanischen System konnten die Begüterten und Besitzenden die meisten ihrer in den Einzelstaaten stattfindenden kritischen Schlachten gewinnen – und mit der Uneinigkeit jeder potentiellen Opposition rechnen. Innerhalb der amerikanischen Politik herrschten tiefgreifende und anhaltende Zwistigkeiten – Populisten gegen Finanzwelt, Kleinunternehmer gegen Großunternehmer, progressive Reformer gegen eher räuberische Kapitalisten, Nativisten gegen die Befürworter der Assimilation und Integration von Immigranten. Die fraglichen Immigranten waren Europäer. Die Mehrzahl der Schwarzen lebte im ländlichen Süden, wo Rassentrennung herrschte und ihr die elementaren Bürgerrechte vorenthalten wurden. Schwarzen Arbeitern im Norden wurde häufig die Gleichstellung verweigert – von weißen Gewerkschaften, die auch den Ausschluß asiatischer Immigranten forderten. Die Vorherrschaft der Agrarinteressen in vielen Staaten bewirkte, daß diese großen und kleinen Grundbesitzer – wie feindlich zueinander sie auch stehen mochten – die Politik auf nationaler Ebene diktieren konnten. Die Arbeiterbewegung und die Sozialisten waren außerstande, die politische Tagesordnung zu bestimmen, selbst dort, wo sie als ungeheure Gefahr für die Gesellschaftsordnung betrachtet wurden.

Im übrigen war die amerikanische Gesellschaft im frühen 20. Jahrhundert der Knechtschaft des Marktes keineswegs völlig unterworfen. Die Reformer des Progressive Movement waren genau das: Reformer. Ihr Erfolg im Mobilisieren wichtiger Teile der zunehmend umfangreichen Arbeiterklasse zugunsten ihrer Projekte entsprach in Europa der Eindämmung der sozialistischen Bewegung durch Reformen von oben – mit dem Unterschied, daß es in Europa Klassen gab, die über lange Zeit ihre jeweiligen Staaten beherrscht hatten und nicht bereit waren, sich von den »neuen besitzenden Klassen« [Marx] verdrängen zu lassen. Die Progressiven hingegen waren überzeugt, daß sie den amerikanischen Staat zurückerobern und ihn modernisieren müßten. In Amerika gibt es ein Berufsbeamtentum erst seit Anfang des 20. Jahrhunderts – ein Zeitpunkt, zu dem Deutschland und das Vereinigte Königreich ihre Verwaltung bereits gründlich modernisiert hatten. Mit den Reformen der Progressiven setzte – nicht zuletzt in Staaten wie New York und Wisconsin – die Zähmung des amerikanischen Kapitalismus ein, die vom New Deal in erweitertem Maßstab fortgesetzt wurde.

Vielem von alledem liegt ein kulturelles Problem zugrunde. Bleiben wir einstweilen bei den Vereinigten Staaten und erinnern wir uns an die Arbeiten von Lears, Rodgers und Trachtenberg[13] über die amerikanische Variante der kulturellen Moderne. Der Begriff Moderne bezeichnet den mit der Industrialisierung und der Säkularisierung entstehenden Komplex von Einstellungen, Überzeugungen und Wertvorstellungen. Harold Rosenberg prägte den Begriff der *Tradition des Neuen* – und die Moderne ist inzwischen so sehr eine Tradition geworden, daß sie in der Postmoderne bereits ihre revoltierenden Kinder gefunden hat.[14] Die Moderne beinhaltete die Annahme eines niemals endenden Fortschritts, einer Auflösung verkrusteter Traditionen und des Zerfalls starrer Institutionen. Sie verhieß die Erkundung neuer Möglichkeiten in Ästhetik, Ethik und Politik. Sie legte die Betonung nicht auf die Souveränität der Vernunft, sondern auf deren Fähigkeit, den Tiefen der Psyche zum Ausdruck zu verhelfen und ihr zu dienen. Aus diesem Grunde sind Freud und die Surrealisten eher der Moderne zuzurechnen als John Stuart Mill, selbst wenn dessen Liberalismus eine Vorbedingung des ästhetischen und wissenschaftlichen Modernismus war, der eine an Gott gebundene, eingeschränkte menschliche Natur nicht zuließ. Für Freud war die menschliche Natur eminent historisch. Von Millionen Menschen wimmelnde Städte, der offenkundige Konflikt von Traditionen, die Besorgnis der intellektuellen Verteidiger der Religiosität, die ständig wachsende Autorität der Wissenschaften, die sich auf alle Bereiche der Zivilisation ausdehnende Experimentierfreudigkeit – das alles machte den Modernismus in den Vereinigten Staaten wie in Europa aus. (Eine der besten dramatischen Schilderungen des Modernismus stammt von Warren Beatty, der in seinem glänzenden Film *Reds* [1981] zeigte, was die frühe Bewegung der Moderne in der amerikanischen Provinz – Portland – und in ihrer Hauptstadt – New York – anrichtete.)

Über das Verhältnis zwischen Sozialismus und Moderne läßt sich sagen, daß die Moderne den Sozialismus ermöglichte, daß aber nicht alle seine Führer und schon gar nicht alle seine Anhänger Modernisten waren. In seinem Buch über Engels in Manchester beschreibt Steven Marcus Engels' Sicht der neuen Stadt und ihrer Bewohner.[15] Engels behandelte das Thema zugleich als Kritiker, Ethnograph und Wissenschaftler. Marx' literarischer Geschmack war entschieden traditionalistisch, doch vertrat er die vernünftige Ansicht, daß Tradition sich ändere: T. S. Eliots Definition eines Klassikers als ein Werk, das unsere Interpretation der Vergangenheit verändert, hätte Marx kaum überrascht.[16]

Die sozialistische Bewegung als Ganzes teilte keineswegs den Modernismus von Engels und Marx. Betrachten wir den Versuch der frühen Sozialisten, die Verhältnisse vorindustrieller Gemeinschaften wiedereinzuführen, mit seiner Hingabe an die Idee vom Handwerker als freischaffendem Künstler, dann sind wir ziemlich weit entfernt von der modernistischen Bejahung der durch die Industrie befreiten, ja sogar von ihr geschaffenen dynamischen Kräfte. Ebenso wie das soziale Christentum war der Sozialismus so, wie er sich im späten 19. und frühen 20. Jahrhundert darbot, ein Kompromißgebilde, das im Namen vorindustrieller Gerechtigkeits- und Solidaritätstraditionen der vom Industrialismus bewirkten menschlichen Zerstörung Herr zu werden suchte. Das erforderte jedoch (entsprechend Marx' lobender Anerkennung der Kräfte des Kapitalismus im »Kommunistischen Manifest«) die Aneignung des menschlich und sozial positiven Potentials des Industrialismus – in Form der neuen Beherrschung der Natur, der Vereinigung der Weltgesellschaft, der Möglichkeit, die Bedürfnisse, die der Industrialismus erzeugt hatte, zu befriedigen.

Theodor W. Adorno erklärte, angesichts der seelenlosen Rationalisierung des fortgeschrittenen Kapitalismus habe selbst ein reaktionärer Humanismus eine progressive Funktion.[17] Die romantischen und die nostalgischen Komponenten des Sozialismus – ich verwende romantisch hier im Sinne der künstlerischen und geistigen Bewegung des frühen 19. Jahrhunderts – sind Zeichen seiner Verwurzelung in tieferen Schichten von Sehnsucht und Erinnerung. Diejenigen, die die Sozialisten wegen ihrer antiquierten Hingabe an vor- oder frühindustrielle Ideale belächeln, sollten sich fragen, ob sie etwa die von den Futuristen vertretene totale Ästhetisierung der Erfahrung sowie deren bereitwillige Akzeptanz des Faschismus als moderne Erscheinung bevorzugen. Vielleicht lag der Erfolg der faschistischen Bewe-

gungen – die Faszination, die sie auf Millionen Entwurzelter ausübten – darin, daß sie hypermoderne und ultratraditionelle Funktionen in sich vereinigten.

Es gibt noch mehr, viel mehr zu sagen – über die Anziehungskraft des Sozialismus für viele Künstler, über die Art und Weise, wie
W. H. Auden, John Dos Passos, André Malraux, Thomas Mann und
Victor Serge Modernismus und Sozialismus, Ästhetik und Politik zu
versöhnen suchten. Den soeben erwähnten Namen wäre der des ersten
sowjetischen Volkskommissars für das Bildungswesen A. W. Lunatscharsky und die einer ganzen Schar sowjetischer Künstler der ersten
Revolutionsjahre hinzuzufügen. In den von modernistischen Künstlern in der UdSSR geführten Debatten lassen sich die inneren Risse
sozialistischer Pädagogik nachweisen. Lunatscharsky hatte scharfe
Auseinandersetzungen mit Lenin, der die Kunst und Literatur der
Moderne ablehnte und den Geschmack eines provinziellen Bourgeois
des 19. Jahrhunderts hatte. Vieldeutigkeit, Komplexität und ästheti-
sches Experimentieren waren in Lenins Augen nur dazu angetan, die
Massen zu verwirren. Stalin verfolgte die Logik dieser Einstellung zu
Ende und liquidierte den Modernismus und seine Verfechter im wörtlichen Sinne.[18]

Bemerkenswerterweise teilten um die Jahrhundertwende die bürgerlichen Feinde des Sozialismus die Abneigung Lenins und Stalins
gegen den Modernismus. Sie betrachteten den Sozialismus als einen
untrennbaren Bestandteil der Moderne, gegen die sie opponierten.
Daß Max Weber der Moderne zuzurechnen ist, wird in seiner Meinung deutlich, daß die bürgerliche Gesellschaft sich kaum halten
werde; er hegte jedoch auch keine Hoffnungen hinsichtlich einer
radikal verbesserten Nachfolge, und er mokierte sich über den Pluralismus. Sein Sozialdarwinismus wurde mit brutaler Offenheit in der
Arbeit von Carl Schmitt fortgeführt, der für Ideen einer gemeinschaft-
lichen Menschheit nichts übrig hatte und die Fortschrittsidee für
eine weitere fadenscheinige Rechtfertigung der Ausübung von Macht
hielt.[19] Diejenigen, nach deren Definition die Moderne das Ende aller
menschlichen Illusion bedeutete, brachten die Frommen in Verlegenheit, die glaubten, sie allein hätten die Bürde der Tradition auf sich
genommen. In Wirklichkeit waren das meist verwirrte Spießbürger,
deren einzige Bürde in einer aus zweiter Hand erhaltenen Theologie
bestand. Die selbsterklärten Feinde der Illusion schlossen sich in der
Folge oft der einen oder anderen Variante des Faschismus an. Viele

Traditionalisten folgten ihnen – aus Resignation oder auch nicht –,
was den Verdacht nahelegt, daß das moralische Elend nicht allein der
humanistischen Seite anzulasten war. Ein leiser Nachklang dieser
Auseinandersetzung schwingt in den Klagen über moderne Kultur
mit, vorgebracht von amerikanischen Neokonservativen, die sich
als moralische Absolutisten, kulturelle Traditionalisten und (erstaunlicherweise) als politische Liberale bezeichnen. In den von den westlichen Mächten beherrschten oder besetzten Nationen hatte Modernismus im frühen 20. Jahrhundert eine ganz andere Bedeutung. Die
unterschiedlichsten Impulse ließen bereits die nationalen Befreiungsbewegungen erahnen – und initiierten sie zuweilen –, die in den
dreißiger und vierziger Jahren Gestalt annahmen. Kemal Atatürks
Bewegung in der Türkei vereinte nationale Wiedergeburt mit Modernisierung, und das trifft auch auf Sun Yat-sens chinesischen Republikanismus zu. Einige der jüngeren chinesischen Republikaner fühlten
sich zum Sozialismus hingezogen und gründeten die Kommunistische
Partei Chinas. In den Vereinigten Staaten gab W. E. B. Du Bois dem
bevorstehenden Konflikt Ausdruck, indem er erklärte, die große Konfliktlinie des 20. Jahrhunderts werde die Frage der Hautfarbe sein.
Lenin äußerte mit dem für ihn charakteristischen Scharfblick, daß
Kämpfe zur nationalen Befreiung in den Kolonialreichen eine weitere
Front gegen den Kapitalismus eröffnen und zeigen würden, wie ver-
letzlich dieser sei.[20] Die meisten sozialistischen Bewegungen behandelten jedoch Kolonialismus und Imperialismus als Probleme, die
nach der Revolution gelöst werden würden. Einige amerikanische
Sozialisten schlossen sich natürlich der Gewissens- und Protestbewegung gegen den Feldzug zur Eroberung der Philippinen an (Vietnam
war nicht die erste Bewegung dieser Art). Die britische Labour Party,
eingedenk ihres vom Christentum übernommenen moralischen Erbes,
erklärte, Indien müsse frei sein – und außerdem war da das ewige
Problem Irland. Im großen und ganzen läßt sich unmöglich behaupten, daß diese Probleme vor 1914 im Vordergrund sozialistischen
Bewußtseins und sozialistischer Politik gestanden hätten. Universalistische Rhetorik und nationalistisches Verhalten kennzeichneten die
Bewegungen in den Mutterländern. Soweit die Arbeiterklassen in ihre
Nationen integriert waren, standen sie auf der weißen Seite von Du
Bois' Konfliktlinie.

Die Schwankungen des Konjunkturzyklus waren noch von 1900 bis
1914 deutlich spürbar, aber Technologien wie die Elektrifizierung

ermöglichten einen anhaltenden enormen Boom, die Ölindustrie intensivierte ihren spektakulären Aufstieg, und Fortschritte auf den Gebieten der Chemie und der Metallurgie gaben Anlaß zu riesigen Investitionen und zur Expansion. Transportnetze unterstützten eine noch umfassendere Urbanisierung. Die Entwicklung einer Massenpresse (und einer entsprechenden Öffentlichkeit), die im 19. Jahrhundert begonnen hatte, setzte sich fort, und im kulturellen Bereich trat das Kino seinen unaufhaltsamen Eroberungszug an. Die Arbeiterklasse, Träger der sozialistischen Solidaritätsidee, erlebte die Veränderung ihrer eigenen inneren Solidarität auf bemerkenswerte Weise.

Es hatte schon immer eine Arbeiteraristokratie gegeben – Arbeiter mit besonderen Fähigkeiten in den den Fluktuationen der Volkswirtschaft weniger ausgesetzten Beschäftigungsbereichen. Diese Arbeiteraristokratie stellte häufig das Führungspersonal sowohl der sozialistischen Parteien als auch der Gewerkschaften. Infolge der neuen und zunehmend rationalisierten Produktionstechniken wuchs der Abstand zwischen diesen Facharbeitern und einer immer größeren Masse angelernter Arbeitskräfte. Das generelle Qualifikationsniveau stieg – aber ebenso wuchs die Fähigkeit der Unternehmerschaft, durch ein in der Steuerung der Produktionsprozesse versiertes Management die Aufgaben zu verteilen und so die Abhängigkeit des Betriebs von einzelnen Arbeitergruppen zu reduzieren. In der kapitalistischen Produktion trat zunehmend eine Dualität zutage. Einerseits wurde der gesamte Produktionsprozeß immer komplexer, die Produktivität stieg und hatte einen generellen, wenn auch langsamen Lohnanstieg zur Folge – weit langsamer als die beträchtliche Steigerung der Gewinne. Andererseits ließen sich die Arbeiter sehr viel unproblematischer untereinander austauschen, zumal das Erlernen spezieller Fähigkeiten für einen bestimmten Fertigungsprozeß oder für das Bedienen bestimmter Maschinen zunehmend obsolet wurde. Der Fordismus entstand bereits vor Ford. Seine langfristigen Auswirkungen auf Klassenbewußtsein und Ideologie der Arbeiter waren Anlaß zur Besorgnis für eine sozialistische Bewegung, die, wie vage auch immer, erkannte, daß sie allzusehr vom Selbstbewußtsein und vom Stolz der Arbeiteraristokratie abhängig geworden war.

Die langfristigen Veränderungen in Wirtschaft und Politik der parlamentarischen Staaten hatten noch eine weitere Auswirkung. Die als Massenbewegungen organisierten sozialistischen Parteien waren weitgehend auf eine freiwillige Mitwirkung der Basis – in örtlichen Sektionen, in den Arbeitervierteln, bei Wahlen – angewiesen. Kader hauptamtlicher Funktionäre wurden jedoch immer wichtiger in dem Maße, in dem die Präsenz der Parteien in der Gesellschaft verankert werden und ein Mindestmaß an Kontinuität und Struktur gewährleistet sein mußte. Die meisten Funktionäre kamen zwar aus der Arbeiterklasse, führten aber nicht zwangsläufig das Leben von Arbeitern. Ohne Zweifel hatten sie kein höheres Einkommen und lebten nicht besser als Facharbeiter. Sozialistische Abgeordnete führten einen Teil ihrer Diäten an die Partei ab. Sie standen allerdings in einer anderen Beziehung zur Gesellschaft.

Zu diesen Zwiespältigkeiten kam noch eine weitere hinzu. Die sozialistischen Bewegungen wurden stets – und zuweilen leidenschaftlich – unterstützt von Personen, die weder von ihrer Abstammung noch von ihrer Tätigkeit her zur Arbeiterklasse zählten. Da sie auch nicht Fabrikarbeit anzunehmen und das Los der Arbeiterklasse zu teilen gedachten, mußten sie, mehr noch als die aus der Arbeiterklasse stammenden sozialistischen Kader, mit einer Widersprüchlichkeit fertigwerden. Einerseits genossen sie die Vorteile ihrer Klasse, andererseits waren sie überzeugt, daß Klassenunterschiede überwunden werden mußten. Wie sich später herausstellte, waren derartige Breschen in der Mittelschicht, allgemein gesprochen, erforderlich für sozialistische Parteien mit einer reformistischen Strategie: Sie mußten Anhänger gewinnen und die Opposition in diesen Teilen der Gesellschaft neutralisieren oder auf den Anspruch, das höhere Interesse der Gesellschaft als Ganzes zu vertreten, verzichten. Die aufkommenden Massenmedien machten die Expansion im Bereich der Kultur noch notwendiger.

Die Bildung neuer Koalitionen dieser Art war nicht leicht und erzeugte in den sozialistischen Parteien ernstzunehmende Reibereien zwischen den Gewerkschaftern und den Politikern aus der gebildeten Mittelschicht. Am Vorabend des Ersten Weltkriegs bestätigten Konflikte dieser Art zahlreiche Anhänger der sozialistischen Bewegung in ihrem Verständnis des Sozialismus als des Garanten des intrinsischen Wertes ihrer Arbeiterkultur. Es entstand, was die Franzosen als *ouvriérisme* bezeichnen: Die Idee, daß die Arbeiterklasse so, wie sie war, den Felsen darstellte, auf dem die Bewegung errichtet worden war.

Ein weiteres ernstzunehmendes Problem für die sozialistischen Parteien waren die wirtschaftlichen Dimensionen des Nationalismus. In seiner Antrittsvorlesung als Professor der Nationalökonomie an der

Universität Freiburg erklärte Max Weber, die Interessen der Arbeiterklasse seien oft in grundlegender Weise mit dem Erfolg einer auf die Aneignung von Rohstoffen und die Erschließung von Absatzmärkten gerichteten nationalen Wirtschaftspolitik verquickt.[21] Soweit die Arbeiterklassen in den europäischen Nationen (und in den Vereinigten Staaten) dieses Argument akzeptierten, wurde ihre Neigung, im Sinne des Internationalismus zu agieren, dadurch stark beeinträchtigt. In welchem Ausmaß beeinflußte eine Variante des Sozialdarwinismus eine Arbeiterklasse, die schließlich von der sogenannten höheren Kultur nicht völlig isoliert war? Selbst im Rahmen der von den Parteien geförderten Erwachsenenbildungsprogramme fanden reichlich Diskussionen über Probleme dieser Art statt. Da Kirchen, Schulen, Zeitungen und die Eliten jeder Nation die Argumente zugunsten eines ökonomischen Nationalismus nachdrücklich hervorhoben, waren die Anhänger der sozialistischen Bewegung auch in eine imperial geprägte Sozialkultur eingebettet. Ökonomischer Nationalismus war empirisch einleuchtend. Solange Ökonomien von Nationalstaaten organisiert wurden, teilten alle am nationalen Wirtschaftssystem Mitwirkenden ein gemeinsames Schicksal. Dieses Argument verschmolz in bisweilen unmerklichen Etappen mit der emotionsgeladenen Solidarität eines ethnozentrischen Nationalismus – und legitimierte diesen, indem sie ihm eine sozialhistorische Rechtfertigung verlieh.

Der ökonomische Nationalismus hatte noch andere Konsequenzen, die das sozialistische Argument untergruben. Die industrielle Organisation Deutschlands zeichnete sich nicht nur in den kleineren Werkstätten und Firmen, sondern auch in den Großbetrieben durch Paternalismus aus. *Noblesse oblige* in seiner deutschen Variante hatte stark patriarchalische Züge – ein Resultat der lutherischen Sozialethik wie der Tradition eines sowohl bürokratischen als auch allgegenwärtigen Staates. Nationale Eintracht zur Verteidigung der gemeinsamen Interessen von Kapitalisten und Arbeitern war ein Argument, das eine mehr als nur vorübergehende Anziehungskraft auf die sozialdemokratischen Führer und Wähler ausübte. In unterschiedlichen nationalen Kontexten verfehlte dieses Argument auch andernorts in Europa seine Wirkung nicht, und es war ein ausdrücklicher Bestandteil von Theodore Roosevelts Programm des Imperialismus und der Sozialreform.

Wir kommen zum Ersten Weltkrieg, dem eigentlichen Ende des 19. Jahrhunderts. Gewalttätiger Nationalismus, Massengemetzel, äußerste Entbehrung und soziale Desintegration, Revolutionen und Gegenrevolutionen jeder Art – die Erfahrung von 1914–1918 war eine überzeugende Widerlegung der Fortschrittsidee. Welche Genugtuung es auch den sozialistischen Denkern bereiten mochte, einige ihrer extremsten Prophezeiungen (Vorhersagen wäre ein allzu milder Ausdruck) verwirklicht zu sehen – sie war ein schwacher Trost. Die Wähler der sozialistischen Parteien und auch viele ihrer Führer stürzten sich 1914 in einen europäischen Brudermord. Innerhalb der sozialistischen Bewegung gab es in jedem Land bedeutende Minderheiten, die sich dem Krieg widersetzten, aber die international koordinierte Opposition, von der man einst annahm, sie werde den Krieg abwenden oder, sollte er bereits begonnen haben, ihn abbrechen können, fiel in sich zusammen. Genauer gesagt, sie trat so gut wie gar nicht in Erscheinung. War der Kapitalismus die Ursache des Krieges? Bände wurden geschrieben und werden noch geschrieben werden, nicht nur in Antwort auf diese Frage, sondern auch über ihre Zweckmäßigkeit. Was meinen wir mit Ursache? Der Krieg ist keine neue Erfindung, und Homers wie Shakespeares Könige brauchten keinen kapitalistischen Weltmarkt, um das Ägäische Meer und den Ärmelkanal zu überqueren auf der Jagd nach Beute und Land. Zweifellos prägte der Kapitalismus die Konflikte des ausgehenden 19. und beginnenden 20. Jahrhunderts, und das frühe Äquivalent eines militärisch-industriellen Komplexes war deutlich erkennbar – man denke nur an die Flottenprogramme von Roosevelt und Tirpitz.

Was den Ersten Weltkrieg so zerstörerisch machte, was die Eliten in den kriegführenden Staaten davon abhielt, ihre Verluste abzuschreiben und aufzugeben, mag durchaus die neue Form der Politik gewesen sein. Sie umfaßte die Massenpresse, die Notwendigkeit einer sozialen Mobilisierung großen Ausmaßes – um politische Maßnahmen durchzusetzen, die immense wirtschaftliche Kosten und zahllose Opfer an Menschenleben verursachten – sowie den kalkulierten Einsatz von Unterdrückung, nicht in Form des totalen Terrors von 1792, sondern der auf 1848 folgenden organisierten Wachsamkeit. Der springende Punkt war, die Gesellschaft so weit wie möglich zu ihrer eigenen ideologischen und politischen Überwachung heranzuziehen. Eugene Debs und Bertrand Russell wurden beide von ihrer jeweils liberalen Gesellschaft als Kriegsgegner zu Gefängnis verurteilt und von vielen der Bürger, die sie aufzuklären versuchten, verunglimpft.

Die Belastungen und Schrecken des Krieges waren so verheerend, daß die innere Einheit der Nationen kaum aufrechterhalten werden konnte. Es trifft zwar zu, daß sich zunächst eine begeisterte Stimmung einstellte und eine Überhöhung der nationalen Gemeinschaft (wie etwa die *union sacrée* in Frankreich) angesichts der gemeinsamen Opfer an der Heimatfront und der Beschäftigung der Arbeiterklasse in den von stetiger Produktionssteigerung abhängigen Kriegswirtschaften, aber der Krieg führte nicht zu einer alternativen Variante des Sozialismus in den kapitalistischen Gesellschaften. Welchen nivellierenden Effekt der Krieg auch immer haben mochte, er löschte nicht die offenkundigen Klassenunterschiede (und das damit verbundene Stigma) aus. Als die Regierungen in Rußland, Italien, Österreich-Ungarn und schließlich Deutschland weder Sieg noch Frieden noch irgend etwas anderes als wachsendes Elend produzieren konnten, verloren sie ihre Berechtigung. Wogen der Demonstrationen und Streiks, besonders seitens der organisierten Arbeiterklasse, folgte der Zusammenbruch der Disziplin in den Streitkräften. Die Führer Großbritanniens und Frankreichs waren sich der Verwundbarkeit ihrer jeweiligen Heimatfront und der Unzuverlässigkeit ihrer Armeen voll bewußt. (Als Premierminister Lionel Jospin 1998 Sympathie für die französischen Meuterer von 1916 zum Ausdruck brachte, löste er eine Kontroverse aus.) Wären die Vereinigten Staaten nicht an ihrer Seite in den Krieg eingetreten, hätten sie schwerwiegenden Erschütterungen entgegengesehen. Der Krieg war ein gewaltiger Motor sozialer Umwälzungen; er bewirkte die Rationalisierung des Staates und das Ausmaß seiner Einbettung in die Gesellschaft, eine vermehrte Industrialisierung, eine kulturelle und soziale Modernisierung im Sinne der Zerstörung traditioneller Strukturen – aber nicht deren Substitution durch die von Vertretern progressiver Ideen ins Auge gefaßten Institutionen. Edward Bellamys 1887 veröffentlichter Bestseller »Looking Backward«, in dem der Autor Krieg für überholt erklärt, erschien unmittelbar vor den vom Amerika des 20. Jahrhunderts unternommenen erstaunlichen Anstrengungen zum Aufbau eines Imperiums.[22]

Der Krieg setzte dem wirtschaftlichen Liberalismus effektiv ein Ende. In den darauffolgenden Regimen war, wirtschaftlich gesehen, ein enges Bündnis zwischen Markt und Staat die Regel. Das galt in den Vereinigten Staaten für die Regierung der Republikaner, im Amt von 1921 bis 1932, ebenso wie für ihre Nachfolger, die den New Deal einführten. Die Kriegsbilanz fiel für die Sozialisten alles andere als eindeutig aus. Dadurch, daß die sozialistischen Parteien in ihren jeweiligen Nationen keine irgendwie gearteten Schritte – von einem revolutionären Generalstreik ganz zu schweigen – unternommen hatten, um dem Krieg ein Ende zu setzen, hatten sie zugegeben, daß der Internationalismus ein nicht zu verwirklichendes Ideal war. Daß ihre Wähler und Anhänger sich der Kriegsanstrengung anschlossen, ließ auf die überlegene Kraft des Nationalismus schließen. Das Versäumnis der Sozialisten, innere Überzeugung und Stärke an den Tag zu legen, hatte höchst negative Folgen. Die mittleren und unteren Segmente der Mittelschicht – die später dem Faschismus verfallen sollten – sagten sich eilends von historischen Verlierern los. Zugegeben, der Verlauf des Krieges zeigte, daß Bürokraten, Kapitalisten, Generäle und Politiker nur allzu bereit waren, bis zum letzten ihrer Mitbürger zu kämpfen, während sie die rücksichtslose Verteidigung ihrer eigenen Interessen als zum besten der Nation hinstellten. Diese Eliten waren diskreditiert, und die Sozialisten waren (einstweilen) die größte oppositionelle Gruppierung. Es überrascht nicht, daß gerade ihnen in den zerfallenden Imperien die Macht eines diskreditierten Staates in die Hände fiel.

In Deutschland waren eine Flottenmeuterei, weitverbreitete Streiks und die Gefahr einer völligen Desintegration der Streitkräfte das Werk lokaler, von keiner sozialdemokratischen Zentrale gesteuerter Umtriebe. Als Friedrich Ebert nach der Flucht des Kaisers das Amt des Kanzlers antrat, geschah das halb in Opposition zu den besiegten Eliten, halb in Kooperation mit ihnen. In Österreich-Ungarn wetteiferten Sozialisten und Nationalisten in einer völlig chaotischen und verworrenen Situation um die Übernahme der zerfallenden Fragmente dessen, was ein Reich gewesen war. In Italien stritten Katholiken und Sozialisten um die Führung, nachdem die Unfähigkeit der von den Wohlhabenden in Mittel- und Norditalien gestellten Politiker der Krone und die völlige Inkompetenz der Armee ein Vakuum hatten entstehen lassen. Die Reserveoffiziere der Armee sollten als Faschisten ihre Rache nehmen – aber das kam später. Im Vereinigten Königreich verdankte die 1924 an die Macht gekommene Labour-Regierung, die erste ihrer Art, ihren Wahlsieg dem Umstand, daß sie weder liberal noch konservativ und daher für einen qualvollen Krieg oder einen bedrückenden Frieden nicht verantwortlich war. Einer völligen sozialen Neuordnung wurde nach wie vor das Wort geredet, die Wirklichkeit war ganz anders. Die Sozialisten bildeten Regierungen oder schlossen sich solchen an, während ungeheure Veränderungen in Wirtschaft und Gesellschaft ebenso wie das große Trauma des Krieges die Macht des Staates umgestalteten und reduzierten.

3 Die Revolution in Rußland und ihre Folgen

Das zentrale Ereignis des Jahres 1917 war die Oktoberrevolution in Rußland. Die bolschewistische Revolution, die die sowjetische Gesellschaft und den sowjetischen Staat hervorbrachte, sowie die weltweite kommunistische Bewegung, deren Führung die sowjetische Partei an sich riß, haben oft als Leinwand gedient, auf die – häufig unter geradezu grandioser Mißachtung der historischen Realität – übertriebene Hoffnungen und tiefe Befürchtungen projiziert wurden.[1] Die Reformen Gorbatschows, der Zusammenbruch des Sowjetkommunismus, der völlige Verlust jedweder Modellfunktion, die die Revolution einst für sich in Anspruch nahm und in manchen Teilen der Welt ausübte, verschärften eine bereits seit 1917 währende Auseinandersetzung. Die Revolution war nicht lediglich ein *Coup d'État* in einer äußerst rückständigen, durch militärische Niederlagen erschütterten Gesellschaft. Die Projekte des neuen Sowjetstaats waren nicht einfach verzweifelte Rettungsversuche einer zunehmend zynisch werdenden Elite, entschlossen, ihren profanen Zugriff auf die Macht zu rechtfertigen, indem sie kein geringeres Ziel als die Schaffung einer neuen Gesellschaft verkündete.

Die große Tragödie der bolschewistischen Revolution liegt in dem Gegensatz zwischen der Redlichkeit ihrer revolutionären Ziele und der bekannten Grausamkeit der Mittel, welcher sie sich zunehmend bediente. Die selbsternannte neue Gesellschaft legte rasch eine bemerkenswerte Kontinuität mit den autoritären, bürokratischen, ja sogar den religiösen Traditionen des Zarenreiches an den Tag. Die stolzen neuen Menschen, die angeblich dieses Reich bevölkerten, wirkten bald geduckt, unterwürfig, ja abgestumpft – und voller Angst. Daß Stalin auf Terror setzte, war nicht etwa eine unvermeidliche Konsequenz der Isolierung der Sowjetunion, nicht die unabwendbare Folge eines Versuchs, die Gesellschaft total zu transformieren. Einige über die Französische Revolution arbeitende Historiker mögen recht haben mit ihrer Behauptung, die jakobinischen Vorläufer der bolschewistischen Revolution hätten Unheil auf sich gezogen, indem sie die in die Gesellschaft eingebauten historischen Strukturen und die menschliche Natur ignorierten. Stalin war allzu erfolgreich, weil er die historische Situation einschätzen konnte und die menschliche Schwäche ausnutzte.

Der nachhaltig von der Aufklärung geprägte marxistische Traum von der Emanzipation wurde in sein Gegenteil verkehrt: in einen orientalischen Despotismus, eine »asiatische Produktionsweise«, weit schlimmer als alles, was Marx in seinem eurozentrischen, historischen Schema angeprangert hatte. Trotzki sagte kurz vor seiner Ermordung durch Stalin, die Sowjetunion sei ein deformierter Arbeiterstaat, aber sie bliebe ein Arbeiterstaat und müsse daher verteidigt werden.[2] Seine eigene Analyse bewies jedoch, daß sie keineswegs ein Arbeiterstaat, sondern eine neue historische Formation war: ein von einer bürokratischen herrschenden Klasse geführtes staatskapitalistisches System. Wäre Trotzki am Leben geblieben, hätte er sich vermutlich der furchtbaren Frage nach seiner eigenen Verantwortung stellen müssen. Angenommen, Stalin hätte das Vermächtnis der Revolution nicht gewaltsam an sich gerissen, sondern wäre der legitime Erbe sowohl Lenins als auch Trotzkis gewesen, so hatte doch bereits deren Glaube an die Avantgarde-Funktion einer Partei von Revolutionären, die sich jedes historische und moralische Urteil anmaßte, die emanzipatorische Dimension des Sozialismus verleugnet – und das Scheitern der Revolution unvermeidlich gemacht. Es war die bolschewistische Partei, die ihre ehemaligen Genossen, die Menschewiken, verfolgte und die die Bauernpartei, die Sozialrevolutionäre, in die totale Opposition trieb. Es war Trotzki, der seine revolutionären Genossen in Kronstadt ermordete.

Fast neun Jahrzehnte nach der Revolution läßt sich natürlich leicht urteilen. Das Problem der politischen Leitung der Revolution war jedoch von Anfang an erkennbar. Die bolschewistische Führung nahm schon sehr früh das Recht für sich in Anspruch, weltweit an der Spitze der sozialistischen Bewegung zu stehen. Zunächst glaubten die sowjetischen Führer, sie würden der Gegenrevolution anheimfallen, wenn sie nicht durch revolutionäre Erfolge andernorts – vor allem in Deutschland und Westeuropa – unterstützt würden. Das war der Sinn des sowjetischen Versuchs, Polen zu erobern, was der Sowjetunion eine gemeinsame Grenze mit Deutschland und damit die Möglichkeit gegeben haben würde, einer deutschen Revolution militärischen Beistand zu leisten. Als der kapitalistische Block die anfangs noch auf dem Spiel stehenden Territorien eines nach dem anderen zurückgewinnen konnte, änderte das nichts daran, daß die sowjetischen Führer von der Notwendigkeit ihrer politischen Vorherrschaft in der sozialistischen Bewegung überzeugt waren. Zunächst machten sie geltend, die bolschewistische Revolution sei der erste Akt einer unmittelbar bevorstehenden Weltrevolution, dann behaupteten sie, gerade die Isolierung und der drohende Untergang ihres Regimes machten es notwendig, daß ihren Erfordernissen jede Priorität gegeben werde. Darüber hinaus bestanden sie auf der universellen Gültigkeit des Modells der Kader-Partei.

Die bolschewistische Erfahrung in einer Nation mit einem so ausgesprochen dürftigen Erbe an demokratischen Institutionen und der lang anhaltende Bürgerkrieg prägten die Auffassung der sowjetischen Kommunisten von Politik. Mit der Zeit handelten sie, als seien die Massen unendlich gefügig und glaubten alles, wenn es nur laut genug geäußert und lang genug wiederholt würde. Permanente Agitation und sozialistische Pädagogik waren ein und dasselbe. Alle historischen Unterschiede, nationalen Eigenheiten, die besonderen Situationen, in denen sich Sozialisten andernorts befanden, wurden zunehmend übergangen.

Lenin selbst war unerbittlich brutal, aber viel zu intelligent, um es zu zeigen. Er bewies strategischen Realismus, indem er den Klassenkampf reduzierte und 1921 die Neue Ökonomische Politik einführte, politischen Scharfblick in den meisten seiner an ausländische Kommunisten gerichteten Ratschlägen und prophetisches Urteilsvermögen, als er die Partei vor Stalin warnte und Nikolai Bucharin begünstigte. Lenins seit 1922 angeschlagener Gesundheitszustand ermöglichte es Stalin, die Herrschaft über die Partei an sich zu reißen. Man kann sich leicht vorstellen, daß das Regime, wäre Lenin am Leben geblieben, einen anderen Kurs eingeschlagen hätte. Ebenso leicht kann man sich vorstellen, daß Nikita Chruschtschow, wäre er nicht abgesetzt worden, vermutlich zwanzig Jahre vor Gorbatschow *Glasnost* und ernsthafte Reformen eingeleitet hätte. Diese Meinungen werden bisweilen von Denkern vorgebracht, die sich ansonsten eines weniger personenbezogenen Modells historischer Kausalität bedienen. Tatsache ist,

daß Stalin die Führung zufiel, weil Lenin an der Spitze der Partei eine
extreme Machtkonzentration vorgenommen hatte. Die Männer, die
sonst noch als Führer in Frage gekommen wären, vermochten sich in
Ermangelung demokratischer und offen zugänglicher Mittel zur Ablösung von Personal und Politik nicht durchzusetzen. Vierzig Jahre
später siegten die geistig verknöcherten Bürokraten des Apparats über
Chruschtschow, trotz der großen Unterstützung, die er beim Volk und
in weiten Kreisen der Partei genoß: Er hätte wohl kaum landesweite
Wahlen ausrufen können. In beiden Fällen diktierten die der Einparteienherrschaft inhärenten Mechanismen das Resultat.

Stalin legte eine kolossale Gleichgültigkeit gegenüber den Problemen ausländischer Kommunisten an den Tag und ignorierte systematisch die Welt jenseits der Grenzen der Sowjetunion. Die sowjetischen
Führer der Kommunistischen Internationale, die er später bis auf den
letzten Mann vernichten sollte, waren weit besser unterrichtet über
ihre Genossen im Ausland und brachten ihnen sogar Sympathie entgegen. Ihre politische Linie wurde jedoch den unmittelbaren Interessen der Sowjetunion in ihrer engstmöglichen Auslegung untergeordnet. Ihr historisches Verständnis der kolonisierten und imperiali-
stisch beherrschten Nationen war häufig dem der kapitalistischen Mutterländer dieser Nationen weit überlegen. Sie akzeptierten die Notwendigkeit einer gemeinsamen Front mit anderen Kräften nationaler
Befreiung. Aber selbst in dieser Beziehung verkalkulierte Stalin sich
gründlich in China, wo er die Kommunisten anwies, die Kuomintang
und Tschiang Kai-schek zu unterstützen, und Maos vorausschauende
Analyse der Bedingungen für eine Revolution in einer Agrargesell-
schaft außer acht ließ.[3]

Die Auseinandersetzungen innerhalb der weltweiten sozialistischen
Bewegung über die Oktoberrevolution und die Ansprüche der sowjetischen Führer waren von den Auseinandersetzungen zwischen Bolschewiken und Menschewiken innerhalb des russischen Sozialismus
vorweggenommen worden. Was die Ergebnisse so verhängnisvoll
machte, war, daß die sozialistische Bewegung sich spaltete und nie
mehr zu einer Einigung fand. Diejenigen, für die die bolschewistische
Revolution ein eschatologisches Ereignis war oder einem solchen so
nahekam, wie es zu ihren Lebzeiten nie mehr geschehen würde,
schlossen sich der Meinung an, daß der sowjetischen Partei das Recht
auf Führung gebühre. Diese Ermächtigung wurde zuweilen nur
dürftig mit der Behauptung begründet, sie sei die Antwort auf die

Forderungen der geplagten Massen außerhalb der Sowjetunion, für die die Revolution ein Leuchtfeuer der Hoffnung sei. In Wirklichkeit versuchten Kader professioneller Revolutionäre im Angesicht großer Widrigkeiten, einschließlich des nicht unbeträchtlichen Widerstands von seiten der Massen selbst, dieselben zu organisieren. Diese Massen waren in weiten Teilen der Welt Gefangene von Apathie oder kulturell und religiös bedingter Passivität und purer Angst. Tatsächlich wurde die Oktoberrevolution in ihren Anfangsjahren von denen, die sie aus der Ferne erlebten, für frei von jedem Makel erachtet. Der Glaube an ihr emanzipatorisches Potential war oft um so stärker, je größer die Entfernung von Moskau war.

Die Uneinigkeit innerhalb der westlichen sozialistischen Parteien über die Frage, ob man sich eher der von Moskau geführten Komintern oder der Sozialistischen Internationale anschließen solle, spiegelte frühere Spaltungen wider. Auseinandersetzungen über die Durchführbarkeit eines parlamentarischen Weges zum Sozialismus, über die Heftigkeit der kapitalistischen Krise, über die Bereitschaft der Arbeiterklasse, sich auf einen revolutionären Angriff auf das bestehende System einzulassen, über Bürokratie und Demokratie in der sozialistischen Bewegung selbst waren nicht neu. Nunmehr traten die Forderungen der Sowjetpartei hinzu und verdichteten sich zu einer einzigen brennenden Frage: War die Verteidigung dieser Revolution und bedingungsloser Gehorsam gegenüber den Entscheidungen ihrer Führer die oberste Pflicht aller Revolutionäre? Etwas wie Schuldbewußtsein, nicht ganz frei von Neid, spielte in diesen Auseinandersetzungen eine Rolle. Schließlich hatte Lenin gesiegt, wo andere noch nicht einmal einen Versuch zu unternehmen gewagt hatten – wie kämen sie dazu, seine historische Weisheit in Frage zu stellen?

Der Bruch kam früh, sehr früh in manchen Ländern. In Deutschland fiel er zeitlich mit der Entscheidung der Sozialdemokratischen Partei im November 1918 zusammen, sich dem Generalstab und dem Staatsapparat in deren Widerstand gegen eine gewaltsame Revolution anzuschließen.[4] In anderen Nationen gingen scharfe, monate- und jahrelang währende Debatten innerhalb der sozialistischen Parteien dem formellen Bruch voraus. Bisweilen hielten die neugegründeten kommunistischen und die älteren sozialistischen Parteien selbst nach dem Bruch noch einen gewissen Kontakt, oder sogar ein taktisches Bündnis aufrecht. Bis Stalin Mitte und Ende der zwanziger Jahre seine Macht gefestigt hatte, verfügten die kommunistischen Parteien in den einzelnen Ländern über einen gewissen Spielraum im Umgang mit anderen Parteien der sozialistischen Bewegung. Ungeachtet des bestehenden Antagonismus zwischen Kommunisten und Sozialisten begriffen sich beide anfangs als Teile einer einzigen Bewegung, mit gemeinsamen Traditionen und Erinnerungen. Es war die völlige Deformation der Sowjetunion und der Kommunistischen Internationale durch Stalin, die eine historische Trennung in totale moralische Distanz verwandelte.

Es ist ganz und gar ungewiß, ob die fraglichen Spaltungen eindeutige, durch die Intensität der Opposition gegen den Kapitalismus klar definierte Grenzen des Unterschieds zwischen links und rechts widerspiegelten. Niemand war ein leidenschaftlicherer Revolutionär als Rosa Luxemburg, aber sie lehnte den leninistischen Autoritarismus ab.[5] Die Psychologie derjenigen, die später Stalinisten werden sollten, war ebenso ausschlaggebend wie ihre Sicht der inneren Dynamik des Kapitalismus. Ihre Entscheidung wird bisweilen eher dem persönlichen Bereich zugeordnet. Bedürfnisse nach starker Führung, nach klaren und unmißverständlichen Definitionen einer unzweideutigen Realität, nach der Gewißheit des Sieges, aus einem so heftigen Haß auf die bestehende Ordnung heraus, daß er, sofern er überhaupt zu beherrschen war, einer Versicherung der unmittelbar bevorstehenden Zerstörung dieser Ordnung bedurfte – diese inneren Bedürfnisse und Sehnsüchte hatten ihren Ursprung im Umfeld von Gemeinschaft und Familie.[6]

Die Anziehungskraft der kommunistischen Bewegung für Intellektuelle ist endlos erörtert worden. Die intellektuellen Qualitäten der Durchschnittsmitglieder waren hingegen kaum Gegenstand von Diskussionen und noch weniger von Untersuchungen. Waren die Kommunisten in den westlichen Gesellschaften weniger flexibel als die Sozialisten, waren sie kulturell konventioneller und unterwürfiger gegenüber ihren Bezugsgruppen als diejenigen, die zu dem Schluß kamen, daß die Sowjetunion kein Utopia war? Diese Frage läßt sich so lange nach dem Geschehen unmöglich mit Sicherheit beantworten. Dazu dürften nicht psychologische, sondern kirchenhistorische Analyse-Modelle notwendig sein. *Credo quia absurdum.* Die kommunistische Kirche verlangte zunehmend Glaubensopfer.

Jedenfalls wird in Diskussionen über die vermeintliche Kapitulation der Intellektuellen vor dem Kommunismus eine ganze Menge gegenteiliger Beweise übersehen. Viele linke Intellektuelle blieben den sozialistischen Parteien treu. Diejenigen, die prokommunistisch waren, verwendeten immer mehr Energie auf Kasuistik – nicht unbedingt eine wirksame politische Betätigung. Zahlreiche Intellektuelle hielten sich an die eine oder andere Variante des sozialen Quietismus und lehnten selbst ein maßvoll kritisches politisches Engagement ab. Was noch wichtiger war: Eine große Gruppe Intellektueller formulierte aus Elementen des Antisemitismus, Irrationalismus, Nationalismus (und manchmal auch des Antikapitalismus) die Doktrinen des Faschismus und spielte eine wichtige Rolle in den faschistischen Bewegungen.[7]

Die Exkommunisten, manche von ihnen von Abscheu vor ihrem früheren Selbst gepackt, begannen bald ein eigenes Kapitel intellektueller Geschichte zu schreiben. Was sie zu sagen hatten, war als historisches Zeugnis bisweilen unverzichtbar. Unglücklicherweise benahmen sich nicht wenige Exkommunisten so, als hätten ihre einstigen Fehler sie irgendwie zu unfehlbaren Propheten gemacht. Enttäuschung über die Sowjetunion bewog einige, das gesamte Projekt der Aufklärung zu verwerfen, und veranlaßte andere zu behaupten, die Aufklärung sei in den Institutionen dessen, was sie nunmehr als liberale Gesellschaft bezeichneten, verwirklicht worden. Manche ehemaligen Kommunisten und einstigen Anhänger Trotzkis hatten sich ihre eigene stalinistische Taktik der Auseinandersetzung zurechtgelegt, die sie in ihrem neuen Leben beibehielten: systematische Verunglimpfung ihrer Gegner und völlige Entstellung ihrer Anschauungen.

Kehren wir zur kommunistischen Bewegung als solcher zurück. Mit der Konsolidierung der bolschewistischen Revolution verebbte die revolutionäre Welle. In der ganzen Welt wurden – legal und illegal – kommunistische Parteien gegründet, aber fast nirgendwo gelang es ihnen, die Macht zu ergreifen oder sie bei Wahlen zu erringen. Aufstände in Deutschland schlugen fehl, das kommunistische Regime in Ungarn war nur kurzlebig. Die kommunistischen Parteien in den einzelnen Ländern folgten der von Moskau – entsprechend den Erfordernissen der sowjetischen Politik – diktierten politischen Linie. Die ganze Bewegung verband einen spontan aufkommenden Opportunismus der schamlosesten Sorte mit einer verbalen Verpflichtung zu einem auf lange Sicht geplanten Idealismus – wobei letzterer dazu benutzt wurde, ersteren zu rechtfertigen. Ungeachtet ihrer revolutionären Ambitionen wiederholte sie das von der sozialistischen Bewegung im 19. Jahrhundert praktizierte Alternieren zwischen revolutionärem Versprechen und reformistischem Kompromiß. Die Kommunisten suchten – mit beachtlichem Erfolg – die kulturellen Einrich-

tungen zu durchdringen. Überall konzentrierten sie sich auf eine
Betätigung in den Gewerkschaften, und wo es ihnen vorteilhaft erschien, organisierten sie ihre eigenen.

Die Kommunisten in Westeuropa machten sich die Tradition des
ouvriérisme [Doktrin, wonach allein die Arbeiterklasse fähig ist, die
sozialistische Bewegung zu führen] zu eigen. Ihr Motto war: kein Heil
außerhalb der (kommunistischen) Kirche, und die Arbeiterklasse wurde
mit dem Volk Gottes gleichgesetzt. Die kommunistischen Parteien
führten gewissermaßen ein Doppelleben. An der Spitze, in engem
Kontakt mit Moskau, monopolisierten erfahrene Kader die Befehlsgewalt. Massenorganisationen bedienten sich dessen, was von der
Kultur der Arbeiterklasse übriggeblieben war. Vielfach stellte ein und
dieselbe Familie Generationen von Parteimitgliedern. Familien-Meta-
phorik sowie Solidarität in der Nachbarschaft und am Arbeitsplatz
stellten Alternativen zu der gesichtslosen Anonymität der Gesellschaft dar. Die kommunistischen Parteien konzentrierten sich auf ihre
Mitglieder und Anhänger aus der Arbeiterklasse, ganz gleich welcher
sozialen Herkunft die Kader waren. Intensive Anstrengungen, die
übrige Gesellschaft zu beeinflussen, wurden den Erfordernissen der
Erhaltung eines Arbeiterklassen-Kerns untergeordnet. Teil der Bewegung zu sein, war für die Durchschnittsmitglieder wichtiger als die
Richtung der Bewegung. Insbesondere ließen sie sich nicht anfechten
durch Andeutungen, daß zum Beispiel Stalins Methoden der politischen »Überredung« zuweilen unangebracht seien. In ihren Augen
war das kein Thema für eine intellektuelle Debatte. Kommunist
(und loyal gegenüber der Sowjetunion) zu bleiben, war eine Frage
der Glaubwürdigkeit. Das ist der Grund, weshalb die Serien von Rück-
schlägen, die plötzlichen Änderungen der offiziellen Doktrin, die
erbitterten Machtkämpfe innerhalb der Führung und die damit einhergehende Verleumdung der Unterlegenen den Kommunisten weniger bedeutete als ihren kritischen Gegnern. Kurz, die kommunistische
Bewegung zog die metaphysischen Energien auf sich, die in den pro-
faneren sozialistischen Parteien erloschen.

Die Welt nach dem Ersten Weltkrieg war zweifellos dazu angetan,
die Hoffnung, daß die soziale Ordnung sich ändern würde, zu nähren.
Erinnerungen an die extreme Brutalität und die Leiden des Krieges in
Verbindung mit seinen wirtschaftlichen und sozialen Folgen hatten
Millionen Europäern bleibenden seelischen Schaden zugefügt. In die-
ser Beziehung waren die Vereinigten Staaten besser dran. Eine Armee

war für kurze Zeit nach Europa entsandt worden und hatte relativ geringe Verluste erlitten, während die Wirtschaft vom Stimulus des Krieges profitiert hatte. Der Krieg intensivierte Säkularisierung und Urbanisierung, ganz wie es in den Zeilen des Liedes heißt: »How can you keep them down on the farm / After they've seen Paree?« [»Wie kann man sie auf der Farm halten, nachdem sie Paris gesehen haben?«]. Darüber hinaus hatte der Krieg eine Verschiebung der globalen Machtverteilung zur Folge, die sehr zugunsten der amerikanischen Eliten ausfiel. Senator Henry Cabot Lodges erfolgreicher Angriff auf den Beitritt der Vereinigten Staaten zum Völkerbund war Ausdruck nicht etwa eines Rückzugs aus der Weltpolitik, sondern vielmehr der Überzeugung, daß die Vereinigten Staaten nunmehr in der Lage seien, globale Macht einseitig auszuüben. Während die Europäer sich bereits auf den nächsten Krieg vorbereiteten, spürten sie, daß sich ihre historische Position grundlegend geändert hatte. Das war mehr als eine Sache der Erinnerung an noch nicht lange zurückliegende Ereignisse, so entsetzlich diese auch waren. Deutschland hatte erdrückende Reparationen zu zahlen und erlebte eine verheerende Inflation; die Wirtschaft des Vereinigten Königreichs hatte noch vor Einsetzen der Weltwirtschaftskrise zu stagnieren begonnen; und Frankreich stagnierte ebenfalls – auf ohnehin sehr niedrigem Niveau.

Was bedeutete die Säkularisierung eines Großteils des Sozialismus, insbesondere der Parteien der Sozialistischen Internationale? Sie optierten, in Ermangelung eines Besseren, für eine Politik der Interessenvertretung und beteiligten sich an Regierungen, sowohl um ihre Legitimität zu beweisen als auch um ihr möglichstes für ihre Wähler zu tun. Sie waren entmutigt, weil sie den Ausbruch des Krieges nicht verhindert beziehungsweise diesem nicht rascher ein Ende gesetzt hatten. Sie wandten sich erneut einem programmatischen Internationalismus zu. Gelegentlich brachten sie pazifistische Themen zur Sprache, allerdings – in Anbetracht des Nationalismus ihrer eigenen Wählerschaft – in abgeschwächter Form. Diese Wählerschaft hatte den Krieg generell unterstützt; als er sich hinzog, war jedoch massenhaft Unzufriedenheit ausgebrochen. Ihre Ambivalenz gegenüber den Eliten ihrer Gesellschaften (gegenüber den staatlichen Bürokratien, den Kapitalisten, der gebildeten Mittelschicht) hielt sich aufgrund des Gefühls eines gemeinsamen Schicksals in Grenzen. Die Sozialisten strebten verzweifelt nach stärkerer Demokratisierung und stärkerer Beteiligung an der Steuerung der Gesellschaft – aber nicht nach deren revolutionärer Ablösung. Zum einen hatten sie kein Projekt einer alternativen Gesellschaft mehr parat. Zum anderen stellten die zunehmende Erstarrung der bolschewistischen Revolution, die Art und Weise, wie die russischen Staats- und Gesellschaftstraditionen die vermeintlich neue Gesellschaft zurückeroberten, die Beschränkung ihrer eigenen kommunistischen Parteien auf die Enklaven der Arbeiterklasse und auf verstreute intellektuelle Außenposten ein abschreckendes Beispiel dar. Der parlamentarischen Demokratie, den Freiheiten einer bürgerlichen Gesellschaft verpflichtet, mußten die Sozialisten ihre ohnehin geringen moralischen und intellektuellen Ressourcen dazu verwenden, sich gegen die Partei der Oktoberrevolution abzugrenzen. Darüber hinaus mußten sie um die Unterstützung gerade der Gruppen in ihren Gesellschaften werben, an die auch die Kommunisten appellierten.

Die Attraktivität der Kommunisten beruhte nicht allein auf einem mythischen Bild der Sowjetunion. Sie war auch das Resultat der Ausnutzung sämtlicher Widersprüchlichkeiten des Kapitalismus.[8] Die industrielle Arbeiterklasse mußte Veränderungen erdulden, die wirtschaftliche Entbehrungen, oft verbunden mit Statusverlust, zur Folge hatten. Die systematische Beschneidung des Qualifikationsniveaus setzte sich in dem Maße fort, in dem Industrien der Massenproduktion wie die Automobilindustrie expandierten. Die Massenkaufkraft nahm an Volumen in dem Maße zu, in dem die Zahl der Arbeiter wuchs; aber das Einkommen pro Haushalt stieg nicht. Die dynamische Kraft des Kapitalismus mit seiner unentwegten Rationalisierung manifestierte sich in seiner hartnäckigsten und rücksichtslosesten Form. Neue Konsumgüter und der Einfluß der Werbung vermehrten die Bedürfnisse, denen eine extrem ungleiche Verteilung der Mittel zu ihrer Befriedigung gegenüberstand. Ein starkes Umverteilungsethos und Ideen der Solidarität fehlten auffallend außerhalb der kommunistischen und sozialistischen Parteien und des vereinzelten Widerstands gegen den neuen Kapitalismus in christlich-sozialen Gruppen. Unterdessen stellte sich ein seltsam restriktiver Rentierskapitalismus dem expansiven Kapitalismus des Massenmarkts entgegen. Gleichzeitig konzentrierte die Internationalisierung des Finanzwesens die wirtschaftliche Macht in London und New York. Die verschiedenen nationalen Ausprägungen des Kapitalismus waren unterschiedlich ausgerichtet, wobei die Vereinigten Staaten stärker auf Produktivität hin orientiert waren und die Briten, gar nicht so sehr die berühmte *nation of shopkeepers* [Nation von Ladenbesitzern], hauptsächlich auf

Überweisungen aus ihren Investitionen in Übersee angewiesen waren. Deutschlands industrielle Vorkriegsstärke war teilweise wiederhergestellt, aber die Folgen des Versailler Vertrags hatten dafür gesorgt, daß die wilhelminische Siegesgewißheit einem klassenübergreifenden grollenden Selbstmitleid gewichen war.

Die sozialistischen Parteien konzentrierten sich darauf, die Interessen der organisierten Arbeiterklasse zu vertreten – mit sehr gemischten Ergebnissen.[9] Nachdem die Sozialisten in Schweden an die Regierung gekommen waren, errichteten sie einen Wohlfahrtsstaat. Andernorts wurden die vor dem Ersten Weltkrieg eingerichteten Sozialversicherungen weitergeführt und die Sozialpolitik ausgedehnt. Selbst im neuen kapitalistischen Mutterland, den Vereinigten Staaten, fanden bemerkenswerte Innovationen in der Sozialpolitik auf der Ebene der einzelnen Staaten statt. New York, zum Beispiel, legte eine gute Strecke auf dem Weg zu einem lokalen Wohlfahrtsstaat zurück. Die Praxis der Interessenvertretung ließ jedoch den Anspruch der Sozialisten, für eine künftige soziale Ordnung zu sprechen, unglaubwürdig werden. Sie sprachen für diejenigen, die ein größeres Stück vom Kuchen der derzeitigen sozialen Ordnung haben wollten. Das hinderte sie jedoch nicht daran, den steten Ausstoß von Traktaten über eine neue Gesellschaft in dem nicht enden wollenden Kampf um die kulturelle Hegemonie fortzusetzen. In der Tat mußten große revolutionäre Pläne vorgetragen werden, um weit bescheidenere Reformen zu rechtfertigen. Diese ließen sich jedoch nicht verwirklichen ohne die Hingabe militanter Sozialisten, die allumfassende Visionen als geistige Belohnung für ihre täglich dargebrachten Opfer verlangten. Eine – ausdifferenzierte – sozialistische Kultur hatte es in Europa und den Vereinigten Staaten seit dem 19. Jahrhundert gegeben. Gerade die Weiterentwicklung des Kapitalismus in den zwanziger Jahren machte sie um so unentbehrlicher.

Die tatsächliche Selbstbeschränkung der Sozialisten auf reformistische Schritte trug wenig zur Reduzierung ihrer Konflikte mit anderen Gruppen und Schichten bei – mit der bäuerlichen Bevölkerung, den Kleinunternehmern und den Freiberuflern sowie mit der wachsenden Zahl der Büroangestellten. Die Letztgenannten waren Proletarier, die es aber nicht schätzten, daran erinnert zu werden, daß sie genau das waren. Die Feindschaft des Großkapitals, das die in die »große« Politik integrierten Sozialisten als ungemein gefährliche Gegner empfand, dauerte unvermindert an.

Während der qualvollen Existenz der Weimarer Republik wurde die Regierung Deutschlands vorwiegend von den Sozialdemokraten gebildet; Preußen regierten sie bis zum Vorabend der Machtergreifung durch die Nationalsozialisten. Ihr Schicksal war symptomatisch für den zwiespältigen Charakter politischer Macht ohne gesellschaftliche Macht. Lange bevor der Nationalsozialismus sich zu einer großen Bewegung entwickelte, waren ein Großteil der Mittelschicht und ein bedeutender Sektor der grundbesitzenden Landbevölkerung durch und durch antisozialistisch. Sie weigerten sich, die Legitimation der Sozialdemokratie durch Wahlen anzuerkennen, da sie die Rechtmäßigkeit der Demokratie leugneten. In Großbritannien gewann die Labour Party zwei Wahlen, eine in den frühen zwanziger Jahren und eine weitere Anfang der dreißiger Jahre. Das schien die fanatische Feindseligkeit der Mehrheit der Mittelschicht und eines Großteils der Elite sowie deren Überzeugung, daß die Labour Party irgendwie unbritisch sei, nicht zu verringern. (In dieser Beziehung hatte die Tatsache, daß die Labour Party sich in Opposition zur British Communist Party befand, keine besänftigende Wirkung.) Die Labour Party entzweite sich, als Ramsay MacDonald während der Weltwirtschaftskrise 1931 eine Koalition mit den Tories bildete, und mußte dann in der Opposition die furchtbare Arbeitslosigkeit der dreißiger Jahre und den Aufstieg des Nationalsozialismus mitansehen. Möglicherweise waren diese Prüfungen eine notwendige Vorbedingung für den großen Wahlsieg von 1945; aber die Erfahrung des Krieges und die Teilnahme der Labour Party an der Kriegskoalition unter Churchill waren von noch größerer Bedeutung. In Frankreich beteiligten sich die Sozialisten an einer Reihe kurzlebiger Regierungen der Dritten Republik, kamen aber erst wirklich an die Macht, als Léon Blum 1936 die Führung der Volksfront-Regierung übernahm und die Beilegung eines Generalstreiks dazu benutzte, dauerhafte soziale Errungenschaften herauszuschlagen; kurz darauf mußte er zurücktreten. In Spanien, wo die Sozialisten die beherrschende Komponente eines republikanischen und antiklerikalen Blocks bildeten, mußten sie plötzlich nicht den Sozialismus, sondern die Republik verteidigen, als die vereinte Rechte sich hinter die Armee stellte, um die Demokratie anzugreifen.

Der Spanische Bürgerkrieg begann 1936, war aber eine Folge der sich zwischen den Kriegen vollziehenden wichtigsten politischen Entwicklung in Europa, des Aufstiegs des Faschismus. Mussolini begann seine Laufbahn als Sozialist – der erste von nicht wenigen Sozialisten, die sich der Rechten zuwenden sollten: Hendrik de Man in Belgien, Jacques Doriot in Frankreich, Oswald Mosley in Großbritannien. Mussolinis Eintreten für Nationalismus und Gewalt, sein Rückgriff auf eine autoritäre Bewegung, waren gewiß nicht das Resultat eines Kräfteverlustes des italienischen Sozialismus. Der italienischen Bewegung blieb der Tumult der einander widersprechenden Meinungen über die sowjetische Revolution nicht erspart, aber sie hielt den Turbulenzen besser stand als die meisten anderen sozialistischen Bewegungen. Ungeachtet der Gründung einer separaten kommunistischen Partei behielten Sozialisten und Kommunisten eine gewisse Geschlossenheit des Handelns bei.

Mussolinis Genialität, wenn man so sagen kann, lag darin, das 19. und frühe 20. Jahrhundert Revue passieren zu lassen und festzustellen, daß der materielle und geistige Widerstand der übrigen Gesellschaft gegen den Sozialismus unüberwindbar war – insbesondere der Widerstand einer von tödlicher Angst vor der Proletarisierung erfüllten Mittelschicht. Als er die faschistische Bewegung organisierte, schuf er eine neue gesellschaftliche Basis für die Wertvorstellungen, die ihn anfangs zum Sozialismus geführt hatten: das erregende Hochgefühl eines permanenten Kampfes, die Abneigung gegen bürgerliche Routine, die Verpflichtung auf den totalen Bruch kultureller Kontinuität, den die revolutionäre Aktion versprach. Seine Ideen bezog er aus Gaetano Moscas Ansichten über die Unentbehrlichkeit von Eliten und aus Georges Sorels Darstellung des Sozialismus als eines modernen Mythos; seine psychokulturelle Rechtfertigung des Gebrauchs von Gewalt entnahm er Vilfredo Paretos Plagiat Machiavellis. Seine korporatistischen Ideen hinsichtlich der Organisation der Wirtschaft und der Gesellschaft entlieh er vom sozialen Katholizismus, den er ansonsten als hoffnungslos sentimental belächelte. In seiner Befürwortung einer nationalen Erneuerung machte Mussolini den Imperialismus zu einem sozialen Imperialismus, das heißt, er machte ihn zu einer ausdrücklichen Verpflichtung für alle Schichten der Nation – eine Leistung, die vor ihm die britischen Liberalen und die Tories sowie Theodore Roosevelt und Woodrow Wilson fertiggebracht hatten. Vor allem benutzte er die Gründung einer Bewegung dazu, die Gesellschaft auf eine Weise zu verändern, die den Voluntarismus von Stalins Variante des Leninismus ebenso wie Hitlers Nationalsozialismus vorwegnahm.[10]

Wie sehr veränderte der italienische Faschismus die Gesellschaft? War er etwa nicht lediglich ein Instrument der Kräfte von Ordnung und Besitz, die in erster Linie bestrebt waren, die Vorwärtsbewegung des Sozialismus aufzuhalten? Die Kirche beeilte sich, ihren Frieden mit Mussolini in einem Konkordat zu schließen, obwohl der (katholische) *Partito Popolare* (vor dem Faschismus ein – wenn auch widerstrebender – Bestandteil des politischen Systems der Monarchie) aufgelöst worden war. Bedeutende Gruppen innerhalb des begüterten Bürgertums (im Norden und im Süden, wo die Eigentumsstrukturen und Empfindungen sehr unterschiedlich waren) unterstützten den Faschismus entweder bereits vor Mussolinis Ankunft in Rom 1922 oder von da an bis zu seiner Festnahme 1943. Das liberale Bürgertum um Giolitti, der Pfeiler des parlamentarischen Regimes unter dem Haus Savoyen, war angewidert von der Korruption und dem plebejischen Einschlag der faschistischen Bewegung, ohne indessen, bis ganz zum Schluß, viel zu unternehmen, um dieser entgegenzuwirken. Es war schließlich ein Aufstand gegen seinen, des Bürgertums, Staat, der Mussolini an die Macht gebracht hatte. Der Widerstand gegen den Faschismus war nicht ausschließlich das Werk von Kommunisten und Sozialisten, aber sie hatten den größten Anteil daran, indem sie mit anderen eine gemeinsame Front zur Verteidigung der aufklärerischen und republikanischen Traditionen Italiens bildeten. Das erklärt die Tatsache, daß im Italien der Nachkriegszeit viele zur dritten und vierten Generation zählende Nachkommen der Männer um Garibaldi und Mazzini vorwiegend Kommunisten oder Sozialisten waren und nicht etwa Anhänger der antiklerikalen Parteien der Liberalen oder der Republikaner. Der Opposition gehörten auch Vertreter des sozialen Katholizismus an, die einen Modus vivendi mit der modernen Kultur anstrebten, an der Demokratie festhielten und der faschistischen Variante des Korporatismus mit seiner völligen Ablehnung der Autonomie der Arbeiter äußerst feindselig gegenüberstanden. Eine erhellende Betrachtung über das, was manche Katholiken zur Kollaboration mit den Faschisten bewog, läßt sich in dem von Amintore Fanfani verfaßten Buch »Cattolicismo e Protestantismo nella Formazione Storica del Capitalismo« nachlesen, in dem der Autor viele Übel der modernen Welt dem Liberalismus und dem Protestantismus zuschreibt.[11] Fanfani wurde ein führender Vertreter der italienischen Nachkriegspolitik, ein ambivalenter kalter Krieger, der die kapitalistischen Demokratien beinahe ebenso wenig leiden konnte wie die Kommunisten.

War der Faschismus also eine antibürgerliche bürgerliche Bewegung? Das ist eine brauchbarere Definition, als ihn in erster Linie für ein Instrument des Großkapitals zu halten. Die Begüterten begrüßten die Zerstörung der Gewerkschaften und der linken Parteien, aber sie wurden von den Faschisten vernichtet als Teil von deren alternativer Auffassung von den sozialen Aufgaben des Staates. Der Plan der Faschisten, die Gesellschaft völlig zu beherrschen, schlug fehl; sie schlossen einen Kompromiß mit der Kirche (zu dem ihnen die Überzeugung Pius' XII., daß der römische Adel, dem er entstammte, sowie die Hierarchie der Kirche und der Faschismus gemeinsame Feinde hätten, den Weg ebnete). Ebenso wie die Linke der Nationalsozialisten in der ersten Phase der Machtergreifung mußte der linke Flügel der Faschisten seinen Angriff auf das Kapital abschwächen. Ein Großteil der italienischen Gesellschaft war für den Faschismus ebenso unempfänglich wie für die modernen Strukturen, die sich südwärts kaum bis nach Rom hatten durchsetzen können.

Die Vorstellung von der »Modernisierung« als einem globalen Prozeß läßt sich nur schwer aufrechterhalten. Selbst in einer historisch scheinbar so homogenen Umgebung wie Westeuropa gibt es viele Wege, die zur modernen Epoche – oder zu vielen ihrer Varianten – führen. Der Faschismus war eine Antwort auf Italiens historische Abhängigkeit von stärkeren europäischen Mächten: Die Bezugnahmen auf die Größe des alten Rom waren Manöver, um einer sehr parochial geprägten Gesellschaft einen neuen Nationalismus einzuimpfen. Ebenso wie der Bolschewismus war der Faschismus von seinen Schöpfern dazu gedacht, historische Stadien im Zeitraffer zu verdichten. Trotz all ihrer Ablehnung eines progressiven moralischen Schemas in der Geschichte wußten sie, daß die Macht jenseits der Alpen lag.

Daß sich eine von Arbeitslosigkeit, Proletarisierung (oder zunehmender sozialer Nivellierung) bedrohte Mittelschicht zum Faschismus hingezogen fühlte, leuchtet ein. Aber inwieweit vermochte er die italienische Arbeiterklasse für sich zu gewinnen? In den industrialisierten Regionen – Piemont, Lombardei, Emilia-Romagna – waren die Kommunisten und die Sozialisten gut organisiert und gingen in den Untergrund. Die militanten Arbeiter hatten ihre Kämpfe noch lebhaft in Erinnerung; sie zogen sich davon zurück, um bessere Gelegenheiten abzuwarten – die sich dann später durch den verlorenen Krieg und den darauffolgenden Bürgerkrieg hinter den deutschen Linien ergaben. Die Familienbezogenheit der italienischen Gesellschaft hatte ebenfalls politische Konsequenzen: Auch unter dem Faschismus wur-

den kommunistische und sozialistische Überzeugungen von einer
Generation an die nächste weitergegeben. Es ist unmöglich, die Art
von Einschätzungen zu machen, denen Wahlergebnisse zugrunde liegen müßten – welchen im übrigen oft weniger zu entnehmen ist, als
man wissen möchte. Was der Faschismus fertigbrachte, selbst wenn er
den italienischen Sozialismus im Kern nicht zu zerstören vermochte,
war, dessen Durchdringung der übrigen Gesellschaft um eine Generation zu verzögern. Gramsci schrieb über den Kampf um kulturelle
Hegemonie im Gefängnis, während Schulen, Universitäten, Zeitungen und das Verlagswesen sich in Händen der Kirche, der faschistischen Partei und der bürgerlichen Kollaborateure des Faschismus
befanden. Die Möglichkeit eines Bündnisses der Industriearbeiter mit
den – hauptsächlich ärmeren – Bauern und den Landarbeitern war
gleich Null. Dieses Bündnis sollte sich später als nicht realisierbar
erweisen, und Klientelismus, bedenkenlose Unterwürfigkeit und Korruption sollten den Süden der Republik in der Nachkriegszeit beherrschen.

Die eigentlichen Verbündeten der Kommunisten und Sozialisten in
der Opposition waren ihre Rivalen, die Vertreter des sozialen Katholizismus und die bürgerlichen Liberalen, für die das Festhalten an der
bürgerlichen Gesellschaft und der parlamentarischen Demokratie kein
Lippenbekenntnis war. Es gab jedoch kaum etwas, was der Widerstand der Arbeiterklasse hätte bewirken können, da die Beschäftigungslage unsicher, der Lebensstandard gefährdet und die Belastungen des täglichen Lebens hoch waren. Die Faschisten dehnten den
Wohlfahrtsstaat in Italien aus – ein Ausdruck ihrer Auffassung von
Solidarität. Sie dürften in diese Richtung gedrängt worden sein durch
ihr Widerstreben, die soziale Absicherung allein der Kirche zu überlassen, obwohl auch sie von den korporatistischen Doktrinen der katholischen Soziallehre beeinflußt waren. In der Wirtschaft übernahm das
faschistische Regime einen Großteil der italienischen Unternehmen
in die staatliche Kontrolle des *Istituto di Ricostruzione Industriale* (IRI),
um nicht Gefahr zu laufen, daß Firmen bankrott gingen und Arbeitslosigkeit sich ausbreitete. Der Kampf zwischen den Kommunisten und
Sozialisten auf der einen und den Faschisten auf der anderen Seite war
somit nicht allein eine Sache der Klassenbindung, obwohl die Faschisten der industriellen Demokratie ausgesprochen feindlich gegenüberstanden. In diesem Kampf ging es vielmehr um die Autonomie
und Selbständigkeit der Bürger: Die Faschisten zogen dem Begriff

Cittadini den Ausdruck *Italiani* vor – Selbstverantwortlichkeit der Bürger gegen manipulierenden Autoritarismus. Bürgerliche Verantwortung ist dem Menschen nicht von Natur aus gegeben. Sie muß erlernt werden, bedarf unterstützender Institutionen und der Kontinuität einer Tradition. Es wäre allzu leicht, den Faschismus lediglich als eine weitere deprimierende Übung in *panem et circenses* abzutun. Die Solidarität, die er erzeugte, der moralische und soziale Schutz, den er begeisterten Anhängern und opportunistischen Mitläufern gleichermaßen bot, das nationale Versprechen, das er (wie trügerisch auch immer) verkörperte, seine differenzierte dogmatische Praxis (eine Wahrheit für Giovanni Gentile, eine andere für die gewöhnlichen Italiener, auf die er ebenso verächtlich wie mitleidig herabsehen konnte) – das alles beweist die Komplexität, ja sogar die Subtilität des faschistischen Systems.

Auch die Gewalt hatte einen Platz in dieser Konstellation. Sie war eine Genugtuung für die, die sie ausübten, und für die, die beobachten konnten, wie sie gegen andere – zuvor genau als solche definierte: andere – angewendet wurde. Sie wirkte einschüchternd auf diejenigen, die andernfalls zu Aktionen des Widerstands geneigt hätten. Die ständige Gewaltandrohung war für das Regime unerläßlich. Es wurde viel geschrieben über das für die Linke unheilvolle Erbe des Terrors der Französischen Revolution. Die Faschisten konnten sich auf einen sehr viel stetigeren Strom der Gewalt im täglichen Leben berufen, der sich ungebrochen bis zu Gesellschaften zurückverfolgen ließ, die so primitiv waren, daß der Gebrauch von Gewalt durch die Mächtigen und Reichen keinerlei institutionelle Unterbindung erfuhr. Die ausdrückliche und gewollte kulturelle wie historische Regression des Faschismus erfolgte ganz bewußt; das machte ihn so modern. Mussolini war nicht umsonst Sozialist gewesen. Er hatte sich aus seiner ungewöhnlichen sozialistischen Karriere einen Sinn für die Gestaltung von Geschichte bewahrt, der dem Faschismus eine Form fern vom traditionellen Autoritarismus verlieh.

Nazi-Partei ist die Abkürzung für Nationalsozialistische Deutsche Arbeiterpartei. Als Hitler 1923 wegen seiner Rolle im Hitlerputsch vor Gericht gestellt wurde, lobte ihn der Staatsanwalt dafür, daß er durch seine Bekämpfung der beiden Hauptfeinde Deutschlands, des Bolschewismus und des Judentums, der Arbeiterklasse ein Bewußtsein für nationale Ideen und nationale Traditionen vermittelt habe. Daß die darauffolgende Verurteilung milde ausfiel, ist klar; unklar ist die innere

Beziehung des Nationalsozialismus zum Sozialismus. Idee und Praxis der Solidarität, wenn auch auf die Nation ausgerichtet, waren eine starke Komponente der nationalsozialistischen Ideologie. Die revolutionäre Rhetorik war ein hervorstechendes Merkmal der Nazi-Sprache, bis ein verlorengehender Krieg von Goebbels in einen Kampf um das nationale Überleben umgewandelt wurde – im übrigen ein wesentlicher Bestandteil des in *Mein Kampf* deutlich zum Ausdruck gebrachten Sozialdarwinismus. Die Haßgefühle der Nazi-Revolution richteten sich gegen Kommunisten und Sozialisten, gegen das ausländische Kapital sowie die ausländischen Unternehmer und Feinde, gegen Juden – und ebenso gegen Deutsche, die der Bewegung nicht beitreten wollten oder gegen sie opponierten. Die Meinung, daß die Volksgemeinschaft (als Schoß von Kultur und Tradition begriffen) die Ur-Einheit der Geschichte sei, hatte vorher und nachher Verfechter, die deutlich weniger plebejisch als Hitler, weniger zynisch als Goebbels und weniger mordgierig als Himmler waren. Das Konzept der Nationalsozialisten, sich einer sozialen Bewegung zu bedienen, um einen modernen Staat zu erobern und diesen dann zu einem Organ der Bewegung zu machen, gab den vertrauten Formen des deutschen Chauvinismus, dem Imperialismus und dem Provinzialismus, ein neues Gesicht.[12]

Dieses Konzept war in den antisemitischen Organisationen Österreich-Ungarns, Frankreichs und Deutschlands bereits vorweggenommen worden; Zielscheibe ihres Antisemitismus war das Kondensat aller – eingebildeten und tatsächlichen – Übel ihrer Gesellschaften.[13] Die Nationalsozialisten benutzten – so wie ihre Vorläufer auch – den Antisemitismus als Metapher, verbanden ihn jedoch mit anderen Feindbildern, die nicht nur gegen die deutsche Gesellschaft der zwanziger und dreißiger Jahre aufgeboten, sondern auch entworfen worden waren, um genau die revolutionäre Transformation zu unterdrücken, zu der allein die Deutschen fähig waren. In der in Thomas Manns »Doktor Faustus« geschilderten Vorkriegsdiskussion zwischen Studenten erklärt einer von ihnen, die Franzosen besäßen Intelligenz, die Russen Seelentiefe, nur die Deutschen besäßen beides.[14] Jüdische Mißgunst hatte ein erlösendes Gegenstück: deutsche Tugend. Diese Tugend war ein Amalgam, und eines seiner Elemente war die Fähigkeit, nach Art eines Handwerkers zu arbeiten – mit Liebe zur Aufgabe, Disziplin und Sachkenntnis. Je schwieriger die Aufgabe, desto erhabener ihre Bewältigung. Der von dieser nationalsozialistischen Idee beschworene Arbeiter war weder die entfremdete und ausgebeutete Gestalt marxistischer Herkunft, noch der schöpferische und freie postrevolutionäre Produzent nach marxistisch-utopischer Vorstellung. Er (und sie – der Nationalsozialismus war integrativer als die älteren Formen des Patriarchalismus) ähnelte eher einem fröhlichen Handwerksgesellen etwa aus Wagners *Meistersingern* – einem Handwerker in einer gemütlich provinziellen Umgebung. Der Archaismus der Nationalsozialisten koexistierte mit ihrer Hypermodernität, mit der Mobilisierung einer Massenbewegung und deren perfekter Organisation, mit dem Einsatz von Film und Radio und den auf den Nürnberger Parteitagen demonstrierten Inszenierungen. Ebenso wie beim italienischen Faschismus war die Entfernung vom traditionellen deutschen Autoritarismus beträchtlich, ganz gleich wie viele Traditionalisten sich früher oder später den Nationalsozialisten anschlossen.[15]

Die Klassenbasis des Nationalsozialismus bestand anfangs aus den gesellschaftlich heruntergekommenen, gefährdeten bürgerlichen Existenzen. Ich fühle mich an Kurt Schumachers Bemerkung [vom 23.2.] 1932 im Reichstag erinnert: »Wenn wir irgend etwas beim Nationalsozialismus anerkennen, dann ist es die Tatsache, daß ihm zum ersten Mal in der deutschen Politik die restlose Mobilisierung der menschlichen Dummheit gelungen ist.«

Die Nazi-Bewegung hatte auch ihre – antikapitalistische und betont antibürgerliche – Linke, die sich von der Brutalität und der offenkundigen Rücksichtslosigkeit Stalins (und zuweilen von den sogenannten »nationalen Bolschewiken«) angezogen fühlte. Ihre Einstellung zur Sexualität konnte man kaum provinziell nennen, und manche ihrer Führer gaben ihren homosexuellen Neigungen nach. Diese Linke um Strasser und Röhm wurde in der »Säuberung« von 1934 eliminiert – auf Veranlassung der Reichswehrführung und ihrer mächtigen Verbündeten in der deutschen Finanzwelt und Industrie. Die Nationalsozialisten waren zwar nicht deren bevorzugte politische Partei, aber seit Hitler sich Anfang der zwanziger Jahre als erfolgreicher Agitator in Bayern hervorgetan hatte, wurde er von der traditionellen Rechten protegiert und finanziell unterstützt. Die zutreffendste Schlußfolgerung dürfte sein, daß die Nationalsozialisten als Reserve-Alternative betrachtet, und, je mehr sie erstarkten, desto ernster genommen wurden.

Hitlers Zugeständnisse an diese Kräfte im Jahre 1934 bedeutet nicht, daß er deren Kreatur gewesen wäre: Diese Zugeständnisse festigten letztlich seine Position in Partei und Staat. In der Partei hatten sehr viele interne Kämpfe stattgefunden, und Hitlers Kontrolle war, selbst als er Reichskanzler wurde, keineswegs gesichert. Die Rechte verharrte in ihrer Dämonisierung des Sozialismus als antinational und undeutsch, eine Einstellung, die dem Bewußtsein der Deutschen seit Mitte des 19. Jahrhunderts nach allen Regeln der Kunst von Literatur, Kirche, Zeitung und Schule eingeprägt worden war. Die Antwort der Sozialdemokratie war die Organisation einer Gegenkultur. Im Gedankengut der Nationalsozialisten war der Sozialismus als solcher ganz automatisch eine Variante der Solidarität, die nach ihrer Auffassung jedoch nur durch den Triumph der Nation zu erreichen war. Die alte Antithese von Kultur und Zivilisation – die eine lebendig und organisch, die andere künstlich und gezüchtet – verließ die Buchseiten rivalisierender Geschichtsphilosophen, um die Schreckensgestalt einer Bewegung anzunehmen, die entschlossen war, den Lauf der Geschichte umzukehren. Am 31. Januar 1933 erklärte Goebbels: »Damit wird das Jahr 1789 aus der Geschichte gestrichen.«[16] Die Nationalsozialisten übernahmen vom Sozialismus die Mittel und Zwecke, die sie für nützlich hielten. Sie dehnten den deutschen Wohlfahrtsstaat aus und schufen in Form der Deutschen Arbeitsfront eine deutsche Variante des *ouvriérisme*. Ihr Haß galt dem Universalismus des Sozialismus und seinen Ideen der Selbsttransformation des Menschen. 1932 mokierte sich Carl Schmitt (der 1933 Parteimitglied wurde) über den Gedanken einer potentiell gutartigen menschlichen Natur.[17] Die Abneigung der Nationalsozialisten gegen das progressistische Substrat des westlichen Sozialismus ergab sich aus ihrer Synthese von Nationalismus, Rassismus und Sozialdarwinismus. Als Gegenleistung für seine (stark von Korruption durchsetzte) Kooperation mit dem Staat im Dritten Reich wurde dem deutschen Kapital ein hohes Maß an Autonomie eingeräumt. Die Selbstbezeichnung der Partei als nationalsozialistisch war indessen nicht völlig betrügerisch.

Die kommunistische und die sozialdemokratische Partei wurden zerstört, die anderen Parteien dazu gebracht, sich selbst aufzulösen, die bürokratischen, kapitalistischen und militärischen Eliten wurden von den Nationalsozialisten auf ihre Seite gezogen und viele Gruppen in Kirche und Kultur zur – bisweilen sogar begeisterten – Mitarbeit am nationalsozialistischen Projekt gewonnen. Einige Gruppen gingen in die (später so bezeichnete) »innere Emigration«. Sie waren energische Gegner Hitlers und seines Wirkens, ohne jedoch darüber zu sprechen, da die Gestapo als allwissend galt. Die Parteiorganisationen der Linken wurden zerstört, einige militante Verbände bildeten Untergrund-gruppen, aber nichts spricht dafür, daß sie in der Lage gewesen wären, auch nur kleine Demonstrationen oder Streiks zu bewerkstelligen. Die Basis, was immer sie gedacht haben mochte, schwieg. Die Wirtschafts-politik der Nationalsozialisten, die Übernahme von Keynes' Ideen durch Hjalmar Schacht (hohe Investitionen in Infrastruktur und Kriegs-finanzierung) hatten eine wirtschaftliche Erholung zur Folge.

Es wäre jedoch allzu billig, die Passivität der Mitglieder und Sym-pathisanten der einst mächtigsten Arbeiterbewegung in Europa derart oberflächlichen wirtschaftlichen Motiven zuzuschreiben. Tatsächlich war der Polizeiapparat der Nationalsozialisten gewaltig, aber nicht weniger gewaltig war ihr Propagandaapparat. Bleibt die Frage, wie ins-besondere die Arbeiter, zunächst noch Kommunisten und Sozial-demokraten, schon kurze Zeit nach dem Januar 1933 ihren Frieden mit dem Nationalsozialismus machen oder der siegreichen Bewegung gar beitreten konnten. Es muß grundlegende Überzeugungen gegeben haben, die diese einstigen Anhänger von Marx mit den National-sozialisten teilten – Reste von Nationalismus und Sozialdarwinismus sowie ein beachtliches Maß an Antisemitismus. Waren die von den Sozialdemokraten über ein halbes Jahrhundert lang – und von den Kommunisten seit 1918 – unternommenen pädagogischen Bemühun-gen so völlig wirkungslos geblieben? Der erbitterte Konflikt zwischen Kommunisten und Sozialdemokraten in der Weimarer Republik, Sta-lins groteske Fehleinschätzung der Nationalsozialisten, Unterschiede in der gesellschaftlichen Integration von Sozialdemokraten und Kom-munisten mit ihrer jeweiligen politischen Kultur – das alles machte eine »Rote Front« eher zu einem Phantasieprodukt sektiererischer Einbildung als zu einer realen Möglichkeit.

Die Wählerschaft der Kommunisten unterschied sich von derjeni-gen der Sozialdemokratie unter anderem dadurch, daß zu letzterer weit mehr gelernte Arbeiter zählten. Aus den Quellen geht hervor, daß die Kommunisten mit den Nationalsozialisten in den Sektoren der Gesellschaft um Stimmen kämpften, deren Existenzgrundlage am gefährdetsten und unsichersten war.[18] Anstatt das Schlagwort »Pas d'ennemis sur la gauche« [»Keine Feinde zur Linken«] zu beherzi-gen, verübten die Deutschen der Linken in der Weimarer Republik ideologischen Brudermord. Die Anhänger der beiden großen Forma-tionen standen einander erbarmungslos gegenüber. Das verstärkte unterschwellig das Gefühl der Unvermeidlichkeit der von seiten der

Rechten drohenden Niederlage. Ungeachtet der Eliminierung des linken Flügels der nationalsozialistischen Bewegung gelang es durch substantielle soziale Errungenschaften des Nationalsozialismus sowie durch dessen Nationalismus und Sozialdarwinismus, das zu neutralisieren, was ein weit heftigerer und hartnäckigerer Massenwiderstand hätte sein können.

Das Problem war im voraus erkannt worden. Wilhelm Reich, einer der begabtesten Psychoanalytiker der zweiten Generation, untersuchte vor 1933 die Bedingungen für eine soziale Revolution und kam zu dem Schluß, daß die repressive Gesellschaftsordnung verinnerlicht sei und bleiben werde, es sei denn, eine sexuelle Revolution setze die für einen Angriff auf diese autoritäre Ordnung notwendigen biopsychischen Energien, die Stärke des Ego, frei.[19] Dieser Gedanke wurde am Vorabend der Machtergreifung von der Frankfurter Schule aufgegriffen, dem weitgehend bürgerlichen (und größtenteils jüdischen) Forscherteam in einer der liberalsten Städte Deutschlands. Die unter dem Titel *Autorität und Familie* in der *Zeitschrift für Sozialforschung* von emigrierten Autoren veröffentlichten Untersuchungen waren in der Atmosphäre der Auflösung der Weimarer Republik begonnen worden. Daß diese Untersuchungen eine psychologische Übereinstimmung der Einstellungen zur Autorität in Familie, Gesellschaft und Staat ergaben, überraschte nicht. Das Neue daran war die Entwicklung einer Synthese von Freuds Werk mit der marxistischen Analyse sozialen Verhaltens und sozialer Ideologie.[20]

Zwei damalige Anhänger der Frankfurter Schule setzten das Projekt später in den Vereinigten Staaten fort. In seinem Werk »Die Furcht vor der Freiheit« äußerte Erich Fromm die Ansicht, die Individuation und Säkularisierung der modernen Welt habe die Menschen hilflos dem Schicksal preisgegeben.[21] Vor dem Hintergrund des New Deal argumentierte er, der Rückgriff auf eine autoritäre und faschistische Politik könne durch die Wiederherstellung einer Solidarität in moderner Form überwunden werden. In den Vereinigten Staaten des Kalten Kriegs vertrat Herbert Marcuse eine entschieden weniger beruhigende Meinung. In »Triebstruktur und Gesellschaft« legte er dem Spätkapitalismus die »surplus repression« [Repressions-Überschuß] zur Last, der nur ein Ende gesetzt werden könne, wenn eine neue Aufklärung stattfände, die eine Verschmelzung von persönlicher Emanzipation mit dem Aufbau neuer Solidaritäten mit sich brächte.[22] Erich Fromm hatte die Geschichte des Westens amerikanisiert, indem er seinen amerikanischen Lesern versicherte, daß (vorausgesetzt, einige Vorsichtsmaßnahmen, etwa eine Analyse der eigenen Persönlichkeit, würden ergriffen) Faschismus in der funktionierenden Demokratie, in der sie lebten, äußerst unwahrscheinlich sei. Marcuse verwestlichte die amerikanische Geschichte, indem er den amerikanischen Kapitalismus des Massenkonsums und der Massenkultur als Sklaverei unter dem Deckmantel der Freiheit darstellte. Fromms Werk verband sich harmonisch mit der gewissenhaften Sozialkritik des »Amerikanischen Jahrhunderts«. Marcuses Werk erhielt respektvollen Beifall und verschwand im Bücherregal – bis es in den sechziger Jahren in der Politik der Neuen Linken wieder auftauchte.

Mit der Machtergreifung der Nationalsozialisten 1933 und der Zuspitzung von Unterdrückung und Terror in der Sowjetunion waren die Ideen der Frankfurter Schule von jeder auch noch so vagen Verbindung mit der aktuellen Politik abgeschnitten. Ein Jahr später wurde die österreichische Sozialdemokratie von einer klerikal-faschistischen Diktatur zerschlagen. Die sozialistische Bewegung, mit ihrer Zerstörung konfrontiert, hatte weder die Zeit noch die Energie, über ihr Versagen ernsthaft nachzudenken. Der Marxismus und nahezu alle anderen Varianten sozialistischen Gedankenguts hatten als gemeinsames Erbe den von der Aufklärung überkommenen Glauben an die Vernunft der Menschheit. Dieser Glaube war zweifellos auch in ihren Varianten der Fortschrittsidee enthalten. Die Sozialisten kämpften mit ihrem Gegenstück des biblischen Sündenfalls. Wie konnte eine vom Kapitalismus verdorbene Menschheit, in ihrer inneren Zerstörungswut befangen und voller Unterwürfigkeit gegenüber der Autorität, sich zu den prometheischen Höhen einer Revolution aufschwingen? In den Wirren der frühen dreißiger Jahre, als die Bewegung der Weltwirtschaftskrise, dem Faschismus und einem bevorstehenden Krieg ins Auge sehen mußte, beschäftigten diese Fragen eine Handvoll enttäuschter und schockierter Übriggebliebener, deren anfängliche Hoffnungen zerronnen waren.

Im Jahre 1930 veröffentlichte Freud unter dem Titel »Das Unbehagen in der Kultur« seine erschreckende Abrechnung mit der westlichen Kultur, in der er den Sozialismus als eine Illusion abtat.[23] Freud hoffte auf eine Besserung der *Conditio humana* – in einer sehr fernen Zukunft –, meinte aber, dazu sei die Verbreitung einer psychoanalytischen Aufklärung erforderlich. Wilhelm Reich in seiner Isolation und die Frankfurter Schule (die in den dreißiger und vierziger Jahren über

einen gewissen Einfluß unter den amerikanischen Intellektuellen verfügte) vertraten nach wie vor die Überzeugung, daß psychoanalytische Erkenntnis und die historische Kritik am Kapitalismus miteinander vereinbar seien. Überraschenderweise war der unmittelbare Nutznießer die psychoanalytische Bewegung und nicht die Sozialisten: Die
menschliche Entwicklung sei historisch bedingt – insbesondere durch
unsere Abhängigkeit vom Markt. Welchen Wert habe aber dann unsere
kulturgebundene Idealvorstellung davon, was einen gesunden oder
normalen Charakter ausmache? Darauf gibt es keine klare Antwort,
und das Problem ist noch nicht einmal vollständig begriffen. Man
kann kaum behaupten, daß das sozialistische Denken über die vor
zwei oder gar drei Generationen im Untergrund geleistete Arbeit hinaus nennenswerte Fortschritte gemacht hätte.

Andere Länder, andere Sitten. Die Verschiedenartigkeit der Charakter-
entwicklung hat viel mit dem Prozeß historischer Akkumulation zu
tun, den wir als Tradition bezeichnen. Eine Menge intellektueller Energie ist auf die Debatte über die Einzigartigkeit historischer Abläufe
verwendet worden. Geschichte ist das Protokoll der Entwicklung einzelner Gesellschaften, die, ungeachtet aller Interpenetration und Inter-
aktion, innere Konstanten und eigene Entwicklungsmuster besitzen.
Selbst plötzliche Diskontinuitäten haben eine dem Kontext entsprechende Logik. Unbelastet von einer feudalen Vergangenheit, bevölkert
von aufeinanderfolgenden Wellen ethnisch unterschiedlicher Gruppen, oft von einem nachgerade religiösen Glauben an die eigene
moralische Überlegenheit beseelt, lebt in den Vereinigten Staaten die
Gesellschaft eines relativ uneingeschränkten Kapitalismus. Die Debatte über das Wesen der liberalen Tradition Amerikas nimmt kein
Ende. Die Feststellung mag genügen, daß dem amerikanischen Denken eine antistaatliche und individualistische Komponente innewohnt,
die sich häufig das Recht anmaßt, für die ganze Nation zu sprechen.
Wie können wir vor diesem Hintergrund den beachtlichen Erfolg der
nach 1933 von Franklin D. Roosevelt unternommenen Sozialreformen erklären?

Deutschland folgte Italien während der Weltwirtschaftskrise in den
Faschismus. Frankreich hätte es ihm um ein Haar gleichgetan, war
aber – ungeachtet einer kurzen Zeitspanne der Reform 1936 unter der
Volksfront – gewissermaßen bewegungsunfähig in Erwartung eines
erneuten katastrophalen Krieges. Das Vereinigte Königreich weigerte
sich hartnäckig, auf Keynes zu hören, die Labour Party war zur Ohn-

macht verurteilt und das Land versank in Trübsal bis zum Krieg. Es trifft zu, daß der New Deal nie die Arbeitslosigkeit überwand, von der 1940, kurz vor Beginn der Wiederaufrüstung, zehn Prozent aller Erwerbstätigen betroffen waren. Es trifft ebenso zu, daß Roosevelt ein großer Opportunist, zugleich aber auch ein Patrizier mit Gewissen war. Man bedenke den Chauvinismus und Nativismus, von denen die amerikanische Geschichte seit Gründung der Republik geprägt war. Man bedenke auch die Rassensituation, in der Weiße im Norden wie im Süden vor dem Gedanken an eine Gleichberechtigung der Schwarzen zurückschreckten. Man bedenke schließlich die Brutalität und Unterdrückung, die den amerikanischen Klassenkonflikt kennzeichneten. Der Aufstieg faschistischer Bewegungen in amerikanischem Gewand wäre zu erwarten gewesen. Es gab sie auch, aber sie vermochten sehr viel weniger auszurichten als in Europa. Das Schicksal der Alten Welt hatte während des New Deal eine mobilisierende Wirkung. Millionen Amerikaner glaubten an die Fähigkeit ihrer demokratischen Republik, ihre Probleme lösen zu können, und zogen Franklin D. Roosevelt den verschiedenen europäischen Alternativen vor, über die sie in den Zeitungen lesen, die sie in den Wochenschauen verfolgen und von denen sie sich aus Filmen und Romanen ein Bild machen konnten. Die Sonderstellung Amerikas hatte ihre Vorteile.[24]

Den ersten Ansporn zur Mobilisierung reformistischer Energien in den Vereinigten Staaten gaben die verheerenden Auswirkungen der Weltwirtschaftskrise, auf deren Höhepunkt jeder vierte Beschäftigte arbeitslos war. Die völlige Unfähigkeit Hoovers und der Republikaner sowie der Finanz- und Industrieeliten, die Depression zu überwinden, diskreditierte sie um so mehr, als sie jede Verantwortung für sie leugneten. Die in einigen Staaten, vor allem in Franklin D. Roosevelts Heimatstaat New York durchgeführten wohlfahrtsstaatlichen Experimente versetzten ihn in die Lage, aus diesen administrativen und politischen Vorläufern des landesweiten New Deal zu schöpfen. Eine neue Strömung in den Rechtswissenschaften, der rechtliche Realismus, attackierte den konstitutionellen Formalismus, der die unangefochtenen Rechte des Großkapitals vor amerikanischen Gerichten – nur unzulänglich – bemäntelt hatte. Die politische und soziale Mobilisierung (vor allem in den expandierenden Gewerkschaften) machte den New Deal möglich. Er erreichte seinen Höhepunkt 1936 nach Roosevelts Wiederwahl: Die Kontrolle des föderalen Staates ermöglichte Veränderungen in der Gesellschaft.

Der New Deal bewirkte eine deutliche Europäisierung der Vereinigten Staaten. Säkular-jüdischer Messianismus, englisches, deutsches, irisches und schottisches Gewerkschaftswesen, deutsche katholische Soziallehre und deutsche Sozialdemokratie, mit einem gelegentlichen Schuß südeuropäischen Anarchismus waren schon vor 1914 in die Vereinigten Staaten gelangt. Diese Strömungen vermischten sich mit einheimischen Traditionen sozialen Protests, die ihre Wurzeln im Abolitionismus und sozialen Protestantismus und, weiter zurückreichend, in der Tradition der Anti-Federalists [Anti-Föderalisten] und der Jacksonian Democracy [demokratisch-liberalen Bewegung Andrew Jacksons] hatten. Der amerikanischen Gesellschaft eignet ein zutiefst egalitärer Zug, der sich oft in einem formlosen Umgang äußert. Während langer Perioden der amerikanischen Geschichte war diese Art Egalitarismus mit der Akzeptanz offenkundiger Extreme marktbedingter Ungleichheit vereinbar. Sie koexistierte auch mit Rassismus: Gleichheit war ein Privileg der Weißen. Nach Ansicht der Xenophoben war Gleichheit den Protestanten nordeuropäischer Herkunft vorbehalten. Es war ein Paradoxon des Kampfs gegen die Sklaverei, daß viele ihrer Gegner zugleich Rassisten waren. Sie lehnten die Sklaverei ab, weil sie die Präsenz der Schwarzen im amerikanischen Leben nach sich zog und weil sie eine offenkundige Gefährdung für die freien Arbeiter darstellte.

Die Anti-Federalists (und Jefferson) wehrten sich gegen die Vorherrschaft des städtischen Handels in der jungen Republik; die Jacksonians waren das Sprachrohr einer grundbesitzenden amerikanischen Bauernschaft, die den Kontinent zu erobern suchte. Etwa 70 Jahre später hatten diese Kleingrundbesitzer den Kontinent erobert und verteidigten, im Populismus zusammengeschlossen, ihre verlorene Autonomie gegen die Finanzwelt der Ostküste.[25]

Erbitterte Arbeitskämpfe fanden das ganze 19. Jahrhundert hindurch statt und verschärften sich zunehmend gegen Ende des Jahrhunderts. Versuche, sie zu einer politischen Auseinandersetzung zusammenzuziehen oder eine Einheitsgewerkschaft zu bilden, scheiterten. Es gab Meinungsverschiedenheiten darüber, wieviel radikale Verbesserung die Vereinigten Staaten benötigten – und wieviel sie verkraften könnten. Es gab Debatten darüber, was radikale Verbesserung konkret bedeute. Unterschiedliche Traditionen des Protests, unterschiedliche Erfahrungen mit dem Kapitalismus machten die Einigung auf ein gemeinsames Projekt unmöglich. Es gab hinreichend Gewalttätigkeit, hinreichend radikale und sogar revolutionäre Rhetorik, um den Eliten Angst einzujagen. Eine Reaktion, etwas später im 20. Jahrhundert, war überaus typisch. Bestürzt über die bolschewistische Revolution, ließ sich der ehemalige Präsident William Howard Taft zum Obersten Bundesrichter ernennen. Seine Auffassung von dem »Sozialismus«, den zu bekämpfen er sich anschickte, war äußerst weitreichend und erstreckte sich auf jede auch nur angedeutete Einschränkung des Marktes. Er verewigte die sowohl älteste als auch unwürdigste Tradition amerikanischer Rechtsprechung, die die Eigentumsrechte über alle anderen Rechte stellte – und die um so leidenschaftlicher verfochten wurde, je größer der in Frage stehende Besitz war. Die allmähliche Entwicklung einer gegen diese Tradition gerichteten Rechtsprechung, die auf dem Vorrang der Rechte von Bürgern und Individuen bestand, machte die zunächst von den Progressiven und später vom New Deal erarbeitete grundlegende Änderung der Politik möglich.[26] Die Bereitschaft streikender Arbeiter, gewaltsamer Unterdrückung die Stirn zu bieten, trug indes ebenso viel dazu bei, die amerikanische Rechtsprechung zu verändern, wie die Transformation der konstitutionellen Doktrin in den juristischen Fakultäten.[27]

Der New Deal schrieb einen neuen amerikanischen Sozialvertrag, dessen Bedingungen ein Minimum an ökonomischer Umverteilung und politischer Beteiligung der zuvor ausgeschlossenen Gruppen enthielten. Die Gewerkschaften, die weiße Arbeiterklasse und Farmer mit etwas Grundbesitz wurden nach 1933 bei der Gestaltung der Wirtschaftspolitik berücksichtigt. Die Schwarzen waren noch immer ausgeschlossen, und Frauenbelange kamen nur sporadisch zur Sprache. Ein rudimentärer amerikanischer Wohlfahrtsstaat wurde errichtet, dessen Kern die Anfänge des sogenannten Social-Security-Programms bildeten. Ebenso wichtig, wenn nicht noch wichtiger, war die offene Anerkennung der Rolle der Klasse in der politischen Debatte Amerikas: Roosevelts Äußerungen über diesen Punkt waren ganz unmißverständlich.

Die intellektuelle Vorbereitung des Sozialvertrags begann Anfang des 20. Jahrhunderts mit der Bewegung der Progressiven. Im Gegensatz zu den Befürwortern eines uneingeschränkten Kapitalismus waren sie der Meinung, die Vereinigten Staaten brauchten Institutionen der Solidarität. Sie blickten nach Europa auf der Suche nach Ideen und fanden sie im Werk der Sozialreformer in Deutschland und Großbritannien. Sie standen der deutschen Sozialdemokratie und der im

Entstehen begriffenen Labour Party in Großbritannien ambivalent gegenüber. Stärker beeindruckten sie die akademischen und sozial-protestantischen Reformer in Deutschland (die sogenannten Katheder-sozialisten) und die Projekte der britischen Liberalen. Robert Crunden und vor ihm Richard Hofstadter beharrten auf ihrer Herkunft aus der protestantischen Mittelschicht, auf ihrer Abneigung gegen ein ethnisch gemischtes Amerika an Stelle des weißen protestantischen Amerika, in dem sie aufgewachsen waren. Ihre Väter und Großväter – Verleger, Anwälte, Pastoren und Professoren – hatten den Calvinis-mus in das öffentliche Leben getragen. Sie taten das gleiche, wenn auch oft in säkularisierter Form. Sie weigerten sich entschieden, den Markt als vorrangige nationale Institution zu akzeptieren. Sie vertra-ten die Ansicht, daß Privilegien und Wohlstand auch Verantwortung mit sich brächten, daß der Staat eine positive soziale Funktion habe. Die radikalsten Progressiven waren häufig Frauen, die nicht nur die Frage nach der untergeordneten Stellung der Frau, sondern auch die Frage nach den Herrschaftsverhältnissen ganz allgemein aufwarfen.[28]

Einige Progressive beobachteten die kulturelle Revolution der Mo-derne mit sehr gemischten Gefühlen, waren ungerührt angesichts der Misere der Schwarzen und betrachteten die Immigranten aus Ost- und Südeuropa (und Asien) als rassisch minderwertig. Sie hielten es für ihre Aufgabe, den diversen Anarchisten und Sozialisten den Zugang zur Macht zu versperren. Sie fürchteten, eine amerikanische Revolution könne von denjenigen provoziert werden, die leugneten, daß es etwas gäbe, was sich mit mehr Reichtum für die Reichen und mit noch mehr asketischer Einschränkung aller übrigen nicht behe-ben ließe. Zahlreiche andere waren der Ansicht, soziale Reformen seien vom Projekt der Moderne nicht zu trennen. Trotz all ihrer zwie-spältigen Ansichten legten sie die intellektuellen, moralischen und politischen Fundamente einer modernen amerikanischen Reform-politik. Sie erkannten, daß die Politik sehr viel komplexer geworden war, und begannen, einen aktiv mit Regulierung befaßten Staat zu errichten. Sie dehnten die Idee der Staatsbürgerschaft über das bloße Stimmrecht hinaus aus, so daß sie das Recht einer Bürgerschaft auf Begrenzung der Ausbeutung durch die Besitzenden umfaßte.

Die Progressiven waren der Überzeugung, daß die Vereinigten Staa-ten hervorragend qualifiziert seien, als globale Schiedsrichter zu fun-gieren. Soziale Reformen würden die Eigenschaften hervorheben, dank derer sie bereits die von der Menschheit am meisten beneidete Nation seien: die unauflösliche Verbindung einer freien Bürgerschaft mit wirtschaftlicher Dynamik und Sachkenntnis und sittlicher Tugend. Theodore Roosevelt beschwor in seinen Reden über die Bestimmung der Nation Vergangenheit, Gegenwart und Zukunft in jubelnder Prosa. Er war bereit, die in jener Zeit Amerikaner Gewordenen zu Angelsachsen ehrenhalber zu befördern – aber selbst ein noch so bescheidener Multikulturalismus wäre ihm absurd vorgekommen. Der ideologischen Verteidigung des Imperiums fügte Roosevelt von der kontinentalen Expansion hergeleitete ökonomische Argumente hinzu. Die Öffnung eines untergeordneten Asien für wirtschaftliche Durchdringung und ein ständig wachsender Anteil Amerikas am Welthandel waren Ziele, mit denen er und seine Zeitgenossen ein nationales Sendungsbewußtsein verbanden. Die Nation hatte sich kämpfend und arbeitend ihren Weg an die Spitze der Zivilisation gebahnt und war somit die Verkörperung des Fortschritts. Das war eine Doktrin nicht allein für Eliten, sondern dazu angetan, in allen Schichten der Nation Unterstützung zu gewinnen. Mit dieser Doktrin zu verwachsen, wurde zum Test der Integration in die nationale Gemeinschaft für diejenigen, die noch vor kurzem Ausländer waren. Der amerikanische Siegeszug des sehr viel späteren Antikommunismus im Kalten Krieg war das Echo der zu Beginn des Jahrhunderts gemachten imperialen Prophezeiung. Der Verleger Henry Luce, der die Idee vom »Amerikanischen Jahrhundert« populär machte und dem in seinen Veröffentlichungen eine vollkommene Synthese von »Nachrichten« und schamlosem Chauvinismus gelang, war als Sohn eines protestantischen Missionars in China geboren worden.[29]

Die amerikanische Variante des Imperialismus definierte die Aufgaben der Nation in der Welt. Sie diente auch dazu, einer stark gespaltenen Gesellschaft – soweit möglich – soziale Kohäsion aufzuzwingen. Bei den Wahlen von 1912 siegte Wilson über Roosevelt (und Präsident William Howard Taft), aber jetzt können wir erkennen, wie ähnlich ihre Ideen waren. Mit dem Eintritt Amerikas in den Ersten Weltkrieg ergab sich eine ideale Gelegenheit, die sozialistische Partei zu zerstören und Radikale systematisch zu verfolgen. Da äußere und innere Gefahren sich nach der bolschewistischen Revolution zu vereinen schienen, wurde der während des Krieges geführte Feldzug gegen Radikale in den ersten Friedensjahren fortgesetzt. Diese Kampagne wurde von Generalstaatsanwalt A. Mitchell Palmer organisiert, dessen Behandlung von Kommunisten oder solcher, die der Nähe zu ihnen verdächtigt wurden, Teil eines sich stets wiederholenden amerikanischen Musters war. Die Französische Revolution war Anlaß für die Alien and Sedition Acts [1798] und für eine brutale Jagd auf »Jakobiner« gewesen. Mit Beginn des Kalten Krieges unmittelbar nach dem Ende des Zweiten Weltkriegs taten sich Regierungsapparat und Kulturindustrie zusammen, um Gruppen und Personen aus dem öffentlichen Leben zu entfernen, die der Sympathie für die Sowjetunion beschuldigt werden konnten. Sympathie wurde im weitesten Wortsinn ausgelegt und umfaßte eine Vielfalt gegensätzlicher ästhetischer und politischer Ideen. Die Kampagnen des 20. Jahrhunderts konzentrierten sich nicht ausschließlich auf die kommunistische Partei und ihre Nebenorganisationen oder auf Massenorganisationen wie Gewerkschaften. Kritische Intellektuelle galten als tödliche Gefahr, und die Universitäten und die Künste, die Film- und die Verlagsindustrie wurden systematisch überwacht und rücksichtslos gesäubert.

Der Progressivismus und die mit ihm einhergehenden Bewegungen der Sozialreform standen in Zusammenhang mit der Expansion einer amerikanischen Intelligenzija. Diese hatte schon immer existiert, von Thomas Paine über Ralph Waldo Emerson bis hin zu Mark Twain. (Wer erinnert sich noch, daß Mark Twain in New York mit Winston Churchill den Burenkrieg erörterte?) Die neueren Formen des Massenjournalismus, die weitgehende Urbanisierung des amerikanischen Lebens und die Nationalisierung eines Großteils der amerikanischen Kultur sowie die Expansion der Universitäten und der Aufstieg der modernen freien Berufe bewirkten zusammen eine Erweiterung der wirtschaftlichen und vor allem der politischen Betätigungsmöglichkeiten für die Geistesarbeiter. Der Klerus machte wie immer einen beträchtlichen Teil der Intelligenzija aus. Viele Pastoren wandten ihre Aufmerksamkeit den Problemen der Kultur und der Gesellschaft zu und überließen anderen die internen Kriege unter Theologen. Die Gruppen der damals erst angekommenen Immigranten bildeten kulturelle Enklaven, aber selbst bei diesen waren die Anfänge der modernen amerikanischen Debattenkultur bereits erkennbar. Man lausche den Diskussionen unter Katholiken über die Amerikanisierung ihrer Kirche und lese die Ansichten über die Neue Welt in der jiddischen Presse. Mit Du Bois schenkten die Schwarzen Amerika einen Intellektuellen, dessen Vision die ganze Welt umfaßte und der weit über die Grenzen des schwarzen intellektuellen Lebens hinaus gelesen wurde.[30]

Die Intelligenzija tendierte von Natur aus weder zu defensiver Apologetik noch zu radikaler Sozialkritik. Sie drehte ihr Fähnchen nach den vorherrschenden Winden, und diese bliesen immer gleichzeitig in entgegengesetzte Richtungen. Schumpeter bestand auf der antikapitalistischen Berufung der Diener des Geistes, aber viele – nicht zuletzt in Harvard, der Universität Schumpeters – brachten es fertig, dem Geist und Mammon zugleich zu dienen.[31] In der Politik der Intelligenzija gab und gibt es ein Element der Wahl, der Entscheidung, des Zielbewußtseins. Ihre Entscheidungen sind in der Tat überdeterminiert, wobei Charakter und Lebenserfahrung sowie unmittelbare gesellschaftliche Affinitäten ihre Überzeugungen beeinflussen. Konstant ist die Verarbeitung dieser Elemente zu einer Interpretation der Gesellschaft. Politische Auseinandersetzung dreht sich überall um gegensätzliche Interpretationen, selbst wenn diejenigen, die sie äußern, über Fakten zu sprechen glauben. Die ängstliche Überwachung der Intellektuellen geschieht schließlich nicht grundlos – selbst in Regimen, in denen sie allem Anschein nach lediglich die Funktionen von Antiquitätensammlern oder von Unterhaltungskünstlern erfüllen.

Die Reformen des New Deal waren, vor allem im Zeitraum 1934 bis 1936, das amerikanische Äquivalent einer Sozialdemokratie. Sie waren das Werk einer Koalition von aufgeklärten Kapitalisten, populistischen und progressiven Politikern und der im Aufstieg begriffenen Gewerkschaftsbewegung, besonders deren industrieller Sektoren. Die neuere Sorte Bürokraten, mit denen die Ministerien und die mit der Umsetzung des New Deal befaßten Institutionen besetzt wurden (Akademiker, Aktivisten, Anwälte), waren zweifellos Intellektuelle, die allgemeine Ideen in handfeste öffentliche Politik zu übertragen suchten. Aus dieser zeitlichen Entfernung läßt sich schwer beurteilen, worauf der Nachdruck zu legen ist – auf die zahlreichen Kompromisse und halbherzigen Maßnahmen, die in den New Deal einflossen, oder auf die Tatsache, daß er für amerikanische Begriffe einen enormen Durchbruch darstellte. Er war ideologisch widersprüchlich, da er korporatistisches Gedankengut, Keynesianische Projekte und die (vorübergehende) Schaffung eines öffentlichen Wirtschaftssektors mit älteren amerikanischen Vorstellungen von den Übeln der »Größe« verband. Der New Deal schuf für die Organisation von Gewerkschaften günstige Bedingungen und ein Rechtssystem, das Ideen von den ökonomischen Rechten der Bürger ein Forum bot. Er umfaßte einen linken

Flügel von Aktivisten, Politikern und den von populistischen Vorläufern beeinflußten Denkern sowie eine beträchtliche, aus verschiedenen Fragmenten des amerikanischen Sozialismus bestehende sozialistische Komponente. Die Amerikanische Kommunistische Partei war besonders stark in den Bereichen der Kultur und der Gewerkschaften. Ein Großteil der amerikanischen Öffentlichkeit, traumatisiert von der Weltwirtschaftskrise, war weniger an der künftigen Form der Gesellschaft interessiert als vielmehr am unmittelbaren und oft verzweifelten Bedürfnis nach Einkommen, auf das der New Deal mit Notfallmaßnahmen reagierte.

Verschleierte oder kompensierte Roosevelt das Fehlen eines kohärenten, mit dem New Deal verbundenen sozialen Projekts durch seine Persönlichkeit, durch sein politisches Talent, ad-hoc-Koalitionen zusammenzustellen? Er hatte sein eigenes soziales Projekt, das in Kern und Charakter patrizisch war und zwangsläufig zu dem Kriegs- und Nachkriegs-Sozialvertrag führte, der (ganz ausdrücklich) von den Geschäfts- und Finanz-, Arbeiter- und Politiker-Eliten ausgehandelt wurde. Roosevelt war auch ein Befürworter imperialer Gedanken, denen er 1944 in seiner berühmten Rede *Four Freedoms* einen sozialen Anstrich verlieh, der sich später in der Rhetorik (wenn auch nicht in den politischen Maßnahmen) der Kennedy-Regierung wiederfand.[32] Innenpolitische Vorbedingungen für diese Gedanken waren wirtschaftliches und soziales Wohlergehen sowie die Einbindung der im späten 19. und frühen 20. Jahrhundert aus Europa eingewanderten Ethnien in den amerikanischen Konsens. Der New Deal brachte eine bedeutende Zahl von Katholiken und Juden in die politische Elite und ebnete so den Weg für deren spätere Aufnahme in die höchsten kulturellen und wirtschaftlichen Kreise der Gesellschaft. Er war völlig außerstande, irgend etwas zur Unterstützung der Schwarzen zu bewirken, und ein Teil der Sozialgesetzgebung des New Deal (etwa die Sozialversicherung und Arbeitslosenversicherung) wurde sogar eigens modifiziert, um den Klasseninteressen der in den Südstaaten lebenden Weißen Rechnung zu tragen. Der New Deal beschleunigte den Prozeß der Einbindung der Wirtschaft und der Gesellschaft der Südstaaten in den nationalen Zusammenhang. Das seltsame Resultat ist heute, daß die weißen Südstaatler die Verfechter eines primitiven ökonomischen Liberalismus sind, trotz der Tatsache, daß ihre Staaten von den industriellen und militärischen Programmen des Kalten Krieges enorm profitierten, ebenso wie sie in den Jahren des New Deal von Staatsausgaben anderer Art profitiert hatten. (Dank eines New-Deal-Programms für das ländliche Georgia wurde der Familiensitz des ehemaligen Präsidenten Carter mit Elektrizität versorgt.) Der Antagonismus der Südstaaten gegen das »Regiertwerden« ist zum Teil auf die Rolle der Bundesregierung bei der Aufhebung der Rassentrennung zurückzuführen; zum Teil ist er auch die Folge der Unfähigkeit der Gewerkschaften, einen Großteil der dortigen Arbeitskräfte zu organisieren.

Der New Deal endete bestenfalls in einem Stillstand. Nach 1938 wurden keine größeren Reformen mehr unternommen, trotz Roosevelts überwältigendem Wahlsieg 1936. Er bediente sich einer Klassenrhetorik, die man, Truman ausgenommen, von seinen Nachfolgern nie mehr vernahm, und die eigentlich nur wenige politische Persönlichkeiten je gebrauchten. Der New Deal institutionalisierte die Sozialversicherung, schuf einen gesetzlichen und institutionellen Rahmen für die Gewerkschaften und bewirkte große Veränderungen der kulturellen Atmosphäre. Er legitimierte weitgehend eine ungleich stärkere aktivistische und interventionistische Auffassung von der Rolle der Regierung und ihren wirtschaftlichen und sozialen Verantwortlichkeiten. Diese Auffassung wurde indes zum Bestandteil eines Sozialvertrags gemacht, eines wohlfahrtsstaatlichen Kapitalismus amerikanischer Prägung, in dem die Rolle der Regierung ausdrücklich als minimal dargestellt wurde, ganz gleich wie wichtig die Regierung als unternehmerische, koordinierende und umverteilende Zentralinstitution tatsächlich war. Die Gewerkschaften waren – allerdings bisweilen aggressive und manchmal aufsässige – Partner dieses Vertrags. Sowohl innerhalb als auch außerhalb der Regierung ging aus der Erfahrung mit dem New Deal eine Intelligenzija hervor, die die Bedingungen des Sozialvertrags weitgehend akzeptierte; diejenigen, die eine radikalere Politik bevorzugt hätten, wurden marginalisiert. Häufig bestand Radikalismus einfach darin, die Dinge beim Namen zu nennen, zum Beispiel die Rolle des Kapitals in der Politik nachdrücklich zu betonen. Kommunisten oder diejenigen, die als solche galten, wurden verfolgt. Andere wurden als »Sozialkritiker« bezeichnet (wie die unabhängigen Radikalen Michael Harrington, C. Wright Mills, Dwight Macdonald und William Appleman Williams), aber in einer von seelenlosen Technokraten oder Apologeten des neuen amerikanischen Konsenses beherrschten Debatte nicht ernstgenommen. Im öffentlichen Leben gab es natürlich auch Raum für reformorientierte Denker wie John Kenneth Galbraith oder Arthur M. Schlesinger jr., die

ihren Einfluß gleichzeitig einschränkten und maximierten, indem
sie eng mit der Democratic Party zusammenarbeiteten. Der New Deal
wurde in die Erinnerung verbannt und der Obhut streitlustiger
Historiker anvertraut.[33]

Was die Erinnerung anbelangt, so ist festzustellen, daß der New
Deal aus dem Gedächtnis seiner Enkel und Urenkel verschwand.
Konfrontiert mit einem rücksichtslos rationalisierenden Kapitalismus,
der, wie sie spüren, ihre ökonomische und soziale Zukunft tatsächlich
gefährden könnte, scheint ihnen eine Sprache der sozialen Solidarität
abhanden gekommen zu sein. Bis zu einem gewissen Grade werden
Erfahrungen von Familienmitgliedern in dieser äußerst mobilen Gesellschaft einfach nicht mehr durch Generationen hindurch weitergegeben. Bis zu einem gewissen Grade münzen die zur neuen Norm
gewordenen Vorstellungen von der Souveränität des Marktes den
New Deal rückwirkend zu dem um, was er nicht war: ein fast revolutionäres soziales Experiment. Klar ist (siehe Bill Clinton und seine
Regierung), daß der New Deal ein eher technokratisches als reformi-
stisches – und schon gar kein radikales – Erbe hinterlassen hat. Dieses
Resultat ergab sich nicht aus dem Charakter des amerikanischen
Sozialvertrags, sondern aus dem historischen Kontext, in den er eingebettet war: den Kampf zur Aufrechterhaltung der Hegemonie Amerikas im Kalten Krieg.

4 Die dreißiger Jahre und der Krieg

Die Mobilisierung der Bevölkerung durch die sozialen Bewegungen, die den New Deal unterstützten, war eine Übung in Demokratie zu einer Zeit, da in Europa Autoritäre und Faschisten jeder Sorte an Gewicht gewannen. Die Nationen, die demokratisch blieben, waren sichtlich außerstande, mit den wirtschaftlichen und sozialen Problemen der Weltwirtschaftskrise fertigzuwerden. Sie schienen nicht immun zu sein gegen das Schicksal, das die parlamentarischen Demokratien in Mittel-, Ost- und Südeuropa ereilt hatte. Um so einzigartiger wirken rückblickend Franklin D. Roosevelts Triumphe. Er mußte gegen die Anstrengungen großer Teile des amerikanischen Kapitals, seine Programme zu zerstören, um deren Legitimität kämpfen. Als die amerikanischen Truppen in Europa eintrafen, hatten diejenigen Europäer, die sich der historischen Bedeutung Roosevelts bewußt waren, allen Grund, sie als Repräsentanten der Fortschrittsidee willkommen zu heißen.

Mitte der dreißiger Jahre befand sich die sozialistische Bewegung – sichtlich außerstande, die parlamentarische Demokratie, der sie sich verpflichtet hatte, zu verteidigen – überall in der Defensive. Léon Blums Volksfront-Regierung mußte einsehen, daß sie den zerbrechlichen sozialen Frieden in Frankreich nicht dadurch aufs Spiel setzen konnte, daß sie der spanischen Republik zu Hilfe eilte. Die Ohnmacht des übrigen Europa angesichts der Tatsache, daß Deutschland und Italien keine Hemmungen hinsichtlich einer militärischen Intervention zugunsten der spanischen Faschisten hatten, war nur ein Aspekt der Agonie dieses Jahrzehnts. Das Problem des Stalinismus war ebenso schwerwiegend und verschärfte sich zunehmend, als die sich katastrophal auswirkende Kollektivierung der Landwirtschaft, die Brutalität der beschleunigten Industrialisierung, die systematische Intensivierung des Terrors und der (später so bezeichnete) Personenkult – die absurde Verherrlichung Stalins – die Sowjetunion der letzten Reste jedes Anspruchs beraubte, die sozialistische Demokratie zu repräsentieren.

Die Institutionalisierung des Stalinismus als Terrorsystem war abgeschlossen, als der westliche Sozialismus gerade versuchte, sich mit seinen Versäumnissen beziehungsweise seinen sehr begrenzten Errungenschaften abzufinden. Die verheerenden Auswirkungen der Weltwirtschaftskrise hatten kein überzeugendes Argument für den Sozialismus in seiner demokratischen Ausprägung abgegeben. Das stalinistische Beispiel wurde benutzt, um das gesamte sozialistische Projekt zu verunglimpfen – und bestärkte diejenigen, die in jedem Fall guten Grund zu der Annahme hatten, daß selbst ein begrenztes Fortschreiten der Sozialdemokratie sie teuer zu stehen käme. Die Manipulation der öffentlichen Meinung im Westen durch Eliten, denen jedes Argument zur Verteidigung von Privileg und Eigentum recht war, spielte eine wichtige Rolle. Ernst Nolte, ein auf dem Gebiet des Nationalsozialismus arbeitender Historiker von großem Einfühlungsvermögen, schätzt die quälende Furcht vor dem Bolschewismus, die in der unteren und der Mittelschicht Europas herrschte, zweifellos korrekt ein.[1] Nolte wendet sich gegen diejenigen, die behaupten, die Träger der westlichen Kultur und die Medien sowie große Teile der öffentlichen Meinung generell seien vom Utopismus derart verblendet gewesen, daß sie den stalinistischen Lügen über den Fortschritt von Freiheit und Wohlstand in der UdSSR eifrig beipflichteten. Wären die Apologeten der Sowjetunion so allgegenwärtig und überzeugend gewesen, wie sie jetzt dargestellt werden, hätte der Antikommunismus auf schwachen Beinen gestanden. Diese Darstellung stammt größtenteils nicht von gewissenhaften Historikern, sondern von späteren Polemikern, häufig Exkommunisten, die zwanghaft bemüht sind, ihre früheren ideologischen Sünden wiedergutzumachen. Furets Schilderung ist noch die beste dieses Genres, aber um so weniger differenziert und souverän, je mehr er sich der eigentlichen Analyse des Stalinismus nähert.[2]

Die Sünden lassen sich indessen mit den üblichen Gründen erklären – den guten Absichten der Sünder. Man erinnere sich an die Agonie der demokratischen Linken in den dreißiger Jahren. Der Kapitalismus, in seinem brutalsten und unerbittlichsten Stadium, schien über unerschöpfliche Widerstandskräfte zu verfügen. Zugegeben, einige

Siege über ihn waren zu verzeichnen – oder zumindest starke Modifizierungen seiner schlimmsten Auswüchse. Der New Deal, die Anfänge einer sozialdemokratischen Ära in Schweden, die von der Volksfront-Regierung in Frankreich erwirkten Zugeständnisse waren Lichtblicke der Hoffnung, aber sie hoben sich ab von einem ungemildert düsteren Hintergrund. Angesichts von Millionen und Abermillionen Arbeitslosen wurden großen Bevölkerungsteilen der kapitalistischen Nationen materielle und psychische Vergütungen verweigert, sie wurden als entbehrlich behandelt. Die Löhne für diejenigen, die Arbeit hatten, waren niedrig, der Druck des Kapitals auf die Beschäftigten im Betrieb war ungeheuer. Die Reservearmee der Arbeitslosen stand vor den Toren der Betriebe. Charlie Chaplin schilderte in *Modern Times [Moderne Zeiten]* das Resultat: die Steigerung des Tempos. Die sozialistische Bewegung sah sich außerstande, die unmittelbaren Interessen der Industriearbeiter wahrzunehmen oder eine langfristige Strategie zu entwickeln, um die mittleren Schichten der Gesellschaft zu einem gemeinsamen Kampf gegen die kapitalistische Elite zu gewinnen. Die sozialistischen Parteien hatten Programme, die die Aneignung eines erheblichen Teils der Produktionsmittel und die Unterwerfung ganzer Volkswirtschaften unter eine wirtschaftliche Planung vorsahen. Am erfolgreichsten waren sie jedoch darin, den Kern ihrer Anhängerschaft für konkrete Forderungen nach Behebung eines unmittelbaren Notstands zu mobilisieren. Ihre revolutionäre Rhetorik jagte nicht nur ihren kapitalistischen Gegnern, sondern auch der Armee besitzloser Diener des Kapitals Angst ein. Die Bedeutung einer neuen Mittelschicht von kleineren Staatsbeamten, Büroangestellten, Technikern war den sozialistischen Theoretikern klar. Deren Führer wußten nicht, wie sie diese Gruppen davon überzeugen sollten, daß sie, obwohl sie Schlips und Jackett zur Arbeit trugen, ebenso proletarisiert wie Stahlarbeiter waren. Marx hatte geglaubt, das industrielle Proletariat würde sich ausdehnen, mächtiger werden und die zersplitternden Fragmente der verfallenden Klasse der Kapitalisten (und ihres Umkreises) an sich ziehen. Er hatte nicht mit einer Situation gerechnet, in der die Expansion der industriellen Arbeiterklasse von dem ausgeprägten Selbstbewußtsein einer expandierenden Mittelschicht begleitet werden würde.

In Anbetracht des wirtschaftlichen Abschwungs in den dreißiger Jahren (und der seit Ende des 19. Jahrhunderts anhaltenden heftigen Konjunkturzyklen) war Marx' Beschreibung der inneren Widersprüche des Kapitalismus absolut zutreffend. Die Wirtschaftswissenschaftler, die für die sozialistische Bewegung arbeiteten, sprühten geradezu vor Konzepten für den Übergang vom Kapitalismus zum Sozialismus, wurden aber von den meisten, die sozialistisch wählten, kaum oder gar nicht gelesen. Die Wirtschaftswissenschaftler und die Vordenker der Bewegung ganz allgemein begannen einzusehen, daß, wenn sozialistische Parteien mit Hilfe parlamentarischer Mittel an die Regierung kämen, sie kapitalistische Wirtschaftssysteme – und zwar krisengeschüttelte kapitalistische Wirtschaftssysteme – würden regieren müssen. Daher würde es einen Übergang zum Übergang geben müssen, eine Zeitspanne, in der die Sozialisten das Funktionieren des Kapitalismus verbessern müßten, ohne ihn jedoch ganz zu ersetzen. Denn sie würden schließlich nicht von der sowjetischen Kombination von Einparteienherrschaft und Terror Gebrauch machen wollen.

In diesem Stadium kam ihnen ganz unerwartet der Liberalismus zu Hilfe. Unter der liberalen Tradition verstehe ich eine gewisse Mißachtung überkommener Institutionen, eine konsequente Skepsis gegenüber feststehenden Meinungen, verbunden mit einer Überzeugung, daß freie und rationale Menschen tatsächlich eine gerechtere Welt aufbauen können. John Maynard Keynes war ein völlig in der ästhetischen und moralischen Kultur der emanzipierten britischen Mittelschicht lebender Nationalökonom. Er war hedonistisch, weltgewandt, verantwortungsbewußt und ein Genie. Sein Genius bewog ihn, die von den Apologeten des Kapitalismus, den Vertretern der klassischen Ökonomie, vorgebrachte exkulpierende Interpretation der Mechanismen des Kapitalismus zurückzuweisen. Sein Sinn für soziale Verantwortung veranlaßte ihn, seine Analyse des Konjunkturzyklus durch eine eindeutige Stellungnahme zugunsten staatlicher Interventionen zu ergänzen, um Vollbeschäftigung zu erzeugen. In den Vereinigten Staaten lieferten die anfänglichen Erfolge des New Deal die Bestätigung für Keynes' Ideen, wenn Roosevelt sie auch nie ganz zu begreifen vermochte. Als Roosevelt 1938 den Rat von Keynes und dessen (in den New-Deal-Behörden und den Ministerien sitzenden) amerikanischen Schülern in den Wind schlug und die Ausgaben des Bundes kürzte, war die Folge eine Rezession.

Hitlers erster Wirtschaftsminister Hjalmar Schacht war Keynesianer: Bauarbeiten im Auftrag der öffentlichen Hand und Wiederaufrüstung verhalfen dem Dritten Reich zu wirtschaftlichem Erfolg. Die Sozialdemokraten in Schweden, dessen Wirtschaftswissenschaftler Keynes'

Theorie vorweggenommen hatten, waren bei der Schaffung von Arbeitsplänen auffallend erfolgreicher als die für die Politik Großbritanniens verantwortlichen intellektuellen und moralischen Stümper. Die Briten wußten zwar nicht, was sie tun sollten, doch eines wußten sie genau: sie würden nicht auf Keynes hören. Die marxistischen Ökonomen in der sozialistischen Bewegung begannen indessen, sich nach ihm zu richten. Keynes hatte bereits eine beträchtliche Anhängerschaft unter reformistischen und revisionistischen Denkern jeder Art. Seine Theorie schlug die intellektuelle Brücke zu der von der Bewegung, ungeachtet ihrer Rhetorik, bereits weitgehend praktizierten Koalitionspolitik.[3]

Wir sprechen hier nicht über eine Epoche, in der Klagen über das *embourgeoisement* [die Verbürgerlichung] der Arbeiterklasse sinnvoll gewesen wären. Alle wirtschaftlichen und sozialen Indikatoren – Sterblichkeitsrate, Krankenziffer, Höhe des verfügbaren und (ein Luxus, wo vorhanden) des über die Deckung des lebensnotwendigen Bedarfs zur Verfügung stehenden Einkommens, Umfang des Wohnraums und Verfügbarkeit von Konsumgütern – zeigen, daß die Arbeiterklasse, selbst wenn beschäftigt, nach heutigen Begriffen in bitterster Armut lebte. Daraus resultierte die panische Angst der Mittelschichten vor einer drohenden Proletarisierung. Die europäische Mittelschicht war durchaus an kollektive Aktionen in eigener Sache gewöhnt und litt viel weniger unter den Illusionen des Individualismus als ihr amerikanisches Pendant. Während der Weltwirtschaftskrise fühlten sich viele Amerikaner, einschließlich der Arbeiter, wenn sie beschäftigungslos waren, persönlich dafür verantwortlich. Die in dieser Beziehung vernünftigeren Europäer wurden wenigstens wütend. Das Gebäude des Faschismus bestand aus vielen Bausteinen, und Statusangst war nur einer davon, neben primitivem Nationalismus, Antisemitismus und unbedarfter Leichtgläubigkeit; aber selbst für einen Großteil der europäischen Arbeiterklasse war die faschistische Lösung ebenso einleuchtend wie die sozialistische. Es wäre falsch, zu glauben, der Faschismus in Europa sei auf Deutschland, Italien, Spanien und die osteuropäischen Staaten wie Polen, Ungarn und Rumänien beschränkt gewesen. Viele Mitglieder der Eliten anderer Länder (man denke an die Cliveden-Gruppe in Großbritannien und den Slogan vieler französischer *bien-pensants* [Konformisten]: »Plutôt Hitler que Blum« [»Lieber Hitler als Blum«]) und große Teile ihrer Mittelschicht beurteilten das, was in Deutschland und Italien unter-

nommen wurde, positiv. Sie solidarisierten sich mit Franco (die euphe-
mistische Bezeichnung für die spanische Rechte lautete »nationalistisch«) und waren empfänglich für autoritäre Lösungen in ihren
eigenen, von Konflikten heimgesuchten Gesellschaften. Man denke
daran, wie gut später das Vichy-Regime in Frankreich Fuß fassen konnte.
In Amerika lehnte John Foster Dulles, Rechtsanwalt der der Regierung
des Dritten Reiches nahestehender deutscher Großunternehmen, den
Vorschlag seiner Kanzleipartner ab, nach dem Pogrom vom 9. November 1938 solle er sein Mandat niederlegen, mit der Begründung, das
Vorkommnis scheine ihm kein hinreichender Grund dafür zu sein.

Diejenigen Sozialisten, für die der Sozialismus nicht nur eine Frage
der Wirtschaftsordnung war, sondern die ihn als die Ausdehnung
der Demokratie, als die praktische Umsetzung eines tiefergehenden
staatsbürgerlichen Ideals begriffen, die zurückblickten auf das Vermächtnis der Erklärung der Menschen- und Bürgerrechte (und auf
die amerikanische Unabhängigkeitserklärung), waren entsetzt über
den Vormarsch des Faschismus. Die Intervention Deutschlands und
Italiens in Spanien, mit der heuchlerischen, stillschweigenden Duldung der demokratischen Regierungen, machte den Faschismus zu
einer expansiven internationalen Macht. Man war sich nicht sicher,
ob ihm Einhalt geboten werden könne – oder wer versuchen würde,
das zu tun.

Ein amerikanischer Kulturhistoriker nannte die Debatte über Spanien in den Vereinigten Staaten, in der Roosevelt sich gegenüber der
amerikanischen Rechten und der katholischen Kirche rückgratlos verhielt, »die Wunde im Herzen«.[4] Der Spanische Bürgerkrieg war die
prägende Erfahrung für eine ganze Generation. Als die Sowjetunion
zuerst kampferprobte Veteranen aus der ganzen Welt entsandte, die
in den Internationalen Brigaden Madrid verteidigten, und dann der
Republik Waffen und Militärberater schickte, waren Millionen Sozialisten außerhalb Spaniens bereit, ihre Zweifel hinsichtlich Stalins zu
unterdrücken. Die sowjetische Intervention in Spanien fiel zeitlich
mit der drastischen strategischen Kehrtwende der Komintern zusammen, die ihr von Stalin verordnet wurde, nachdem er sich der internationalen Stärke des Faschismus bewußt geworden war. Die Sozialdemokraten und die unabhängigen Sozialisten waren nicht länger
»Sozialfaschisten«, sondern nunmehr achtbare Genossen im gemeinsamen Kampf für Demokratie und Menschenrechte. Die Strategie
war wirksam, da die kommunistische und die sozialistische Basis

das Fehlen einer Aktionseinheit im großen und ganzen als äußerst belastend empfand und darin die Ursache für die Niederlage in Deutschland sowie für tatsächliche und befürchtete Katastrophen andernorts erblickte. Die Volksfront-Strategie versetzte die Kommunisten in die Lage, sich – in manchen Fällen, wie in den Vereinigten Staaten, mit großer Begeisterung – mit sozialistischen und radikaldemokratischen Gruppierungen zu verbünden, um soziale Reformen voranzutreiben.

Durch ihren Einfluß in kulturellen Institutionen, Massenorganisationen und Gewerkschaften vermochten die Kommunisten sich auf ihre gemeinsamen Wurzeln mit den Sozialisten im Westen – und mit radikalen Demokraten überall – zu berufen. Die kommunistischen Führer, deren Solidarität in erster Linie der Sowjetunion galt, benutzten diese Strategie in ihrem Kampf um die Vorherrschaft über die Linke. Ihre Erfolgschancen hingen in jeder Nation von einer völlig anderen innenpolitischen Konstellation ab. Die amerikanischen Kommunisten, die sich als Vertreter eines »Amerikanismus des 20. Jahrhunderts« bezeichneten, machten sich die progressiven und populistischen Traditionen des amerikanischen sozialen Denkens zu eigen und überließen den Marxismus den intellektuellen Adepten. In Spanien versetzten die Umstände des Bürgerkriegs die – den Sozialisten zahlenmäßig und hinsichtlich ihres Einflusses unterlegenen – Kommunisten in die Lage, Schlüsselstellungen in der Republik zu besetzen. In Frankreich beteiligten sich die Kommunisten noch nicht einmal an Léon Blums Volksfront-Regierung, sondern unterstützten sie von außen. Im nahezu erloschenen Widerstand gegen den Nationalsozialismus und den italienischen Faschismus war eine Aktionseinheit nur sehr begrenzt möglich. Trotz konzentrierter Anstrengungen der Kommunisten im Vereinigten Königreich verwahrte sich die Labour Party gegen jede Aktionseinheit mit ihnen. In den Vereinigten Staaten waren die Kommunisten – die bei den Wahlen nie mehr als einige ganz wenige Stadträte, Abgeordnete in den Kammern der Bundesstaaten oder Kongressabgeordnete erhielten – Juniorpartner anderer Gruppen und Bewegungen. Selbst dort, wo sie relativ stark waren, etwa in der Gewerkschaftsbewegung, hatten sie nur als Gewerkschafter Erfolg, nicht als Kommunisten.

Dies alles bekümmerte Stalin nicht übermäßig. Die Volksfront-Strategie war dazu gedacht, den nationalen Interessen der UdSSR zu dienen. Ihre Auswirkungen waren zwiespältig. In manchen innen-

politischen Situationen wurden die Eliten bei der Aussicht auf gemeinsame Aktionen der Kommunisten und Sozialisten von Angst
gepackt und waren daher mehr denn je geneigt, Hitler und Mussolini
als Bewahrer von Ordnung und Stabilität, als Antikommunisten von
Format zu sehen, deren Autoritarismus, ja sogar deren Brutalität ent-
schuldbar waren. So war Polen jahrelang Hitlers Verbündeter, bis zur
neuerlichen Verschärfung der Spannungen mit dem Dritten Reich
Ende der dreißiger Jahre. Zweifellos hatten die polnischen Nationalisten nichts gegen den deutschen Antisemitismus einzuwenden.

Neben den Parteien der Sozialistischen Internationale waren auch
andere Parteien gezwungen, der Volksfront-Strategie entsprechend
Stellung zu beziehen. Trotzkis bitterer und gewundener Weg ins Exil
hatte ihn in die Türkei, nach Frankreich, Norwegen und schließlich
nach Mexiko geführt. Er gab sich gewiß keinen Illusionen über Stalin
hin und sorgte dafür, daß auch seine Anhänger keine hatten. (Diese
agierten teils in kleinen, eigenständigen Formationen, teils innerhalb
größerer linker Gruppen, teils verblieben sie sogar in den offiziellen
kommunistischen Parteien.) Trotzkis Ansehen als Prophet, als Seher
der Linken wuchs tatsächlich noch aufgrund seiner Rolle als Stalins
Opfer, die ihren Höhepunkt erreichte, als er seinen Märtyrertod von
der Hand eines Agenten Stalins erlitt. Trotzki vertrat im letzten
Abschnitt seines Lebens den Standpunkt, daß die UdSSR ein – wenn
auch deformierter – Arbeiterstaat sei und als solcher verteidigt werden
müsse. Viele, die anfänglich unter seinem Einfluß standen, hatten
bereits begonnen, sich zu einer eigenen Analyse der charakteristischen Besonderheiten der Deformation des Sowjetstaats durchzurin-
gen, eine Analyse, die ihnen jede Neigung nahm, sich in irgendeiner
Situation mit den Kommunisten zu verbünden. Das trieb sie zuweilen
in die Nähe der Sozialdemokratie oder einer ihrer radikaleren Varianten, manchmal führte es sie aber auch zu der verzweifelten Aus-
flucht, der ganzen Bande den Teufel an den Hals zu wünschen. Jedenfalls war Trotzki skeptisch hinsichtlich der Volksfront-Strategie, nicht
nur weil er Stalins Aufrichtigkeit anzweifelte, sondern auch wegen seiner Abneigung als Revolutionär, sich mit den Sozialdemokraten zu
verbünden. Im Verlauf der dreißiger Jahre wurde die Suche unabhän-
giger Marxisten nach neuen Trägern und Kräften eines revolutionären
Übergangs immer subtiler – und immer hoffnungsloser.[5]

Weniger eine Illusion als vielmehr die Verzweiflung veranlaßte viele
andere, die Volksfront zu unterstützen. Die Sowjetunion mochte sein,

wie sie war, aber die spanische Situation hatte Modell- beziehungsweise pädagogische Funktionen. Die einzige Macht, willens, die faschistische Internationale mit militärischen Mitteln aufzuhalten, war die Sowjetunion. Daß ein zu einem früheren Zeitpunkt einsetzender Krieg mit Nazi-Deutschland für die von den Erschütterungen des Terrors gebeutelte Sowjetunion eine Katastrophe gewesen wäre, kam ihnen nicht in den Sinn. Viele militärische Siege der Sowjets im Zweiten Weltkrieg wurden von Offizieren errungen, die eigens aus den sowjetischen Konzentrationslagern freigelassen worden waren; das militärische Genie der UdSSR, Marschall Tuchatschewskij, war allerdings bereits hingerichtet worden. Die Ereignisse der dreißiger Jahre – die Beihilfe zur Eroberung Äthiopiens, der letztliche Sieg Francos und das Münchener Abkommen, die Weigerung Polens, im Falle eines Krieges mit Deutschland sowjetischen Streitkräften den Durchzug durch polnisches Hoheitsgebiet zu gestatten, sowie das offensichtlich mangelnde Bedürfnis Großbritanniens und Frankreichs, im Frühjahr 1939 mit der UdSSR über ein militärisches Bündnis zu verhandeln – das alles wies darauf hin, daß es den westlichen Führern nicht ernst damit war, Hitler Einhalt zu gebieten. Daraus schlossen viele Zeitgenossen (und auch Stalin), daß diese Führer sogar froh gewesen wären, wenn Hitler seinen Vorstoß nach Osten fortgesetzt und die UdSSR angegriffen hätte.

Es gab andere Gründe als die profaschistische Verlogenheit, weshalb die Führer Großbritanniens und Frankreichs zögerten, eine überzeugendere Politik einzuschlagen. Diese Gründe beruhten auf dem aus den Erinnerungen an die 1914–1918 erlittenen Entbehrungen in der Heimat und das Gemetzel auf den Schlachtfeldern geborenen Abscheu ihrer Bürger vor einem Krieg. Die Völker der Achsenmächte reagierten nicht weniger abweisend auf Andeutungen von einem glorreichen Krieg, wie Hitler und sein Kabinett feststellen konnten, als die Menschen Chamberlain bei seiner Ankunft zur Münchener Konferenz 1938 zujubelten. Roosevelt hatte mit dem zu kämpfen, was allzu vage als »Isolationismus« bezeichnet wird, einem Konglomerat aus populistischem Mißtrauen gegenüber den imperialen Ambitionen Amerikas, aus ethnischem (deutschem und irischem) Ressentiment über einen an der Seite der Briten gefochtenen Krieg und aus imperialer Konzentration auf den eine neue Zukunft verheißenden Pazifik: Krieg gegen Japan war stets populärer als Krieg in Europa. Der deutsche Angriff auf die Sowjetunion einige Jahre später machte Roosevelt seine selbstge-

stellte Aufgabe, die Vereinigten Staaten in den europäischen Krieg zu
führen, sehr viel schwerer. Als Senator Harry Truman von dem Angriff
hörte, rief er aus, er hoffe, die Deutschen und die Sowjets würden sich
gegenseitig umbringen.[6] Im Gegensatz zu den Europäern hatten die
Amerikaner in jener Zeit kein Massengemetzel erlebt – bis die Kriege
in Korea und Vietnam eine beeindruckend ähnliche Wirkung auf sie
ausübten wie der Erste Weltkrieg auf die Europäer. Die Abneigung der
europäischen Völker, ein grenzenloses Blutvergießen wie im Ersten
Weltkrieg hinzunehmen, blieb nicht folgenlos. Aus ihr erklärt sich
das behutsame Vorgehen der alliierten Führungsstäbe im Stadium
des »Sitzkriegs« (zwischen September 1939 und April 1940) und der
Nachdruck, mit dem die Deutschen den raschen und konzentrierten
Einsatz von Panzerformationen und den taktischen Einsatz von Flug-
zeugen betrieben. Historische Erinnerungen sind tatsächlich von Bedeutung. Als die sowjetischen Armeen im Winter 1941 den deutschen
Vorstoß vor Moskau zum Stehen brachten, rieten die Generäle zu
einer Verlegung der Winterfront möglichst weit nach rückwärts. Hitler hingegen befahl seinem Heer, sich an Ort und Stelle einzugraben
und zu kämpfen, und wies seine Generäle darauf hin, daß die Soldaten wüßten, was der Armee Napoleons widerfahren war.

Am Vorabend des Zweiten Weltkriegs befand sich die Linke in
einem unmöglichen Dilemma. Einerseits war sie gegen Militarismus
und fühlte sich eins mit der Bevölkerung in ihrer Abneigung gegen
Krieg. Andererseits wußte sie genau, daß ihre Aversion gegen Gewalt
von den Faschisten nicht geteilt wurde. Ein diffuser militanter Pazifismus war charakteristisch, besonders für die jüngere Generation und
ebenso für Teile der sozialistischen Bewegung. Die Rechte konnte
einigen sozialistischen Parteien (vor allem der Labour Party) vorwerfen, sie habe sich nicht konsequent genug auf die bewaffnete Auseinandersetzung vorbereitet, die so viele in Europa hatten kommen
sehen. Das mindeste, was sich sagen läßt, ist, daß sich in Eliten und
Bevölkerungen gleichermaßen eine spürbare Verweigerungshaltung
breitmachte, als die dreißiger Jahre sich ihrem von Gewalt gekenn-
zeichneten Ende näherten. Ein Autor, der über den Zeitraum 1918 bis
1939 schrieb, bezeichnete ihn als »das lange Wochenende«.[7] Allein
schon die Vorstellung von einem Wochenende setzt jedoch genau das
voraus, was ein Großteil der europäischen Gesellschaft damals ent-
behren mußte, nämlich eine geordnete Aufeinanderfolge von Arbeit
und Ruhe. Das höchst unbequeme und zugleich sardonisch skepti-

sche Mitglied des Bürgertums, Sigmund Freud, gab in seinem erstmals 1930 erschienenen Werk »Das Unbehagen in der Kultur« seinen Vorahnungen hinsichtlich einer zweiten Runde in Europas Krieg des 20. Jahrhunderts Ausdruck. Freud hatte recht: Europa war im Begriff, sich in einen bodenlosen Abgrund aus Tod und Haß zu stürzen. Aber auch er vermochte sich nicht vorzustellen, was letztlich geschehen würde. Als er erfuhr, daß seine Bücher auf die 1933 von den Nationalsozialisten entzündeten Scheiterhaufen geworfen worden waren, meinte er, das stelle einen Fortschritt dar: Ein paar Jahrhunderte zuvor würden sie ihn selbst verbrannt haben. Der große Pessimist hätte sich Auschwitz nicht vorstellen können.[8]

Die Erwähnung Freuds, der die Angst und Beklemmung der Menschheit beschrieb, während sie sich – nicht völlig blind – auf einen Krieg zubewegte, erinnert uns daran, daß das sozialistische Projekt psychologische Voraussetzungen hatte. Es genügte nicht, daß die Menschheit zur Schaffung einer prometheischen Zukunft fähig war. Sie mußte sich dessen bewußt sein und ihr Schicksal mit freudiger Entschlossenheit in die Hand nehmen – nicht nur aus Verzweiflung, sondern mit der Art befreiender Energie, die wir von, eine völlige Verwandlung des Lebens versprechenden sozialen (hauptsächlich religiösen) Bewegungen her kennen. 1981 stand das Wahlprogramm der Sozialistischen Partei Frankreichs unter dem Motto »*Changer la Vie*« [»Das Leben verändern«]. Ich erinnere mich, daß Michel Rocard vor den Wahlen sein Erstaunen darüber ausdrückte, daß ich mir die Mühe gemacht hatte, es zu lesen.

Im Gegensatz hierzu hatte sich Ende der dreißiger Jahre eine dunkle Wolke tiefer Depression auf die sozialistische Bewegung herabgesenkt. Die anhaltenden Nachwirkungen der Weltwirtschaftskrise, politische Hilflosigkeit und der Ausbruch des Krieges fielen zeitlich mit einem weiteren verheerenden Ereignis zusammen, dem deutsch-russischen Nichtangriffspakt [Hitler-Stalin-Pakt]. Für diejenigen Sozialisten, die der Sowjetunion – wenn auch in unterschiedlichem Maße – kritisch gegenüberstanden, war er der letzte Beweis dafür, daß sie das Schlimmste noch lange nicht hinter sich gebracht hatten. Man erinnere sich an den Cartoon des Briten David Low; er zeigte Hitler und Stalin, wie sie, sich gegenseitig verbeugend, einander begrüßen: »Der Abschaum der Erde, nehme ich an?« »Der blutdürstige Mörder der Arbeiter, nicht wahr?« Der Pakt hatte den Weg für Hitlers Angriff auf Polen und für die vierte Teilung dieser Nation geebnet. Die kommunistische Bewegung handelte prompt gemäß dem Befehl, den Pakt als einen Geniestreich Stalins hinzustellen, mit dem er die Absicht der westlichen Kapitalisten, Hitler in einen Krieg mit der Sowjetunion zu stürzen, vereitelt habe. Sie wurde angewiesen, dem Krieg gegen Deutschland ihre Unterstützung zu verweigern. Die Kommunistische Partei Amerikas dachte sich einen besonders schwachsinnigen Slogan aus, in dem die Rede war von einer *Peace Front* [Friedensfront], bestehend aus den Vereinigten Staaten, der Sowjetunion und Tschiang Kai-scheks China, ungeachtet der Tatsache, daß China gerade von einer japanischen Invasion heimgesucht wurde. In Frankreich verließ der Kommunistenführer Thorez seinen Posten als Reserveoffizier der französischen Armee und floh nach Moskau. Überall waren gewöhnliche Kommunisten zutiefst, manchmal zu Tode erschüttert, und die Sozialisten versanken in einem Gefühl bitterer Isolierung. Als die Gestapo an der neuen deutsch-sowjetischen Grenze, auf einst polnischem Gebiet, Quittungen für menschliche Fracht – aus Stalins Gefängnissen überstellte deutsche Gegner des Nationalsozialismus – ausstellte, bedurfte das kaum noch eines Kommentars. Vor allem in Frankreich diente der Pakt zur Legitimation einer unnachsichtigen Unterdrückung der kommunistischen Partei. Diese Partei tat sich später dadurch hervor, daß sie die deutsche Militärregierung um Erlaubnis bat, ihre Zeitung *L'Humanité* wieder herausgeben zu dürfen. In den Vereinigten Staaten begann die Rechte zu einer Zeit, da der New Deal bereits weitgehend an Schwung verloren hatte, die Kommunisten – ein Begriff, mit dem alle möglichen Vertreter progressiver Positionen belegt wurden – zurückzudrängen, eine Vorgehensweise, die, nach einer kriegsbedingten Unterbrechung, 1946 wieder aufgenommen wurde.

In den faschistischen Staaten änderte sich nichts: Deutsche und italienische Kommunisten befanden sich in Konzentrationslagern oder Gefängnissen und wurden unter keinen Umständen freigelassen. Es bedurfte eines Glaubens der Art »kein Heil außerhalb der Kirche«, um Kommunist zu bleiben. Für diejenigen, die ihren Glauben verloren oder sich einer demokratischen sozialistischen Doktrin verschrieben hatten, war die Situation genauso verheerend: Die historische Landschaft war bar jeder Hoffnung.

Die ersten Kriegsjahre brachten eine erschütternde Reihe von Siegen für die Deutschen, denen sich etwas später die Italiener anschlossen. Die Führer Großbritanniens und Frankreichs enthielten sich jeder auch nur im geringsten offensiven Aktion (bis zu Churchills – mißlungenem – Plan, die Nutzung norwegischer Gewässer durch deutsche Schiffe zu verhindern). Ungeachtet ihres nach eigener Erklärung dermaßen unzulänglichen Rüstungszustands, daß sie Deutschland nicht angreifen könnten, zogen sie ernsthaft in Betracht, Truppen nach Finnland zu entsenden, um an dessen Kampf gegen die Sowjetunion teilzunehmen. Der tiefere Grund für den sowjetischen Angriff auf Finnland war, daß die Sowjetunion dadurch eine Pufferzone für den Fall eines Krieges mit Deutschland gewinnen würde. Ein Mehr an Defensivstärke hätte sich allerdings mit einem wesentlich geringeren Aufwand erreichen lassen, wenn nämlich nicht sämtliche Entscheidungsvollmachten in der Hand Stalins konzentriert gewesen wären. Er weigerte sich, auf seine Generäle (und auf Churchill) zu hören, als sie ihn 1941 vor einem bevorstehenden Angriff der Deutschen warnten, und trug auf diese Weise die Verantwortung dafür, daß der Krieg schon in den ersten Monaten um ein Haar verloren worden wäre.

Die Sozialisten erkannten, daß ihr Schicksal vom Überleben der Demokratie abhing und daß der militärische Sieg über Deutschland (und später über Italien) eine zwingende Notwendigkeit war, der alles andere untergeordnet werden mußte. Es gab ein gewisses Maß an Spaltungen innerhalb der sozialistischen Bewegung. Da waren Sozialisten, die zum Faschismus übergelaufen waren. Eine größere Anzahl ließ sich durch Hitlers erste Siege davon überzeugen, daß die neue Ordnung auf Dauer etabliert worden sei, und wie viele ihrer bürgerlichen Zeitgenossen fragte sie sich, welchen Nutzen sie daraus ziehen könne. Andere fühlten sich vom Faschismus angezogen wegen seiner Propagierung einer nationalen Solidarität, seiner (in Anbetracht seines Bündnisses mit dem Kapital allerdings unaufrichtigen) Propagierung einer Kommandowirtschaft und wegen seiner Verachtung der bürgerlichen Kultur. Für diejenigen, die in der Demokratie keine *Conditio sine qua non* ihres sozialistischen Bekenntnisses erblickten, bewiesen die ersten Siege Hitlers vielfach, was sie schon lange geglaubt hatten: daß die bürgerlichen Demokratien durch und durch korrupt seien.

Die Sozialisten in der Dritten Welt hatten ganz unterschiedliche Ansichten. Einige waren Kommunisten, die sich zeitweilig mit als »bürgerlich nationalistisch« geltenden Gruppen verbündeten, je nach Stand des ständigen Wechselspiels zwischen den politischen Richtlinien der UdSSR und den lokalen Gegebenheiten. Das Bündnis der Kommunisten mit der Kuomintang in China war ein fragiler bewaffneter Waffenstillstand, da jede Seite sich auf die Endrunde, nämlich einen Bürgerkrieg vorbereitete, der zweifellos auf den (noch in weiter Ferne liegenden) Abzug der Japaner folgen würde. Die indischen Kommunisten arbeiteten mit dem Indian National Congress zusammen, aber Bose traf bereits Vorbereitungen für seinen militärischen Schulterschluß mit den Japanern. Nicht die London School of Economics oder Oxford (oder Amerikas Universitäten für Schwarze), sondern vielmehr die Sorbonne war die Alma Mater marxistischer Gelehrsamkeit für Scharen von afrikanischen, asiatischen und karibischen Führern. Die Sympathien der nationalen Befreiungsbewegungen galten nicht naturgemäß dem jeweiligen Mutterland. Diejenigen, die keine demokratischen Rechte in ihren Heimatländern besaßen, hatten keinen Zugang zur Verteidigung der Demokratie durch die westlichen Sozialisten. Deutschland und Italien hatten ihre jeweils eigene imperiale Vergangenheit in Afrika, die sie zu ungeeigneten Kandidaten für die Rolle von Befreiern machte. Die Deutschen waren mit einigen arabischen Gruppen verbündet, die sich zu einer Variante des Sozialismus (einschließlich der Offenbarungen der Baath-Partei) bekannten. Dabei war jedoch – ebenso wie in dem anfänglichen Bündnis einiger asiatischer Gruppen mit den Japanern – der ausschlaggebende Faktor ein antiimperialer Opportunismus. Die Japaner selbst waren – nicht ganz ohne Erfolg – bemüht, sich als Führer einer antiimperialen asiatischen Front darzustellen. Ungeachtet ihrer Einstellung zur Sowjetunion hatten die antiimperialen Führer und Denker der nationalen Befreiungsbewegungen zweifellos Kenntnis von der Überzeugung Lenins, daß die Dritte Welt die Achillesferse des Imperialismus sei. Wieviel sie über die stalinistische Unterdrückung, die innere Struktur der sowjetischen Nationalitätenpolitik oder die Vorgeschichte der russischen Ausdehnung nach Asien wußten oder überhaupt wissen wollten, ist unklar. Als Stalin verkündete, auch er sei ein Asiat, erklärte er das nicht gegenüber Mao Tse-tung oder Tschou En-lai, sondern gegenüber einem verblüfften japanischen Militärattaché bei einer Festlichkeit in Moskau – nach einem mehrere Jahre währenden heftigen japanisch-sowjetischen Konflikt in der Mandschurei. In der Dritten Welt wußten einige wenige Mitglieder und Anhänger der kommunistischen Parteien, daß Säuberungen und Terror so manchen Dritte-Welt-Führer in der Komintern eingeholt hatten und daß Kehrtwendungen in Strategie und Taktik der einzelnen Parteien auf die Kontrolle Moskaus zurückzuführen waren.

Zweifellos hatte sich die sozialistische Bewegung im Westen der Sache des Antiimperialismus und der Befreiung der Kolonien verschrieben. Die Labour Party, seit 1945 an der Macht, entließ Indien in die Unabhängigkeit, kann aber kaum für die mit der Teilung dieses Landes einhergehenden Greuel (den gegenseitigen Genozid von Hindus und Moslems) verantwortlich gemacht werden. Hätte Großbritannien versucht, Indien zu behalten, wäre es in einen Konflikt, ähnlich dem, den die Franzosen 1954–1962 in Algerien erlebten, verstrickt worden. Daß ein Großteil der Verantwortung für die selbstzerstörerische Kampagne der Vierten Republik um den Behalt Algeriens den Sozialisten anzulasten ist, ist ein erbärmliches Kapitel in ihrer Geschichte. In den sozialistischen Parteien herrschten schwerwiegende Meinungsverschiedenheiten. Ihre akademisch gebildeten Führer, die oft mit außergewöhnlich ambitionierten, brillanten und engagierten Afrikanern und Asiaten in Vorlesungen gesessen hatten, und die in jedem Fall einen abstrakten, prinzipienorientierten Sozialismus vertraten, brachten den antiimperialistischen Bewegungen eine weit größere Sympathie entgegen als die der Arbeiterklasse angehörenden Wähler der sozialistischen Parteien. Diese kannten Asiaten und Afrikaner nur als sichtbar andersartige Immigranten – oder, in den besetzten asiatischen und afrikanischen Territorien, als eine Kaste von Unterjochten. Als Eden 1956 zum Angriff auf Nassers Ägypten ansetzte, erhob die Labour Party aus moralischen wie politischen Erwägungen Einspruch dagegen. Ihre Wähler ergriffen jedoch Edens Partei: Für sie war der Suezkanal so britisch wie der Buckingham Palace. Der Suez-Krieg selbst führte dann in Großbritannien zu einer Diskussion über den Imperialismus und zu einer erheblich aktiveren Vorbereitung seines Endes in der ganzen imperialen Region. Der Krieg ließ einstweilen alle anderen Probleme vergessen.

Nach den deutschen Siegen von 1940 war in Westeuropa das einzige nicht besetzte größere Land Großbritannien. Die Vereinigten Staaten rangen mit den Nachwehen des New Deal – einer wirtschaftlichen und politischen Pattsituation – und mit dem Widerstreben der Bevölkerung, sich am Krieg zu beteiligen. Als die Deutschen in Frankreich einfielen, bildete die britische Labour Party mit den Konservativen und den Liberalen eine Regierung der nationalen Einheit. Das verhalf der Labour Party zu Regierungserfahrung und, was für die Nachkriegspolitik wichtig war, zu einem gewissen Maß an administrativer und politischer Glaubwürdigkeit. In den Vereinigten Staaten hatte der

Kriegseintritt 1941 Vollbeschäftigung zur Folge. Es sollte vierzig Jahre dauern, bis die Ökonomen ohne erkennbare Zeichen eines intellektuellen Schamgefühls zu behaupten wagten, daß Vollbeschäftigung unmöglich sei und daß die »natürliche« Arbeitslosenziffer in »reifen« Ökonomien zwischen sieben und zehn Prozent betrage. Den großen Teilen der Bevölkerung, die zu einem Mindestmaß an Reflexion über die Kriegserfahrung beider Länder fähig waren, widerstrebte es nach dem Krieg, diejenigen wieder an die Macht zu bringen, die ebenso lautstark wie unablässig die aktive wirtschaftspolitische Rolle des Staates in Frage stellten. Darüber mußte noch einige Zeit verstreichen, mußten die Nachkriegstriumphe des Keynesianismus in den Wohlfahrtstaaten vorübergehen und schließlich die Funktionsstörungen des fortgeschrittenen Kapitalismus zutage treten.

In Deutschland begann die Mobilisierung für den totalen Krieg erstaunlicherweise erst nach der Niederlage bei Stalingrad Anfang 1943; aber daß die Regierung eine bedeutende Rolle in der Wirtschaft spielen sollte, war in der modernen deutschen Geschichte sehr lange keine Streitfrage zwischen der Linken und der Rechten. Die Frage war vielmehr, welche sozialen Gruppen den Staat führen würden und wen seine Wirtschaftspolitik begünstigen würde.

Trugen die Kriegserfahrungen eines gemeinsamen Schicksals in den industriellen Gesellschaften zur Nachkriegsentwicklung von Institutionen sozialer Solidarität bei? In den Nachkriegsjahrzehnten war Westeuropa gekennzeichnet von der Entwicklung von wohlfahrtsstaatlichen Systemen in der Sozialpolitik, von der Kooperation zwischen dem öffentlichen und dem privaten Sektor in der Steuerung der Wirtschaft und von immensen Investitionen in die soziale Infrastruktur. Selbst die Vereinigten Staaten waren – ungeachtet ihrer vielbeschworenen Andersartigkeit – bemüht, das Erbe des New Deal zu konsolidieren und auszudehnen. Auf beiden Seiten des Atlantik waren die wirtschaftlichen und sozialen Dimensionen staatsbürgerlicher Rechte wesentliche Aspekte des Nachkriegskonsenses. Es trifft zu, daß die Veränderungen, die in den Regierungen Reagans und Thatchers politischen Ausdruck fanden, dem Konsens, zumindest in den Vereinigten Staaten und im Vereinigten Königreich, ein Ende gesetzt zu haben schienen. Der Konsens bestand jedoch andernorts fort, und es wäre unklug, die Vorhersage zu riskieren, daß die Politik im angloamerikanischen Raum nie mehr von einem neuen, wohlfahrtsstaatlichen sozialen Konsens gekennzeichnet sein werde. Die Wahlsiege

Blairs 1997 und Clintons 1992 und 1996 waren im Hinblick auf die sozialistischen Traditionen der Labour Party und auf die Sozialreformprogramme der Demokraten absolut zwiespältig. Sie kennzeichneten jedoch das Ende einer Phase der Gegenattacke des Kapitals auf den Wohlfahrtsstaat.

In jedem Fall stellen die Jahre 1945–1980 einen in sich geschlossenen Zeitabschnitt dar. Wir wollen den Anfang dieses Zeitabschnitts in Frankreich, Deutschland, Großbritannien und in den Vereinigten Staaten untersuchen, um zu eruieren, inwiefern die Hinterlassenschaften des Krieges (spezifische politische Bündnisse und Ideologien, langfristige soziale Projekte, die diffuseren Auswirkungen einer gemeinsamen gesellschaftlichen Erfahrung) zur Entwicklung der Wohlfahrtsstaaten in der Nachkriegszeit führten.

Zunächst sollten wir uns über die komplexe und keineswegs eindeutige gesellschaftliche Erfahrung des Krieges klarwerden. Die Annahme, er habe zwangsläufig zu einer institutionellen und psychologischen Nivellierung und zu einem verstärkten Gefühl nationaler Solidarität geführt, ist bei weitem zu allgemein. Die europäischen Gesellschaften waren Klassengesellschaften, und der Ausbruch des Krieges fegte weder die Klassenunterschiede noch deren vielfältige Spiegelungen in Kultur und Politik hinweg. Was die Vereinigten Staaten anbelangt, so war Franklin D. Roosevelts Wahlrhetorik im Jahre 1940 voller ausdrücklicher Bezugnahmen auf Klassen, wie sie auch in der Hoch- und in der populären Kultur jener Zeit üblich waren. Die pazifische Flotte war in Pearl Harbor versenkt worden, aber die soziale Struktur Amerikas war intakt geblieben. Man tut gut daran, die Frage – oder die Fragen – nach Nivellierung und Solidarität in Begriffen zu stellen, die ergründen, in welchem Ausmaß eine Nivellierung stattfand und welche Formen die Solidarität während des Krieges, so es sie gab, annahm. Natürlich stärkten die Erfordernisse des Krieges den Staat, und zwar überall, aber in einem Kontext ganz grundverschiedener staatlicher Traditionen, die die Antwort auf die zwingenden Gebote der Zentralisierung gestalteten.

Außerdem kann man nicht voraussetzen, daß alle Teile der Bevölkerung eine erzwungene Nivellierung oder verstärkte Solidarität begrüßten. Frankreich mußte während des Krieges eine Niederlage und die Besatzung erdulden – und später einen Bürgerkrieg zwischen denjenigen, die loyal zum Vichy-Regime standen, und der Résistance, einem von General de Gaulle aus dem Ausland gelenkten Verband sehr unterschiedlicher Kräfte. Es wäre falsch, die Vichy-Franzosen einfach für eine von den Deutschen eingesetzte Bande von Verrätern zu halten. Das Vichy-Regime hatte eine formell legitime Grundlage, es übernahm, nachdem die Dritte Republik sich in den unmittelbaren Nachwehen der Niederlage aufgelöst hatte, den gesamten Staatsapparat und wurde eine Zeitlang von großen Teilen der Bevölkerung aufrichtig unterstützt. Die Führer und die politischen Kader des Regimes rekrutierten sich aus der traditionellen französischen Rechten. Daß das Regime die Worte *Liberté, Egalité, Fraternité* [Freiheit, Gleichheit, Brüderlichkeit] auf den französischen Münzen tilgte und durch *Famille, Travail, Patrie* [Familie, Arbeit, Vaterland] ersetzte, war der komprimierte Ausdruck seiner Ideologie. Die Vichy-Franzosen hatten sich einer katholischen Sozialideologie in korporatistischer institutioneller Ausprägung verschrieben. In der Tat versuchte das Regime, die bruchstückhaften und noch unvollkommenen Sozialversicherungssysteme der Dritten Republik auszudehnen.

Am korrektesten läßt sich die Situation vielleicht mit der Feststellung charakterisieren, daß die französische Gesellschaft unter Vichy und unter der Besatzung immobilisiert war. Frühere politische Zwistigkeiten gingen mit den Kontrahenten in den Untergrund. Die fortdauernde Gefangenschaft einer großen Zahl einberufener Soldaten, die Rekrutierung großer Teile der Arbeiterschaft zur Arbeit in deutschen Fabriken entzog der Wirtschaft viel von der ohnehin geringen Dynamik, die sie vor dem Krieg gehabt haben mochte. In den Städten waren die Lebensmittel rationiert, aber auf dem Lande und in den kleineren Städten litt die Bevölkerung keine Not. Frankreich war noch immer fast zur Hälfte ein Agrarland. In den Städten waren die wohlbekannten Unterschiede zwischen dem wohlhabenden Bürgertum und der Arbeiterklasse nach wie vor sichtbar. Die Liquidation der Demokratie der Dritten Republik sowie die korporatistische und nationalistische Ideologie des Vichy-Regimes hatte die Diskussion sozialer Probleme in Klassenbegriffen eingeschränkt. Daraus folgte jedoch nicht, daß das Klassenbewußtsein geschwunden wäre. Was die um einen Kern von nationalen Themen organisierte Solidarität anbelangte, so war ohne Zweifel ganz Frankreich durch die Erfahrung von Niederlage und Besatzung geprägt. Sie wurde von den einzelnen gesellschaftlichen Gruppen jeweils anders erklärt, interpretiert und erlebt, insbesondere nachdem sich die Résistance gebildet hatte. Für viele war es kein Problem, zunächst Vichy zu dienen und dann Mitglied in der Résistance zu werden – man denke nur an die Karriere des jungen François Mitterand.

Die Nachkriegsreformen in Frankreich hatten der Kriegserfahrung viel zu verdanken, aber auf eine ziemlich komplexe und bisweilen unterschwellige Art und Weise. Ein Faktor war nicht ganz so verdeckt: Die weitgehende Diskreditierung der großen französischen Unternehmen aufgrund ihrer Kollaboration mit den Deutschen. Einem Bericht über de Gaulles ersten Besuch in einer größeren Stadt – möglicherweise Lyon – zufolge erkundigte sich der General, als er von schäbig gekleideten Résistance-Kämpfern und einem unbedeutenden Empfangskomitee begrüßt wurde, nach dem Verbleib der »corps constitués«, der lokalen Eliten und Notabeln. »Im Gefängnis, mon Général«, lautete die Antwort. Das Nachkriegsbedürfnis nach einem Neuanfang entsprang somit weniger dem Vorhandensein einer Solidaritätserfahrung während des Krieges als vielmehr ihrem Fehlen.

Der Conseil National de la Résistance [nationale Widerstandsrat] innerhalb Frankreichs und in de Gaulles Hauptquartieren in London und Algier entwarf Pläne für ein umfassendes soziales System und einen großangelegten sozialen Wiederaufbau im Nachkriegsfrankreich, die spürbar vom Beveridge-Plan im Vereinigten Königreich geprägt waren. Dieser war deswegen so einflußreich, weil das Planungsverfahren in Händen dreier Gruppen lag, die einem vom Staat verwalteten Sozialversicherungsplan positiv gegenüberstanden. Diese drei Gruppen waren: ein aus Kommunisten und Sozialisten bestehender linker Block, eine Gruppe von Katholiken mit einem starken sozialen (und vom Umverteilungsgedanken geprägten) Ethos und eine Gruppe höherer Beamte, überzeugt von der Notwendigkeit eines starken Staates, wenn der Wiederaufbau erfolgreich sein sollte.

Wie sich in den ersten Nachkriegsjahren herausstellte, hatte ein Großteil dieser Planung zunächst lediglich den Effekt, Grundlagen für die weitere Debatte zu schaffen. Der linke Block brach rasch auseinander. Die Sozialisten mißtrauten der Stärke der Kommunisten in den Gewerkschaften und mochten daher keine Pläne billigen, die den Gewerkschaften ein Gutteil Verantwortung für die Verwaltung der Sozialversicherung übertragen haben würden: Sie fürchteten eine unverhältnismäßig starke Kontrolle durch die Kommunisten. Die Sozialisten waren daher gezwungen, gemeinsame Sache mit den Katholiken zu machen, deren eigene Wählerschaft (unter dem Einfluß von Ideen der Subsidiarität) ihre Interessen nicht mit denen anderer

Gruppen in einen Topf werfen wollten. In der Tat wehrten sich die verschiedenen beruflichen Gruppierungen dagegen, die ständischen Organisationen aufzugeben, die vor 1939 die Träger der Sozialversicherungen gewesen waren. Sie lehnten auch ganz spontan irgendwelche neueren – selbst berufsspezifischen – Organisationsformen ab, die ihren Mitgliedern womöglich Umverteilungslasten hätten auferlegen können. In Frankreich fielen bekanntlich im Jahre 1945 etwa 20 Prozent der Erwerbstätigen unter die äußerst vage Kategorie »Selbständige mit Eigentum«; hinzu kam noch eine große Anzahl von Bauern mit etwas Grundbesitz. Selbst diejenigen in der Arbeiterklasse, die für universalistische Schemata aufgeschlossen waren, empfanden den Übergang zum umfassenden Wohlfahrtsstaat als problematisch. Sollten denen, die in der Vergangenheit keine Beiträge entrichtet hatten, auf der abstrakten Grundlage sozialer Solidarität sogleich Versicherungsleistungen ausbezahlt werden?

Die Sozialversicherungsreformen in den Jahren unmittelbar nach dem Krieg dehnten das System aus, aber auf eine Art und Weise, die die Vorkriegspraxis des Korporatismus fortsetzte. Der Staat fungierte als höchster Garant separater Versicherungssysteme, aber die Umverteilungswirkung war weder ein generelles noch ein hervorstechendes Merkmal dieser Programme: Sie war an die Grenzen der einzelnen Berufsstände gebunden.

Die eindrucksvollste Wirkung der Kriegserfahrung auf die Wirtschaft Frankreichs zeigte sich auf einer ganz anderen Ebene. Die Diskreditierung der Finanz- und industriellen Eliten ermöglichte die Verstaatlichung von Banken und Versicherungsgesellschaften, von Versorgungsbetrieben, von Bergbau und Transportwesen und von Schlüsselunternehmen wie Renault. Das hatte aber keineswegs eine Arbeitnehmerkontrolle zur Folge, da die Firmen von staatlich ernannten Bürokraten geleitet wurden, die – zusammen mit ihren früheren Kollegen in den Ministerien – eine neue wirtschaftliche und politische Elite bildeten. Ihr langfristiges Ziel war die Modernisierung der französischen Wirtschaft, die durch staatliche Planung, durch umfangreiche Investitionen in die materielle Infrastruktur und in Humankapital erfolgen sollte. Ihre Führungstechniken waren demokratisch unvollkommen insofern, als sie emsig die wirtschaftlichen und sozialen Rahmenbedingungen der Politik veränderten, ohne ihr Projekt oder ihre eigenen beachtlichen Machtbefugnisse einer eingehenden öffentlichen Kontrolle zu unterwerfen. Gewählte Regierungen kamen und gingen, ohne das Projekt zu verändern – und die neuen Eliten funktionierten mit unverminderter Wirksamkeit in der verhängnisvollen Instabilität der Vierten Republik, im Gaullismus unter de Gaulle und seinen Nachfolgern und unter Mitterand und Chirac. Die durch ihr Projekt (Urbanisierung, Entwicklung der Industrie und einen ständig steigenden Lebensstandard) bewirkten enormen Umwälzungen in Frankreich schufen die Vorbedingungen für egalitäre Maßnahmen im Rahmen der französischen Sozialpolitik.

Das Projekt entsprang der bitteren Erfahrung der Niederlage und der Stagnation der französischen Gesellschaft in den Vorkriegsjahren. Es war ein Projekt der nationalen Erneuerung, das ein erhebliches Mindestmaß an sozialem Konsens für unerläßlich hielt. Dieser Konsens erschien der neuen Elite plausibel wegen der breiten Verankerung der Idee der staatsbürgerlichen Rechte im französischen Denken auf allen kulturellen Ebenen. Die Idee verstärkte sich durch das Nachdenken über den Krieg, war aber nicht dessen Ergebnis. Die Unterordnung des Vichy-Regimes unter die Nationalsozialisten ließ die autoritären und hierarchischen Ideen, die ebenfalls ein wesentlicher Bestandteil der französischen Tradition waren, in einem negativen Licht erscheinen. Die Interpretation, die der Krieg im französischen Bewußtsein erfuhr, wurzelte in der gesamten modernen Geschichte Frankreichs. Ein Gefühl der Diskontinuität und eine Auseinandersetzung über die Zukunft waren jüngste Folgen der von den Planern vollbrachten sozialen Veränderungen. Nun, da die französische Auffassung von bürgerlichen Rechten unauflöslich mit wirtschaftlichen und sozialen Rechten verknüpft war, wandte die Nation ihre Aufmerksamkeit einer neuen Auseinandersetzung über ihre Definition und ihre Institutionen zu.

Nirgends war die Kontinuität in der Sozialpolitik ausgeprägter als in Westdeutschland. In welchem Ausmaß Deutschland während des Krieges Solidarität erlebte, ist eine Streitfrage unter Historikern, trotz ihrer weitgehend einhelligen Meinung, daß der Widerstand gegen das nationalsozialistische Regime minimal war. Tatsache ist, daß die Deutschen seit der Kriegswende (viele waren sich nach Stalingrad darüber im klaren, daß der Krieg so gut wie verloren war) und in den ersten Jahren der Besatzung sich generell als Opfer der Geschichte fühlten. Ebenso außerstande wie nicht willens, einen zunehmend zur Katastrophe ausartenden Krieg zu beenden, erduldeten sie ihn – genauso wie sie die darauffolgende Besetzung erduldeten. Zu den

Entbehrungen der Kriegs- und unmittelbaren Nachkriegsjahre kam hinzu, daß sich ein Strom von etwa zehn Millionen aus Mittel- und Osteuropa vertriebenen ethnischen Deutschen in die drei westlichen Besatzungszonen (aus denen dann Westdeutschland entstand) ergoß. Als die Länderregierungen in den westlichen Zonen eine gewisse Autonomie erhielten und 1949 die Gründung der Bundesrepublik erfolgte, diese Millionen (und Millionen anderer, die durch den Krieg Verluste an materiellen und zuweilen immateriellen Vermögenswerten erlitten hatten) in die Lage zu versetzen, wirtschaftlich wieder Fuß zu fassen, wurde die Fiskalpolitik zum Teil um das zentrale Anliegen organisiert. Die zu diesem Zweck von oben beschlossenen Steuern, Lastenausgleich genannt, wurden von den Begünstigten entschieden lebhafter begrüßt als von den auf diese Weise zusätzlich Besteuerten. Die offenkundige Notwendigkeit, die Infrastruktur wiederaufzubauen, die Wirtschaft wiederanzukurbeln (ein Anliegen, das die westlichen Besatzer teilten, zumal die Wiederbewaffnung Deutschlands schließlich lange vor ihrer offiziellen Bekanntgabe beschlossene Sache war) und die soziale Ordnung wiederherzustellen, stieß auf die Zustimmung der Öffentlichkeit.

Aufschlußreich ist die Nachkriegspolitik der Gewerkschaften. Die Gewerkschaftsführer (und die Führung der Sozialdemokratie) drangen auf radikale Demokratisierung im privaten Sektor, breite Mitbestimmung in den Aufsichtsräten und eine Vergesellschaftung der Schlüsselindustrien. Ein entsprechender Druck von der Basis, von Gewerkschaftsmitgliedern und sozialdemokratischen Wählern erfolgte nur sporadisch und nicht konzentriert; bereits 1945 war er nicht überwältigend und zum Zeitpunkt der Gründung der Bundesrepublik 1949 hatte er sich noch erheblich verringert. Die Sozialdemokratie und die Gewerkschaften mußten sich mit einem gewissen Maß an Mitbestimmung in der Montanindustrie zufriedengeben. Im übrigen waren für die Wirtschaft die Prinzipien der sogenannten sozialen Marktwirtschaft maßgebend. Das war eine einzigartige Synthese von Ideen und Techniken, die auf Deutschlands Staatstradition, auf katholische Ideen der Subsidiarität sowie auf den Ordoliberalismus der Freiburger Schule zurückgingen, und die von einer starken Dosis wirtschaftlicher Gleichheit abgesichert werden sollten. Besitzlose Arbeiter sollten durch einen ihren Lebensunterhalt sichernden Lohn und durch ein Sozialversicherungssystem einen festen Platz in der sozialen Ordnung finden. Die Löhne waren anfangs recht niedrig, und das Sozialversicherungssystem wurde von der Arbeiterschaft selbst bezahlt. Der Druck der Sozialdemokratie – die allerdings erst 1966 an die Regierung kam – und ihrer Verbündeten in den Gewerkschaften ließ schon in den ersten Jahren der Bundesrepublik die Phrasen von der sozialen Marktwirtschaft Realität werden.

Auf eine zentrale Planung wurde vorgeblich verzichtet, aber ein Mindestmaß an sozialen Transferleistungen wurde unter restriktiven finanziellen Rahmenbedingungen eingerichtet, und der private Sektor erhielt enorme Steuererleichterungen und Subventionen. Die Transferleistungen (und Ausgleichszahlungen) schufen Kaufkraft, die kriegsbedingte Zerstörung hatte einen Nachholbedarf an Produktionsanlagen zur Folge, und in Anbetracht seiner Vielzahl an Facharbeitern und seiner Fülle an unternehmerischem und technischem Wissen erholte Deutschland sich rasch.

Diese Erholung ging einher mit einer erheblichen Zurückhaltung der Gewerkschaften im Hinblick auf Lohnforderungen – Solidarität um des nationalen Wiederaufbaus willen. Charakteristisch für diesen Zeitraum (von der Niederlage bis weit in die fünfziger Jahre hinein) war jedoch eine eindrucksvolle, auf allen Gebieten spürbare psychologische Privatisierung. Der Wiederaufbau von individuellen Karrieren und Familienexistenzen hatte Vorrang vor jedem öffentlichen Engagement.

Einer kritischen Meinung zufolge war dieser Zeitraum eine Periode der »Restauration«. Restauriert, so wird behauptet, wurden die Macht und die Privilegien der Eliten, die mit den Nationalsozialisten kollaboriert hatten, allen voran die Geschäfts- und Finanzwelt, die oberen Bereiche der Staatsbürokratie, die Paladine von Kultur und Wissenschaft. Soweit dies zutrifft, stehen wir vor einem Paradoxon. Statt daß diese Eliten die Nation zu neuen Abenteuern oder in Richtung eines neuen politischen Autoritarismus führten, verschrieben sie sich der parlamentarischen Demokratie und akzeptierten die Zusammenarbeit mit den Gewerkschaften und der Sozialdemokratie.

In den Anfängen der Bundesrepublik übten die Vereinigten Staaten als eine Gesellschaft kultureller und sozialer Offenheit eine ungeheure Anziehungskraft aus. Es hatte den Anschein, als beabsichtige die Bundesrepublik, die Vereinigten Staaten als plebiszitäre Konsumdemokratie zu imitieren. Unter diesen Umständen entbehrten innovative Schritte in Richtung eines sozialen Wiederaufbaus der Überzeugungskraft. Das Antimodell erzwungener Sowjetisierung zunächst in der

sowjetischen Besatzungszone, dann in dem kommunistischen deutschen Staat jagte den meisten Westdeutschen Angst ein. Adenauers
Wahlslogan »Keine Experimente!« war Ausdruck eines tiefsitzenden
Widerstrebens der westdeutschen Wählerschaft, irgendwelche Risiken
einzugehen. Wohlfahrtsstaat-Modelle, die als kongenial empfunden
wurden, waren nur solche, die eine offenkundige Kontinuität mit der
deutschen Vergangenheit aufwiesen.

In einer gewissen Beziehung fand in den Jahren des Nationalsozialismus ein höheres Maß an Innovation in der Sozialpolitik statt
als in den ersten 15 Jahren des westdeutschen Staates. Die Nationalsozialisten hatten vor, das Sozialversicherungssystem zu vereinheit-
lichen und die Kategorien der Lohnarbeiter und der Gehalt beziehen-
den Angestellten zusammenzulegen. Der Plan wurde nicht umgesetzt,
und seine Wiederbelebung nach dem Krieg traf rasch auf Ablehnung.
In der unmittelbaren Nachkriegszeit waren Effizienzkriterien auf dem
Gebiet des wirtschaftlichen und sozialen Wiederaufbaus bei weitem
einflußreicher als ein Solidaritätsprojekt. Die Entwicklung dessen, was
Helmut Schmidt »das deutsche Modell« nannte (ein System sozialer
Absicherung und der kontinuierlichen Investitionen in die soziale
Infrastruktur, verbunden mit einer umfassenden wirtschaftlichen
Koordination durch eine konzertierte Aktion von Kapital, Regierung
und Gewerkschaften), mußte noch bis Mitte der sechziger Jahre warten. Dieses Modell war mit der Erinnerung an den Krieg verknüpft.
Gerechtfertigt wurde es mit der Begründung, daß es einen innenpolitischen Konsens aufbaue, der heftige Klassenkonflikte und das Bedürfnis nach Kompensation in Form eines militarisierten Nationalismus ausschließen würde. Die Kontinuität mit der Solidarität während des Krieges war somit gleich Null.

In Großbritannien scheint der Fall ganz anders zu liegen. Die geläufige Darstellung des Aufbaus des Nachkriegs-Wohlfahrtsstaats durch
die Labour Regierung 1945 und in den darauffolgenden Jahren ist auf
den ersten Blick überzeugend. In den dreißiger Jahren schärfte die
anhaltende Weltwirtschaftskrise das Bewußtsein für die Klassenunterschiede im Vereinigten Königreich, die durch nationale und regionale
Verschiedenheiten noch verstärkt wurden. Sie waren kulturell so
überspitzt, daß Disraelis »zwei Nationen« eine bleibende Realität darzustellen schienen. Die Labour Party, durch Konflikte gespalten seit
Ramsay MacDonald sie verließ, um während der Weltwirtschaftskrise
1931 eine Koalition mit den Konservativen einzugehen, konnte die

Wahl von 1935 nicht gewinnen. Die Wahl von 1940 wurde wegen des Krieges aufgeschoben, und die Labour Party trat einer Koalitionsregierung bei. Sie erwarb sich eine Reputation für politische Kompetenz, die die negativen Erinnerungen an ihre Spaltungen in den dreißiger Jahren vergessen ließ.

Unterdessen trug die durch die Luftschlacht um England und durch die generellen Härten des Krieges entstandene Solidarität in der Gesellschaft viel dazu bei, die antagonistischen Klassengegensätze auf der Bewußtseinsebene auszulöschen. Im wesentlichen führten die durch den Krieg bedingten Kontrollen, Rationierungen und Besteuerungen (sowie die medizinische Versorgung) zu einer Angleichung der wirtschaftlichen Verhältnisse. Schuldgefühle wegen der materiellen und moralischen Ungerechtigkeiten eines hemmungslosen Kapitalismus bewogen Teile der gebildeten und wohlhabenden Mittelschicht, die Labour Party gegen die durch ihre Arroganz in den dreißiger Jahren diskreditierten Konservativen zu unterstützen. Der Eckpfeiler der sozialen Reformen der Nachkriegszeit war die von Lord Beveridge, einem Universitätsprofessor und zeitweiligen Mitglied der Liberal Party, verfaßte Denkschrift, in der er für eine umfassende Sozialversicherung eintrat. Sie beeindruckte die Phantasie der Nation und entsprach dem tiefempfundenen Bedürfnis nach einem Neuanfang.

Was ich hier in großen Zügen geschildert habe, trifft ungefähr zu, aber nur sehr ungefähr. Die kriegsbedingten Entbehrungen in Großbritannien verschärften auch die Klassenunterschiede, was sich auf mancherlei Weise bemerkbar machte. Unterschiede zwischen Offizieren und Mannschaften in den Streitkräften spiegelten Klassenunterschiede in der Gesellschaft als Ganzes wider – ein Phänomen, das zwar auch in anderen Ländern zu beobachten ist, das aber in Großbritannien eine subtile Finesse erfährt. Im Vereinigten Königreich herrschte eine ausgedehnte Schwarzmarktaktivität, die von Leuten mit wenig Geld übel vermerkt wurde; es gab auch Unmut über das ungleiche Betroffensein bei Luftangriffen auf Stadtzentren (die Armen merkten, daß sie mit höherer Wahrscheinlichkeit Einschlägen ausgesetzt waren als die Bewohner der Vorstädte). Die Diskreditierung der Conservative Party (abzulesen an der Entlassung des siegreichen Churchill durch die Wählerschaft) war ebensosehr die Folge der allgemeinen Überzeugung, daß die Konservativen in einen Krieg gestolpert waren, den sie dann um ein Haar verloren hätten, wie der Tatsache zuzuschreiben, daß sie den Reichtum verkörperten. Die Präsenz von drei Millionen sichtlich wohlhabenderen, besser genährten und einer ausgeprägter egalitären Gesellschaft angehörenden Amerikanern in Großbritannien seit 1942 löste bei den Briten nicht immer Reaktionen eines gelassenen Stolzes auf die eigene Nation aus.

Tatsache ist, daß die der Regierung angehörenden Führer der Labour Party ihr möglichstes taten, um die Lasten gleichmäßiger zu verteilen, aber in Anbetracht des Umfangs der durch den Krieg gebundenen finanziellen Mittel war eine wirtschaftliche Umverteilung unmöglich. Die Verbitterung der dreißiger Jahre schwand also nicht und machte einen Großteil des politischen Bewußtseins aus. Einige Konservative bezichtigten völlig zu Recht die Ausbildungseinheiten der Streitkräfte, sie hätten Ansichten über die Gesellschaft verbreitet, die eine Vielzahl der Wehrdienstleistenden veranlaßt hätte, 1945 die Labour Party zu wählen. Deren politische Aktivität nahm auf lokaler Ebene zu, und ihre Mitgliederzahl wuchs während des Krieges. Unterdessen mobilisierte eine Bewegung für ein sozialistisches Commonwealth Zehntausende, bei Nachwahlen für freigewordene Parlamentssitze zu kandidieren – und brach damit den Waffenstillstand zwischen den drei großen Parteien. Während des Krieges herrschte somit kein ideologischer Burgfrieden. Insgesamt läßt sich sagen, daß der Krieg die Unterstützung für wirtschafts- und sozialpolitische Maßnahmen, die ein Mehr an Gleichheit und Solidarität nach sich gezogen hätten, nicht unmittelbar verstärkte. Er intensivierte allenfalls eine nationale Auseinandersetzung, die ihren Ursprung im 18. Jahrhundert hatte.

Großbritanniens Eliten waren sich dessen vollauf bewußt und ausgesprochen uneins über die Frage, wie dieser Situation zu begegnen sei. Ein Teil der gebildeten Mittelschicht arbeitete bereits in der Führung der Labour Party mit Gewerkschaftern zusammen (Clement Attlee, Stafford Cripps, Hugh Dalton, um nur die bekanntesten zu nennen). Die an der Tradition von *Noblesse oblige* festhaltenden Konservativen unterstützten die Labour Party bei der Planung für die Nachkriegszeit. Der 1944 erlassene Education Act, der auf allen Ebenen für einen erweiterten Zugang zum Bildungswesen (besonders zum höheren Bildungsweg) und für nationale Qualitätsnormen sorgen sollte, war das Werk von Rab Butler, einer führenden Persönlichkeit in der späteren Politik der Konservativen. In der Folge wurde im politischen Jargon der fünfziger und sechziger Jahre der Ausdruck *Butskillism* geprägt und allgemein gebräuchlich, ein Wortspiel aus den Namen Butler und Gaitskell, Attlees Nachfolger als Führer der Labour

Party. Butskillism war die Doktrin eines begrenzten, den expansiven Kapitalismus verwaltenden Wohlfahrtsstaats – das, was Hugh Gaitskell während der Wahlen von 1959 ein »gemäßigtes Programm für soziale Reformen« nannte.[9] Butler und Gaitskell hatten in Cambridge beziehungsweise Oxford studiert, beide waren Söhne in Indien dienender Kolonialbeamten, die Familien entstammten, in denen der Staatsdienst Tradition war. Butlers Aufstieg in der Conservative Party (ebenso wie der seines Kollegen Harold Macmillan, eines konservativen Dissidenten vor dem Krieg) wurde möglich durch einen beträchtlichen Wechsel in der Zusammensetzung der Partei, ausgelöst durch deren Niederlage bei der Wahl von 1945. Von 1945 bis zu Margaret Thatchers Ernennung in den achtziger Jahren akzeptierten die Konservativen (ebenso wie ihre christlich-sozialen Kollegen auf dem Kontinent oder die Republikaner unter Eisenhower und Nixon in den Vereinigten Staaten) den Wohlfahrtsstaat. Das war bis zu einem gewissen Grade dem Umstand zuzuschreiben, daß sie sich einiges von dem Erbe des britischen Liberalismus angeeignet hatten. Die hierfür unentbehrliche Persönlichkeit war William Beveridge, wobei die Nachhaltigkeit seines Einflusses in dessen vielfältiger Wirkung lag.

Der Beveridge-Plan für eine umfassende Sozialversicherung faszinierte die Öffentlichkeit Großbritanniens während des Krieges. Es wurden viele Einwände gegen den Plan erhoben, nicht zuletzt von den Finanzexperten des Schatzamtes, die meinten, er würde den Staat allzuviel kosten. Der Plan war annehmbar für die Labour Party und die Gewerkschaften, deren eigene Nachkriegsprojekte viel weitreichender und radikaler waren. Die Vertreter dieses Plans (darunter Teile des höheren Beamtentums, die mit dem Schatzamt nicht übereinstimmten) setzten sich aufgrund eines minimalistischen Arguments für ihn ein. Der Plan lag in der britischen Tradition einer staatlichen Versicherung, bei seiner Verwaltung konnten die erprobten Kapazitäten des Staates Verwendung finden, und er war das mindeste, was man tun konnte, um diejenigen zufriedenzustellen, die der Ansicht waren, die Nation müsse nach dem Krieg einige Schritte in Richtung praktizierender Solidarität unternehmen. Beveridge war ein typischer Repräsentant der nachdenklicheren Manager der Nation, ein Akademiker mit weitreichenden öffentlichen Ambitionen, denen sein Plan dienen sollte.

Als die Labour Party 1945 mit großer Mehrheit an die Regierung kam, erbte sie den Beveridge-Plan, den Education Act von 1944 und ein nicht weniger weitreichendes Projekt zur Kontrolle und Planung der Flächennutzung. Worüber es keinen Konsens gab, waren ihre Pläne für die Verstaatlichung von Schlüsselindustrien und für die Einkommensumverteilung. Diese waren das Ergebnis von Überlegungen der Labour Party ihre langfristigen Ziele betreffend, und es liegen keine überzeugenden Beweise dafür vor, daß diese ganz spezifischen Maßnahmen eine Reaktion auf systematische Forderungen der Bevölkerung während des Krieges gewesen wären. Ein Wandel der öffentlichen Meinung hatte eine Labour-Regierung zur Folge, die sich die nach Großbritanniens ungeschriebener Verfassung erhebliche Machtfülle der Regierung zunutze machte, um ihre Variante des Sozialismus ins Werk zu setzen. Beveridges Plan wurde ergriffen, Beveridge selbst beiseite geschoben. (Das gleiche Schicksal ereilte den Theoretiker des linken Flügels der Labour Party, Harold Laski, Beveridges hartnäckigen Gegenspieler an der London School of Economics in Beveridges turbulenter Amtszeit als deren Direktor in den dreißiger Jahren.)

Letztlich wurde die Labour Party auf ihrem Marsch zum Sozialismus aufgehalten. Aufeinanderfolgende Regierungen der Konservativen seit 1951 banden ihre Reformen in ein ganz anderes soziales Projekt ein, und die Kriegserfahrung wurde einer nebulösen und sentimentalen Darstellung der Vergangenheit einverleibt. Die von der Labour Party nach 1945 erzielte Erweiterung der Regierungsmacht wurde von Politikern und Beamten in die Wege geleitet, die aus der kriegsbedingten Ausdehnung des Staates viel gelernt hatten. Der unsichere Kurs der Labour Party in der Folgezeit wurde weniger von Entschlusslosigkeit geprägt als vielmehr von der problematischen Stellung Englands (aufgrund seiner erschöpften Reserven) in der Weltwirtschaft. Die sozialpolitischen Absichten der wiederauflebenden Conservative Party wurden ihrerseits von einem Projekt zur Modernisierung des britischen Kapitalismus bestimmt: Einbeziehung eines Wohlfahrtsstaats in seine Funktionsweise. Die ganze Zeit über war das Nachdenken über die Kriegserfahrung und deren Nutzung wichtig – aber eine unmittelbare Rückbesinnung auf die im Krieg erlebte Solidarität dürfte nur dadurch aufgefallen sein, daß sie nicht stattfand.

Wie war die Situation in Amerika? Ebenso wie Großbritannien hatten die Amerikaner bei ihrem Eintritt in den Krieg einen relativ hohen Prozentsatz von Arbeitslosen. Anders als in Großbritannien hatte in den Vereinigten Staaten seit 1933 ein Experiment in institutionalisierter Solidarität stattgefunden, der New Deal. Franklin D.

Roosevelts zahlreiche Maßnahmen zur Bekämpfung der Wirtschaftskrise reichten von improvisierten Hilfs- und Arbeitsprogrammen bis
hin zu langfristigeren Projekten wie der Social Security. Die Gewerkschaftsbewegung, von einer sie unterstützenden Bundesregierung
und neuen Gesetzen begünstigt, konnte ihre Mitgliederzahl und ihre
Macht stark erweitern. Andere soziale Bewegungen, wenn sie auch
weniger in Erscheinung traten, waren ebenfalls von Bedeutung. Der
New Deal war eine ziemlich unstabile Koalition innerhalb dieser
Bewegungen, mobilisiert von Roosevelts größeren Wählerblocks und
einem Teil der Eliten der Geschäfts- und Finanzwelt. Das ganze Projekt wurde gemanagt, wenn man so sagen kann (das Unternehmen
war oft in sich widersprüchlich, konfliktbelastet und in ständigem
Wandel begriffen), von Berufspolitikern und Bürokraten, Wirtschaftswissenschaftlern, Anwälten, Politologen und Sozialarbeitern. Von
Roosevelt manipuliert, bekämpften sie sich untereinander und wurden ihrerseits von Teilen des Kapitals bekämpft. Nie zuvor und nie
danach in diesem Jahrhundert war die Sprache der amerikanischen
Politik so offenkundig von dem Gegenstand Klasse geprägt, den
Roosevelt ohne Umschweife oder Zögern in den Wahlkämpfen von
1936 und 1940 thematisierte. Der Präsident zog tiefe Loyalität und
erbitterte Feindschaft auf sich, und der New Deal spaltete die Nation.
Er führte dazu, daß sich nationale politische Mehrheiten geschlossen
hinter ein Programm wirtschaftlicher und sozialer Solidarität stellten,
aber es gab umfangreiche Minderheiten, die sich in ihrem eigenen
Land als praktisch enteignet betrachteten. 1938 wurde die Fortent-
wicklung des New Deal aufgehalten. Der Widerstand gegen ihn wuchs
unter den Mitgliedern der Democratic Party im Repräsentantenhaus
und im Senat, und Roosevelt sah sich außerstande, neue Reformen
den alten hinzuzufügen, die er zuvor mit einem ungleich gefügigeren
Kongress eingeführt hatte. Tatsächlich betraute er nach Ausbruch des
Krieges einen konservativen Demokraten, James Byrnes, mit weitreichenden innenpolitischen Kompetenzen.

Die dreißiger und frühen vierziger Jahre waren somit eine Zeitspanne, in der soziale Solidarität die politische Tagesordnung bestimmte. Die Antrittsrede Roosevelts 1936 (in der er erklärte, ein Drittel der Nation lebe in Armut) war ein Appell an die Solidarität. In den
Künsten, im Film, im Journalismus – und in der Wissenschaft – wurde
den Ausgeschlossenen und den Ausgebeuteten Beachtung geschenkt.
Der Krieg löste das brennendste Problem der dreißiger Jahre, die

Arbeitslosigkeit, die binnen kürzester Zeit auf Null absank. Was vielen Vertretern des New Deal innerhalb und außerhalb der Regierung Sorge bereitete, war die Frage, wie die Vollbeschäftigung sich in der Nachkriegszeit fortsetzen lasse.

Die Ausdehnung der Regierungstätigkeit während des Krieges war beträchtlich. Die kriegsbedingten Kontrollen der Wirtschaft wurden jedoch in Wirklichkeit nicht von der Regierung selbst, sondern durch die von ihr in den Bundesministerien und Kriegsbehörden eingesetzten Unternehmer und Finanzfachleute vorgenommen. Mit anderen Worten, im Vergleich zu Großbritannien war die amerikanische Kriegsanstrengung durch eine gewisse Stärkung des privaten Sektors gekennzeichnet. Die Bestellbücher waren voll, die Arbeitskräfte mehr oder weniger diszipliniert, und das Kapital lernte eine expandierende Bundesregierung für seine eigenen Zwecke einzusetzen. Als eine New-Deal-Behörde, der »National Resources Planning Board«, Nachkriegspläne für einen stark erweiterten öffentlichen Sektor vorlegte (darunter eine staatliche Krankenversicherung und eine Arbeitslosenunterstützung, die nicht auf dem Versicherungswege, sondern unmittelbar durch die Regierung finanziert werden sollten), wurden diese nicht auf nationaler Ebene zur Diskussion gestellt, sondern als unerheblich abgewiesen. Die Behörde wurde schließlich abgeschafft. Das vorhandene, auf dem Versicherungsprinzip beruhende Sozialversicherungssystem, die Social Security, wurde nach dem Krieg auf alle älteren Personen ausgedehnt. Renten für Kriegsveteranen, einschließlich Darlehen für eine Hochschulausbildung, wurden akzeptiert. Interessant ist, daß eine sogenannte GI's Bill of Rights angenommen wurde, während Franklin D. Roosevelts Forderung (in seiner Economic Bill of Rights Message an den Kongreß 1944) nach einer Economic Bill of Rights für alle Bürger nicht den Status eines Grundsatzprogramms der Democratic Party erhielt.

Die Ausdehnung des New Deal nach dem Krieg wurde, trotz ihrer Befürwortung durch Präsident Truman und dessen Wiederwahl 1948, durch die Rhetorik des Kalten Krieges erschwert. Der Ausdruck sozialistisch, zur Verunglimpfung jedweder, einem ungehinderten kapitalistischen Ethos und System nicht genehmen, Maßnahme benutzt, wurde schon in den dreißiger Jahren gegen den New Deal angewendet und mit erneuter Intensität in den späten vierziger Jahren wiederaufgegriffen, als eine unnachgiebige Feindseligkeit gegenüber der Sowjetunion und der Volksrepublik China oberstes Prinzip der amerikanischen Außenpolitik war. Die Verfolgung tatsächlicher und angeblicher Sympathisanten der Sowjetunion in den Universitäten, den Künsten, den Kirchen, im Journalismus, in den Gewerkschaften und im öffentlichen Leben überhaupt drängte die Kader des New Deal in die Defensive.

Der Wahlslogan, unter dem Truman 1948 seinen Wahlkampf führte, lautete: »Don't let them take it away!« [»Laßt sie es nicht wegnehmen«].[10] Das war ein Hinweis sowohl auf die sozialen Errungenschaften des New Deal – hauptsächlich die Social Security – als auch auf die Prosperität im Krieg und in der Nachkriegszeit. Truman lancierte in seinen beiden Amtszeiten das Nachkriegsmodell der amerikanischen Wirtschaftsordnung: eine vom Staat in enger Zusammenarbeit mit den Gewerkschaften und den Vertretern der Geschäfts- und Finanzwelt koordinierte plebiszitäre Konsumdemokratie. Enorme Anreize der Bundesregierung für den Wohnungs- und Straßenbau führten zur Suburbanisation der Gesellschaft, und ein ständig steigender Lebensstandard verhalf bislang verarmten, am Rande der Gesellschaft lebenden oder sich durchkämpfenden Lohnempfängern zu Wohlstand. In großen Teilen der Industrie sahen Arbeitsverträge Gesundheitsvorsorge und Ruhestandsrenten für die gewerkschaftlich organisierten Arbeiter vor, die infolgedessen keinen Grund hatten, Forderungen dieser Art an die Regierung zu stellen. Die Mittelschicht hatte ähnliche Vorteile einfach aufgrund ihres Status. Diejenigen, die von der neuen Wirtschaftsordnung ausgeschlossen oder marginalisiert waren (später von Michael Harrington als »die unsichtbaren Armen« bezeichnet[11]), hatten wenig oder kein politisches Gewicht und verschwanden aus dem Blickfeld der Öffentlichkeit. Die Eliten der Nation (darunter viele ehemalige Vertreter des New Deal) versicherten einander und der übrigen Welt, daß die amerikanische Variante des Kapitalismus kaum einer Ausdehnung des Wohlfahrtsstaats bedürfe, da sie so überaus erfolgreich in der Produktion von Wohlstand sei. Das war die Zeit, in der die Schriftstellerin Mary McCarthy verkündete, die wahre soziale Revolution spiele sich in den amerikanischen Vorstädten ab.[12]

Unter diesen Umständen verblaßten die Erinnerungen an den New Deal, und die durch den Krieg bewirkte Vollbeschäftigung wurde als der Beginn einer rein positiven historischen Epoche interpretiert. Der New Deal als Solidaritätsprogramm wurde den Historikern überlassen, und der New Deal als Vorwegnahme der technokratischen Verwaltung des Klassenkompromisses nahm seinen Platz im Bewußtsein der Öffentlichkeit ein.

Institutionalisiert wurde ein Modell des Kapitalismus, das sich zweifellos von dem unterschied, das im Amerika der zwanziger Jahre beherrschend gewesen war. Der New Deal wurde nunmehr als geglücktes Korrektiv für Störungen betrachtet, die nie mehr wiederkehren würden. Die ausgeprägte Steuerung der Wirtschaft durch die Fiskalpolitik des Bundes, durch umfangreiche öffentliche Investitionen und durch Subventionen auf Gebieten wie der Rüstung, der Wissenschaft und der Technologie sowie der materiellen Infrastruktur war ein Programm der staatlichen Intervention, das nur nicht beim Namen genannt wurde. Die wirtschaftliche und soziale Rhetorik Amerikas legte den Schwerpunkt nicht auf Solidarität, sondern auf Produktivität und deren wohlverdiente Vergütungen. Die derzeitige amerikanische Debatte, in der nur wenige die Errichtung eines Wohlfahrtsstaats nach westeuropäischem Muster befürworten, ist nicht ohne Zusammenhang mit der Nachkriegspolitik, selbst wenn sie einseitig deren individualistische und produktivistische Komponenten in den Vordergrund stellt.

Was geht aus diesem kurzen Abriß über vier ganz unterschiedliche Gesellschaften hervor? Wie wirkte sich die Solidarität während des Krieges auf die Wirtschafts- und Sozialpolitik der Nachkriegszeit aus? Zunächst ist das Offenkundige festzuhalten: Die Solidarität während des Krieges nahm keine sehr allgemeinen Formen an; genaugenommen war sie ein äußerst komplexes Phänomen. Das am häufigsten erwähnte Beispiel, Großbritannien, vermag uns kaum davon zu überzeugen, daß eine unmittelbare Verbindung zwischen der Kriegserfahrung und der Nachkriegspolitik bestand. Die nationale Debatte über die Nachkriegspolitik wandte den Blick zurück zu den dreißiger Jahren. Der Konsens, der sich später zwischen der Conservative und der Labour Party herausbildete und eine Zeitlang andauerte, setzte die aufgrund einer politischen Kosten-Nutzen-Analyse feststehende Unwiderruflichkeit der 1945–1951 von den Labour-Regierungen eingebrachten wohlfahrtsstaatlichen Reformen voraus. Diese wurden mehr oder weniger problemlos in ein – von beiden Parteien vertretenes – Projekt zur Modernisierung der britischen Wirtschaft integriert, welches wiederum jenen kapitalistischen Wohlstand voraussetzte, den während des Krieges eigentlich niemand erwartet hatte.

In Deutschland mochte die Solidarität während des Krieges zum
Schutz von Nation und Regime durchaus sehr stark gewesen sein. Die
Nachkriegszeit war eine Periode ungeheurer Enttäuschung und Ernüchterung, des Rückzugs ins Privatleben und einer tiefen Verbitterung, nicht über den Krieg, sondern über den verlorenen Krieg. Die
in der Nachkriegszeit – von der allmählichen Wiedergewinnung politischer Autonomie mit den ersten Wahlen auf lokaler Ebene 1945 bis
anderthalb Jahrzehnte nach Gründung der Bundesrepublik – ergriffe-
nen sozialpolitischen Maßnahmen zielten weniger auf die Schaffung
einer gerechten Gesellschaft als vielmehr auf den wirtschaftlichen
Wiederaufbau ab. Es trifft zu, daß die Christlich-Demokratische Union,
bis 1969 an der Regierung bzw. an der Regierung beteiligt (1966–69),
sich anfangs einem betont christlich-sozialen Ethos verschrieben
hatte, aber in ihrer Vollbringung dessen, was als soziale Marktwirtschaft bezeichnet wird, gewann der Markt mit der Zeit eine ebenso
große Bedeutung wie die soziale Dimension. Die Sozialdemokraten
ihrerseits lernten mit dem modernen Kapitalismus zu leben und
gaben radikale Vorstellungen von einer völligen sozialen Umgestaltung auf. Das derzeitige deutsche Modell geht auf die sozial-liberalen
Koalitionen von 1969–1982 zurück. Erinnerungen an Klassenkonflikte
vor 1933 dienten als Anstoß für ein Projekt der Förderung des sozialen
Zusammenhalts, das aber – bis auf die kriegsbedingten Verwüstungen
– wenig oder gar nichts mit einer Kriegserfahrung zu tun hatte.

Frankreich, im Krieg unter einem einheimischen faschistischen
Regime und außerdem unter fremder Besatzung, einigte sich offenbar
darauf, einen entstellten Bericht über die Kriegszeit abzugeben, in
dem die Résistance als wichtiger geschildert wurde als sie war.
Seltsamerweise fanden sich der Korporatismus des französischen
Faschismus – mit seinen katholischen Elementen – und der Antikapitalismus der (1945 siegreichen) kommunistischen und sozialistischen
Linken in der Sozialpolitik der Nachkriegszeit zusammen. Der praktische Korporatismus der verschiedenen Sektoren der französischen
Gesellschaft brachte jedoch sozialpolitische Maßnahmen hervor, die
sich von universalistischen Programmen stark unterschieden. Die
staatlichen Technokraten, die die äußerst erfolgreiche industrielle
Transformation Frankreichs in der Nachkriegszeit steuerten, hatten
sich bis zu einem gewissen Grade von den auf die Résistance zurück-
gehenden Idealen der Solidarität inspirieren lassen. Der Verdacht
einer Affinität sowohl zu Jean Baptiste Colbert als auch zum Comte

de Saint-Simon liegt nahe. In Amerika schließlich fällt es schwer, die Kriegssolidarität von den Umständen zu unterscheiden, in die sie eingebettet war: Vollbeschäftigung und Prosperität. Der Krieg schweißte die Gesellschaft nicht völlig zusammen, und Franklin D. Roosevelt wußte, daß die Geduld der Nation für den Preis, den sie an Menschenleben und Vermögenswerten zu entrichten hatte, nicht überstrapaziert werden durfte. Wenn die politischen Maßnahmen der Nachkriegszeit ihre Wurzeln in der Kriegserfahrung hatten, dann stützten sie sich auf die aus dem Krieg hervorgegangene Koalition von Kapital, Gewerkschaften und Regierung.

Nach dem Krieg war die politische Umsetzung von Solidarität in den vier Nationen untrennbar mit der wirtschaftlichen Expansion und dem ständig steigenden Konsum im privaten Bereich verquickt. Auf die Frage, welche Auswirkungen die im Krieg ausgeübte staatliche Kontrolle über den Markt in der Folgezeit hatte, gibt es keine allgemeingültige Antwort. Politische Innovation im Krieg bediente sich der bürokratischen Erfahrung und Technik in spezifischen staatlichen Traditionen – und diese Traditionen waren unterschiedlich. Das bemerkenswerteste Beispiel für Kontinuität dürfte vermutlich die Fortsetzung der im Krieg eingeführten Kontrollen über die Wirtschaft Großbritanniens sein, aber diese Lenkungsmaßnahmen hätten kaum einer ausgedehnten Verstaatlichung oder der Einführung einer umfassenden Sozialversicherung bedurft. Der deutsche Staat war nach dem Krieg liquidiert und unter der Leitung der Besatzungsbehörden wiederhergestellt worden; aber die staatliche Tradition in der Sozialpolitik hat sich rasch wieder behauptet.[13]

Als allgemeine Schlußfolgerung ist festzustellen, daß die Beharrlichkeit historischer Erfahrung und Tradition in jeder Gesellschaft weit mehr ins Gewicht fiel als das Vermächtnis des Krieges. Genauer gesagt, dieses Vermächtnis wurde in die politischen und sozialen Traditionen sowie in ältere Muster des Klassenkonflikts und -kompromisses integriert. Nicht auf den Krieg, sondern auf diese Muster und Traditionen müssen wir uns konzentrieren, um sowohl die Kontinuitäten als auch die Diskontinuitäten in der Nachkriegszeit erklären zu können.

5 Der Wohlfahrtsstaat

In den Vereinigten Staaten und Westeuropa hing die Entwicklung des Wohlfahrtsstaats nach dem Krieg also keineswegs nur von den wirtschaftlichen und gesellschaftlichen Arrangements der Kriegszeit ab. Natürlich wirkte sich das jeweilige nationale historische Erbe weiterhin aus, die interessante Frage ist jedoch, inwieweit es durch die Offenheit der neuen historischen Situation modifiziert wurde. Diese Offenheit nutzten nicht nur die linksgerichteten Parteien.

Für eine einflußreiche Gruppe britischer Konservativer, die nach der Schlappe von 1945 die Rückeroberung der Regierungsmacht planten, deckte sich die neue Sozialpolitik zum Teil mit dem, was sie unter sozial verantwortungsbewußtem Regieren verstanden. Der Education Act von 1944 – eine Maßnahme der Kriegskoalition – sorgte für die Öffnung des Universitätswesens und ließ so das gesellschaftliche Klassensystem durchlässiger werden. Die durch die allmähliche Zunahme des Angestelltenanteils veränderte Zusammensetzung der Arbeitnehmerschaft führte zu einem Anwachsen des konservativen Wählerpotentials. Es gab gute Gründe, die Angestellten nicht als unverbesserliche Antagonisten zu behandeln. Sie profitierten von der sozialen Umverteilungspolitik der Labour Party, hielten sich aber für etwas Besonderes. Die Konservativen versprachen ihnen spezifische Vorteile und schmeichelten so ihrem Statusbewußtsein. Unter den Bedingungen des sozialen Konsenses der Nachkriegszeit, der bis zur Regierungszeit von Margaret Thatcher Bestand hatte, hingen die Wahlsiege der Konservativen entscheidend von der Mobilisierung dieser mittleren Berufsgruppen ab.

In den Vereinigten Staaten konnte die während des Krieges beschworene nationale Einheit nicht über die zahlreichen sozialen Konflikte hinwegtäuschen. Die Gewerkschaften, mit ihrer in den dreißiger Jahren gewonnenen Kampferfahrung, führten harte Lohnverhandlungen und waren unmittelbar nach dem Krieg sogar noch militanter als vorher; in manchen Städten riefen sie gar zum Generalstreik auf. Inzwischen initiierte der politisch organisierte Arm des Kapitals eine neue Kampagne gegen den Einfluß jener sozialen Gruppen, die im Sinne des Vermächtnisses des New Deal aktiv waren. Erstere machten sich allerlei Nachkriegsfrustrationen zunutze und weckten eine gegen den New Deal gerichtete Stimmung, in der es den Republikanern 1946 zum ersten Mal seit 14 Jahren wieder gelang, im Repräsentantenhaus eine Mehrheit zu erringen. Das verschaffte ihnen die parlamentarische Basis für den angestrebten Abbau staatlicher Regulierungstätigkeit und für die Einleitung der Kampagne, durch die der New Deal als »kommunistisch« beeinflußt diskreditiert werden sollte.

Dagegen setzte sich Truman im Geiste Roosevelts zur Wehr und gewann 1948 die Präsidentschaftswahl. Mit seinem Slogan «Don't let them take it away!« [»Laßt sie es nicht wegnehmen!«] spielte er sowohl auf die mit dem New Deal verbundenen Sozialleistungen und Agrarsubventionen an als auch auf den von den kämpferischen Gewerkschaften erreichten höheren Lebensstandard. Am Morgen nach der Wahl dankte der Vorsitzende der Demokratischen Partei den Gewerkschaften für ihren großen Beitrag zum Wahlsieg. Es gelang während Trumans Amtszeit allerdings nicht, ein auf dem New Deal aufbauendes, breiter angelegtes sozialpolitisches Programm auf den Weg zu bringen. Innerhalb der Demokratischen Partei machte sich der Streit über die Politik der Rassentrennung akut bemerkbar, und durch den Kalten Krieg änderte sich die ideologische Ausrichtung der Innenpolitik. Die Reformkräfte in der Demokratischen Partei wurden in die Defensive gedrängt; sie mußten viel zuviel Energie darauf verwenden, sich des Vorwurfs zu erwehren, daß sie mit der Amerikanischen Kommunistischen Partei sympathisierten oder nicht genügend gegen den Weltkommunismus zu Felde zögen.

Die Gewerkschaften gaben sich damit zufrieden, daß höhere Löhne erreicht wurden, während Sozialleistungen im privatwirtschaftlichen Rahmen ausgehandelt wurden. In den Gewerkschaften war ein Drittel der Beschäftigten organisiert, die anderen Arbeitnehmer waren auf sich selbst gestellt. Zwei Jahrzehnte lang profitierten sie davon, daß durch die in den gewerkschaftlich organisierten Bereichen erzielten Einkommenssteigerungen, durch staatliche Investitionen, Ankäufe

und Subventionen sowie durch die weltwirtschaftliche Vormacht-
stellung der USA die wirtschaftliche Expansion vorangetrieben wurde.
In diesem Zeitraum kam es auch zu einer, allerdings langsamen,
Expansion des amerikanischen Wohlfahrtsstaates – meist in US-Staa-
ten mit einflußreichen Gewerkschaften und New-Deal-Traditionen.
Ein Großteil der den Klassenkonflikt berührenden Politik wurde den
Regierungen der Bundesstaaten übertragen; für das amerikanische
Kapital, dem die Beeinflussung der Parlamente der einzelnen Bundesstaaten ein leichtes war, erwies sich das im allgemeinen als durchaus vorteilhaft. US-weit gesehen deckte sich ein auf Privatisierung
basierendes Konsummodell vorzüglich mit den reduzierten Zielen
eines Großteils der Arbeiterbewegung. Angesichts der in den gewerkschaftlich organisierten Bereichen erzielten Einkommenserhöhungen
und verbesserten Sozialleistungen gab es für den gut organisierten
und klassenbewußten Teil der amerikanischen Arbeiterschaft kaum
Ansporn für ein allgemeines kämpferisches Engagement. Offiziell
unterstützten die Gewerkschaften alles, was im Programm der Demokratischen Partei noch an Umverteilungsplänen vorhanden war. Die
United Auto Workers [Automobilarbeitergewerkschaft] waren in dieser Hinsicht besonders aktiv, später auch die Gewerkschaften des
öffentlichen Sektors. Ihre Mitglieder aber verhielten sich, von ihrer
pflichtschuldigen Stimmabgabe bei den Wahlen abgesehen, ausgesprochen ruhig.

In den Vereinigten Staaten bestand nach dem Krieg also ein – wenn
auch äußerst begrenzter – Sozialkontrakt. In Europa übten die USA
vor allem in dem auf 1945 folgenden Jahrzehnt einen enormen Einfluß aus. Die Westeuropäer entwickelten weit umfassendere Sozialkontrakte. Dabei war ihnen die Sympathie jener amerikanischen Ver-
waltungsfachleute sicher, die als nach wie vor überzeugte Anhänger
des New Deal problemlos mit sozialistischen und christlich-sozialen
Kräften in Europa zusammenarbeiteten. Als der Kalte Krieg die Weltpolitik zu bestimmen begann, wurden die westeuropäischen Staaten
in einen von den USA befehligten Block integriert.

In Westeuropa gaben jedoch hauptsächlich sozialistische und christlich-soziale Kräfte den Ton an. Die Kommunisten blieben einflußreich, auch nachdem sie 1947 in Frankreich und Italien aus der Regierung ausgeschlossen worden waren. Ihre Anziehungskraft als Verfechter ökonomischer und sozialer Gleichheit brachte die Regierungsparteien dazu, ein besonderes Augenmerk auf die Herstellung eines

sozialen Konsenses zu richten. Die Entwicklung des Wohlfahrtsstaates in den westeuropäischen Ländern läßt sich im wesentlichen allerdings nicht als Reaktion auf durch den Kalten Krieg hervorgerufene Konflikte erklären. Sie ist das Ergebnis langfristiger ökonomischer und politischer Prozesse. Das gleiche läßt sich von der Krise des Wohlfahrtsstaates nach 1989 sagen; sie hatte weniger mit dem Verschwinden des kommunistischen Blocks zu tun als mit den inneren Problemen des wohlfahrtsstaatlichen Kapitalismus.[1]

Durch den Krieg war es im Kampf zwischen Kommunisten und Sozialisten zu einem gespannten Waffenstillstand gekommen. In der französischen wie der italienischen Widerstandsbewegung waren sowohl Kommunisten als auch Sozialisten aktiv, die beide wiederum mit christlich-sozialen und nationalkonservativen Kräften zusammenarbeiteten. In Italien gestalteten die Widerstandsparteien die Verfassung von 1948. Von der Regierungsbeteiligung wurden die Kommunisten bis zum Ende des Kalten Krieges durch ein unnachgiebiges Veto der USA ausgeschlossen. Die gemeinsame Erfahrung im Widerstand und bei der Schaffung des neuen italienischen Staates ermöglichte es den Kommunisten und den herrschenden Christdemokraten jedoch, selbst in äußerst angespannten Konfrontationsphasen eine streitbare Koexistenz zu entwickeln.

In Frankreich bildeten die im *Conseil National de la Résistance* (CNR) vereinten Widerstandsgruppen die ersten »tripartistischen« Regierungen. Katholiken, Kommunisten, Sozialisten (und einige kleinere Parteien) waren unmittelbar nach dem Krieg durchaus bereit, auf Charles de Gaulle zu verzichten und, wenn auch mit wachsendem Vorbehalt, zusammenzuarbeiten. Amerikanischer Druck und die eigene Uneinigkeit in der Frage der Rückeroberung Indochinas bewirkten das Ende ihres Bündnisses. Ein weiterer Grund bestand darin, daß die französische kommunistische Führung völlig moskauhörig war. Die Kommunisten redeten von einem französischen Modell des Sozialismus, hatten aber außer kurzfristigen Aktionen zugunsten ihrer Wählerschaft nichts Wesentliches zu bieten.

Es gab, obgleich nur in beschränktem Maße, auch einen deutschen Widerstand. Die erste Gruppierung, bestehend aus Kommunisten, Sozialdemokraten und einigen kleineren linksgerichteten Gruppen, war vernichtet worden. Zur späteren Verschwörung vom 20. Juli 1944 gehörte die Planung einer Regierung der nationalen Einheit, in der dem Sozialdemokraten Julius Leber (der in der Weimarer Republik

Willy Brandt gefördert hatte) eine herausragende Rolle zugedacht war. Von Historikerseite ist die demokratische Glaubwürdigkeit von Teilen dieser Widerstandsbewegung in Zweifel gezogen worden (insbesondere im Hinblick auf die beteiligten Aristokraten, Beamten und Offiziere). Beabsichtigt war eine nationale Aussöhnung und die Reintegration der Arbeiterbewegung in die Nation. Wenn der Aufstand erfolgreich verlaufen wäre, hätten wir für kurze Zeit vielleicht eine Art preußischen Sozialismus erlebt; der Nationalgedanke der antinationalsozialistischen deutschen Rechten trat jedenfalls kaum für ein Primat des Marktes ein.[2]

Ähnliche Empfindungen bewogen die gefangenen Offiziere, mit den Kommunisten in dem von den Sowjets geförderten *Nationalkomitee Freies Deutschland* zusammenzuarbeiten. Dieses war der Vorläufer der nichtkommunistischen Parteien in der späteren *Nationalen Front* der Deutschen Demokratischen Republik. In dem Teil Deutschlands, aus dem dann die Bundesrepublik hervorgehen sollte, stand die neugegründete, von der Zentrumspartei der Kaiser- und Weimarer Zeit abstammende Christlich-Demokratische Union einem ungebremsten Kapitalismus anfangs äußerst kritisch gegenüber. Die CDU war eine Zwitterpartei, der neben Katholiken auch viele Protestanten angehörten, darunter einige Vertreter der antinationalsozialistischen Bekennenden Kirche. Zu ihren Mitgliedern zählte aber auch eine beträchtliche Anzahl ehemals aktiver Nationalsozialisten und Mitläufer des Dritten Reiches, deren Begeisterung für die parlamentarische Demokratie sehr unterschiedlich ausgeprägt war; sie waren aber in jedem Falle hocherfreut darüber, nun an der Seite der Vereinigten Staaten gegen die Sowjetunion Front machen zu können. In der Partei gab es auch einen äußerst lautstarken Gewerkschaftsflügel, und die Entwicklung der sozialen Marktwirtschaft war ein in sich stimmiger Klassenkompromiß, der tief in der pränationalsozialistischen deutschen Vergangenheit wurzelte.

Aus der gemeinsamen Erfahrung von Unterdrückung, Widerstand und Krieg sowie der Erinnerung an die Weltwirtschaftskrise und die wirtschaftliche Not der Vorkriegszeit entstand in Europa der Wunsch nach einem Neuanfang. Darin waren sich Sieger wie Besiegte und auch diejenigen, die wie die Franzosen dazwischenstanden, einig. Das war der Ausgangspunkt der Bewegung für ein vereintes Europa – mit ideologisch durchaus gemischten Wurzeln. Die europäische Bewegung mobilisierte ein Gutteil des sozialistischen Internationalismus.

Sie vereinte liberale, sozialistische und (hauptsächlich katholische) christlich-soziale Kräfte in dem Bemühen, für Solidarität, Bürgerrechte und Demokratisierung internationale Strukturen zu finden. Bei der Schwerpunktsetzung gab es innerhalb der Bewegung erhebliche Unterschiede: Die einen betonten eine gemeinsame Kultur, andere strebten ein föderales Europa an und wieder andere waren hauptsächlich daran interessiert, Deutschland wieder in den größeren politischen Rahmen des Kontinents einzubinden.

Die europäische Bewegung beharrte ausdrücklich auf der Besonderheit ihrer Wertvorstellungen, die sie durch den kommunistischen Ostblock und durch die Unterordnung Westeuropas unter die Vereinigten Staaten bedroht sah. Später griff der Gaullismus dieses Thema auf, obwohl de Gaulle selbst einem europäischen Föderalismus ablehnend gegenüberstand. An den Nordatlantikpakt hielten sich die Europabefürworter sicherlich aus der Einsicht heraus gebunden, daß Westeuropa und die USA gemeinsame demokratische Traditionen besaßen. Doch war es eine Vernunftehe und keine Liebesheirat. Umgekehrt waren die amerikanischen Eliten unabhängig von ihrer politischen Couleur jedesmal irritiert, wenn die Europäer versuchten, ihre Autonomie innerhalb der NATO zu vergrößern. Den Amerikanern fiel es im Laufe der Jahrzehnte schwer, zu akzeptieren, daß die dominierende Stellung der USA in den Nachkriegsjahren ebensosehr von der Schwäche Europas wie von der Stärke Amerikas abhing. Wenn man die Entwicklung der sozialistischen Bewegung in den einzelnen Ländern in der Nachkriegszeit untersucht, muß man berücksichtigen, daß die Vereinigten Staaten in Westeuropa allgegenwärtig waren. Zum einen nahm das Bündnis mit den USA in der Politik der europäischen Staaten einen großen Stellenwert ein, zum anderen war darüber hinaus die Präsenz der Amerikaner in Europa kulturell, militärisch und politisch gesehen so groß, daß die Autonomie der Europäer dadurch eingeschränkt wurde.[3]

Die Sowjetunion dominierte den östlichen Horizont. Was immer auch die Kommunisten und die Sozialisten in den Widerstandsbewegungen und den ersten Nachkriegsregierungen in Westeuropa an vorübergehenden Friedensvereinbarungen trafen, in der UdSSR änderte sich nichts zum Besseren. Offiziere und auch einige andere Gefangene wurden aus den Konzentrationslagern entlassen, um der Nation zu dienen, aber der Krieg machte den Stalinismus noch brutaler. Mit Hilfe der feindlichen Bedrohung ließ sich jeder innenpolitische Exzeß rechtfertigen. So krude die sowjetischen Vorstellungen in den dreißiger Jahren auch gewesen sein mochten, in den Vierzigern erreichten sie unter der Ägide von Andrej Schdanow einen neuen Tiefstand. Im Westen waren während des Krieges viele Menschen für die kommunistischen Parteien geworben worden (um ältere Kader und nicht zuletzt desillusionierte Mitglieder zu ersetzen), und sie hatten eine gewisse Offenheit gegenüber den Sozialisten und Sozialreformern erlebt. Nach dem Krieg wurde das von oben her unterbunden. Erwartete Stalin tatsächlich, daß der westliche Kapitalismus nach dem Krieg zusammenbrechen werde, wie der Disput um die Thesen von Eugen Varga nahelegt? (Der Wirtschaftswissenschaftler hatte einen Aufschwung des Kapitalismus vorausgesagt.) Diese Frage ignoriert, wie gewissenlos und opportunistisch Stalin taktierte. Wenn der Kapitalismus tatsächlich zusammenbräche oder wieder eine Phase wie die Weltwirtschaftskrise durchmachte, dann stünde eine mobilisierte kommunistische Bewegung angesichts des Trümmerhaufens bereit, das Kommando zu übernehmen. Falls nicht, dann wären Mobilisierung und Wachsamkeit um so nötiger, um die kommunistische Bewegung für zukünftige Krisen intakt zu halten. So oder so galten den Sowjets hinsichtlich der westlichen kommunistischen Parteien Disziplin und völlige Akzeptanz der sowjetischen Vorgaben als unverzichtbar. Der Preis, der dafür bezahlt werden mußte – der drastisch verringerte Spielraum der westlichen Parteien, im eigenen nationalen Kontext zu agieren –, erschien Stalin gering. Schrecklich wäre es in seinen Augen jedoch gewesen, wenn diese Formationen echte Autonomie erlangt hätten.

In der Sowjetunion selbst wurde die Abschottung der Bevölkerung und sogar der Elite vom Rest der Welt zum Prinzip erhoben. Hochrangige sowjetische Wissenschaftler zeigten sich, als sie nach Stalins Tod erstmals wieder in westliche Länder reisen konnten, erstaunt darüber, daß Westeuropa und die Vereinigten Staaten prosperierten. Bislang hatte man ihnen das Gegenteil erzählt.

Da postfaschistische Parteien mit problematischen Vergangenheitsdeutungen heutzutage in Westeuropa wieder auffallend aktiv sind, sollte man vielleicht daran erinnern, daß die Nachkriegszeit eine historisch sensibilisierte Zeit war. Bestimmte Themen waren damals als jenseits der Grenzen des guten Geschmacks tabuisiert; durch das schreckliche Erlebnis des Krieges waren sie diskreditiert worden. Eines davon war natürlich der Antisemitismus, der einige Jahrzehnte lang (zu Recht) als komprimierter Ausdruck einer ressentimentbeladenen Antimodernität galt, einer tribalistischen Bereitschaft zur Ausrottung des »anderen«. Ein weiteres der damals tabuisierten Themen war unverhohlener Nationalismus.

Bestimmte Arten von Nationalismus wurden durch eine demokratische Apologetik gerechtfertigt. Einige Denker, die zwar in mancherlei Hinsicht unterschiedliche Standpunkte vertraten, aber im Nationalstolz vereint waren, sahen in Frankreich *la grande nation*, weil es ihr gelang, universelle Werte mit nationalen Besonderheiten zu verbinden. Die Vereinigten Staaten definierten sich als Inkarnation des Fortschrittsgedankens.[4] Unerwähnt blieb jene beträchtliche Anzahl von Amerikanern, die eine stärker ethnien- und stammesbezogene Definition der Nation bevorzugten. Der New Deal wurde in den Nachkriegsjahren verwässert, doch alle, die in den USA den Träger des Fortschritts sahen, riefen die reformorientierte Vergangenheit in Erinnerung und versicherten, das Land sei (gemäßigt) egalitär. Großbritannien konnte unter der Labour-Regierung für sich in Anspruch nehmen, den Liberalismus modernisiert zu haben. Nationalismus wurde also dadurch akzeptabel gemacht, daß man erklärte, die verschiedenen westlichen Nationen erfüllten ihre gemeinsame historische Aufgabe: die Erzielung eines sozialen Konsenses auf der Basis eines zivilisierten Kapitalismus. Diese wiederum verstand man Mitte des 20. Jahrhunderts nicht als eine gesellschaftliche Option unter vielen, sondern als einzigen Garanten der Zivilisation.

Abgelehnt wurde jene Art von Nationalismus, die man heute mit einer essentialistischen Identitätspolitik assoziiert. Zwei Generationen später sollte Jürgen Habermas einen Großteil seiner deutschen Mitbürger dafür loben, ein postnationales Selbstbild erlangt zu haben und sich als Europäer zu begreifen. Gerade bei den Deutschen gab es gute Gründe, dies für erstrebenswert zu halten.[5]

Inwieweit wurde in der Zeit unmittelbar nach dem Krieg die Parole *pas d'ennemis sur la gauche* [keine Feinde zur Linken] wieder aktuell? Ein paar Jahre lang war sie wirksam gewesen, aber 1947 wurden die Kommunisten in Frankreich und in Italien aus der Regierung ausgeschlossen, die in beiden Fällen ursprünglich aus Widerstandsparteien gebildet worden war. In Griechenland dauerte der seit 1944 tobende Bürgerkrieg im Prinzip bis zum unrühmlichen Ende des Obristenregimes, drei Jahrzehnte später, an. In der Tschechoslowakei ergriffen 1948 die Kommunisten die Macht. In der sowjetischen Besatzungszone Deutschlands kam es 1946 zur erzwungenen Vereinigung der Sozialdemokraten mit der KPD, in Polen hatte diese Art von Verschmelzung schon früher stattgefunden. Man zog klare Linien.

Beginnen wir mit Deutschland.[6] Konnte die einstmals mächtige Arbeiterbewegung – nach zwölf Jahren Nationalsozialismus und Krieg – ihre Autorität wiedergewinnen? Die materielle Zerstörung des Landes, die Übernahme der Regierungsgewalt durch die Besatzungsmächte, die alltäglichen Überlebensprobleme und die verheerenden psychischen Auswirkungen der riesigen Verluste an Menschenleben waren nicht gerade günstige Voraussetzungen für einen Wiederaufbau. Hinzu kam die anfängliche Entschlossenheit der westlichen Alliierten (vor allem der Amerikaner), ein ganzes Volk umzuerziehen, so als gäbe es in der deutschen Vergangenheit nichts Wertvolles. Und schließlich spielten auch Schuldgefühle und Ressentiments eine wichtige Rolle. Die große Mehrheit der deutschen Bevölkerung hatte das NS-Regime und seine Ideologie akzeptiert. Wenn die Sozialdemokraten von einem politischen Neuanfang sprachen, so verwarfen sie damit dezidiert die jüngste Vergangenheit. Dadurch wurde ein beträchtliches Maß an chauvinistischem und nationalsozialistischem Gedankengut mobilisiert, das häufig in der Ablehnung demokratischer Erneuerungsprojekte zum Ausdruck kam. Die liberale Freie Demokratische Partei und die Christlich-Demokratische Union versprachen ebenfalls einen Neuanfang, standen aber ehemaligen Nazis und deren Mitläufern in größerem Maße offen.

Was geschehen wäre, wenn Deutschland (so wie Österreich) von Anfang an nur *eine* deutsche Verwaltung unter der einheitlichen Verantwortung aller Besatzungsmächte für das Land als Ganzes gehabt hätte, bleibt der Spekulation überlassen. Tatsächlich war es so, daß in der Sowjetzone und in den vereinten Westzonen, als Vorspiel zu den später getrennten beiden Staaten, zunächst jeweils eigene Verwaltungen entstanden. In der Sowjetzone erfreuten sich die Kommunisten (von denen manche als Angehörige der Sowjetarmee, manche als Remigranten aus westlichen Ländern zurückgekehrt und andere aus Gefängnissen befreit worden waren, die meisten aber sich bis zum Ende der Nazizeit ruhig verhalten und dann zurückgemeldet hatten) der Unterstützung der sowjetischen Militärregierung. Massenorganisationen wurden gebildet; Sozialdemokraten, die sich weigerten, der SED [Sozialistischen Einheitspartei Deutschlands] beizutreten, wurden verfolgt; die neu- oder wiedergegründeten bürgerlichen Parteien faßte man in einer offenkundig nur zum Zwecke besserer kommunistischer Kontrolle gebildeten Front zusammen. Sehr bekannte Nazis wurden bestraft, andere setzte das Regime für eigene Zwecke ein, großkapitalistisches Eigentum wurde allmählich verstaatlicht. Der Bevölkerung gab man zu verstehen, daß die Zukunft Deutschlands von einem Bündnis mit der Sowjetunion abhinge. Man erklärte ihr auch, daß sie sich in bezug auf die Vergangenheit nicht allzu sehr mit Schuldgefühlen plagen müsse, weil der Nationalsozialismus das Werk von Militaristen und Monopolkapitalisten gewesen sei, die nun vernichtend geschlagen oder eingesperrt wären. Die Qual der Erinnerung überließ man dem Westen.

Dort befanden sich die Sozialdemokraten in einem Zwiespalt. Einerseits waren sie bestrebt, die nationalen Interessen der Deutschen zu verteidigen (sie leisteten Widerstand gegen allzu drakonische Besatzungsmaßnahmen und auch gegen die Teilung der Nation), andererseits lehnten sie das NS-Regime und die Traditionen der deutschen Rechten, die zu der Katastrophe geführt hatten, als barbarisch, chauvinistisch und militaristisch ab. Auch politisch steckten die Sozialdemokraten im Westen in einer Zwickmühle. Sie sahen sich in einer Tradition des Widerstands gegen den Nationalsozialismus, der nicht auf den 20. Juli 1944 zentriert war, sondern im März 1933 begonnen hatte, als die sozialdemokratischen Abgeordneten sich weigerten, für das Ermächtigungsgesetz zu stimmen. Die Sozialdemokraten verstanden sich auch als Europäer und Internationalisten, stellten sich aber gegen Adenauers offenkundigen Plan, einen verkleinerten deutschen Staat einem westeuropäischen Verbund einzugliedern und so gegen die Auswüchse der Vergangenheit immun zu machen. Außerdem strebten die Sozialdemokraten eine Sozialisierung der Wirtschaft an – vor allem, weil sie die Angehörigen der kapitalistischen Elite berechtigterweise für eingefleischte Nazis oder deren bereitwillige Kollaborateure hielten. Der Wiederaufbau der deutschen Wirtschaft und damit auch die Lebenschancen der aus der Arbeiterschicht stammenden SPD-Wähler hing aber davon ab, daß Deutschland wieder Teil einer – von der kapitalistischen Großmacht USA dominierten – Weltwirtschaft wurde. Als überzeugte Sozialreformer begegneten viele der in Verwaltung und Politik tätigen Amerikaner den Sozialdemokraten mit Sympathie. Gleichzeitig organisierten sie jedoch alles Erforderliche, um die Sowjetunion in Schach zu halten, und planten schon bald Deutschlands Wiederbewaffnung. So konnten sie die Sozial-

demokraten (oder sonst jemanden in Deutschland) kaum dazu ermuntern, mit den Nationalsozialisten abzurechnen, denn letztere
wurden in großer Zahl gebraucht.

Stützen konnte sich die SPD auf Mitglieder und Anhänger, die das
Dritte Reich überstanden hatten, auf Parteiführer, die aus dem Exil
zurückgekehrt waren, und auf (vor allem jüngere) Teile der Intelligenz. Sie mußten allerdings den Preis dafür zahlen, daß sie einerseits in bezug auf den Nationalsozialismus recht gehabt hatten und
andererseits westliche Wertvorstellungen vertraten. Ein verbitterter
Teil der Bevölkerung betrachtete sie als irgendwie undeutsch (und
folgte damit einer Tradition, die ins 19. Jahrhundert zurückreicht).
Hinzu kam die – wenn auch noch so irrwitzige – Angst, sozialdemokratische Politik berge die (im anderen Teil Deutschlands mani-
feste) Gefahr einer »Bolschewisierung« oder »Sowjetisierung« in sich,
eine Angst, die von der postnationalsozialistischen Rechten fleißig
geschürt wurde. Darüber hinaus setzten die Sozialdemokraten eine
aktive Rolle der Bürger in ihrem Staat voraus, während viele ihrer
deutschen Mitbürger sich nur noch ins Privatleben zurückziehen
wollten.

Die Gewerkschaften bemühten sich um ein neues Betriebsverfassungsgesetz, das ihnen das Recht geben sollte, im Aufsichtsrat großer
Firmen vertreten zu sein. Als die neue Regierung unter Adenauer die
paritätische Mitbestimmung in der Montanindustrie abschaffen wollte,
die von der britischen Militärregierung eingeführt worden war, drohten die Gewerkschaften mit Generalstreik und trugen in diesem Punkt
auch den Sieg davon. Im Hinblick auf das Betriebsverfassungsgesetz
mußten sie aber eine Niederlage einstecken. Adenauer, der mit einer
Stimme Mehrheit zum Kanzler gewählt worden war, entschied sich
für Bonn als provisorische Hauptstadt; die Sozialdemokraten hatten
– vergebens – eine Stadt mit radikaldemokratischer Tradition vorgeschlagen: Frankfurt am Main. Die anfänglich antikapitalistische
Haltung der Christdemokraten schwand unter Adenauer in dem Maße,
in dem ihre Politik an Weimarer oder sogar Wilhelminische Zeiten
anknüpfte. Ein Bündnis aus staatlicher Verwaltung, Großbanken,
Konzernen, Kleingewerbe und der Angestelltenschaft sorgte dafür,
daß die Sozialdemokraten – wie es schien auf ewig – auf die Oppositionsrolle festgelegt wurden. Die traditionellen Arbeiterhochburgen
im industriellen Osten Berlins, in Thüringen und Sachsen, lagen im
sowjetisch besetzten Teil des Landes. Die katholische Arbeiterschaft

des Ruhrgebietes war noch nicht bereit, für die Sozialdemokraten zu stimmen. Der durch die Teilung des Landes bedingte Verlust des überwiegend protestantischen Ostens und die Ansiedlung jener Deutschen, die aus der Tschechoslowakei, aus Polen und aus dem ehemals deutschen Schlesien vertrieben worden waren, brachten das Verhältnis der Konfessionen aus dem Gleichgewicht. Die Hälfte der Westdeutschen war katholisch und keineswegs bereit, für die Sozialdemokraten mit ihrem ausgeprägten Säkularismus zu stimmen. Starke Unterstützung fand die SPD in den größeren Städten und bei den einfachen Arbeitern. Und sie bereitete schon jenes einzigartige kulturelle Bündnis vor, das sie viel später zur Partei des linken Protestantismus machen sollte. Dennoch blieben die Sozialdemokraten damals deutlich in der Minderheit: Sie konnten nicht einmal ein Drittel der Stimmen auf sich vereinen.

Stellte die Bonner Republik anfangs nichts weiter als eine Restauration alter Macht- und Besitzverhältnisse dar, legitimiert durch eine antikommunistische Ideologie, die größtenteils von früheren Nazis und deren Helfern vertreten wurde? Das behaupten kritische Untersuchungen der frühen Bonner Republik, in denen sich die damaligen verbitterten Klagen der Opposition zu eigen gemacht wurden.

Doch diese Behauptung ist falsch. Im deutschen Kaiserreich beherrschten die Kräfte, die zur Zeit der Bonner Republik angeblich wieder in Machtpositionen kamen, einen mächtigen und repressiven Staat – keinen Staat, der von seinen Nachbarn besorgt und kritisch nach Anzeichen für einen Rückfall unter die Lupe genommen wurde. In der Weimarer Zeit hatte die Republik nicht nur mächtige innenpolitische Gegner in der Verwaltung und den meisten Parteien, sie hatte auch eine regelrechte antidemokratische Oppositionskultur. Die Bedrohung, die von den paramilitärischen Organisationen der Parteien ausging, schlug angesichts der Auflösungserscheinungen des Staates Ende der zwanziger Jahre in offene Gewalt um. Die ebenfalls antidemokratische Reichswehr beharrte auf ihrer Schiedsrichterrolle. Die nach außen hin reumütige herrschende Elite der Bundesrepublik bestand zunächst hauptsächlich aus geschickten Opportunisten. Ohne großes Bedauern war bei ihnen aus der Feindschaft gegenüber der Weimarer Republik eine Integration ins Dritte Reich geworden. Den Übergang zu der – von den siegreichen Westalliierten aufgezwungenen – parlamentarischen Demokratie vollzogen sie mit zynischer Gleichgültigkeit. In der Bundesrepublik mußten sie sich die Macht in der ersten Zeit mit früheren Gegnern aus der (katholischen) Zentrums- und der Sozialdemokratischen Partei teilen. Allzu offen konnten antidemokratische Ansichten nicht zum Ausdruck gebracht werden. Deutschland stand unter der Aufsicht der Siegermächte. Aus Dankbarkeit für die Dienste einer neuen deutschen Armee zeigten die Westalliierten nicht offen, mit welcher Skepsis sie den neuen demokratischen Glaubensbekenntnissen der deutschen Eliten begegneten. Der tatsächlich demokratische Teil der deutschen Öffentlichkeit lernte, das Wiederauftreten autoritärer Tendenzen in öffentlichen Debatten und in der politischen Pädagogik zu thematisieren. War das alles aber nur eine Veränderung des politischen Überbaus, während in der Wirtschaft Großkonzerne Märkte zurückeroberten und durch ihr Beschäftigungsangebot die Arbeiterklasse disziplinierten – ein Pakt zur Wiederherstellung der Volkswirtschaft? Der politische Überbau war wichtig; es gab beträchtliche politische Gestaltungsmöglichkeiten. Eingeschränkt wurden diese Möglichkeiten durch den allgemeinen Rückzug aus der Politik. Innerhalb der Intelligenz (die auch so manchen zur Verteidigung des »christlichen Abendlandes« konvertierten ehemaligen Nazi mit einschloß) fanden scharfe und zum Teil tiefgehende Auseinandersetzungen statt, die alltägliche politische Rhetorik war oberflächlich und erschöpfte sich im Repetieren. Kaum jemand hörte zu. Millionen von Menschen waren buchstäblich allzusehr damit beschäftigt, für ein Dach über dem eigenen Kopf zu sorgen.

Die Gewerkschaftsführer waren sehr daran interessiert, die wirtschaftliche und gesellschaftliche Macht ihrer Organisationen zu erweitern. Ihre Mitglieder ließen sich in Krisenzeiten mobilisieren, standen aber kaum für einen täglichen Kampf gegen den Kapitalismus zur Verfügung. Unter den gegebenen Umständen war die größte Leistung der Sozialdemokraten die beharrlich verfolgte Demokratisierung des öffentlichen Lebens. Während die politische Rechte auf einem formalisierten, engen Demokratiebegriff bestand, war den Sozialdemokraten und ihren intellektuellen Verbündeten bewußt, wieviel in den Familien, den Schulen und den Betrieben noch zu tun blieb. Zu Ergebnissen kam es erst später, als die Kinder der in den unmittelbaren Nachkriegsjahren jungen Erwachsenen die Bühne betraten: die sogenannte »68er-Generation«. Sie ließ den Bürgerrechtsgedanken lebendig werden. Die jahrelang geführte Demokratiedebatte hatte Folgen: Die jungen Leute nahmen die einstmals leere Rhetorik ernst.

Unterdessen mußten sich die Sozialdemokraten mit dem Kalten Krieg auseinandersetzen. Die KPD, die im ersten Parlament der Bundesrepublik noch vertreten war, wurde verboten. Die Sozialdemokraten haben von dem Verbot, dem sie sich nicht entgegenstellten, möglicherweise profitiert. Sie gewannen neue Anhänger und Wähler, die unter keinen Umständen rechts wählen wollten, verloren dabei aber etwas viel Größeres. In einem von Sorge und Repression geprägten Klima vermochte Adenauer aus seiner unwürdigen Wahlkampfparole »Keine Experimente!« Kapital zu schlagen. Genau in dem Moment, als die entstehende deutsche Demokratie zur phantasievollen Entwicklung neuer Formen innere Freiheit benötigte, wurde die öffentliche Vorstellungskraft durch eine enorme Rigidität, eine zwanghaft überwachte Enge gehemmt.

Die Parole »Keine Experimente!« bezog sich allerdings nicht nur auf die Erweiterung demokratischer Rechte oder auf wirtschaftliche und gesellschaftliche Strukturen. Sie bezog sich auch auf die von Adenauer erfolgreich betriebene Wiedereingliederung Deutschlands in die Staatengemeinschaft. Erkauft wurde diese Reintegration dadurch, daß man eine große Armee unter NATO-Befehl stellte, den Vereinigten Staaten das Territorium der Bundesrepublik (unter Hintanstellung des Lebens der Bundesbürger) als Aufmarschgebiet für einen Krieg gegen die Sowjetunion verfügbar machte und eigenständige Kontakte und Verhandlungen mit der Sowjetunion verweigerte. Ein trauriges Relikt aus jenen Tagen stellt der absurde Prozeß gegen den wegen Landesverrats angeklagten Markus Wolf dar, obwohl der für Auslandsaufklärung zuständige frühere Nachrichtendienstchef der DDR bis zur Vereinigung der beiden deutschen Staaten im Jahre 1990 kein Bürger des prozeßführenden Landes gewesen war. Man leugnete die Legitimität der DDR und erklärte die Rechte der Sowjetunion als Besatzungsmacht für nichtig.

1955 reiste Adenauer dann doch demütig nach Moskau, um diplomatische Beziehungen aufzunehmen – nachdem Eisenhower und Dulles zu verstehen gegeben hatten, daß die Bundesrepublik in ihren Augen ein geschätzter Satellitenstaat, aber kein autonomer Partner sei. Adenauers weitestreichende Leistung, die Aussöhnung mit Frankreich, sagte den Sozialdemokraten schon eher zu – war nach ihrer Ansicht aber erneut mit einem nicht hinnehmbaren Verlust an nationaler Selbstbestimmung verbunden. Die Sozialdemokraten traten gegen die Wiederbewaffnung und für Verhandlungen auf der Grundlage der

1952 von Stalin übersandten Note ein (in der dieser das Angebot einer Wiedervereinigung Deutschlands unter der Bedingung zukünftiger Neutralität gemacht hatte). Außerdem bestanden sie darauf, daß Deutschland sich früher oder später mit der Aggression und den Verbrechen auseinandersetzen müsse, die für die Teilung des Landes verantwortlich waren; die Spaltung der Nation sei nicht der Verlogenheit der Sowjetunion oder der Tatsache zuzuschreiben, daß Churchill und Roosevelt das Dritte Reich nicht zu ihrem Verbündeten gegen die Sowjetunion gemacht hatten. In bezug auf die eigene Nation vertraten die Sozialdemokraten eine kritische Vorstellung, die die meisten ihrer Mitbürger noch nicht zu akzeptieren bereit waren. Westliche Kritiker hoben damals wie heute den »Nationalismus« Kurt Schumachers hervor, des ersten SPD-Vorsitzenden nach dem Krieg. Sie übersahen dabei, daß diese Art von Nationalismus – im Gegensatz zu der aufgesetzten Servilität der deutschen Rechten gegenüber dem Westen – echte Reue einschloß.

Die Kampagnen gegen die Wiederbewaffnung und gegen die atomare Aufrüstung sowie die positive Reaktion der Öffentlichkeit auf eine Erklärung der Evangelischen Kirche, die für die völlige Revidierung der bundesrepublikanischen Politik gegenüber dem anderen deutschen Staat und gegenüber Osteuropa eintrat, ließen neue Qualitäten in der deutschen Demokratie erkennen. Noch offenkundiger wurden diese durch die enormen Turbulenzen, zu denen es kam, als die Regierung Adenauer im Herbst 1962 in einer Art Mini-Staatsstreich die Redaktionsräume des *Spiegel* durchsuchen und den Herausgeber festnehmen ließ. In der Bürgerschaft organisierten sich unabhängige Gruppen, um ihre eigenen Ansichten bekannt machen und wirksam vertreten zu können. Aus der Kampagne gegen die Wiederbewaffnung gingen die Ostermärsche hervor – jährliche Proteste gegen die in Deutschland stationierten Atomwaffen. Die Positionen dieser Bewegungen deckten sich häufig mit denen der SPD, waren bisweilen aber auch wesentlich radikaler, da die Protestgruppen nicht an wahltaktische Überlegungen und parlamentarische Beschränkungen gebunden waren.

Die SPD war eine straff organisierte, hierarchisch gegliederte Partei – ein Vorbild für den an Lenin orientierten »demokratischen Zentralismus«. Die Bürgerbewegungen waren lose organisiert und so spontan, wie sie wirkten – dabei aber von ihrer Sache sehr überzeugt und voller Energie. Manche Autoren haben die in den Bürgebewegungen aktiven gebildeten jungen Leute den in der SPD organisierten reichlich trägen Arbeitern gegenübergestellt. Eine derart simple Antithese läßt sich allerdings nicht aufrechterhalten. Die Streikbereitschaft deutscher Arbeiter spricht jedenfalls nicht für übermäßigen Gleichmut. Viele Angehörige der Arbeiterklasse haben sich an den neuen Bewegungen beteiligt, und viele der führenden Sozialdemokraten oder der seit Kriegsende eingetretenen neuen SPD-Mitglieder gehörten der gebildeten Mittelschicht an.

Die Gesellschaft selbst wurde zunehmend komplexer und differenzierter. Die alltägliche Politik war nicht mehr so simpel und schlicht. In der Opposition konzentrierten sich die Sozialdemokraten auf Themen wie Gleichheit und Verteilungsgerechtigkeit, wobei sie sich die Aufgaben mit den Gewerkschaften teilten. Außenpolitisch spielten sie die Rolle einer prinzipientreuen und energischen Opposition, wenngleich Deutschlands Autonomie durch größere Ereignisse und Strukturen eingeschränkt war. In den Bundesländern und größeren Städten trugen die Sozialdemokraten viel zur Demokratisierung des Kultur- und Bildungswesens bei, wußten aber nicht mit den Massenmedien umzugehen. Westdeutschlands populärstes Massenblatt, die *Bildzeitung*, wird nicht für Goethe-Leser herausgegeben. Ihre »Pädagogik« aus spießbürgerlichem Ressentiment und empörter Servilität war um einiges wirksamer als die der Partei der Aufklärung.

Deutschlands Konservative hatten ein Minimalprogramm – die Erhaltung ihres Reichtums und ihrer Macht – und überließen die Verteidigung ihrer Wertvorstellungen ideologisch engagierten Professoren und Publizisten. Der Vorteil des Konservatismus ist schließlich, daß er normalerweise dem politischen Geschehen seinen Lauf lassen kann; die Kontinuität der Macht ist in anderen gesellschaftlichen Bereichen zu suchen. In der Anfangszeit der Bundesrepublik gab es für jeden etwas. Die deutsche Rechte hatte kaum unter den Folgen ihrer Anhänglichkeit an die Nationalsozialisten zu leiden, die politische Mitte glaubte bei einem völligen Neuanfang Regie zu führen, und der Sozialdemokratie stand es frei, auf größere soziale Veränderungen hinzuarbeiten. Darin lag aber gerade ihr Problem. Die Sozialdemokraten waren zusehends überzeugt, zu machtlos zu sein, um eine andere Gesellschaft verwirklichen zu können. Und um das Ganze noch beunruhigender zu machen: Die meisten ihrer Wähler kümmerte das nicht einmal.

Die Reaktion der Sozialdemokraten bestand darin, ideologischen Ballast abzuwerfen. 1959 verkündeten sie auf einem Parteitag in Bad

Godesberg ein neues historisches Projekt. Sie strebten nicht länger eine völlige Umwandlung der Produktionsverhältnisse an. Der Marxismus wurde als philosophische Grundlage der Partei von einer pluralistischen Geisteshaltung abgelöst. Ein humanistisches (eigentlich liberales) Ethos und christliche Gemeinschaftskonzeptionen sollten nun neben einem stark säkularisierten Marxismus bestehen. Die marxistische politische Ökonomie mit ihrer Doktrin von der Unausweichlichkeit der Krise wurde durch den Glauben an die Möglichkeit permanenten Wirtschaftswachstums ersetzt. Letzteres sollte ein starker Staat sicherstellen, dem regulierende und steuernde Funktionen zukommen würden. Er sollte mit Kapital und Arbeit eine Partnerschaft eingehen. Während die SPD ihrer Praxis nach spätestens seit 1945, und größtenteils eigentlich schon während ihrer Weimarer Regierungszeit, keynesianisch ausgerichtet gewesen war, bekannte sie sich nun auch programmatisch dazu. Was den Verzicht auf Revolution anbelangte, so war das bereits das ganze Jahrhundert über, wenn nicht noch länger, die Position der Partei gewesen. Daß die Effizienz des Marktes anerkannt wurde und ein Großteil der Wirtschaft in privatkapitalistischen Händen bleiben sollte, war kein neues, sondern ein schon seit langem vorhandenes Zeichen der Ernüchterung. Das Godesberger Programm trug den seit dem Krieg eingetretenen großen Veränderungen in der Partei Rechnung. Man begriff sich nicht mehr hauptsächlich als Partei der Arbeiterklasse, sondern trat für eine radikale Demokratie ein. Die SPD repräsentierte über die Klassengrenzen hinweg all jene Menschen, die einen neuen Sozialkontrakt anstrebten, den die von Autoritarismus und Unterwürfigkeit befreiten Bürger aushandeln sollten.

In Bad Godesberg erkannten die Sozialdemokraten auch das herrschende internationale Gleichgewicht der Kräfte an, statt mit einem (angestrebten) eigenen deutschen Kurs gegen Windmühlen zu kämpfen. Heute vertreten zahlreiche Regierungsbeamte und Wissenschaftler auf beiden Seiten des Atlantiks, die Ansicht, diese Entscheidung sei die Voraussetzung dafür gewesen, daß die SPD von den Vereinigten Staaten als potentielle Regierungspartei akzeptiert wurde. Sie haben wahrscheinlich recht, doch belegen solche Äußerungen auch eine Tatsache, die an anderer Stelle bestritten wurde: daß die Bundesrepublik im wesentlichen ein Satellitenstaat war.

Das Godesberger Programm erzeugte jene Konflikte, die die SPD in den folgenden Jahrzehnten als Oppositions- wie als Regierungspartei quälen sollten. Übereinstimmung bestand darüber, mit dem Kapitalismus einen Kompromiß schließen zu müssen – doch wie weitgehend und zu welchen Bedingungen sollte man ihn eingehen? Eine Version der neuen SPD-Doktrin lautete: »Soviel Staat wie nötig, soviel Markt wie möglich.« Viele Sozialdemokraten versuchten, sich auf das Godesberger Programm ihren eigenen Reim zu machen: »Soviel Markt wie nötig, soviel Solidarität wie möglich.« Der entscheidende Punkt ist hier der Begriff *Solidarität,* nicht der Begriff *Staat.* Die Sozialdemokraten traten ihren eigenen langen Marsch hin zur Konzeption einer sich selbst regulierenden Gesellschaft an. Als Erben der politischen Traditionen der Arbeiterbewegung nahmen sie in Bad Godesberg auch das Vermächtnis der deutschen radikaldemokratischen Bewegung für sich in Anspruch. Die späteren Probleme der Partei – etwa mit Kultur- und Bildungsfragen, mit der Umweltbewegung und dem Feminismus – traten dort auf, wo sich simple Umverteilungskriterien einfach nicht anwenden ließen.

Indem die SPD die NATO-Mitgliedschaft der Bundesrepublik und die Beibehaltung einer großen, modernen Wehrpflichtigenarmee akzeptierte, erkannte sie Entscheidungen an, die nicht mehr rückgängig zu machen waren. Die Frage war, mit wieviel Autonomie man die Deutschen im Rahmen des Nordatlantikpakts experimentieren lassen würde. Die Sozialdemokraten hatten auf gute deutsche Art zwei Seelen in ihrer Brust. Sie besaßen eine starke antimilitaristische Tradition, wollten aber in militärischen Fragen dem politischen Gegner nicht das Feld überlassen. Faktisch wie rechtlich gesehen war die Souveränität der Bundesrepublik auf jeden Fall beschränkt. In den Beziehungen zur Sowjetunion und zu Mittel- wie Osteuropa, vor allem zum kommunistischen deutschen Staat, verfolgten die Sozialdemokraten ihre eigenen Vorstellungen vom nationalen deutschen Interesse – was gelegentlich zu ernsten Konflikten mit den Christdemokraten, den westlichen Verbündeten (vor allem den USA) und auch eigenen Parteigenossen führte.

Regierungspartei wurde die SPD auf Bundesebene erst 1966. Doch schon geraume Zeit vorher diente sie einer Partei mit ganz anderer Geschichte als Vorbild: der italienischen KP.[7] Beide Parteien sahen sich mit einer faschistischen Hinterlassenschaft, einem verlorenen Krieg und einem nationalen Wiederaufbau konfrontiert. Beide konnten unmittelbar nach dem Krieg lokale und regionale Wurzeln erneuern. Beeindruckend fanden die italienischen Kommunisten allerdings, wie die deutschen Sozialdemokraten – zuerst zögerlich, dann immer entschlossener – mit neuen Formen der Anpassung an eine sich wandelnde Gesellschaft experimentierten. Im Zuge der Auseinandersetzung mit dem eigenen Stalinismus erschien der italienischen Partei das deutsche Modell immer überzeugender.

In Italien bestand ein anderer historischer Kontext. Mussolini war durch einen Coup innerhalb des faschistischen Regimes gestürzt worden. Daraufhin befand sich die Macht in den Händen von Ex-Faschisten und Nationalkonservativen, die schon vorher mit den Faschisten kollaboriert hatten. Diese Regierung erklärte gegenüber den Alliierten die Kapitulation. Es folgte ein Krieg mit Deutschland und ein Bürgerkrieg mit dem auf deutschem Besatzungsgebiet gebildeten faschistischen Reststaat. Zu den regierenden Ex-Faschisten und den von diesen kaum zu unterscheidenden Nationalkonservativen gesellten sich bald auch Kommunisten, Sozialisten, Liberale, Radikale und demokratische Katholiken, die aus dem Untergrund wiederaufgetaucht oder aus dem Exil zurückgekehrt waren. Diese Form der aus mehr oder weniger allen Widerstandskräften gebildeten Regierung blieb bis 1947 im Amt – bis der Christdemokrat Alcide De Gasperi für den Ausschluß der Kommunisten und ihrer sozialistischen Verbündeten sorgte. Im Bund mit Liberalen, Radikalen und einer kleineren Sozialdemokratischen Partei gewann De Gasperi die im darauffolgenden Jahr [1948] abgehaltene nationale Parlamentswahl und legte damit den Grundstein für ein Modell, das bis 1992 Bestand haben sollte. In raschem Wechsel folgten verschiedene Regierungen aufeinander, deren Mitglieder sich aus der (stark zerrissenen und daher oft sehr uneinheitlich agierenden) katholischen Partei [Democrazia Cristiana], mehreren antiklerikalen Parteien des norditalienischen Bürgertums, der kleinen Sozialdemokratischen Partei und schließlich, nach ihrem Bruch mit den Kommunisten, auch der größeren Sozialistischen Partei rekrutierten. Trotz aller Regierungswechsel blieb aber alles beim alten. Man teilte sich die Pfründe, die recht beträchtlich waren, da die Wirtschaft sich zu 40 Prozent in staatlichem Besitz und unter staatlicher Verwaltung befand. Die vorhandene große Abneigung gegen eine Regierungsbildung unter Einschluß der Kommunisten wurde durch die – häufig zynische, manchmal buchstäblich erkaufte – Unterwürfigkeit gegenüber den Vorgaben der amerikanischen Politik noch verstärkt. Von der Regierung auf Landesebene ausgeschlossen, war die Kommunistische Partei allerdings in so gut wie allen Stadträten und Stadtverwaltungen nördlich von Rom vertreten. Als ihre angeblichen Gegner sich auf eine größere Verfassungsreform verständigten und den Regionen echte Machtbefugnisse übertrugen, waren ihnen die Folgen klar: Die Kommunisten würden bald an Regionalregierungen beteiligt sein und sie in manchen Fällen sogar dominieren. Die KP hatte sich außerdem als Pfeiler des italienischen Parlaments erwiesen: Ihre Abgeordneten nahmen zuverlässig an den Sitzungen teil und erledigten einen Großteil der Gesetzgebungsarbeit. Daß die erbitterte Feindschaft der anderen Parteien gegenüber den Kommunisten allmählich abflaute, erklärt sich nicht zuletzt aus deren Verwurzelung in der italienischen Gesellschaft.

In einem unter westlichen Kommunisten einzigartigen Vorgehen beharrte die italienische KP darauf, einen von der Sowjetunion zusehends unabhängigeren Kurs zu steuern. Die Italiener bezogen sich dabei ausdrücklich auf Traditionen, die sich während ihrer früheren Kämpfe herausgebildet hatten. In Italien hatte sich die KP zusammen mit der Sozialistischen Partei und einigen Katholiken schon zu einer Zeit gegen den Faschismus gestellt, als Stalin die kommunistische Bewegung noch nicht beherrschte. Beim Konflikt zwischen Trotzki und Stalin stieß man auf allen Parteiebenen auf Sympathie für den großen Gegenspieler des Tyrannen. Die Parteiorganisation einschließlich ihrer Ortszellen wurde im Faschismus nie ganz zerschlagen und blieb sehr viel mehr intakt als die Strukturen der Kommunistischen Partei Deutschlands (KPD) im Nationalsozialismus. Dieser Umstand gab vielen kämpferischen KP-Mitgliedern das Gefühl, eine aktive Beziehung zur italienischen Geschichte zu haben.

Diese Geschichte prägte das zwiespältige, aber respektvolle und bisweilen kooperative Verhältnis der Kommunisten zur katholischen Kirche. Die Katholiken des Partito Popolare (Volkspartei) – der Vorläuferin der christdemokratischen Nachkriegspartei – und die Sozialisten der Zeit vor dem Ersten Weltkrieg und vor der Spaltung der Partei pflegten eine brüderliche Feindschaft. Gemeinsam waren sie Gegner eines Staates, den das Haus Savoyen im unsicheren Bündnis mit dem norditalienischen Großbürgertum und mit einer gewissen Unterstützung seitens der süditalienischen Großgrundbesitzer beherrschte. Die Sozialisten repräsentierten die industrielle Arbeiterklasse und eine Gruppe säkularisierter, der Tradition des *illuminismo* [der Aufklärung] verschriebener Intellektueller der Mittelschicht. Die Volkspartei versuchte, Sprachrohr der katholischen Intelligenz, der frommen Mittelschicht und der katholischen Gläubigen in der nord-italienischen Arbeiterklasse zu sein. Unerreichbar blieben für sie die Bauern im Süden, die in ihrer lokalen, von Armut und Unterwür-figkeit geprägten Kultur feststeckten. In Süditalien war der Katholi-zismus mit kraß archaischen, magischen und heidnischen Vorstel-lungen vermischt. Am Vorabend des Faschismus und unmittelbar danach stellten die Italiener keine in sich geschlossene Nation dar; im Süden war alles ganz anders. Carlo Levi, der in den dreißiger Jahren von den Faschisten in ein süditalienisches Dorf verbannt wurde, schildert seine Erlebnisse in dem hervorragenden und ethnographisch interessanten Buch »Christus kam nur bis Eboli«.[8] In Italien waren die Aufklärung und der Fortschrittsgedanke Anfang des 20. Jahrhunderts nur bis in die Gegend von Neapel vorgestoßen.

Die frühe Sozialistische und die von ihr abstammende Kommuni-stische Partei Italiens waren Anhänger der Aufklärung. Das unter-schied sie von den Katholiken, deren Kirche in den eigenen Reihen noch immer gegen den Modernismus ankämpfte – den systemati-schen Versuch, sich auf Großstadt und Industrie, Liberalismus und Pluralismus, Wissenschaft und weltlichen Staat einzustellen. Verbun-den sahen sich die Sozialisten und Kommunisten mit den Katholiken in ihrem Widerstand gegen die destruktive Rücksichtslosigkeit des neuen Kapitalismus, der den Bauern und Arbeitern den Schutz vorzu-enthalten drohte, den früher die Familie und die Nachbarn geboten hatten. Der italienische *padrone* büßte den letzten vielleicht noch vor-handenen Anschein patriarchaler Verantwortung ein. Die enormen Schwierigkeiten, die in dieser Situation der Bildung eines klassenüber-greifenden Bündnisses entgegenstanden, hinderten die Volkspartei daran, eine zusammenhängende katholische Sozialpolitik zu präsen-tieren. Die Wohlhabenderen unter den Katholiken hatten mit ihren antiklerikalen Geschäftspartnern gemeinsame ökonomische Interes-sen. Die anderen Katholiken erkannten zunehmend, daß sie dem Markt ausgeliefert waren, vermochten ihre Lage aber nicht in den säkulari-sierten Termini der sozialistischen Lehre zu begreifen.

Diese Pattsituation veranlaßte Antonio Gramsci, mitten in den Querelen innerhalb des italienischen Sozialismus bei seinen Bemü-hungen um eine kommunistische Alternative einen italienischen Marxismus zu entwickeln.[9] Es war ein kulturell orientierter Marxis-mus. Gramsci argumentierte im wesentlichen, der Sozialismus müsse die kulturelle Hegemonie erringen, um die Gesellschaft verändern zu können. Vorbild war für ihn dabei eindeutig der geistige Einfluß der Kirche vor der Säkularisation, abschreckendes Beispiel möglicherweise die Sowjetunion in ihrer Anfangszeit, als die Revolution orientierungslos auf der Stelle trat, weil die kulturelle Vorbereitung fehlte. Gramsci wußte, daß der Katholizismus alles andere als monolithisch war. Die Theologie führte zu intellektuellen Auseinandersetzungen, da das Wort auf das Fleisch des politischen Gemeinwesens traf. Solche Konflikte setzten im Katholizismus eine gemeinsame Sprache und in mancher Hinsicht gemeinsame Empfindungen und Wertvorstellungen voraus.

In auffallendem Gegensatz zum unbeweglich erstarrten Stalinismus war Gramscis Marxismus feinsinnig und historisch durchdacht. War Gramsci auf eine neue Kirche aus, auf einen wie Saint-Simons Newtonsche Kurie organisierten Marxismus, bei dem die kirchliche Lehre durch die eigene ersetzt, aber die Zentralisierung der Autorität in Glaubensfragen beibehalten würde?[10] Die Antwort darauf ist, daß Gramsci sich die säkulare Kultur des Risorgimento – der nationalen Einigungsbewegung des 19. Jahrhunderts mit ihren liberalen Elementen – zu eigen gemacht hatte und jeglichem Autoritarismus im geistigen Leben mißtraute. Bei seiner Analyse der Funktion von Ideen im alltäglichen sozialen Leben kam er zu dem Schluß, daß die Unterscheidung zwischen einfachen Menschen und Intellektuellen überwindbar sei – zumal angesichts des wissenschaftlichen und technischen Fortschritts. Die Ausübung staatsbürgerlicher Rechte und die Erfordernisse der Emanzipation mußten jeden zu einem Intellektuellen machen. Daß die Kommunistische Partei Italiens nach dem Faschismus in der Lage war, sich das Erbe des italienischen Liberalismus zunutze zu machen, verdankte sie zum Teil der Lehre Gramscis: Die Pädagogik der Partei war von ihrem Geist und ihrer Struktur her offen.

Die italienischen Kommunisten mußten mit einer Menge politischer Widersprüche fertigwerden. Gramsci betrachtete die Oktoberrevolution und den Sowjetstaat aus der Distanz. Aus seiner italienischen Sicht entsprach die Rolle der Partei als Avantgarde in etwa der Rolle eines modernen Fürsten. Dabei stützte er sich ebensosehr auf Machiavelli wie auf Kautsky und Lenin. Was Italien jedoch so augenscheinlich fehlte, war ein moderner Staat. Eine Partei, die als Speerspitze der Bewegung dazu aufgerufen war, gleichzeitig das Problem der nationalen Unabhängigkeit und das des Klassenkonflikts zu lösen, stand vor einem mehr als großen Dilemma. Die beiden Ziele – nationale Souveränität und Sozialismus – mochten letztlich miteinander vereinbar sein, ihre Verwirklichung verlangte aber jeweils unterschiedliche Bündnispartner und gegensätzliche oder widerstreitende Strategien. In der Nachkriegszeit entschied sich die italienische KP für einen parlamentarisch-demokratischen Weg, hatte aber Schwierigkeiten, überzeugend zu erklären, warum die Macht in der Partei so stark zentralisiert war. Es ist richtig, daß auch die anderen italienischen Parteien nicht makellos demokratisch waren (und sind); bei ihnen war es aber nicht der Leninismus, der sie in Versuchung führte.

Die italienische Frage war zu Beginn des 20. Jahrhunderts mit drei großen Problemen verbunden. Eines davon war die Frage der nationalen Einheit, das zweite die Stellung der Kirche und das dritte der Klassenkonflikt. Bei allen drei Komplexen ist die Besonderheit Süditaliens zu berücksichtigen. Kulturell und sozial war der Süden derart anders als der Rest des Landes, daß die politische Vereinigung der Nation dort ohne Folgen bleiben mußte. Gegenüber dem Pluralismus und Säkularismus des Nordens war der Süden resistent. Durch die Armut in der Landwirtschaft und durch die herrschenden Besitzstrukturen rückte eine ökonomische Fundierung staatsbürgerlicher Rechte außerdem in weite Ferne.

Der Mann, der für Italiens Probleme eine grundlegende Lösung entwickelte, indem er sie mit radikal anderen Begriffen erfaßte, war ein politisches Genie und ein ehemaliger Sozialist: Benito Mussolini. Vom revolutionären Sozialismus brachte er die Überzeugung von der Brüchigkeit und mangelnden Legitimität des italienischen Staates mit. Vom revolutionären Syndikalismus übernahm er die Lehre von der fortwährenden, extremen und gewaltsamen Aktion zur Beseitigung der Desorientierung und zur Beendigung der kulturellen Konflikte der Moderne. Mit einer Mischung aus zeitgenössischem Nationalismus und absichtsvollem Anachronismus erreichte Mussolini bei den Italienern eine primäre Loyalität gegenüber der neuen-alten italienischen Nation. Als spezifisches Instrument zur Verwirklichung dieser Ziele diente ihm die Bewegung, die Merkmale von Kirche und Partei in sich vereinte und in der Gesellschaft allgegenwärtig war. Mussolini bewunderte den ihm bekannten Lenin – in seinem revolutionären Voluntarismus war er ein wahrhaftigerer Leninist als Gramsci. Gegenüber dem Kapitalismus, der Kirche und dem Süden des Landes verfolgte der italienische Faschismus einen sprunghaften

Kurs. Wesentlich dabei war, daß man im Konkurrenzkampf mit dem Sozialismus erfolgreich eine Politik ins Leben rief, die die Agonie der italienischen Gesellschaft im frühen 20. Jahrhundert überwand.

In den immer wieder neuen Interpretationen der jüngsten Vergangenheit, die häufig keinen Unterschied zwischen deskriptiver Geschichtsschreibung und präskriptiver Philosophie mehr erkennen lassen, sticht ein Thema besonders hervor. Die Intellektuellen, so heißt es, hätten sich zur Linken hingezogen gefühlt, weil sie ihnen gesellschaftliche Leitungsfunktionen versprochen habe. Ein Blick auf den italienischen Faschismus (und auch den später in Erscheinung tretenden Nationalsozialismus) ruft in Erinnerung, daß andere Bewegungen den Intellektuellen im Hinblick auf die Leitung der Gesellschaft genausoviel, wenn nicht mehr versprochen haben. Die faschistische Bewegung besaß eine besondere Anziehungskraft für diejenigen Gruppen, die gegen die eigene Proletarisierung ankämpften; für Intellektuelle gab es gute Gründe, sich den Faschisten anzuschließen.

Tatsächlich hatten die Intellektuellen im frühen 20. Jahrhundert so viele verschiedene metahistorische Erklärungsmuster zur Auswahl, daß es zur Erklärung ihrer politischen Präferenzen sinnvoll erscheint, zunächst bei der Kohärenz, dem Neuigkeitswert und der Beständigkeit der konkurrierenden Gedankensysteme anzusetzen. Diese Ideologien mußten mit verschiedenen Umständen fertigwerden: Erstens mit dem Unterschied zwischen den älteren Formen kultureller Tradition und den von der Industrialisierung geprägten neueren Arten der kulturellen Produktion, zweitens mit der Zerstörung stabiler sozialer Rahmenbedingungen bei gleichzeitiger unsicherer, inmitten von Anonymität und Unbeständigkeit erfolgender Bildung neuer Milieus sowie drittens mit den konkurrierenden Nationskonzeptionen und den in deren Namen an die Bürger gestellten widersprüchlichen Anforderungen.[11] Diese modernen Prozesse könnten höchstens ganz halsstarrige Vulgärmarxisten als Phänomene des Überbaus abtun. Die Konfrontation zwischen Kapital und Arbeit hatte nicht nur auf die Arbeitswelt Auswirkungen, sondern auch auf die Grenzen und Spannweite der Politik. Noch komplizierter wurde das Ganze dadurch, daß diese Konfrontation in einer zunehmend differenzierten und fragmentierten Gesellschaft stattfand. Vor dem unverändert fortbestehenden Hintergrund der klassenspezifischen Organisierung von Kultur und Politik fochten wechselnde Koalitionen vielfältige Kämpfe aus. In ihrem modernen Klassiker »Elemente und Ursprünge totaler Herrschaft«

beschreibt Hannah Arendt diese historische Situation, den Aufschwung der modernen Massenpolitik in ihrer unheilvollsten Form.[12] In der Nachkriegszeit mußten sich die Historiker mit diesen Themen beschäftigen. Jetzt entwickelte man zur Moderne ein viel freundlicheres Verhältnis, behandelte extreme Konflikte und Terror als Schatten der Vergangenheit oder etwas, das nur dort vorkam, wo eine Gesellschaft nicht modern war.[13] Wie sah diese neue Vorstellung von der Moderne aus? Enthalten waren nach wie vor die Ideen vom Fortschritt und von der Auflösung der Tradition. Alle Konflikte, Widersprüche und die Gewaltsamkeit des Prozesses wurden übergangen, ebenso seine moralische Ambivalenz. Unter Fortschritt verstand man die Erreichung einer plebiszitären Konsumdemokratie; Tradition galt als Produktivitätshindernis. In dem bereits erwähnten amerikanischen Liedchen vom Ersten Weltkrieg heißt es:»Wie soll man sie bloß noch auf der Farm halten, nachdem sie Paris gesehen haben!« Alle Welt wollte nun angeblich in die Großstadt ziehen. Als sich amerikanische Sozialwissenschaftler in den fünfziger Jahren mit Frankreich beschäftigten, kamen sie interessanterweise zu dem Schluß, das Land sei zu rückständig, als daß dort je eine moderne Industriegesellschaft entstehen könne; Paris tauge nur zur Unterhaltung.[14] Diese Absurdität wurde veröffentlicht, als Frankreichs Wirtschaft nach dem Krieg schon längst in vollem Aufschwung begriffen war, und belegt den Ethnozentrismus der an amerikanischen Universitäten entwickelten neuen Modernisierungstheorie. Die Vereinigten Staaten galten als Inkarnation des Fortschritts, als Modell uneingeschränkter Modernisierung. Tatsächlich glaubte eine beträchtliche Zahl von Bürgern der übrigen industriellen Demokratien hinter der Prosperität der USA einen systematischen Egalitarismus in den Umgangsformen zu erkennen. Zu einer Zeit, da Klassenkonflikte in amerikanischen Filmen und Romanen kaum thematisiert wurden und das Zusammentreffen von Klassen- und Rassenproblemen bei den Schwarzen die Nation nur am Rande interessierte, akzeptierte das Ausland die Selbstdarstellung der amerikanischen Nation.

Nach dem Krieg nahm der permanente Rationalisierungsprozeß sowohl in den Vereinigten Staaten als auch in Westeuropa an Intensität zu. Max Weber, der selbst kein Demokrat gewesen war und die Beständigkeit von Liberalismus und Pluralismus skeptisch beurteilt hatte, wurde für eine Rolle auserkoren, die ihn sicher hätte zynisch werden lassen: die eines soziologischen Propheten des neuen Konsenses. Seine Analyse der Bürokratisierung ließ die Expansion des Wohlfahrtsstaats als unvermeidlich erscheinen, seine Herabsetzung der parlamentarischen Politik diente als Rechtfertigung für die Ablehnung von Ideologie, sein darwinistisches Politikverständnis legitimierte die Mobilisierung des gesamten Westens für den Kalten Krieg. So kurz nach dem Ende des Dritten Reiches hätte es sich nicht geziemt, sich auf Carl Schmitt zu berufen, der als einer der ersten vom Nationalsozialismus begeisterten Professoren Webers Ideen eine braune Hülle gegeben hatte.[15] Besonders praktisch für die Befürworter des neuen Konsenses war Webers Beharren auf der Unvermeidbarkeit der Rationalisierung, der Zerstörung von Traditionen und der Unbeständigkeit von Gesellschaften, bei denen Klasse, Partei und Staat einem ständigen Wandel unterworfen waren. Dadurch erschien der in den westlichen Demokratien vorhandene freiheitliche Spielraum um so erstaunlicher – ein historisches Geschenk, für das man dankbar sein mußte.

Übersehen wurde dabei (genau wie bei der Rezeption von Hannah Arendts Werk), daß man dem Liberalismus in der Analyse eine grundlegende Zerbrechlichkeit und Seichtheit zuschrieb. Wenn der Liberalismus – mit Autonomie der Privatsphäre, Bürgerrechten und säkularem Pluralismus – tatsächlich nur durch günstige soziale Umstände ermöglicht wird, dann sind auch andere Situationen vorstellbar, bei denen sich unser Glück in bitteres Unglück verwandelt. Die Kritiker, die sich ständig über den Determinismus des Marxismus und den Eifer seiner Anhänger mokierten, hatten ihre eigene Doktrin der historischen Unausweichlichkeit, die ihnen die Rolle einer Avantgarde zuschrieb.[16]

Der von Weber beschworene permanente Rationalisierungsprozeß war ganz entschieden nicht seine Idee. Spencer und Tönnies hatten ihn bereits sehr eingehend entwickelt.[17] Dieser Prozeß war (und ist) mit allen möglichen politischen Strukturen, einschließlich Nationalsozialismus und Stalinismus, vereinbar. Nach dem Krieg stellte die Rationalisierung in Westeuropa den Rahmen für einen großen Wandel in der politischen Kultur dar. Die in Frankreich, Deutschland, Großbritannien und Italien eingeführten Sozialkontrakte brachten deren Bürgern beispiellosen Wohlstand. Zu dem erweiterten Angebot an öffentlichen Dienstleistungen, an Möglichkeiten im Bildungs- und Gesundheitswesen, an Arbeitslosengeld und Rentenzahlungen kamen die gestiegenen Reallöhne hinzu. Das private Wohlbefinden der Menschen im Hinblick auf Konsum, Wohnraum und Freizeit wuchs. Vor 1939 hatte sich der Besitz von Auto und Telefon nur bis in die Mittelschicht hinein erstreckt. Eineinhalb Jahrzehnte später fanden sie sich allmählich in jedem Haushalt. Zu den Privilegien eines Staatsbürgers gehörte jetzt nicht nur die volle Beschäftigung, sondern auch die Gewährung eines anständigen und wachsenden Mindesteinkommens.

Das hatte erhebliche kulturelle Folgen, die sich keineswegs nur auf die Entwicklung der Massenkultur beschränkten. Arno Mayer hat erklärt, daß die Vorherrschaft des Adels in den europäischen Staaten erst 1918 endete, und hat damit die Geschichtsschreibung über das Europa des 19. Jahrhunderts nachhaltig in Frage gestellt.[18] Die Argumentation läßt sich erweitern: Die Konsolidierung voller staatsbürgerlicher Rechte begann in Westeuropa nicht mit den Wahlrechtsreformen im späten 19. beziehungsweise frühen 20. Jahrhundert, sondern mit den sozialen Reformen Mitte des 20. Jahrhunderts.[19] Erst damals endete die Praxis des Untertänigseins – vielleicht dank des amerikanischen Einflusses, vor allem aber dank der radikaldemokratischen Traditionen in Europa selbst.

Auch das, was nach den mit der Industrialisierung einsetzenden Bevölkerungsbewegungen an Verwurzelung noch übriggeblieben war, schwand dahin. In manchen Regionen war die Verwurzelung als solche das Ergebnis der seit Generationen bestehenden Industrie. Durch Änderungen der Produkte und der Produktionsstrukturen wurde auch diese immer schwächer. Man denke etwa daran, wie sehr Paris seit dem Krieg gewachsen ist: von vier Millionen Bewohnern im Jahre 1939 auf die vierfache Einwohnerzahl vierzig Jahre später. Pierre Nora und seine Kollegen haben in ihrer bemerkenswerten Arbeit über die Rolle der Erinnerung im modernen Frankreich gezeigt, daß sich die französische Politik und vieles mehr durch den Bruch familiärer und lokaler Kontinuitäten drastisch verändert hat.[20]

Manches, was dabei verlorenging, ließ sich gut verschmerzen. Mehr Bildung und bessere Arbeitsmöglichkeiten für Frauen sowie die Verbreitung von Mitteln zur Geburtenkontrolle führten zu mehr Gleichberechtigung in den Beziehungen zwischen den Geschlechtern. In der katholischen und der evangelischen Kirche beendeten viele Gruppierungen ihre Rückzugsgefechte gegen die Säkularisation und begannen, sie als historische Chance zu behandeln. In einem Kirchentagsmotto verkündeten die deutschen Protestanten, die Welt sei »erwachsen«

geworden. Die Zurückdrängung des kirchlichen Paternalismus stärkte sozial engagierten Christen, die neue Formen der Brüderlichkeit und Solidarität anstrebten, den Rücken.

Modernisierung war demnach der gleichzeitige Wandel von Machtstrukturen, kulturellen Überzeugungen, wirtschaftlichen Verteilungssystemen und sozialen Rollenverteilungen. Die wohlstandsbedingte parallele Entwicklung von Konsum- und Freizeitgewohnheiten ist als Amerikanisierung bezeichnet worden. So gesehen wurden allerdings auch die Vereinigten Staaten selbst amerikanisiert, denn die von der Weltwirtschaftskrise gebeutelten USA waren im Vergleich zu den USA der Nachkriegszeit ein fremdes Land. Einzigartig an der Entwicklung Westeuropas nach dem Krieg war die Homogenisierung der Kultur. Im 18. und 19. Jahrhundert hatte das Bürgertum der Übernahme aristokratischer Verhaltensweisen ambivalent gegenübergestanden und war oft stolz darauf gewesen, anders zu sein. Die nach dem Krieg auf einmal finanziell besser gestellte europäische Arbeiterklasse fiel nicht durch ein besonderes Festhalten an bisherigen Formen der Arbeiterkultur auf. Anstatt die bürgerliche Kultur zu übernehmen, fühlte sie sich jedoch bald um so heimischer in einer Massenkultur, die für eine – ökonomische Klassen vereinende – konsumierende Öffentlichkeit industriell erzeugt wurde.[21]

Diese Situation ermöglichte auch den Trägern der Hochkultur, die dieses neue öffentliche Forum betraten, eine erhebliche Reichweite. Sie waren in den Medien sichtbar und wurden sogar berühmt. Simone de Beauvoirs Memoiren oder die Berichte über die politische Betätigung der *Gruppe 47* in Deutschland zeigen, wie Intellektuelle als Knotenpunkte der Opposition in Erscheinung traten.[22] Ihr Markenzeichen wurde eine kritisch-distanzierte Einstellung gegenüber der Tradition. Innerhalb der römisch-katholischen Kirche schrieben Theologen, die in den fünfziger Jahren noch wie Häretiker behandelt worden waren (Balthasar, Chenu, Congar), knapp ein Jahrzehnt später die Texte für das Zweite Vatikanische Konzil.[23]

In den dreißiger Jahren schlossen sich die Intellektuellen häufig unmittelbar linken oder rechten politischen Formationen an. In den sechziger Jahren setzten sich die europäischen Intellektuellen für eine bestimmte Sache oder besondere Themen ein. Oft war es so, daß die Parteien und Politiker zu ihnen kamen. In den Vereinigten Staaten entstand durch die Ausweitung der gebildeten Mittelschicht ein großes Lesepublikum. Die Schaffung einer nationalen Bühne für die

Kultur war Teil des New-Deal-Erbes. John F. Kennedy kultivierte sorgfältig seinen Ruf als ideenreicher Präsident, obwohl er gegenüber
kritischen Intellektuellen auf Distanz blieb und offensichtlich lieber
gebildete Technokraten um sich scharte. Anfang der sechziger Jahre
war die kritische Avantgarde in Westeuropa und den Vereinigten
Staaten institutionalisiert, wenn sich auch ein Großteil der politischen Öffentlichkeit gegen ihre Ideen sträubte. In den USA war der
McCarthyismus zu Ende gegangen, und die Manager der amerikanischen Gesellschaft konnten zuversichtlich gelegentlich vorgebrach-
ten Veränderungsvorschlägen widerstehen. Sie benötigten keine offene
Repression, um den Konsens aufrechtzuerhalten, den sie mit Hilfe
ihrer eigenen Intellektuellen so unermüdlich propagierten. Sie beharrten einfach darauf, daß man in der besten aller möglichen Welten
lebte.

Hier und da zeigten sich Spannungen. Bremens Stadtväter verliehen
Günter Grass für »Die Blechtrommel« einen Preis, lasen dann das
Buch – und zogen die Ehrung prompt zurück. Das trug dazu bei, daß
der Roman ein Bestseller wurde.[24] Die schockierten Leser waren übri-
gens, das soll hier nicht verschwiegen werden, traditionelle Sozialdemokraten. Als in Frankreich ein Minister auf einer Kabinettsitzung
vorschlug, Sartre wegen seiner Unterstützung der algerischen Revolution strafrechtlich zu verfolgen, lehnte de Gaulle das mit den Worten ab: »Einen Voltaire verhaftet man nicht!«[25]

In Europa und den Vereinigten Staaten hielten Intellektuelle unterschiedlichster politischer Couleur die seinerzeit alles überschwem-
mende Massenkultur übereinstimmend für ein beunruhigendes Phänomen.[26] Die Konservativen hatten den Vorteil auf ihrer Seite, daß
ihre Argumente konsistent waren und blieben, und konnten die
Schuld für einen angeblichen Verfall kultureller Normen auf ein Übermaß an Demokratie schieben. Die Radikaldemokraten erklärten, daß
sie unter kultureller Demokratisierung etwas ganz anderes verstanden
hätten, und machten den Kapitalismus für die bei der Massenkultur
zu beobachtende Deformation und Vulgarität verantwortlich. Für
europäische Konservative waren Kapitalismus *und* Massendemokratie
des Guten zuviel, während amerikanische Konservative gelegentlich
eher zögerten, den Markt zu kritisieren.

Im Laufe der zuweilen komplexen, gelegentlich auch erhellenden
Debatte entgingen beiden Seiten oftmals wesentliche Punkte. Die
neue Gesellschaft beunruhigte die Intellektuellen, aber gerade ihre

Veränderlichkeit bot ihnen auch Chancen. Zwischen den Generationen bestand eine große Diskontinuität; seitens der Kirche, Familie, Schule und Universität wurde kein fester kultureller Kanon mehr vermittelt. Intellektuelle, die an den konventionellen Kulturinstitutionen bemängelten, sie würden den historischen Anforderungen nicht gerecht werden, versuchten nun ihrerseits, das von ihnen so gern beschriebene Vakuum zu füllen. Die westliche Öffentlichkeit, vor allem der Teil, der vom Ausbau des Bildungswesens nach dem Krieg profitiert hatte, besaß ein offenes Ohr – insbesondere für jene Intellektuelle, die sich für eine großzügigere Gesellschaftsvision einsetzten. Die westlichen Gesellschaften konnten sich das bei dem merklich steigenden Lebensstandard leisten. Großzügigkeit implizierte vorteilhafterweise gleichzeitig Offenheit. Die Verdrängung älterer Macht- und Statusvorstellungen schuf Platz für die nachrückende Generation und für soziale Aufsteiger.

Der New Deal selbst, so widersprüchlich, ja sogar chaotisch seine Politik teilweise auch war, bezog sich äußerst konsequent auf die egalitaristischen Traditionen Amerikas. Von einer auffallenden Ausnahme abgesehen, unterschied er sich aber dennoch nicht grundlegend von den europäischen Bewegungen. Der New Deal sorgte für die Konsolidierung eines Prozesses, der in der Epoche des Progressivismus begonnen hatte: die nationale Verbreitung der amerikanischen Hochkultur, die sich in Chicago und ganz besonders in der Kulturhauptstadt New York konzentrierte. Im ganzen Land fand zwischen den Universitäten ein fortwährender Empfindungs-, Personen- und Gedankenaustausch statt, und die Großstädte boten den Intellektuellen ein Mittelschichtspublikum.

Dabei waren nicht nur die von den Intellektuellen vertretenen Ideen bemerkenswert, sondern auch die wenigstens zeitweilige gesellschaftliche Integration einer kritischen Avantgarde, die dadurch möglich wurde, daß deren Ideen auf eine entsprechende, weitverbreitete öffentliche Stimmung trafen. Wie der McCarthyismus rund zehn Jahre nach dem Höhepunkt der New-Deal-Politik zeigte, konnten sich die Dinge ziemlich rasch ändern. Spießbürgertum gab es in den Vereinigten Staaten mehr als genug, und ihm kam der McCarthyismus mit seiner Ablehnung des New Deal und dessen Eliten sehr entgegen. Als John F. Kennedy – der im Kongreß nie durch Stellungnahmen gegen McCarthy aufgefallen war – 1960 für das Präsidentenamt kandidierte, hatte sich die Situation wiederum gewandelt. Er maß seinen Verbindungen zur Harvard-Universität und zur intellektuellen Elite ganz allgemein große Bedeutung bei.

Die Zeiten haben sich erneut geändert. Inzwischen stellen sich zahlreiche Intellektuelle hin und bezichtigen andere Intellektuelle öffentlich des Parasitentums, der Subversion oder noch schlimmerer Dinge – aber eine Zeitlang gab das Prestige von Persönlichkeiten wie Grass und Sartre einer umfassenderen Vision vom Leben als Ganzem eine hervorgehobene Bedeutung. Was geschah mit dem einst höchsten pädagogischen Ziel der sozialistischen Parteien, der Erziehung hin zu einer nach dem Solidaritätsprinzip organisierten Gesellschaft? Die intellektuelle Avantgarde nahm sich immer wieder einmal einer Sache an und bemühte sich gelegentlich um Bündnispartner und Unterstützung. Die größeren und auch langsameren permanenten Bildungs- und Erziehungsprozesse aber fanden andernorts statt.

Es gibt Erziehung durch Konvention, durch Gewohnheit und durch Überzeugung. Soziale Institutionen erscheinen zuweilen schon durch ihre bloße Existenz als gerechtfertigt. Sie wirken so unveränderbar und plausibel, daß Änderungsversuche wie – zwecklose und respektlose, wenn nicht geistesgestörte – Angriffe auf naturgegebene Dinge erscheinen. Es gibt noch eine ganz andere Art der Erziehung: durch Konflikte. Wenn Institutionen und die sie stützenden Glaubenssätze hinterfragt werden, kann das zu einer besser reflektierten Bestätigung der in Frage gestellten Sachverhalte führen. Eine diesem Anspruch gerecht werdende konfliktbezogene Bildung erfordert fortwährende soziale Experimente, bei denen die Grenzen des Möglichen ausgelotet und letztlich erweitert werden.

Wer denn die Erzieher erziehe, wollten Marx und Engels von Helvétius wissen, und diese störende Frage bleibt auch bei dem Projekt der Erziehung einer gebildeten, aufgeklärten Bürgerschaft bestehen.[27] Wenn von gesellschaftlichen Lernprozessen die Rede ist, wer lehrt dann, und wer lernt? Eine der wichtigen Funktionen der Gewerkschaften, sozialistischen Parteien und mit der sozialistischen Bewegung verbundenen Vereinigungen war es, als kulturelles Gedächtnis zu dienen. Engels bezeichnete die sozialistische Bewegung als »Hirn der Arbeiterklasse« – und ließ dabei die von ihm geliebte bildhafte Wissenschaftssprache des 19. Jahrhunderts anklingen.[28]

Kirchliche Analogien sind mindestens genauso überzeugend. In beiden Fällen kann aus dem Wachen über die Erinnerung ein paternalistischer Monopolanspruch auf Wissen und Weisheit werden. Genau wie kirchliche Amtsinhaber und Theologen, so hatten auch Sozialistenführer und sozialistische Theoretiker ihre eigenen Wahrheiten. Diese deckten sich nicht immer mit den Vorstellungen der einfachen Aktivisten oder auch der Leute, die den sozialistischen Parteien ihre Stimme und routinemäßige Unterstützung gaben.

Der Fall Frankreich ist besonders aufschlußreich, weil er in der englischsprachigen Welt so verzerrt dargestellt wird. In den Vereinigten Staaten und im Vereinigten Königreich wird von der Nachkriegszeit in Frankreich ein reißerisches und falsches Bild gezeichnet, das wohl nur der Selbstbeweihräucherung dient.[29] Den dortigen Phrasen zufolge wurde das kulturelle und intellektuelle Leben in Frankreich ganz und gar von einer stalinistischen Kommunistischen Partei dominiert, wobei Anhänger wie Sartre – sogar ohne darum gebeten worden zu sein – im Sinne der Partei aktiv wurden, bis einige Angehörige der jüngeren Generation Solschenizyn lasen, erkannten, daß Stalins Methoden der politischen Überzeugung reichlich unanständig gewesen waren, und sich die Sache noch einmal überlegten. Es ist schwer zu sagen, wie man mit Unsinn dieser Art umgehen soll. Ignoriert wird bei derartigen Behauptungen die Bedeutung von Persönlichkeiten wie Aron und Camus für das intellektuelle Leben. Verschwiegen wird der sehr erhebliche Einfluß, den eine antistalinistische marxistische Linke, vertreten durch Köpfe wie Souvarine, Frank und Naville, in Frankreich seit den dreißiger Jahren ausübte.[30] Mit Schweigen übergangen werden auch kritische Texte wie Sartres »Le Fantôme de Staline« (1956 in *Temps Modernes* als Reaktion auf die sowjetische Unterdrückung des Aufstands in Ungarn veröffentlicht) oder das Werk von Merleau-Ponty.[31] Ein ganzer katholischer Kosmos bleibt unerwähnt – als sei Paris eine Stadt wie New York, wo die Katholiken ihre eigene unbeachtete intellektuelle Enklave bilden.[32] Und soll man schließlich auch noch glauben, Aron hätte den *Figaro*, in dem seine antikommunistischen Kommentare erschienen, heimlich an der Straßenecke an amerikanische Touristen verkauft?

Was allerdings stimmt, ist, daß zwischen der abstrakten sozialistischen Ideologie vieler Intellektueller und der tatsächlichen politischen Praxis der Kommunisten und Sozialisten eine bemerkenswerte Diskrepanz bestand. Eine Parallele läßt sich in dem Unterschied zwischen den schwülstigen nationalistischen Phrasen des Gaullismus und der alltäglichen Arbeit der gaullistischen Technokraten erkennen. Nur selten sind ausländische Beobachter so hartnäckig an der Oberfläche der von ihnen betrachteten Gesellschaft klebengeblieben. Wenn man ihre Texte liest, könnte man sich niemals vorstellen, daß Frankreich seit dem Ausschluß der Kommunisten aus dem Kabinett im Jahre 1947 antikommunistische Regierungen hatte.

Die Kommunistische Partei selbst vollbrachte das bemerkenswerte Kunststück, ihre Mitglieder und Anhänger in einer von der übrigen Gesellschaft abweichenden politischen Kultur einzukapseln und sie gleichzeitig in den Institutionen dieser Gesellschaft wirksam zu vertreten. Auch de Gaulles Rückkehr an die Macht im Jahre 1958 (die von nicht wenigen Intellektuellen unterstützt wurde) und die ganz und gar nichtkommunistische Revolte von 1968 (die sich über normale, wenn nicht alle marxistischen Schemata hinwegsetzte) wollen erklärt sein.

Die Kommunisten,[33] die hier als erste behandelt werden sollen, profitierten vom Prestige der Rolle, die sie in der Résistance gespielt hatten, und von der allgemein verbreiteten Ansicht, daß die Arbeiterklasse, die im Kapitalismus der Vorkriegszeit so schäbig behandelt worden war, in Frankreich bei einem Neubeginn entsprechend berücksichtigt werden müsse. Sie profitierten auch vom Legitimationsverlust jener prominenten Teile des Bürgertums, die das Vichy-Regime so lange unterstützt hatten, bis ein Seitenwechsel nicht mehr ohne peinliche Verrenkungen vollzogen werden konnte (was aber viele nicht davon abhielt). Ihre Mitgliederwerbung dehnte die Französische Kommunistische Partei weit über die Industriearbeiterschaft hinaus aus und rekrutierte Lehrer und Zehntausende von (oftmals aus Arbeiterfamilien stammenden) Angehörigen des öffentlichen Dienstes und des gerade erweiterten staatlichen Wirtschaftssektors. Einfluß übte die Partei durch eine entschiedene Interessenvertretung bei politischen Auseinandersetzungen und bei Arbeitskämpfen zur Verteilung des Sozialprodukts aus und präsentierte sich dabei als höchst engagierter Architekt des Wohlfahrtsstaats. Hinzu kamen nationale Töne: Die KP betonte das Jahr 1792 als Ursprung ihrer politischen Ideen. Die Revolution in Rußland wurde als Fortsetzung der Französischen dargestellt – und natürlich als Antizipation einer noch zu vollendenden neuen (und höchstwahrscheinlich parlamentarischen) französischen Revolution. Den Einwand der Antikommunisten, über Rußlands Rolle im Krieg als Partner der Alliierten dürfe man Stalins Verbrechen nicht vergessen, straften die Kommunisten mit Verachtung, denn wer Stalin und die UdSSR kritisierte, griff eigentlich Robespierre und die Jakobiner an. In den Schulen und Universitäten und ganz allgemein im Kulturbetrieb waren die Kommunisten zweifellos stark vertreten. Innerhalb der Partei und ihrer Organisationen versorgten besondere Kurse und Schulen sowie eine stete Broschüren- und Bücherproduktion die Mitglieder auf allen Ebenen mit Argumenten unterschiedlichster Qualität: Manche waren äußerst simpel, andere banal und einige wenige recht gut durchdacht.

Die Partei verteilte, vor allem durch ihre Gewerkschaften, buchstäblich die Güter. Ungeachtet ihrer Konfliktrhetorik war sie Teil des neuen Tarifverhandlungs- und ökonomischen Umverteilungssystems. Aufgrund der Bedeutung des staatlichen Sektors und der französischen technokratischen Tradition spielte die KP, auch nachdem sie aus der Regierung gedrängt worden war, eine Rolle, die sich keineswegs auf Obstruktion beschränkte. Angesichts eines Wählerstimmenanteils von 28 Prozent im Jahre 1946 und 20 bis 25 Prozent in den folgenden Jahren mußten die Kommunisten bei der Arbeit in Parlamentsausschüssen und bei der Besetzung von Stellen im staatlichen Sektor berücksichtigt werden. So starr die Partei auch war, verteidigte sie doch erfolgreich die Interessen nicht nur ihrer Wählerschaft, sondern auch weit größerer Bevölkerungsschichten, die vom Wohlfahrtsstaat profitierten.

Unmittelbar nach dem Krieg fußte der französische Staat auf einem Konsens zwischen den maßgeblichen Gruppierungen: den Kommunisten, Gaullisten, Sozialisten und sozial engagierten Katholiken. Der französische Katholizismus hatte sich in der Vorkriegszeit dezidiert mit dem wirtschaftlichen Elend in der Gesellschaft befaßt. Die zu beobachtende Entchristianisierung führten manche Theologen zum Teil auf die Gleichgültigkeit der Kirche gegenüber dieser Not zurück. Das von der Résistance gemalte strahlende Bild entspricht nicht immer den tatsächlich gemachten sehr zwiespältigen Erfahrungen, dennoch wurden im Widerstand viele Katholiken von ihren neuen Genossen in der politischen Linken beeinflußt.

Die metahistorische Grundlage des katholischen Denkens unterschied sich vom Marxismus, dennoch wurde er in den Nachkriegsjahren von Katholiken als ökonomische und philosophische Lehre ernstgenommen.[34] Sie suchten in ihm Punkte, die mit einem katholischen Korpus sozialen Denkens, den sie modernisieren wollten, in Einklang zu bringen wären. Daß das vor den haßerfüllten Augen von Papst Pius XII. geschehen mußte, löste bei vielen französischen Katholiken einen Wonneschauer aus und vermittelte ihnen ein zusätzliches Authentizitätsgefühl. Standen sie nicht als französische, das heißt nationale Katholiken treu zur Nation wie zur Kirche, ohne irgendwelche Belehrungen aus Rom abzuwarten? Jedenfalls reagierte die MRP (*Mouvement Républicain Populaire* – Republikanische Volksbewegung), die katholische Nachkriegspartei, trotz einer entschieden nichtsozialistischen Wählerschaft auf den Druck von katholischen Organisationen wie der JOC (*Jeunesse Ouvrière Catholique* – katholische Arbeiterjugend) und vom christlichen Gewerkschaftsbund CFTC. Der neuen Ideologie nationaler Solidarität begegnete die katholische Partei mit einiger Achtung.

Wo aber waren bei all dem die Sozialisten der SFIO (*Section Française de l'Internationale Ouvrière* – Französische Sektion der Arbeiterinternationale), Frankreichs traditioneller sozialistischen Partei?[35] Sie konnten schließlich auf eine ungebrochene, im 19. Jahrhundert beginnende Tradition zurückblicken. Die Kommunisten brachen 1920 mit der SFIO wegen Differenzen in der Frage der Anerkennung der Vorreiterrolle der Sowjetpartei. Auch die zuvor geeinte sozialistische Gewerkschaftsbewegung spaltete sich. Dennoch bildeten die Sozialisten in der Vorkriegszeit weiterhin die größere Partei. Sie waren es auch, die unter Léon Blum die (von den Kommunisten unterstützte, aber nicht direkt mitgetragene) Volksfrontregierung errichteten und sich das, was in der letzten Phase der Dritten Republik an sozialem Fortschritt erreicht wurde, als Verdienst anrechnen konnten. Die Sozialisten teilten mit den Kommunisten die Tradition des *ouvriérisme*, einen Komplex von Glaubenssätzen und Empfindungen, der das weltliche Äquivalent der Doktrin vom erwählten Volk darstellte. Die Arbeiter würden sich selbst befreien und bräuchten dazu keine Hilfe von anderen, die im übrigen ohnehin nicht als verläßliche Bündnispartner gelten könnten. Mit dieser Doktrin stimmte die politische Praxis der Sozialisten allerdings kaum überein. Viele Sozialisten gehörten nicht zur Industriearbeiterschaft, sondern kamen aus dem gebildeten Bürgertum. Die SFIO hatte viel mit der Radikalen Partei gemein, der großen Partei der Dritten Republik mit ihren sehr komplexen Wurzeln in einer republikanischen und laizistischen Tradition, die den Bauern, dem Kleinbürgertum und einem Teil des Großbürgertums vertraut war. Die Sozialisten waren Demokraten (wodurch sich zu einem Großteil ihre ablehnende Haltung gegenüber einer sowjetischen Domination der sozialistischen Bewegung erklärt) und auf ihre Weise französische

Nationalisten – mit Frankreich als *la grande nation* der Revolution. Hier zeigt sich in französischer Form ein Phänomen, das die Reduzierung der Wechselfälle der sozialistischen Bewegung auf bloße Klassenpolitik unmöglich macht. Der Einfluß historisch geprägter Empfindungen und die Gegenwart des Vergangenen in Form lebendiger Traditionen sind in mancherlei Hinsicht ebenso wichtig wie Klasseninteressen. Personen mit Klasseninteressen interpretieren diese immer ideologisch oder – wie die *Annales*-Historiker sagen würden – mit Hilfe der *mentalité*, was am besten als kulturelles Ethos zu übersetzen ist. Die Sozialisten bekräftigten die Tradition des starken französischen Staates, und daraus erklärt sich auch ihre Beteiligung an einer ganzen Reihe von Nachkriegsregierungen und an der Schaffung eines gesellschaftlichen Konsenses. In der staatlichen Verwaltung und den staatlichen Betrieben gelangten Sozialisten auf höhere Posten, und ihre Wählerschaft profitierte von der Kranken- und Rentenversicherung sowie den staatlichen Investitionen.

Der französische Wohlfahrtsstaat gewährleistete durch einige Institutionen eine demokratische Partizipation (etwa durch die Selbstverwaltung im Gesundheitswesen und die gewählten Vertreterversammlungen bei staatlichen Pensions- und betrieblichen Rentenkassen, den *mutuelles*). Dadurch boten sich im gesamten tertiären Sektor und in den staatlichen Betrieben sehr viele Möglichkeiten zur Stellen- und Ämterpatronage.

Die französische Verwaltungselite war exklusiv; der Zugang zu ihr führte über das mandarinartige, vom Familienstatus abhängige schulische Prüfungssystem der *Grandes Ecoles*.[36] Die sich dort bietenden Aufstiegsmöglichkeiten erschienen allerdings gerade jenem Personenkreis attraktiv, der von radikalen beziehungsweise sozialistischen Staatsvorstellungen erfüllt war. Außerdem stand die Elite mit gewählten Würdenträgern und einem ganzen Spektrum von staatlichen Angestellten der unteren und mittleren Laufbahn in Verbindung, die die wohlfahrtsstaatlichen Ziele der Wiederaufbauphase nach dem Krieg mittrugen. So gesehen war der Bruch zwischen der Vierten Republik von 1946 und der gaullistischen Fünften Republik von 1959 gar nicht so groß. Dieselben Technokraten hatten weiterhin freie Hand, und ihre Vorstellung von der Reichweite des Staates unterschied sich nicht von der der Sozialisten – schließlich gehörten viele von ihnen selbst unter de Gaulle der sozialistischen Bewegung an. Unter de Gaulle als letztem Premierminister der Vierten Republik

wurde der Sozialistenführer Guy Mollet stellvertretender Premierminister. Das geschah zweifellos in der Absicht, den Aufstand gegen
die unheilige Allianz der Europäer mit dem Militär in Algerien zu
beenden. Die Kommunisten und führende Köpfe der Radikalen wie
Mendès-France und Mitterand bezeichneten de Gaulle als autoritär,
was durchaus stimmte, und als Diktator in spe, was nicht zutraf.

Erklärt werden kann die Reaktion der Linken auf die lange gaullisti-
sche Ära von 1958 bis 1969 nur dann, wenn man kulturelle und politische von sozialen und wirtschaftlichen Interessen trennt. Wirtschaftlich und sozial gesehen wurde Frankreich viel reicher. Die sozialen
Errungenschaften der Vierten Republik wurden keineswegs untergraben oder gar rückgängig gemacht, sondern sogar noch ausgebaut. Bei
der staatlichen Planung kam es zu einer merklichen Erweiterung der
Mitspracherechte von Beschäftigten und Gewerkschaften. Die Bildungsausgaben stiegen stark an. Die Gewerkschaften und die linke
Wählerschaft (hier insbesondere die Arbeiter und Angestellten) wiesen zwar beharrlich darauf hin, daß ihr Anteil an der Steigerung des
Volkseinkommens unzureichend sei, und damit hatten sie in mancherlei Hinsicht recht. Dieser Anteil reichte jedoch aus, um ein
Jahrzehnt lang weitgehende Unzufriedenheit zu vermeiden – und
sogar noch Stimmen für de Gaulle und seine Politik aus der Wählerschaft der Linken zu gewinnen.

Die lange Zeitspanne, die die Linksparteien (vom Sturz der »Republikanischen Front«-Regierung Mollets 1957 bis zur Wahl Mitterands
1981) politisch gesehen in der Wüste verbrachten, stärkte ihren
Anspruch darauf, schließlich als Alternative dienen zu können. Diese
Phase bot Gelegenheit zu einigem Umdenken und zum Generations-
wechsel in der Führungsmannschaft – mit Ausnahme von Mitterand,
der schon die Dritte Republik miterlebt hatte. Die parlamentarische
Linke und die Gewerkschaften stellten einen ständigen Partner für
den Staat dar – um so mehr, als sich die gaullistischen Technokraten
nicht als Wirtschaftsliberale verstanden. Jacques Delors arbeitete
zunächst für die katholische Gewerkschaftsbewegung und die *Commission de Plan* [Planungskommissariat] und wurde dann sozialpoliti-
scher Berater von Jacques Chaban-Delmas, dem Premierminister unter
Pompidou. Die französischen Kommunisten bezeichneten den Gaullismus zur damaligen Zeit als »staatsmonopolistischen Kapitalismus«[37] –
gingen aber lieber nicht allzusehr auf ihre eigene intensive und ver-
schlungene Zusammenarbeit mit eben diesem Staat ein.

Jean Lacouture nannte de Gaulle einen »jakobinischen Kardinal«, und die französische Linke stieß sich an seiner Distanziertheit, seinem Traditionalismus und seiner großen Fähigkeit, zusätzlich auch noch die moderne Politik zu beherrschen. Der Autor von *Vers l'Armée de Metier* [Das Berufsheer] und der einzige General, der 1940 bei einer Panzerschlacht gegen die Wehrmacht die Oberhand behalten hatte, war unter anderem ein überragender Technokrat.[38] Abgeschwächt wurde de Gaulles Distanziertheit durch einen besonderen Sinn für die Eigenarten Frankreichs und die Nuancen des historischen Klimas. Es fällt nicht schwer, ihn als Bonapartisten einzustufen – wenn man daran denkt, daß Bonaparte erheblichen Anteil an der Durchführung der Französischen Revolution hatte. Dem laizistisch eingestellten Teil der öffentlichen Meinung mißfiel die präsidiale Herrschaft des »jakobinischen Kardinals«, dennoch beteiligte er sich am Korporatismus des gaullistischen Staates – obwohl dieser in Händen der gaullistischen Priester lag beziehungsweise von ihnen gesteuert wurde. Wer mit der parlamentarischen Kultur der Dritten Republik aufgewachsen war, fand es empörend, wie de Gaulle sich über die Unzulänglichkeit der parlamentarischen Vierten Republik mokierte. Der Hauptunterschied zwischen de Gaulle und seinen Gegnern lag aber an anderer Stelle.

Der in der radikalen und sozialistischen Politik vorhandene Emanzipationsgedanke sollte durch den im Dienste eines organisierten Volkes aktiven pädagogischen Staat verwirklicht werden. De Gaulle war teilweise Machiavellist, vor allem aber durch und durch Jansenist: Er glaubte nicht, daß die Menschen von Sünden befreit werden könnten. So sozial sein Katholizismus auch gewesen sein mochte, modernistisch war er nicht. Die Linke war überrascht und äußerst beunruhigt, es mit einem Gegner zu tun zu haben, der so erhaben über ihre Weltanschauung hinwegging.

Die Linke war äußerst französisch in ihrer Überzeugung von der universellen Mission der französischen Nation und wiederum mehr als überrascht von der Art, wie de Gaulle den Nationalismus zu seinem Thema machte. De Gaulles Idee von einem Europa vom Atlantik bis zum Ural hat sich als prophetisch erwiesen. Als er französischer Staatspräsident war, bezeichneten sich Politiker in anderen europäischen Staaten eilends als »Gaullisten«. Er betrieb die deutsch-französische Aussöhnung, und als sein Gegenüber, Adenauer, von der politischen Bühne abtrat, war er in der Lage, mit den aufstrebenden deutschen Sozialdemokraten zusammenzuarbeiten. Er blockierte Großbritanniens Beitritt zur Europäischen Wirtschaftsgemeinschaft mit der völlig plausiblen Begründung, Großbritannien halte an seiner Abhängigkeit von den USA fest und habe sich insofern nicht wirklich für Europa entschieden. 1967 legte er den Vereinigten Staaten (zu Lyndon B. Johnsons großem Mißvergnügen) in einer Rede in Phnom-Penh nahe, sich aus Vietnam zurückzuziehen, und zwar nicht nach, sondern vor der großen Katastrophe, die er voraussah. Vor allem aber beendete er den Algerienkrieg und die bürgerkriegsähnlichen Auseinandersetzungen in Frankreich und gewährte Algerien die Unabhängigkeit. Das setzte er nicht nur gegen die französische Rechte durch.

Die Algerier begannen ihren Aufstand 1954, als Mendès-France Premierminister und Mitterand (ein extrem repressiver) Innenminister war. Der für den Krieg in Algier zuständige Staatssekretär war bis 1958 der Sozialist Max Lejeune; er betrieb den Krieg mit wachsender Brutalität. Die Kommunistische Partei hielt sich diskret zurück. Ihre Wähler waren durchaus keine begeisterten Verfechter der algerischen Unabhängigkeit und legten gegenüber den Algeriern in Frankreich oft eine rassistische Haltung an den Tag. Der Kampf gegen den Krieg wurde von Studentengruppen und der Lehrergewerkschaft geführt und nicht von den Linksparteien oder den Industriegewerkschaften (ein Vorgeschmack auf 1968). Die sozialistische Pädagogik hatte komplett versagt: Kommunisten und Sozialisten waren nicht bereit, die Emanzipationsgrundsätze, die sie selbst aufgestellt hatten, auch in die Praxis umzusetzen. Anders ausgedrückt: Sie konnten zunächst nicht begreifen, weshalb die muslimischen Algerier so gar nicht bereit waren, ihren Status als französische Bürger zu akzeptieren. Da sie de Gaulle fälschlicherweise als reaktionär eingeschätzt hatten, waren sie überrascht, als er, statt weiter an einer Fiktion festzuhalten, im höheren nationalen Interesse handelte.

Betrachtet man den gesamten Zeitraum (1958-1981), in dem »Mitte-Rechts« politisch dominierte, erheben sich viele Fragen. Von Bedeutung war die Unterteilung der Linken in sehr verschiedene geistige Lager: Kommunisten (und deren spätere Dissidenten, die Eurokommunisten), Sozialisten mit laizistischer und republikanischer Gesinnung, Sozialisten mit Interesse an partizipatorischer Demokratie, Radikale (zu diesem Lager gehörte Mitterand, ehe er sich den Anschein eines Sozialisten gab), linke Katholiken und Protestanten. Nach einer kurzen Experimentierphase unter Chruschtschow verfiel das poststalinistische Rußland in die Rigidität und Apathie der Breschnew-Jahre, die durch gelegentliche Dissidentenverfolgungen gekennzeichnet waren. Die französischen Kommunisten blieben der UdSSR fast ausnahmslos treu ergeben und schwächten dadurch ihren nationalen Einfluß.

Die Entwicklung, die viele französische Intellektuelle durchmachten – von anfänglicher, unreflektierter Anhänglichkeit an eine als monolithisches Idealbild empfundene Linke bis hin zu einer kritischeren und differenzierteren Haltung –, erschien ihnen selbst von großer Bedeutung, berührte das übrige Frankreich aber kaum. Die profanen Belange des einfachen Wählers wurden dadurch bedient, daß die Linke seine wirtschaftlichen und sozialen Interessen vertrat; darüber hinaus schrieb er ihr keine besondere Kompetenz zu. Die Mehrheit der Wähler stimmte daher regelmäßig für de Gaulle und dessen deutlich weniger charismatische Nachfolger. De Gaulle verstand es äußerst erfolgreich, sich als Wächter des nationalen Interesses darzustellen – gegenüber einem von ihm mit Respekt behandelten Sowjetreich, gegen die von ihm offen bekämpfte amerikanische Dominanz und innerhalb eines Europas, dessen Grenzen er sorgfältig definierte. Seine gepriesene, wenn auch nicht sehr originelle Äußerung, Nationen hätten keine Freunde, sondern nur Interessen, wirkte über Klassen- und Bildungsgrenzen hinweg attraktiv – für Kleinbürger, die stolz auf ihren »gesunden Menschenverstand« waren, und Staatsdiener, denen die enorme Kluft zwischen politischer Rhetorik und Praxis bewußt war. Das Gegenangebot der Linken bestand in einem flatterhaften Wechsel zwischen zwanghafter Moralisierung und widerwilligem Realismus. Der letzte sozialistische Premierminister der Vierten Republik, Mollet, konspirierte 1956 mit Israel und dem Vereinigten Königreich zugunsten eines Angriffs auf Ägypten. Unter Mitterands Präsidentschaft ahmte die Außenpolitik den gaullistischen Realismus nach, erinnerte in ihrem Zynismus aber eher an Mollet.

Die Linke mußte den Preis für die von ihr in den Anfangsjahren der Vierten Republik errungenen wirtschafts- und sozialpolitischen Siege bezahlen (Verstaatlichung eines erheblichen Teils des Finanz- und Industriesektors, Entwicklung der Wirtschaftsplanung und Ausbau der Sozialversicherung). Ein Großteil ihrer Energie konzentrierte sich nun auf die Verteidigung dieser Errungenschaften. Als sich jedoch herausstellte, daß de Gaulle sie gar nicht rückgängig machen wollte,

konnte man ihn nicht überzeugend als williges Werkzeug des Großkapitals hinstellen. Außerdem konzentrierte sich in Frankreich das
Großkapital im staatlichen Sektor.

Ungeachtet ihrer Rhetorik war die französische Linke ziemlich konservativ. Die neuen Themen, die sie insbesondere in den sechziger
und siebziger Jahren entwickelte – und die letztlich den ungebremsten Jakobinismus in Frage stellten –, waren die partizipatorische
Demokratie und eine allgemeine Skepsis in bezug auf die politische
Routine, *la politique politicienne*.[39] Bei ihrer Suche nach einer erweiterten Konzeption der *citoyenneté*, der Staatsbürgerschaft, sah sich die
Linke allerdings mit korporativ organisierten Interessen konfrontiert,
mit zu *consommateurs* [Konsumenten] gewordenen *citoyens* [Bürgern].
Die zunehmende Internationalisierung der Wirtschaft stellte inzwischen gerade für die Sozialisten ein großes Dilemma dar. Sie verstanden sich als Internationalisten und Europäer, erkannten an, daß die
deutsch-französische Aussöhnung (zu der sie in der Vierten Republik
wesentlich beigetragen hatten) eine beträchtliche Nachkriegsleistung
war, und wußten, daß der französische Wohlfahrtsstaat nur in einem
europäischen Rahmen aufrechterhalten und ausgebaut werden konnte.
Indessen besaßen sie kaum ökonomische Konzepte und Instrumente,
um jenen entgegenzutreten, die die französische und die deutsche
Wirtschaft aufeinander ausrichten wollten und so zugunsten langfristiger Gewinne die unmittelbaren Vorteile einer nationalen wirtschaftlichen Autonomie aus der Hand gaben.

Die Kehrtwendung der sozialistischen Regierung im Jahre 1983
– von ihrer Version des Sozialismus in einem Land hin zu einer
Variante der strikten europäischen Orientierung am Markt – zeigt, wie
unvorbereitet sie war. Die Sozialisten besaßen jedoch viele Anhänger
unter den Technokraten und hatten zahlreiche administrative und
intellektuelle Talente auf hohe und höchste Posten gesetzt. Wenn
gute Ideen bei den Sozialisten Mangelware waren, wo sonst konnte
man sie dann finden?

In Frankreich hatte die Linke eine bemerkenswerte Kultur. Die Kommunistische Partei bot ihren Anhängern ein komplettes kulturelles
Umfeld – von Büchern und Musik über Versammlungen und Partei-
pflichten bis hin zu Urlaubsangeboten. Eine sehr große Zahl von Bürgern war eine Zeitlang in der Partei aktiv und zog sich dann zurück.
Viele machten mit minimalem Energie- und Zeitaufwand weiter, andere
stimmten einfach nur für die Partei oder gehörten parteinahen Gewerk-

schaften oder Berufsverbänden an. Es gab auch noch eine andere
– weit kleinere – linke Kultur: die der Sekten. Die bekannteste davon
war die *Ligue Communiste Révolutionnaire* (LCR); sie gehörte zu der
internationalen Bewegung, die nach wie vor der Lehre Trotzkis an-
hing. Trotz ihres imposanten Namens und ihrer unerbittlichen Rhetorik zählte sie nur ein paar tausend Anhänger. Diese begriffen sich
allerdings als revolutionäre Speerspitze mit pädagogischer Funktion
und waren daher in Verbänden und Gewerkschaften als besonders eifri-
ge und kompromißlose Führer zu finden. Kurz nach dem Regie-
rungsantritt der Sozialisten im Jahre 1981 erzählte mir ein Minister
und ranghoher Parteiführer, viele der Ministerialbeamten, die zumeist
makellose Referenzen vorweisen konnten, seien irgendwann einmal
in der LCR gewesen. Der Einfluß der LCR und der anderen linken
Sekten beschränkte sich keineswegs nur auf die Verkündung der rei-
nen revolutionären Lehre, sondern war mit dem der katholischen
Linken vergleichbar. Während sie das Revolutions- oder Himmel-
reich erwarteten, hielten sie den Glauben lebendig. Sie trugen auch
viel dazu bei, daß der Anspruch der Kommunistischen Partei auf das
Eigentumsrecht an marxistischen oder anderen Wahrheiten systematisch negiert und der Glaube an die UdSSR als Modellgesellschaft zerstört wurde.

Die Sozialisten hatten (und haben) keine solche Kultur. Von den
Mitgliedern der ursprünglichen Partei blieben im wesentlichen Aktivisten aus der Arbeiterklasse und Berufspolitiker aus der Mittelschicht
übrig. Die wiederbelebte Partei unter Mitterand war ein Zusammenschluß völlig verschiedener Elemente. Mitterand selbst führte eine
Gruppe von Radikalen (jedenfalls lagen dort ihre Wurzeln) in die
neue Formation – größtenteils Berufspolitiker, Veteranen der grenzenlosen Kompromisse der Vierten Republik, die aus verschiedenen
Gründen keinen Frieden mit der Fünften geschlossen hatten. Mit der
französischen Gesellschaft hatten sie jedoch längst ihren Frieden
gemacht – was daran erkennbar ist, daß diejenigen unter ihnen, die
nicht Berufspolitiker oder örtliche Honoratioren waren, als Unternehmer, Freiberufler und gelegentlich auch als Technokraten Karriere
machten.

Die Technokraten in der 1972 neugebildeten Partei kamen aus zwei
unterschiedlichen Gruppierungen. Die einen standen der großen
Oppositionsfigur der Vierten und frühen Fünften Republik, Pierre
Mendès-France, beziehungsweise seinen Ideen nahe. Selbst nur kurze

Zeit im Amt, übte er großen Einfluß bei einem Projekt aus, das die staatsbürgerlichen Rechte neu definieren, den kopflastigen Staat reformieren und den Klassenkompromiß neu fassen sollte – also, wie er es nannte, eine moderne Republik zum Ziel hatte.[40] Von dem Projekt gab es noch eine andere, stärker sozialistische Variante (mit dem Schwerpunkt der *Autogestion*, also der partizipatorischen Demokratie, in Wirtschaft und Gesellschaft), und diese war das Werk von Michel Rocard und der *Parti Socialiste Unifié*, die er 1964 mitgegründet hatte.[41]

Verschiedene weitere Gruppen traten der neuen Sozialistischen Partei bei: linke Katholiken wie die um Delors, Anhänger unterschiedlicher revolutionärer Ideen, Jean-Pierre Chevènement und Pierre Joxe sowie ihnen nahestehende Aussteiger aus der Kommunistischen Partei beziehungsweise aus der einen oder anderen linken Sekte, die nun entschieden realitätsbezogener arbeiten wollten. Wenn diese Gruppen auch durch eine recht unterschiedliche politische Herkunft und Sensibilität gekennzeichnet waren, so hätte man ihre Mitglieder doch kaum als Außenseiter der französischen Gesellschaft bezeichnen können. Letzten Endes ersetzten sie nicht den gaullistischen Staat, sondern nur die Gaullisten auf den Befehlsposten des Staates. Woran lag es, daß die Sozialisten ihre Reformprojekte nur so bruchstückhaft umsetzten? In einer Gesellschaft, die großen Wert auf systematisches Denken und eine reflektierte Politik legte, mobilisierten sie die verfügbaren Reformideen.

Bislang werden die zwischen Frankreich und Großbritannien in der Politik vorhandenen konzeptuellen Unterschiede – ideologisch oder philosophisch auf der einen Seite, entschieden praxisorientiert oder gar spießbürgerlich auf der anderen – allzusehr betont. Soweit diese Unterschiede tatsächlich existieren, sind sie aus langen historischen Prozessen hervorgegangen, aus britischer Kontinuität und französischer Diskontinuität, aus der jeweils unterschiedlichen Ausprägung des nationalen Selbstbewußtseins im katholischen Frankreich und im protestantischen Großbritannien, aus stark unterschiedlichen politischen und sozialen Rollen der Gebildeten. In den altehrwürdigen britischen Universitäten und der École Normale bestehen recht unterschiedliche Bildungskonzeptionen, und es dürfte schwerfallen, im Vereinigten Königreich eine genaues Gegenstück der École Polytechnique zu finden. Wer hätte im übrigen stärker an abstrakten politischen Ideen gehangen als Margaret Thatcher und wer hätte stärker politisch taktiert als François Mitterand? Eine nähere Untersuchung der kritischen Periode der Labour-Herrschaft von 1945 bis 1951 und des anschließenden Auf und Ab der Labour Party dürfte ergeben, daß auf der gegenüberliegenden Seite des Ärmelkanals zwar eine andere Atmosphäre und ein anderer Sprachgebrauch herrschten, sich aber in bezug auf das Schicksal des Sozialismus in beiden Gesellschaften trotz alledem grundsätzliche Ähnlichkeiten feststellen lassen.

Ein großer Teil der französischen Vorkriegselite hatte sich im Laufe des Krieges durch die Komplizenschaft mit dem Vichy-Regime diskreditiert. Im Gegensatz dazu konnte Großbritanniens Vorkriegselite geltend machen, im Krieg zusammen mit der Churchill-Regierung auf einen Sieg hingearbeitet zu haben. Allerdings wurde diese Elite für die Wirtschaftskrise in den dreißiger Jahren sowie für Niederlagen in der Frühphase des Krieges und für die ernste Bedrohung der Unabhängigkeit Großbritanniens im Jahre 1940 verantwortlich gemacht. Die sozialistischen Lehren der dreißiger Jahre und die Bereitschaft von (insbesondere jüngeren) Teilen der gebildeten Mittelschicht zum Eintritt in die Labour Party verhalfen der Partei 1945 zum Wahlsieg. Es gibt genügend Belege für feindselige Reaktionen von sozialen Gruppen, die keinen Grund hatten, eine Labour-Regierung willkommen zu heißen, und besonders verbittert darüber waren, daß Großbritannien seine Weltmachtstellung verloren hatte. 1945 kamen vielen Tories jedoch ernste Bedenken ob ihrer Rolle in der Zwischenkriegszeit (siehe Harold Macmillans Memoiren), und sie akzeptierten, daß nun die unteren Schichten politisch an der Reihe waren.[42]

Die unteren Schichten wurden im großen und ganzen von Vertretern der höheren Schichten angeführt. Ein Großteil der Labour-Führung gehörte zur akademisch gebildeten Mittelschicht. Das erste Labour-Programm – das erweiterte Sozialleistungen, bessere Bildungschancen, eine staatliche Gesundheitsfürsorge und die Verstaatlichung wichtiger Industriebereiche vorsah – wurde zwischen den Kriegen von konkurrierenden Gruppen von Intellektuellen in kontroversen Diskussionen entwickelt. Im Wahlkampf war es der Partei sichtlich peinlich, einen echten linken Intellektuellen, Harold Laski, zum Vorsitzenden zu haben. Er war unübersehbar jüdischer Abstammung und kehrte den Kosmopoliten hervor; wahltaktische Erwägungen und Parteidisziplin schienen für ihn nicht so wichtig zu sein. Trotz seiner großen Leistungen in den zwanziger und dreißiger Jahren wurde Laski praktisch kaltgestellt. Die in der Labour-Regierung vereinten Cambridge- beziehungsweise Oxford-Absolventen und Gewerkschaftsführer standen vor einem erheblichen Problem, das die Parteitheoretiker nicht in Betracht gezogen hatten. Für die Reformvorschläge war man von Großbritannien als finanzieller, industrieller und militärischer Weltmacht ausgegangen – und hatte nicht einen vom Weltkrieg ausgepowerten, vom Kolonialreich kaum noch profitierenden, mittellosen Inselstaat vor Augen gehabt. An die tatsächliche Lage wurde man brutal erinnert, als die Vereinigten Staaten unmittelbar nach der Kapitulation Japans im August 1945 völlig unerwartet die im Krieg geschlossenen Leih- und Pachtverträge zur Rohstofflieferung aufkündigten.

Jetzt waren die Vereinigten Staaten die führende kapitalistische Weltmacht und Großbritannien von ihnen stark abhängig. In den USA wurde die Regierung von der Demokratischen Partei gestellt, deren führende Köpfe ebenso wie viele Verwaltungsbeamte für Großbritannien und teilweise auch für die Labour Party Sympathie hegten. Allerdings handelte es sich auch um eine Post-New-Deal-Regierung, die der Elite aus der amerikanischen Geschäfts- und Finanzwelt eine sehr große Rolle einräumte, die diese für eigene Zwecke zu nutzen verstand. Zwar wurde der New Deal nicht rückgängig gemacht, eine erneute Veränderung der Klassenbeziehungen aber blockiert. Die Elite erkannte, daß sie auf dem besten Wege war, ihre geschwächten britischen Kollegen zu beerben.

Insofern hatte die Labour Party nur einen sehr begrenzten Spielraum – trotz aller Anstrengungen Laskis und Gleichgesinnter, die Partei auf politisch linkem Kurs zu halten.[43] Die große Stimmenmehrheit im Parlament und das vorübergehende Stillhalten der Tories konnten nicht darüber hinwegtäuschen, daß in der Gesellschaft bei den Menschen, die sich von Labour bedroht sahen, ein großes Widerstandspotential vorhanden war. Der entschiedene Egalitarismus der Partei machte ihr zwar alle Ehre, blieb aber farblos in dem Bemühen, die Großbritannien durch die widrigen Umstände aufgezwungenen Opfer gleichmäßig zu verteilen. Einflußreiche Schichten litten also sowohl unter dem Niedergang des britischen Weltreichs als auch unter der sozialen Nivellierung im Inland.

Eine der ersten Entscheidungen der Labour-Regierung erwies sich als vorausschauend: mit Indien in Unabhängigkeitsverhandlungen einzutreten. Was wäre gewesen, wenn Großbritannien an Indien festgehalten hätte und in der Nachkriegszeit in einen neuen Krieg verwickelt worden wäre? Möglichkeiten zu internationalen wie nationa-

len Katastrophen gab es damals viele (etwa ein Eingreifen der Sowjetunion oder eine Art Bürgerkrieg, wie ihn die Franzosen wegen Algerien erlebten). So verheerend der Übergang zur Unabhängigkeit und
die schrecklichen Konflikte zwischen Hindus und Moslems in Indien
auch verliefen, die Alternative wäre schlimmer gewesen. Bestärkt
wurde die Labour-Regierung in ihrer Entscheidung dadurch, daß
sich auch bei liberalen Kräften (und einigen aufgeklärteren Tories) die
Überzeugung durchgesetzt hatte, es sei an der Zeit, die imperiale
Herrschaft über Indien zu beenden. Weiterer Lasten dieser Art ent-
ledigte man sich viel langsamer oder überhaupt nicht: Die Nach-
kriegskonflikte in Zypern, Ägypten, Kenia und Malaysia lassen sich
darauf zurückführen, daß die Labour Party keine konsequente antiimperiale Politik zu entwickeln vermochte. Im Iran ging dem von der
CIA organisierten Staatsstreich zur Reinthronisierung des Schahs eine
militärische Intervention der Briten voraus, um die von Mossadegh
betriebene Verstaatlichung der Ölindustrie zu unterbinden. Die in-
konsequente antiimperiale Politik spiegelte die konsequent nationale
Sicht der Labour Party wider.

Sowohl die zur Mittelschicht als auch die zur Arbeiterklasse gehö-
renden Teile der Labour-Führung betrachteten sich als Repräsentanten der Nation und nicht als Internationalisten. Premierminister Clement Attlee fand es mit seinem binnenländisch geprägten gesunden
Menschenverstand schwer genug, Großbritannien zu verwalten. Der
zum Außenminister aufgestiegene Gewerkschafter Ernest Bevin war
ein grimmiger »little Englander«, der sich aufgrund seiner in der
Gewerkschaftsarbeit gewonnenen Erfahrungen antikommunistisch,
darüber hinaus aber auch ziemlich antiintellektuell und antisemitisch
gab. In der Labour Party gab es einen sentimentalen Internationalismus,
der sich gelegentlich mit offenem Stalinismus mischte. Es war auch
Realismus vorhanden, der voraussetzte, daß Großbritannien – abgesehen von der Propagierung von Idealen der Solidarität – in einer post-
imperialen Welt nicht mehr als imperiale Macht bestehen könne. Die
Sentimentalisten wurden rasch beiseite geschoben; den Idealisten erzählte man, daß sie langfristig gesehen natürlich Recht hätten, man sich
beim Regieren jedoch an kurzfristigen Erwägungen orientieren müsse.
Vor allem aber war man gezwungen, in einem Umfeld zu handeln, in
dem das britische Pfund allmählich seine Stellung als Leitwährung
einbüßte, wenn es sie nicht schon verloren hatte. Die Welt wickelte
ihre Bankgeschäfte nun in New York ab und nicht mehr in London.

Die Labour-Regierung befand sich also fast von Anfang an in der Defensive. Die von ihr initiierten Reformen stellten ihre Wähler zufrieden (erhielten den Parteiführern auch ihre Selbstachtung) und brachten zum Ausdruck, daß ein nationaler Neuanfang trotz aller Ernüchterungserscheinungen wichtig war. Das Problem lag darin, das Ganze zu konsolidieren, die verstaatlichte Industrie in Schwung zu bringen, die Produktion und die Produktivität generell zu steigern und einem neuen nationalen Ethos eine moralische und materielle Grundlage zu geben.

Der Labour Party wurde viel Sympathie entgegengebracht in Bereichen, in denen man das vielleicht nicht erwartet hätte, zum Beispiel in den oberen Rängen des öffentlichen Dienstes. Es wäre absurd, von einem Scheitern der Labour Party zwischen 1945 und 1951 zu sprechen. (Bei der verlorenen Wahl von 1951 erhielt die Labour Party die Stimmenmehrheit und insgesamt so viele Stimmen, wie keine andere Partei in der britischen Geschichte.) Was hinderte die Labour Party daran, ihren Sieg in eine lange Zeitspanne politischer Dominanz umzumünzen, wie es den schwedischen Sozialdemokraten nach ihrem Triumph in den frühen dreißiger Jahren gelungen war?

Schon sehr früh wurden die neue Regierung und ihre im Kulturbetrieb tätigen Verbündeten in die Defensive gedrängt. In den dreißiger Jahren hatte man bei der Planung des britischen Sozialismus die finanzielle Abhängigkeit von den kapitalistischen Vereinigten Staaten nicht ins Auge gefaßt. So konzeptlos der kaltgestellte Vordenker Laski auch war, mit seiner Warnung vor einem konzentrierten kapitalistischen Widerstand hatte er recht behalten; er hatte ihn allerdings nicht in Form der Schwächung des britischen Pfunds erwartet. Zuerst mußten wesentliche Probleme wie die des Lebensmittel- und des Brennstoffmangels gelöst werden. Die Planung der künftigen Erweiterung der Produktion und der Modernisierung des technischen Apparats der Gesellschaft kam erst an zweiter oder gar dritter Stelle. Weit davon entfernt, sich als Avantgarde darstellen zu können, mußte die Labour Party auf archaisierende Taktiken zurückgreifen. Sie betonte, im wesentlichen britisch zu sein (absurderweise, denn sie war nie etwas anderes gewesen), gab damit aber der sich neu formierenden Opposition Gelegenheit, »Britishness« auf zwei widersprüchliche – und für die Labour Party jeweils mit negativen Folgen behaftete – Arten zu definieren.

Die erste lief auf die Wiederbelebung eines inhaltsleeren Liberalismus hinaus. In seiner Publikation *Two Concepts of Liberty*,[44] die auf seine Antrittsvorlesung 1951 in Oxford zurückgeht, unterscheidet Isaiah Berlin ziemlich ahistorisch zwischen Freiheit von Zwang (negative Freiheit) und Institutionen, die durch die Ausübung von Zwang die Freiheit zu erweitern beabsichtigen (positive Freiheit). Das Endziel der Labour Party, eine andere Gesellschaft, wurde von manchen Leuten, die diese Unterscheidung aufgriffen, als philosophisch zweifelhaftes Unterfangen dargestellt – als Versuch, die britische Gesellschaft zur Freiheit zu zwingen. Berlin stand auf einem weltanschaulichen Boden, den auch ein Großteil der Labour Party für sich beanspruchte: dem klassischen Liberalismus mit seiner Lehre von der Autonomie und Wahlfreiheit des Individuums. Seine Botschaft wurde als Warnung an die Labour Party verstanden, sich nicht auf ihren Lorbeeren auszuruhen.

Eine wesentlich substantiellere Sozialismuskritik wurde 1945 von Karl Popper in seinem Buch »The Open Society and its Enemies« [»Die offene Gesellschaft und ihre Feinde«] geäußert. Darin erklärte er eine totale Planung für unmöglich, betonte aber, daß ein sich schrittweise vollziehender sozialer Umbau machbar sei.[45] In den fünfziger Jahren machte sich in Großbritannien kaum jemand die Mühe, noch einmal (oder auch zum ersten Mal) Friedrich von Hayeks 1944 verfaßte dichte und systematische Sozialismuskritik, The Road to Serfdom, zu lesen.[46] Da es bei Berlin und Popper um positive Ziele ging, waren sie viel erfolgreicher in ihrem Ruf nach Eingrenzung der sozialen Phantasie.

Als würde auf eine in Notzeiten verfügte Lebensmittelrationierung zwangsläufig der Schinderkarren folgen, stellte man die demokratisch gewählte Labour-Regierung absurderweise als tyrannisch hin, und ihre Wirtschaftsplanung und Umverteilung erklärte man für totalitär. Das taten zwar weder Berlin noch Popper, doch beide hatten in bezug auf Projekte der institutionellen Umgestaltung Zweifel geäußert und dadurch in den Augen der gebildeten Eliten, deren Kooperation zur Vorantreibung der Labour-Vorhaben unverzichtbar war, die Torpedierung der Bemühungen zum Aufbau einer neuen Gesellschaft gerechtfertigt.

Es war allerdings noch eine andere Art der Britishness im Spiel – ein verzweifelter und zugleich trauriger Rückgriff auf Burke. Das idyllische Bild einer von paternalistischem Konservatismus regierten organischen Gesellschaft sollte eine glücklichere Vergangenheit beschwören. Eleganten Ausdruck fand diese Vorstellung in Michael

Oakeshotts politischer Poetik.[47] Ein Großteil der gegen die Labour Party gerichteten Verunglimpfungen bewegte sich auf dem Niveau von groben *Punch*-Karikaturen und ressentimenttriefendem *Telegraph*-Journalismus. Eine für diese Zeit typische Persönlichkeit war der Herausgeber der *Times*, der zuvor bei der BBC einen Posten mit der herrlichen Bezeichnung »Director of the Spoken Word« bekleidet hatte und sich nun für den »Directeur d'Ame« (geistlichen Berater) der Nation hielt. Besonders eloquent befaßte er sich mit dem, was er als Vernichtung der besonderen Qualitäten der altehrwürdigen Universitäten betrachtete – und das um so leidenschaftlicher, als er selbst nie eine Universität besucht hatte. Unter dem Deckmantel von Schlagworten wie Freiheit und Individualität (manchmal auch ohne) wurden hier Vorstellungen beschworen, die sich um Ehrerbietung, Hierarchie und Privilegien drehten.

Zusätzlich kompliziert wurde die Angelegenheit noch durch den Vergleich mit der offensichtlich enormen Prosperität der Vereinigten Staaten; dadurch konnten die Marktbefürworter (die dabei den amerikanischen Sozialkontrakt der Nachkriegszeit natürlich ignorierten) hartnäckig behaupten, der Sozialismus sei einfach ein großer Fehler. Reichlich paradox an den Wahlniederlagen der Labour Party in den fünfziger Jahren (1951, 1955 und 1959) ist, daß die Konservativen den Wohlfahrtsstaat um so lautstarker in Frage stellten, je weniger sie vorhatten, ihn zu demontieren. Die konservativen Regierungen unter Churchill, Eden, Macmillan und Alec Douglas-Home haben weder britische Industriebetriebe reprivatisiert, noch das staatliche Gesundheitswesen abgeschafft, noch die weniger betuchten Schichten vom höheren Bildungswesen ausgeschlossen. Sie gestatteten der Privatwirtschaft, sich ins Fernsehen einzukaufen. Die Privatisierung der Konsum- und nicht der Produktionsmittel half, die Solidarität zu schwächen, auf die sich die Labour Party gestützt hatte.

Bezeichnenderweise gab es innerhalb der Labour Party zwei große Debatten zur Innenpolitik. Die erste wurde 1956 von Anthony Crosland mit seinem Buch *The Future of Socialism* angestoßen und zeigte, welchen Einfluß das amerikanische Vorbild hatte.[48] Croslands Sozialismus war ein egalitärer, wohlfahrtsstaatlicher Kapitalismus, bei dem die wesentlichen wirtschaftlichen Entscheidungszentren so weit unter Kontrolle standen, daß die Produktivität ohne Unterbrechung wachsen konnte. Er bezeichnete es als unbedingt erforderlich, bestimmte den Briten hartnäckig anhaftende Eigenarten (Ergebenheit und allgemeines geistiges Unorientiertsein) abzustellen, durch die das Vereinigte Königreich immer mehr zu einem reizlosen Museum oder auch zu einem verfallenden Landhaus werde. Crosland sah deutlich voraus, daß sich die Facharbeiterschaft in einem neugebildeten historischen Block zusammen mit Technikern und Unternehmern den älteren Oligarchien entgegenstellen würde. Dies sollte 1964 in einem Wahlkampfmotto Harold Wilsons nachklingen: »Kein morsches Holz mehr in den Sitzungssälen!« Genauso deutlich war damit zu rechnen, daß der neue kapitalistische Aufschwung die Reste des Kapitalismus des 19. Jahrhunderts hinwegfegen würde, ebenso wie letzterer zuvor die aus dem 18. Jahrhundert stammende landwirtschaftlich-merkantile Struktur des britischen Kapitalismus hinweggefegt hatte.

Crosland beschäftigte sich allerdings nicht ausdrücklich damit, daß der britische Kapitalismus des 19. Jahrhunderts untrennbar mit einem – ebenfalls aus dem 18. Jahrhundert überkommenen und dann auf den neuesten Stand gebrachten – imperialen Regime verknüpft war. 1956 war das mit seiner internationalen Stellung kämpfende postimperiale Großbritannien weit weniger autonom. Zwischen den Zeilen gab der Autor zu verstehen, daß Großbritannien gut daran täte, bei den Institutionen Schweden nachzueifern und bei der Kultur den Vereinigten Staaten. Das war aber gerade das, was viele (darunter jede Menge Labour-Führer, -Vordenker und -Wähler) ganz und gar nicht zu tun geneigt waren. Das (schematisierte und ziemlich idealisierte) Modell der Vereinigten Staaten war hart an der Grenze des Akzeptablen. Implizit war Crosland ein verfrühter Befürworter des britischen Beitritts zum Gemeinsamen Markt und zur Europäischen Gemeinschaft.

Der Labour-Linken gefiel das aus einer Reihe von Gründen nicht. Zum einen sah sie dadurch das essentiell Britische des Labour-Projekts geschmälert. Zum anderen fühlte sie sich durch das Buch der ökonomischen Primitivität und des mangelnden politischen Realismus geziehen, wenn sie eine Humanisierung des Kapitalismus für unmöglich hielt. Der Kampf setzte sich auf kulturellem Gebiet fort. Die Labour-Linke hatte, von ihrer ständig (gelegentlich auch mit schottischem oder walisischem Akzent) wiederholten britischen *ouvriérisme*-Variante abgesehen, in Wirtschaftsfragen wenig Eigenständiges vorzubringen. Natürlich wurde in gewissem Umfang über ökonomische Verschwendung diskutiert: über den Einsatz gesellschaftlicher Ressourcen für Werbung, Prestigekäufe oder Spekulationszwecke, statt sie für die Bildung oder produktive Investitionen zu verwenden. Damit beschäftigte sich auch die Gruppe um Crosland und Gaitskell (und später Wilson).

Sie argumentierte folgendermaßen: Die Errungenschaften des Wohlfahrtsstaates müssen verteidigt und sogar ausgebaut werden, aber derzeit gilt es, unsere Aufmerksamkeit dem Wettbewerb um Effizienz und Produktivität zuzuwenden. Die Kultivierung von Eliten und eine geregelte Rückkehr zu den Vorteilen von Hierarchien des Prestiges und der Entlohnung, die auf sichtbarer Leistung beruhen sollten, standen auf dem Labour-Programm. Vierzig Jahre später sollte Tony Blair das erstaunliche Kunststück gelingen, bei seiner Diskussion über den »Dritten Weg« einige dieser Allgemeinplätze für neu auszugeben. Die Labour-Linke der späten fünfziger Jahre und viele der parteinahen Intellektuellen fanden das irgendwie abgeschmackt oder peinlich, ohne dem jedoch ein eigenes systematisches Projekt entgegensetzen zu können. Sie konzentrierten sich auf eine Debatte über zwei Bücher: »The Uses of Literacy« von Richard Hoggart und »Culture and Society« von Raymond Williams.[49] Jeder der beiden Autoren erklärte auf seine Weise, daß es keine intakte Arbeiterkultur mehr gebe und daß nachbarschaftliche Solidarität und historische Traditionen Mobilität und Wohlstand Platz gemacht hätten. Chor und Kirche, Kneipe, Gewerkschaft und Arbeiterbildungsbewegung seien durch die Massenmedien und das Fernsehen ersetzt und die begabteren unter den Arbeitern durch ein anscheinend demokratischeres und offeneres Bildungssystem rasch nach oben gesogen worden. Hoggart meinte, Ansätze von Bildung, die sich die Arbeiterklasse neuerdings angeeignet habe, seien mißbraucht oder jedenfalls noch nicht positiv eingesetzt worden. Im Gegensatz dazu vertrat Williams die Ansicht, man dürfe nicht nur zurückblicken, sondern müsse auch nach vorn schauen und die Vorstellung revidieren, es gäbe eine abgegrenzte, feste Hochkultur, zu der frisch emanzipierte Gruppen jeweils aufsteigen könnten.

Beide Bücher zusammengenommen warfen die Frage auf, welche kulturellen Ziele die Labour-Politik habe. Um welche Formen der Gleichheit ging es nun? Wie konnte die Labour Party, nachdem die Idee einer kulturellen Umverteilungspolitik verworfen worden war, mit konkreten Projekten in Institutionen wie dem Bildungswesen diffuse kulturelle Ziele verfolgen? Tatsächlich brachten Hoggart und Williams zum Ausdruck, wie schwierig es war, mit einer britischen *ouvriérisme*-Variante weiterzumachen. Noch größere Schwierigkeiten sahen sie für die Entwicklung einer demokratischen und radikalen Kulturpolitik voraus, da die meisten Labour-Wähler vor ihrem Fernseher säßen und die meisten der künftigen Labour-Führer an der Universität seien.

Solche Probleme hatten die Konservativen angesichts ihrer patriarchalisch und herablassend vertretenen Gewißheiten nicht. Das von ihnen geförderte kommerzielle Fernsehen stellten sie zynischerweise als ein Geschenk hin, das einem Volk eifriger und dankbarer Konsumenten die Wahlfreiheit erst ermögliche. Um eine demokratische Kultur machten sie sich sicherlich keine Gedanken. Eine nationale Kultur war ihrer Ansicht nach Sache von Kirche, Familie und Gefühlen und wurde durch die unveränderliche Bindung der Briten an ihr Königshaus gestärkt.

Eine Theorie von der Monarchie als letztem Legitimationsgaranten für die Spaltungen innerhalb der britischen Gesellschaft und für die Verteilung ihrer Gewinne wurde gleich zu Beginn der neuen konservativen Epoche von einem Labour-Vordenker, Michael Young, und einem zum Befürworter der Vorteile der Aristokratie gewordenen linken amerikanischen Theoretiker, Edward Shils, entwickelt.[50] Der britischen Königsfamilie begegnete man damals tatsächlich mit ungleich größerer Ehrerbietung als in heutiger Zeit, in der sie normaler – das heißt von Problemen gebeutelt – wirkt. Young hatte mit einem erfrischenden Buch über die Meritokratie, das die Idee von der Chancengleichheit süffisant ad absurdum führt, Aufmerksamkeit erregt.[51] Darin schildert er ein Großbritannien, das wie besessen jedes Talent mit einer passenden beruflichen Laufbahn versieht. So entsteht, meint Young, aus dem Bemühen, die Fehler der bisherigen ineffizienten, verworrenen und verschwenderischen Klassengesellschaft zu korrigieren, eine neue Klassengesellschaft. Auch dieses Buch warf Fragen zum substantiellen Gehalt der Gleichheit auf.

Warum gab Young seinen Namen dann noch für den unreflektierten Artikel über die Monarchie her, in dem die Möglichkeit der Gleichheit glatt bestritten wird? Dieser Text liest sich, als hätte ihn ein geistiger Vetter des berühmten »Colonel Blimp« geschrieben – oder ein mäßig talentierter Schuljunge in einer Parodie auf Edmund Burke.

Die bei den Briten häufig anzutreffenden Ergebenheitsgefühle seien weiter verbreitet als der säkulare Utopismus von Intellektuellen, die in – auf ihre Mitmenschen abstoßend wirkende – republikanische

Phantasien verliebt seien, argumentierten die Autoren abschätzig. Hingegen hielten sie das mit der Monarchie verbundene System von Hierarchien, Ehrungen und Rang-Einteilungen für äußerst nützlich. Durch dieses System, so bekräftigten sie, werde legitimiert, was sonst krasser Reichtum und Machtwillkür gewesen wäre.

Die Antwort läßt sich vielleicht in dem nach dem Krieg weitverbreiteten Erschöpfungsgefühl finden. So wie die Welt aussah, war es unwahrscheinlich, daß sie sehr viel anders werden würde. Nachdem die Labour-Regierung die schlimmsten Schäden des Kapitalismus der Zwischenkriegszeit behoben hatte, mußte noch ein neues Gleichgewicht zwischen Anstand und Effizienz, den Gewinnern und den anderen gefunden werden. Das Wort »Verlierer« konnte man damals noch nicht in den Mund nehmen, dieser unverhohlene Sprachgebrauch blieb der späteren Thatcher-Ära vorbehalten. Statt dessen sprach man von Leuten, die »nicht so viel gewonnen haben«. Kulturell war es eine Zeit, in der über die Besessenheit der Briten vom Thema »Klasse« gespöttelt wurde, während sich in den langweiligen britischen Pseudobildungsromanen die Antihelden den Weg an die Spitze eher erstolperten als erkämpften.[52]

Den Labour-Führern und -Vordenkern war deutlich bewußt, daß sie sich mit dem Problem befassen mußten, welche Stellung die Nation in der Welt hatte. Im Krieg waren mehrere Millionen US-Soldaten in Großbritannien gewesen, und als die amerikanischen Streitkräfte später abrückten, hinterließen sie mehr als nur Erinnerungen. Besuche von Verwandten und Bekannten, Kino- und Fernsehfilme vermittelten den Briten in den Nachkriegsjahrzehnten das unauslöschliche Bild einer reichen, vitalen amerikanischen Nation, die die britische als führende Weltmacht abgelöst hatte. Hinzu kamen die Folgen des sich nach dem Krieg stark entwickelnden Massentourismus. Touristen aus dem Vereinigten Königreich konnten sich davon überzeugen, daß es Frankreich, den Niederlanden, dem wiedererstandenen Deutschland und dem von neuem erstarkten Italien genauso gut wie ihrem eigenen Land, wenn nicht sogar besser ging.

Vor diesem Hintergrund stimmten die mit der Außenpolitik befaßten Labour-Mitglieder mit ihren liberalen und konservativen Zeitgenossen insofern überein, als sie unermüdlich eine Fiktion propagierten. Im Nordatlantikpakt sei man Seniorpartner und lasse die Amerikaner von der großen historischen Erfahrung der britischen Nation profitieren. Was hätten die frisch Degradierten sonst auch sagen sollen?

Der Niedergang des britischen Weltreiches erklärt auch, weshalb die außenpolitische Debatte in der Labour Party so erbittert und streitsüchtig geführt wurde. Die Linke, die dem Nordatlantikpakt kritisch gegenüberstand, aber keine Alternative vorzuschlagen vermochte, verhielt sich häufig so, als träfe der gegen sie erhobene Vorwurf der Irrelevanz zu. Was immer die britischen Regierungen auch sagten, sie hatten kaum eine andere Wahl, als die Entscheidungen der Amerikaner zu akzeptieren. Als nach dem Beschluß, Kuba zu blockieren und mit dem Einsatz von Atomwaffen zu drohen, Dean Acheson von Kennedy nach Europa entsandt wurde, um die Bündnispartner zu informieren, fuhr Macmillan eine erhebliche Strecke aufs Land hinaus, um ihn am frühen Morgen auf einem Flugplatz in Cambridgeshire zu treffen. Es gibt keinen Anhaltspunkt dafür, daß Macmillan etwas anderes tat, als – mehr oder weniger resigniert – zustimmend zu nicken. De Gaulle ließ Acheson bis fünf Uhr nachmittags warten und stellte zumindest die entscheidende Frage: Ist das ein Vorschlag oder eine Mitteilung?

Die Entstehung einer pazifistischen Massenbewegung außerhalb der Partei führte in den späten fünfziger Jahren dazu, daß die Spaltungen innerhalb der Labour Party (genauso wie rund zwanzig Jahre später bei den deutschen Sozialdemokraten) noch viel größer wurden. Die gegen die atomare Bewaffnung gerichtete *Campaign for Nuclear Disarmament* (CND) begeisterte einen Großteil der Parteibasis, rief bei manchen Labour-Führern uneingestandene Bewunderung dafür hervor, daß sie die Bürger tatsächlich in Scharen auf die Straße zu bringen vermochte, und sorgte bei anderen dadurch für Verärgerung, daß sie Probleme in ganz einfache Worte faßte. Dabei ging es in der Tat um eine einfache Frage.

Es war nahezu sicher, daß die Zivilisation in dem kleinen Inselkönigreich nach einem atomaren Schlagabtausch am Ende wäre. Außerdem bestand angesichts der Abhängigkeit Großbritanniens von den Vereinigten Staaten die Aussicht, daß die Entscheidung über Leben und Tod der britischen Bevölkerung eher im Weißen Haus als in Westminster getroffen werden würde. Unterdessen hatte die Labour-Führung Verstärkung bekommen in Gestalt der einstigen Anführer einer linken Rebellion der vierziger und frühen fünfziger Jahre: Aneurin Bevan und Harold Wilson. Bevan argumentierte mit lebhaften, wenn auch wenig überzeugenden Worten, daß man sich nicht damit begnügen dürfe, einen britischen Außenminister »nackt ins

Konferenzzimmer« zu schicken.[53] Die *Campaign for Nuclear Disarmament* stellte klar, daß es gar kein »Konferenzzimmer« gab, da die westlichen Verbündeten fast nichts unternommen hatten, um mit der Sowjetunion in ernsthafte Verhandlungen einzutreten.

Die CND hatte in der Öffentlichkeit große Unterstützung, die Mehrheit der Wähler gab jedoch weiterhin den Konservativen ihre Stimme. Diese nutzten die Uneinigkeit der Labour Party in der Atomwaffenfrage als Argument für die Behauptung, eine Labour-Regierung könne die Interessen der Nation auf keinen Fall wirksam und konsequent vertreten. Tatsächlich nutzten die Konservativen von Zeit zu Zeit ihre – ziemlich begrenzten – besonderen Beziehungen zur UdSSR, um diskret die eigene Unabhängigkeit von den Vereinigten Staaten zu demonstrieren oder die ihnen im Bündnis mit den USA angeblich zukommende Rolle der »Elder Statesmen« [der »großen alten Männer«] bühnenwirksam zu unterstreichen.

Rückblickend fällt auf, daß beide der gegeneinander agierenden Labour-Gruppierungen politisch wirkungslos blieben. Die Gruppe der Kritiker, die das politische Themenspektrum von der atomaren Abrüstung bis zur friedlichen Koexistenz abdeckte, hatte außer hehren Prinzipien wenig anzubieten. Die konventionell und – ihren eigenen selbstgefälligen Äußerungen zufolge – verantwortungsbewußt agierende Führungsspitze konnte kaum behaupten, daß Labour besser als die Tories für die Abstimmung der Bündnispolitik mit den USA geeignet sei. Die altbekannte Betonung des ehrerbietigen Verhaltens als Merkmal der Politik war in anderer Form wieder da: Die Konservativen ernteten innenpolitische Hochachtung, weil sie eigenen Behauptungen zufolge die auf Unterordnung beruhenden Beziehungen zu den Vereinigten Staaten mit soviel Unabhängigkeit wie möglich bewältigten.

Die Wiederkehr der Ehrerbietung als eines wesentlichen kulturellen Merkmals der britischen Gesellschaft wurde von denen, die einen neuen Konservatismus zelebrierten, sicherlich übertrieben dargestellt. Sie konnten nicht allzu offen über das reden, was viele ihrer Mitbürger bewegte: in den meisten Fällen Geld, in manchen Status. Das hätte denn doch zu rasch den rhetorischen Nebel gelichtet, der die Rückkehr der Tories an die Regierungsmacht umgab. Worte wie Wahlmöglichkeit, Freiheit, Individualität und Verantwortung paßten in der Nach-Labour-Ära nicht immer zur vulgären Lebenswirklichkeit. Dieser entsprachen vielmehr Begriffe wie Habgier, Egoismus, Snobismus und Strebertum – doch die wirkten entschieden weniger inspirierend.

Dennoch gewannen die Konservativen Zeit und Spielraum, um das Modell einer neuen Klassengesellschaft unter Beibehaltung wesentlicher Strukturen des Wohlfahrtsstaates auszuprobieren. Macmillan war ganz beim Thema, als er 1959 nach der Wahl verkündete:»Wir sind jetzt alle Arbeiter.«[54] Ein modernisierter Toryismus erweiterte die Spannweite von *noblesse oblige* um das aus dem Frankreich des 19. Jahrhunderts entlehnte Motto:»Enrichissez-vous«. Die Stärke der Konservativen lag in der Begrenztheit ihrer Politik. Sie benötigten kein inspirierendes soziales Projekt, sondern brauchten nur plausibel zu demonstrieren, daß sie die Dinge, so wie sie waren, kompetent verwalten konnten.

In der Labour Party gab es erbitterte Auseinandersetzungen darüber, ob man eine eigene Variante dieser Verwaltungstätigkeit oder eher ein weiteres Umgestaltungsprogramm benötigte. Gaitskells 1959 verbreiteter Wahlaufruf für ein »gemäßigtes Programm sozialer Reformen« stellte eine aufrichtige Definition seiner Absichten dar. Seinem technokratischen *Common sense* konnte die Labour-Linke nur ein löcheriges Flickwerk aus kulturellem Klassenkampf, Gewerkschaftskorporatismus und völlig konfuser Außenpolitik entgegensetzen. Die Linke strebte nach Unabhängigkeit vom amerikanischen Bündnis, weigerte sich aber, einen Zusammenschluß Großbritanniens mit Westeuropa in Betracht zu ziehen, obwohl gemeinsam vielleicht ein kleines Maß an Autonomie hätte erreicht werden können. Der fehlende innere Zusammenhalt der Labour Party war ein entscheidender Faktor der Wahlniederlagen von 1955 und 1959. Als die Labour Party 1964 wieder an die Regierung kam, wurde sie, wie zu zeigen sein wird, durch das gleiche Problem daran gehindert, ein wirkungsvolles nationales Projekt zu entwickeln, das ihr auf die Dauer zu Stimmenmehrheiten hätte verhelfen können.

6 Konkurrierende Varianten des Sozialismus

Die intellektuellen Probleme, die die britische Labour Party Mitte und Ende der fünfziger Jahre beschäftigten, spiegeln ein Dilemma, das in der Geschichte der sozialistischen Bewegungen immer wieder auftauchte. An den Hochschulen, von vielen Theoretikern, von denen einige Regierungs- oder Parlamentserfahrungen hatten, wurde eine Reihe guter Ideen zu Kultur und Erziehung, zu Betrieben und Arbeitsplätzen, zu Veränderungen der Technologie und der Werte der britischen Wirtschaft vorgebracht. Doch da der Gesellschaft ein starker Reformwillen abging, schienen diese allzuweit hergeholt oder unrealistisch. Das wiederum beeinflußte ganz erheblich die Richtung und das Wesen des akademischen und intellektuellen Lebens. Ich kam im Herbst 1959 an das Nuffield College der Universität Oxford, ein britisches Äquivalent dessen, was später die Kennedy School of Government in Harvard werden sollte. Damals gärte es im Bereich Kunst und Kultur, und auch im Studium der Geschichte und in den Sozialwissenschaften setzte man sich kritisch mit der Tradition auseinander. Im Lehrkörper des College gab es eine große, einflußreiche Gruppe von Labour-Anhängern, doch was die Eindimensionalität und die Nüchternheit ihres Denkens betraf, waren sie von den Konservativen nicht zu unterscheiden: Sie hatten klar definierte und ebenso begrenzte Vorstellungen von dem, was gesellschaftlich durchsetzbar war, und sahen sich nicht veranlaßt, ihre Kraft für etwas zu vergeuden, was ihrer Meinung nach außerhalb dieser Grenzen lag. James Callaghan, der spätere Labour-Schatzkanzler und Premierminister, war damals Gastdozent. Er übernahm einige Ideen amerikanischer Ökonomen, die jedoch bis zu einem gewissen Grad von dem geprägt waren, was diese von den Zwängen dachten, denen Callaghan et al. unterworfen waren.

Zwischen Intellektuellen und der sozialistischen Bewegung gibt es
kein einheitliches Beziehungsmuster. Abgesehen davon, daß sich viele
Intellektuelle des 20. Jahrhunderts für die Bewegungen und die Werte
des rechten Lagers entschieden, ist die übliche Verwendungsweise der
Kategorie »intellektuell« als solche schon eine unzulässige Verallgemeinerung. Manche Intellektuelle, vor allem die Kulturschaffenden,
halten sich von den gewöhnlichen Abläufen der Politik und der Produktion fern. Andere mögen den eigentlichen Mechanismen der Wirtschaft und der Politik näherstehen oder sogar ganz unmittelbar mit
ihnen zu tun haben. Nähe und Distanz weisen aber nicht zwangsläufig auf Einfluß hin. Möglicherweise üben abstrakte Denker (Dewey,
Hayek, Heidegger) mehr Einfluß aus als diejenigen, die direkt mit
Macht zu tun haben oder sie tatsächlich ausüben. Man kann schwerlich behaupten, daß Sartre im Frankreich der Nachkriegszeit weniger
einflußreich gewesen wäre als der Wirtschaftswissenschaftler Raymond Barre, obwohl dieser immerhin eine Zeitlang Premierminister
war. Manche abstrakte Idee wird akzeptiert, weil sie dem *Common
sense*, der Vorstellung, die eine breite Öffentlichkeit von den Institutionen und ihren Dienern hat, entspricht. Viele Leser Poppers interessierten sich nicht für seine Stellungnahme zu Fragen der Wissen-
schaftstheorie; sie waren vielmehr froh, von einer intellektuellen
Autorität gesagt zu bekommen, daß sie die Planung gesellschaftlicher
Prozesse als ein intellektuelles Projekt nicht länger ernst zu nehmen
bräuchten. Berlins Leser mögen wegen der Beschränktheit der menschlichen Natur oder wegen des Problems säkularer Transzendenz schrecklich besorgt gewesen sein oder auch nicht; sie freuten sich aber nicht
weniger, gesagt zu bekommen, daß Freiheit in Wirklichkeit ein ein-
faches, ja offensichtliches Konzept sei. Berlin versicherte ihnen, sie
bräuchten sich über den Zusammenhang zwischen demokratischer
Politik und persönlich ausgelebter Freiheit nicht den Kopf zu zerbre-
chen.

Andererseits kann man nicht umhin, den meisten von Arons Attacken aus seinem »L'Opium des Intellectuels« zuzustimmen: Das,
was französische Intellektuelle in den vierziger und fünfziger Jahren
an revolutionärer Rhetorik benutzten, hatte kaum einen oder keinen
empirischen Bezug, sondern bezog sich auf imaginäre Welten. Was
Aron sagte, traf zu: Für manche Gruppen war ein Artikel in *Les Temps
Modernes* ein politisches Ereignis, der Sturz einer Regierung hingegen
kaum erwähnenswert.[1] Es läßt sich auch nicht behaupten, die angeb-

liche Disziplin der akademischen Gemeinschaft stünde hierzu im Gegensatz. An den Hochschulen ist ebensoviel Unsinn geäußert und geflissentlich reproduziert worden wie anderswo, insbesondere wenn es darum ging, Gesellschaften zu beschreiben.[2] Die Möglichkeit umfassender, zielgerichteter gesellschaftlicher Veränderungen kann sowohl großartige Visionen als auch spezifische Projekte der Transformation inspirieren – solange die Denker überzeugt sind, daß man ihnen zuhört.

Und was das Zurückgreifen auf solche Ideen durch reformistische und sozialistische Politiker betrifft: Einige von ihnen waren (und sind) Intellektuelle, die in der Welt der Ideen zu Hause sind, aber das heißt nicht, daß sie in zwei Welten lebten (und leben). Häufig legten sie an die Ideen und Empfindungen, auf die sie im Bereich der Kultur stießen, Maßstäbe, die sie die Politik gelehrt hatte. Diese waren je nach den historischen Umständen großzügig oder begrenzt. Man denke an das Schicksal eines bedeutenden amerikanischen Intellektuellen, Professor Daniel Patrick Moynihan, im amerikanischen Senat: Die Ideen, die er in seinen Schriften zu einer ganzen Reihe von Themen geäußert hatte, wurden im Lauf der Zeit immer weniger innovativ. Seine Tätigkeit im Senat fiel weitgehend mit der Einschränkung des amerikanischen Wohlfahrtsstaats zusammen; offensichtlich resignierend begrenzte er seine eigene, breite politische Vorstellungskraft.[3]

Andere Intellektuelle benutzten Ideen ganz offensichtlich als Instrumente für ihre eigenen politischen Ziele. Sie hatten festgefaßte politische Positionen und suchten entweder nach deren Bestätigung oder nach Techniken, sie umzusetzen, nicht jedoch nach neuen Perspektiven. Schumpeters Behauptung, es habe eine Wahlverwandtschaft zwischen Intellektuellen und Bewegungen gegeben (oder es gäbe sie noch), die den Markt beseitigen oder seine Rolle massiv beschränken wollten, wirft mehr Fragen auf, als sie beantwortet. Erstens gab und gibt es eine Reihe Intellektueller, die bereitwillig verkünden, daß der Markt einen großen Fortschritt gegenüber anderen menschlichen Institutionen darstellt, vor allem, wenn sie den Fortschritt mit der Abschaffung von Tradition und ihren diversen Fesseln gleichsetzen. Marx und Mill waren sich in diesem Punkt ziemlich einig, und für beide wäre es legitim, Adam Smith als direkten Vorläufer zu reklamieren. Zweitens könnte die Abneigung der Intellektuellen gegen den Markt auf einer Ablehnung des bürgerlichen Alltags beruhen, der eine Sehnsucht nach Vergangenheit erzeugt (einer allerdings oft nur eingebildeten, wie zum Beispiel bei Burke). Diese Ablehnung kann dazu führen, eine Zukunft einzufordern, deren Rückkehr zur Irrationalität aufregend wirkt – wie zum Beispiel bei den Anhängern von Gewaltkulten oder des nationalistischen Wahns. Drittens können diese Bindungen, wenn sich Intellektuelle tatsächlich an die sozialistische Bewegung binden, sehr unterschiedlich ausfallen und motiviert sein. Die sozialistischen Intellektuellen sehen sich noch immer in der Tradition von 1776, 1789 und 1848 (manche denken vielleicht auch an 1968 und 1989), das heißt im Schatten der Bewegungen für die bürgerliche Freiheit und die Menschenrechte, der Vorherrschaft der Vernunft und der Idee einer sich selbst steuernden Gesellschaft. Auf diesem Hintergrund kann jedoch eine ganze Reihe politischer Schlüsse gezogen werden.

Macht ist aufgrund der abstrakten, immateriellen und individualisierten Aspekte ihres Lebens und ihrer Bemühungen für viele Intellektuelle faszinierend. Viele glauben, ihrer persönlichen Kreativität oder Existenz komme nur dann eine größere Bedeutung zu, wenn es ihnen gelingt, eine wie auch immer geartete Beziehung zur Geschichte herzustellen. Wir können dies als ein ängstliches Bemühen betrachten, nur ja nicht auf der Verliererseite zu stehen, oder, sublimer, als die Suche nach den tieferen Strukturen historischer Prozesse. Wie auch immer, ganz sicher zog es Intellektuelle an, daß sich die sozialistische Bewegung mit dem Fortschritt der Menschheit als Ganzem identifizierte.

Ihre Funktion als Propheten, als Propagandisten einer großartigen säkularen Vision war unerläßlich. Wenn Intellektuelle gelegentlich anhaltend und hartnäckig auf unrealistischen Positionen beharrten oder auf das Primat von Idealen pochten, hatte dies langfristige pädagogische Konsequenzen. Die Ermahnung, daß es zwischen Himmel und Erde mehr gäbe als die nächste Wahl oder Parteiversammlung, war notwendig für Bewegungen, die behaupteten, von Werten gelenkt zu werden, die über kurzfristige Erwägungen weit hinausgingen. Die Intellektuellen fungierten auch als Gedächtnis der Bewegungen und deuteten den Stellenwert der jeweiligen nationalen Bewegung auf einer größeren historischen Bühne. Insbesondere das kosmopolitische Denken einiger Intellektueller stärkte sie in ihrer Rolle als Pädagogen, vorausgesetzt, es war überhaupt jemand bereit, zu lernen. In der sozialistischen Bewegung betrachteten zu viele zu häufig das Mißtrauen gegenüber komplexen Gedanken als ein Zeichen unerschütterlicher Loyalität gegenüber der guten Sache. Komplexe Gedankengänge galten mitunter als schwacher oder sogar illoyaler Ausdruck von Ansprüchen, die eine Bewegung, die ihren eigenen Wahrheiten treu blieb, verwerfen mußte.

Aufgrund ihrer beruflichen Tätigkeit gehörten die Intellektuellen unabhängig von Meinung, Sympathie und Herkunft oft zum Bürgertum beziehungsweise zur Mittelschicht. Dies stand im Gegensatz zum *ouvriérisme,* auch wenn diese Doktrin nicht von Arbeitern, sondern von Intellektuellen auf der verzweifelten Suche nach den grundlegenden sozialistischen Prinzipien geschaffen worden war. Trotz der enormen Ausdehnung des tertiären Sektors ist dies noch heute ein Problem, wird aber als Konflikt zwischen Theorie und Praxis, Idealen und Erfahrung, utopischer Rigidität und politischem Realismus hingestellt. Ein Problem für diejenigen, die Intellektuelle unweigerlich für isoliert halten oder glauben, sie stünden unter einem Zwang, dem gesunden Menschenverstand zuwiderzuhandeln, besteht darin, daß dieser Vorwurf meist von anderen Intellektuellen erhoben wird. Er ist eine bequeme Erfindung und offensichtlich unwahr, ebenso wie die Behauptung, Intellektuelle seien stets links oder verträten die Tradition der Aufklärung.

Vielleicht erfährt man etwas über die Beziehung zwischen Ideen und Praxis, über Intellektuelle und Technokraten in der sozialistischen Bewegung, wenn man kleinere Gesellschaften betrachtet. Ich gehe als erstes auf Österreich ein und beziehe mich dabei auf ein Gespräch, das John Kenneth Galbraith mit dem inzwischen verstorbenen Bruno Kreisky führte, als dieser österreichischer Kanzler war. »Herr Bundeskanzler, wie erklären Sie sich«, fragte Galbraith, »Österreichs hervorragende wirtschaftliche Lage in der Nachkriegszeit: niedrige Inflation, Vollbeschäftigung, stetig wachsende Produktivität, ein dichtes und umfassendes System sozialer Sicherung und öffentlicher Investitionen?« Woraufhin Kreisky erwiderte: »Ich erkläre mir das damit, daß wir dem Export viel Beachtung schenkten. Wir haben alle unsere Wirtschaftswissenschaftler exportiert.«[4]

Kreisky übertrieb. In seiner Regierung gab es viele Wirtschaftswissenschaftler, aber sie erkannten das Primat der Politik an. Nach der Eingliederung in das Dritte Reich, nach einem Krieg, der einen Großteil Wiens zerstörte, und nach der Besetzung erstickte die wiederhergestellte Republik Österreich die ideologischen Feuer, denen sie in der Vorkriegszeit zum Opfer gefallen war. Die Katholiken und die Sozialisten hatten einen erbitterten Bürgerkrieg geführt, bevor 1938 viele Anhänger aus beiden Lagern die Nazis willkommen hießen. Doch nun hatten sie sich zusammengeschlossen, um in Mitteleuropa eine Insel des Wohlstands zu schaffen.

Das österreichische Äquivalent zum französischen System der indikativen Planung lenkte eine Wirtschaft, deren wichtigste Sektoren sich in öffentlichem Besitz befanden. Mit den Gewerkschaften war vereinbart worden, Tarifabschlüsse an die Produktivität anzugleichen, vor allem in der entscheidenden Exportindustrie. Die Politik zielte darauf ab, den Wohlfahrtsstaat zu erweitern und die von ihm gewährten Leistungen qualitativ zu verbessern. Der daraus resultierende Anstieg des Lebensstandards spielte eine wichtige Rolle für das anhaltende Wirtschaftswachstum.

Als sich 1955 die westlichen Alliierten und die Sowjetunion aus Österreich zurückzogen, garantierten sie dessen Neutralität im Kalten Krieg. Die Besatzungsmächte hatten sich hier wesentlich zurückhaltender gezeigt als in Deutschland. Die sowjetischen Behörden blieben zum Beispiel untätig, als die österreichischen Kommunisten bei den Wahlen in ihrer Zone schlechter abschnitten als in den Westzonen. Die Neutralität im Kalten Krieg war das Äquivalent zum politischen Frieden im eigenen Land. Was auch immer sonst sich die österreichischen Eliten und die Öffentlichkeit gewünscht haben mochten, sie litten unter derselben ideologischen Erschöpfung wie das übrige Europa und sie waren um einen Neuanfang bemüht. Unter diesen Umständen fanden die Katholiken und die Sozialisten eine gemeinsame Basis in ihren Lehren der Solidarität. Für einige Katholiken war es zwar ziemlich neu, sich auf eine parlamentarische Demokratie einzulassen, doch sie gewöhnten sich daran. Die ererbten Strukturen des korporatistischen Staates sorgten für die nötige Kontinuität in der Einstellung und der Organisation, um die Zivilgesellschaft neu zu formieren. Von den westeuropäischen und amerikanischen Ideologen des Kalten Kriegs unbeachtet, hatte Österreich eine Vorbildfunktion für die benachbarten kommunistischen Gesellschaften. Und noch ein wesentlicher Beitrag zur allgemeinen Befriedung des Europa der Nachkriegszeit kam aus Österreich: Der Erzbischof von Wien, Franz Kardinal König, war der Beauftragte des Vatikan für die Kontakte mit dem sowjetischen Regime und dessen Satelliten. Als typischer Vertreter der Epoche des Zweiten Vatikanischen Konzils wollte er die Kirche für die Welt öffnen, indem er nach praktischen Verständigungsmöglichkeiten für die widerstreitenden Ideologien suchte. Inwieweit war die Lage im Nachkriegsösterreich ganz allgemein eine Absage an die ideologische Unnachgiebigkeit zugunsten einer verstärkten Hinwendung zu den Annehmlichkeiten des Lebens? Letzthin sollte dies zu der unerwarteten Folge führen, daß die fremdenfeindliche Rechte eine wütende Privatisierung und einen defensiven Korporatismus hervorbrachte. Parolen wie »Österreich den Österreichern« wurden zwanghaft von den Enkeln und Urenkeln derjenigen wiederholt, die in den früheren Vielvölkerstaat eingewandert waren.

Wie man es von den Austromarxisten nicht anders erwarten würde, legen die Projekte der modernen sozialdemokratischen Partei Österreichs großen Wert auf die Rolle des Staates als Koordinator und Eigentümer im Finanzwesen und in der Industrie. In der Partei selbst sind Stimmen laut geworden, die die Machtkonzentration und die Privilegien der bürokratisierten Eliten kritisiert haben, die in Wirtschaft, Partei und Staat eng verwoben, wenn nicht sogar identisch sind. Allerdings handelt es sich dabei nicht um ein System, in dem die Wirtschaft durch einen öffentlichen Sektor beherrscht wird, der den gewöhnlichen Bürgern so fern ist wie eine kapitalistische Unternehmensführung. Die Verwurzelung der Gewerkschaften in der sozialistischen Partei bedeutet, daß die politischen Entscheidungen über die Verteilung des Volkseinkommens nicht ohne ihre Zustimmung gefällt werden können. Mitbestimmung auf der Ebene des Betriebes oder des Arbeitsplatzes ist jedoch kein augenfälliger Zug des österreichischen Sozialismus.

Zum ersten Mal schien eine sozialistische Partei erfolgreich eine effiziente und relativ humane Variante des Kapitalismus zu steuern. Als die Partei in Nachfolge des visionären Realisten Bruno Kreisky ihre Vorsitzenden und Kanzler wählte – Franz Vranitzky und Viktor Klíma –, standen Managertalente im Vordergrund. Die Kanzler verhielten sich wie Vorstandsvorsitzende der Österreich AG. Die sozialistische Transformation der staatsbürgerlichen Existenz und des Alltagslebens wurde an den Rand des Projekts der Partei gedrängt und einer unbestimmten Zukunft überlassen.[5] Konsterniert mußte die Partei feststellen, daß sie dann viele ihrer Wähler verließen, um Jörg Haider, die Stimme des profanen Ressentiments, zu unterstützen.

Nach der Wahl 2000 weigerte sich die Österreichische Volkspartei, die Koalition mit den Sozialisten fortzusetzen. Indem sie Haiders Partei zum Partner wählte, gab sie dieser Stimme europäisches Gewicht.

Haider besitzt ein beträchtliches demagogisches Talent. Er kommt aus einer Nazifamilie und streitet die Schwärze der Vergangenheit ab, indem er darauf beharrt, sie wäre grau gewesen. Er beschwört die lauteren Motive der österreichischen Nazis und die wirtschaftlichen und sozialen Errungenschaften des Dritten Reichs. Die Kritiker des österreichischen Nazismus stellt er als Erpresser hin, denen es nur um Reparationen gehe oder darum, daß Österreich seinen hart erkämpften Wohlstand mit Fremden teile. In Haiders Geschichtsbild verschmelzen Vergangenheit, Gegenwart und Zukunft: Österreich sei zunächst Deutschland zum Opfer gefallen und würde jetzt ungerecht verurteilt und zynisch ausgebeutet; als Folge seiner EU-Mitgliedschaft stünde es nun auch noch vor dem Verlust seiner Souveränität.

Die übrigen EU-Staaten erließen Sanktionen; sie erklärten, Haiders Regierungsbeteiligung sei nicht mit den demokratischen Werten des neuen Europa vereinbar. Die Sanktionen stärkten Haiders Position. Er hatte nicht ganz unrecht, als er insbesondere Belgien und Frankreich vorwarf, sie wollten ihre eigenen rechten Parteien in Mißkredit bringen, indem sie Österreich ins Abseits stellten. Und auch war seine Feststellung richtig, Österreich würde mit Sanktionen bedroht, noch bevor seine Partei überhaupt in die Regierung eingetreten sei, während die EU nichts zur Gewalt gegen Ausländer in Deutschland sage. Es gelang Haider, seine österreichischen Gegner (vor allem die Sozialisten) als Kollaborateure ausländischer Verleumder Österreichs hinzustellen. Besonders wirksam war seine Attacke, mit der er den Nutzen der EU-Mitgliedschaft für Österreich in Frage stellte.

Inzwischen hat die neue Regierung begonnen, ein wirtschaftliches und soziales Programm umzusetzen, das umfangreiche Privatisierungen im staatlichen Sektor vorsieht und die Ungleichheit vergrößern wird, da Sozialleistungen systematisch gekürzt werden. Einwanderer greift Haider wesentlich härter an als ausländisches Kapital, dessen Zufluß nach Österreich politische Bedeutung hat. Die Übernahme einer großen Bank (der Bank Austria) durch eine bayerische Bank, die der christlich-sozialen Regierung Bayerns nahesteht, wird die Fähigkeit Österreichs, seine Wirtschaft zu kontrollieren, weiter schwächen. Haider stützt sich auf die Ängste vieler Österreicher, die glauben, sie hätten viel zu verlieren, doch seine Partei gehört einer Regierung an, die sich deren Bedürfnissen gegenüber besonders taub stellt. Das erinnert an die Bemerkung des (mittlerweile ehemaligen) französischen Innenministers Jean-Pierre Chevènement, daß nicht der algerische Automechaniker in der Tankstelle an der Ecke oder der kleine marokkanische Lebensmittelhändler die französische Identität bedrohe, sondern der globale Kapitalismus. Die österreichischen Sozialisten, die sich jahrelang als die tüchtigsten Partner des Kapitalismus gerierten, stellen jetzt schockiert fest, daß die österreichischen Vertreter des internationalen Kapitals sehr wohl auf sie verzichten können.

Und noch etwas: Zweifellos stellt wirtschaftliche und soziale Unsicherheit einen Nährboden für Rassismus und Fremdenfeindlichkeit dar. Doch diese Einstellungen beschränken sich in den industriellen Demokratien bei weitem nicht nur auf diejenigen, die ihren materiellen oder sozialen Status bedroht sehen oder bereits Verluste hinnehmen mußten. Die Ansichten und Gefühle, die im Faschismus und Nationalsozialismus ausgedrückt wurden (und im amerikanischen Nativismus und seinen Spielarten), sind kein Produkt des Konjunkturzyklus. Sie führen ein Eigenleben und müssen auf kulturellem, moralischem und psychologischem Terrain bekämpft werden. Als die österreichischen Sozialisten nach dem Krieg um die Stimmen der ehemaligen Nazis kämpften, legten sie großen Wert auf einen besonderen Umgang mit deren Vergangenheit: Nur die Gegenwart zählt, war die Parole. Daß man einen Konsens erzielen konnte, für die Österreicher einen Wohlfahrtsstaat zu schaffen, hieß jedoch nicht, die Menschen zu einer tiefergehenden Art von Solidarität zu erziehen. Als der Konsens erschöpft war, waren die Sozialisten nicht in der Lage, sich auf ein Reservoir moralischer Solidarität zu stützen, um ihre Suche nach einem neuen sozialen Projekt zu beflügeln. Viele ihrer Wähler wurden einstweilen den Litaneien Haiders überlassen.

Einen anderen Weg schlug eine weitere erfolgreiche Partei in einem kleinen Land ein. Die Sozialdemokratische Partei Schwedens übernahm in den dreißiger Jahren die Regierung und ist, abgesehen von relativ kurzen Unterbrechungen in der letzten Zeit, dort geblieben. Der nordeuropäische Sozialismus ist als eine säkularisierte Form des Protestantismus beschrieben worden. Der Erklärungswert dieser Beschreibung ist offensichtlich gering. Deutschland ist ebenso wie die Niederlande fast zur Hälfte katholisch, Belgien sogar rein katholisch, und dennoch ist die Sozialdemokratie in diesen Ländern ebenso erfolgreich gewesen wie im protestantischen Skandinavien – soviel dazu. Die schwedische Gesellschaft wurde bis weit in die Anfänge des 20. Jahrhunderts hinein vom Luthertum geprägt, das von Ingmar Bergman so heftig angegriffen wurde. Schwedens Hinwendung zum

Sozialismus folgte der von der Moderne verursachten Krise des schwedischen Protestantismus.

Die säkulare Gesellschaft, die der schwedische Sozialismus schuf, weist auffallende Parallelen zur Funktionsweise einer protestantischen Kirche auf: Das Privatleben sollte zu einem moralisch autonomen Bereich gemacht werden, indem Familien und Einzelpersonen die nötigen Mittel zur individuellen Lebensführung bereitgestellt wurden. Staatliche Institutionen für Bildung und Wohlfahrt ersetzten die entsprechenden kirchlichen Einrichtungen. Der schwedische Sozialismus verstaatlichte buchstäblich nichts. Er konzentrierte das Einkommen in den Händen des Staates und entwickelte ein außergewöhnliches System von Leistungen in Kultur, Bildung und Gesundheit. In bezug auf die beträchtlich gesteigerte Freiheit der Frauen, die aus den materiellen Zwängen der patriarchalischen Herrschaft entlassen worden waren, war Schweden den meisten westlichen Gesellschaften weit voraus. Die politischen Folgen dieser kulturellen Revolution zeigen sich noch heute im Wahlverhalten der schwedischen Frauen: Als größte und treueste Wählergruppe quer durch alle Schichten bevorzugen sie die Parteien der Linken. Als die Sozialdemokraten begannen, Wert auf einen ausgeglichenen Haushalt und die Einschränkung der Ausgaben des Wohlfahrtsstaats zu legen, gewann eine linke Gruppierung unter Einschluß der schwedischen Kommunisten unerwartet an Unterstützung, hauptsächlich deshalb, weil sie für Positionen eintrat, die früher die Sozialdemokraten vertreten hatten.[6]

Blickt man zurück auf das österreichische und das schwedische Modell auf ihrem Höhepunkt in den sechziger Jahren, fällt auf, wie wenig sie als Vorbilder betrachtet wurden. Sozialisten anderer Nationen behandelten diese kleineren Gesellschaften gelegentlich als besonders glückliche Ausnahmen. Wenn einmal ernsthaft über sie diskutiert wurde, so dienten sie oft als Beispiel für einen allgemeinen Zustand: die Überwindung schwerer gesellschaftlicher Konflikte durch einen gelenkten Kapitalismus. Es wurde behauptet, daß sie durch lokale und oft nur gelegentliche politische Konstellationen das erreicht hätten, was größeren Nationen auch ohne ausgeprägtem Sozialismus gelungen sei.

In seinem herausragenden Werk »The Age of Extremes« [»Das Zeitalter der Extreme«] charakterisiert Eric Hobsbawm die Zeit bis in die siebziger Jahre als »Goldenes Zeitalter«. Typische Werke dieser Zeit, die Analyse und Apologie kombinierten, sind seiner Meinung nach

Daniel Bells »The End of Ideology«, Anthony Croslands »The Future of Socialism«, John Kenneth Galbraiths »The Affluent Society« [»Gesellschaft im Überfluß«] und Gunnar Myrdals »Beyond the Welfare State«. Auch Raymond Arons »Eighteen Lectures on Industrial Society« hätte er hier anführen können: Aron erwähnte als erster ein *fin de l'âge idéologique* [Ende des Zeitalters der Ideologie]. Alle diese Denker waren sich darin einig, daß in den westlichen Demokratien größere Klassenkonflikte verschwunden oder zumindest weitgehend entschärft seien.[7] Die vorhandenen politischen und wirtschaftlichen Steuerungsmechanismen reichten aus für die Fortschritte (oder in ihrer Begrifflichkeit Korrektive), die noch nötig waren.

Selbst Galbraiths Kritik an der amerikanischen Gesellschaft (»privater Wohlstand und öffentliche Verwahrlosung«) legte nahe, daß eine Änderung des Gleichgewichts ausreichen würde. Doch als er sich Kennedys Regierungsmannschaft anschloß, wurde er aus Washington hinauskomplimentiert und als Botschafter nach Indien abgeschoben, ohne Einfluß auf die Wirtschaftspolitik des Präsidenten nehmen zu können. Finanzminister wurde ein republikanischer Bankier. Kennedy selbst erläuterte in einer Rede 1962 in Yale, die Probleme der Nation bestünden in rein technischen Fragen der Justierung und es bedürfe keiner dramatischen Veränderung der Wirtschafts- und Sozialpolitik. Crosland und Myrdal waren etwas skeptischer als ihre Kollegen, ob die Klassenfrage obsolet geworden wäre, und beschworen die pädagogische Dimension des Sozialismus, die Fragen des Staatsbürgertums und die Solidarität.

Damals wurden österreichische und schwedische Erfolge von Sozialtheoretikern ignoriert, sie blickten auf andere Länder. Abgesehen von der amerikanischen Selbstzufriedenheit wandte sich die Aufmerksamkeit Deutschland und Japan zu. Die wirtschaftlichen Erfolge dieser Länder wurden der Tüchtigkeit der Manager und der Disziplin der Arbeiterschaft zugeschrieben. Die Rahmenbedingungen – ein starker Staat und praktizierte Solidarität – erwähnte man eher verlegen. Daß in Deutschland christliche und sozialistische Ideen zusammenwirkten, wurde ignoriert, die Politik im Japan der Nachkriegszeit kaum erwähnt. Die amerikanischen Besatzer und die japanischen Eliten hatten sich zusammengetan, um den Einfluß japanischer Sozialisten und der Gewerkschaften zu beschneiden. In Deutschland gestand man ihnen als Ausgleich für die Hinnahme der Wiederbewaffnung weitaus mehr Einfluß zu. Imperialistische Zwänge beeinflußten die Wirtschafts-

und Sozialpolitik, doch darüber sprach man nicht gerne. Eine zu große Offenheit hätte die Doktrinen der Autonomie der Märkte oder der Idee einer »freien Welt« in Frage gestellt.

Kritische Stimmen unter den europäischen Sozialisten thematisierten die partizipative Demokratie und die Humanisierung des Arbeitslebens.[8] Der Kontrast zu den USA war beträchtlich: Die innovativste amerikanische Gewerkschaft, die United Auto Workers, forderte damals »Dreißig Jahre und dann raus!«[9] Ihre Arbeiter gingen mit achtzehn in die Fabrik, schufteten im Akkord und forderten die Rente nach dreißig Jahren, um ein neues Leben beginnen zu können. Die Arbeitgeber bevorzugten diese Kombination aus hohen Löhnen und unbarmherziger Produktion, und viele Arbeiter gingen darauf ein. In Deutschland dagegen wurde ein Gewerkschafter, der das anstrebte, was er als »Humanisierung der Arbeit« bezeichnete, tatsächlich sozialdemokratischer Arbeitsminister (Hans Matthöfer). In Frankreich und Italien wurden in den Sechzigern ähnliche Diskussionen geführt, und sogar in den kommunistischen Ländern fand sich ein Echo.[10]

Die Lage war paradox. Einerseits verneinten viele, die den Wohlfahrtskapitalismus als Triumph betrachteten, daß es möglich wäre, wesentlich darüber hinauszugehen. Dies war die Logik der amerikanischen Gewerkschaften, sie wollten optimale Chancen für ihre Mitglieder außerhalb der Arbeit – immer als Konsumenten, manchmal als Bürger. Sozialisten und eine Gruppe amerikanischer Denker, die Initiatoren dessen waren, was schließlich als Neue Linke bekannt werden sollte, kämpften darum, neue Themen zu formulieren, Themen, die über die materielle Umverteilung hinausgehen sollten. Sie sprachen von der Entwicklung des Staatsbürgertums und der Entfaltung der Persönlichkeit.[11] Diejenigen, die der Ansicht waren, daß die liberale Gesellschaft verwirklicht sei, waren großenteils gewillt, eine ziellose Ausbreitung kultureller Wahlmöglichkeit und sozialer Werte zu akzeptieren. Sie taten die Kritik an der Industrialisierung der Kultur als Nostalgie oder Snobismus ab. Diejenigen, deren Liberalismus im Sozialismus aufging oder die einfach radikaler waren, neigten viel eher dazu, den älteren Kern liberaler Werte (menschliche Autonomie und Expressivität) ernst zu nehmen und die Funktionsweise der bedeutenderen Institutionen ihrer Gesellschaft kritisch zu beleuchten. Ich werde auf diese Themen noch einmal zu sprechen kommen, wenn ich die Neue Linke und die Turbulenzen betrachte, zu denen es in den USA fast augenblicklich kam, nachdem die Politik als domestiziert erklärt worden war. Der Streit spaltete sowohl die europäischen Sozialisten als auch die amerikanischen Sozialreformer.

Lassen Sie uns jetzt in eine andere Richtung blicken. Ich habe behauptet, daß der negative Einfluß des Stalinismus auf die Chancen des westlichen Sozialismus übertrieben worden ist. Die sozialistischen Parteien Westeuropas legten noch zu Lebzeiten Stalins den Grundstein für die Wohlfahrtsstaaten der Nachkriegszeit. Welchen Einfluß hatten nun die Auseinandersetzungen in den kommunistischen Bewegungen nach Stalins Tod 1953 – Auseinandersetzungen, die in Chruschtschows Rede 1956 über den »Personenkult« ihren bedeutsamen, jedoch keineswegs alleinigen Ausdruck fanden? Zwischen Stalins Tod und dem Zusammenbruch der UdSSR 1991 kreisten die Konflikte und Unruhen in den kommunistischen Parteien und Staaten um zwei Schwerpunkte.[12]

Der erste war national. Er beinhaltete die Ablehnung des sowjetischen Anspruchs auf die Vorherrschaft in der kommunistischen Bewegung. Abgesehen von der in der Masse der Bevölkerung tief verwurzelten Ablehnung der Verwandlung zentraleuropäischer Nationen in Satelliten der UdSSR gab es auch eine Reihe nationaler kommunistischer Führer, die in den Vordergrund traten, sobald der totale Terror nachgelassen hatte. Titos Vermächtnis in Zentraleuropa erwies sich als sehr lebendig. Man sehe sich nur die dramatische Veränderung in der kommunistischen Führung Polens an, die im Oktober 1956 stattfand, als Gomulka aus dem Gefängnis entlassen wurde und den Vorsitz über eine Partei antrat, die keinerlei Legitimation besaß. Um die Interessen der Nation zu verteidigen, schloß er sofort einen Pakt mit den Katholiken und sprach auf dieser Basis auch die Bevölkerung an. Daraufhin tauchte ein verärgerter Chruschtschow mit einem Großteil des sowjetischen Politbüros in Warschau auf und drohte mit militärischen Maßnahmen, wie sie einige Wochen später gegen das vom polnischen Beispiel angeregte Ungarn eingesetzt wurden. Die Unterdrückung des ungarischen Strebens nach einer anderen nationalen Existenz (und nach einem Austritt aus dem Warschauer Pakt) bestätigte die düstersten Bilder, die sich der Westen von der sowjetischen Herrschaft gemacht hatte. Sie zeitigte jedoch auch andere Folgen. Die ungarische Revolution 1956 und die ihr an anderen Orten in Zentraleuropa vorausgegangenen Unruhen zeigten, daß der Kommunismus nicht monolithisch war. Offensichtlich gab es in den kommunistischen Gesellschaften auch Chancen für Reformen und Revolten.

Das heißt, die Unruhen eröffneten die Aussicht auf eine von der eisernen Bipolarität befreite Welt. Der Aufstand in Ungarn fiel zeitlich mit der britisch-französischen Invasion in Ägypten zusammen. Dies wiederum trug, zusammen mit der radikalen Weigerung der NATO, den Ungarn zu Hilfe zu kommen, dazu bei, die westliche Opposition in ihren Ansichten zu bestärken. Auch sie war in ein imperiales System eingebunden, und nur wenn man mit einer Logik brach, die die Welt in zwei feindliche Lager spaltete, ließ sich wieder Bewegung in die Geschichte bringen. Zu dieser Zeit verfaßte Togliatti sein politisches Testament: eine Anweisung zu einem nationalen katholisch-kommunistischen Kompromiß in Italien, angelehnt an das polnische Modell.[13]

In allen kommunistischen Ländern kam es zu Unruhen, die von der Bevölkerung bis in die obersten Ränge der herrschenden Parteien reichten. In einem der kritischsten, in Ostdeutschland, bildeten die Arbeiter in dem Volksaufstand von 1953 die Speerspitze. Die Diskussion, die 1956 in der SED geführt wurde, reichte bis hinauf ins Politbüro. Es ging um die Grundlagen des Sozialismus und die radikale Veränderung der diktatorischen Rolle der Partei.[14]

In den kommunistischen Blockstaaten waren sich alle bewußt, daß Chruschtschow die meisten Häftlinge aus den sowjetischen Konzentrationslagern entlassen hatte. Sein Zögern bei der Einleitung eines umfassenden Reformprogramms gestattete es den Neostalinisten, sich neu zu formieren, und brachte ihn letztlich um die Macht. Doch noch vor seinem Abgang von der politischen Bühne 1964 kam es unter seiner Ägide zu einer Welle von Kritik und abweichenden Meinungen, der er mit erkennbarer Ambivalenz gegenüberstand. Sie kam aus den kommunistischen Parteien und sollte nie wieder völlig unterdrückt, geschweige denn vergessen werden. Philosophen, Wissenschaftler, Schriftsteller – alle von den kommunistischen Regierungen gefördert – veränderten das öffentliche Bewußtsein lange bevor sich die Politik veränderte. Oft taten sie dies im Namen eines reineren, wahreren Kommunismus, im Glauben an das emanzipatorische Versprechen der revolutionären Tradition. Phlegmatische, standhaft reaktionäre Parteibürokraten waren erzürnt. Nichts entsetzte sie mehr als die Behauptung, sie seien rückständig oder vielmehr rückschrittlich und ihr Leben und Wirken würde die kommunistische Rhetorik unablässig ad absurdum führen. (1968 lud die UNESCO eine Gruppe von Akademikern nach Paris zu einer Diskussion anläßlich der Hundertjahrfeier der Veröffentlichung von »Das Kapital« ein. Aufgrund der Pariser Mai-Revolution forderten die sowjetischen Vertreter eine Vertagung: Sie könnten in diesem Chaos nicht arbeiten.) Die kommunistischen Dissidenten und Revisionisten veränderten nicht nur das öffentliche Bewußtsein, sie trugen auch erheblich dazu bei, daß in den kommunistischen Staaten einschließlich der Sowjetunion überhaupt erst eine Öffentlichkeit entstand, und unternahmen damit die ersten Schritte in Richtung 1989. Die starken Repressionen unter Gomulka und Gierek in Polen, unter Ulbricht und Honecker in Deutschland, unter Hušak in der Tschechoslowakei, gelegentlich unter Chruschtschow und eindeutig unter Breschnew waren schwerwiegend. Ihre zunehmende Ritualisierung war eine implizite Anerkennung der wachsenden ideologischen Bedeutung von Alternativen.

Ein ganz anderes Problem erwuchs dem westlichen Sozialismus aus dem Konflikt zwischen China und der Sowjetunion. Plötzlich betrachteten sich einige Mitglieder westlicher kommunistischer Parteien und eine Reihe marxistischer Sektierer als Maoisten. Die historischen Wurzeln und der reale Gehalt des Konflikts wurden von den meisten militanten Maoisten außerhalb Chinas systematisch ignoriert. Die anmaßende und herablassende Haltung, die die sowjetische Führung seit den zwanziger Jahren der kommunistischen Partei Chinas gegenüber eingenommen hatte, wurde weder vor noch nach dem Bruch diskutiert. Die sowjetische Partei [Kommunistische Partei der Sowjetunion, KPdSU] mißbilligte, daß sich Mao auf die Bauernschaft stützte; sie bestand auf einer Allianz mit Tschiang Kai-schek und verweigerte den chinesischen Kommunisten bis weit in die letzte Phase des Bürgerkriegs hinein jegliche militärische und politische Unterstützung. Erst nachdem Stalin eingesehen hatte, daß die chinesischen Nationalisten sich nicht für eine gegen die USA und Japan gerichtete Allianz gewinnen lassen würden, ordnete er eine umfassende Zusammenarbeit mit den Kommunisten an. Mao und seine Genossen wiederum betrachteten sich als die legitimen Erben der chinesischen nationalen Revolution. Sie hatte sich gegen jegliche ausländische Bevormundung gerichtet, also bestand kein Grund, die Sowjetunion davon auszunehmen; denn diese stellte eine dauerhafte Bedrohung der nördlichen und westlichen Grenzen dar, und Rußland hatte Anfang des 20. Jahrhunderts chinesisches Territorium an sich gerissen.

Doch davon wurde wenig laut, als die Maoisten in den Sechzigern den Bruch zwischen China und der Sowjetunion weltweit rechtfertigen mußten. Statt dessen wurden der UdSSR und der sowjetischen KP mangelnder revolutionärer Eifer, Kompromißbereitschaft mit dem Klassenfeind und eine unehrenhafte Routinisierung der Revolution vorgeworfen. Laut der maoistischen Lehre war die Revolution in der Sowjetunion so verwässert, daß sie die Bezeichnung *revolutionär* nicht mehr verdiente. Die folgenden Ausbrüche der Kulturrevolution standen in Einklang mit den Angriffen auf die bürokratische Starrheit der sowjetischen Revolution, waren jedoch keineswegs ihre unausweichliche Folge.

In der Tat hatte Mao 1956, als ein Großteil des sowjetischen Blocks aus dem stalinistischen Dämmerschlaf erwachte, die Parole »Laßt hundert Blumen blühen« ausgegeben, offenbar eine Charta für einen kommunistischen Pluralismus. Diese in China verkündete Forderung wurde jedoch sogleich, ja fast panisch, wieder zurückgenommen, als Bürger und Intellektuelle sie wörtlich nahmen. Wie der Prager Frühling oder der ungarische Aufstand versetzte diese Episode der Vorstellung, der Kommunismus sei unveränderlich monolithisch und statisch, einen weiteren Schlag.[15]

Doch welche weiteren Folgen ergaben sich aus diesen extrem komplizierten und widersprüchlichen Bewegungen im kommunistischen Block? Die verschiedenen nationalistischen Phänomene – die ideologische Unabhängigkeit Maos vor dem Bruch mit der Sowjetunion, der ungarische Aufstand, der polnische Kompromiß mit der katholischen Kirche, die nationalen Gefühle im kommunistischen deutschen Teilstaat – wurden von manchen Konservativen dazu genutzt, um wieder einmal darauf hinzuweisen, daß der Nationalismus und nicht irgendeine sozialistische Ideologie das vorrangige Phänomen der Moderne sei. Sie beschworen den Nationalismus als Erklärung für die jugoslawische Abspaltung, obwohl Titos föderaler Staat (wie wir heute wissen) sicher nicht auf einem einheitlichen Nationalbewußtsein beruhte. Andere Konservative benötigten die Dämonisierung des Sozialismus, um ihr Weltbild zu vervollständigen, und hielten an der Vorstellung eines universellen Totalitarismus fest, wobei sie die Besonderheiten der jeweiligen nationalen Geschichte verwischten.[16]

Die westlichen Sozialisten schienen, selbst wenn sie innerhalb ihrer eigenen nationalen Zwänge, Idiome und Traditionen arbeiteten, in gewisser Weise unfähig, ihre eigenen unmittelbaren Erfahrungen zu verallgemeinern. Ihre teilweise recht erfolgreichen Bemühungen, ihr nationales politisches Erbe mit dem sozialistischen Gedankengut zu verschmelzen, brachten sie nicht in Zusammenhang mit den evident nationalistischen Strömungen in anderen Ländern. Warum nicht?

Hätte dies ein schlechtes Licht auf den universalen Anspruch des Sozialismus geworfen? Manche dachten, Stalinismus und Neostalinismus seien bedauerlich, noch schlimmer aber seien die durch sie anscheinend im Zaum gehaltenen Varianten des Nationalismus, die ihnen unlösbar mit dem Faschismus, der Ablehnung der Aufklärung und der Fortschrittsidee verbunden erschienen. Die ungelösten Widersprüche dieser komplexen und nie erreichten Synthese aus historischer Analyse und politischem Glauben sollten nach dem Zusammenbruch des Kommunismus 1989 zu einer breiten Orientierungslosigkeit führen. Als der Stalinismus und der Neostalinismus noch intakt waren, drückte sich in der Unfähigkeit, die volle Bedeutung des Nationalismus in den kommunistischen Staaten anzuerkennen, die Weigerung aus, die Fortschrittsidee aufzugeben, für die – wenn auch auf monströse Weise – die sowjetische Revolution stand. Die Unfähigkeit der westlichen Sozialisten, zu einem historischen Urteil zu gelangen war um so erstaunlicher angesichts der Tatsache, daß von den Russen in der Sowjetunion ein zunehmend vulgärer Nationalismus propagiert wurde. Viel weniger zögerlich waren die sozialistischen Denker des Westens darin, den Nationalismus in der Dritten Welt zur treibenden Kraft des historischen Fortschritts zu erklären, auch wenn in vielen Ländern der Dritten Welt die nationalen Befreiungsbewegungen zu autoritären und korrupten Regimes verkommen waren, die sich mit erfundenen Traditionen legitimierten.

Aufgrund ihrer sehr authentischen und nachhaltigen Bindung an Staatsbürgerschaft, Demokratie und Menschenrechte kam es bei Teilen der westlichen Sozialisten zunächst zu keiner energischen Reaktion auf die Krisen im kommunistischen Block. Es wurde viel von den Arbeitern in Posen und Berlin geredet, die die Aufstände von 1953 initiiert hatten; von den ungarischen Stahlarbeitern, die 1956 Milizen gebildet hatten, um gegen die sowjetische Armee zu kämpfen; und von den verstreuten Berichten über Streiks in der UdSSR – als ob ein Aufwallen des Syndikalismus die (nahezu verlorene) Seele der sowjetischen Revolution hätte retten können.

Eine wesentlich durchdachtere Version dieser Sichtweise bildete den Kern einer von vielen Theorien über die »neue Arbeiterklasse«, die auf die Gesellschaften des Ostblocks angewandt wurden. Die im Westen geläufige Form dieser Theorie bestritt, daß die anhaltende Verbürgerlichung von Teilen der Arbeiterklasse negative Folgen für den Sozialismus habe. Das Konzept des *embourgeoisement* wurde dadurch auf den Kopf gestellt: Eine gebildetere Arbeiterklasse, die ihre intellektuelle Autonomie am Arbeitsplatz ausüben würde, ihre verbesserte Verhandlungsposition nutzte, um dem Kapital Marktvorteile abzuringen, und Zugang (auch) zu kulturellen Ressourcen hatte, würde sich kaum bereitwillig in den Kapitalismus einfügen. Viel wahrscheinlicher träte sie als eine neue sozialistische Avantgarde auf. Sie würde eine sozialistische Rationalisierung der Wirtschaft fordern, und zwar vom Standpunkt ihrer eigenen, zentralen Rolle im Produktionsprozeß und in den erweiterten administrativen Systemen der industriellen Gesellschaft. André Gorz, Serge Mallet und Bruno Trentin entwickelten diese Gedanken für Europa, und in den USA tauchten sie in den Werken der Gruppe auf, die eine Erklärung zur »Dreifachen Revolution« herausgab.[17]

In seinem einflußreichen Werk über Stalin stellte Isaac Deutscher die Bürokratisierung und den Terror, die Zentralisierung und die Diktatur des Stalinismus als Etappen dar auf dem Weg zur Schaffung einer gebildeten Arbeiterklasse, die bald ihre Rechte einfordern würde, zum Beispiel ein Mitspracherecht in der Lenkung der Produktion, aber auch bei der Gestaltung des nationalen Lebens. Das Phänomen des Aufruhrs im Ostblock sei also weit davon entfernt, den Anfang seiner Auflösung zu signalisieren, sondern lege vielmehr nahe, daß eine neue, höhere Stufe bevorstünde. Deutscher stützte seine Ideen auf Trotzkis gelegentliche und zum Teil widersprüchliche Aussagen über den Stalinismus, der die Möglichkeit berge, die Versprechen der Sowjetischen Revolution endgültig einzulösen.[18]

Im Ostblock entwickelten Forschungszentren und zahlreiche Denker ihre eigenen, systemkonformen Ansichten einer glücklicheren Zukunft. Sie stützten sich auf das Motiv einer wissenschaftlich-technologischen Revolution, die Bereiche besetzen würde, die die Bürokraten und Manager (und vor allem die Parteifunktionäre) aufgeben müßten. Die Entwicklung der Produktivkräfte auf einem modernen, von der Entwicklung von Wissenschaft und Technologie geforderten Niveau würde Wissen zum entscheidenden Faktor in der Wirtschaft machen. Daraus würde sich eine Politik entwickeln, in der es für die Träger dieses Wissens nicht nur legitim wäre, mehr Macht einzufordern, sondern sie auch wirklich auszuüben. 1968, kurz vor dem Prager Frühling, gab Radovan Richta im Auftrag der Tschechoslowakischen Akademie der Wissenschaften einen Bericht über die wissenschaftlich-technologische Revolution heraus, der diese Vorstellungen elegant zum Ausdruck brachte. Nach der gewaltsamen Beendigung des Dubček-Experiments fand Richta interessanterweise an der Polnischen Akademie der Wissenschaften in Warschau Zuflucht vor der Verfolgung in Prag. Ähnliche Themen tauchten in den Werken einer ganzen Reihe von Forschungszentren auf (zum Beispiel in Akademgorodok), und auch die ostdeutschen Kommunisten fanden es passend, die Parole von der gebildeten Nation auszugeben, um ihr Engagement für diese Version der Fortschrittsidee zu beweisen. Diejenigen im Westen, die das revolutionäre Potential der älteren, industriellen Arbeiterklasse im kommunistischen Block oder auch deren Potential für eine systematische Oppositionspolitik anzweifelten, hießen diesen neuen Revisionismus willkommen. Er schien einen langsamen Prozeß der Demokratisierung erahnen zu lassen, ja sogar jene Konvergenz mit den westlichen Gesellschaften, über die Sacharow in dieser Zeit zu schreiben begann.[19] Besucher der akademischen Zentren des Ostblocks stellten oft fest, daß dort im scharfen Gegensatz zu der schrecklichen Aufgeblasenheit der herrschenden Parteien viele neue Ideen formuliert wurden.

Der Maoismus propagierte eine ganz andere Theorie des historischen Handelns. Deren zusätzliche Attraktivität lag darin, daß sie die Zukunft der Dritten Welt in ihr Erklärungsmuster miteinbezog.[20] Im Westen, aber auch in der UdSSR wüchsen aufgrund der zunehmenden Ausbeutung die Widersprüche der Klassengesellschaft, und in den Arbeiterklassen der nördlichen Hemisphäre entstünde dadurch ein neues revolutionäres Bewußtsein. Auf jeden Fall aber umringte – um mit Mao zu sprechen – das Land die Stadt. Das zentrale Phänomen des Jahrhunderts war die Auflehnung der ländlichen Bevölkerung gegen Kolonialismus und Imperialismus. China führte diesen Aufstand an, nachdem eine satte sowjetische Elite schändlich vom Pfad des Leninismus abgewichen war.

Später sollte die chinesische Kulturrevolution einen Teil der Neuen Linken zu einem permanenten Guerillakrieg in den Industriegesellschaften, einen Kampf gegen Konvention und Tradition inspirieren. Mao selbst wollte mit der Kulturrevolution die Versteinerung der chinesischen Revolution abwenden, wie er später Malraux gegenüber behauptete.[21] Die westlichen Maoisten dagegen hatten keine Erbschaft, die sie wiederbeleben konnten. Es war bezeichnend, wie schnell ihre revolutionären Bemühungen in den westlichen Gesellschaften von Kultur und Unterhaltung absorbiert wurden. Allerdings hatten manche die Botschaft verstanden: Der Maoismus trug in der Tat dazu bei, daß man die UdSSR und die moskautreuen Parteien im Westen als bürokratisch und verkrustet ansah. Schließlich wiederholte sich die Geschichte: Innerhalb der sozialistischen Bewegung wurden viele, die früher an die Unantastbarkeit der Sowjetunion geglaubt hatten, zu demokratischen Reformern. Nachdem sie eine Weile dem Maoismus gehuldigt hatten, sublimierten viele aus der jüngeren Generation ihren Glauben an die Spontaneität zu einer Suche nach einer neueren Art des westlichen Sozialismus; eines Sozialismus, der Wert auf eine partizipative Demokratie legte. Nicht alle Wege führten zurück zu den traditionellen sozialistischen Gruppierungen; jene Pilger aber, die diese Wege einschlugen, waren am Ende ihrer Reise trauriger – und weiser.

Im Westen wirkte der Maoismus mit seinem inbrünstigen Beharren auf seiner historischen Vorreiterrolle als kultureller Protest. Der chinesische Nationalismus hüllte sich in die Sprache der revolutionären Reinheit. Das bekannte Bestreben, kulturelle und gesellschaftliche Prozesse nicht zur Routine verkommen zu lassen, wurde im Westen als eine neuere, stärkere Philosophie der Weltrevolution gerechtfertigt. Tatsächlich war der westliche Maoismus größtenteils eine Farce.

Man kann den Einfluß, den das Auf und Ab der Ereignisse im kommunistischen Block auf die westlichen Sozialisten hatte, auch anders interpretieren. Manche betrachteten sie nicht mit dem Blick eines Historikers oder Philosophen, sondern als nützliche Waffen für den Kampf im Westen. Die Tatsache, daß sich in dem einst so starren Block etwas bewegte, wurde als Beweis dafür genommen, daß sich auch im Westen etwas bewegen könnte. Die vage, aber nicht gänzlich verblaßte Hoffnung, daß der Stalinismus und sein Erbe auf irgendeine Weise überwunden werden könnten und danach ein anständiger, reiner Sozialismus entstünde, wurde dadurch genährt.

Manche dieser Hoffnungen liefen unterschwellig mit und standen im Widerspruch zu dem, was offensichtlich hätte sein sollen: Die Unruhen in den kommunistischen Gesellschaften hatten keine direkte Relevanz für die Politik in den Demokratien. Jede dieser beiden Gesellschaftsformen bildete ihr eigenes Universum. Die Konflikte in den kommunistischen Gesellschaften verminderten kaum den rigiden Antikommunismus, der sich auch im Zweifel an der Lauterkeit der Motive des Sozialismus westlicher Prägung niederschlug. Die westlichen Sozialisten handelten, als ob sie mit den Kommunisten weder eine (wie fern auch immer sie sein mochte) Tradition noch einen verbindlichen Katalog von Zielen gemeinsam hätten. Es störte oder überraschte Enrico Berlinguer kaum, daß er bei seinem letzten Besuch einer kommunistischen Konferenz in Moskau äußerst unhöflich behandelt wurde. Es bestärkte nur sein unermüdlich wiederholtes Argument, daß die Kommunistische Partei Italiens zuallererst, aber auch zu guter Letzt eine italienische Partei sei. Die Krise des Ostblocks verstärkte die unbewußte Spaltung im Denken und Fühlen der westlichen Sozialisten. Einerseits waren sie sich ihrer universellen Berufung bewußt – was sie besonders anfällig machte, um das Erbe des Jahres 1789 zu streiten. Andererseits betrachteten sie ihre Verwurzelung in ihren Gesellschaften, die sie erst nach dem Krieg erreicht hatten, als den Höhepunkt ihrer Kämpfe seit 1789. Dadurch neigten sie dazu, Ereignisse, die nicht im Westen stattfanden, interessant, ja sogar bedeutsam oder möglicherweise schicksalsträchtig zu finden – doch zu einer Revision ihres Denkens sahen sie sich ihretwegen nicht veranlaßt.

Dies galt für das gesamte Spektrum von Ereignissen in der nichtwestlichen Welt. Ende der sechziger Jahre war die Gesamtsituation gänzlich verworren. Die Zeit von Bandung, als Tschou-En-lai, Nasser, Nehru und andere die Befreiung der gesamten Menschheit versprachen und die übrige Welt aufforderten, vom Kalten Krieg abzulassen und sich auf die Aufgaben der Entwicklung zu konzentrieren, schien einer fernen Vergangenheit anzugehören, auch wenn die Konferenz erst 1955 stattgefunden hatte. Korruption, Diktatur, flächendeckende Armut und soziale Auflösungserscheinungen, die sich aus der Landflucht immer größerer Massen in die Städte ergaben, hatten die Hoffnungen, die in Bandung (und vor dem Krieg bei Gruppen wie dem Kongreß Afrikanischer Künstler und Schriftsteller) laut wurden, nahezu zerstört. Es gab Ausnahmen, doch nur dort, wo in einem Polizeistaat kapitalistisches Wachstum erzwungen wurde und man keineswegs danach trachtete, Alternativen zur kapitalistischen Welt zu finden, sondern im Gegenteil beabsichtigte, sich dieser Welt anzuschließen. Hongkong, Singapur, Südkorea, Taiwan, zu denen sich Indonesien und Malaysia und in den Siebzigern zur allgemeinen Überraschung auch China gesellten, formten ein neues asiatisches Phänomen: Kapitalismus pur und wachsender Lebensstandard.

Die Ideologen des Kapitalismus waren äußerst findig und reagierten darauf mit einer doppelten Antwort. Einige erklärten, daß Kohäsion und Disziplin asiatische Werte seien, es also rein ethnozentristisch betrachtet unvertretbar sei, diese Gesellschaften nach westlichen

Maßstäben zu bewerten. Andere zogen es vor, über die asiatischen Polizeistaaten diskret zu schweigen, und beharrten darauf, daß der freie Markt bürgerliche und politische Freiheiten garantiere. Wieder andere, so etwa Peter Berger und Jeane Kirkpatrick, waren ehrlich genug, zwischen autoritären Regimes, die sich zu Demokratien entwickeln könnten, und totalitären, in denen dies unmöglich sei, zu unterscheiden.[22] Die autoritären Regimes befanden sich natürlich alle auf der westlichen Seite der im Kalten Krieg gezogenen Grenze. Die begrenzten, aber dennoch meßbaren Freiheiten, die in Ungarn, Polen und Jugoslawien institutionalisiert worden waren, und die Entwicklung einer Zivilgesellschaft in der Sowjetunion wurden einfach ignoriert. Die daraus entstandene ideologische Kakophonie läßt sich unmöglich als Diskussion bezeichnen. Was in der Welt wirklich vor sich ging, war weitaus weniger wichtig als die Verteidigung starrer Positionen im politischen Spektrum des Westens. Auf der einen Seite standen die Befürworter der sozialen Demokratie und einer beschränkten Koexistenz, auf der anderen die Verteidiger eines souveränen Marktes und eines militanten Kreuzzugs gegen einen monolithischen Kommunismus.

Diese Gegenüberstellung ist höchst schematisch, und Ausnahmen waren die Regel. Die amerikanischen Gewerkschaftsführer waren Sozialdemokraten, soweit es die Geschichte erlaubte, jedoch auch dogmatische Kalte Krieger. Kardinal Casaroli, der Chefdiplomat des Vatikan, Charles de Gaulle und George Kennan (und auch Franz Josef Strauß) kann man wirklich nicht als Sozialisten bezeichnen, aber auch sie betrachteten die Ideologie des Kalten Krieges mit größter Skepsis.

Westliche Sozialisten mit fortschrittlichen Überzeugungen empfanden einen Großteil der sich um sie abspielenden Geschichte als reichlich verwirrend. Japans Industrialisierung Ende des 19. Jahrhunderts galt als große Ausnahme. Japans Fähigkeit, einen großen Teil seiner Kultur zu bewahren, kam ihnen und vielen anderen wie ein Kuriosum, wie zeitgenössische Folklore vor. Dennoch sympathisierten sie mit nationalen Befreiungsbewegungen, die Elemente ihrer nationalen Kultur, die unter der westlichen Herrschaft beschädigt, geraubt oder unterdrückt worden waren, zurückforderten. Andere zweifelten an diesen groß angelegten kulturellen Rückforderungen. Sie gingen davon aus, daß die Völker der Welt in den Genuß der Vorteile kommen wollten, die ihnen die Modernisierung mit ihrer deutlich erweiterten, wenn nicht sogar unendlich wachsenden Palette kultureller und wirtschaftlicher Wahlmöglichkeiten bringen würde. Dieser Standpunkt bildete keine Ausnahme, hatte aber auch nichts erkennbar Sozialistisches an sich.

Die Auseinandersetzung über diese ideologischen Widersprüche trug dazu bei, daß die Solidarität der westlichen Sozialisten mit der Dritten Welt abnahm. Die Amerikanisierung des vietnamesischen Bürgerkriegs und später die Kampagne zum Sturz der Sandinisten in Nicaragua rief im Westen zwar Bewegungen auf den Plan, die sich mit den gegen die USA gerichteten Kräften solidarisierten, doch diese Bewegungen fielen mit Unruhen in den westlichen Staaten zusammen oder gingen darin auf. Proteste gegen den Vietnamkrieg waren ein integraler Bestandteil der allgemeinen Protestwelle in den sechziger Jahren. Die Reaktion auf den Konflikt in Nicaragua fiel wesentlich moderater aus und war ein Ableger der Kontroverse über die Nachrüstung und der von einem Großteil Europas abgelehnten Politik des damaligen amerikanischen Präsidenten Reagan.

Der schreckliche Verlauf, den die Dinge in der Dritten Welt nahmen, trug ebenfalls zu einer Abnahme der Solidarität bei. Die heroische Phase der nationalen Befreiungsbewegungen ging zu Ende, ihre großen Anführer traten von der Bühne ab. Einige der Überlebenden erlitten ein peinliches politisches Schicksal: Der ghanaische Führer Kwame Nkrumah wurde durch einen Putsch gestürzt, während er sich in China zu einem Staatsbesuch aufhielt; der algerische Führer Ben Bella wurde von seinen früheren Genossen ins Gefängnis gesteckt. Che Guevara wurde – insbesondere nachdem die CIA ihn getötet hatte – zum Helden stilisiert. Kubas Castro könnte zumindest einen Preis für historische Langlebigkeit einfordern. Daß er den USA trotzte, brachte ihm nicht nur von seiten der Sozialisten viel Sympathie ein, doch seine beharrliche Weigerung, sein Regime zu demokratisieren, kostete ihn mindestens ebensoviele Sympathiepunkte. Und die Heuchelei der Apologeten Israels schaffte das nahezu Unmögliche: Der autoritäre Arafat wurde zu einem Fürsprecher der Emanzipation.

Die Frage der wirtschaftlichen Entwicklung und der politischen Unabhängigkeit wurde von einem Stellvertreterkrieg der Supermächte überlagert: Jahrzehntelang unterstützten die USA die weiße Minderheit Südafrikas in ihrer tyrannischen Herrschaft über die schwarze Mehrheit, damit sich nur ja kein schwarzes Regime mit der Sowjetunion verbündete. Die USA unterstützten Franco und retteten 1953 sein Regime, als es erhebliche wirtschaftliche Schwierigkeiten hatte. Sie unterstützten die griechischen Obristen und die portugiesischen Faschisten. Brasilianische und indonesische Generäle, Pinochet in Chile – sozusagen als Nachfolger des Schah im Iran – waren Nutznießer direkter amerikanischer Interventionen. Die innenpolitische Stabilität Italiens wurde durch verdeckte amerikanische Operationen, die bis heute von den USA nicht offiziell anerkannt worden sind, ernsthaft bedroht. In Australien verdrängte ein Generalgouverneur 1975 auf Geheiß der USA eine Regierung, die seinen Auftraggebern erheblich mißfiel. Als die Portugiesen das faschistische Regime stürzten, drohten die USA mit Interventionen – gegen die Revolutionäre. In den westeuropäischen Staaten arbeiteten CIA-Agenten mit der Scheckbuch-Diplomatie.

Die amerikanischen Protagonisten des Kalten Kriegs schafften es hervorragend, die Opposition europäischer Sozialisten gegen ihre Politik – eine finstere, empörend antiliberale oder buchstäblich mörderische Politik – auf Scheingefechte zu reduzieren. Doch dies war vor allem eine Folge des nachlassenden moralischen Eifers der Sozialisten, weniger ein Tribut an die moralische Autorität der Amerikaner. Eine moralisch argumentierende Politik fand sich in den Kirchen, bei einigen unabhängigen Bürgerrechtsbewegungen und in den Teilen der größeren sozialistischen Parteien, die spätestens mit einer Regierungsbeteiligung ihrer Partei unweigerlich an den Rand gedrängt wurden.

Die sozialistischen Parteien reagierten lau auf die Frage der globalen Armut. Willy Brandt wurde zu einem Fachmann auf diesem Gebiet – aber erst lange, nachdem er sein Regierungsamt niedergelegt hatte. Robert MacNamara von der Weltbank bat Brandt, die Nord-Süd-Kommission zu leiten.[23] Als diese Kommission 1980 ihren Bericht vorlegte, hatte Brandts Verbündeter und ehemaliger Minister für wirtschaftliche Zusammenarbeit, Erhard Eppler, die Regierung Helmut Schmidts aus Protest verlassen, weil er ihren Beistand für die Dritte Welt als unzulänglich erachtete. Sozialistische Regierungen und Parteien taten sehr wenig, um die Ideologie und die Politik des Internationalen Währungsfonds oder der Weltbank zu verändern. Diese Institutionen waren in erheblichem Maße dafür verantwortlich, daß Ende der siebziger und in den achtziger Jahren das Dogma des freien Marktes allgemein anerkannt wurde. Ihre Politik wirkte sich oft verheerend aus auf den Lebensstandard und den politischen und sozialen Zusammenhalt der Gesellschaften, die in den »Genuß« dessen kamen, was erstaunlicherweise als Hilfe bezeichnet wurde. Falls die sozialistischen Parteien überhaupt kohärente Projekte für ein Engagement in der Dritten Welt hatten, wurde diesen keine Priorität eingeräumt.

Die Niederlande und Schweden gaben einen höheren Prozentsatz ihres Haushalts für die Unterstützung der Dritte-Welt-Länder aus als die größeren Nationen. Dazu trugen christliche wie sozialistische Überzeugungen zum Thema Verantwortung bei. Die katholische Kirche war unter Papst Johannes Paul II. in ihrer Einstellung zur weltweiten Armut (ungeachtet der Wirkung, die ihre Sicht von der Familie und von der Rolle der Frau hatte) ebenso kritisch wie die Sozialistische Internationale. Die katholische Öffentlichkeit im Westen beachtete dies allerdings kaum und brachte diesen Problemen, die ihrem Alltag fernlagen, dieselbe systematische Indifferenz entgegen wie ihre sozialistischen Mitbürger.

Wieder stoßen wir auf ein großes Problem der sozialistischen Bewegung. Als Erbin der radikalen Demokratie westlicher Prägung setzte die Bewegung die Beteiligung aktiver Bürger, für die der Kampf zur Umsetzung ihrer sozialistischen Ideale ein ganz zentrales, ja lebenswichtiges Anliegen sein sollte, stillschweigend voraus. Doch historisch gesehen unterstützten Millionen von Menschen die sozialistische Bewegung nicht deshalb, weil sie ihre Existenzbedingungen radikal verändern wollten, sondern deshalb, weil sie sie konkret verbessern wollten. Sobald ihre materiellen Bedürfnisse befriedigt, ihre Rechte und ihr sozialer Status gesichert waren, hatte ihre Bindung an die Bewegung eher eine instrumentelle als eine metahistorische oder religiöse Bedeutung. Daraus ergab sich ein weiteres Problem. Das Festhalten am Sozialismus wurde mehr und mehr zu einem Lippenbekenntnis, selbst wenn es noch als fester Bestandteil der persönlichen Identität betrachtet wurde; immer weniger Energie wurde dafür aufgebracht, es machte einen immer kleineren Teil des Lebens derjenigen aus, die sich für Sozialisten hielten.

Das relativ neue Phänomen einer Reihe sozialer Bewegungen hat die Sozialisten mit einer beunruhigenden Tatsache konfrontiert: Gerade in dem Moment, als sie ihren Zugang zu Macht und Anerkennung feierten, stellte eine neue Avantgarde ihren Anspruch, die legitimen politischen Erben der Fortschrittsidee zu sein, in Frage. Bei der besonderen Beachtung, die der Sozialismus dem Thema Markt und Staat widmete, werden die aktuellen sozialen Themen nicht berücksichtigt: kommunale und ethnische Rechte, Umwelt, Probleme in der Familie und zwischen den Geschlechtern, Gesundheit, lokale Autonomie, Marginalisierung. Dazu kommt noch das Bewußtsein von Krankheit, Hunger, Armut, Terror und Tyrannei in vielen Teilen der

Welt, das sich ein kleiner moralisch denkender Rest im Westen erhalten hat. Das charakteristische Gebot dieser Bewegungen, »global denken, lokal handeln«, ignoriert unbewußt die Trias »Bewegung, Partei, Staat«. »Global denken« ist ein Tribut an den Universalismus, doch »lokal handeln« zeugt von einem bescheideneren historischen Maßstab. Die Vorstellung von der Universalität der Bürgerrechte weicht in den Neuen Sozialen Bewegungen einer Spezifizierung der verschiedenen Kontexte, in denen sie ausgeübt werden können.

Damit wird ein großes Paradoxon deutlich: Zwar kam die Aufmerksamkeit, die den sozialen Problemen »neuen Typs« gewidmet wurde, oft von denjenigen, denen es ursprünglich um partizipative Demokratie und um eine Ausweitung der Bürgerrechte über das bloße Wählen staatlicher Amtsträger hinaus ging. Doch der Versuch, eine syndikalistische Tradition den neuen Verhältnissen anzupassen und Arbeitern mehr Kontrolle an ihrem Arbeitsplatz zu geben, hatte nur sehr begrenzten Erfolg. Welches Maß an Kontrolle die Arbeiterschaft am Arbeitsplatz im einzelnen auch immer gehabt haben mag, es wurde durch die Zwänge eines größer gewordenen Marktes zunichte gemacht. Lokaler Widerstand ist möglich, und auch breite oppositionelle Aktionen kommen vor. Doch mit ihrer konzertierten Mobilität können diejenigen, die über Macht und Reichtum verfügen, dem hartnäckigsten lokalen Widerstand ausweichen. Lokale, nationale und sogar internationale Koalitionen, die sich gegen die unerbittliche Trägheit des Kapitals bildeten, wurden von dieser neueren Art eines *Divide et impera!* (Teile und herrsche!) gesprengt. Die Drohung, Kapital abzuziehen, reicht oft aus, um Arbeiter, Gewerkschaften, Kommunen und Regierungen gefügig zu machen.

Die Macht des Kapitals beinhaltet auch die Fähigkeit, die Themen für die politischen Debatten vorzugeben. In den Beschreibungen der letzten zwanzig Jahre sind dem Markt fast menschliche Züge verliehen worden. Selbst diejenigen, die ihm keine moralische Souveränität zubilligten, mußten dagegen ankämpfen, seine Logik zu akzeptieren. Noch vor einer Generation sagte man uns, wir hätten den Markt gemeistert. Erinnern Sie sich noch einmal an John F. Kennedys Behauptung, unsere wirtschaftlichen Probleme seien rein technischer Natur; die westlichen Nationen könnten sich in aller Ruhe kulturellen und politischen Themen zuwenden und darauf vertrauen, daß sich der Rest der Welt ein Beispiel an uns nehmen und schließlich auch die Höhen erklimmen würde, auf denen wir uns befänden. Die letzten amerikanischen Präsidenten haben dagegen sicher nicht behauptet, den Markt gemeistert zu haben, sondern sie haben sich vielmehr als dessen treue Diener präsentiert. Die Stärke der amerikanischen Nation, so sagten sie, beruhe darauf, dem Markt freien oder so gut wie freien Lauf zu lassen. Weltgesellschaft und globaler Markt sind nicht mehr voneinander zu trennen. Vielleicht macht genau das unsere Bemühungen so schwierig, Konturen der Weltgesellschaft zu erkennen, Strukturen aufzuzeigen und ihre inneren Mechanismen zu begreifen. Ständig brechen kulturelle und soziale Konflikte auf, die unabhängig vom wirtschaftlichen System stattzufinden scheinen. Doch bei näherer Betrachtung prägen die Mechanismen des Marktes die größeren Strukturen und Traditionen, die unser Alltagsleben ordnen – manchmal auf grobe, manchmal auf subtile Weise.

Mit ihren klar geäußerten Befindlichkeiten wollten uns die Neuen Sozialen Bewegungen umerziehen und uns beibringen, daß das 19. und ein Großteil des 20. Jahrhunderts hinter uns läge. Neue Formen des Mangels, so meinten sie, erforderten eine neue Konzeption für Bedürfnisse, neue Rechtsdefinitionen, eine entsprechend qualitative Ausrichtung der Politik, also ein neues Bewußtsein. Doch angenommen, die kapitalistischen Eliten sind ganz zufrieden mit ihrem alten Bewußtsein und verfolgen ihre quantitativ orientierte Strategie weiter – Klassenkampf von oben. Um es auf den Punkt zu bringen: Die Neuen Sozialen Bewegungen wollten eine sehr alte Welt erobern. Sie formierten sich, um sich in postmaterialistischer Politik zu betätigen, und das obwohl der Materialismus in Gestalt des kapitalistischen Strebens, alle Hindernisse auf dem Weg zu gesteigertem Profit wegzurationalisieren, in unserer Welt sehr lebendig ist.

Der Sozialismus entstand im 19. und 20. Jahrhundert, hatte jedoch viel ältere Wurzeln. Ihrem Selbstverständnis (und dem ihrer geistigen Vettern, der amerikanischen Sozialreformer) nach wollten die Sozialisten die alten Traditionen der Solidarität mit der Freiheit moderner Kultur verbinden. Ein Großteil ihrer historischen Reise war vor allem dem Bestreben gewidmet, die Macht im Staate zu erobern, die Oberhand zu gewinnen, um die Austauschbeziehungen und Produktionsverhältnisse zu verbessern. Die Neuen Sozialen Bewegungen behaupteten, die Sozialisten wären so stark auf Klassenpolitik fixiert gewesen, daß sie wichtige Veränderungen in den politischen Rahmenbedingungen übersehen hätten. Mit den Kategorien »Klasse« und »politische Macht« lassen sich die Beziehungen zwischen den Geschlechtern und

Generationen, die wissenschaftliche Durchdringung des Universums und die technische Beherrschung der Natur nicht fassen. Marx selbst war der Meinung, daß die eigentliche menschliche Geschichte – damit meinte er das Erreichen einer säkularen Spiritualität – erst dann anfangen könne, wenn die sozialistische Revolution gesiegt habe. Die neuen Bewegungen verlangen dagegen von den Sozialisten, die in ihrem Kampf, die Gesellschaft grundlegend zu verändern, weitgehend erfolglos gewesen waren, eine neue Last zu akzeptieren: die Verbindung von Klassenkampf und kultureller Auseinandersetzung. Diese Herausforderung hat der sozialistischen Bewegung in den letzten Jahrzehnten schwere innere Unruhen beschert.

1968 brachen weltweit Proteste der Neuen Sozialen Bewegungen aus. In Westeuropa und den USA sowie in mehreren Staaten des Ostblocks, in Japan, Mexiko und Spanien mobilisierten sich große Teile des Volkes. Studenten und Universitätsdozenten waren in diesen Bewegungen sehr stark vertreten, häufig bildeten sie die Vorhut. Doch auch andere Gruppen nahmen aktiv teil: Künstler, Intellektuelle, Eliten aus akademischen oder technischen Berufen, Gewerkschaften. In vielen Ländern bildete das Jahr 1968 den Höhepunkt, doch die Bewegungen hatten sich schon eine Weile vorher formiert und hielten sich noch lange danach. Sie waren Ausdruck profunder gesellschaftlicher Veränderungen und neuer Konflikte oder alter Konflikte in neuem Gewand. Sie hatten Folgen, die noch heute deutlich spürbar sind. Wenn wir nun, gut dreißig Jahre danach, auf diese Zeit zurückblicken – was haben wir gelernt?[24]

Der augenfälligste äußere Zug dieser Bewegungen war ihre Internationalität. Wie 1848 (und 1989) in Europa, oder zu anderen Zeiten in den Anfängen des Kommunismus und Jakobinismus, verbreiteten sich die Ideen und Impulse, die Ziele und Befindlichkeiten über die nationalen Grenzen hinweg, sogar von Kontinent zu Kontinent, in einer offenkundigen Demonstration globaler Solidarität. In der Tat entwickelte jede einzelne Bewegung ihre individuelle Kombination kultureller und gesellschaftlicher Themen, setzte sich unterschiedlich zusammen und verband allgemeine Elemente des Protests mit spezifischen nationalen Traditionen. Die weltweite Gleichzeitigkeit dieser Bewegungen verband zeitweise verschiedenste historische Abfolgen. Die Medien – vor allem das Fernsehen mit seinen dramatischen, direkt übertragenen Bildern, aber auch die Verbreitung von Analysen, Interviews und Manifesten in Zeitungen, Zeitschriften, Journalen und Büchern – sorgten für das aufregende Gefühl einer weltweiten Zäsur.

Die Tatsache, daß die Bewegungen vielerorts farbenfroh sowie akademisch gebildet waren, führte zu einer speziellen Medienreaktion. Die Leute in den Chefetagen und die Mitarbeiter hatten oft genug kulturelle Gemeinsamkeiten mit den protestierenden Gruppen. Für viele Teilnehmer waren Reisen oder längere Auslandsaufenthalte prägende Erfahrungen. Als die Bürgerrechtsbewegung und der Protest gegen den Vietnamkrieg ihren Anfang nahmen, hielten sich viele europäische Studenten in den USA auf. Einige Amerikaner hatten Anfang der sechziger Jahre Kontakt zu der europäischen Neuen Linken, vor allem der britischen, und wurden durch sie beeinflußt. Zahlreiche Arbeiter aus Italien, Portugal und Spanien hatten in Frankreich, Deutschland und anderen nordeuropäischen Ländern gelebt und gearbeitet. Polen und Spanien wurden zwar von autoritären Regimes beherrscht, aber die Menschen konnten reisen. In Spanien weilten viele Touristen, Nordamerikaner und Westeuropäer besuchten dieses Land. Mit anderen Worten: Die Kommunikationswege waren offen. Wie aber lauteten die Botschaften?

Die neue Kultur des Konsums, die von einer auf Massenkaufkraft basierenden Wirtschaft ermöglicht wurde, schuf neue Werte – Spaß, persönliche Wahlmöglichkeit und eine freizügige Erotik –, die die Verdrießlichkeit der früheren Schaffens-Ethik des Kapitalismus in Frage stellten. Marcuses Analyse in »Triebstruktur und Gesellschaft« (seine Theorie der nicht-repressiven Sublimierung) schien überzeugender zu sein als Wilhelm Reichs ständiges Beharren auf die kapitalistische Unterdrückung der Sexualität. Viele Protagonisten dieser neuen Bewegung waren jung, es ging um neue Befindlichkeiten. Heranwachsende Generationen leiteten häufig kulturelle und gesellschaftliche Experimente ein. In den Sechzigern konnten sie einander dabei zusehen – grenzübergreifend.

Unmittelbarere und deutlicher sichtbare Phänomene auf globaler Ebene bestätigten den Internationalismus dieser neuen Segmente der Öffentlichkeit. Überall wurde die Legitimation der Eliten in Frage gestellt. Die Welt war zwar beherrscht von den Supermächten, doch der schwindelerregende Rückgang an Einfluß (und sichtlich auch an Macht) der USA wie auch der UdSSR verstärkten sich wechselseitig.

Der Vietnamkrieg und seine sichtbaren Schrecken stießen auf heftige Ablehnung, die durch die scheinheilige Heuchelei seiner Verteidiger noch verstärkt wurde. Das Ansehen, das den USA in den Sechzigern nach dem Tod Martin Luther Kings und der beiden Kennedys noch verblieben war, war allein der Aufmerksamkeit und Achtung zu verdanken, die der schwarzen wie der weißen Protestbewegung gezollt wurde. Die sowjetische Regierung unter Breschnew wurde weithin als repressiv, regressiv und sklerotisch angesehen. Ihre Führer, die von der von Chruschtschow ausgelösten Diskussion über den Stalinismus in Angst und Schrecken versetzt worden waren, wurden zu Recht als unglaublich mittelmäßig hingestellt. Daß Sacharow als Gesellschaftskritiker in den Vordergrund rücken konnte, brachte der Sowjetunion ebenso wie die damit einhergehende literarische und intellektuelle Unruhe etwas Sympathie ein, doch in ihrer unbeirrbaren Unfähigkeit kehrten die Machthaber diese in ihr Gegenteil, indem sie die Dissidenten absurden Gerichtsverhandlungen aussetzten, die öffentliche Diskussion abwürgten und die Truppen des Warschauer Paktes nach Prag schickten, um das Projekt eines »Sozialismus mit menschlichem Antlitz« zu beenden. Die USA hatten einen moralischen Vorteil, auch wenn ihn die verbitterten Kalten Krieger nicht anerkennen wollten: Die Protestbewegungen in den USA zeigten, daß die amerikanische Demokratie lebendig war.

Andere Eliten – die Union aus alten Falangisten und neuen Technokraten in Spanien, die korrupte Partei der Institutionalisierten Revolution in Mexiko, de Gaulles Mandarine, die korporatistischen Sozialpartner in Deutschland, die geheiligte Union von Kapital und Gangstertum in Japan – trugen in einem erheblichen Maß zu ihrer eigenen moralischen Verwundbarkeit bei. Eine Zeitlang hatte es den Anschein gehabt, John F. Kennedy, Chruschtschow und Papst Johannes XXIII. könnten sich zu einer Allianz der Veränderung zusammentun. Zwar wirkte sich das Zweite Vatikanische Konzil anhaltend positiv auf den linken Katholizismus aus, die Großmächte aber fielen in Zustände zurück, in denen jedes der beiden Regime zu seiner eigenen Karikatur wurde.

Der tote Che und der lebende Fidel, der Maoismus und die Kulturrevolution, die Lehren von Frantz Fanon – sie besaßen eine immense Anziehungskraft, die um so stärker wurde, je ferner Kuba, China und die Dritte Welt waren. Aufgeblähte Mythen traten an die Stelle der Nüchternheit, die eine Analyse ermöglicht hätte. Denken Sie nur an den hervorragenden italienischen Film *La Cina è lontana*.

Dennoch war vieles in dem folgenden Gärungsprozeß authentisch. Ein alles durchdringender Antiautoritarismus ging einher mit der systematischen Forderung nach Autonomie, Partizipation und Selbstbestimmung. Die Forderung lautete zwar nicht unbedingt, die Autorität müsse gänzlich verschwinden, aber sie müsse sich erklären (was für viele Machthaber unerträglich war). Überall tauchten postmaterialistische Werte auf; es wurde gefordert, die gegenwärtige Produktionsweise und die Gleichsetzung von Fortschritt mit der Anhäufung materieller Güter mittels anderer Kriterien zu hinterfragen. Spaß und persönliche Erfüllung wurden betont – Formen des Individualismus, die klassische Liberale mit ihren formelhaften Vorstellungen von individuellen Rechten kaum als konstitutive Elemente von Politik begreifen konnten. Für sie war das Streben nach Glück eine Privatangelegenheit, deren Erfolg durch Politik nicht erreicht werden könnte; Aufgabe der Politik könne nur sein, Bedingungen zu schaffen, unter denen Individuen nach ihrer jeweiligen Version des Glücks streben könnten.

Der radikale Egalitarismus erlebte eine deutliche Renaissance. Große und selbst kleine Hierarchien wurden als bedrückend erlebt und aufgrund ihrer Verschwendung ungenutzten menschlichen Potentials als unwirtschaftlich und repressiv betrachtet. In den stärker eschatologisch argumentierenden Teilen dieser Bewegungen verdichteten sich die moralischen Energien zu einem Streben nach Erfahrungen der Unmittelbarkeit, in denen kollektive Solidarität und individuelles Heil verschmolzen. Wieder einmal stand ein Neuanfang, eine säkulare Transzendenz, auf der historischen Tagesordnung. Man muß denjenigen recht geben, die ein religiöses Fundament in diesen Bewegungen erkannten. Der Theologe Ernst Troeltsch meinte, daß das Christentum in den sozioreligiösen Kategorien Kirche, Sekte und Mystik verstanden werden könne.[25] Kirchen hatten eine universale Reichweite, sie forderten von jedem Mitglied der Gesellschaft zumindest ein Minimum an Glauben und Verhalten und sie erhoben den Anspruch auf das Monopol für letzte Wahrheiten. Die Sekten wurden zu den heimlichen Versammlungszirkeln der Auserwählten, die sich vorgenommen hatten, eine unerlöste Welt zu erlösen; das Spektrum reichte vom frontalen Angriff auf die Sündhaftigkeit der Welt bis zum Rückzug in geschützte Bereiche, in denen auf die ultimative Transformation gewartet wurde. Mystische Gruppen waren oft gegen moralische Vorschriften, weshalb sie zur Routine gewordene religiöse Institutionen ablehnten und ihre Zwänge als Hindernisse für einen Kontakt mit den ursprünglichen und letzten Wahrheiten sahen. Dieser unmittelbare, privilegierte Zugang zu jenen Wahrheiten war das herausragende Merkmal der mystischen Erfahrung; und diese Erfahrung war, wenngleich das paradox sein mag, in den Gruppen der Auserwählten institutionalisiert. Die säkularen Protestbewegungen der sechziger Jahre wiesen Aspekte jedes dieser Typen auf. Häufig bargen sie profunde Strömungen sozialer Kreativität. Sie verkörperten das Hereinbrechen seit langem aufgestauter psychologischer und gesellschaftlicher Forderungen in die Geschichte und nicht die standardisierten Anschauungs- und Verhaltensweisen der gewöhnlichen Politik.

Die Bewegungen definierten sich häufig durch das, was sie nicht waren: Sie waren nicht autoritär, bürokratisiert, zentralisiert, und auch nicht von Vorläufern und Traditionen abhängig. Sie lehnten Chauvinismus und Ethnozentrismus ab und legten Wert auf Solidarität. Sie verwendeten kaum die Rhetorik, die amerikanische und europäische Sozialreformbewegungen der Tradition der Aufklärung und der Fortschrittsidee entlehnt hatten. Jean-Marie Coudray, Claude Lefort und Edgar Morin bezeichneten in ihren Schriften die Revolution von 1968 als *La Brèche* [der Bruch] – und es war ein Bruch mit der Tradition, die Geschichte als eine lineare Entwicklung begreift.

Im Ostblock lagen die Dinge anders. Dort setzten sich die Protestbewegungen überwiegend aus reformorientierten oder revisionistischen Projekten zusammen, die einen reineren Marxismus anstrebten. Sie präsentierten sich als diejenigen, die dem marxistischen Anliegen näherkamen als die von ihnen bekämpften deformierten Stalinisten und Neostalinisten. Sie wollten die Geschichte wieder in ihre richtige Bahn lenken.

Ein zentraler Aspekt der 68er Bewegungen war ihre Anbindung an ihre jeweilige nationale Geschichte, auch wenn sie nicht immer in sie integriert waren. Obwohl einige Bewegungen begannen, mit anderen Modellen als dem des linearen Fortschritts zu arbeiten, waren sie doch selbst das Ergebnis historischer Sequenzen, die wir heute viel klarer erkennen können. Ihre Selbstdefinition durch das, was sie nicht waren, bedingte ihre Opposition zu den etablierten Reformkräften, zu den organisierten Parteien und Gewerkschaften. Es zeichnete sich ein deutlicher Generationenkonflikt ab: Die Jungen warfen den Alten oder zumindest denen, die älter waren als sie selbst, vor, ihre ursprünglichen Werte kompromittiert, wenn nicht gar verraten zu haben: Sie hätten sich zynisch oder einfach nur resigniert in Kompromisse gefügt und wären für die bestehenden Machtsysteme unverzichtbar geworden.

In den USA war diese Bewegung ein Aufstand gegen die Demokratische Partei, wie sie Lyndon B. Johnson verkörperte – die Partei, die aus Roosevelts zweideutigem Angriff auf den Kapitalismus, dem

New Deal, hervorgegangen war. Die ursprünglich reformerischen Impulse des New Deal waren während des Kalten Krieges zu einer Herrschaftssynthese umgewandelt worden. Das Kapital, die Gewerkschaften und die technokratische Elite – angeführt von imperial denkenden Managern in der Außenpolitik und politischen Feilschern in der Innenpolitik – sorgten für einen nationalen Konsens. Aus den USA war eine plebiszitäre Konsumentendemokratie geworden; politischen Wechsel gab es nur züchtig dosiert und keineswegs im Übermaß. Ihre sozialen Konflikte waren zwar nicht im Untergrund verschwunden, sie zeigten sich aber kaum mehr so dominant und sichtbar wie in den Zeiten des New Deal. Dem Aufstand der Schwarzen im Süden gegen die Erniedrigung der Rassentrennung folgte der Aufstand der Schwarzen im Norden gegen ihren permanent niedrigeren wirtschaftlichen und gesellschaftlichen Status (trotz der formellen Gleichstellung). Vor allem an den Universitäten reagierten viele jüngere Weiße darauf, indem sie eine Idee des New Deal wiederbelebten, die viele ihrer Eltern vergessen hatten: Die Errungenschaften ihrer Nation waren weit hinter dem Versprechen der egalitären amerikanischen Ideologie zurückgeblieben. Der Krieg in Vietnam und die Wehrpflicht bedrohten das Leben der jungen Männer. Dies wurde weder als Zufall noch als Fehler gesehen, sondern als unabwendbare Folge einer Kultur, die stark auf inneren Frieden setzte. Der Krieg erweiterte die gesellschaftliche Basis der Protestbewegung, die nun auch Anhänger aus der industriellen Arbeiterschaft anzog. Manche Kritiker der Protestbewegung machten sich über sie lustig, weil diese die USA als Klassengesellschaft betrachtete, doch im selben Atemzug bestanden sie darauf, daß die Bewegung sich ausschließlich aus den verwöhnten Kindern der gebildeten oberen Mittelschicht zusammensetzte.

Johnsons Bemühungen, die Schwarzen und, ganz allgemein, die Armen durch ein extrem ehrgeiziges soziales Reformprojekt in die Wirtschaft und die Gesellschaft zu integrieren, war seit Roosevelt der ernsthafteste Versuch, den amerikanischen Wohlfahrtsstaat auszudehnen. Doch in den Augen der neuen Rebellen wies das Programm der Great Society systematische Fehler auf. Die Tatsache, daß mit Hilfe des politischen Systems (mit den durch die Bundesbürokratie umzusetzenden legislativen Mitteln) eine gesteigerte Umverteilung erreicht werden sollte, rief rasch ihren Widerstand hervor. Johnsons Reformen, so argumentierten sie, stärkten nur das, was sie als *Warfare-Welfare-State* bezeichneten, und eben diesen Staat lehnte die Bewegung ab. Das, worum es ihnen ging, nannten sie *corporate liberalism*. Liberalismus stand im amerikanischen Sinn für Progressivität und Sozialreformen, *corporate* bezog sich auf die Verhandlungen zwischen drei Gruppen: den Gewerkschaften, die einen größeren Anteil am kapitalistischen Sozialprodukt wollten; dem Kapital, dem es um erweiterte Märkte und Profite ging; und einer bürokratischen Elite, der es an einer umfassenden Vision von einer gerechten Gesellschaft mangelte, die aber die Verhandlungen leitete. Diese Gruppen waren bereit, die Macht miteinander zu teilen; sie einte die implizite und oft auch explizite Weigerung, die wirtschaftlichen Institutionen der USA zu demokratisieren. Laut dieser Analyse waren die meisten Amerikaner entweder stillschweigende Komplizen oder unfreiwillige Opfer einer Politik, die sich buchstäblich über ihren Köpfen abspielte.

Schwierig war nur, daß sich ein großer Teil der restlichen Bevölkerung in dieser Theorie definitiv nicht wiederfand, ja sich dem Staat durchaus verbunden fühlte. Zweifellos herrschte in Amerika ein weitverbreiteter und tiefgehender Chauvinismus und Rassismus. Doch damit läßt sich nicht erklären, warum so viele Bürger schließlich dazu gebracht werden konnten, die Protestbewegung abzulehnen. Sie gewann nur geringen ernsthaften, geschweige denn nachhaltigen Zuspruch unter den Gewerkschaften. Getäuscht durch die anfängliche Sympathie der Weißen im Norden für die Schwarzen im Süden und durch den weitverbreiteten Zweifel am Vietnamkrieg glaubte die Bewegung, sie könne die Struktur des amerikanischen Lebens dauerhaft ändern. Nachdem die Stimmen, die normalerweise an die Demokraten gegangen wären, zwischen dem Vizepräsidenten Hubert Humphrey, einem traditionellen Demokraten, George Wallace, dem rassistischen Gouverneur von Alabama (der teilweise auch im demokratischen Norden gut abschnitt) und Richard Nixon selbst aufgeteilt wurden, trug Nixon 1968 den Sieg davon. Die Aufteilung zeigte, wie weit die Protestbewegung davon entfernt war, einen nationalen Wahlsieg zu erringen. Ihre Weigerung, Humphrey, der für die Fortsetzung des Kalten Krieges und des ganzen Warfare-Welfare-Staates stand, zu unterstützen, war zwar folgerichtig, doch die Bewegung hatte nichts und niemanden, den sie an seine Stelle hätte setzen können. Keiner kann sagen, was passiert wäre, wenn Robert Kennedy, der zunehmend mit der Bewegung sympathisierte, nicht umgebracht worden, sondern zum Präsidenten gewählt worden wäre. Die Möglichkeit, daß er sich als Präsident vielleicht an die Spitze der Protestbewegung gestellt hätte, könnte ihn zur Zielscheibe des Attentats gemacht haben, doch darüber kann man nur spekulieren.

Die amerikanische Bewegung setzte sich aus Studenten, Lehrern und aus jüngeren Leuten zusammen, die bereits im Berufsleben standen, meist aus den Dienstleistungs- und Angestelltenberufen oder aus vorübergehenden Beschäftigungsverhältnissen. Künstler und Schriftsteller, Angestellte, Krankenschwestern und Ärzte sowie Beamte des Wohlfahrtsstaates schlossen sich an. Bei den Hochschullehrern waren Geisteswissenschaftler, Sozialwissenschaftler und reine Naturwissenschaftler besonders stark vertreten. Diejenigen, die enger mit Wirtschaft oder Regierung verbunden waren, hielten sich von der Bewegung fern oder lehnten sie heftig ab; dennoch hatte sie Sympathisanten quer durch die ganze Gesellschaft. Innerhalb der intellektuellen und technokratischen Eliten verursachte die Bewegung eine Art Bürgerkrieg, der stark vom Generationenkonflikt geprägt war. Einige der Anführer stammten aus Familien, die der früheren amerikanischen Linken angehört hatten – der kommunistischen Partei, den kleineren sozialistischen Gruppierungen und vor allem den Gewerkschaften –, doch viele standen diesen Traditionen fern. Die Verbindung mit der Demokratischen Partei war lose, wurde jedoch stärker, als die Bewegung zu splittern begann und bereits im Niedergang begriffen war, als 1972 McGovern für die Präsidentschaft kandidierte.

Eine ihrer wichtigsten Leistungen war letztendlich eine negative: Sie hinderte Johnson, Kissinger und Nixon daran, den Vietnamkrieg zu intensivieren. Mit der Wahl Nixons zum amerikanischen Präsidenten löste sich die Bewegung 1968 rapide in unvereinbare Gruppen auf. Diejenigen, die nach einer Befreiung der Instinkte, nach neuen inneren Erfahrungen und neuen Dimensionen der persönlichen Existenz gestrebt hatten, zogen sich entweder in Boheme-Enklaven in den Städten oder an den Universitäten zurück oder sie begannen, mit Drogen zu experimentieren. Einige schlossen sich kurzlebigen gesellschaftlichen Experimenten an, den Kommunen. Die Schwarzen strebten verzweifelt und erfolglos nach *Black Power* – eine völlige Illusion in einer Gesellschaft, in der sie nur zwölf Prozent der Bevölkerung stellten und stellen. Die vom patriarchalischen Auftreten der männlichen Anführer der Bewegung ernüchterten Frauen belebten den amerikanischen Feminismus wieder.

Einige Gruppen ergaben sich dem Sektierertum und sogar dem Terror. Sie begründeten dies mit der Ansicht, daß die amerikanische

Mehrheit (einschließlich der Arbeiterklasse) in den imperialen Herr-
schaftsapparat integriert sei; ihre Aufgabe läge darin, die Völker der
Dritten Welt und die Minderheiten im eigenen Land dazu zu bringen,
gemeinsam jene Mehrheit anzugreifen. Allerdings überschätzten sie
bei weitem die Fähigkeit und Bereitschaft ihrer hypothetischen Verbündeten, sich der Revolution anzuschließen. In vieler Hinsicht waren
sie genauso ethnozentristisch wie die von ihnen verachtete Herr-
schaftselite der USA. Sie ignorierten den Zusammenhang zwischen der
nationalen Politik Chinas und der Sowjetunion mit deren Unterstützung der nationalen Befreiungsbewegungen. Vor allem verstanden sie ihre amerikanischen Mitbürger falsch, die Schwarzen, die
Latinos, die armen Weißen. Diese Gruppen wollten die amerikanische
Gesellschaft nicht zerstören, sie wollten ihr vielmehr angehören.

Vielleicht hatte die Bewegung 1970 ihren Höhepunkt, als es aus
Protest gegen den Einmarsch der Amerikaner in Kambodscha landes-
weit zu einem Streik der Studenten kam. Danach wandten sich mili-
tante Anführer wie gelegentliche Sympathisanten der etablierten
Politik in Gestalt der Demokratischen Partei zu. Sie unterstützten die
Wahlkämpfe der erfolglosen Führer des linken Spektrums der Partei –
George McGovern, Edward Kennedy und Jesse Jackson. Doch die
Wähler blieben offensichtlich unbeeindruckt.

Die Politik in Amerika ist anders als in Westeuropa. Wenn wir aber
die sozialistischen und sozialdemokratischen Parteien, ja sogar die
kommunistischen Parteien Westeuropas mit der Demokratischen Partei Amerikas als Parteien der Sozialreform gleichsetzen, taucht trotz
der nationalen Unterschiede ein ähnliches Muster auf.

Die französische Studentenrevolte wurde nicht von den studenti-
schen Mitgliedern der kommunistischen Partei oder von den traditionellen Studentenverbänden organisiert. Sie wurde von den Situatio-
nisten, modernen Vertretern der dadaistischen oder surrealistischen
Politik, eingeleitet und von Trotzkisten und anderen Sektierern unterstützt. Die stetig und enorm steigenden Studentenzahlen schufen ein
neues akademisches Proletariat, das angstvoll in die Zukunft blickte
und sich bewußt war, daß es keine höheren Berufe in Aussicht hatte.
Als die Hochschulleitungen mit einer absurd repressiven Taktik auf
die Proteste an den Universitäten reagierten, wurde der Konflikt zu
einer Konfrontation mit dem gaullistischen Staat.

De Gaulle war sich darüber im klaren, daß Frankreich zu plötzlichen
politischen Umschwüngen neigte, auch wenn er selbst sehr gut in der

Lage war, seine Begeisterung für diese ideologische Volatilität der Franzosen zu zügeln. Anfang des Jahres 1968 stellte der *Le Monde*-Herausgeber Hubert Beuve-Méry fest, Frankreich langweile sich; welche Aufregung diese Langeweile beseitigen würde, sah er nicht voraus.[26] Der einzige Denker, der sah, was passieren könnte, war Alain Touraine. Im März 1968 prophezeite er in zwei bemerkenswerten Artikeln in *Le Monde* die Revolution im Mai.[27] Touraine hatte im März als Professor an der tristen Vorortuniversität Nanterre schwere Studentenunruhen erlebt. Er beschrieb die Studentenproteste als Katalysator für die vielen Unzufriedenheiten der Nation.

Als die Studenten schließlich im Quartier Latin mit der Polizei kämpften, schlossen sich ihnen junge Arbeiter aus den industriell geprägten Vororten an. Und diese waren federführend bei der Besetzung der Fabriken – sehr zum Erstaunen der Gewerkschaftsführer, vor allem aber der Kommunisten. Als ein Generalstreik Frankreich lahmlegte und die Arbeiter Firmen und staatliche Behörden besetzten, beschränkte sich die staatliche Autorität zeitweise auf das Polizeikommando, das de Gaulle im Elysée-Palast beschützte. Ganz Frankreich schien in Volksfestlaune. An der Sorbonne wurde heftig diskutiert; die Diskussionen drangen nach außen, quer durch die Gesellschaft. Parolen wie »die Phantasie an die Macht« oder »es ist verboten zu verbieten« drückten den starken Antinomismus der Bewegung aus. In der Zwischenzeit organisierten katholische Gewerkschaften in Nantes tatsächlich, wenn auch nur für kurze Zeit, eine autonome Verwaltung für die Wirtschaft der Stadt. Unter de Gaulle wurde Frankreich nicht von der traditionellen Rechten, sondern von einer technokratischen Elite regiert, die einen sich ausdehnenden Wohlfahrtsstaat verwaltete. Die Kommunisten waren (durch ihre Gewerkschaften) Teil dieses Arrangements, nicht zuletzt deshalb, weil die Sowjetunion aus guten Gründen wünschte, de Gaulle möge unbefristet an der Macht bleiben. De Gaulle und seine Regierung waren anfangs durch den Zusammenbruch des Staates bestürzt und verwirrt, entwickelten dann aber eine Strategie, um die Macht zurückzugewinnen. Sie verhalfen (mit Hilfe der Armee) dem Konsum wieder zu seinem Recht, indem sie dafür sorgten, daß die Tankstellen des Landes mit Benzin beliefert wurden. Sie handelten Lohnvereinbarungen mit den Gewerkschaften aus, die von den kommunistischen Gewerkschaften angeführt wurden. Schließlich machte de Gaulle klar, daß nötigenfalls die Armee eingreifen würde. Dies erschreckte die um Mendès-

France, Mitterand und Rocard entstandene quasi-jakobinische Partei, die ihre Bereitschaft erklärt hatte, die Macht zu übernehmen, und nun überrascht feststellen mußte, daß ihr fast niemand zuhörte.

Letztlich brach die Revolution nahezu ebenso schnell zusammen wie zuvor die gesellschaftlichen Institutionen, nur daß der Anschein der Auflösung letzterer eben getrogen hatte. De Gaulle errang im Juni einen überwältigenden Wahlsieg. Im Gegensatz zur amerikanischen Protestbewegung hatte die französische eine temporäre Allianz zwischen Studenten und Arbeitern zustande gebracht – die Betonung liegt auf temporär. Die französische Bewegung wies auch eine gewisse Kontinuität zu den Traditionen der französischen Linken auf; eine erhebliche Rolle spielten auch die etwas älteren Veteranen der Massenproteste gegen den Algerienkrieg (1954 bis 1962). Dennoch unterschieden sich die ausgesprochen ideellen Ziele eines Großteils der Protestbewegung – persönliche Autonomie, ästhetischer Genuß, direkt erlebte Solidarität – erheblich von denen der Jakobiner mit ihrer Betonung der politischen Organisation, der Kontrolle des Staates und einer abstrakten Vorstellung des Staatsbürgertums. Derselbe Gegensatz galt für die Beziehung der deutschen Protestbewegung zur Sozialdemokratischen Partei. In der BRD hatte es schon vor Mitte der sechziger Jahre ziemlich viele Proteste gegeben: die Bewegungen gegen die Wiederbewaffnung und die Atomwaffen; die Forderung, Nazis aus hohen Ämtern zu entfernen; Proteste gegen die Besetzung der *Spiegel*-Redaktion durch Adenauers Regierung. Das Besondere an den sechziger Jahren war die Tatsache, daß es bei den Protesten immer auch um einen Generationenkonflikt ging. Wieder begann es mit einer Kampagne gegen die Restriktionen an den Universitäten. Im ersten Nachkriegsjahrzehnt dominierten an den deutschen Universitäten die älteren Professoren, die mit ungestört gutem Gewissen nacheinander dem Kaiser, der Weimarer Republik, den Nazis, den Besatzungsmächten und der BRD gedient hatten. Die Protestbewegung formulierte eine bittere Kritik an dem, was als Restauration bezeichnet wurde – die Festigung der bürgerlichen und kapitalistischen Macht in einem wiederaufgebauten westdeutschen Staat.

Diese Theorien der Restauration waren viel zu einfach und vernachlässigten die wichtige Rolle der Sozialdemokraten als Garanten eines Mindestmaßes an Demokratie und Anstand im öffentlichen Leben Deutschlands. Sie waren schon lange vor den Massenprotesten Ende der Sechziger im Umlauf. Die Protestierenden übernahmen sie, da sie eine eingängige Erklärung für die Unzufriedenheit lieferten, die in dem Wunsch nach einem anderen Klima in der Gesellschaft wurzelte. Als die Studenten die für ihre Professoren wenig schmeichelhafte Parole »Unter den Talaren, Muff von tausend Jahren« ausgaben, griffen sie zurück auf ein aus der Rhetorik der deutschen radikalen Demokratie vertrautes Motto. Der Anbruch eines neuen Zeitalters war eine klassische sozialdemokratische Wendung. Die Protestbewegung traf die Sozialdemokraten und Gewerkschaften an ihrem wundesten Punkt: Sie hatten sowohl einen Klassenkompromiß als auch einen politischen Kompromiß eines im atlantischen Block integrierten Deutschland akzeptiert. Es gab also eine unmittelbare Kontinuität zwischen der Bewegung gegen die Wiederaufrüstung, den Protesten in den sechziger Jahren und den späteren Protesten Ende der Siebziger, Anfang der Achtziger gegen die Stationierung von atomaren Mittelstreckenraketen. Die Eliten der BRD, voran diejenigen, deren politische Ergebenheit in der Zeit von 1933 bis 1945 keinerlei Verbundenheit mit den Prinzipien der Unabhängigkeitserklärung gezeigt hatte, erhoben regelmäßig Anspruch auf eine besondere verwandtschaftliche Beziehung zu den USA. Als dann zwanzig Jahre nach Kriegsende eine beträchtliche Zahl von Amerikanern ihrerseits den jüngeren Deutschen das Vorbild für eine Systemkritik lieferten, waren die deutschen Eliten sprachlos.

Die Protestbewegung (die »außerparlamentarische Opposition«) wurde nicht ausschließlich von Studenten gebildet, sie umfaßte auch ältere wie jüngere Teile der Intelligenz (etwa die Schriftsteller Heinrich Böll und Günter Grass), kritische Sozialdemokraten und Gewerkschafter, eine Reihe protestantischer und eine kleine Zahl katholischer Theologen. Damals wies Jürgen Habermas darauf hin, daß die Techniken des Protests (Spott und Satire) »generationengemäß nicht neutral« seien.[28] Auffällig war die Ambivalenz der Bewegung in bezug auf die Sozialdemokraten. Einerseits wurden sie wegen ihrer angeblichen Servilität gerügt, etwa in ihrer Rolle als kleiner Koalitionspartner der Christdemokraten von 1966 bis 1969. Andererseits wurden sie aufgefordert, zu ihren radikalen Wurzeln zurückzukehren und sich mit den Protestierenden zu verbünden. Ein großer Teil ihrer geistigen Energie erwuchs der deutschen Protestbewegung aus ihrem Bruch mit der älteren Generation, die mit den Nazis gemeinsame Sache gemacht hatte, was allerdings für die meisten Sozialdemokraten nicht galt. Willy Brandt (der später viel dazu beitragen sollte, die

Protestgeneration in die deutsche Gesellschaft zu integrieren) verun-
sicherte die Bewegung. Er stammte aus den kärglichen Reihen des
Widerstands gegen die Nazis, diente jedoch einem Kanzler, Kiesinger,
der selbst Nazi gewesen war, als Außenminister. Und was die Sache
noch weiter erschwerte: Er verteidigte die Rolle der USA in Vietnam.
In Frankreich war die kurze Allianz zwischen Studenten und Arbeitern
eben dies – kurz; in Deutschland lagen die Dinge eher wie in den USA.
Die Mehrheit der Arbeiterschaft fühlte sich der bestehenden Gesellschaftsordnung und dem Staat verbunden und weigerte sich, mit den
Demonstranten gemeinsame Sache zu machen.

In Italien hingegen hatten Arbeiter und Studenten tatsächlich für
eine Weile ein gemeinsames Projekt. Wie in den anderen Ländern
auch, definierte sich die Bewegung durch ihre oppositionelle Haltung –
in diesem Fall gegen die erstarrten kommunistischen und sozialistischen Parteien. Eine spezielle Note wurde der italienischen Bewegung
durch linke Katholiken verliehen. Allerdings trat im Italien des Jahres
1969 und seines *autumno caldo*, seines heißen Herbstes, die Arbeiterklasse auch als unabhängiges Element in Erscheinung. Die oft aus
Süditalien stammenden Arbeiter forderten in den großen Fabriken des
Nordens einen vertraglich zugesicherten gleichen Lohn und wurden
damit zu einer Herausforderung für die offiziellen gewerkschaftlichen
Organisationen. Die kaum als dogmatisch zu bezeichnenden italienischen Kommunisten versuchten, die neuen kulturellen Themen und
die Idee der Partizipation und Basisdemokratie, wie sie die Gruppe
Manifesto vorgestellt hatte, zu integrieren. Diese Ideen kollidierten
jedoch mit der stark zentralistischen Parteiorganisation und mehr noch
mit der Entschlossenheit der Partei, die mit dem Motto *Partito di governo*
zur Wahl angetreten war, sich als Element der Stabilität zu präsentieren. In den siebziger Jahren konnten die Kommunisten eine Zeitlang die
Energien der damaligen *Contestazione* für ihr Vorhaben nutzen, die
avantgardistischen Elemente der italienischen Kultur zu integrieren.

Die Kommunisten befanden sich nicht zum ersten Mal in einer
höchst zwiespältigen Lage. Als sie einige Jahre später, 1973, den
Christdemokraten einen historischen Kompromiß anboten, brachten
sie das auf den Punkt, was jahrzehntelang kommunistische wie auch
christdemokratische Politik gewesen war. Auf die Floskel von der
»totalen Transformation« zu verzichten und Politik von oben nach
unten zu betreiben war kaum das, was die linken Bewegungen der
demokratischen Erneuerung im Sinn gehabt hatten. Diejenigen Christ-

demokraten, die am ehesten bereit waren, das Arrangement zu akzeptieren, hatten auch der Arbeit des Zweiten Vatikanischen Konzils am meisten Sympathie entgegengebracht.

Es war die Stärke der kommunistischen Partei, die gegen sie arbeitete. Die italienischen Gegner des historischen Kompromisses befürchteten, daß das kommunistische Gegenstück zum Godesberger Programm der deutschen Sozialdemokratie die Kommunisten in die Regierung bringen würde wie in Deutschland die Sozialdemokratie. In einer offenen Allianz mit der amerikanischen Regierung verweigerten sie den italienischen Kommunisten die Legitimation als Partei. In verdeckter Zusammenarbeit mit dem italienischen Geheimdienst und einigen ausländischen Geheimdiensten leiteten einflußreiche Elemente der italienischen Rechten eine Terrorkampagne gegen den italienischen Staat ein. Gerade als die Kommunisten im Begriff zu sein schienen, die schwierige Synthese zwischen parlamentarischer Politik und den Themen der Protestbewegung herzustellen, mußten sie und die übrigen italienischen Demokraten eine erniedrigende Niederlage hinnehmen. Ihnen blieb lediglich die Verteidigung der verfassungsmäßigen Ordnung – gegen Italiens angebliche Beschützer. Der politische Raum für Innovationen und Erneuerung war fast völlig verschwunden.[29]

Die Protestbewegungen im Ostblock hatten wesentlich einfachere Ziele als die westeuropäischen und amerikanischen mit ihrer diffusen Lehre von der totalen Transformation.[30] Sie klammerten sich an die Vorstellung, das System von innen heraus zu reformieren, und versuchten, weite Teile der Gesellschaft für das Programm einer Mäßigung des Neostalinismus zu mobilisieren. Die Ereignisse in der Tschechoslowakei vor dem Einmarsch des Warschauer Paktes im August 1968 zeigten, daß die kommunistischen Parteien selbst durchaus das Potential besaßen zu Reformen, die eine größere nationale Autonomie, weniger Dogmatik und die Anfänge einer neuen politischen Kultur hervorbringen würden. Trotz eines generell starken westlichen Einflusses auf die beiden Gesellschaften waren die Protestbewegungen in der DDR und in Polen nicht von diesem Beispiel, sondern vom tschechischen Experiment inspiriert. Die kommunistischen Reformer in der Tschechoslowakei schafften es einige Monate lang, Intelligenz und Arbeiterschaft zusammenzubringen, etwas, was zu jener Zeit weder die Ostdeutschen noch die Polen vermochten.

Die brutale Beendigung des tschechischen Experiments und die erneute Repression in der DDR und in Polen hatten unterschiedliche

Folgen. Die ostdeutschen Reformer verfielen in Lethargie und Resignation: Es schien aussichtslos, eine Arbeiterklasse zu mobilisieren, die keinerlei Risikobereitschaft zeigte. Kleinere Dissidentengruppen in der evangelischen Kirche und der Intelligenz blickten auf den Westen, auf die neuen Sensibilitäten der Protestbewegungen. Zwei Jahrzehnte später verdichteten sich diese Strömungen schließlich zum sogenannten Neuen Forum, das den Zusammenbruch des Regimes beschleunigte, indem es anfragte, ob man nicht miteinander reden könne. In Polen zog die Intelligenz den Schluß, daß ohne die Arbeiterklasse nichts erreicht werden könne, und begab sich auf den steinigen Weg der Annäherung, der schließlich zu *Solidarność* führen sollte. In der Sowjetunion dagegen schien es keine Hoffnung auf eine breite Opposition gegen ein Regime zu geben, das inzwischen mit der Nation identifiziert wurde. Die Handvoll Demonstranten, die auf dem Roten Platz gegen den Einmarsch in die Tschechoslowakei protestierten, wurden in erster Linie nicht von der Polizei, sondern von ganz gewöhnlichen sowjetischen Bürgern angegriffen. Sacharow und die Dissidenten, zumeist unter den Schriftstellern, die für die Menschenrechte demonstrierten, nahmen ihren langen, schrecklich isolierten Kampf auf. Die loyale Intelligenz in den Forschungsinstituten der Akademie der Wissenschaften und der Partei unternahm währenddessen die ersten zögerlichen Schritte auf dem Weg einer Reform von oben.

In den autoritären Regimes ebenso wie im Westen waren die Ereignisse von 1968 das Ergebnis lange gewachsener und aufgestauter Prozesse. In Spanien verstärkte sich durch die Ereignisse von 1968 die Allianz von Studenten und Arbeitern, die sich bereits früher gebildet hatte. Francos Technokraten hatten geglaubt, sie könnten eine Generation zufriedener Karrieristen züchten, wenn sie die höhere Bildung breit streuten und die Wirtschaft auf den westeuropäischen Kapitalismus ausrichteten. Doch die Studenten bestanden auf dem, was für Westeuropäer selbstverständlich war: den Bürgerrechten eines mündigen Staatsbürgers. In ihrem Widerstand gegen den Konformismus und das beschränkte Denken ihrer Eltern fanden sie Verbündete in einer Arbeiterklasse, die für einen anständigen Lebensstandard und um die Respektierung ihrer Würde kämpfte.

In der spanischen Kirche herrschte ein besonders rigider Kodex repressiver Moral, und gleichzeitig war sie eine zuverlässige Stütze Francos und seiner Machenschaften. In den sechziger Jahren aber wurde die katholische Welt deutlich offener. Das Zweite Vatikanische

Konzil ermunterte die jüngere Priestergeneration, den Faschismus ihrer Oberen herauszufordern. Viele hochstehende Kirchenmänner waren erschüttert ob der kulturellen Folgen des engeren Kontakts mit Westeuropa, der mit der wirtschaftlichen Expansion unweigerlich einherging. Die vom Zweiten Vatikanischen Konzil beeinflußte Generation strebte nach einer Einigung mit der Laienschaft, deren Kultur sich veränderte. An erster Stelle stand dabei die neue Frauengeneration der Mittelschicht, die die Universitäten besuchte, anstatt sich von der Klosterschule direkt in die traditionelle Ehe zu begeben. Zu diesen kamen ihre ärmeren Schwestern aus der sich verändernden Arbeiterschaft. Schließlich brachte die Kirche Menschen wie den Kardinal Enrique y Tarancón hervor. Franco hatte in einer Neujahrsansprache erklärt, Spanien produziere mehr von allem. Der Kardinal berichtigte ihn öffentlich: Spanien produziere mehr von allem – außer Gerechtigkeit.

Spanien stand 1968 mit einem Fuß in Westeuropa und einem außerhalb. Es war ein kampfbereites Vorbild für viele Europäer und gewiß nicht bloß eine Randprovinz, die die Dramen der Metropolen nachspielte. Hauptsächlich die Jugend trug die Themen persönliche und politische Freiheit in die Öffentlichkeit. Provinziell waren diejenigen, die glaubten, Barcelona, Madrid und Sevilla könnten unendlich lange in Strukturen verweilen, die auf Gesellschaftsmodellen des 19. Jahrhunderts basierten, während Frankfurt, Mailand und Paris sich bereits auf das 21. Jahrhundert vorbereiteten.

Waren die Bewegungen von 1968 (oder besser: der sechziger Jahre) Proben für eine Politik der Zukunft? Viele Autoren haben die Protestbewegungen weltweit systematisch heruntergespielt und gelegentlich auch verunglimpft. Raymond Aron bezeichnete die Ereignisse in Frankreich als »die verfehlte Revolution«, doch André Malraux erklärte in seinen Reflexionen über die vorübergehende Allianz von Studenten und Arbeitern, sie bedeutete das Ende eines zivilisatorischen Modells.[31]

Ich beschrieb sie an einer Stelle als »einen vorweggenommenen Streik der Arbeiterschaft von morgen«.[32] Die westliche Politik der letzten Jahrzehnte zeigt einige Kontinuitäten, die nahelegen, daß die Themen der sechziger Jahre nicht verschwunden sind. Wie sonst ließe sich der Eifer der Verunglimpfer jenes Jahrzehnts erklären, die uns immer wieder versichern, daß wir uns um diese Themen nicht mehr zu kümmern brauchen?

Die politischen Strömungen um die Grünen Parteien in Frankreich,

Deutschland und Italien, der systematische Protest in den Achtzigern gegen die Atomwaffen, aber auch die – anfangs noch recht isolierten – Handlungsweisen der Dissidenten, die in den Achtzigern im kommunistischen Teil Deutschlands auftauchten, sind ein Beweis für den Einfluß der Protestbewegungen aus den Sechzigern. In Frankreich war die Kulturpolitik Jack Langs – sein Bestreben, den Zugang zur höheren Kultur zu demokratisieren, die Auroux-Gesetze zur Beteiligung der Arbeiter an der Leitung der Betriebe, sogar eine solch jakobinische Maßnahme wie die Veränderung der regionalen politischen Strukturen – Folge der Ideen des Jahres 1968. Im Ostblock waren die polnische *Solidarnosc* und die tschechoslowakische Revolution von 1989 gewiß von Erinnerungen an 1968 beeinflußt. Einige der älteren Protagonisten der Achtziger hatten Erinnerungen an die Bewegungen der Sechziger, die sie an die nächste Generation weitergaben.

In den USA überdauerten von den Befindlichkeiten der sechziger Jahre das bei Teilen der Bevölkerung verstärkte Bewußtsein der sich aus der Rassentrennung ergebenden Belastung, der neue Feminismus, eine offenere Einstellung zur Sexualität und ein systematisches Mißtrauen den Mächtigen und Reichen gegenüber. Vielleicht hat die Protestbewegung auch eine Skepsis gegenüber der damaligen Machtrhetorik hinterlassen, aber sie hat auch ihre eigene Sprache entwickelt, die nicht immer emanzipatorisch ist. Vieles an der Diskussion um Multikulturalismus ist ritualisiert, oder aber die kümmerliche Verkleidung eines vulgären Populismus. (Diesmal gilt die Nation als gut, nicht weil sie vereint ist, sondern weil sie zersplittert ist.) Eine Politik des kulturellen Überbaus mag letztlich nur eine weitere Variante des Patronage-Systems sein, das fester Bestandteil der alten, urban geprägten politischen Maschinerie Amerikas war.

Multikulturelle, multiethnische und multirassische Neudefinitionen der Nation sind direkte Folgen der sechziger Jahre. Die Ansicht, daß dies eine Politik des Überbaus (oder der Beuteverteilung) ist und alle Amerikaner nach wie vor dem Markt unterworfen sind, ist korrekt. Ohne ein allgemeines Konzept des Staatsbürgertums in der Nation haben einige der eloquentesten Kritiker der amerikanischen Gesellschaft sich selbst die Möglichkeit genommen, eine neue Allianz zu schmieden, um die Gesellschaft zu verändern.[33]

Betrachten wir einmal die Elemente der 68er Bewegungen der Reihe nach. Mit ihrem systematischen Antiautoritarismus forderte die Bewegung die Machthaber auf, sich prüfen zu lassen, sich ihre

Legitimation zu verdienen und egalitärere Beziehungen mit denen zu entwickeln, in deren Namen sie zu regieren vorgaben. Diese Vorstellungen gingen weit über die konventionelle Politik von Wahl und Repräsentation hinaus. Habermas sah den systematischen »Abbau autoritärer Strukturen« in der gesamten deutschen Gesellschaft als Ergebnis der Kultur und der Psychologie der sechziger Jahre.[34] Dies galt nicht nur für Deutschland. Die Prozesse der Neudefinition und der gesellschaftlichen Umwälzungen laufen in dieser Hinsicht noch heute ab – zwischen den Geschlechtern, innerhalb der Familien, zwischen den Generationen. Der Antiautoritarismus schuf einen Antinomismus, der mehr war als nur systematisch – er war übertrieben. Erwin Scheuch, ein scharfer Kritiker der Protestbewegung, bezeichnete die Vertreter klug als »die Wiedertäufer der Wohlstandsgesellschaft«.[35]

Aufgrund ihres Antinomismus scheuten sie davor zurück, feste institutionelle Muster oder Organisationsformen zu entwickeln, und sie brachten es selbst bei ganz trivialen Anlässen kaum über sich, delegierte Autorität auch nur temporär zu akzeptieren oder sich von anderen vertreten zu lassen. Nichts war zu trivial, endlose Diskussionen über Verfahrensfragen deuchten genauso wichtig wie inhaltliche Streitgespräche. Vielleicht würde die Revolution kommen, vielleicht auch nicht, aber entweder überwände sie die Routine oder sie scheiterte. Die Grünen in Deutschland schafften es, eine ganze Reihe bedeutender Persönlichkeiten hervorzubringen, die ihre Botschaft, den Umweltschutz, in die Öffentlichkeit trugen, und rückten dann prompt von ihnen ab, weil sie zu prominent waren. Damit begingen sie während der Wahlen von 1990 politischen Selbstmord. Seit sie 1998 an der Bundesregierung beteiligt sind, schlagen sich ihre Minister und Parlamentarier mit demselben Problem herum.

Wie beschränkt die traditionellen Organisationsformen der Arbeiterklasse auch immer waren, eineinhalb Jahrhunderte Erfahrung hatten einen Großteil der europäischen Arbeiterklasse gelehrt, daß sie ihre Interessen dem Kapital gegenüber nur mit einer dauerhaften Organisation vertreten könnten. Die Bewegung der sechziger Jahre hingegen mißtraute sogar den Traditionen der Opposition zutiefst. Dieses Mißtrauen wurzelte in ihrer Bindung an eine Praxis der Expressivität. »Die Zukunft ist jetzt« formulierte der amerikanische Philosoph Dick Howard die Quintessenz eines ästhetischen und kulturellen Marxismus, in dem die Lehre der historischen Entwicklung durch das sofortige Erlangen der Freiheit ersetzt wurde.[36]

Der Anspruch des »Jetzt und Gleich«, des Sofortigen, hatte viele
Quellen. Seine Anhänger hatten die ehrbare Langwierigkeit des Reformismus der Sozialdemokratie satt, und außerdem widerte sie der
Stalinismus an, der für seine trügerischen Versprechen eines zukünftigen Glücks ungeheure Opfer gefordert hatte. Ihre Betonung des
Augenblicks hatte noch weitere Quellen, von denen nicht alle wahr-
genommen worden sind. Die Teilnehmer dieser Protestbewegungen,
vor allem die jüngeren, hatten nie materielle Not erlebt. Die Klassenkonflikte der Vergangenheit waren für sie vor allem eines – ver-
gangen. In einer Zeit großen kulturellen und gesellschaftlichen Wandels und der Mobilität verwässerten sich die familiären Traditionen.
Viele waren als Kinder weniger streng erzogen worden als ihre Eltern,
jedenfalls konnten sie Verzicht weniger ertragen. Sie bewohnten
einen neuen kulturellen Raum und reagierten auf die Ikonen, die dort
gehandelt wurden, indem sie sich diese Ikonen für ihre eigenen politischen Zwecke aneigneten. Sie brachten praktisch über Nacht Polit-
Stars hervor – Rudi Dutschke in Deutschland, Daniel Cohn-Bendit in
Frankreich, Abbie Hoffman in Amerika. Sie zeigten eine gewisse Zeit
die beträchtliche Fähigkeit, die Massenmedien zu beherrschen und als
Mittel politischer Überzeugungsarbeit zu nutzen.

Ist es möglich, daß die Protestbewegungen der sechziger Jahre nicht
nur in den USA den Überbau revolutionierten, sondern auch in Westeuropa, entgegen dessen sozialistischer und gewerkschaftlicher Traditionen, entgegen seines Jakobinismus mit dessen Betonung der Organisation und der Eroberung des Staates? Trotz ihrer klar geäußerten
Ablehnung der Werte der Konsumgesellschaft und des Massenmarkts
ehrten sie beide, indem sie in sardonischer Übertreibung dieser Werte
einen uneingeschränkten Konsum forderten. Sie übersetzten das Konzept sofortiger Befriedigung in Forderungen nach Unmittelbarkeit in
allen menschlichen und gesellschaftlichen Beziehungen – und nach
dem Ende institutioneller Zwänge. Die Frage ist natürlich übertrieben,
aber nehmen wir sie einmal metaphorisch. Die Rechte reagierte in
den sechziger Jahren auf die Krise der Fortschrittsidee – der Vorstellung, daß Geschichte ein Entwicklungsprozeß der Vernunft sei –,
indem sie erklärte, es sei schon schwer genug, die minimalen Errungenschaften der westlichen Zivilisation beizubehalten, und man müsse
diese verteidigen, selbst wenn dies mit der gelegentlichen Ausübung
von Gewalt an der Peripherie des Kulturkreises oder gegen die Proletarier im Inneren einherginge. Die Bewegungen der sechziger Jahre

beharrten hingegen darauf, daß das Fortschrittsversprechen unbedingt sofort eingelöst werden müßte; das Argument der Rechten diente dazu, die unterschiedlichen westlichen Eliten zu legitimieren. Die Linke sah sich in ihrem Selbstbild als historische Avantgarde.

Zehn Jahre später wies die Rechte die Thesen Burkes zurück, lehnte die Vorstellung ab, ihre Werte seien historisch determiniert und beanspruchte für die unauflösliche Einheit zwischen freiem Markt und freier Politik den Status einer universell gültigen Erkenntnis. Die Linke war zu dieser Zeit ernstlich gespalten. Einige behaupteten noch immer, freie Märkte verringerten letztlich die Freiheit. Sie kämpften weiter für neue gesellschaftliche Institutionen, die eine universelle Emanzipation ermöglichen sollten, und beklagten, daß westliche Regierungen im Namen des Antikommunismus Tyrannen duldeten oder daß sich die Ausbeuter letztlich zu wohlwollenden Agenten des raschen wirtschaftlichen Wachstums erklärten. Andere Vertreter der Linken waren auffällig still, wenn die Sprache auf die Dritte-Welt-Version dessen kam, was in unserer glücklicheren Lage relativ harmlos war: Identitätspolitik. Vielleicht schwiegen sie, weil sie sich schämten. Die Verteidigung einer Tradition, um sie gegen eine industriell für einen Weltmarkt gefertigten Kultur zu schützen, ist eines, der mörderische Fanatismus von Fundamentalisten etwas ganz anderes. Die Bewegungen der sechziger Jahre griffen kulturelle Institutionen an, den Staat, alle autoritären Strukturen der Gesellschaft. Außer in Italien schenkten sie dem Markt selbst kaum systematische Beachtung. Die emanzipatorischen und libertären Komponenten des Marxismus wurden herausgelöst aus ihrer Einbettung in die Analyse des Arbeitsprozesses. Es schien, als wäre das Reich der Freiheit ins Blickfeld gerückt, als wäre das Reich der Notwendigkeit ein für allemal überwunden. 150 Jahre lang hatte die von Marx inspirierte Bewegung eine tiefgreifende Transformation der menschlichen Natur und Gesellschaft durch eine Überwindung des Marktes angestrebt, doch immer wieder war sie von Chauvinismus, Ignoranz, Besitzstreben und Untertanengeist geschlagen worden. Die Bewegungen der sechziger Jahre versuchten, in der Gesellschaft kosmopolitische und universelle Werte zu verankern, ohne ein größeres Projekt zur Schaffung alternativer ökonomischer Strukturen vorweisen zu können. Viel später sollten Blair und Clinton mit ihrem *Third Way* ungewollt eine Karikatur dieses Ansatzes bieten: Bürger mit gutem Charakter und starkem Herzen bräuchten keine Alternative zum Marktkapitalismus.

Gramsci beharrte darauf, daß eine erfolgreiche soziale Revolution einen tiefgreifenden kulturellen Wandel erfordere. Doch lasen die Anführer und Theoretiker der sechziger Jahre (ausgenommen die italienischen) Gramsci erst nach ihren Enttäuschungen in den Siebzigern. Angenommen, diejenigen, die den Markt kontrollieren, sind sich völlig im klaren über die Bedeutung des Überbaus. Die Rechte lernte eine Menge aus den sechziger Jahren – man denke nur an Reagan und Thatcher und ihre Truppe von Hausideologen. Sie schufen ein Ordnungssystem für die Realität, ein darwinistisches System, und legten es dann als Beweis dafür vor, daß die Vorstellung einer kooperativen und gerechten Gesellschaftsordnung ein Hirngespinst sei. Die Verbrämung dieser darwinistischen Vorstellungen durch wirtschaftswissenschaftliche Nobelpreisträger macht sie keinen Deut besser.[37]

Heute stehen wir vor einer ernsten und wachsenden Krise des Kapitalismus. Die extreme Mobilität des Kapitals sowie die zunehmende Automatisierung und Rationalisierung der Produktion bedingen in den fortgeschrittenen Industriestaaten eine steigende Arbeitslosigkeit. Dort, wo sich die Zahl der Beschäftigten erhöhte, zum Beispiel in den USA, stieg die Unsicherheit der Arbeiterschaft. Der häufige Wechsel des Arbeitsplatzes und die Veralterung der erworbenen Fähigkeiten zwingen die Arbeiter nahezu aller Bereiche, einen unverhältnismäßig hohen Anteil an den wirtschaftlichen und sozialen Kosten der Expansion zu tragen. Einfach nur auf einem bestimmten Arbeitsplatz zu verharren ist überall schwerer geworden, aber auch der Erwerb neuer Fähigkeiten ist nicht einfach, und noch schwerer ist ein steter Karrierefortschritt. Die Institutionen der Solidarität, die die westlichen Wohlfahrtsstaaten nach dem Krieg in einer Allianz von Christdemokraten, Liberalen und Sozialisten entwickelten, sind ernsthaft bedroht.

Aus der Sicht eines großen Teils der Arbeiterschaft erscheint die Forderung der sechziger Jahre, der Arbeit Sinn oder neuen Sinn zu verleihen, völlig irrelevant. Arbeit im Sinne des lange Zeit ununterbrochen am selben Arbeitsplatz oder im selben Betrieb Tätigseins wird immer seltener. Und auch Arbeit als Vertiefung erlernter Techniken wird seltener, da Veränderungen in der Produktion ein häufiges Umlernen erfordern. Arbeit verstanden als ein hohes Maß an handwerklichem Können oder beruflicher Eigenständigkeit ist ein Privileg, das nur wenigen Arbeiternehmern zukommt.

Das Wesen der Arbeit verändert sich, und die vorhandene Menge an Arbeit ist wahrscheinlich begrenzt. Die Bewegungen der sechziger Jahre forderten einen neuen Einkommensbegriff, neue Konzepte in der Arbeitspsychologie, neue Vorstellungen von selbstbestimmter Arbeit, eine neue gesellschaftliche Solidarität. Gorz und Riester (und Reich unter amerikanischem Vorzeichen) haben Projekte der Arbeitszeitverkürzung skizziert, in denen die vorhandene Arbeit aufgeteilt werden soll. Die Fünfunddreißig-Stunden-Woche ist in Frankreich die neue, vom Gesetzgeber festgelegte Norm. Andere schlugen vor, die ehrenamtliche Tätigkeit der Bürger, den dritten Sektor, der weder staatlich noch profitorientiert ist, auszuweiten. In den USA heißt dieser Sektor auch tatsächlich »Nonprofitsektor«; er umfaßt kirchliche und kommunale Organisationen, für das Gemeinwohl tätige Stiftungen, medizinische Institutionen, Schulen und Universitäten.

Wenn diese Ideen und Projekte konkret Gestalt annehmen, werden wir die Beziehung zwischen Einkommen und Arbeit sowie Einkommen und gesellschaftlichem Status überdenken müssen. Die (gänzlich säkularisierte) protestantische Arbeitsethik, verbunden mit einem individualisierten Sozialdarwinismus, der als philosophischer Liberalismus nur schlecht verkleidet daherkommt, erschwert das Umdenken. Marcuses Idee der *surplus repression*, der im Gegensatz zur konstanten »Grundunterdrückung« herrschaftsbedingten »zusätzlichen Unterdrückung« [»Repressions-Überschuß], stammt aus dem Jahr 1951, aber erst in den Sechzigern erhielt sie mehr Beachtung. Die Ansicht, daß alle Bürger der industriell entwickelten Gesellschaften, nicht nur diejenigen, die sich die richtigen Eltern ausgesucht hatten, weniger hart zu arbeiten bräuchten, ist eine der Vorstellungen, die auf den beiden Seiten des Atlantiks sehr unterschiedlich aufgenommen wird. Viele Bürger der USA würden sie als absurd abtun, doch viele Westeuropäer, die weniger strapaziösen Arbeitsbedingungen unterworfen sind, halten sie für selbstverständlich.

So sind einige der herausragenden Ideen der sechziger Jahre als historische Herausforderungen bis heute gültig.[38] Aufgrund des in den Protestbewegungen herrschenden Antinomismus machten ihre Mitglieder sich anfangs nicht sehr viele Gedanken über neue Institutionen, mit denen ihre Vorstellungen von Mensch und Arbeit umgesetzt hätten werden können. Dies kam erst später, als sie erkannten, daß sie zwar einen zentralen Platz in der Kultur, doch nach wie vor nur einen marginalen in der Politik einnahmen. Dutschkes Vorschlag vom »langen Marsch durch die Institutionen der Gesellschaft« mit seiner Anspielung auf das maoistische Heldentum verzichtete realiter auf den Maoismus. Dutschkes Version des langen Marsches war in Wahrheit ein Projekt der sukzessiven Transformation der westlichen Gesellschaften und damit das Gegenteil eines direkten revolutionären Angriffes.

Eine sukzessive Transformation ist nicht wesentlich einfacher als eine Revolution. Es ist schwer genug, in einem Land anhaltende Solidaritäten zu entwickeln. Bill Clinton ist nicht der einzige Veteran der Sechziger, der feststellen mußte – und dies ziemlich rasch in bezug auf seine politische Karriere –, wie schwer es ist, den in unserer Gesellschaft erzeugten Egoismus zu verändern, und sei es auch nur geringfügig. Dieser Egoismus wurde in der Psyche vieler Mitglieder dieser Gesellschaft durch die unerbittlichen Bedingungen des isolierten Kampfes verankert, in dem sie sich befinden. Als Jacques Delors, ein Katholik und Sozialist, Präsident der EU-Kommission war, legte er eine Sozialcharta vor. Seinen Bemühungen, ihr politisches Leben einzuhauchen und die Beschäftigungskrise in Europa mit einem umfassenden Programm öffentlicher Investitionen zu lösen, war wenig Erfolg beschieden. Die sozialistischen Parteien, die in den letzten Jahren in den wichtigsten EU-Ländern an die Regierung kamen, sind auf Widerstände gestoßen, in denen sich eine heftige Abwehr des Kapitals gegen Begrenzungen seiner Autonomie, eine systematische intellektuelle Attacke seitens der ideologischen Stimmen des Kapitals und eine zum Teil sehr weitverbreitete öffentliche Orientierungslosigkeit verbinden.

Als noch schwieriger erweist es sich, in globaler Hinsicht solidarisch zu handeln.[39] Die Protestbewegungen der sechziger Jahre pflegten ihre Verbindungen zur Dritten Welt, wobei es aber häufig eher um politische Mythen ging. Die Helden der Revolution im Ausland strahlten um so heller, je weiter weg sie waren. Die beinahe kultartige Begeisterung für Castro und Guevara, Ho und Mao verwischte die vielen Widersprüche ihrer Revolutionen und machte es unmöglich, eine wesentliche Frage zu stellen: Warum waren aus ihren Revolutionen neue Systeme der Unterdrückung entstanden? Die amerikanische Protestbewegung verkürzte den Vietnam-Krieg, der vielleicht noch viel länger gedauert und weitere amerikanische und vietnamesische Menschenleben gefordert hätte, wäre er in den USA nicht auf eine so starke Opposition gestoßen. In ähnlicher Weise hatte ja auch die französische Bewegung viel dazu beigetragen, daß de Gaulle seine Versuche aufgab, Algerien zu behalten. Diese Bewegung wollte ihre politische Sympathie mit einer nationalen Befreiungsbewegung zum Ausdruck bringen, doch darüber hinaus wollte sie einer politischen Elite, die für diesen Krieg und für vieles andere verantwortlich war, die Legitimation absprechen.

Einige Protestbewegungen der sechziger Jahre forderten Seite an Seite mit den Kirchen langfristige Solidarität mit den Gesellschaften, die unter Seuchen, Hunger, Armut und Ausbeutung (durch ihre eigenen mächtigen und besitzenden Eliten, aber auch durch das internationale Kapital) zu leiden hatten. Die Sechziger führten in die Politik des Westens Ideen ein, die bis heute nicht substantiell entwickelt wurden. Wenn die reicheren Staaten zur Entwicklung der ärmeren beitragen sollen, müssen neue Entwicklungsmodelle (die zum Beispiel die Produktion von mehreren Millionen Autos in China ausschließen würden) gefunden werden. Überlegungen zu einem veränderten Konsumverhalten, wie rudimentär und schematisch auch immer, sind wahrscheinlich für die entwickelten Länder ebenso wie für die Entwicklungsländer unerläßlich. Es bestand und besteht noch heute ein auffälliger Kontrast zwischen der Umweltbewegung und der konventionellen Anhängerschaft der sozialistischen Parteien. Die Umweltschützer veränderten ihr persönliches Konsumverhalten und schufen einen Markt für eine andere Art von Gütern. Abgesehen von den nach ökologischen Gesichtspunkten erzeugten Nahrungsmitteln führte das Programm zur Erhaltung von Rohstoffen und zum Schutz der Natur zur Entwicklung neuer Technologien.

Die Sozialisten hielten lange Zeit am Glauben an einen ständig steigenden Lebensstandard und eine ständige Zunahme von Gütern fest. Sie teilten mit ihren Antagonisten, den Ideologen des Kapitalismus, den Glauben an die Beherrschbarkeit der Natur und an ein unablässiges Produzieren. Die westlichen Sozialisten hatten, wie die amerikanischen Sozialreformer seit der Entstehung der Progressiven Bewegung ihren Mitbürgern tatsächlich zu Wohlstand verholfen. Eine Gesellschaft des Massenkonsums war jedoch nicht notwendigerweise zugänglich für Werte der Solidarität, und sie überging die Zerstörungen, die sie in der Natur anrichtete. Es war eine Gesellschaft, in der Freiheit mit privatem Konsum einschließlich des Konsums von Freizeit gleichgesetzt wurde. Die pädagogische Tradition des Sozialismus, seine Bestrebungen, die Kultur der höheren Schichten zu demokratisieren und erfülltere Menschen hervorzubringen, konnte unter diesen Umstän-

den nur mit großen Schwierigkeiten verfolgt werden. Die Umweltschützer wirkten nicht nur unkonventioneller, sie waren in ihrer
Ablehnung der Vorstellung einer industriellen Zivilisation tatsächlich
radikaler.

Einige wichtige Denker begannen, sich mit den Problemen auseinanderzusetzen, die aus der Diskrepanz zwischen der neuen Sensibilität
in Umweltfragen und den alten Forderungen nach Überfluß erwuchsen. John Cobb jr. und Herman Daly in den USA, Erhard Eppler in
Deutschland, Alain Lipietz in Frankreich, Amartya Sen in Indien und
Großbritannien versuchten, die Beziehungen zwischen staatsbürgerlichen Rechten und Klassenlage, Konsum und Produktion, zentrali-
sierter wirtschaftlicher Steuerung und lokaler Autonomie, Erhaltung
der Natur und menschlicher Freiheit erneut zu überdenken.[40]

Die Protestbewegungen der sechziger Jahre forderten neue Formen
der Beteiligung, eine Wiederbelebung der Demokratie in unseren gesellschaftlichen Institutionen. Doch nahezu nie brachten sie konkrete
Veränderungsprojekte hervor, die sowohl den extrem komplexen
Machtbeziehungen einer modernen Gesellschaft als auch der Forderung nach Autonomie für diejenigen, die ansonsten von den Trägern
politischer Macht zerschlagen und ignoriert würden, gerecht geworden wären. Die Bewegungen sahen, daß Macht oft auf sehr diffuse
und manchmal auch obskure Weise ausgeübt wird. Eben deshalb beharrten sie so nachdrücklich auf der Parole »Das Politische ist das Private«:
Unser Leben, ja unser eigentliches Selbst wird oft von fernen Kräften
geprägt. Eine Voraussetzung für Autonomie läge darin zu erkennen, in
welchem Ausmaß wir der inneren Logik dieser Kräfte unterworfen sind.

Seit den sechziger Jahren wird in den westlichen Ländern eine breite
Diskussion über die »Rückgabe« der Macht an die Zivilgesellschaft
geführt. Diese Diskussion hat verschiedene Ursprünge. Die Suche
nach einem neuen Liberalismus wurde zum Teil inspiriert durch die
Transformation des Gedankenguts einiger mittel- und osteuropä-
ischer, vor allem polnischer Dissidenten, als diese den Marxismus hinter sich ließen.[41] Dort war das unmittelbar zu bewältigende Problem
weder obskur noch fern gewesen: Es ging um den Anspruch des Staates im Namen der kommunistischen Partei, sämtliche Teile der Gesellschaft zu beherrschen oder zu steuern. Die Idee, der Zivilgesellschaft,
autonomen Institutionen die Macht zurückzugeben, war in Polen
aufgrund des kommunistischen Kompromisses mit der römisch-katholischen Kirche um so plausibler. Die Kirche verwaltete einen alternati-

ven Bereich organisierter Kultur, Systeme der Solidarität und Wohlfahrt. Niemand verwechselte die Kirche mit einem historischen Träger der Aufklärung, doch die bloße Tatsache, daß es zwei Legitimationssysteme gab (und in gewisser Weise auch zwei Machtzentren) lockerte die erstarrten Grenzen der Kirche wie der Partei. In den Zwischenräumen konnte eine gewisse Freiheit sprießen.

Viele der westlichen Anwälte einer Zivilgesellschaft übersahen, was sie dem Gedankengut der Protestbewegungen der sechziger Jahre zu verdanken hatten, wie unvollständig sich dieses auch immer geäußert haben mochte. Deren Angriffe auf die erstarrten privaten und staatlichen Bürokratien, auf die Unvollständigkeit und Ineffizienz der formellen politischen Repräsentation oder auf die etablierten Grenzen zwischen öffentlichen und privaten Bereichen gingen davon aus, daß es eine Zivilgesellschaft besser wüßte. Sie waren extrem radikale Liberale.

Weder die Zivilgesellschaft noch die Arbeiterklasse im kruden marxistischen Verständnis sind selbständige und selbstbewußte Größen. Das Problem liegt weniger darin, der Zivilgesellschaft zu erlauben, ihre Freiheit auszudrücken. Es gilt vielmehr, Bereiche der Freiheit innerhalb einer Zivilgesellschaft zu schaffen, die in vielen Ländern allzusehr vom Markt beherrscht wird. Es ist vielsagend, daß heute viele der Aktivisten der sechziger Jahren die Idee einer Zivilgesellschaft aufgegriffen haben. Man muß sie allerdings fragen, ob sie nicht auf eine Reihe von Begriffen zurückgreifen, die viel mehr verschleiern, als sie erhellen. Die Tatsache aber, daß sie auf diese Idee zurückgreifen, weist möglicherweise auf eine bewundernswerte Selbstkritik hin. Sie erkennen, daß ihre ursprünglichen emanzipatorischen Vorstellungen ein enormes Umdenken erfordern: Institutionen können nicht durch bloßen Willen dazu gebracht werden, zusammenzubrechen.

Dennoch können wir von den Protestbewegungen der sechziger Jahre, vor allem aus ihrem Scheitern, viel lernen. Ihr religiöser Charakter (wie säkularisiert auch immer ausgedrückt) darf nicht unterschätzt oder abgetan werden. Ohne einen anhaltenden Zustrom moralischer Energie wird jedes Projekt der Transformation unweigerlich zur Routine erstarren und tatsächlich auch korrupt werden. Den Sechzigern gingen Jahrzehnte geduldiger, gewissenhafter intellektueller und geistiger Arbeit an den Grenzen dessen, was damals möglich erschien, voraus. Die erneute Prüfung des gesamten Erbes ist eine notwendige Voraussetzung, um der Hoffnung und der Moral neue Impulse zu geben.

7 Das Goldene Zeitalter und wie es auf verschiedene Weise zu Ende ging

Eric Hobsbawm hat die Nachkriegsjahre mit ihrem anhaltenden Wirtschaftswachstum, der Festigung der Demokratie in Westeuropa (und ihre Ausdehnung auf Südeuropa) sowie der Institutionalisierung des Wohlfahrtsstaates als Goldenes Zeitalter bezeichnet.[1] Das Schwierige daran ist, daß Zeitalter immer erst so richtig golden wirken, wenn sie zu Ende gehen. Schlimmer noch: Ab einer gewissen Entfernung läßt sich echtes Gold manchmal nur noch schwer von poliertem Metall unterscheiden. Und noch schlimmer: Wir stehen dem Zeitalter nahe genug, daß Darstellungen darüber sowohl vergangene als auch gegenwärtige politische und gesellschaftliche Entscheidungen widerspiegeln. Vielleicht kann uns eine Analyse der Auflösung der Nachkriegssynthese, des Auseinanderbrechens der historischen Blöcke, die diese Synthese geprägt hatten, einiges über ihre innere Instabilität sagen. Vielleicht weist sie uns, wenn auch auf Umwegen, sogar den Weg zu einem Verständnis der Gegenwart.

Es gab mehrere wirtschaftliche Gründe für das Ende des Goldenen Zeitalters. Einer davon war, daß der enorme Bedarf der westlichen Gesellschaften an sozialer Infrastruktur, an industriellen Investitionen und an Konsumgütern in den Vierzigern, Fünfzigern und Sechzigern so weitgehend befriedigt worden war, daß der bloße Ersatz die Wirtschaft der Siebziger nicht auslastete. Massenwirksame neue Wünsche konnten aber gar nicht so schnell geschaffen werden, daß neues Wachstum angeregt worden wäre, egal, was die Werbeindustrie tat oder sagte.

Wieder stoßen wir auf die postmateriellen Ansprüche eines wachsenden Teils der Öffentlichkeit. Man wollte Dinge wie eine saubere Umwelt, mehr Freizeit, einen humaneren Arbeitsplatz und einen breiteren Zugang zur Kultur sowie Autonomie in ihr. Diese Forderungen ließen sich unmöglich durch eine Steigerung der materiellen Produktion befriedigen, und oft war es auch nicht möglich, sie käuflich zu erwerben, auch nicht mit der gesteigerten Kaufkraft des Goldenen Zeitalters. Wie verschieden die postmateriellen Güter auch sein mochten – wenn wir sie einmal so bezeichnen wollen –, sie konnten nur durch eine tiefgreifende Neuorganisation der sozialen Arrangements auf breiter Basis verfügbar gemacht werden.[2] Doch eben diese Neuorganisation erschien denjenigen nicht notwendig, die das Goldene Zeitalter feierten. Sie erklärten den von ihnen geschaffenen wohlfahrtsstaatlichen Konsens zu einer verwirklichten Utopie. Zwar ignorierten sie die neuen Forderungen nicht, doch behaupteten sie, daß sie innerhalb der bestehenden Ordnung erfüllt werden könnten. Befürworter der partizipativen Demokratie oder Kämpfer für einen umfassenden Umweltschutz bezichtigten sie der unnötigen Hysterie.

Darüber hinaus erstarkten am Ende des Goldenen Zeitalters die Parteigänger des freien Marktes, die behaupteten, sie seien weit und breit die einzigen echten Radikalen. Objektiv gesehen nutzten ihre Angriffe auf den Staat (und auf die Gewerkschaften und die systematische gesellschaftliche Kontrolle des Marktes) Anlegern und Spekulanten sowie einem beträchtlichen Teil des Kapitals, dem es darum ging, seine Kosten zu senken. In Großbritannien und in den USA gelang es ihnen, ihre Programme als eine Rückeroberung der Freiheit vom Staat zu verkaufen, während der Staat (durch Steuersenkungen in beiden Ländern) neue Muster der Einkommensverteilung institutionalisierte – von unten nach oben. In den Achtzigern stimmte eine erhebliche Zahl von Bürgern für Reagan und Thatcher, obwohl sie von Einkommen und Status her keineswegs zu den oberen Schichten gehörten. Sie waren empört über staatliche Programme, die ihre Steuern angeblich den unwürdigen Armen gaben, und verschlossen sich dem Argument, daß sie ihren persönlichen Wohlstand in nicht unerheblichem Umfang dem Wohlfahrtsstaat verdankten.

Die christlich-sozialen Parteien Europas zögerten, den wirtschaftlichen Liberalismus zu akzeptieren, den sie ursprünglich im neunzehnten Jahrhundert abgelehnt hatten. Zum Teil rührte der Konservativismus der sozialistischen Parteien daher, daß sie sich mit ihren scheinbaren Kontrahenten einig waren, daß der Wohlfahrtsstaat aufrechterhalten werden solle. Es gab zwar unterschiedliche Auffassungen von seiner Funktionsweise und seinen Grenzen, doch man stimmte darin überein, daß er ein dauerhaftes Gesellschaftsmodell bilde.

Der Wohlfahrtsstaat beinhaltete weitreichende unpersönliche Strukturen und ein bestimmtes Maß an zentraler Kontrolle über die Verteilung des Sozialproduktes. Doch innerhalb dieser Strukturen gab es einen gewissen Pluralismus: In Deutschland übernahmen die Kirchen einen beträchtlichen Teil der Arbeit des Wohlfahrtsstaates (mit Hilfe von Steuermitteln, die der Staat für sie einnahm, sowie aufgrund vertraglicher Vereinbarungen), und in Frankreich taten dies auf ähnliche Weise Arbeitnehmerorganisationen (*les mutuelles*).

Die Besetzung politischer Ämter, die Eroberung der oberen Etage der Kulturindustrie, der wiederholte Zuspruch eines beträchtlichen Teils der Wählerschaft machten die sozialistischen Parteien selbstzufrieden. Sie hielten es für unwahrscheinlich, daß sie aus den zentralen Positionen der politischen Systeme ihrer Nationen entfernt werden könnten.

Trotz ihrer Stärke im kulturellen Sektor, in dem ihre Anhänger für die Ideen der Aufklärung und die Verteidigung der gesellschaftlichen Solidarität eintraten, förderten sie keine spezifisch sozialistische Kultur – es gab keine, die sie hätten fördern können. Das kulturelle Ethos ihrer postmaterialistischen Kritiker unterschied sich deutlich von dem individualisierten Konsum (eine Parodie des Liberalismus, der in den höchsten philosophischen Zirkeln vertreten wurde), den die Sozialisten stillschweigend akzeptiert hatten. Die postmaterialistische Kultur unterschied sich erheblich von der traditionellen sozialistischen Betonung auf die Produktion und die Organisation von Solidarität am Arbeitsplatz. Dennoch war ihre Forderung nach der Freiheit des Ausdrucks, ihre Bereitschaft, experimentell und nicht seriell über das Leben nachzudenken, etwas anderes als ungehemmter Individualismus. Es drückte die Suche nach einer ästhetischen Dimension der Freiheit aus. Diese Suche war ein Element des frühen Sozialismus gewesen und von Marx selbst der Romantik entnommen worden.

Während die Sozialisten versuchten, die wiedererstarkten Befürworter der Rationalität des Marktes abzuwehren, und sich mit denjenigen auseinanderzusetzen, von denen sie glaubten, sie flüchteten sich aus der Gesellschaft in eine postmaterialistische Utopie, bedrohten gewichtige Veränderungen ihr Modell der Produktion, Steuerung und Umverteilung.

Betrachten wir zuerst einmal die äußeren Faktoren: Relativ junge Ökonomien traten in den Weltmarkt ein, wobei sie alle möglichen Güter, auch Investitionsgüter, billiger produzieren konnten. Dies war eine Folge des Neuaufbaus: Die Neuankömmlinge konnten sich mit den modernsten Anlagen ausrüsten, die modernsten Techniken benutzen, sie waren in der Lage, erfolgreiche Innovationen vorzunehmen, weil sie nicht von der Routine belastet waren. Es war aber auch eine Folge der Fügsamkeit ihrer Arbeiterschaft. Diese Fügsamkeit wurde manchmal von der Repression eines Polizeistaates erzwungen, war aber auch auf die Tatsache zurückzuführen, daß der Lohn, wie niedrig auch immer, oft höher lag als das, was die Arbeiter vorher (oft als Bauern) verdient hatten.

Vieles an der aktuellen Diskussion über die unterschiedlichen Produktionskosten der verschiedenen Wirtschaftsstandorte ist moralisch und gesellschaftlich absurd. Zweifellos ließen sich die Produktionskosten amerikanischer oder deutscher Firmen verringern, wenn sie einfach in China, Indien, Mexiko oder Polen investieren würden. Dabei denke ich an eine groteske Episode, die sich auf dem Höhepunkt der Kontroverse über die Stationierung neuer Raketen in der BRD abspielte. Ein grüner Parlamentsabgeordneter verwies auf einen amerikanischen Plan, die militärischen Kommandozentralen im Falle von Feindseligkeiten nach Großbritannien zu verlegen, da der Einsatz biologischer, chemischer und nuklearer Waffen dann ein Verweilen in Deutschland nicht ratsam erscheinen ließe. Welche Schritte, wollte der Abgeordnete wissen, hätte die Bundesregierung unternommen, um im Falle eines Krieges die Bevölkerung umzusiedeln? Wäre der ganzen Diskussion nicht gedient, wenn man über die Verlagerung der Gesamtbevölkerung in Länder mit billigerer Arbeitskraft nachdächte (wodurch die Arbeit dort wahrscheinlich noch billiger werden würde)? Gewiß wartet der Nobelpreis in Wirtschaftswissenschaften auf den ersten Kollegen, der diesen Vorschlag in eine mathematische Formel verpackt.

Solange es Unterschiede gibt, werden natürlich einige Segmente des organisierten Kapitals versuchen, diese im Interesse der Profitmaximierung auszubeuten, und da es sie immer geben wird, wird es auch immer Argumente dafür geben, die Löhne in den Hochlohnländern zu senken. Das liefe daraus hinaus, den Wohlfahrtsstaat mit seinen Sozialleistungen und den von ihm gewährten Schutz abzubauen. Den Westeuropäern ist – unter anderem von Beamten auf Lebenszeit und von Ökonomen in Festanstellung – erklärt worden, daß sie flexibler und mobiler werden müßten. Der Arbeitsmarkt in den USA wurde als Vorbild gelobt, und zwar nicht trotz, sondern gerade wegen seiner vielfachen Brutalitäten.

Ganz abgesehen von moralischen und sozialen Argumenten haben die Sozialisten (und viele Christsoziale) gegen Propaganda dieser Art eine Reihe ökonomischer Einwände erhoben. Einer besagt, Ökonomie und Moral gingen Hand in Hand, denn eine disziplinierte, kraftvolle, intelligente Arbeiterschaft könne eher dadurch erreicht werden, daß man die Arbeiter an ihren Arbeitsplätzen als Staatsbürger behandele. Das sich daraus ergebende hohe Lohnniveau ist auf alle Fälle eine wichtige Voraussetzung für die Aufrechterhaltung eines hohen Konsumniveaus in den Binnenmärkten sowie einer hohen Sparquote. Ein damit verbundenes Argument lautet, Ökonomien mit einem hohen Lohnniveau seien mit ihren gutausgebildeten Arbeitern und ihren Investitionen in Wissenschaft und Technologie besonders dafür geeignet, Güter mit hoher Wertschöpfung zu produzieren. Dieses Argument impliziert etwas, was uns manchmal fehlt: ein effizientes und flexibles Management – und die Allokation der Ressourcen an eben die Sektoren und Betriebe, die in der Lage sind, die Produktion solchermaßen zu optimieren.

Dies wiederum geht von nahezu perfekten Märkten aus – eine akademische Hypothese, die von interessierten Gruppen in eine Reihe völlig falscher empirischer Behauptungen umgemünzt worden ist. Eine weitaus plausiblere Interpretation der Lage würde das Allokationsproblem als einen Beweis für die Notwendigkeit umfassender Planung in den westlichen Wirtschaften sehen. Die existierende Wirtschaftsplanung aber stieß bislang kaum auf das, was ein zumindest ebenso schwerwiegendes Problem sein kann. Lassen Sie uns einmal davon ausgehen, die industriellen Demokratien verfügten über eine hervorragend ausgebildete und hochmotivierte Arbeiterschaft, über höchst effiziente Manager im öffentlichen und privaten Sektor und über eine kontinuierliche Wettbewerbsfähigkeit. Es ist durchaus möglich, daß sie darunter leiden würden, zuviel von all diesen guten Dingen zu haben. Die immense und ständig wachsende Diversifizierung der globalen Wirtschaft führt dazu, daß hochwertige Güter überall produziert werden können. Eher früher als später werden Sao Paolo, Shanghai und Bombay Betriebe haben, die technisch ebenso weit sind wie die in Shannon, Stuttgart oder Boston. Möglicherweise liegt in der Arbeitsteilung die einzig plausible Lösung für die Industriegesellschaften, die sich bemühen, die Grundelemente des bedrohten sozialen Konsenses zu erhalten. Die Arbeitsteilung kann viele Formen annehmen: eine verringerte durchschnittliche tägliche Arbeits-

zeit, eine verringerte durchschnittliche Lebensarbeitszeit, ein Arbeits-
zeitmodell für normale Arbeiter, das dem von Lehrern und Studenten
ähnelt. Damit würden beträchtliche gesellschaftliche Innovationen
einhergehen müssen; sie würden ein gesellschaftlich garantiertes Min-
desteinkommen für alle Bürger und direkte Subventionen oder ein
Gehalt für Arbeiten im Haushalt beinhalten müssen. Eine Voraussetzung dafür wären neue Maßstäbe für die Produktivität – womit wir
wieder bei dem von den Postmaterialisten aufgeworfenen Thema
wären. Wir stehen dann aber auch erneut vor der Tatsache, daß die
aktuelle Ideologie und die gegenwärtigen Institutionen wenig bieten,
um die öffentliche Meinung auf eine solch einschneidende Transformation vorzubereiten.

Elemente hin zu einer veränderten Organisation der Arbeit zeigen
sich bei einer Reihe von Nationen. Die gesetzlich verankerte Fünfunddreißig-Stunden-Woche in Frankreich hat ihr Gegenstück in Deutschland, wo sie Verhandlungssache zwischen den Tarifparteien ist. Die
Niederlande haben die Teilzeitarbeit in ihr Sozialversicherungssystem
integriert, Schweden bietet seinen Arbeitslosen eine umfassende Weiterbildung und hervorragende Rahmenbedingungen für flexible Beschäftigungsverhältnisse. Die USA haben mit ihrem System des *earned
income tax credit*, einer negativen Einkommensteuer, Teile des Problems vorausgesehen. Schwierig ist nur, daß die Industriegesellschaften in eine neue Epoche hineinstolpern, die nur von wenigen nachdenklicheren Vertretern der Wirtschaft, der Regierung und der Gewerkschaften ernsthaft diskutiert wird. Die Mehrheit der Bürger denkt
noch in der überkommenen Begrifflichkeit des Arbeitsmarktes.[3]

Wie sind die Gesellschaften in den Wohlfahrtsstaaten bislang mit
diesem Problem umgegangen? Ich beginne mit Schweden, das perfekt
in den Weltmarkt integriert ist sowie über eine international geprägte
Kultur verfügt, in seiner Homogenität und Größe aber merkwürdig
peripher erscheint.[4] Obwohl Schweden jahrzehntelang von Sozialisten regiert wurde, hatte es einen relativ kleinen staatlichen und einen
ziemlich dynamischen privaten Sektor. Es hatte auch einen großen
öffentlichen Dienstleistungssektor – mit Leistungen im Bereich Erziehung, Gesundheit und Wohlfahrt – und einen steuerlich erzwungenen Egalitarismus. Lange Zeit war Schweden das Beispiel einer in die
Praxis umgesetzten sozialistischen Pädagogik: Die Öffentlichkeit akzeptierte Einkommensumverteilungen als den Preis für eine zivilisierte
Gesellschaft. Die Wirtschaftseliten akzeptierten diese Lage, auch wenn

sie immer wieder die bekannten Warnungen äußerten, daß die Belastungen die Produktivität und die Profitabilität ihrer Betriebe gefährdeten. Verhandlungen mit großen und starken Gewerkschaften bescherten ihnen voraussagbare und stabile Verhältnisse, und die effiziente Kopplung von Wohlfahrtsstaat und Arbeitsmarkt garantierte eine gutausgebildete und disziplinierte Arbeiterschaft. Drei miteinander verbundene Krisen setzten zunächst die Grenzen des schwedischen Sozialismus und leiteten anschließend seinen Rückzug ein.

Eine löste die Bewegung selbst aus: Die Gewerkschaften legten einen von Rudolf Meidner, einem Wirtschaftswissenschaftler, ausgearbeiteten Plan vor, der einen allmählichen Transfer beträchtlicher Anteile der großen Betriebe an die Arbeiter vorsah. Der Prozeß sollte sich über mehrere Jahre hinziehen und mit Abzügen von Löhnen und Gehältern bezahlt werden; einen Teil des Lohns sollten die Arbeiter in Form von Aktien erhalten. Diese sollten jedoch nicht dem einzelnen Arbeiter gehören, sondern der Arbeiterschaft als Ganzem, vertreten durch Arbeitsräte. Diesem Schema zufolge sollten die Arbeitsräte allmählich eine Stimme im Management erhalten. Erwartungsgemäß war die Opposition im privaten Sektor groß. Innerhalb der sozialistischen Bewegung erregte der Plan internationale Aufmerksamkeit, doch bei der schwedischen Arbeiterschaft (bei den Gewerkschaftern, die am direktesten damit zu tun gehabt hätten) stieß er weniger auf Ablehnung denn auf Gleichgültigkeit. Diese Gleichgültigkeit war in den umfangreichen Segmenten der sozialistischen Wählerschaft noch offenbarer, die nicht im privaten Sektor, sondern für den Staat oder in öffentlichen Einrichtungen und Unternehmen arbeiteten. Die unweigerliche Schlußfolgerung daraus: Der Erfolg der sozialistischen Pädagogik in Schweden, die eine Unterstützung der Umverteilung und der Institutionen der Solidarität erwirkt hatte, erstreckte sich nicht auf Projekte, die die gesellschaftliche Autonomie und Kontrolle verstärken sollten. Der Meidner-Plan wurde auf den Tisch gelegt und verschwand sodann in einer Schublade.

Die zweite Krise war der neuen Gesellschaft immanent. Charakteristisch für die schwedische Gesellschaft unter sozialistischer Regierung war nicht nur die Einkommensumverteilung durch den Staat, sondern auch eine Verringerung der Niveauunterschiede bei Löhnen und Gehältern, ermöglicht aufgrund von Vereinbarungen zwischen den Gewerkschaften des öffentlichen Sektors und der Angestellten, durch die eine proportional zum Einkommen erfolgende Festlegung der

Sozialversicherungsbeiträge ermöglicht wurde. Ende der siebziger Jahre machten die Angestellten in der Verwaltung, in akademischen und in technischen Berufen, für die diese kollektiven Vereinbarungen natürlich ebenfalls galten, de facto einen Aufstand. Sie wollten größere Unterschiede. Zum Teil forderten sie ein höheres verfügbares Einkommen, zum Teil beharrten sie darauf, daß ihr Beitrag zur Wirtschaft und Gesellschaft (sie waren alle gutausgebildet) eine bessere Entlohnung rechtfertigte. Anfangs beschränkte sich der Konflikt auf die Frage des Lohnniveaus, doch dann nahm er politische Dimensionen an und führte gegen Ende der Siebziger zu einem Umschwenken der Wählerschaft, das die Sozialisten zum ersten Mal in zwei Generationen aus der Regierung verdrängte. Auch in Schweden kam also die wiedererstarkte Idee der positiven Funktionen von Ungleichheit zum Tragen, die in anderen Ländern zum Beispiel in der Politik Reagans und Thatchers zum Ausdruck kam und ihre rhetorische Ermutigung – wenn auch mit einem eher ambivalenten Ergebnis in der Politik seiner Regierung – in Kohls Erklärung »Leistung muß sich wieder lohnen« fand. Der Aufstand der schwedischen Mittelschicht bedeutete jedenfalls das Ende eines Abschnitts des sozialistischen Experiments in Schweden.

Der Export spielt in der schwedischen Wirtschaft eine wesentliche Rolle. Deshalb blieb Schweden von den Veränderungen auf dem Weltmarkt nicht verschont, die seit dem Ende der Siebziger zu einer hohen Arbeitslosigkeit in den europäischen Volkswirtschaften führten. Doch Schweden tat sich damit hervor, daß seine Regierung (die relativ kurzlebige liberale Koalition änderte dies kaum) darauf beharrte, maximal in die Weiterbildung der aus der Arbeitnehmerschaft verdrängten Gruppen zu investieren. Das schwedische Programm machte – zwar nur im kleinen, aber sicher mit darüber hinausgehender Bedeutung – klar, daß ökonomische Zwänge nicht unweigerlich zu wachsender Arbeitslosigkeit führen müssen, sondern daß man diesen entgegenarbeiten kann: In den letzten zwanzig Jahren war die Arbeitslosigkeit in Schweden niedriger als in den meisten anderen europäischen Ländern. Investition in die Fortbildung setzt jedoch einen flexiblen Staatshaushalt voraus sowie die Bereitschaft, wenn nicht gar den Enthusiasmus der Politik, das Ziel der Solidarität auch dann zu verfolgen, wenn es viel kostet.

Bei den letzten Wahlen aber zeigte sich eine andere Facette des schwedischen Sozialismus. Viele nahmen an, daß den Sozialisten angesichts der verschlechterten Wirtschaftslage und der anhaltenden

Stärke der Anhänger des Markts ein schwerer Kampf um ihre Wiederwahl bevorstünde. Doch sie wurden wiedergewählt, und zwar mit
einem ausschlaggebenden Anteil weiblicher Stimmen. Die Sozialisten
versprachen im Wahlkampf, die für Frauen besonders interessanten
Sozialleistungen (zum Beispiel ganztägige Kinderbetreuung und bezahl-
ter Erziehungsurlaub) aufrechtzuerhalten und sogar auszuweiten. Die
Festigung der neuen Stellung der Frauen in der Gesellschaft war offensichtlich ein Ziel, das zu erreichen die Mehrheit der Schwedinnen nur
dem Staat zutraute. Man kann nicht behaupten, daß der Feminismus
als aktuelleres gesellschaftliches Thema das ältere der ökonomischen
Gleichheit verdrängt hätte; die Themen waren vielmehr eng miteinander verwoben. Nach wie vor ist es jedoch ein Problem, unter un-
günstigen weltwirtschaftlichen Rahmenbedingungen Prosperität und
Vollbeschäftigung (oder eine Beinahe-Vollbeschäftigung) aufrechtzuerhalten. Die Sozialisten hatten genug Vertrauen in ihre Fähigkeit,
ihr Modell zu verteidigen, um die Öffentlichkeit dazu zu bewegen,
dem Beitritt in die Europäische Gemeinschaft zuzustimmen, was ihnen
schließlich auch gelang. Sie behaupteten, daß das schwedische Modell der Solidarität am ehesten in einem Europa verteidigt werden
könne, in dem es internationale Marktregulierungen und ein gemeinsames wohlfahrtsstaatliches Projekt gäbe.

Die schwedischen Sozialdemokraten haben nicht auf ein europäisches Sozialmodell gewartet, sondern sich darauf konzentriert, ihr
eigenes zu verbessern. Daß sie heute wieder politisch prosperieren, ist
zum Teil auf den Druck eines beträchtlichen Teils ihrer Wählerschaft
zurückzuführen, zum Teil auf die Qualität einer neuen Führergenera-
tion der Partei, die die bemerkenswerte Fähigkeit bewiesen hat, sich
über Generationen hinweg zu erneuern. Die Steuersenkungen im privaten Sektor wurden an eine explizite Übereinkunft gebunden: Im
Einklang mit ihren Gewinnen müssen die Unternehmen ihren Arbeitern Beratung, Umschulung und Steigerungen der betrieblichen Leistungen und des Einkommens bieten. Die quantitative Steuersenkung
für die Angestellten fiel dabei weniger ins Gewicht als die qualitative
Veränderung der Sozialleistungen. Hohe weibliche Erwerbstätigkeit,
Alleinerzieherhaushalte und eine alternde Bevölkerung erfordern ein
differenziertes System der Unterstützung. Die schwedischen Sozialdemokraten haben ihre praktische Pädagogik beibehalten: Die moralische Akzeptanz des schwedischen Wohlfahrtsstaats ist durch die Internationalisierung des privaten Sektors sogar noch gestärkt worden.

Das war auch das Ziel der deutschen Sozialdemokraten und anderer europäischer Sozialisten, die eine föderale Europäische Union mit koordinierter Wirtschafts- und Sozialpolitik und letztlich auch eine Zentralisierung der Macht anstreben. Es dauerte jedoch eine Weile, bis die europäischen Parteien zu ihrer pro-europäischen Haltung fanden. In der anfänglichen Bewegung für eine Vereinigung Europas waren zwar auch Sozialisten vertreten, doch waren ihre Parteien ursprünglich äußerst skeptisch in bezug auf eine europäische wirtschaftliche Koordination unter überwiegend christlich-sozialen Vorzeichen. Sie fürchteten ein Europa des Großkapitals, das den sozialistischen Fortschritt innerhalb der verschiedenen europäischen Länder blockieren oder beschneiden würde. Die in der europäischen Vereinigung liegenden Möglichkeiten einer sozialistischen Politik wurden von den Parteien in Belgien, den Niederlanden und Luxemburg rascher erkannt, da hier kaum davon die Rede sein konnte, daß sich das Kapital ausschließlich in nationalen Händen befand. Die italienischen Kommunisten, die es zu einem ihrer Hauptanliegen gemacht hatten, dem nationalen Kapital zur Konkurrenzfähigkeit zu verhelfen, waren ausdrücklich für die europäische Vereinigung. Sie sahen darin auch die Möglichkeit, durch die Entwicklung eines europäischen Gesellschaftsmodells eine dritte Kraft zwischen dem amerikanischen und dem sowjetischen Block aufzubauen. Die Deutschen waren in den ersten Jahren der Bundesrepublik ambivalent: Sie waren zwar schon immer internationalistisch und europäisch eingestellt gewesen, aber sie zögerten, Deutschland nach der 1949 erfolgten Gründung der Bundesrepublik in Westeuropa zu integrieren aus Angst, die Wiedervereinigung mit dem von den Sowjets besetzten Ostteil des Landes würde auf Dauer verhindert. Sie waren sich darüber klar, daß deutsches Kapital in Westeuropa schon immer sehr aktiv gewesen war, und fürchteten, die deutschen Industriellen würden versuchen, die Macht der deutschen Gewerkschaften zu schwächen, indem sie die internationale Basis ihrer Betriebe ausdehnten. Daß sie die europäische Integration schließlich befürworteten, war Teil des sich im Godesberger Programm widerspiegelnden Prozesses, mit dem die SPD die Bedingungen der Nachkriegszeit akzeptierte. Außerdem kehrte sie damit zu ihren internationalistischen Anfängen zurück.

Vieles davon wurde erst richtig klar, nachdem Willy Brandt 1969 Bundeskanzler geworden war und einer Koalition mit den Freien Demokraten, den ständig schwankenden deutschen Liberalen, vorstand. Die Koalition wurde dadurch ermöglicht, daß beide Partner die Notwendigkeit von Reformen anerkannten – das Resultat eines politischen Generationswechsels. Der Bau der Berliner Mauer hatte schreckliche Folgen für die Bürger des kommunistischen deutschen Staates, die des direkten Kontakts mit dem Westen beraubt wurden. In der Bundesrepublik hatte die Mauer etliche Folgen. Nach wie vor wurde das andere Deutschland dämonisiert, nach wie vor wurden diejenigen in gewisser Weise als subversiv hingestellt, die den Westen verändern wollten. Doch der Teil der Wählerschaft, der diese Vorstellungen vertrat, schrumpfte; die biologische Uhr und die demokratische Erfahrung trugen das ihre dazu bei. Das Faktum Mauer ließ die Überlegungen zur Befreiung des Ostens um so illusorischer erscheinen. Da die Bundesrepublik nun sich selbst überlassen war, verloren die Argumente gegen Experimente im Westen an Überzeugungskraft. Das Faktum Mauer trug auch zum allmählichen Schrumpfen der Legitimation Adenauers und seinen unmittelbaren Erben bei – sie schienen keinen Draht zu dieser neuen Situation zu haben.

Die Freien Demokraten wurden von Fraktionskämpfen und ideologischen Meinungsverschiedenheiten geplagt, denn sie hatten eine Reihe von Anliegen, die nicht alle miteinander vereinbar waren: Bürgerrechte, freie Märkte, nationale Selbstbestimmung, Solidarität. Die Protestgeneration der sechziger Jahre, vor allem in den Schulen und Universitäten, trug entscheidend zu den Wahlsiegen von 1966, 1969 und 1972 bei, die es Brandt ermöglichten, anfangs eine Koalition mit den Christdemokraten einzugehen und später seine eigenen Koalitionen mit den Liberalen zu führen. Daß die Sozialdemokraten die katholischen Arbeiter, die bis dato die Christdemokraten gewählt hatten (vor allem im Ruhrgebiet), aber auch die Wähler der Mittelschichten, die eher liberal eingestellt waren und sich eigentlich zu den Freien Demokraten hätten hingezogen fühlen müssen, erobern konnten, war keine direkte Folge der Protestbewegung. Vielmehr unterstrich diese Bewegung nur die Notwendigkeit von Reformen im Westen; die Unterstützung der Reformen drückte aus, daß man den geordneten Wandel bevorzugte.

Doch auch das Klassenthema spielte eine Rolle. Deutschland wies in den Sechzigern ein starkes Wirtschaftswachstum auf, doch der Anteil vor allem der industriellen Arbeiterklasse am Bruttosozialprodukt wuchs nicht in gleichem Maße. Die Christdemokraten waren zwar eine christlich-soziale Partei, doch unter diesen Umständen bestärkten ihre offenkundigen Verbindungen zur deutschen Industrie ihre Glaubwürdigkeit für die Arbeiterklasse keineswegs. Der auf Adenauer folgende Wirtschaftswissenschaftler Erhard war beliebt als Vater des deutschen Wirtschaftswunders in den vierziger und fünfziger Jahren, doch als er selbst unter den Bedingungen einer offenkundig prosperierenden Wirtschaft seine Rhetorik der Sparsamkeit beibehielt, schien auch er am falschen Ort zu sein. Die Sozialdemokraten hatten in Bad Godesberg ihr Vokabular modernisiert, doch ihre traditionelle Funktion als Partei der Arbeiterklasse kam ihnen bei den Wahlen Mitte der sechziger Jahre deutlich zugute.

Die Regierung griff in die Lohnvereinbarungen der späten Sechziger und frühen Siebziger nicht direkt ein, war aber präsent. Das Stabilitätsgesetz sorgte dafür, daß ein Rat von Wirtschaftswissenschaftlern – der Sachverständigenrat zur Begutachtung der gesamtwirtschaftlichen Entwicklung – der Regierung einen Jahresbericht vorlegte. Diese wiederum hatte ihre Fiskalpolitik an den Zielen des Wirtschaftswachstums und der Vollbeschäftigung zu orientieren. Die Bundesbank war nach wie vor unabhängig, doch ernannten die Bundesregierung und die Banken mehrerer Bundesländer (an deren Regierungen in wachsendem Maße Sozialdemokraten beteiligt waren) ihren Präsidenten und ihre Direktoren, die vom vorherrschenden Klima ohnehin nicht unbeeinflußt waren.

»Klima« ist eine verschwommene, unklar strukturierte historische Kategorie. Nehmen wir einmal an, es bestünde aus einer Reihe von – häufig ausgesprochenen, manchmal unausgesprochenen – Annahmen über gesellschaftliche Möglichkeiten sowie aus einem Komplex von Präferenzen oder Werten. Des weiteren können wir unterscheiden zwischen denen, die ein Klima schaffen, und denen, die davon beeinflußt werden. Manchmal führt das Klima dazu, daß sogar die mit Macht Ausgestatteten zögern, sie auszuüben; denn dazu müßten sie vielleicht entgegen der vorherrschenden Meinungen handeln, wozu sie außergewöhnlich starker Überzeugungen bedürften. In den meisten gesellschaftlichen Institutionen haben die Mächtigen konventionelle Überzeugungen und beharren selten auf ihrer Unabhängigkeit. Sobald sich die Grenze des gesellschaftlich Möglichen ändert, verändern auch sie ihren Kurs – und deuten ihre Anpassungsfähigkeit als unwiderlegbaren Beweis ihrer Staatskunst.

In Deutschland rückte die Umverteilung in den Bereich des gesellschaftlich Möglichen. Der Arbeitsmarkt zeugte deutlich davon: Die direkt von Gewerkschaftern und Arbeitgebern ausgehandelten Löhne und Arbeitszeiten verringerten den Abstand zwischen Profiten, Produktivität und Löhnen, die sich Anfang der Sechziger weit auseinanderentwickelt hatten. Die Regierung tat, was sie konnte, um den Prozeß voranzutreiben; sie traf ähnliche Vereinbarungen im öffentlichen Sektor und unterstützte eine Steigerung der Kaufkraft. Der Wohlfahrtsstaat wurde ausgebaut: Vorhandene Sozialleistungen wurden erhöht, neue (etwa die auf breiter Basis erfolgende staatliche Förderung von Studenten) wurden eingeführt. Diese Leistungen spiegelten auch einen Zustand, der so gar nicht geplant gewesen war: die steigende Zahl berufstätiger Frauen. Da sie den gleichen Anspruch auf staatliche Leistungen hatten wie Männer, wurde mehr Frauen (unabhängig von Löhnen und Gehältern) ein unabhängiges Leben ermöglicht. Dadurch wurde wie in den USA ein kultureller Konflikt zunehmend in die Politik getragen. Die familienorientierte Ideologie der deutschen Rechten hatte wenig mit den tatsächlichen Familienstrukturen zu tun. Es ging vielmehr darum, am Idealbild einer bereits verschwundenen patriarchalischen Ordnung festzuhalten; das heißt sie hatte mehr mit den Ängsten der Männer zu tun als mit den Interessen der Frauen. Eine Folge davon war, daß immer mehr Frauen die Sozialdemokraten wählten. Quer durch alle Klassen hatten Frauen bis dato eher die rechten Parteien gewählt, aber nun kehrte sich dieser Trend um.

Doch der sozialdemokratische Vorstoß für eine Demokratisierung der Wirtschaft wurde vereitelt. Als Koalitionspartner waren die Freien Demokraten in der Lage, einen Vorschlag zur Mitbestimmung in den Betrieben zu blockieren, der der Arbeitnehmerschaft das Recht gegeben hätte, als Ganzes ihre Repräsentanten im Aufsichtsrat zu wählen. Die Freien Demokraten bestanden darauf, die Vertreter der Angestellten und der leitenden Angestellten separat zu wählen. Diese waren eher bereit, auf die Position der Eigentümer der einzelnen Betriebe einzugehen, und so wurde eine effektive Mitbestimmung vereitelt. Diese Niederlage der Sozialdemokraten ähnelte jener der ersten Nachkriegsjahre, als aufgrund der konzertierten Bemühungen des amerikanischen Besatzungsregimes und des Gewichts, das das organisierte Kapital in der Adenauer-Regierung hatte, die Forderung der Sozialdemokraten nach Mitsprachefunktionen von Arbeiterräten in Fragen der Betriebsführung zurückgewiesen worden waren. Die aktuelle Niederlage war der Preis, den sie zahlen mußten, um weiter an der Regierung zu bleiben. Da eine sozialdemokratische Mehrheit unwahrscheinlich blieb, mußte das Programm einer strukturellen Transformation des Kapitalismus einem seiner Modifizierung weichen. Dies war, wie Willy Brandt selbst feststellte, eine große Leistung.[5] Die BRD florierte nicht nur, nein, sie war auch sozial stabil. Die Protestbewegung der Sechziger war ein Beitrag zu dieser Stabilität, denn sie erweiterte die Ausübung der Demokratie in Deutschland. Später fanden die meisten Aktivisten ihren Weg in die Parteien (einschließlich der CDU) und setzten neue Themen auf die politische Tagesordnung.

Die neue Stabilität der Gesellschaft war als Erfolg um so bemerkenswerter, als eine sehr kleine Zahl Protestierender – enttäuscht vom Mangel an revolutionärem Elan in Deutschland – in den Terrorismus abglitt und es international ernsthafte Spannungen gab, die drohten, Deutschland in eine nukleare Wüste zu verwandeln. Die Stabilität hatte jedoch ihren Preis: Die Öffentlichkeit zögerte offensichtlich, großangelegte Reformprojekte in Betracht zu ziehen. Die ideologischen Vorbehalte hatten widersprüchliche Gründe. Die Umverteilungsreformen der Regierung Willy Brandts (1969 bis 1974) steigerten den Wohlstand und die Sicherheit derjenigen im mittleren und unteren Bereich der Einkommensskala; das verlangsamte Wachstum aber, das mit der ersten Ölkrise einherging (1973), jedoch gewiß nicht gänzlich, vielleicht nicht einmal primär darauf zurückzuführen war, ließ eben diese Gruppen vorsichtig werden.

Der Terrorismus und die Konfrontation der Großmächte untergruben die Stabilität der BRD zwar nicht, doch trugen beide dazu bei, die Aufmerksamkeit und Energie der Öffentlichkeit eher auf Fragen des Überlebens zu lenken denn des Fortschritts. Eine umfassende, dramatische politische Mobilisierung gelang erst der Umweltbewegung und danach der Friedensbewegung, der sich die Umweltschützer anschlossen. Die Sozialdemokraten legten Gesetzesvorhaben vor, die Gewerkschaften verhandelten (und streikten gelegentlich auch) über spezifische Klauseln des zunehmend komplexeren und erweiterten Sozialvertrags. Von der Rhetorik abgesehen kam beiden Gruppen zunehmend die Leidenschaft abhanden, die sie früher beim Kampf um grundlegende Veränderungen in Kultur und Gesellschaft an den Tag gelegt hatten.

Nach jahrzehntelanger erfolgreicher Diplomatentätigkeit hat der ehemalige Botschafter der UdSSR in den USA, Dobrynin, die Regeln gebrochen. In seinen Memoiren behauptet er, die amerikanische und die sowjetische Führung sei sich hinter der Fassade der unermüdlichen Moral und des politischen Antagonismus einig gewesen, daß ein Atomkrieg undenkbar wäre.[6] Das mag so gewesen sein, doch in Zeiten des Kalten Krieges machten sie diese Übereinstimmung kaum öffentlich. Helmut Schmidt, der als deutscher Bundeskanzler 1980 gewiß gut informiert gewesen war, warnte vor dem, was er ein neues 1914 nannte.[7] Die Menschen beider deutschen Staaten waren verängstigt, und ihre Führer im Osten wie im Westen taten, was sie konnten, um ihre Verbündeten zurückzuhalten. 1982 verloren die Sozialdemokraten deshalb die Macht, weil die Freien Demokraten überzeugt waren, Schmidt hätte als Kanzler die Kontrolle über seine Partei verloren. Diese war zunehmend unter den Einfluß der westdeutschen Friedensbewegung geraten und neigte nicht dazu, die Stationierung neuer amerikanischer Mittelstreckenraketen auf deutschem Boden zu akzeptieren. Dies verstärkte die extremen Spannungen unter den Koalitionspartnern, die sich an Haushaltsfragen entzündet hatten. Sobald unter der neuen Koalition aus Christdemokraten und Freien Demokraten ein erster Schwung der neuen Raketen stationiert worden war, übernahm die neue Regierung die Position der Sozialdemokraten (und der Friedensbewegung) und bestand auf Verhandlungen, bevor noch neuere Waffen stationiert werden sollten.

Die Friedensbewegung stellte die Sozialdemokraten vor schwere inhaltliche wie praktische Probleme. In der Hitze des Gefechts wurden die Sozialdemokraten abwechselnd des Nationalismus, Neutralismus und Pazifismus, ja sogar des offenkundigen Verrats am Westen bezichtigt. Die Vorwürfe ließen das historische Erbe der Partei außer acht: 1914 hatte die Mehrheit der Sozialdemokraten für die Kriegskredite gestimmt, später für die begrenzte Rüstung, die der Versailler Vertrag der Weimarer Republik zugestanden hatte. Wenn sie in den ersten Jahren der BRD auch gegen die Wiederbewaffnung waren, so weigerten sie sich doch standhaft, eine Kampagne gegen die Wehrpflicht zu führen – und sobald sie zum ersten Mal in die Regierung eingetreten waren, forderten sie das Verteidigungsministerium für sich.

Manchmal sprachen sie das aus, was andere nur dachten: Die Interessen des deutschen Volkes stimmten nicht in jedem Fall perfekt mit denen der amerikanischen Außenpolitik überein. So fanden sie einen Modus vivendi mit dem anderen deutschen Staat und vor allem mit dessen sowjetischem Protektor, der in den anderen NATO-Staaten Ängste heraufbeschwor. Würden die Deutschen unter Bedingungen, die sich bereits sehr deutlich abzeichneten, die Neutralität akzeptieren und damit den Kalten Krieg beenden, indem sie die USA zwängen, Europa zu verlassen? Daß es dann schließlich die Sowjetunion (das spätere Rußland) war, die Zentraleuropa verließ, war etwas, was sich damals nur die wenigsten vorstellten. Die politischen Gegner der Sozialdemokraten unterhielten zwar selbst gute Beziehungen zur UdSSR und dem kommunistischen Deutschland, warfen aber den Sozialdemokraten vor, mit beiden zu versöhnlich umzugehen. Sie meinten, die Sozialdemokraten brächten den kommunistischen Staaten unterschwellig zu viel Sympathie entgegen und seien damit dem Westen potentiell untreu. Dieses Nachkriegsparadox setzte sich in Deutschland bis in die achtziger Jahre fort. Die Erben des Nationalismus im rechten Spektrum verbündeten sich mit den USA und Westeuropa, die Sozialdemokraten dagegen bestanden auf ihrer Auffassung des nationalen Interesses, obwohl sie den Verbündeten der BRD in ihrem kulturellen und politischen Gedankengut näherstanden als viele ihrer Gegner im eigenen Land.

Die Friedensbewegung verstärkte den Konflikt. Diese überwiegend spontan zustande gekommene Bewegung wurde in Kirchen, Schulen und an Arbeitsplätzen von ganz gewöhnlichen Bürgern organisiert. Der Aufstieg der Grünen und ihr Einzug ins Parlament 1983 mit knapp über 5 Prozent der Stimmen war ihrer dauernden Thematisierung von Fragen des Friedens mindestens ebenso zu verdanken wie ihrem Umweltbewußtsein und ihrem Feminismus. Die Friedensbewegung hatte Zulauf aus sämtlichen Schichten und Generationen und war gegenüber taktischen Überlegungen völlig unempfindlich. Im Vergleich zur bürokratisierten SPD erschienen die Grünen sogar vielen Sozialdemokraten als ein alternatives Modell der politischen Organisation. Einige – vor allem jüngere – Mitglieder wanderten tatsächlich zu den Grünen ab; allerdings gewann diese Partei viele ihrer Anhänger und Aktivisten direkt aus der Studentenbewegung und den anderen Protestbewegungen der Sechziger und Siebziger. Doch die Mehrheit der Sozialdemokraten, die von den Argumenten der Friedensbewegung überzeugt und auch beflügelt waren von dem Gefühl des unmittelbaren Involviertseins in ein Thema von enormer Dringlichkeit, kehrten der Partei nicht den Rücken, sondern versuchten, sie zu verändern. Mit seiner Feststellung, die Sozialdemokraten seien eben deshalb offener für die Gesellschaft, weil sie der Konflikt über die Nuklearwaffen plage, hatte Willy Brandt sicher recht.

Die Schwierigkeit lag darin, daß der wichtigste, von Schmidt angeführte Flügel der Partei (unterstützt von einigen Gewerkschaftern, die den akademisch gebildeten Demonstranten mißtrauten, die bei den wortgewandten Gegnern der Atomwaffen eine bedeutende Rolle spielten) eine eindeutige Loyalität zur Politik der NATO den Ideen der Friedensbewegung vorzog. Die Gegner der Partei führten mit einiger taktischer Skrupellosigkeit das Argument an, eine gespaltene Partei könne nicht mit der Regierungsverantwortung betraut werden. Sie brauchten nur zu zitieren, was Schmidt seinen Genossen sagte. Richtig ist, daß Schmidt trotz seiner Intelligenz und seines Könnens seine Fähigkeit überschätzt hatte, die Lage in den Griff zu bekommen. Mit der Drohung, neue Atomwaffen in Deutschland zu stationieren, wollte er die UdSSR zu ernsthaften Verhandlungen über eine Rüstungskontrolle bewegen. Seine amerikanischen Verbündeten waren jedoch viel stärker an strategischen Vorteilen in Europa interessiert als an Abrüstungsvereinbarungen. So saß Schmidt in einer selbstgebauten Falle, da sich beide Großmächte unbeweglich zeigten. Als sich zu diesen Konflikten noch ein Thema gesellte, über das in der Partei weitgehend Einigkeit herrschte – die Verteidigung des Sozialstaates und des Anfang der Siebziger eingerichteten Verteilungsmusters des Volkseinkommens –, wurde der Konflikt mit den Freien Demokraten unlösbar.

Er war unlösbar, obwohl sich Schmidt selbst ganz ans Ende des sozialistischen Spektrums setzte – er war staatlicher Planung gegenüber skeptisch, er neigte dazu, dem privaten Sektor ein hohes Maß an Autonomie zuzugestehen, und er stand auch den Vorstellungen einer partizipativen Demokratie skeptisch gegenüber. Unlösbar war der Konflikt, weil Schmidt eine soziale Partnerschaft beschwor, deren Basis von der Verlangsamung des Wachstum und einer voranschreitenden strukturellen Arbeitslosigkeit untergraben wurde. Schmidt war ein sehr fähiger Politmanager. In ihm vereinte sich der Anschein einer nachdenklichen Vorsicht mit der hartnäckigen inneren Überzeugung, daß er nahezu immer recht hätte – eine Mischung, die ihm in der Öffentlichkeit viel Sympathie einbrachte. Diese Sympathie hatte auch mit seiner patriarchalischen Art zu tun, die in weiten Teilen der deutschen Gesellschaft sehr geschätzt wurde. Das Problem war nur: Es herrschte eine neue politische Kultur, die wenig Wert auf Ehrerbietung legte, nicht zuletzt innerhalb der SPD selbst. Wie der Konflikt zwischen den Großmächten konnten auch die wirtschaftlichen und sozialen Entwicklungen nicht gemanagt werden, und so wurde dem Kanzler das deutsche Äquivalent dessen entzogen, was man im Chinesischen als »Mandat des Himmels« bezeichnet.

Nachdem er aus seinem Amt ausgeschieden war, tat Schmidt kund, daß er sich stets Karl Poppers Argumenten für ein »piecemeal social engineering«[8] – die stückweise Veränderung gesellschaftlicher Verhältnisse – gebeugt habe. Dabei handelte es sich um eine Wahlverwandtschaft. Während seiner Amtszeit zögerte Schmidt nicht, seiner Partei nahezulegen, sich auf die Dinge zu beschränken, in denen sie kompetent sei (zum Beispiel die Stadtverwaltung), und das Management der Wirtschaft und der Weltpolitik denen zu überlassen, die mehr davon verstünden, ihm zum Beispiel. Das war typisch für das von entmutigten Reformern unablässig geäußerte Gebot, daß die westlichen Reformparteien pragmatisch sein müßten. Sie benutzten diesen Begriff in einem Sinn, den John Dewey zurückgewiesen hätte: Sie leugneten die Bedeutung großer gesellschaftlicher Entwürfe. Unter historischen Umständen, unter denen sich kleine Schritte und schrittweise Veränderungen akkumulieren, ist der Kontext selbst der größere gesellschaftliche Entwurf. Wo die Umstände wenig oder keine fundamentale Veränderung erlauben, ist Pragmatismus die gezielte Anpassung an die sehr begrenzten Möglichkeiten. Ende der Siebziger, Anfang der Achtziger nahmen die Auseinandersetzungen zwischen Schmidt und vielen in seiner Partei strukturell die Debatte innerhalb der SPD vorweg, die ausbrach, sobald sie 1998 wieder die Regierung übernahm.[9]

Als die Sozialdemokraten 1982 in die Opposition gehen mußten, prophezeite Herbert Wehner, der große alte Mann der Partei, daß es fünfzehn Jahre dauern würde, bis sie wieder an die Regierung kommen würden. Es dauerte sechzehn Jahre. Die von Kohl vorgenommene Personalisierung der Politik ging der Konsolidierung der Macht seiner Partei nicht voraus, sondern folgte ihr. Konservative Parteien (auch die Sozialdemokraten sind konservativ, doch das spielt sich in anderen ideologischen Dimensionen ab) brauchen keine großartigen Projekte, anders als reaktionäre Parteien (denen es darum geht, den Status quo ante wiederherzustellen). Als Kohl sein Amt antrat, klang er in seiner Heraufbeschwörung eines gnadenlosen Sozialdarwinismus gelegentlich wie Reagan oder Thatcher. Einige Christdemokraten drohten mit einer kulturellen Gegenrevolution. Der frühere Generalsekretär der Partei, Bruno Heck, erklärte, sie seien bereit, das Erbe der 68er zu beseitigen, das er ohne Zögern mit dem von 1933 verglich.[10] Bemerkenswert war, wie wenig sich änderte. Die sozialdemokratische Epoche hatte sich schon erschöpft, bevor sie offiziell zu Ende gegangen war, und die christdemokratische lieferte beträchtliche Beweise der politischen Kontinuität. Diejenigen, die aus der Wirtschaft und dem sozialen System Vorteile und Nutzen gezogen hatten, behielten diese. Diejenigen, die an den Rand gedrängt waren, blieben dort, und es wurde nicht viel getan, um ihnen beizustehen. In einem sozialen Niemandsland gab es frisch marginalisierte soziale Gruppen, doch schon die Tatsache, daß es einen Prozeß der Marginalisierung gab, wurde geleugnet. Die Christdemokraten dachten keine Minute daran, die Gewerkschaften oder gar den öffentlichen Dienst anzugreifen. Kohls Andeutungen, es gäbe zu viele, die nicht hart genug arbeiteten oder den Sozialstaat ausnützten, beschwichtigte das Gewissen der Mittelschichten, die eifrig Steuergesetze umgingen oder brachen. Wieder zeigte sich der große Vorteil konservativer Parteien, egal, welche sozialpolitischen Ansichten sie vertraten: Sie konnten (selektiv) die Interessen derjenigen verteidigen, die etwas zu verlieren hatten, und die übrigen dem Lauf der sozialen Natur überlassen.

Bald führten Ereignisse, die sich außerhalb deutscher Kontrolle befanden, zu heftigen innenpolitischen Konflikten über die Rolle der BRD in der NATO. Kohl akzeptierte die erste Welle neuer Raketen. Dann aber kam ihm Breschnews Tod, dessen Nachfolger – zwei Invaliden, die nichts taten – und schließlich ein offenkundiger Reformer im Kreml zu Hilfe. Nach Stalins Tod hatte Churchill Eisenhower vorgeschlagen, daß er, Churchill, nach Moskau gehen und mit Stalins Nachfolgern über ein Ende des Kalten Kriegs verhandeln würde. Dulles und Eisenhower hatten den Vorschlag abgelehnt. Jetzt legten sich Kohl und Thatcher gemeinsam ins Zeug und drängten die USA, Gorbatschows Politik ernst zu nehmen. Das war zu einer Zeit, als sich einige Amerikaner durchaus nicht entblödeten, darüber zu spekulieren, ob Genscher nicht möglicherweise ein Agent des Ostblocks sei. Jedenfalls unterschied sich an diesem Punkt die Außenpolitik Kohls kaum von der der Sozialdemokraten. Außenpolitik, vor allem die Beziehung zur UdSSR, war in Deutschland auch Innenpolitik. Sie war nicht zu trennen von der Politik gegenüber dem kommunistischen Teil Deutschlands, und diese wurde unverändert fortgesetzt. Auf Kredite und Handel, auf den (buchstäblichen) Freikauf politischer

Gefangener, auf regelmäßige Kontakte auf allen Ebenen der Regierung und der Gesellschaft wurde sogar noch mehr Wert gelegt. In Fragen der Europapolitik ging Kohl sofort eine bleibende Entente mit Mitterand ein. Der französische Präsident trat Anfang 1983 vor den Bundestag, um die Stationierung von Raketen in Deutschland zu unterstützen, die Frankreich im eigenen Land unter keinen Umständen akzeptiert hätte – aber offensichtlich auch, um Kohl bei den Wahlen zu unterstützen. Die Entente führte zu deutsch-französischen Plänen, die für die Europäische Gemeinschaft einen großen Schritt nach vorn bedeuteten. Entschiedener französischer Zweifel ob der neuen Nähe Deutschlands zu Rußland verwandelte sich in eine verwirrte und ineffiziente Opposition, als die deutsche Wiedervereinigung unmittelbar bevorzustehen schien.

Als überzeugte Vorkämpfer der europäischen Integration konnten sich die Sozialdemokraten schlecht über Kohls Politik der europäischen Integration beschweren. Sie dachten, nur in einem vereinten Europa könnten die sozialen Errungenschaften des Wohlfahrtsstaats verteidigt werden, nur in diesem könne das Wiederaufflackern nationaler Rivalitäten in Westeuropa vermieden werden. Gelegentlich erörterten sie eine Idee, die gewiß auch die Christdemokraten hatten, jedoch für sich behielten: Letztlich würde sich nur ein vereintes Westeuropa von der Unterordnung unter die USA befreien können.

Im kulturellen Bereich änderte sich nichts in der staatlichen Politik. Nach wie vor flossen dort Subventionen, obwohl sich die konservative Seite ästhetisch und politisch entrüstete über vieles, was mit öffentlichen Geldern produziert wurde. Ein rückwärtsgewandter Nationalismus hatte im konservativen Lager kaum eine Chance, die Oberhand zu gewinnen. Dies hätte es unmöglich gemacht, die Sozialdemokraten als nationalistisch oder neutralistisch zu kritisieren, weil sie die vollständige Integration im atlantischen Bündnis nicht bedingungslos akzeptierten. De facto strebte Genscher stets nach einer größeren Autonomie Deutschlands im Bündnis. Später, nach der Vereinigung, vertraten einige Konservative einen neu erwachten Nationalismus.

Vieles von der Kontroverse um die Nation spiegelte sich in dem berühmten *Historikerstreit*, der sich keineswegs nur auf Historiker beschränkte.[11] Der Streit war die Fortsetzung der Debatte über die deutsche Verantwortung für den Holocaust (und den Angriffskrieg), die die Gemüter in Deutschland seit 1945 bewegt hatte.

Der Historiker Ernst Nolte schrieb in der *Frankfurter Allgemeinen Zeitung* über eine »Vergangenheit, die nicht vergehen will«. Er lehnte die Vorstellung ab, der Holocaust sei in der modernen Geschichte etwas Außergewöhnliches gewesen. Die Verbrechen des Jahrhunderts hätten mit den Türken ihren Anfang genommen und seien unter Stalin, von dem Hitler so viel gelernt habe, besonders schrecklich gewesen. Der Nationalsozialismus müsse als vollkommen verständliche Defensivreaktion (die außerhalb Deutschlands auf breite Sympathien gestoßen sei) des Bürgertums auf den Bolschewismus verstanden werden. Der Begriff »Bürgertum« war allerdings recht weit gefaßt und umfaßte Millionen von Arbeitern, die fest in der Gesellschaft verankert waren. Um die Wahrheit zu sagen, fuhr Nolte fort, hätten die Juden selbst einen Großteil ihrer Probleme verursacht – offensichtlich wären sie doch nicht voll integriert gewesen; man sehe sich die jüdischen Kommunisten und ganz allgemein die jüdischen Anhänger der Aufklärung an. An diesem Punkt verknüpfte Nolte seine Argumentation mit seiner Ablehnung einer säkularen Transzendenz; denn dieses revolutionäre Ziel, das die Aufklärung gefestigten, in einem Gefühl für Zeit und Ort verwurzelten Völkern auferlegt habe, sei unerreichbar. In diesen Worten hallte erkennbar die Verteidigung des Nationalsozialismus durch Heidegger nach, bei dem Nolte studiert hatte. Nolte meinte weiter, es sei für die Deutschen und auch für die, die mit den Deutschen gute Beziehungen unterhalten wollten, gewiß an der Zeit, endlich damit aufzuhören, sich zu zerfleischen. Schließlich habe Deutschland Europa vor dem Bolschewismus gerettet, und das sei doch die Hauptsache. Damit drückte Nolte in etwas eleganterer Form aus, was die Mehrheit der Deutschen zumindest für einige Jahre nach dem Krieg für ein großes Übel gehalten hatte. Schlimmer war jedoch, wie genau er die innere Unzufriedenheit derer diagnostizierte, für die die Einbindung in den Westen nur dünner Firnis war. Die, die sie ernst nahmen, waren natürlich erzürnt, um so mehr, als Nolte größtenteils mit seiner Feststellung recht hatte, daß das, was die europäischen Massen in der Neuzeit hauptsächlich bewegt hatte, nicht revolutionärer Eifer gewesen war, sondern eine erbitterte Ablehnung der Aufklärung. Problematisch war nur, daß Nolte zunehmend klarmachte, daß er diese Ansicht teilte.

Die Auseinandersetzung wurde auf zwei Ebenen geführt. Auf der einen ging es um den Nationalsozialismus, den Holocaust und die Frage der Einzigartigkeit der deutschen Geschichte. Auf der anderen ging es um die Aufklärung und ihre Abkömmlinge sowie darum, ob sich Deutschland dazu beglückwünschen könne, eine, wie sich Jürgen Habermas ausdrückte, »postnationale Identität« erreicht zu haben.[12] Interessant ist, wie ungleichmäßig sich die gegensätzlichen Positionen auf die Parteien mit ihren jeweiligen Grundsätzen aufteilten. Gewiß stimmten viele Konservative einem Großteil dessen zu, was Nolte gesagt hatte, vor allem, wenn er die Deutschen von der Schuld an originären Verbrechen und einzigartigen Verfehlungen freisprach; hinsichtlich der Ablehnung der Aufklärung aber wäre ihnen etwas mehr Diskretion lieber gewesen. Der deutsche Bundespräsident, Sohn eines einflußreichen Nazi-Mittäters und Mitglied der CDU, bestand in einer bemerkenswerten Rede auf der deutschen Verantwortung. Die Sozialdemokraten vertraten offiziell natürlich auch die Ansicht der einzigartigen Schuld der Deutschen, achteten jedoch darauf, sich als postnational zu präsentieren, und zwar in einem ganz spezifischen Sinn: nicht mehr als Partei der Gegenanklage der Nachkriegszeit, sondern als die Partei von Brandt und Schmidt, die zu Deutschlands Rückkehr zu internationalem Ansehen ebensoviel beigetragen hätten wie Adenauer. Mit anderen Worten: Es sei nicht mehr nötig, sich Asche aufs Haupt zu streuen.

Die Frage der Fremdenfeindlichkeit ist für die Sozialdemokraten ein sehr schwieriges Thema. Die nicht unerheblichen Stimmengewinne der extremen Rechten in Kommunal- und Landtagswahlen gingen meist auf Kosten der Sozialdemokraten. Diese fremdenfeindlichen Parteien wurden von Rentnern sowie von Berufstätigen gewählt, die davon überzeugt waren, daß Einwanderer ihre Arbeitsplätze bedrohten. Zu anderen Zeiten hatten sie für die Christdemokraten gestimmt, weil auch diese ausländerfeindliche Töne anschlugen. Jugendbanden nahmen die Einstellung Erwachsener als Legitimation für ihre mörderische Gewalt gegen Ausländer. Viele dieser selbsternannten Verteidiger der deutschen Kultur sind sicher keine passionierten Leser von Hölderlin oder Kant, doch sind sie nicht alle Skinheads und auch nicht alle arbeitslos. Ausländer machen etwa acht Prozent der deutschen Gesamtbevölkerung aus, wobei in manchen urbanen Zentren der Anteil das Dreifache beträgt. Das nicht unbeträchtliche Reservoir von Fremdenfeindlichkeit in Deutschland wurde noch zusätzlich durch die Anwesenheit von Flüchtlingen aus aller Herren Länder gespeist, die durch das liberale, von der Verfassung gedeckte Recht auf politisches Asyl angezogen werden. Die deutsche Regierung hat Zehntausende von Flüchtlingen aufgenommen, die vor den Unruhen auf dem Balkan geflohen waren. Das Problem der Integration einer großen Zahl ausländischer Mitbürger, die legal in Deutschland leben und arbeiten, vor allem Kurden und Türken, ist ebenfalls nach wie vor nicht gelöst.

In den Debatten Ende der 90er Jahre waren die Sozialdemokraten tief gespalten. Der symbolische Gehalt, der in einer unveränderten Beibehaltung des Asylrechts lag, mobilisierte die Verfechter der bürgerlichen Freiheiten und die Gruppe derer, die die Erinnerung hochhalten wollen. Kommunale und staatliche Beamte hatten konkretere Sorgen; sie waren gezwungen, aus den begrenzten Haushalten Mittel für die Asylbewerber bereitzustellen, deren Anwesenheit ihre Bürger beunruhigte. Kohl hatte die Fremdenfeindlichkeit auf die Tagesordnung gesetzt, als er eine offensichtliche Unwahrheit äußerte: Deutschland sei kein Einwanderungsland. Es ist ein Einwanderungsland und wird dies um so stärker sein müssen, wenn die Sozialbilanz einer alternden Bevölkerung und einer niedrigen Geburtenrate nicht aus dem Gleichgewicht geraten soll. Die Sozialdemokraten waren in der Opposition nicht besonders erpicht darauf, eine pädagogische Kampagne gegen die in weiten Teilen der Bevölkerung vorherrschenden Klischees von Einwanderern als Parasiten zu führen. Sie akzeptierten eine sehr restriktive Modifizierung des Asylrechts. In ihrem siegreichen Wahlkampf 1998 bemühten sich ihr Kanzlerkandidat und ihr zukünftiger Innenminister mit großem Nachdruck, sich als Kämpfer gegen das Verbrechen hinzustellen, wobei nahegelegt wurde, daß Ausländer besonders anfällig seien, kriminell zu werden.

Nachdem sie es in der Opposition nicht geschafft hatten, ernsthaft erzieherisch tätig zu werden, schlugen die Sozialdemokraten, sobald sie an der Regierung waren, eine tiefgehende Veränderung des Staatsbürgerschaftsrechtes vor. Dem bis dahin geltenden Recht zufolge war die deutsche Staatsbürgerschaft eine Angelegenheit der Abstammung. Das neue Gesetz sollte dies ändern: Millionen legaler Einwanderer und deren in Deutschland geborene Kinder sollten die deutsche Staatsbürgerschaft erwerben können und in vielen Fällen daneben ihre frühere beibehalten dürfen. Ihre Koalitionspartner, die Grünen, wollten daran keine Abstriche machen. Zur Konsternierung beider Parteien spielte dieses Thema eine entscheidende Rolle bei ihrer Niederlage in der ersten Landtagswahl nach ihrem Wahlsieg von 1998. 1999 wurde in Hessen eine Koalition aus Sozialdemokraten und

Grünen aus dem Amt gedrängt, nachdem die Christdemokraten die Wahl zu einer Volksabstimmung über das neue Gesetz gemacht hatten. Sie erklärten, daß sie deswegen gegen eine doppelte Staatsbürgerschaft seien, weil sie eine komplettere und harmonischere Integration der Einwanderer in Deutschland wollten. Doch davon ließ sich niemand täuschen, vor allem nicht die Wähler aus der Arbeiterschaft an den beiden Enden der Altersskala; sie wandten sich von den Sozialdemokraten ab, weil sie glaubten, sie würden den Einwanderern zu sehr entgegenkommen.

Außerdem hatte die neue Regierung in ihren ersten hundert Tagen keine sehr überzeugende Demonstration dafür geliefert, ein kohärentes Projekt zur Beseitigung der Arbeitslosigkeit zu haben. Doch Hessen war in einer verhältnismäßig günstigen Lage. Der tröstliche Glaube, eine erfolgreiche Wirtschaftspolitik könne die Krankheiten moderner Nationalstaaten kurieren, ist eine Illusion. In dieser Hinsicht waren die Sozialdemokraten, die das neue Gesetz auf der Basis von Humanität und Gleichheit befürworteten, realistischer als diejenigen, die glaubten, die Partei könne primär auf der Basis ihrer Wirtschaftspolitik den Sieg davontragen. Nichts in der gegenwärtigen westlichen Politik – und schon gar nicht in Deutschland – macht den moralischen und politischen Kampf um eine Neudefinition der Nation verzichtbar. Ein höherer Lebensstandard und die festen Erwartungen einer sicheren Zukunft können große Teile der westlichen Öffentlichkeit für das Argument öffnen, daß Einwanderung auch positive Aspekte hat. Diese gesellschaftlichen Errungenschaften könnten aber auch ethnozentrische und fremdenfeindliche Einstellungen und Annahmen verstärken, indem sie dieselben Menschen überzeugen, daß sie viel zu verlieren hätten.

Die Tatsache, daß die SPD wirtschaftliche Prosperität und soziale Sicherheit als Kriterien politischer Kompetenz betonte, arbeitete gegen sie, als die Wählerschaft Anfang 1983 aufgefordert wurde, ihr Urteil über die neue Regierung Helmut Kohls zu fällen. Der auf Löhne und Gehälter entfallende Anteil des Volkseinkommens hatte unter Schmidt zu sinken begonnen, während die Arbeitslosigkeit angestiegen war. Die Partei verlor Wähler unter den Arbeitern, und eine beträchtliche Zahl von Stimmen der akademisch gebildeten Mittelschicht ging an die Grünen, die dadurch die Fünf-Prozent-Hürde überwanden und in den Bundestag einzogen. Schmidts Festhalten an einer restriktiven Haushaltspolitik schloß zu Ende seiner Kanzlerschaft umfassende öffentliche Investitionsprogramme aus. Es kam zu keiner kompensatorischen Steigerung beschäftigungswirksamer Umschulungsprogramme, und das Wachsen des tertiären Sektors führte nur dazu, daß viele Industriearbeiter zu Langzeitarbeitslosen wurden oder sich mit Gelegenheitsarbeit zufriedengeben mußten. Die CSU stand in Bayern an der Spitze einer Veränderung, die aus einer überwiegend von der Landwirtschaft geprägten Wirtschaft eine neue Industrie- und Dienstleistungswirtschaft mit modernen technologischen Komponenten machte; Bildungsausgaben und Steuerpolitik wurden mit gesteuerten Investitionen durch staatliche Banken kombiniert. Die CDU in Baden-Württemberg ging ebenso vor. Beide Parteien taten sich rhetorisch mit einer Verteidigung traditioneller Werte hervor. Doch mindestens ebensoviele Stimmen gewannen sie aufgrund einer korporatistischen Wirtschaftspolitik, die sich in nichts von der Politik unterschied, die gleichzeitig das sozialdemokratisch regierte größte deutsche Bundesland, Nordrhein-Westfalen, erfolgreich verfolgte.

In der langen Zeit ihrer Opposition zu Kohls Koalitionsregierung schafften es die Sozialdemokraten nie, sich die offensichtlichen Fehler dieser Koalition zunutze zu machen. Ständig blockierten das christlich-soziale Element in der Koalition und die Verfechter marktwirtschaftlicher Lösungen die Initiativen der jeweils anderen Seite. Der soziale Konsens in Deutschland wurde geschwächt, aber nicht frontal angegriffen. Einige Sozialausgaben (Bildung und Gesundheit) wurden gesenkt, und schließlich wurden auch die Renten gekürzt. Als die Arbeitslosigkeit immer weiter zunahm, schien die Regierung zwischen Gemeinheiten im kleinen und Inkompetenz im großen zu schwanken.

Die Sozialdemokraten verkündeten eifrig Programme für eine wirtschaftliche Erneuerung, die mit Rücksicht auf die Bedeutung, die der Umweltschutz für viele Wähler hatte, auf einen ökologischen Umbau der Wirtschaft abzielten. Doch wenn sie in den Bundesländern regierten, setzten sie ihre Energien nicht dafür ein, neue Muster des Konsums und der Produktion zu fördern, sondern eher dafür, das Kapital zu Investitionen zu überreden. Die Feminisierung der Arbeiterschaft brachte der Partei die Unterstützung arbeitender Frauen quer durch alle Schichten ein. Dies wirft die interessante Frage auf: Fand auch eine Feminisierung des Bewußtseins statt? Spiegelte die wachsende Sensibilität der deutschen Öffentlichkeit für Themen wie die weltweite Armut, Menschenrechte, Pazifismus und Solidarität die stärkere Rolle der Frauen nach den Debakeln von 1918, 1933 und 1945? Die Antwort lautet: Es gab einen ganzen Komplex von Veränderungen, und davon waren sowohl die neue Prominenz von Frauen als auch ein humanerer sozialer Ethos ein Teil. Außerdem waren bis 1945 nicht alle deutschen Frauen Mitglieder einer unterdrückten Fraktion von Humanisten; viele akzeptierten das Patriarchat in seiner wilhelminischen und später in seiner nationalsozialistischen Form.

Die Steigerung der Anzahl weiblicher Wähler kompensierte zum Teil die Verluste an männlichen Stimmen aus der industriellen Arbeiterklasse sowie die Abwanderung der Jungwähler, sowohl zu den Grünen als auch zu den konservativen Parteien. Der Ruf der ökonomischen Kompetenz der Sozialdemokraten verblaßte. In ihren letzten Jahren herrschte in der Regierung Schmidt Stagnation, sie konnte kein neues wirtschaftliches Konzept vorweisen. In der Zwischenzeit beschränkte sich die Interessenvertretung für die sehr unterschiedliche Klientel der sozialdemokratischen Wählerschaft auf die reine Defensive. Viele Wähler verließen sich darauf, daß die Gewerkschaften oder die sozialdemokratischen Regierungen in den einzelnen Bundesländern mit dem Arbeitnehmerflügel der Regierungskoalition zusammenarbeiteten, um ihre Interessen zu verteidigen. Sie stimmten wiederholt für die Christdemokraten mit der Begründung, daß sie das herrschende Gleichgewicht ohnehin nicht verändern würden. Der soziale Konsens, zu dem die Sozialdemokraten so viel beigetragen hatten, arbeitete gegen sie.

Gleichermaßen arbeitete eine weitere Entwicklung gegen sie, an der sie kräftig mitgewirkt hatten. Als Willy Brandt Kanzler war, bestand er trotz heftiger Opposition der Christdemokraten darauf, ein umfassendes Projekt der Wiederannäherung an die Sowjetunion und die Ostblockstaaten, vor allem die Tschechoslowakei und Polen, voranzutreiben. Er tat dies aus zwei Gründen. Zum einen hielten er und die Sozialdemokraten es für dringend erforderlich, in Zentral- und Osteuropa eine Struktur gemeinsamen Interesses an militärischer und politischer Stabilität zu schaffen. Die Sozialdemokraten (und zwei freidemokratische Außenminister, Walter Scheel und Hans-Dietrich Genscher) meinten, daß die Allianz Deutschlands mit den USA und den anderen NATO-Staaten kein Schraubstock sein solle, der jede deutsche Initiative verhindere. Wenn Deutschland seine Autonomie innerhalb der Allianz ausdehnen wurde, könne es für seine Alliierten ein Vermittler mit speziellen Beziehungen zu den Warschauer-Pakt-

Staaten sein. Allmählich erwuchs aus der Idee eines gemeinsamen Sicherheitsinteresses eine realistische Alternative zur systematischen Verteufelung des Ostblocks, wie sie die Theologie des Kalten Krieges gefordert hatte. Es handelte sich um eine säkularisierte Geopolitik. Der klare Erfolg von Brandts Initiative verlieh dieser Idee Kraft, Form und Substanz. Eine der Folgen war die Konferenz für Sicherheit und Zusammenarbeit in Europa (KSZE) in Helsinki.

Doch Brandts Politik beinhaltete ein weiteres, noch originelleres Element. Das Konzept des Wandels durch Annäherung barg Fakten wie Hoffnungen. Die Beziehungen zur Sowjetunion wurden tatsächlich vertieft und erweitert, sie wurden zur Normalität. In den Bereichen Erziehung, Kultur und Wissenschaft kam es zum Austausch. Staatliche Kredite und Bürgschaften, aber auch Initiativen des privaten Sektors stärkten die wirtschaftlichen Beziehungen. Diese Schritte, so hoffte man, würden den Eisernen Vorhang durchlässiger machen. Darüber hinaus würden sie an die im Ostblock bereits wahrnehmbaren pluralistischen Tendenzen anknüpfen und diese stärken – trotz der permanenten Rückfälle, die auf Chruschtschows Sturz gefolgt waren.

Das kommunistische Deutschland stellte die BRD vor eine Reihe von Problemen. Offiziell nahm die BRD für sich in Anspruch, der einzige legitime deutsche Staat zu sein. Zum anderen deutschen Staat wurden keine diplomatischen Beziehungen unterhalten; es gab zwar eine ganze Reihe offizieller Kontakte, doch auf Drängen des Westens fanden viele nur heimlich statt. In beiden Staaten wurde der jeweils andere in den düstersten Farben geschildert. Die Kirchen, vor allem die evangelische, pflegten grenzübergreifende Kontakte. Die Grenze war eine befestigte, bewachte »Chinesische Mauer« mitten in Europa, ein Bauwerk, das in seiner alltäglichen Endgültigkeit so monströs war, daß es schon fast mythische Dimensionen annahm. Die Bürger der DDR konnten nicht in den Westen reisen und Westdeutsche nur selten in den Osten. Nachdem die Mauer 1961 die östliche Hälfte der Stadt abgeriegelt hatte, war es Brandt als Regierendem Bürgermeister von Westberlin gelungen, zumindest Familienbesuche zu ermöglichen. Als Kanzler glückte ihm ein weitaus größeres Projekt: die systematische, wenn auch begrenzte Öffnung des gesamten kommunistischen Deutschland für eine breite Palette an Kontakten mit dem Westen.

De facto hatte man den kommunistischen Staat anerkannt. Dennoch wurden juristische Fiktionen aufrechterhalten: Die Botschafter der beiden Staaten wurden als »Vertreter« bezeichnet. Brandt stattete der DDR einen triumphalen Besuch ab, der Gegenbesuch aber wurde jahrelang hinausgezögert. Als er schließlich zustande kam – wenige Jahre, bevor das Regime zusammenbrach – wurde der kommunistische deutsche Staatschef, Erich Honecker, von Bundeskanzler Kohl in Bonn mit allen Ehren empfangen. Als Brandt, kräftig unterstützt von seiner Partei und den Kirchen, die Beziehungen zur DDR normalisierte, hatte die Opposition noch lautstark Kritik geübt. Die Verbündeten Westdeutschlands wie auch die Sowjetunion betrachteten die neuen Arrangements mit Argwohn, doch die Sozialdemokraten und die ihnen nachfolgenden Christdemokraten legten sich ins Zeug, um diesen zu zerstreuen.

Zweifellos hatte die Öffnung beträchtliche und weitreichende Folgen für das kommunistische Regime und seine Bürger.[13] Allerdings sind diese Folgen noch heute ziemlich unklar. Eine Interpretation ist die folgende: Die Anerkennung des kommunistischen Staats durch die westdeutsche Regierung und die darauffolgende Vervielfachung der Kontakte mögen dem Regime in den Augen mancher Bürger zu mehr, wenn auch nicht zu wesentlich mehr Legitimation verholfen haben. Vor allem 1961, nach dem Bau der Mauer, fanden sich die meisten Bürger der DDR damit ab, daß sich in absehbarer Zeit nichts an ihrer Eingliederung in den Ostblock ändern würde. Es lag an ihnen, das Beste daraus zu machen. Einige kollaborierten begeistert mit der deutschen Ausgabe der neostalinistischen Verkrustung der Breschnew-Ära. Andere waren (wie in der Sowjetunion) kritische Kollaborateure und in ihren Ansichten oft technokratisch. Eine wenig begeisterte, aber unpolitische Mehrheit kümmerte sich hauptsächlich um ihre eigenen Angelegenheiten. Es ist bis heute nicht klar, wie weit sie die absurde Behauptung des Regimes akzeptierte, daß ihr Land das bessere Deutschland sei. Jedenfalls akzeptierte sie, daß es das Deutschland war, in dem sie lebten. Die Kommunisten – und ihre beflissenen Helfer bei den ostdeutschen Christdemokraten und Liberalen – bezogen offensichtlich einigen Rückhalt aus der Behauptung, daß ihr Staat ein Stabilitätsfaktor für Mitteleuropa sei. Wie die Deutschen des anderen deutschen Staates fürchteten die Bürger der DDR einen Konflikt der Supermächte und einen Atomkrieg auf ihrem Boden. Von vielen Durchschnittsbürgern, die weder treue Anhänger noch Gegner des Regimes waren, hieß es später, sie hätten in »Nischen« gelebt – darin klingt deutlich die »innere Emigration« der Deutschen im Dritten Reich an. Dazu kann man nur sagen, daß es in der gesellschaftlichen

Landschaft des kommunistischen Staates sehr viele solcher Nischen gegeben haben muß.

Vereinzelt meldeten sich auch Dissidenten zu Wort. Vielen ging es um eine authentischere, demokratischere, offenere und pluralistischere Variante eines deutschen Sozialismus. Bei einer der alljährlichen Feiern zum Geburtstag von Rosa Luxemburg wurden mehrere Leute verhaftet, weil sie mit Transparenten erschienen waren, auf denen das Luxemburg-Zitat zu lesen war: »Freiheit ist immer die Freiheit der Andersdenkenden.« Auf dem Höhepunkt der Krise in und zwischen den beiden deutschen Staaten, die von der Stationierung neuer Raketen durch die Supermächte ausgelöst worden war, wurde eine Gruppe weiblicher Dissidenten verhaftet, weil sie ohne staatliche Genehmigung einen Kindergarten gegründet hatten, in dem keine militaristischen Inhalte vermittelt werden sollten. Eine (westdeutsche) Karikatur aus dieser Zeit zeigt zwei schwerbewaffnete ostdeutsche Grenzpolizisten auf einem Wachturm, die mit Ferngläsern über die Mauer blicken. »Schau dir doch mal den bärtigen Demonstranten da an«, sagt einer der beiden. »Steht der nun auf ihrer Seite und ist somit ein mutiger Kämpfer für den Frieden, oder steht er auf unserer und ist ein gefährlicher Staatsfeind?«

Die Dissidenten waren in den Nischen und an den Rändern der Gesellschaft zu finden. Oft handelte es sich um Künstler, Intellektuelle oder Schriftsteller, die nicht hinnehmen wollten, wie das Regime die Kultur dogmatisch reglementierte. Dissidenten innerhalb der Partei oder den zentralen staatlichen Institutionen waren ebenso selten wie in der Sowjetunion. Kritik aus den Reihen der Kader nahm die Gestalt einer vorsichtigen Anwaltschaft technokratischen Fortschritts an – eine ungewollte Parodie der Ideologie der westlichen Utopiegegner. In ähnlicher Weise verhielten sich auch viele sowjetische Intellektuelle. Der Sacharow des kommunistischen Deutschland war der Chemiker Robert Havemann, den das Regime unter permanenten Hausarrest gestellt hatte. Da er von den Nazis inhaftiert worden war, wäre es für die Partei beschämend gewesen, ihn ins Gefängnis zu sperren. Mit vielen anderen Kritikern und Dissidenten ging das Regime anders um – sie wurden nach Westdeutschland ausgewiesen. Havemanns Duldung sahen viele als eine wohlwollende Behandlung.

Die Dissidenten wurden von der Mehrheit ihrer Mitbürger kaum unterstützt, und die technokratischen Regimekritiker hielten sich von ihnen fern, ganz anders als in Polen. Dort gab es eine Tradition der

Demonstration und des Streiks, eine katholische Kirche, die ein alternatives Machtzentrum bildete und eine Gegengesellschaft darstellte, sowie eine selbstbewußte Oppositionsbewegung in der Arbeiterklasse. Es gab keine ostdeutsche *Solidarność*, die Gewerkschaft, die zu einer Bewegung wurde. In Ostdeutschland rebellierten die Arbeiter 1953, danach waren sie auffällig ruhig.

Die evangelische Kirche zeigte ein entschlossen ambivalentes Verhalten. Einerseits war sie eine Stütze des Regimes und behandelte dieses in traditionell lutherischer Weise als die irdische Autorität, der sich die Christen zu beugen hätten. Andererseits gewährten manche Gemeinden und Pfarrer (allerdings die Minderheit) einigen Dissidenten Schutz und Raum. Über die Beziehungen der Kirchen in Ost- und Westdeutschland konnte ein weitaus breiteres und kritischeres Spektrum an Ideen ausgetauscht werden als das, was den offiziellen Medien des Regimes zu entnehmen war. Material, das keineswegs den Vorstellungen der Regierung entsprach, konnte oft in Umlauf gebracht werden, solange es mit dem Stempel »Nur zum internen kirchlichen Gebrauch« versehen war – eine Fiktion, von der sich niemand hinters Licht führen ließ.

Das Regime geriet unter Druck. Wäre die Repression zu offen und zu hart ausgefallen, so hätte das die Beziehungen zur BRD gefährdet. Wäre das Regime nicht wachsam genug, könnte die Lage außer Kontrolle geraten – obwohl bis zu den Unruhen im Sommer 1989 wenig auf eine latente Bereitschaft der breiten Öffentlichkeit hinwies, es den Polen gleichzutun. In den Zeiten von *Glasnost* konzentrierten sich die Ängste des Regimes vor einer ansteckenden Wirkung abweichender Vorstellungen weniger auf die BRD als auf die Sowjetunion. Die ganze Zeit über registrierte der staatliche Sicherheitsapparat in zwanghaftem Perfektionismus und mit obsessiver Pedanterie alles – doch eines entging ihm: der schleichende Zweifel, der anfing, die Fügsamkeit der Öffentlichkeit zu untergraben. Der implizite Gesellschaftsvertrag zwischen der Partei und dem Volk wurde langsam aber sicher zu einem wertlosen Stück Papier. Doch es gab keine Regeln, mit deren Hilfe man in erneute Verhandlungen hätte eintreten können.

Vor diesem historischen Hintergrund kann die Kritik an den Sozialdemokraten nicht überzeugen, sie hätten zum Fortbestand eines Regimes beigetragen, das sie hätten angreifen sollen.[14] Wie Kohl und seiner Koalition, aber auch den anderen westlichen Regierungen, ging es den Sozialdemokraten vor allem darum, eine Krise zu vermeiden, die wie 1953 zu einer bewaffneten Repression seitens der Sowjetunion geführt hätte. Als Schmidt 1981, noch als Bundeskanzler, Honecker in Ostdeutschland besuchte, rief die polnische Armee angesichts des organisierten Widerstands der *Solidarność* das Kriegsrecht aus. Schmidt wurde kritisiert, weil er seinen Besuch nicht sofort abgebrochen hatte, obwohl kaum einzusehen ist, wie die Verschlimmerung der polnischen Krise durch das Herbeiführen einer deutschen die Lage für die Bürger dieser beiden kommunistischen Staaten verbessert hätte. Einen wirksamen Beitrag zur internen Kritik des kommunistischen Regimes leisteten die Sozialdemokraten allerdings tatsächlich. 1985 nahmen sie Gespräche mit der SED auf. Da diese Partei aus einer Vereinigung der ostdeutschen Kommunisten mit den Sozialdemokraten entstanden war, die die sowjetischen Besatzer 1946 erzwungen hatten, gab es innerhalb der sozialdemokratischen Partei starke Widerstände. Doch diese wirkten eher verhalten, verglichen mit der Empörung der Regierungsparteien der BRD, einer Empörung ungeachtet der Tatsache, daß die Regierung dem anderen deutschen Staat gleichzeitig beträchtliche Finanzhilfen angedeihen ließ. Die Gespräche wurden in einer gemeinsamen Kommission geführt, die seitens der SPD aus der Grundwertekommission, seitens der SED aus der Akademie für Gesellschaftswissenschaften beim Zentralkomitee der SED, also aus Parteiideologen, bestand. Die Sozialdemokraten vertrauten die Führung ihrer Gruppe Erhard Eppler an, der in den beiden deutschen Staaten hohes Ansehen genoß, weil er ein Querdenker war und entschieden gegen die Stationierung noch stärkerer Waffensysteme in Deutschland eingetreten war. Schließlich wurde ein Dokument unterzeichnet, das über eine bloße Befürwortung der Koexistenz weit hinausging. Es forderte eine »Kultur des politischen Streits« innerhalb der beiden Gesellschaften. Die kommunistische Führung war entsetzt, mußte jedoch mit den Folgen leben. Dissidenten und Technokraten, kirchliche Gruppen und informelle Reformerkreise stützten sich von der Spitze bis zur Basis der Gesellschaftspyramide auf dieses Dokument, um ihre Forderungen nach mehr politischer Freiheit zu legitimieren.

Ich konnte mir mit eigenen Augen einen Eindruck von dem Prozeß verschaffen, als ich dem letzten Treffen der beiden Parteien im Dezember 1988 beiwohnte – zehn Monate, bevor das Regime zusammenbrach. Die Vertreter der SED versuchten, die Diskussion auf das Thema der friedlichen Koexistenz unterschiedlicher Gesellschaftssysteme zu beschränken. Eppler bestand darauf, die Rolle politischer

Konflikte innerhalb der Systeme zu erörtern, und wurde dabei von einem Gast aus der Sowjetunion unterstützt, einem engen Mitarbeiter Gorbatschows, Juri Krassin, dem Direktor des Instituts für Sozialwissenschaften beim Zentralkomitee der KPdSU. Krassin wollte nicht nur Konflikte innerhalb gesellschaftlicher Systeme diskutieren; er wies darüber hinaus ausdrücklich darauf hin, daß die Kommunisten viel von den Sozialdemokraten zu lernen hätten. Die deutschen Kommunisten befanden sich deutlich in der Defensive, und ebenso deutlich fehlte ihnen die Überzeugung, daß die Geschichte auf ihrer Seite stünde.

Natürlich spielten Freiheit und Wohlstand der westlichen Nationen und der BRD eine wichtige Rolle. Doch diese waren kaum etwas Neues. Neu waren die sichtbaren Beweise einer möglichen Veränderung in den kommunistischen Staaten. *Glasnost* in der Sowjetunion wurde in der DDR-Öffentlichkeit genau beobachtet. Da Russisch die erste Fremdsprache an den Schulen war, mußte das Regime zeitweise die *Iswestija* und die *Prawda* aus den Regalen der Zeitungsstände nehmen. Das Ende der Militärdiktatur in Polen und die Niederlage der kommunistischen Partei gegen *Solidarność* waren überraschend in ihrer Schnelligkeit. Doch nichts ging schneller vonstatten als die innere Auflösung des ostdeutschen Regimes. Als die DDR-Führung der chinesischen Führung zur Niederschlagung der Protestbewegung auf dem »Platz des Himmlischen Friedens« gratulierte, interpretierten die DDR-Bürger dies als Drohung, auch gegen sie Gewalt anzuwenden. Die öffentliche Reaktion – Verachtung und Wut – spaltete die Partei. Zeitgleich öffnete das ungarische Regime seine Grenzen nach Österreich und Zehntausende DDR-Bürger flohen auf diesem Weg. Als das Regime Reisen nach Ungarn verbot, campierten Hunderte Ostdeutscher in und auf dem Gelände der Botschaft der BRD in Prag. Zur Sorge der tschechoslowakischen Regierung riefen die Tschechen zu Sympathiekundgebungen auf. Das ostdeutsche Regime willigte in seiner Panik ein, die Menschen in Prag in den Westen ziehen zu lassen – vorausgesetzt, sie kämen in Sonderzügen zunächst einmal zurück in die DDR, wo ihnen Ausreisevisa ausgestellt werden sollten. Auf den Bahnhöfen, die diese Züge passierten, kam es zu Tumulten, weil Tausende versuchten, noch einzusteigen. Schließlich führten die großen Demonstrationen in Leipzig und anderen Städten zu Honeckers Sturz. Gorbatschow und die sowjetischen Kommandeure in Deutschland hatten sich klar geäußert: Sie würden die sowjetische Armee nicht auf die Straße schicken, um das Regime zu retten.

In der anschließenden Folge von Ereignissen bis hin zur Öffnung der Mauer am 9. November 1989 lösten sich viele der Gewißheiten des Kalten Krieges vor unseren Augen auf. Die Leipziger Demonstrationen und die Proteste in der gesamten DDR folgten dem Aufruf einer kleinen Dissidentengruppe, des Neuen Forum, Gespräche einzuleiten. Die SED vertrieb eigenhändig die alte Garde und tat ihr Bestes, um sich ein reformerisches Antlitz zu verpassen. Es war nicht nur aufgesetzt, und jeder vierte Deutsche aus der ehemaligen DDR hielt der Partei und ihrer Nachfolgepartei (der PDS) die Treue, nachdem die omnipräsenten Beamten des Staatssicherheitsdienstes das Feld geräumt hatten. Die Dissidenten des Neuen Forum waren allerdings der Meinung, die DDR solle ihre Unabhängigkeit behalten und die erstarrten Strukturen des gescheiterten Staates zu einem demokratischen und pluralistischen Modell des Sozialismus umbauen. Da hatten sie jedoch nicht mit ihren Mitbürgern gerechnet, die mehrheitlich dafür waren, so bald wie möglich die Einheit mit der BRD herbeizuführen.

Die Sozialdemokraten gehörten zu denjenigen, deren Gewißheiten durch das plötzliche Ende des ostdeutschen Regimes ins Wanken gerieten. Die bundesrepublikanischen Eliten wie die Öffentlichkeit in der BRD waren völlig unvorbereitet. Selbst diejenigen, die eine allmähliche Öffnung des kommunistischen Staates begrüßten, hatten gedacht, dies würde Jahrzehnte dauern. Die Sozialdemokraten hofften jedoch, daß sie in ihren ehemaligen Bastionen im industriell geprägten Osten wieder starken Zulauf bekommen würden. Sie hatten nicht erkannt, daß das, was dort passiert war, dem nicht unähnlich war, was im Westen passierte: Die historische Erinnerung war verblaßt. Und obwohl die DDR typologisch eine eher ältere Industriegesellschaft (mit einem höheren Anteil an Industriearbeitern) als die BRD war, war ihre Beschäftigungsstruktur doch vom zunehmenden Gewicht des administrativen und des technischen Bereichs gekennzeichnet. Als die Repression im Herbst 1989 nachließ, betraten die älteren Sozialdemokraten nicht wieder die politische Bühne – sie waren schlichtweg ausgestorben. Die Partei hatte einen Fülle von ehrenamtlichen Funktionären im Osten, aber dabei handelte es sich um Akademiker, Manager und vor allem Pfarrer. Die Arbeiter blieben dem Modell des Staatssozialismus verbunden, unter dem sie ein halbes Jahrhundert lang gelebt hatten – oder sie ließen sich von der Aussicht verlocken, individualisierte Konsumenten zu werden.

Unmittelbar nach den entscheidenden Ereignissen des Jahres 1989 mußten sich die Sozialdemokraten der Tatsache stellen, daß sie im Osten weder eine breite Unterstützung noch eine Sprache hatten, mit der sie dort kommunizieren konnten. Ihr historischer Beitrag zur Wende wurde vergessen oder von den Christdemokraten schamlos als Kollaboration mit dem kommunistischen Staat hingestellt. Bundeskanzler Kohls Versprechen von den »blühenden Landschaften« im Osten fiel zeitweilig auf fruchtbaren Boden, denn eine beträchtliche Zahl von DDR-Bürgern wollte nichts lieber, als ihre Vergangenheit hinter sich zu lassen. Die Öffentlichkeit wußte genug von der BRD, um sich darüber im klaren zu sein, daß es sich bei ihr nicht um eine zügellos kapitalistische Gesellschaft handelte. Allerdings behagte vielen der beträchtliche Unterschied nicht, der zwischen dem gewohnten maternalistischen und paternalistischen Staatssozialismus und der unpersönlichen, fernen, wohlfahrtsstaatlichen Bürokratie des Westens bestand. Diejenigen, die meinten, sie hätten zu viel zu verlieren, blieben bei den Kommunisten, wenn auch in deren postkommunistischer Form.

Um die ehemaligen Dissidenten und einige der Technokraten bildete sich eine kleine Gruppe, die tatsächlich für eine Erneuerung eintrat. Begeistert stürzten sie sich in Experimente zur Erweiterung der Demokratie, die in der Zeit zwischen dem Zusammenbruch des Regimes und der ein Jahr darauf stattfindenden offiziellen Wiedervereinigung in Ostdeutschland kurz erblühten. Es gab lokale Bürgerkomitees und auf allen gesellschaftlichen und staatlichen Ebenen sogenannte »Runde Tische«, an denen Repräsentanten der Zivilgesellschaft Probleme erörterten und lösten. Das abgetretene Regime hinterließ in seiner Auflösung ein positives Erbe: die Zivilgesellschaft, der es lange vor seinem Zusammenbruch unbeabsichtigt zur Entstehung verholfen hatte.[15]

Die Sozialdemokraten waren überall und nirgends. Ihre neugewonnenen Anhänger im Osten vermochten kein umfassendes Programm anzubieten; den Westlern, die ausgeschickt wurden, ihnen zu helfen, mangelte es an Gespür für das unbekannte Terrain, auf dem sie sich bewegten. Die Christdemokraten stützten sich auf Kader, die mit der ostdeutschen christdemokratischen Partei in der Regierung der alten DDR beteiligt gewesen waren. Sie gewannen die ersten freien Wahlen im März 1990 und nahmen prompt Verhandlungen auf, die die Vereinigung in Form einer Eingliederung in die BRD vorsahen. Zwar fand auch eine vage Diskussion über eine neue Verfassung statt, doch diese beschränkte sich ausschließlich auf einen sehr kleinen Teil der Eliten. Die Sorgen über ein mögliches Wiederaufflackern des Nationalismus waren unter der deutschen Intelligenz mindestens ebenso verbreitet wie in London, Moskau, Paris und Rom.

Im Rückblick ist es bemerkenswert, daß nationalistisches Pathos bei der Wiedervereinigung tatsächlich keine große Rolle gespielt hat. Natürlich war es bis zu einem gewissen Grad vorhanden, doch in beiden Staaten betrachteten die Bürger die Wiedervereinigung als einen vernünftigen Schritt hin zu Prosperität und Stabilität, wobei die Prosperität letzten Endes geopfert wurde. Bundeskanzler Kohl betrieb die Wiedervereinigung aus mehreren Gründen sehr eilig. Er fürchtete, es könne zu störenden und unkontrollierbaren Migrationsbewegungen von Ost nach West kommen. Er meinte auch, man müsse die Gelegenheit beim Schopf ergreifen, da sie sich möglicherweise nicht noch einmal bieten würde: Die besonderen Beziehungen Deutschlands zur Sowjetunion machten es 1990 möglich, daß sich die sowjetische Seite fügte, aber vielleicht täte sie das zu einem späteren Zeitpunkt nicht mehr. Er verband diesen Prozeß mit seinem bereits lange Zeit verfolgten Projekt der europäischen Einigung, indem er vor allem Mitterand davon überzeugte, daß ein größeres Deutschland nur in einem stärker integrierten Europa domestiziert werden könne.

Bei den Bundestagswahlen von 1990 war der sozialdemokratische Herausforderer Oskar Lafontaine aufrichtig genug, seinen Wahlkampf auf der Basis ernsthafter Einwände gegen Kohls Versprechen zu führen. Der Währungsumtausch im Verhältnis 1:1, so sagte er vorher, würde die Wirtschaft der DDR unterminieren wenn nicht gar zerstören. Er sollte recht behalten, denn die Kunden der ehemaligen DDR aus Osteuropa und anderswo waren nicht in der Lage, in harter Währung zu bezahlen; ganze Industriezweige und Fabriken wurden geschlossen. Die mit der Zustimmung der Sowjetunion zur deutschen Wiedervereinigung verbundenen enormen Finanztransfers würden es nicht verhindern, so Lafontaine weiter, daß diese ins Chaos abgleite. Schließlich sehe die neue europäische Architektur ein Europa der Bankiers, Aktienmärkte und multinationalen Firmen vor, nicht aber ein soziales Europa. Eine auf dieser Grundlage beruhende Wiedervereinigung und die europäische Integration, argumentierte Lafontaine, könne die Bürger der ehemals zwei deutschen Staaten nicht zusammenbringen: Im Osten würde das Erreichen eines westlichen Lebensstandards erschwert, im Westen der soziale Konsens untergraben.

Lafontaines Kritiker meinten, die Sozialdemokraten hätten die Wahlen von 1990 deshalb verloren, weil ihrem Kanzlerkandidaten offenkundig jegliche nationale Begeisterung abgegangen sei. Ob diese Begeisterung mehr war als nur ein flüchtiges Gefühl, sei dahingestellt. Lafontaine führte nur die Kosten von Kohls Vereinigungsplan an. Indes konnte er die Wählerschaft nicht davon überzeugen, daß die Sozialdemokraten einen besseren Plan hätten.

Wie andere sozialistische Parteien waren auch die Sozialdemokraten von Generations-, Ideologie-, Interessen- und Befindlichkeitsproblemen geplagt, die sich auch in der bemerkenswerten Instabilität ihrer Führung spiegelten. Diese Probleme führten jedoch nicht zu einer ideologischen Grundsatzdebatte, sondern lediglich zu einer Reihe von Konflikten und Strategiedebatten, die offenbar nicht ausdiskutiert werden konnten und der ganzen Partei Überzeugungskraft und Schwung raubten. An einem Tag ging es um Außen- und Militärpolitik, am nächsten um Themen des Umweltschutzes und der Technologie, dann wieder um die Frage der Führungspositionen für Frauen – all diese Themen wurden ins Zentrum der Parteibühne gezerrt und verschwanden wieder. Die Öffentlichkeit langweilte sich zunehmend. Wenn es um die Wirtschaft und den Sozialstaat ging, bestätigten viele der selbsternannten »Reformer« durch ihre offensichtliche Unaufrichtigkeit, daß es der Partei de facto an Innovationsbereitschaft mangelte. Sie behaupteten zwar, sie wollten den Sozialstaat erhalten, indem sie ihn den neuen Bedingungen anpassen wollten, doch zu Recht vermutete die Mehrheit der Deutschen, daß sie ihn eher ersetzen wollten. Auch ohne eingehende Kenntnis der quantitativen und strukturellen Probleme merkten viele Bürger, daß es um eine grundsätzliche Entscheidung hinsichtlich der gesellschaftlichen Organisation ging. Der Vorwurf, die Sozialdemokraten seien unverbesserlich konservativ, geriet ihnen im Wahlkampf schließlich zum Vorteil.

Mit ihrer Mehrheit im Bundesrat, der sich aus Vertretern der Länderregierungen zusammensetzt, waren die Sozialdemokraten in der Lage, die Kürzung der Sozialleistungen, auf die sich eine gespaltene Regierungskoalition spät in der Legislaturperiode geeinigt hatte, zu vereiteln beziehungsweise zu reduzieren. Doch weitaus wichtiger war, was ihnen nicht zu verhindern gelang. Erst als sie selbst an der Regierung waren, leiteten sie eine Kampagne zur Neudefinition des Mandats und zur Beschränkung der Unabhängigkeit der neuen Europäischen Zentralbank ein. In der Oppositionszeit hatte es zu diesem

Punkt Spannungen in den eigenen Reihen gegeben. Einige Sozialdemokraten befürchteten, eine zu heftige Attacke auf die Autonomie
der Bank (das heißt auf die Fixierung der Zentralbanker auf Preis-
stabilität unter Ausschluß von Beschäftigungszielen) würde bei »den
Märkten« Mißtrauen und Feindschaft erwecken. Doch diejenigen, die
sich (mit Oskar Lafontaine) um eine politische Kontrolle der neuen
Zentralbank bemühten, betonten das Engagement der Partei für ein
vereintes Europa (und eine europäische Währung) als ein Mittel, den
Wohlfahrtsstaat und soziale Gleichheit zu verteidigen und auszuweiten.

Unterstützt vom privaten Sektor und den für sie arbeitenden Ökonomen beharrten die Vertreter der Europäischen Zentralbank auf der
Unabhängigkeit ihrer Bank im Interesse der Haushaltsdisziplin. Diejenigen in den sozialistischen Parteien Europas, die noch immer meinten, sie sollten über institutionelle Mittel verfügen, wenn sie an der
Regierung wären, um die Wirtschaft beeinflussen zu können, wurden
bekämpft. Sie wurden in den Medien als heillos rückständig hingestellt, und zu den Medien gesellten sich in einer systematischen
Schmähkampagne zahlreiche prominente Sozialisten, die in ihren
Parteien um die Macht kämpften, unter ihnen Tony Blair. In Deutschland war die Kampagne besonders heftig; Manager großer Banken
und Konzerne predigten Sparmaßnahmen und Ökonomen in unbefri-
steten Beschäftigungsverhältnissen beharrten darauf, daß die Arbeiter
es hinzunehmen hätten, daß es einfach keine lebenslangen Beschäftigungsverhältnisse mehr gäbe. Gerhard Schröder hatte als Ministerpräsident von Niedersachsen einen etwas anderen Schwerpunkt; er
betonte, wie notwendig es sei, mit dem privaten Sektor zusammenzuarbeiten. Es gebe, so meinte er, keine politisch unterschiedliche, sondern nur eine moderne oder eine unmoderne Wirtschaftspolitik. Daß
die Politik der Regierung veränderten wirtschaftlichen Strukturen
angepaßt werden mußte, ist selbstverständlich. Doch die ständige
Wiederholung dieser Binsenweisheit implizierte, daß die Regierung
zur Veränderung der Wirtschaft rein gar nichts beitragen könne.

Das permanente Ausarbeiten detaillierter Parteiprogramme in der
Zeit zwischen 1990 bis zur Rückkehr der Sozialdemokraten an die
Macht, 1998, konnte nicht verbergen, daß sie in wirtschaftlichen und
sozialen Fragen orientierungslos waren.[16] Diejenigen, die das übertriebene Lob des Unternehmertums und der technologischen Innovationen, das Parteiführer wie Gerhard Schröder immer wieder von sich
gaben (und zwar lange, bevor Blair und Clinton es zu einem zentralen

Element ihres »Dritten Wegs« machten), mit Skepsis betrachteten, hatten keine Alternative anzubieten. Sie ergaben sich der Privatisierung öffentlicher Unternehmen, die Zentren technologischer Innovation waren, darunter Bundesbahn und Lufthansa, Bundespost und Airbus-Konsortium. Ideen für neue öffentliche Unternehmen oder Partnerschaften von öffentlichen und privaten Betrieben, um neue Technologien zu entwickeln, standen nicht sehr weit oben auf ihrer Tagesordnung. Zwar trachteten sie nach einer Steigerung der Ausgaben für das Bildungswesen, doch die Heranbildung einer qualifizierten Arbeitnehmerschaft war in Deutschland kaum eine sozialistische Innovation. Der von den Sozialdemokraten in ihrer Oppositionszeit ausgetragene Streit war rhetorischer Natur. Die eine Seite betonte die Verteidigung des Sozialstaates, die andere schlug vor, die Deutschland AG wettbewerbsfähiger zu machen.

Die Streitenden sprachen zu unterschiedlichen Segmenten der Wählerschaft. Die Verteidiger des Sozialstaates richteten sich an diejenigen mit durchschnittlichen Einkommen und an Rentner, die ebenfalls in diese Kategorie fielen, aber auch an die Arbeitslosen, an viele Studenten und Frauen – all diejenigen, die der Meinung waren, für sie persönlich seien Sozialleistungen unverzichtbar. Die Fürsprecher einer »Modernisierung« wandten sich an die Eliten der Unternehmer, Manager, Wissenschaftler und Techniker sowie an die Angestellten und an die Kleineigentümer. Wichtiger war aber, daß sie versuchten, die oberen Etagen der Kulturindustrie und der Medien zu beruhigen, denn diese waren schließlich in der Lage, die Aussichten der Sozialdemokraten auf einen Wahlerfolg zu verschlechtern, indem sie sie als wirtschaftlich ignorant und unverantwortlich hinstellten. Diese Sozialdemokraten kapitulierten ziemlich unehrenhaft in einem Klassenkampf, der vor langer Zeit von oben begonnen worden war. Doch man kann es auch anders sehen: als einen Versuch, die Seiten zu wechseln.

Wie auch immer – Deutschland bestand nicht aus einer, sondern aus zwei Gesellschaften. Bei der Vereinigung 1990 offenbarte sich eine tiefe Kluft in der Kultur und in den gesellschaftlichen Erwartungen der beiden Hälften der Nation. Der Westen investierte kräftig in die Erneuerung der Infrastruktur der ehemaligen DDR, indem er seinen Bürgern neue Steuern auferlegte. Die enorme Arbeitslosigkeit, die im Osten nach der Vereinigung auftrat, führte zu weiteren Transferleistungen in der Form von Arbeitslosengeld oder der Förderung von Beschäftigungsmaßnahmen. Das Realeinkommen der Ostdeutschen stieg, doch ihr Gefühl, gesellschaftlich von Nutzen zu sein, und ihre Selbstachtung sanken. Die Taktlosigkeit der Westdeutschen war für viele im Osten der sichtbarste Aspekt ihrer Eingliederung in die BRD. Der erste und einzige frei gewählte Ministerpräsident der DDR, der Christdemokrat Lothar de Maizière, meinte auf die Frage nach den Veränderungen, die für ein vereintes Deutschland zu gewärtigen wären, daß es näher an Osteuropa rücken, protestantischer und einsamer sein würde.[17] Zehn Jahre später kann man nicht behaupten, daß sich diese Prophezeiung bewahrheitet hätte. Im ganzen Land wurde – nicht ohne ein kräftiges Maß an Selbstgerechtigkeit auf westdeutscher Seite – die zweite deutsche Diktatur des 20. Jahrhunderts diskutiert. Angesichts der vielen Spannungen, die diese Situation mit sich brachte, waren die Sozialdemokraten Ost wie West nicht souveräner als alle anderen.

Die Partei steigerte allmählich ihren Stimmenanteil. Zum Zeitpunkt der Bundestagswahlen 1998 waren die Sozialdemokraten in drei Landesregierungen der Neuen Bundesländer der stärkere Partner. In der Regierung Berlins waren sie allerdings der schwächere; sie hatten in ihrer alten Hochburg Westberlin viele Stimmen verloren und hatten es auch nicht geschafft, substantielle Wahlerfolge im früheren Ostberlin zu erzielen.

Ihr Hauptproblem bestand überall darin, daß sie wenig anbieten konnten, was sie wirklich von anderen Parteien unterschieden hätte. Die Postkommunisten konnten immerhin behaupten, sie seien die Vorkämpfer für soziale Gerechtigkeit und die Verteidiger einer unklaren, aber nach wie vor vorhandenen Identität der ehemaligen DDR-Bürger. Die Christdemokraten repräsentierten diejenigen, denen es nach der Vereinigung gutging und denen es oft auch schon unter dem alten System nicht schlecht gegangen war. Die Sozialdemokraten hatten keinerlei Wurzeln in den Gebieten, die inzwischen als Neue Bundesländer bezeichnet wurden. Die frühere Opposition war über das ganze politische Spektrum – Grüne, Christdemokraten und Sozialdemokraten – verstreut. Viele der Letztgenannten waren irritiert, als die Sozialdemokraten im ärmsten der Neuen Bundesländer, Mecklenburg-Vorpommern, eine Koalition mit der PDS eingingen und in Sachsen-Anhalt eine Koalition mit den Grünen die Stimmen der Postkommunisten erforderte, um die für Gesetzesvorhaben notwendige Mehrheit zu erhalten. Der Durchbruch bei den Wahlen 1998, als die

Sozialdemokraten in den Neuen Bundesländern zur stärksten Partei wurden, war weniger darauf zurückzuführen, daß sie für die Wähler attraktiver geworden wären, als vielmehr auf das Schrumpfen der Anziehungskraft der Christdemokraten.

Nicht anders war die Lage im westlichen Teil, der 80 Prozent des Landes ausmacht. Rudolf Scharping, der als Kanzlerkandidat 1994 eine Niederlage hatte einstecken müssen, übergab den Parteivorsitz an Oskar Lafontaine. Dieser erneuerte den Zusammenhalt und die Moral der Partei, verzichtete 1998 jedoch auf eine erneute Kanzlerkandidatur. Der Kandidat Gerhard Schröder führte einen personalisierten Wahlkampf mit zwei sehr klaren Botschaften. Die erste lautete, die Sozialdemokraten würden im Fall eines Wahlsiegs Dinge nicht anders, aber besser machen. Die zweite lautete, er würde in der deutschen Politik eine Neue Mitte schaffen, zusammengesetzt aus den dynamischen Kräften der Kultur und des privaten Sektors. Damit wollte er die Partei deutlich von extremen Themen abheben wie zum Beispiel die staatliche Kontrolle der Wirtschaft oder die Umverteilung. Schröder war nicht der einzige, der auf diese Weise eine extrem widersprüchliche Position vertrat (Blair und Clinton waren ihm bereits mit »gutem« Beispiel vorangegangen). Die Gesellschaft werde von extremistischen Vorstellungen bedroht – aber man könne sich auf den gesunden Menschenverstand der großen Mehrheit verlassen, die nur eine äußerst vorsichtige Politik unterstütze. Wenn sie tatsächlich existierte, war diese Bedrohung ziemlich klein. Wenn die Politik, die nun betrieben werden sollte, so konventionell war, warum sollte man sie dann als neu bezeichnen? Blair sprach von New Labour, Clinton war ein New Democrat, und vielleicht meinte Schröder, daß eine minimale Loyalität zu seiner Generation einen ähnlich unpräzisen deutschen Begriff erfordere. Er spezifizierte allerdings nie, was sich eigentlich zu beiden Seiten seiner Neuen Mitte befände. Die alte Regierungskoalition war so erschöpft, daß gelegentlich aufkeimende Debatten und Meinungsverschiedenheiten innerhalb der Sozialdemokraten für die Medien genauso wichtig waren wie die Auseinandersetzung zwischen Schröder und Kohl. Letzterer tat kund, daß er an Schröder an sich wenig auszusetzen habe; problematisch sei nur dessen Partei und vor allem Lafontaine. Schröder erwiderte das Kompliment: Kohl sei eine herausragende Persönlichkeit, doch sei er schon zu sehr in die Geschichte entrückt, um noch zeitgemäß sein zu können. Schröder stellte seine Modernität wahrscheinlich durch einen Wahlkampf unter Beweis, der von Wahlsprüchen und Bildern strotzte, dem jedoch alles andere abging. Sein meisterhafter Streich, einen Computer-Unternehmer zum zukünftigen Wirtschaftsminister zu ernennen, wurde rasch zum Desaster: Dem politischen Außenseiter fehlte jegliche politische Intelligenz, er mußte fallengelassen werden.

Die Sozialdemokraten waren überrascht (und manche auch konsterniert) über die Größenordnung ihres Sieges. Sie erhielten einen Stimmenanteil von 41 Prozent, die Grünen 7 Prozent. Damit hatten sie eine funktionierende parlamentarische Mehrheit, um so mehr, als die PDS 5 Prozent erhielt. Die deutsche Wählerschaft hatte sich mehrheitlich für die Linke ausgesprochen. Einigen Sozialdemokraten wäre eine Koalition mit den Christdemokraten lieber gewesen, doch der Druck der Parteibasis war zu stark. Es fanden Koalitionsverhandlungen mit den Grünen statt, und die neue Regierung nahm ihre Geschäfte auf. Die Koalitionsvereinbarungen wurden von zwei innerlich gespaltenen Partnern unterzeichnet; keiner hatte ein kohärentes soziales Projekt. Die Grünen hatten sogar weniger Stimmen bekommen als bei den Bundestagswahlen von 1994. Es war ihnen auch nicht gelungen, eine größere Zahl von Jungwählern an sich zu binden, wie sie es zwei Jahrzehnte zuvor geschafft hatten.

Die Grünen erreichten einen Burgfrieden zwischen ihren beiden streitenden Fraktionen, die schematisch als Fundamentalisten und Realisten bezeichnet wurden. Die Fundis behaupteten, den Themen Umwelt, Feminismus und Pazifismus (und auch der partizipativen Demokratie) stärker verpflichtet zu sein – Themen, die die Grünen ursprünglich von der Straße in die Parlamente gebracht hatten, wo sie nun in Kommunen, Ländern und schließlich im Bund mitregierten. Die Realos behaupteten, den genannten Prinzipien nicht weniger verpflichtet zu sein, bestanden aber darauf, daß sie einem graduellen Fortschritt zuliebe bereit wären, langfristig zu planen, Kompromisse einzugehen und Koalitionen zu bilden. Die Debatte bekam zunehmend ein Eigenleben. Bis zu einem gewissen Grad spiegelte sie die sozialen Unterschiede innerhalb der Grünen, deren Mitglieder überwiegend aus dem tertiären Sektor kamen. Die Fundamentalisten standen in der Regel der Verwaltung und der Produktion fern, die Realisten dagegen waren eher in die Wirtschaft integriert und professionalisierte Politiker. Als beide Fraktionen über die deutsche Beteiligung an einem NATO-Angriff auf Jugoslawien stritten, rettete Joschka Fischer als einer der führenden Grünen und deutscher Außenminister die

Koalition, indem er die Realos mobilisierte. In bezug auf die Umwelt-
themen stand der Ausstieg aus der Atomenergie im Vordergrund
Darin waren sich beide Fraktionen einig, allerdings war der zeitliche
Rahmen nicht festgelegt; sollte dies innerhalb einer Generation passieren oder würde es ewig dauern? Die Chancen der Koalition, langfristig stabil zu bleiben, waren ungewiß. Wie die Sozialdemokraten
auch waren die Grünen in einem gewissen Sinn Opfer ihres eigenen
Erfolgs: Umweltfragen oder Themen politischer Teilhabe auf lokaler
Ebene standen auf der Tagesordnung sämtlicher Parteien. In der Bundesrepublik wird der Föderalismus tatsächlich auch ausgeübt. Das
Problem der neuen Koalition – und bei der alten war es nicht anders –
war nur, daß der deutsche Kapitalismus ihn nicht ausübt.

Die Moderne ist charakterisiert durch die Ambiguität der Politik.
Antithetische Grundprinzipien führen häufig zu völlig vertauschten
politischen Positionen. Die Konservativen legen Wert auf eine ge-
festigte Autorität, stabile Hierarchien und historische Tradition; deshalb kritisieren sie den neuen Kapitalismus, der verwurzelte Institutionen und Solidaritäten zerstört.[18] Radikale legen Wert auf die individuelle
Autonomie, das soziale Experiment und den politischen Universalismus; deshalb glauben sie, der globale Markt stelle, sofern er domestiziert ist, eine Chance für die Ausweitung der Demokratie dar. Diese
Ambiguität ist nichts Neues. Erinnern wir uns nur an das Pathos des
»Kommunistischen Manifests«: Es hieß die neue Welt des Kapitalismus
willkommen und prophezeite gleichzeitig seine Überwindung durch
ein besseres System, das er ermöglichen würde. Sie zeichnet jedoch
das ganze Spektrum der Debatten über Ziele und Mittel aus, die innerhalb der sozialistischen Bewegung geführt worden sind – und das
gleiche gilt auch für die amerikanischen Sozialreformer.

Als die Sozialdemokraten in die Regierung eintraten, hatten sie
den Vorteil, einen Parteivorsitzenden, Oskar Lafontaine, zu haben,
der bemerkenswert geradlinig war. Er war Ministerpräsident eines
kleinen Bundeslandes, war bei den Jesuiten zur Schule gegangen
und hatte Physik studiert. In seiner Person verband sich moralische
Strenge mit intellektuellem Scharfsinn, was dazu beigetragen hatte,
daß er die Stationierung neuer Atomraketen in Deutschland abgelehnt hatte. Es trug auch zu seiner Skepsis bei, was die intellektuelle
Redlichkeit eines Großteils der Wirtschaftswissenschaften betraf. Er
konnte beurteilen, was eine ehrliche Wissenschaft ausmachte, und
hielt deshalb die Wirtschaftswissenschaften in den Händen vieler

Ökonomen für ein ideologisches Instrument im Dienste des Kapitals. Er war skeptisch in bezug auf den in Europa immer wieder angeführten angeblichen Erfolg der USA bei der Schaffung neuer Arbeitsplätze. Er wußte einiges über die sozialen Kosten des amerikanischen Kapitalismus, und er war der Meinung, daß nicht Deregulierung, sondern eine expansive Geldpolitik Investitionen fördern würde. Außerdem stellte er fest, daß die amerikanischen Kapitalisten über größere unternehmerische und technologische Fähigkeiten verfügten als die deutschen. Diese Ansichten, aber auch die Tatsache, daß er ein prominenter Aktivist der Friedensbewegung gewesen war und daß er bezüglich der Kosten der Vereinigung recht behalten hatte, brachte ihm viele Feinde ein – innerhalb wie außerhalb seiner Partei. Im Wahlkampf wurde er zur Zielscheibe von Schimpf und Spott. »Wenn Sie Schröder wählen, bekommen Sie Lafontaine« lautete der Wahlspruch. Als er nach der Wahl das Finanzministerium übernahm, wurde er Opfer einer besonders ausgefeilten Kampagne. Die größeren deutschen Banken äußerten freimütig ihre Überzeugung, daß sein weiteres Verweilen im Amt Deutschland in den Ruin treiben würde. (Jedenfalls war die Debatte über Lafontaine und dessen Politik eine willkommene Ablenkung von der permanenten Vernachlässigung der Sorgfaltspflicht, von Insiderhandel, Steuerflucht und ganz banaler Korruption auf seiten der Banken.) Die große Schwierigkeit bestand darin, daß der Wahlspruch »Wenn Sie Schröder wählen, bekommen Sie Lafontaine« die Überzeugung des neuen Bundeskanzlers widerspiegelte, daß er nicht Herr im Hause wäre, solange sein umstrittener Kollege da sei.

Die Abfolge der Ereignisse, die im März 1999 schließlich zu Lafontaines Rücktritt führten, ist bekannt. Schröders Mitarbeiter ließen verlauten, Lafontaine wäre möglicherweise der deutsche Kandidat für das Amt des Präsidenten der EU-Kommission. Dies führte zu Panikattacken in London. Premierminister Blair, der es weitgehend geschafft hatte, der Labour Party ihren mangelnden Respekt vor dem Markt auszutreiben, wollte keinen Sozialisten in einer solch zentralen Position. Lafontaine kritisierte wiederholt die Bundesbank, weil sie die Zinsen zu hoch hielt, und weitete diese Kritik nach der Einführung des Euro Anfang 1999 auf die europäische Zentralbank aus. Er warb bei der französischen Regierung – weitgehend erfolglos – um die Unterstützung seiner Ansicht, daß die neue Zentralbank auch Beschäftigung und Investitionen im Auge behalten müsse, anstatt an einem dogmatischen Monetarismus festzuhalten. Der Prozeß der Säkularisierung scheint zwar den Einfluß des Vatikan auf die europäische Politik verringert zu haben, die Ehrfurcht aber, die ihm einst entgegengebracht wurde, hat sich nun offenbar auf die Zentralbank übertragen. Lafontaines Kritik an der absoluten Priorität, die sie der Geldwertstabilität beimaß, wie sie gegen einen Popanz Inflation, der in den Wirtschaftsstatistiken überhaupt nicht erkennbar war, wie gegen Windmühlen kämpfte, wurde als Häresie betrachtet. Nachdem man ihn nicht auf den Scheiterhaufen schicken konnte, vertrieb man ihn aus dem Amt.

Lafontaines Rücktritt erfolgte zu einer Zeit, als bei der Koalition bereits eine Reihe von Mißverständnissen aufgetaucht war und sie keine klare Linie mehr vorzugeben vermochte. Deutschland litt an einem großen Haushaltsdefizit, die Kranken- und die Rentenversicherung mußte reformiert werden; dazu kamen noch Defizite bei Bildung und Infrastruktur. Lafontaines Nachfolger als Finanzminister, Hans Eichel, kam zu seinem Posten, nachdem er die Landtagswahlen in Hessen, wo er Ministerpräsident gewesen war, verloren hatte. Eichel konnte man schwerlich vorwerfen, zu waghalsigen Phantasien zu neigen. Er errang die Gunst derer, die Lafontaines Ideen gefürchtet hatten, indem er die Senkung der Sozialausgaben vorschlug. Ideen einer weitreichenden Reform des deutschen Sozialstaates blieben unklar. Die einzige rasch umgesetzte Maßnahme der Koalition, auch für geringfügige Beschäftigungsverhältnisse Sozialbeiträge und Steuern zu erheben, wurde von den Gewerkschaften gebilligt, vom Kapital jedoch mit beträchtlichem rhetorischen Aufwand abgelehnt. Banken und Unternehmen hielten sich sichtlich mit Kritik zurück, was einen weiteren Vorschlag betraf – die Subventionierung eines Niedriglohnsektors. Deren Ablehnung staatlicher Eingriffe hatte durchaus Grenzen. Einem Großteil des deutschen Kapitals geht es hauptsächlich darum, dem deutschen Sozialstaat die Legitimation abzusprechen und eine Gesellschaft zu zersplittern, die bis heute ein Minimum an wirtschaftlichen und sozialen Rechten ihrer Bürger aufrechterhalten hat. Daß es im letzten halben Jahrhundert gelungen ist, fast alle gesellschaftlichen Gruppen zu integrieren, ist den Sozialdemokraten in Zusammenarbeit mit den christlich-sozialen Gruppierungen zu verdanken. Das christlich-soziale Segment der Opposition verband sich mit den Gewerkschaften und fragte Schröder, ob er denn mit drei Traditionen gleichzeitig brechen wolle, indem er sich auf die Funktionsstörungen des Wohlfahrtsstaates konzentriere und sich auf den Markt verlasse, um die deutsche Wirtschaft zu beleben. Die moderne deutsche Tradition des Sozialstaats geht auf Bismarck zurück. Die BRD schuf einen sozialen Konsens, als in der Zeit nach dem Nationalsozialismus und dem verlorenen Krieg weitaus Schlimmeres hätte erwartet werden können. Von den Anfängen des industriellen Kapitalismus in Deutschland an kämpften die Sozialdemokraten für die Demokratisierung und Humanisierung der Gesellschaft und des Staates. Sollte dieses Erbe einfach beiseite geschoben werden, sollte eine »plebiszitäre Demokratie« der ungleichen Möglichkeiten des Konsumierens an seine Stelle treten?

Auch an anderer Stelle war das Auftreten der Koalition ebenso ambivalent wie die Situation, auf die sie reagierte. Zum ersten Mal seit dem Krieg schickte die deutsche Regierung im Zuge der NATO-Aktion gegen Jugoslawien bewaffnete Truppen in den Kampf. Dies wurde aus zwei Gründen für gerechtfertigt gehalten. Der eine war ausgesprochen konventionell: Deutschland könne sich seinen NATO-Verpflichtungen nicht entziehen. Das Argument wäre überzeugender gewesen, wäre die Entscheidung der NATO nicht bis ins Detail von den USA diktiert worden. Die andere Begründung war erheblich nobler. Außenminister Fischer argumentierte, die Nation stünde vor dem Konflikt zweier Prinzipien: Einerseits fordere die Last der historischen Erinnerung von Deutschland, keinen Krieg mehr zu führen; andererseits verpflichte diese Last Deutschland, in Europa zu intervenieren, um einen erneuten Holocaust zu verhindern.

Die Reaktion der deutschen Öffentlichkeit war komplex, differenziert und gequält. Die Regierung schien sich ihrerseits deutlich der Notwendigkeit bewußt, ein potentielles Legitimationsdefizit zu überwinden. Gemeinsam mit Frankreich drängte sie auf eine Verhandlungslösung des Konflikts und verpflichtete auch Rußland auf diesen Kurs. Das Ereignis traumatisierte in dreierlei Hinsicht: Zum einen mußte man erkennen, daß in Europa nach wie vor die Art von Barbarei existierte, die das Dritte Reich praktiziert hatte. Es zeigte sich auch, daß sich aus guten Vorsätzen, vor allem pazifistischen, keine allesumfassende Politik machen ließ. Und drittens wurde wieder einmal deutlich, daß Deutschland politisch und militärisch von den USA abhängig war, obwohl diese Nation keineswegs frei war von Arroganz, Blindheit und Irrtum. Das Endergebnis waren verstärkte Bemühungen um eine relativ autonome gemeinsame Außen- und Sicherheitspolitik der EU, bei denen Deutschland eine führende Rolle spielte.

Die rot-grüne Regierungskoalition enttäuschte diejenigen, die erwartet hatten, daß sie der europäischen Linken neue Ideen geben und sie politisch führen würde. Schröders auffälligstes ideologisches Projekt, das 1999 gemeinsam mit Tony Blair erstellte Papier, war kaum als Erfolg zu bezeichnen. Seine Schwerpunktsetzung auf Deregulierung und Unternehmertum, sein Rückgriff auf die Phraseologie des Individualismus stieß auf Kritik innerhalb der Partei. Der Veröffentlichung des Papiers folgten herbe Niederlagen der Sozialdemokraten und der Labour Party bei den Wahlen zum europäischen Parlament, was die Kritik noch verschärfte. Schröder griff auf taktisches Manövrieren zurück, was er meisterhaft beherrscht.

Mit Zuckerbrot und Peitsche brachte er seine eigene Partei (und die Grünen) dazu, eine Steuerreform zu unterstützen, die die Belastung des deutschen Kapitals sogar noch verringerte, den unteren Einkommensbereichen allerdings auch einige Steuererleichterungen brachte. Prompt hörten die Medien auf, ein unmittelbar bevorstehendes Ableben der Regierung zu prophezeien, und begannen statt dessen, deren ökonomischen Realitätssinn zu loben. Das langfristige Problem einer Rentenreform blieb ungelöst und bot Anlaß für erhebliche Kontroversen innerhalb der Partei und der Gesellschaft. Es machte sich der Eindruck von Entschlossenheit und von Unterwürfigkeit gegenüber den »Märkten« breit.

Äußere Umstände halfen dem Kanzler ganz erheblich. Die Grünen übten keinen kohärenten Druck von links – oder aus welcher Richtung auch immer – aus, da sie mit internen Auseinandersetzungen beschäftigt waren. Die PDS stellte fest, daß Schröder kein Konzept für eine umfassende Gesellschaftsreform habe. Damit hatten sie recht, aber sie gaben nur das wieder, was auch viele Sozialdemokraten behaupteten. Das Problem war, daß auch Schröders Kritiker aus den eigenen Reihen kein Konzept hatten. Die Gewerkschaften hatten gewisse Vorstellungen (über lebenslanges Lernen und die Umverteilung der Arbeit, da sich die Organisation und das Wesen der Arbeit änderten). Ihr wichtigster Vordenker, Walter Riester, war gehemmt durch sein Amt als Arbeitsminister: Er mußte nach einer breiten Zustimmung für seine Reformvorschläge suchen und glättete deshalb deren innovative Kanten. Die Gewerkschaften verwendeten jedenfalls nahezu all ihre Energie auf ihr Tagesgeschäft, die Verteidigung der unmittelbaren Interessen ihrer Mitglieder.

Eine Sache, die der Regierung Anfang 2000 zu Hilfe kam, war ein ziemlich ambivalentes Geschenk: Ein Spendenskandal, in den die

CDU verwickelt war, vertrieb Helmut Kohl von seiner Position als herrschender Patriarch des öffentlichen Lebens in Deutschland. Der Skandal trug jedoch zur allgemeinen öffentlichen Schande der gesamten politischen Elite bei. Die Sozialdemokraten wußten, daß auch auf ihr Konto genügend Fehltritte gingen, weshalb es ihnen nur vorübergehend möglich war, sich auf das hohe Roß der Moral zu setzen. Wichtiger war, daß die Christdemokraten die Gelegenheit beim Schopf ergriffen, ihre Führungsspitze zu verjüngen. Sie traten mit einer neuen Parteivorsitzenden, Angela Merkel, an, die damit als erste Frau und auch als erste ehemalige DDR-Bürgerin den Vorsitz einer deutschen Partei übernahm. Offenkundig waren sie gewillt, drei Themen in ihrem Programm zu verbinden: eine christlich-soziale Verteidigung des Sozialstaates, Offenheit für technokratische Innovationen und die Bereitschaft, die Bürgerferne der EU-Bürokratie zu hinterfragen. In einer post-christlichen und postsozialistischen Nation könnten sie sehr wohl eine kohärente Herausforderung darstellen.

Im Sommer 2000 kontrollierten Schröder und seine Regierung endlich die Politik des Landes. Die sozialdemokratische und die grüne Bundestagsfraktion waren zwar nicht völlig verstummt, doch alles andere als lebhafte Zentren des Widerspruchs oder der Debatte. Eine Reihe von Parlamentariern beklagte sich auch tatsächlich über ihre Marginalität und Unwichtigkeit. Die PDS, die auf die Möglichkeit hoffte, weitere Koalitionen mit den Sozialdemokraten bilden zu können (zum Beispiel in Berlin), war nahezu integriert in Schröders Mehrheit. Die einzige Branche, in der die alte deutsche Gewohnheit obsessiven Fleißes erhalten geblieben war, das Geschäft der Meinungsmacher, gab ihre Kritik an der Regierung auf und war nun voll des Lobs für ihre Steuerreform. Die deutsche Sozialpartnerschaft wurde neu definiert. Die intellektuellen Handlanger des Kapitals gaben in den Medien und den Universitäten die Inhalte der öffentlichen Auseinandersetzungen vor und auch die Bedingungen für ihre Lösung – alle ausschließlich im Kapitalinteresse. Die Aufgabe der Sozialdemokraten (und in ihrem Gefolge der Grünen und sogar der PDS) bestand darin, die Gewerkschaften im besonderen und die öffentliche Meinung im allgemeinen davon zu überzeugen, daß Gegenvorschläge zwecklos seien. Da die Welt nun einmal so sei wie sie sei, könnten die Dinge einfach nicht anders sein.

Die Steuerreform gibt den Banken und Versicherungen die Chance, große Kapitalgewinne durch den Verkauf ihrer Aktien zu machen, doch niemand konnte sagen, ob diese Summen wieder in Deutschland investiert würden. Schröder mag mit der Wirtschaftselite stillschweigend Abmachungen zu diesem Punkt getroffen haben, aber wirklich nur sehr stillschweigend, denn angenommen, die Arbeitslosigkeit nähme nicht spürbar ab, die Neuen Bundesländer verblieben in ihrer relativ schwierigen wirtschaftlichen Situation und die Flecken des Elends in der alten BRD würden nicht verschwinden? Angesichts der wachsenden Labilität der Wählerschaft wäre ein Umschwenken zu CDU und CSU durchaus denkbar, trotz deren sichtbarer Inkohärenz. Würden diese Parteien wieder einmal die sozialen Dimensionen der sozialen Marktwirtschaft betonen, würde dies der Wirtschaftslobby zwar nicht gefallen, viele Bürger hängen aber nach wie vor daran. Es ist absurd zu glauben, deutsche Unternehmer könnten, den Staat verhöhnend, schließlich die sozialen Traditionen über Bord werfen, die auf den Sozialdemokraten August Bebel, den patriarchalischen Bürokraten Otto von Bismarck und den katholischen Vordenker Wilhelm Emanuel Freiherr von Ketteler zurückgehen.

Schröder, seine Regierungskollegen und die Interessengruppen und Parteien hinter ihnen hatten allen Grund, ihren Triumph beunruhigend zu finden. Im Wahlkampf 1998 hatte Schröder versprochen, die Dinge »nicht anders, sondern besser zu machen«. Welche Dinge? Die modernen Gesellschaften sind zunehmend fragmentiert, die Klassenbindungen komplex und gelegentlich unklar. Doch auch Politiker, die sich als Manager verstehen, brauchen ein gewisses Maß an historischem Einfühlungsvermögen und soziale Projekte. Schröder wurde nicht von allen für einen Politiker der festen Überzeugungen gehalten. Er bewunderte seinen scheidenden Kollegen Bill Clinton. Was Clinton an Prinzipien mitbrachte, verdankte er seinen völlig unbürgerlichen Wurzeln, seiner Fähigkeit zur Empathie mit denen, die das Glücksrad der Gesellschaft zu Verlierern gemacht hatte. Schröder verdankte die Möglichkeit zu studieren der von der SPD durchgeführten Bildungsreform. Einmal ließ er sich darüber aus, was für ihn das Merkwürdigste am Studentenleben gewesen war: frei über seine Zeit verfügen zu können. Marx hielt das Gewicht der Vergangenheit, das auf der Menschheit lastet, für eine Form der Leibeigenschaft, doch die Verbindung zu den Wurzeln kann auch eine Quelle der Stärke sein. Die Kosten der Internationalisierung der deutschen Wirtschaft wogen für viele Bürger weitaus schwerer als ihr Nutzen. Schröder und seine Kollegen fühlten sich verantwortlich für die Integrität der Gemeinschaft, die Solidarität in ihrem Land. Von daher erinnerten sie sich sicher an ein Gebot, das Goethe sinngemäß einmal so formuliert hat: Man muß sich sein Erbe erst erwerben, bevor man es genießen kann. Sie waren der Meinung, daß die sozialistische Tradition nicht als irrelevant für eine postmoderne Welt abgetan werden kann. Sie hatten ein ganz ähnliches Problem, wie es ihr geistiger Ahne Willy Brandt in Bad Godesberg gehabt hatte: Was für ein Programm würde dem Kern der sozialistischen Werte in einer teils widerstrebenden, teils offenen Welt gerecht werden?

Inzwischen hatte die lebendige Vergangenheit ihren Tribut gefordert. Eine Welle zunehmend organisierter Gewalt störte diejenigen, die sich immer wieder selbst beglückwünschten dafür, daß Deutschland endlich in der westlichen Zivilisation angekommen sei. Auf den Straßen wurden Ausländer umgebracht, vor allem farbige Ausländer – und von Berichten darüber, daß andere deutsche Bürger interveniert hätten, um den Angreifern Einhalt zu bieten, war nichts zu hören. Gelegentlich bestand das einzige »Vergehen« der Opfer darin, eine andere Sprache zu sprechen. Manchmal wurden auch deutsche Behinderte angegriffen – eine deutliche Erinnerung an die Nazi-Parole vom »lebensunwerten Leben«. Natürlich wurden oft auch jüdische Friedhöfe und Synagogen geschändet. Wer seine Abscheu öffentlich kundtat, wurde selbst bedroht.

Manche dieser Angriffe waren »spontan«, das heißt sie erfolgten gänzlich vorhersehbar aus momentaner Trunkenheit und anhaltender Dummheit, verstärkt von der unablässigen Wiederholung rassistischer und xenophober Gedanken innerhalb der Familie, der Nachbarschaft, dem Arbeitsumfeld, begleitet von schamlosem Nazismus. Die jüngeren Angreifer waren jedoch oft in Netzwerken oder Vereinigungen organisiert, die wiederum mit rechtsextremistischen Parteien verbunden waren, die in den Parlamenten einiger Bundesländer oder in Stadträten saßen. Die Willfährigkeit der Polizei und der Staatsanwälte sowie die besonnene Ruhe der Richter zeugten von einer einzigartigen Mischung aus Resignation vor der Unausweichlichkeit der Verbrechen und (vor allem seitens der Polizei) von Sympathie mit den Verbrechern. Viele der gewählten Vertreter – Bürgermeister, Mitglieder von Landesregierungen, ja sogar Ministerpräsidenten – verwendeten sehr viel mehr Kraft darauf, die Existenz dieses großen Problems zu leugnen, als sich diesem Problem zu stellen. Als Bundesaußenminister Joschka Fischer erklärte, daß die Gesellschaft als Ganzes reagieren müsse und daß die Gewalttäter davon ausgingen, daß sie im Namen der Nation handelten, wurde er streng gerügt, die Bürger diffamiert zu haben. Die Elite der Meinungsmacher äußerte ihre Besorgnis über den Schaden, den der Ruf Deutschlands nehme, was den Teil der Bevölkerung wohl kaum beeindruckte, den die Vorstellung beunruhigt, daß die Welt mehrheitlich nicht aus Deutschen besteht.

Es gab in den Neuen Bundesländern mehr Gewalttaten als in den alten, doch auch in letzteren gab es eine ganze Menge. Überall im Land wurden Neonazis politisch aktiv. Zweifellos trugen die der Vereinigung folgenden wirtschaftlichen und sozialen Verwerfungen und die Abwesenheit kultureller und sozialer Bindungen mit Westeuropa und den USA zur Langlebigkeit des nazistischen Gedankenguts im Osten bei. Die Frage, ob es Neonazismus als Protestform im kommunistischen Deutschland gegeben habe, wurde nicht oft diskutiert, doch möglicherweise spielte er eine ebensowichtige Rolle wie die radikale Demokratie. Es stimmt aber nicht, daß die Gewalttäter der letzten Jahre alle ungebildet oder arbeitslos gewesen wären; die meisten waren sozial integriert. Es bleibt abzuwarten, wie die Eliten und die Öffentlichkeit in Deutschland damit umgehen, doch man kann nicht behaupten, daß die demokratische Tradition der SPD, wie authentisch sie auch immer sein mag, zu einer Politik geführt habe, die moralisch überzeugend und politisch effektiv gewesen wäre.

Werfen wir einmal einen Blick auf das andere Rheinufer.[19] Die 1981 erfolgte Amtsübernahme der französischen Sozialisten war im nachhinein entschieden weniger epochal, als sie sich damals darstellte. Die Wahlkampfparole hatte gelautet: *Changer la vie* (Das Leben verändern).

Tatsächlich kam es in der unteren Hälfte der Einkommenspyramide zu erheblichen ökonomischen Veränderungen. Doch letztlich blieb das Leben von Millionen Menschen geprägt von Ungleichheit und Arbeitslosigkeit und von dem, was auf Französisch *l'exclusion sociale* heißt, und dies trotz zweier Präsidentschaftsperioden von François Mitterand (1981 bis 1995) und sozialistischer Kabinette. Aber in einem so zentralistischen Staat wie Frankreich konnte sich die sozialistische Führung des Landes dennoch in vielfacher Weise bemerkbar machen: Die Technokraten hörten zu, und sie gehorchten sogar.

Das Leben änderte sich nicht, aber es verbesserte sich etwas. Die allgegenwärtige Präsenz des französischen Staates im kulturellen Bereich führte dazu, daß das Kulturministerium seinen Willen durchsetzen konnte; es konnte jedoch keine Wunder vollbringen. Straßenfeste, lokale Kulturveranstaltungen und die Verdopplung des Kulturbudgets bereicherten das Leben der Bürger. Eine fundamentale Veränderung im Sinne einer neuen Gesellschaft wurde jedoch auf unbestimmte Zeit verschoben. Ein relativ individualisierter Modus des Konsums dehnte sich rasch aus. Die vorherrschende Sichtweise der sozialistischen Bewegung des Westens war, daß die Veränderung der Institutionen des wirtschaftlichen und sozialen Systems eine Voraussetzung für kulturellen Wandel sei. Letztlich bedeutete dies, daß die sozialistische Bewegung und ihre Parteien eine Doktrin der Dichotomie von materieller und geistiger Welt akzeptierten, eine institutionelle Struktur und eine kulturelle Sphäre. Die moderne Fragmentierung der Existenz dehnte sich auf die früher einmal einheitliche sozialistische Vision aus, selbst in Frankreich, wo diese Vision in Ehren gehalten worden war.

Der moderne Konservatismus – die protestantische Marktdoktrin von Reagan und Thatcher, der soziale Katholizismus Johannes Pauls II. und der Christdemokraten im allgemeinen – geht von einer engen Verbindung von Kultur und Politik aus. Das Beharren der Marktverfechter auf einer einheitlichen Rhetorik, in der individualistische und familiäre Werte fest verbunden worden sind, ist zu einem guten Teil grober Zynismus. Sie sind nicht alle leuchtende Beispiele der Tugend: In den USA sind bei den Republikanern Alkoholismus, Grausamkeit und häusliche Gewalt, Untreue (und natürlich auch Frigidität und Impotenz) oder schwere psychische Störungen mindestens ebenso verbreitet wie bei allen anderen. Das gleiche gilt für die anderen Gesellschaften, in denen eine moralische Wende herbeigeredet wurde: in Deutschland von den Christdemokraten, in Großbritannien von den Tories und in jüngerer Zeit auch von New Labour.

Die Vorherrschaft der Werte des Marktes erschwert die Verwirklichung der von den Konservativen so geschätzten menschlichen Werte erheblich. (Dies verstehen die Katholiken besser, die die Sozialenzykliken von Papst Johannes Paul II. ernst nehmen.) Allerdings muß man auch sagen, daß die Vorstellung von einer Politik, die im Prinzip an persönliche Tugend und einen Komplex sozialer Werte geknüpft ist, mobilisierend wirkt, egal, mit wieviel Heuchelei sie einhergehen mag.

Die französischen Sozialisten, Nachfahren der Jakobiner, die eine Republik der Tugend hatten errichten wollen, konnten die Frage: Was ist eine sozialistische Kultur? nicht beantworten. Vieles wurde an den Kulturminister Jack Lang delegiert – eine eher explizite als implizite Bestätigung der oben angeführten Dichotomie. Im institutionellen Bereich der Wirtschafts- und Sozialpolitik arbeiteten die Sozialisten noch immer daran, die Bedingungen für eine kulturelle und persönliche Transformation zu schaffen. Dort vermischten sie jedoch, wenn auch mit einem gewissen Unbehagen, die explizite Idee von Solidarität mit der impliziten Idee der Chancengleichheit in der Praxis der Leistungsgesellschaft.

Die Regierung übernahm ihre Aufgabe 1981 mit einer starken Mehrheit, und Mitterand scharte auch noch die Kommunisten und die letzten Überlebenden des Radikalismus um sich. Eine Vielzahl militanter Sozialisten und ihrer Unterstützer, von denen einige bereits in der technokratischen Elite aufgegangen waren, übernahm die staatlichen Ämter – ein französischer Staatspräsident hat an die zehntausend Posten zu vergeben.

Der erste Punkt auf der Tagesordnung war die Verstaatlichung einer Reihe großer Banken und Unternehmen. Michel Rocard drängte darauf, daß der Staat nicht mehr als 51 Prozent übernehmen solle. Dies würde öffentliche Schulden, die aus der Kompensation für die Eigentümer entstünden, verringern, die staatliche Kontrolle jedoch nicht mindern. War es die jakobinische Tradition, die stärker war als die Warnung, die aus einer vorsichtigen Verallgemeinerung der Erfahrungen der sozialistischen Parteien Europas herauszulesen war? Die Betriebe wurden jedenfalls vollständig verstaatlicht, nur um dann später unter der konservativen Regierung Chiracs wieder privatisiert zu werden. Und auch unter den jüngsten sozialistischen Kabinetten betrieb man in Übereinstimmung mit der EU und deren starrer Verfolgung der Doktrin der freien Märkte die Privatisierung weiter.

Die neuen Jakobiner leiteten auch einen weitreichenden Prozeß der Dezentralisierung des französischen Staates ein. Die Macht der Präfekten wurde gravierend beschnitten, die der Gemeinden, Departements und Regionen erheblich gestärkt. Dies hatte eine drastische Zunahme der Korruption zur Folge. Die öffentlichen Ausgaben wurden nicht mehr ausschließlich von fernen, moralisch untadeligen Staatsbediensteten kontrolliert (was diese freilich nicht daran hinderte, mit stark erhöhten Gehältern in den privaten Sektor oder staatliche Betriebe einzusteigen). Sie wurden nun von den Politikern vor Ort kontrolliert, die der Versuchung entschieden schlechter standhalten konnten. Da außerdem Wahlen in Frankreich immer weniger von der ideologischen Kontinuität gegeneinander abgegrenzter Milieus und immer mehr von zentralisierten Wahlkämpfen abhingen, wurden sie für die Parteien immer teurer. Die Dezentralisierung erleichterte auch die verdeckte Finanzierung von Parteien, und zwar sämtlicher Parteien. Ein Großteil der Politikverdrossenheit, die in Frankreich in letzter Zeit immer deutlicher zu spüren ist, ist auf die damit verbundene Korruption zurückzuführen. Das, was die Regierung den Menschen näherbringen sollte, erreichte zu einem gewissen Grad das Gegenteil.

Die neuen sozialistischen Parlamentarier waren 1981 eher Lehrer oder städtische Beamte als Industriearbeiter. Letztere waren unter den kommunistischen Parlamentariern häufiger anzutreffen, doch die meisten waren Parteifunktionäre geworden und arbeiteten nicht mehr in der Fabrik. Die ersten Jahre der Mitterand-Regierung zeichneten sich keineswegs durch eine deutliche Zunahme partizipativer Elemente aus. Die französischen Institutionen waren jedenfalls nicht auf sie eingerichtet, und auch das Volk und die Öffentlichkeit forderte sie nicht lautstark. Die erste sozialistische Ministerin für Soziales erklärte, es sei ihr nicht gelungen, die Bezieher von Sozialleistungen dazu zu bewegen, sich zu organisieren und mit ihrem Ministerium zusammenzuarbeiten: Das alte Modell des (passiven) Konsums öffentlicher Leistungen blieb unverändert bestehen.[20]

Die Regierung ließ den Ideen, die sie in der generationenlangen Opposition entwickelt hatte, anfangs also wenig Raum. Die Kritik an der Professionalisierung von Politik, Ideen, den Begriff des Staatsbürgers durch erweiterte Möglichkeiten zur Mitwirkung neu zu definieren, und die Vorstellungen von einer neuen politischen Kultur waren so prominent wie eh und je. Mitterands politische *raison d'être* war eine andere und drückte sich in seiner Erklärung aus, daß mit seinem Sieg und dem seiner Partei Frankreichs politische Mehrheit zum ersten Mal seit langer Zeit mit der gesellschaftlichen zusammenfiele. Der Staat müsse dieser Mehrheit dienen – doch dazu müsse er kaum verändert werden. Als Premierminister verkündete Rocard zehn Jahre später einen großangelegten Plan, wie sich die Regierung den Bürgern annähern und ihnen größere Achtung entgegenbringen könne – doch die Ergebnisse stehen noch aus.

Die neue Regierung des Jahres 1981 erhöhte den Mindestlohn, handelte Lohnsteigerungen in den staatlichen Industrien aus (die auch den Maßstab für den Großteil der privaten Wirtschaft bildeten) und erhöhte die Sozialleistungen. Die Staatseinkünfte und das gesamte Volkseinkommen stiegen nicht schnell genug, um diese Ausgaben finanzieren zu können; Frankreichs Außenhandelsbilanz vor allem gegenüber Deutschland und den übrigen EU-Mitgliedern verschlechterte sich. Mitterand (und die Sozialisten) hatten jedoch der Vertiefung und Ausweitung der EU Priorität eingeräumt. Die politischen Strukturen der EU erforderten eine enge wirtschaftliche Abstimmung mit Deutschland, das zwar selbst ökonomische Schwierigkeiten hatte, doch weiterhin eine starke Währung besaß.

Die französischen Technokraten verfolgten einen langfristigen Plan. Die Integration in die europäische Wirtschaft würde die französischen Unternehmen der Marktdisziplin unterwerfen, die Rationalisierung fördern und somit die Produktivität steigern; gleichzeitig würde sich das französische Volk, das neuerdings über die Grenzen blickte, für neue Berufe und neue Formen der Politik weiterbilden. Viele Sozialisten, auch in den höchsten Rängen von Staat und Partei, billigten dieses Projekt. Einige hatten es sogar initiiert. Doch sie bestanden darauf, etwas miteinzubeziehen, was später als Europäische Sozialcharta bezeichnet werden sollte. Sozialleistungen sollten EU-weit angeglichen werden und die soziale Sicherheit sollte ein hohes Niveau erhalten, damit die Arbeitnehmerschaft eines Mitgliedsstaats nicht durch geringere soziale Kosten in einem anderen bestraft würde. Diese Sozialcharta, die Delors als Präsident der EU-Kommission später stark befürwortete, die aber nur auffällig langsam umgesetzt wurde, konnte Frankreichs Probleme Anfang der achtziger Jahre nicht lösen. In Deutschland waren die sozialen Kosten nicht geringer als in Frankreich, doch Produktivität und Investitionsraten waren höher. Als Frankreich (eineinhalb Jahrzehnte später) in der Produktivität substantiell gleichgezogen war, wurden beide Staaten von anderen Problemen geplagt. Zum Teil ist die hohe Produktivität schuld daran, daß sie nun eine hohe Arbeitslosigkeit zu bekämpfen haben: Die Wirtschaft kann mit weniger Arbeit mehr produzieren. In der Zwischenzeit stellen die Bürger durch den Wohlfahrtsstaat sicher, daß in diesen Ländern das Elend ihrer Mitmenschen ein bestimmtes Niveau nicht überschreitet. Das Kapital weigert sich, diese Kosten mitzutragen, und ist in einen Dauerstreik getreten. Die Politik der EU setzt auf die Konvergenz bei den Zinssätzen, die Begrenzung der staatlichen Beteiligung an der Wirtschaft und die Senkung der Staatsschulden. Damit ist die Fähigkeit ihrer Mitgliedsstaaten, verstärkt öffentliche Investitionen vorzunehmen, ernsthaft eingeschränkt. Dieser Prozeß setzte schon vor Mitterands Amtsübernahme ein, aber seine Regierungen taten kaum etwas, das zu ändern, doch eine Menge, es zu verstärken.

In der Rhetorik der französischen Linken zum Thema Überwindung oder gravierende Veränderung des Kapitalismus ging es darum, *le mur d'argent* (die Wand des Geldes) zu erklimmen. Dabei ging man aber davon aus, daß es sich um inländisches Geld handele. Was sollten die Sozialisten (und ihre kommunistischen Verbündeten in der Regierung) sowie die Gewerkschaften tun, wenn die verstaatlichten Banken und Versicherungskonzerne sich einem internationalisierten Kapitalismus fügen mußten? Die französische Krise von 1983 spiegelte die Krise der britischen Labour-Regierungen der Jahre 1947 und 1976. Die sozialistische Regierung meinte, daß sie sich auf die Bedingungen der internationalen Märkte einlassen müsse: Es wurde ein harter Sparkurs gefahren, um die Währung zu stabilisieren und Frankreich in einer Linie mit den übrigen EU-Staaten, vor allem mit Deutschland, zu halten. Der alte Sozialist André Mauroy wurde als Premierminister von dem jüngeren Technokraten Laurent Fabius ersetzt.

Die sozialistische Politik hatte in Frankreich mehrere Facetten. Es gab einen Präsidenten, der sich von den sozialistischen Regierungen gelegentlich deutlich distanzierte, nicht weniger deutlich allerdings auch von der Partei selbst. Es gab von 1981 bis 1986, von 1988 bis 1993 und wieder ab 1997 sozialistische Regierungen. Sie bildeten den Rahmen, innerhalb dessen eine ganze Generation etwas über die Gesellschaft erfuhr, die sie ursprünglich hatte umformen wollen und die statt dessen die Partei (und ihre Ideen) umformte. Die Ansicht, die sozialistische Regierungserfahrung sei eine Schule für Politik, war problematisch: Am Ende waren die Schüler verwirrter als zuvor. Ihrer ursprünglichen Sicherheiten beraubt, haben sie keine neuen entwickelt. Die Frage ist nur, haben sie die Fähigkeit entwickelt, ihre dauerhafte Bindung an Demokratisierung und soziale Solidarität mit neuen politischen Mitteln auszudrücken?

Ihr einflußreichster Theoretiker und Politiker, Rocard, wandelte seine anfängliche Befürwortung einer partizipativen Demokratie in ein Argument für einen Gesellschaftsvertrag. Die Schwierigkeit lag darin, daß die Regierung, der er von 1988 bis 1991 vorstand, keine Zeit fand, die Aushandlungsmechanismen hierfür zu entwickeln. Sie mußte bei den überkommenen Formen des Korporatismus bleiben, obwohl die Vorstellung eines kritischen Staatsbürgertums in Rocards

Gedanken ganz zentral war. Diese Idee verband ihn mit Gruppierungen innerhalb der Partei, die ihm oft antagonistisch gegenübergestanden waren. Die Institutionen, die Frankreich in die Lage versetzt hätten, Politik aufgrund eines allgemeinen Gesellschaftsvertrags zu machen, waren schlichtweg nicht vorhanden. Es ist auch fraglich, ob Frankreich (oder irgendeine andere Industriegesellschaft) diese in der Form, in der sie sich Mendès-France 1962 in »La République Moderne« vorgestellt hatte, entwickeln könnte.[21]

Die Sozialisten bemühten sich um ein neues Konzept eines öffentlichen, vom Staat abgegrenzten Raums. Mehrere ideologische und institutionelle Einschränkungen waren ihnen dabei im Wege. Die erste erwuchs aus ihrem Konzept von Frankreich als Klassengesellschaft. Indem sie die Ausgebeuteten gegen die Ausbeuter vereinten, die Produzierenden gegen die Anleger und Spekulanten, artikulierten die Sozialisten ihrer Überzeugung nach die Forderungen einer (wie auch immer innerlich ausdifferenzierten) Klasse, der es um die gesellschaftliche Vorherrschaft ging. Frankreich war eine Klassengesellschaft, doch die französische Klassenstruktur war nicht nur an die wirtschaftliche, sondern auch an die kulturelle und politische Struktur gebunden. In all diesen Bereichen saßen sozialistische Führer und eine nicht geringe Zahl ihrer Wähler sehr bequem in der obersten Etage oder in ihrer Nähe. Darüber hinaus waren diejenigen in den unteren Bereichen der ökonomischen Struktur oft stärker daran interessiert, Macht zu delegieren, als sie auszuüben. Sie zogen es vor, Gewerkschaften und Parteien in ihrem Namen um einen größeren Anteil am Volkseinkommen verhandeln zu lassen. Ab und zu demonstrierten sie bereitwillig ihre Stärke (auf Kundgebungen oder durch Streiks), doch waren sie sichtlich nicht an einer totalen gesellschaftlichen Transformation interessiert.

Die zweite Einschränkung ergab sich aus dem hartnäckigen Festhalten der Sozialisten an der – tatsächlichen oder potentiellen – Funktion des Staats als dem primären Träger des Wandels. Sie deuteten die französische Geschichte ganz richtig: Was es an Liberalismus in der französischen Gesellschaft gibt, war nur durch unablässige Angriffe des Staates auf korporatistische Privilegien ermöglicht worden. Das Problem ist, daß korporatistische Erstarrungen offenbar am wirkungsvollsten mit einer gehärteten Organisation zerstört werden können. Die exzessive Bürokratisierung in Frankreich, über die sich Liberale und die Anwälte einer partizipatorischen Politik beschweren, und die oft vorzügliche Konzentrierung von Gruppeninteressen sind die Antworten auf die tatsächliche und moralische Heftigkeit der Auseinandersetzungen seit der Revolution. Die liberale Gesellschaft ist nirgends eine Ansammlung souveräner Individuen, sondern eher eine Arena, um Konflikte von Gruppen auszutragen. Manchmal bringt unsere Zeitgenossen der Eifer, mit dem sie den Weg von 1789 zurückverfolgen, dazu, die Erfahrungen des 19. (und des 20.) Jahrhunderts außer acht zu lassen. Individuen haben tatsächlich Rechte und einen wachsenden gesellschaftlichen Raum erobert, doch es war immer der Staat, der ihre Freiheiten definierte und verteidigte.

Insbesondere hielten die Sozialisten an den kulturellen und pädagogischen Aufgaben des Staates fest: Bildung als Grundvoraussetzung für die volle Wahrnehmung der Bürgerrechte. Sie erhöhten die Investitionen in den Bildungsbereich immens; damit stieg aber auch die Konkurrenz um die Arbeitsplätze in den mittleren und oberen Segmenten des Arbeitsmarkts.

Sie steigerten auch die Ausgaben für Kunst und Kultur. Das kulturelle Projekt der Sozialisten war der Versuch, die höhere mit der populären Kultur zu vereinen. Die Sozialisten bestanden darauf, daß Kultur keine Ware sei, und bemühten sich, die Besonderheit der französischen (und europäischen) Kultur vor der industriellen Kulturproduktion der amerikanischen Multimediafirmen zu verteidigen. Probleme, die von europäischen Firmen aufgeworfen wurden, die dieselbe Art kulturellen Dumpings betrieben, blieben unbeantwortet.

Die wirtschaftliche Bilanz der Sozialisten war schlecht. Die Produktivität und die Exportfähigkeit des Landes nahmen zwar zu, doch die Wirtschaft konnte weder diejenigen aufnehmen, die neu auf den Arbeitsmarkt kamen, gleich auf welcher Ebene (ungelernte Immigrantenkinder ebensowenig wie französische Universitätsabgänger), noch sich um diejenigen kümmern, die durch Rationalisierungsmaßnahmen ihren Arbeitsplatz verloren hatten. Die Arbeitslosigkeit nahm riesige Ausmaße an. Die angebotenen Erklärungen – von den Bedingungen des Weltmarkts bis zu den Problemen, die dem Management aus den hohen Sozialabgaben für Beschäftigung in Frankreich erwuchsen – klangen plausibel. Die Mitte-Rechts-Parteien gewannen die Parlamentswahlen von 1986, indem sie Liberalismus versprachen. Staatliche Unternehmen wurden privatisiert, aber der Wohlfahrtsstaat blieb intakt. Mitterand gewann jedoch die Präsidentschaftswahlen von 1988, indem er sich zum Verteidiger des sozialen

Konsenses erklärte. Nach den darauffolgenden Parlamentswahlen gelang es den Sozialisten, eine Koalition zu bilden und bis zu ihrer großen Niederlage 1993 an der Regierung zu bleiben. Doch die Arbeitslosigkeit stieg weiter.

Indem sie den starken Franc an einer noch stärkeren D-Mark ausrichteten, trieben die Sozialisten die europäische Integration voran. Hohe Zinssätze waren das Ergebnis und führten zu geringeren Investitionen und zu höheren Preisen für französische Güter auf dem Weltmarkt. Nachdem sie bis 1983 ihre Variante des Sozialismus praktiziert hatten, schlugen die Sozialisten die entgegengesetzte Richtung ein. Eine restriktive Haushaltspolitik, mit der Frankreichs Position auf »den Märkten« gesichert werden sollte, war nun wichtiger als innenpolitische soziale Ziele. »Die Märkte« (ausländische Kreditgeber und Spekulanten, was im Grunde identisch war) äußerten freimütig ihre Präferenzen. Der Wohlfahrtsstaat konnte nicht abgebaut werden, aber ebensowenig konnte er vertieft oder ausgeweitet werden.

Es stellten sich auch noch andere Probleme. Der Vorschlag einer Bildungsreform, der katholische Schulen benachteiligt hätte, wurde nach Massenprotesten zurückgenommen. Der traditionelle Laizismus der französischen Linken mobilisierte niemanden mehr. (Konflikte innerhalb des französischen Katholizismus waren oft heftiger als die zwischen Katholiken und Laizisten.) Problematischer war die Tatsache, daß viele der neuen Immigranten an ihrer Religion, dem Islam, festhalten wollten. In der Auseinandersetzung um eine junge Frau, die ihre islamische Kopfbedeckung in der Schule tragen wollte, meinten einige Laizisten, diese öffentliche Zurschaustellung würde den öffentlichen Raum eines säkularen Staates verletzen. Andere hingegen meinten, Frankreichs moslemische Bürger hätten ein Recht auf ihre eigene Kultur. Der säkulare Staat erlaubte Katholiken, Juden und Protestanten gleichermaßen den Anspruch zu erheben, vollwertige (à titre entière) Franzosen zu sein. Der Multikulturalismus der jüngsten Zeit macht ein breites Nachdenken über dieses Problem erforderlich, und die Sozialisten haben bislang noch keine einheitliche Lösung gefunden.

Dazu kommt der beträchtliche Einbruch des xenophoben Front National in die kommunistische und sozialistische Wählerschaft.[22] Das Wahlglück des Front schwankte, und er ist von Schismen geplagt. Die Probleme, aus denen er sein Potential zieht, ob eingebildet oder nicht, verschwinden wahrscheinlich nicht von allein. Acht Prozent

der französischen Bevölkerung sind Ausländer, vor allem Nordafri-
kaner. Sie konzentrieren sich in den Städten, was ähnliche Auswirkungen zeitigt wie das amerikanische Rassenproblem. Die Front Nationale behauptete, sie würde die französische Kultur verteidigen. In den
von ihr kontrollierten Städten führte dies allerdings nicht zu mehr
Racine-Aufführungen, sondern vielmehr dazu, daß ethnisch gemischten Rockgruppen der Auftritt auf städtischen Bühnen verweigert
wurde und daß öffentliche Bibliotheken rassistische Pamphlete erwar-
ben. Die Front spricht die Expatriierten aus Nordafrika an, diejenigen,
die zu Autoritarismus und Traditionalismus neigen, und die Millionen Franzosen, für die Franzose zu sein eine deutlich rassistische
Schattierung hat.

Die Front warf Probleme auf für die Parteien, die dem französischen Republikanismus und seinem kulturellen und politischen Universalismus verbunden waren. Viele Wähler der Front fühlen sich nicht
dazu verpflichtet, ihr Erbe mit denen zu teilen, die für sie keine
Franzosen sind. Besonders die unteren Einkommensgruppen leben
oft in der Nachbarschaft von Immigranten; alltägliche Reibungen
und simplifizierte Annahmen über die wirtschaftlichen und sozialen
Kosten der Immigration erzeugen ihre Feindseligkeit.

Die wirtschaftliche Sicherheit, die zu erreichen keiner französischen
Regierung gelang, ist sicher eine Voraussetzung für die Lösung des
Problems Rassismus und Fremdenfeindlichkeit, doch würde sie offenbar nicht genügen. Viele sozialistische Gruppen und Führer haben
sich den von der Kirche und Bürgerbewegungen ins Leben gerufenen
Kampagnen angeschlossen, die mit moralischer Pädagogik gegen Rassismus und Fremdenfeindlichkeit vorgehen. Manchmal kommt ihnen
der Zufall zu Hilfe: Der Star der französischen Fußballnationalmann-
schaft, die 1998 Weltmeister wurde, ist ein französischer Staatsbürger
nordafrikanischer Herkunft.

Nach wie vor tun sich die Sozialisten schwer mit dem Problem der
Fremdenfeindlichkeit. Jeder dritte Franzose hat einen ausländischen
Großelternteil; frühere Immigrationswellen aus Europa wurden erfolgreich integriert. (Viele der aus Algerien stammenden Anhänger der
Nationalen Front sind Nachfahren spanischer Immigranten.) Die Integration der afrikanischen und nordafrikanischen Immigranten mag
schwieriger sein. Im nationalen Schulwesen erhalten ihre Kinder eine
Bildung, die sehr viel stärker an nationale Normen angelehnt ist als
die der Schwarzen in den amerikanischen Großstädten, und dies,

obwohl ihre Wohnviertel und Schulen von den Krankheitsbildern der Marginalisierung und Armut geplagt sind.

Sicherlich tritt ein großer Teil der Öffentlichkeit für Großzügigkeit und Universalismus ein: Sie unterstützen Gruppen wie *SOS Racisme*, eine Bewegung, die nach den Wahlerfolgen der Nationalen Front Ende der achtziger Jahre entstand. Doch nach wie vor stellt sich die Frage der wirtschaftlichen und politischen Grenzen dieser Großzügigkeit. Die Sozialisten reagierten, indem sie das Staatsbürgerschaftsrecht reformierten und es den in Frankreich geborenen Kindern der Immigranten erleichterten, die Staatsbürgerschaft zu erlangen. Sie versuchten auch – allerdings mit mäßigem Erfolg – die Willkür, Rigidität und Feindseligkeit der kleinen Bürokraten zu mildern, mit denen die Immigranten zu tun haben.

Daß die Sozialisten überhaupt Gelegenheit bekamen, als Regierungspartei an diesen Problemen zu arbeiten, ist weniger ihrer Fähigkeit zu verdanken, beständige und große Mehrheiten hinter sich zu scharen, sondern der Schwäche ihrer Gegner. Als Jacques Chirac 1995 die Präsidentschaftswahl gewann, regierte aufgrund des Sieges bei der Parlamentswahl im Jahr 1993 der Mitte-Rechts-Block. Chirac rief in seinem Wahlkampf gegen *la fracture sociale* (die gesellschaftliche Spaltung) auf, gestattete seiner Regierung jedoch, eine drastische Kürzung der Sozialleistungen und eine Steigerung der Beiträge zur Sozialversicherung vorzuschlagen. In einer Hinsicht sind viele Franzosen Traditionalisten – in ihrer Bereitschaft, zu demonstrieren. Und so kam es zu gewaltigen Demonstrationen.[23]

Was dann folgte, kann auch als ein bemerkenswertes Beispiel gezielter Solidarität gesehen werden. Die Eisenbahnarbeiter und die Angestellten der Pariser Metro widersetzten sich am stärksten dem Regierungsvorschlag, der vorsah, die Leistungen, die sie aus ihrem eigenen Rentensystem bezogen, einzuschränken. Als nun diese Gruppen im Winter 1996 streikten, war die Hauptstadt paralysiert. Die Regierung rechnete damit, daß die Öffentlichkeit diese Streiks ablehnen würde, da die Menschen an ihren Arbeitsplätzen übernachten, quälend langsame Fahrten mit ihren Autos oder stundenlange Fußmärsche auf sich nehmen mußten. Statt dessen zeigten die Angestellten des privaten Sektors grenzenlose Geduld. In Umfragen oder Interviews taten sie wiederholt ihre Ansicht kund: Die Streikenden hätten recht, und sie kämpften im voraus die Schlachten derer, die wahrscheinlich später an die Reihe kommen würden.

Schließlich kapitulierte die Regierung. Sie ließ auch ernste Zweifel an ihrer politischen Kompetenz und ihrem guten Willen aufkeimen: Sie hatte versucht, die neuen Gesetze ohne eingehende Beratung mit den Gewerkschaften durchzusetzen. Eine Schlußfolgerung drängte sich auf: Es gab einen französischen Gesellschaftsvertrag. Wenn seine Konditionen auch nicht immer genau bekannt waren, so war die Bürgerschaft doch bereit, sich wichtigeren Veränderungen zu widersetzen, insbesondere, wenn diese im Namen abstrakter fiskalischer Zwänge oder sozialer Effizienz von oben durchgesetzt werden sollten. Unmittelbar darauf folgte eine Debatte unter den Intellektuellen, von denen eine beträchtliche Zahl die Regierung verteidigte: Frankreich müsse sich modernisieren, indem es seinen Korporatismus und seine Inseln der Privilegien abschaffe. Daß die Regierung – und dies keineswegs ungesagt – letztlich den Gesellschaftsvertrag abschaffen und durch eine Vielzahl von Markttransaktionen ersetzen wollte, wurde als Beweis ihrer Redlichkeit gesehen.

Einige Monate später (1997) löste der Präsident das Parlament auf, und zwar mehr als ein Jahr früher als notwendig. In den Wahlen erhielten die Sozialisten (in einem Wahlbündnis mit den Kommunisten, den Grünen und einem Rest der Radikalen) eine deutliche Mehrheit. Die extreme Linke gewann im ersten Durchgang fast fünf Prozent der Stimmen. Zweifellos zeigte diese französische Wahl, wie konservativ die Gesellschaft war. Ein politischer Machtwechsel – die Kohabitation eines Präsidenten und einer Regierung aus zwei verschiedenen politischen Lagern – wurde für akzeptabel gehalten, die Abschaffung des französischen Regierungs- und Gesellschaftsmodells jedoch nicht. Lionel Jospin, der neue Ministerpräsident, formulierte es folgendermaßen:»Wir wollen eine Marktwirtschaft, aber keine Marktgesellschaft«[24.]

Die neue Regierung war weder besonders konservativ noch zögerlich. Jospin gab jüngeren Sozialisten Posten in seinem Kabinett. Sogar die Kommunisten, die nie durch großen Elan aufgefallen waren, schickten lebhaftere Minister in die Regierung. Jospin verzichtete in den ersten Wochen seiner Regierung, als sich die EU auf die Währungsunion vorbereitete, auf eine eindeutige Stellungnahme. Er gab Chirac (und der deutschen Regierung) gegenüber nach und beharrte nicht weiter darauf, der Europäischen Zentralbank Verantwortung für die Beschäftigungslage zu übertragen oder sie expliziter politischer Kontrolle zu unterwerfen. Einige aus seiner Partei, aber auch von den

Kommunisten und den kleineren sozialistischen Splittergruppen, angeführt vom Innenminister Jean-Pierre Chevènement, bekundeten lautstark ihre mangelnde Begeisterung für ein Europa der Bankiers und Bürokraten. Sie blieben in der Regierung, deren Politik entschlossen interventionistisch wurde.

Dem sozialistischen Finanzminister, Dominique Strauss-Kahn, und der Ministerin für Arbeit und Soziales, Martine Aubry, gelang eine sinnvolle Arbeitsteilung ihrer Ministerien. Der Finanzminister nutzte das Steuersystem, um Investition und Beschäftigung zu stimulieren, die Arbeitsministerin initiierte den Übergang zur 35-Stunden-Woche. Ihre Maßnahmen zur Senkung der Arbeitslosigkeit vor allem bei jüngeren Arbeitnehmern waren tatsächlich erfolgreich.

Die sozialistische Regierung des Jahres 1981 wurde durch den konzertierten Druck des in- und ausländischen Kapitals von ihrem Kurs abgebracht. Die Regierung Jospin gibt sich der französischen Unternehmerlobby gegenüber kämpferischer, doch in bezug auf Europa ist sie im Nachteil. Das Beharren der EU auf einem ausgeglichenen Haushalt, auf Deregulierung und auf Privatisierung staatlicher Unternehmen gibt der Regierung keinen großen Spielraum. Doch sie hat beträchtliches taktisches Geschick darin gezeigt, ihre Politik der Stimulierung der Nachfrage und der Umverteilung zu verteidigen (und auszuweiten). Natürlich profitiert sie von den langfristigen Vorteilen, die die vom französischen Modell in den letzten fünfzig Jahren getätigten Investitionen in Bildung, Sozialwesen und Technologie bringen. Sie ist bereit, unternehmerischem Kapital Raum zu geben und Unterstützung zu gewähren. Diese französische Koalition scheint sowohl die Worte des deutschen Grundgesetzes (»Eigentum verpflichtet«) als auch die vage Solidaritätserklärung in Blairs Lob für seinen Dritten Weg ernst zu nehmen. Unter Mitterand stieg der Anteil des Volkseinkommens, der an die Spitze der Einkommensskala ging. Die Politik der Regierung versucht, diesen Trend zu verlangsamen und ihn schließlich umzukehren. Im Sommer 2000 konnte sie sowohl wirtschaftliche als auch politische Erfolge vorweisen.

In den Wahlen zum Europaparlament 1999, die in Frankreich wie andernorts eher eine Volksabstimmung über die jeweilige Innenpolitik darstellten als eine über europäische Angelegenheiten, gewann die von den Sozialisten angeführte Koalition. Die britische Labour Party und die deutschen Sozialdemokraten mußten herbe Niederlagen einstecken – nachdem sie ein gemeinsames Papier zur Wirtschafts- und Sozialpolitik veröffentlicht hatten, das Jospin nicht hatte unterzeichnen wollen. In dieser Erklärung war insbesondere die wichtige Rolle des Staates in der Wirtschaft zurückgewiesen worden, von der die französische Öffentlichkeit nach wie vor überzeugt war. In allen drei Ländern war die Wahlbeteiligung gering – um die 50 Prozent. Das mag für eine amerikanische Präsidentschaftswahl normal sein, hebt sich jedoch deutlich von der üblichen Wahlbeteiligung in Europa ab, die zwischen 75 und 80 Prozent liegt. In Frankreich steigerten die Grünen ihren Stimmenanteil im Vergleich zu den Parlamentswahlen von 1997 erheblich, während die Kommunisten schlechter abschnitten als die neugegründete Partei der Jäger. Die Regierungskoalition nennt sich *La Gauche Plurielle* (die pluralistische Linke) – und ihre Neigung, in verschiedenen Sprachen zu sprechen, wird sich angesichts des Vertrauens, das sie in ihre politische Zukunft hat, verstärken.

Der französischen Öffentlichkeit ist die EU nicht gleichgültig, aber sie ist skeptisch. In einer 1994 durchgeführten Volksabstimmung über die französische Beteiligung am Maastrichter Vertrag brachten die kommunistische und die sozialistische Wählerschaft ihre Ablehnung zum Ausdruck, die wohlhabendere der Mitte und der Rechten jedoch ihre Zustimmung. Die sozialistische Sicht der EU ähnelt stark der Sicht der deutschen Sozialdemokraten. Nach den Kriegen des 19. und 20. Jahrhunderts kann nur ein vereintes Europa den Frieden bewahren. In Anbetracht der Internationalisierung des Kapitals kann nur ein europäisches Sozialmodell die Fortführung und Ausdehnung des Wohlfahrtsstaates ermöglichen. Allerdings kam damit auch der sozialistische französische Präsident der EU-Kommission, Jacques Delors, nicht so recht weiter, trotz der Macht seines Amtes in Brüssel. Die Kommission war das Instrument, mit dessen Hilfe die Kräfte des Kapitals das europäische Sozialmodell ständig beschnitten. 1997 beteiligte sich Jospin nicht an der Diskussion über die Kompetenzen der Europäischen Zentralbank, und nach der Wahl 1998 in Deutschland blieben er und sein Finanzminister bemerkenswert gleichgültig ob des Schicksal eines deutschen Ministers, der ihrer Partei nahestand, Oskar Lafontaine. Allein kann Frankreich das Gleichgewicht in Europa nicht verändern, doch wenn es Lafontaine gegen die Europäische Zentralbank unterstützt hätte, hätte sich dieser vielleicht überreden lassen, auf seinem Posten zu bleiben.

Es bleibt abzuwarten, ob die französische Koalition wirklich beschlossen hat, sich hinter die Maginot-Linie ihrer Grenzen zurückzuziehen. Dies wäre ein gallisches Pendant zu Blairs britischer Version der EU-Mitgliedschaft: Großbritannien soll sein eigenes soziales Modell behalten. Dieses Modell steht dem Gleichgewicht, das der Vertrag von Maastricht vorsieht – freies Spiel für den Markt –, viel näher als das französische. Blair hat außerdem (in einer Kampagne für seinen Dritten Weg, für den er Clinton und Schröder gewann) seine Regierung und seine Partei als Pädagogen dargestellt, die eine attraktive Lektion zu vermitteln hätten. Die französischen Sozialisten folgten diesem Weg nicht.

Dies ist eine Folge von Frankreichs zweigeteiltem Regierungssystem. Einer Partei, die nicht den Präsidenten stellt, fällt es schwer, die französische Regierung und Gesellschaft zu mobilisieren, auch wenn sie die Mehrheit im Parlament hat und den Premierminister stellt. In der Außenpolitik besitzt der Präsident die verfassungsmäßige Autorität, und europäische Angelegenheiten sind hier von zentraler Bedeutung. Die nächste Präsidentschaftswahl wird 2002 stattfinden, und bis dahin kann sich noch vieles ändern. Ein Bereich, in dem sich tatsächlich einiges ändert, ist die Entwicklung einer gemeinsamen europäischen Außen- und Sicherheitspolitik. Der Golfkrieg, sein Nachspiel und die verschiedenen Phasen der Balkankrise haben gezeigt, daß die europäischen NATO-Staaten eindeutig von den USA dominiert werden. Frankreich gab unter Mitterand sein gaullistisches Vermächtnis auf und akzeptierte wie Deutschland, Großbritannien und Italien die amerikanische Vorherrschaft. Sollten sich die Westeuropäer gemeinsam um eine größere Unabhängigkeit von den USA bemühen, wäre ein Aspekt die engere Integration ihrer Streitkräfte und ihrer Industrien. Wahrscheinlich würde sich auch die Zusammenarbeit in Fragen der Wirtschafts- und Sozialpolitik intensivieren, die in mancher Hinsicht bereits ziemlich fortgeschritten ist. Ob dies den französischen Sozialisten und ihren Verbündeten gestatten würde, einen sozialen Gaullismus, angefangen in Europa, zu entwickeln, läßt sich unmöglich vorhersagen. Mitterand versprach, in diesem Sinne zu handeln, tat aber viel weniger, als einer reichen Nation mit einer Tradition intellektueller und moralischer Unabhängigkeit möglich gewesen wäre.

Wie lassen sich vierzehn Jahre sozialistischer Präsidentschaft (1981 bis 1995) und dreizehn Jahre mit sozialistisch geführten Koalitionsregierungen (1981 bis 1986, 1988 bis 1993, ab 1997) resümieren? In diesem Zeitraum wurden die Sozialisten von Vertretern dreier Generationen mit sehr unterschiedlichen historischen Erfahrungen geführt. Ihre Gemeinsamkeit und das, was die Sozialisten noch immer bewegt, ist das ungebrochene Vertrauen in den Staat. Ihre Wahlniederlagen von 1986 und 1993 spiegelten nicht die Enttäuschung der Öffentlichkeit über den französischen Wohlfahrtsstaat, sondern eher die Anziehungskraft, die von einem neuen Management ausgeht. Dieses erwies sich als unzulänglich. Als aber die Sozialisten 1988 und dann wieder 1997 an die Macht kamen, brachten sie in beiden Fällen etwas Neues zustande. 1988 versuchte Rocard, einen neuen Gesellschaftsvertrag zu formulieren. Mitterands imperiales Gebaren (und die schreckliche Korruption, hinter der Mitterands Errungenschaften unweigerlich verblaßten) hinderte ihn daran. 1997 strebte Jospin mit seiner zusammengewürfelten Koalition eine Zusammenarbeit mit den verschiedenen Elementen der Zivilgesellschaft an, die von den intellektuelleren unter den zeitgenössischen Politikern oft heraufbeschworen wurde, jedoch nicht unbedingt ein zentrales Anliegen ihrer Politik war. Jospin hinderte die Tatsache, daß er die Macht mit einem postgaullistischen Präsidenten, Chirac, teilen mußte, aber auch, daß seine eigenen Bemühungen, die Grenzen zwischen Staat und Gesellschaft neu zu ziehen, nur provisorischen Charakter trugen. Das Projekt wurde zudem durch die internationale Kampagne des Kapitals und seiner Ideologen erschwert, die sich gegen die Idee und die Ausübung sozialer Solidarität richtete. Wenn eine Gesellschaft in der Lage ist, Widerstand zu leisten, dann die französische.

1999 und 2000 ließ die Regierung Jospin ihre Entschlossenheit erkennen, den Widerstand der Nation zu mobilisieren. Ihr Programm war um so schwerer zu verwirklichen, als sie sich kaum der Internationalisierung der Wirtschaft widersetzen konnte. Die EU-Regelungen und die Kapitalbewegungen beschränkten die Handlungsfähigkeit der Regierung. Sie stellte jedoch sicher, daß ausländisches Kapital, wenn es nach Frankreich kam, nicht im Zweifel darüber gelassen wurde, daß die französische Sozialgesetzgebung und Tradition den Vorrang hatten. Eine hitzige Debatte über die Qualität des Bildungswesens beschäftigte die französische Öffentlichkeit, doch französische wie nichtfranzösische Investoren betrachteten die Arbeitnehmer als Standortvorteil. Die Arbeitslosigkeit nahm ab, die Steuereinnahmen stiegen, und das Finanzministerium schlug sogar vor, einige Steuern zu senken. Mit anderen Worten: Die Allianz zwischen Kapital und Staat blieb bestehen.

Die Voraussetzungen für diese Allianz änderten sich jedoch. Infolge der Privatisierung eines Großteils des staatlichen Sektors hatte die Bürokratie ihre Omnipräsenz erkennbar eingeschränkt. Die indikative Planung war lange der zentrale Mechanismus der Lenkung des wirtschaftlichen Prozesses seitens der Regierung gewesen. Als der Großteil der Finanzen und der Industrie in den Händen des Staates lagen, war der Begriff »Indikativ« ein freiwilliges Understatement. Nun traf er zu beziehungsweise traf eher zu: Infrastrukturelle Investitionen und die Fiskalpolitik, aber auch die Ermunterung des Kapitals und der Arbeiterschaft (sowie erweiterter Gruppen der Zivilgesellschaft), in Fragen der Wirtschaftspolitik zu kooperieren, wirkten indikativ. Das ältere Projekt der Dezentralisierung bildete eine Voraussetzung für die neueren Formen der Planung, die ein beträchtliches Maß an kommunaler und regionaler Initiative erforderten. Einmal erklärte ein französischer Unternehmer, daß die Unternehmen »gute Staatsbürger« zu sein hätten. Die Lage ähnelte der Sozialpartnerschaft im deutschen Modell. Der Unterschied lag darin, daß die französischen Gewerkschaften weitaus weniger Mitglieder zählten und politisch weniger einflußreich waren. Dies wurde jedoch durch Beamte, Minister und Parlamentarier aufgewogen, die einer tiefempfundenen und weitverbreiteten Überzeugung der Öffentlichkeit folgten. Die neue Ausrichtung der ökonomischen Funktionen des Staates war nicht mit seinem systematischen Rückzug aus der Wirtschaft gleichzusetzen. Es gab kein französisches Deregulierungsprogramm. Als Hüterin des Gemeinwohls blieb die Regierung eine Instanz, auf die man letzten Endes immer zurückgreifen konnte, und häufig gingen auch unabhängige Initiativen von ihr aus.

Die Einführung der 35-Stunden-Woche war ein Test für die neue Strategie. Als Bedrohung der wirtschaftlichen Dynamik kritisiert, ermutigte sie Unternehmen in Wahrheit dazu, die Organisation der Arbeit neu zu gestalten. Nachdem die Maßnahme in Kraft getreten war, stieg die Produktivität an. Die dem Management auferlegte rechtliche Pflicht und praktische Notwendigkeit, die Arbeiterschaft zu konsultieren, war ein Schritt hin zu einer Demokratisierung des Wirtschaftslebens. Dabei ist man an ein eher unbeabsichtigtes Vorgängerexperiment erinnert: die Lage in Großbritannien, als Premierminister Heath die Drei-Tage-Woche angeordnet hatte. Das Volkseinkommen war nicht zurückgegangen. Ein weiterer unbeabsichtigter Vergleich kommt einem ebenfalls in den Sinn: die in den letzten Jahren zustan-

de gekommene Steigerung der Produktivität in den USA. Es ist anzunehmen, daß diese zum Teil einer anderen Art von Rationalisierung
zu verdanken ist – einer, bei der die Arbeitnehmer nicht gefragt werden. Es ist weiterhin zu vermuten, daß die Arbeiterschaft in den USA
statistisch gesehen produktiver ist, weil die vom Management ange-
ordneten Überstunden nicht mitgerechnet werden. Ob es einen Zusammenhang gibt zwischen der 35-Stunden-Woche in Frankreich und
dem Sinken der Arbeitslosigkeit, das sich 2000 sogar noch beschleunigt hat, ist bei den Ökonomen umstritten. Jedenfalls handelte die
Regierung ihren sozialen Prioritäten gemäß und folgte nicht den
engen Kriterien wirtschaftlicher Effizienz – und stärkte damit die
Wirtschaft.

Es fragt sich, in welchem Maße es Frankreich, indem es als einen
Schritt die Allianz mit Deutschland erneuert, gelingt, die übrigen EU-
Staaten davon zu überzeugen, sich gemeinsam in Richtung auf eine
effektive soziale Verfassung zu bewegen. Der neue Finanzminister,
Laurent Fabius, war zwischen 1983 und 1986 als Premierminister der
Architekt einer wachsenden Integration des Landes in die internationale Wirtschaft gewesen. Kürzlich forderte er, daß die Europäische
Zentralbank sich den politischen Entscheidungen der Union zu beugen habe. Diese Einstellung ist eine unabdingbare Voraussetzung für
jede gemeinsame Wirtschaftspolitik, die nicht vor monetären Dogmen kapituliert, und es ist auch die Einstellung, die Oskar Lafontaine
vertritt.

Inzwischen ist die Regierung jedoch von drei zentralen Problemen
belastet, die sich aus dem aktuellen Rahmen französischer und EU-
Politik ergeben haben. Das Sinken der Arbeitslosigkeit wirkte sich
kaum positiv auf die Teile der Arbeiterschaft aus, die am stärksten ausgeschlossen waren und sind. Dies sind in der Tat recht heterogene
Gruppen: Immigranten, die in verarmten Sozialwohnungsvierteln an
der Peripherie der wohlhabenden Innenstädte leben; Ungelernte;
qualifizierte Arbeitnehmer, die durch industrielle und technologische
Veränderungen verdrängt wurden; und nach wie vor viele relativ gutausgebildete junge Berufsanfänger. Angesichts dieser sehr differenzierten Struktur wirkte das Argument, man solle diese Frage dem Markt
überlassen, für große Teile der französischen Öffentlichkeit nicht
besonders überzeugend. Belastet von EU-Gesetzen, die Subventionen
sanktionieren und öffentliche Investitionen erschweren, mußte die
Regierung an mehreren Fronten zugleich kämpfen – mit (oder gegen)

die Europäische Kommission, und im Inneren mit unzähligen Rufen nach staatlichen Investitionen.

Das zweite Problem hat mit den hohen Ansprüchen zu tun, die die französische Gesellschaft an die öffentlichen Dienstleistungen stellt: Kultur, Erziehung, Umweltschutz, Gesundheit, städtische Infrastruktur, Transport. All dies ist mit hohen Forderungen an den Staatshaushalt verbunden, der bereits durch die Ansprüche auf Sozialleistungen gefordert ist. Die Privatisierung des öffentlichen Sektors ist in dieser Hinsicht kein Thema, das im Volk sonderlich beliebt ist. Die fiskalische Disziplin, die die Europäische Kommission verlangt, und ihr Beharren auf den Privatisierungen führten zu Konflikten mit der Sozialistischen Partei und ihren Verbündeten, aber auch zu Konflikten mit den französischen Befindlichkeiten im allgemeinen. Eine französische Regierung, die sich nicht darauf beschränken will, die ständigen Unruhen unter Kontrolle zu halten, muß Wege finden, die häufig widersprüchlichen Imperative an die Politik miteinander zu versöhnen. Die Erneuerung der französischen Zivilgesellschaft, die Modernisierung der Idee und der Wirklichkeit des Regionalismus und der Subsidiarität erleichtern die Aufgaben der Regierung.

Und das ist das dritte Problem: Die anhaltende kulturelle und soziale Differenzierung des modernen Frankreich führt dazu, daß die überkommene Form des Jakobinismus, die Vorherrschaft einer starken Zentralregierung, zunehmend weniger zu den vielfältigen Anforderungen an die Politik paßt. Ein neues Verständnis der *res publica* bildet sich heraus – deutlich hör- und spürbar in den verschiedenen regional und thematisch orientierten Bewegungen, zum Beispiel dem französischen Widerstand gegen genmanipulierte Nahrungsmittel. Inzwischen werden die Sozialisten immer wieder von Mitterands übelster Hinterlassenschaft geplagt, der Korruption. Der Präsident des Nationalen Verfassungsrates, Roland Dumas (Mitterands früherer Außenminister) und Jospins erfolgreicher Finanzminister Dominique Strauss-Kahn mußten aufgrund von Korruptionsvorwürfen zurücktreten. Die beiden größten Parteien, die Gaullisten und die Sozialisten, sind in dieser Hinsicht gleichermaßen in die Bredouille geraten. Die Öffentlichkeit hat (wie auch andernorts in Europa) unabhängige Sonderermittler gebilligt, die häufig die einzig überlebenden Kristallisationspunkte eines öffentlichen Ethos zu sein scheinen. Der wachsende Zynismus der Öffentlichkeit gegenüber der Politik ist der Demagogie der Rechten zugute gekommen. Er hat auch dazu geführt, daß Karrieren im Staatsdienst für Begabte unattraktiver werden, obwohl hier natürlich auch die materiellen und geistigen Vorzüge des neuen Kapitalismus eine Rolle spielen – wie lange das so sein wird, bleibt allerdings abzuwarten.

Im Französischen gibt es kein Pendant für die berühmte Klage von Goethes Faust, daß in seiner Brust zwei Seelen wohnten. Doch Frankreich ist gespalten zwischen der universellen Rationalität des Staates und den partikulären Interessen einer pluralistischen Gesellschaft. Die partizipatorische politische Kultur, die die Sozialisten in der Opposition vor dreißig Jahren zu entwickeln glaubten, hat noch nicht gesiegt. Die französischen Sozialisten kritisieren die Kompromisse, die die britische Labour Party und die deutsche Sozialdemokratie mit dem Kapitalismus geschlossen haben. Statt dessen sollten sie sich lieber fragen, ob sie diese denn nicht (mit bemerkenswerter Eleganz) ins Französische übersetzt haben.

Das Ende der französischen Variante des Goldenen Zeitalters fällt mit dem Sieg der Sozialisten im Jahr 1981 zusammen. Ende der siebziger Jahre hatte sich überall eine zunehmende wirtschaftliche Stagnation und politische Unbeweglichkeit gezeigt, aber auch der Mangel an sozialer Innovation und ein diffuses Mißtrauen gegenüber den französischen Eliten. Die Sozialisten haben diese Probleme nicht gelöst, doch sie waren aufrichtig genug, sich ihnen zu stellen. Die jüngeren Sozialisten betrachteten die Wahl von 1981 als Einladung dazu, die Macht zu übernehmen, nach der sie im Mai 1968 auf den Straßen vergeblich getrachtet hatten. Als Regierungspartei waren sie dazu verpflichtet, die Verantwortung für eine Krise zu übernehmen, die weniger durchsichtig und gewiß auch tiefgreifender war, als sie ursprünglich gedacht hatten.

8 Ist der Sozialismus des Mittelmeerraumes anders?

Auf der anderen Seite der Pyrenäen übernahm 1982 eine neue Generation spanischer Sozialisten die Regierungsgeschäfte. Manchmal wird die heilsame Wirkung der Oppositionszeit ziemlich übertrieben – man denke nur an die Amerikanische Linke, die nahezu ständig in der Opposition ist, und die Prügel, die die Sozialdemokraten einstecken mußten, nachdem sie 1998 nach sechzehn Oppositionsjahren wieder an die Macht zurückgekehrt waren.

Ist an der Annahme dennoch etwas Wahres, dann hätten die Spanier 1982 in einer günstigen Lage sein müssen. Zusammen mit anderen demokratischen und antifaschistischen Gruppierungen waren sie in die Illegalität gezwungen worden. Erst in den letzten Jahren des Franco-Regimes war ihnen in einem nicht klar definierten Rahmen eine halb-öffentliche Existenz zugestanden worden. Nach ihrer Legalisierung kam es zu ideologischen Auseinandersetzungen; ein neuer Führer, Felipe González, forderte die Kader der zurückgekehrten Exilanten und viele seiner eigenen Generation in Spanien heraus, indem er darauf drängte, die Partei möge ihre marxistische Sprache fallenlassen, um eine treibende Kraft der Demokratisierung und der Reform zu werden. Gonzáles war mit der internationalen Politik vertraut, er stand Willy Brandt und den deutschen Sozialdemokraten nahe und hatte sich wahrscheinlich Gedanken über den raschen Aufstieg und den ebenso raschen Fall der marxistischen Linken Portugals nach 1974 gemacht.

Darüber hinaus war er der festen Überzeugung, es sei die Aufgabe seiner Partei, die Demokratie in Spanien zu verankern, den Föderalismus zu konsolidieren, der Gesellschaft eine neue zivile Prägung zu geben und neue soziale Belange (etwa die Stellung der Frau), die unter Franco ignoriert worden waren, in Angriff zu nehmen. Nachdem

Franco 1975 gestorben und das falangistische Regime kurze Zeit darauf zusammengebrochen war, schaffte Spanien in wenigen Jahrzehnten das, wozu andere Europäer zwei Generationen gebraucht hatten:
die Konsolidierung einer pluralistischen demokratischen Kultur und
die Isolierung des Autoritarismus auf schrumpfende Enklaven. War
die sozialistische Partei der wichtigste Träger der Modernisierung
Spaniens?[1]

Zunächst einmal ist das Konzept der Modernisierung tautologisch:
Die Moderne ist ein Phänomen der jüngsten Vergangenheit, verstanden als positiver Kulminationspunkt der historischen Entwicklung.
Viele Befürworter der Modernisierungsthese gehen davon aus, die
Moderne sei definiert durch einen limitierten Staat, einen Markt souveräner Konsumenten und eine Gesellschaft, die vom Fehlen gesellschaftlicher Vorschriften in bezug auf Glauben, Kultur und Moral
geprägt ist. Die Idee der Modernisierung ist es, die Fortschrittsidee zu
säkularisieren. Ihre Protagonisten suchen eifrig die unterschiedlichsten kontemporären Gesellschaften nach sichtbaren Zeugnissen der
Modernisierung ab. Drücken Bergarbeiter aus den Appalachen, britische Werftarbeiter, französische Bauern oder italienische Automobil-
arbeiter in unterschiedlicher Weise Zweifel über ihre Gesellschaften
aus? So werden sie alle dargestellt, als widersetzten sie sich der
Modernisierung, als kämpften sie gegen das Unausweichliche. Aber
angenommen, es gibt gar keine sichtbaren Finalitäten in der modernen historischen Entwicklung; angenommen, der Weltmarkt kann in
allen möglichen kulturellen und sozialen Strukturen lokalisiert werden, in denen es ganz unterschiedliche Ansichten über Autorität,
Kultur und Solidarität gibt. Was wird dann aus der Theorie der
Modernisierung?

In bezug auf Spanien ist der Prozeß der Modernisierung treffender
mit dem Konzept der Europäisierung zu beschreiben. In der letzten
Phase des Franco-Regimes wurde unter dem Slogan: »Spanien ist
anders« eine umfassende Werbekampagne für den Tourismus lanciert.
Mit seiner sichtbar katholisch geprägten Kultur, seinem Autoritarismus und seinem Patriarchat, seiner konstant undynamischen Wirtschaft war dies tatsächlich der Fall. Die Unterschiede gingen jedoch
nicht so weit, daß sich eine zunehmend kosmopolitische Öffentlichkeit wegen Francos senilen Schmähreden gegen Kommunisten, Frei-
maurer und Juden nicht für ganz Spanien geschämt hätte. Ihre kosmopolitische Haltung war ein Ergebnis des europäischen Einflusses,

der sich an den Pyrenäen nicht aufhalten ließ, ihrer Bildung und der Reisen, die sie in die übrige Welt unternahm, sowie der zunehmenden Integration Spaniens in die Weltwirtschaft. Die Integration wurde von den Technokraten an der Spitze des Franco-Regimes und sogar von den Katholiken betrieben, die in einer widersprüchlichen Sekte, dem »Opus Dei«, zusammengeschlossen waren; widersprüchlich deshalb, weil sie den traditionellen katholischen Werten verpflichtet, gleichzeitig aber auch entschlossen war, ihre Kader in die Eliten der modernen Gesellschaften zu integrieren. Ob sie nun zu »Opus Dei« gehörten oder nicht – Spaniens Eliten handelten in der Überzeugung, daß ihr Land, sobald der anachronistische Diktator seinen lange hinausgeschobenen Abgang gemacht hätte, seine Eignung, sich in Europa zu integrieren, dadurch beweisen müsse, daß es sich zumindest den Anschein einer zeitgemäßen demokratischen Gesellschaft gäbe.

Die Opposition gegen Franco wünschte sich natürlich mehr als nur den Anschein einer Demokratie. Sie war eine heterogene Koalition aus Überlebenden der alten Republik, jüngeren Kämpfern für Demokratie und eine säkulare Kultur, regionalistischen Bewegungen, Christdemokraten und linken Katholiken sowie kommunistischen und sozialistischen Gewerkschaften. Bei Kommunisten wie Sozialisten gab es eine Generationenteilung – die älteren Führer hatten im Exil gelebt, die jüngeren Militanten waren in Francos Spanien herangewachsen. Trotz vielfältiger Aktivitäten im Land – Agitation, Demonstrationen, Streiks und Untergrundliteratur – war die Opposition nicht fähig, einen koordinierten und entschlossenen Kampf zur Abschaffung des Regimes zu führen. Sie mußte sich auf eine permanente Protestpolitik beschränken, deren Intensität es jedoch streng zu kontrollieren galt: Die große Mehrheit der Spanier wollte vor allem eine Wiederholung der Schrecken des Bürgerkriegs vermeiden.

Es gab keinen anhaltenden und starken internationalen Druck auf das Franco-Regime, sich zu verändern (jedenfalls nichts, was zum Beispiel mit der späteren Attacke auf das Apartheid-Regime in Südafrika zu vergleichen gewesen wäre). Insbesondere die Westeuropäer waren völlig unentschlossen. Zweifellos hätten die meisten Bürger ihrer Länder und der Großteil ihrer Eliten eine demokratische Transformation Spaniens begrüßt – doch sie wußten nicht recht, wie diese erreicht werden könnte, und befürchteten Chaos und Kommunismus auf der iberischen Halbinsel. Die USA waren mit ihren militärischen Stützpunkten in Spanien ein lautstarker Befürworter der »Stabilität« –

ein Euphemismus für die Fortsetzung des Regimes mit einigen kosmetischen Korrekturen, die vor allem die USA nichts kosten durften.

Auf jeden Fall stand die Europäisierung auf dem Programm der Technokraten, die in den letzten Jahrzehnten des Regimes größtenteils den spanischen Staat lenkten. Es waren auch die Technokraten, die, ohne daß es die starrköpfigeren Teile des Regimes verhindern konnten, mit der Opposition hinter dem Rücken des Generalissimus über eine Einigung für die Zeit nach Franco verhandelten. Adolfo Suárez, der erste Ministerpräsident nach Franco, der die Oppositionsparteien einschließlich der Kommunisten legalisierte und eine liberale neue Verfassung einführte, war Generalsekretär der Falange gewesen. Eine anhaltende Welle von Streiks, baskische Gewalttaten, die demokratische europäische Kultur, die sich eine wachsende gebildete Mittelschicht angeeignet hatte, der Realismus der Technokraten, die Bekehrung einflußreicher Personen wie Suárez und die starke Beeinflussung der Kirche durch das Zweite Vatikanische Konzil machten eine Veränderung unumgänglich. Santiago Carillo, der Führer der Kommunisten in den ersten Jahren nach Franco, sagte einmal: »Wir müssen zugeben, daß wir Franco erlaubt haben, im Bett zu sterben.« Die spanische Linke trat in die demokratische Epoche ziemlich ernüchtert ein – ernüchtert von der Erinnerung an ihre Ohnmacht.

Die ersten landesweiten Wahlen 1976 wiesen eine klassenspezifische und regionale Stimmenverteilung auf, die auf erstaunliche Weise dem Ergebnis von 1936 ähnelte, den Wahlen, die den Ausbruch des Bürgerkriegs beschleunigt hatten. 1982 wurden die Sozialisten mit großer Mehrheit an die Regierung gewählt, und sie schafften es auch 1986, 1990 und 1993, wiedergewählt zu werden, wenngleich mit einer schwindenden Mehrheit. Sie mußten sich zunehmend auf die Regionalparteien verlassen, bis sie 1996 schließlich die Wahl verloren. Sie hatten Beträchtliches geleistet: einen enormen Ausbau des Bildungswesens in Spanien, die Ausweitung des Wohlfahrtsstaates und der Sozialleistungen, die Errichtung einer materiellen und sozialen Infrastruktur, ein Arbeitsrecht zum Schutz der Bürger und umfangreiche rechtliche Verbesserungen zum Schutz der Autonomie der Frauen. Doch ihre möglicherweise wichtigste Leistung bestand darin, daß sie Spaniens Zivilgesellschaft mit Leben füllten: Zu den traditionellen Gewerkschaften, den regionalistischen Organisationen und den Kirchengruppen gesellten sich zahllose weitere zivile Körperschaften. Dieses Phänomen nahm gewiß nicht erst 1982 seinen Anfang. Es hatte sich schon vor Francos Tod angedeutet, doch unter der neuen Verfassung weitete es sich gewaltig aus und wurde von den sozialistischen Regierungen aktiv gefördert.

Die Sozialisten verhandelten über den Eintritt Spaniens in die Europäische Gemeinschaft und bemühten sich gleichzeitig, die unzulängliche Kapitalisierung und Rationalisierung der Wirtschaft zu überwinden. Sie verstaatlichten einige Betriebe, doch ihr Projekt unterschied sich stark von dem der Briten 1945 oder dem französischen Programm von 1981. Obwohl der südeuropäische Sozialismus viele Besonderheiten aufweist, glich das spanische Modell dem deutschen. Brandt war als Vorsitzender der SPD und Präsident der Sozialistischen Internationalen González' Mentor. Die Lage der Sozialisten ähnelte im Spanien des Jahres 1975 der der Sozialdemokraten im Deutschland des Jahres 1945 – beide waren die Erben einer unbestreitbar demokratischen Tradition in einer durch den Faschismus beschädigten Gesellschaft.

Die Sozialisten fanden sich damit ab, mit den staatlichen Eliten in Armee, Bürokratie und Polizei und den Wirtschaftseliten zusammenzuarbeiten, die mit dem vorherigen Regime kollaboriert hatten. Der verspätete Anschluß Spaniens an die Kultur der Aufklärung – einige Jahrzehnte des zwanzigsten Jahrhunderts ausgenommen – führte zu einer kreativen Explosion in den Künsten wie auch der populären Kultur, zu vielfältigen Experimenten und Neuerungen im Verhaltensbereich, zum Feminismus und einer neuen Jugendkultur. Mit Ausnahme einiger glückloser Protestler, die sich nach Francos Frömmigkeit sehnten, glaubte niemand in Spanien, daß diese Entwicklung aufgehalten, geschweige denn umgekehrt werden könnte. Die Sozialisten konnten sich schwerlich als die alleinigen Verteidiger der Freiheit gerieren, wo sich doch so viele Spanier so viele Freiheiten nahmen. Davon profitierten sie jedoch auch, denn sie konnten behaupten, sich im Einklang mit der Stimmung eines Großteils der Nation zu befinden. Sie nahmen auch auf die ethnischen und regionalen Loyalitäten Rücksicht, die während des Franco-Regimes unterdrückt worden waren, und errichteten ein föderalistisches Spanien.

Der unversöhnliche Irredentismus einer baskischen Randgruppe stürzte die Sozialisten ins Unglück, und zwar aufgrund ihrer Pflichtauffassung dem Staat gegenüber: Sie beauftragten illegal gebildete Polizeieinheiten, die baskischen Separatisten zu töten. Daneben litten die Sozialisten zunehmend unter der manifesten Korruption in ihren eigenen Reihen.

Trotz ihrer beträchtlichen Leistungen ist die Bilanz der spanischen Sozialisten, was die Stimulierung staatsbürgerlichen Handelns, eine neue Moralität und eine neue soziale Ethik betrifft, also zwiespältig. Aber gerade in diesen Bereichen versuchten sie, sich als moderne Partei zu plazieren. Die Parteikader, ihre Kernwählerschaft in der Arbeiterklasse und die Sozialisten unter den Intellektuellen waren enttäuscht und beunruhigt, daß sich die Sozialisten weigerten, eine aggressive Umverteilungspolitik zu betreiben, und statt dessen mit dem spanischen und internationalen Kapital zusammenarbeiteten. Für das, was nicht getan worden war, fühlten sich allerdings viele reichlich entschädigt durch den Erfolg der Regierung bei der Umverteilung des Volkseinkommens mittels eines deutlich erweiterten Systems sozialer Wohlfahrt, des Schutzes am Arbeitsplatz und sozialer Investitionen. Bis 1996 war dies auch die Ansicht einer ausreichend großen Zahl von Wählern und führte dazu, daß González weiterregieren konnte. Die sozialistische Wählerschaft war heterogen. Ältere, aber auch ländliche und ärmere Wähler schätzten die Errichtung eines spanischen Wohlfahrtsstaats. Die prosperierenden mittleren Einkommensschichten der Städte schätzten den Erfolg der Europäisierung. Die ethische Dimension des spanischen Sozialismus, die philosophische Basis, die sich ursprünglich dem rigiden Traditionalismus der katholischen Kultur Spaniens widersetzt hatte, ist verschwunden. In der allgemeinen Säkularisierung der spanischen Kultur hat der besondere moralische Anspruch der Sozialistischen Partei schwere Einbußen erlitten.

Der Wandel, den die Partei in der Regierung durchmachte, ähnelte dem der französischen Sozialisten nach 1981. Die vom Klassendenken geprägte Sprache und die pathetische Forderung nach sozialer Gerechtigkeit wich dem Heraufbeschwören nationaler Verantwortung und politischer Nüchternheit. Auseinandersetzungen mit den Gewerkschaften um Löhne und Sozialleistungen gipfelten in einem Generalstreik, zu dem die kommunistischen und die sozialistischen Gewerkschaften 1989 gemeinsam aufriefen. In den darauffolgenden Wahlen wurden die Sozialisten zunehmend von der gewachsenen Mittelschicht der Städte im Stich gelassen; es war ihnen nicht gelungen, sich einen Verdienst an der ursprünglichen wirtschaftlichen Expansion oder der später folgenden Beschränkung anrechnen zu lassen. Die Arbeitslosigkeit stieg an; eine beträchtliche Zahl von Wählern der Arbeiterschaft unterstützte ein von den Kommunisten angeführtes Wahlbündnis, das in den landesweiten Wahlen 10 Prozent der Stimmen erlangte. Die Sozialisten befürchteten, Erinnerungen an die Volksfront aus der Zeit des Bürgerkriegs heraufzubeschwören, hatten aber auch tiefgehende Meinungsverschiedenheiten in bezug auf die Wirtschaftspolitik, so daß sie sich diesem Bündnis nicht anschließen wollten.

Die jüngeren, vor allem die gebildeten Wähler identifizierten sich zunehmend weniger mit den Sozialisten, die noch ihre älteren Geschwister und Eltern geprägt hatten. In einer sich verschlechternden wirtschaftlichen Lage kämpften sie um Arbeitsplätze und sahen in den Sozialisten nicht die Partei der Avantgarde, sondern die Verteidiger des Status quo. Die größte Partei des rechten Lagers, Partido Popular [Volkspartei], meinte, die Sozialisten seien ideologisch erschöpft und hätten lediglich ein einziges Projekt – an der Macht zu bleiben.

Dieses Argument erschien der Öffentlichkeit um so plausibler, weil es auch von den beiden Konfliktparteien im erbitterten internen Streit der Sozialisten zu hören war. Die *Renovadores* (Fraktion der Erneuerer) verlangten eine zunehmende Öffnung für die neue Gesellschaft; die Fraktion um den stellvertretenden Parteivorsitzenden, Alfonso Guerra, beharrte auf einer erneuerten Bindung an die sozialistischen Prinzipien. Tatsächlich drehte sich der Streit um die Frage, wie die Beziehung zwischen Staat und Markt gestaltet werden sollte, und um die Träger der Veränderung sowie die Wahl der Allianzen in Europa und Spanien. Die Erneuerungsfraktion war der Ansicht, daß es die vorrangige Pflicht der Regierung sei, die im europäischen Vergleich noch immer unterkapitalisierte Wirtschaft weiterzuentwickeln. Ihre Gegner argumentierten, eine kapitalistische Entwicklung, die nicht durch strikte Kontrollen und eine systematische Umverteilung im Zaum gehalten würde, sei für eine sozialistische Partei kein angemessenes Ziel.

Die Sache wurde durch Gonzáles' Einstellung erschwert. Er akzeptierte die Verantwortung für den pro-marktwirtschaftlichen Kurs der Partei, gab aber zu bedenken, daß seine persönliche Beliebtheit in der Wählerschaft beweise, daß man ihn als Garanten sowohl des wirtschaftlichen Fortschritts als auch der sozialen Gerechtigkeit sah. Er stand über den Fraktionen und war für beide gleichzeitig die – wenn auch nicht offen angesprochene – Zielscheibe der Kritik. Die *Renovadores* gaben ihm die Schuld an der schleichenden Bürokratisierung von Regierung und Partei und warfen ihm vor, der Korruption und dem unverbesserlichen innerparteilichen Gezänk gegenüber zu tolerant zu sein. Die Linke bezichtigte ihn einer viel zu großen Nähe zum spanischen Kapital und, was die Außenpolitik betraf, zur USA. Dennoch wurde die Wahl von 1996, als er die Partei in die Niederlage führte, als sein persönlicher Sieg gesehen. Der Partei fehlten nur einige hunderttausend Stimmen, um an die Macht zurückzukehren, und der katholische Partido Popular schaffte es nicht, die angepeilte absolute Mehrheit zu erringen. Kurz darauf trat González von seinem Amt als Parteivorsitzender zurück.

In der Opposition hat die Partei keinen neuen Zusammenhalt gefunden. Joaquín Almunia, ein energischer und nachdenklicher neuer Führer, mußte den von den Genossen verübten Brudermorden ebensoviel Aufmerksamkeit schenken wie den Schwächen der Volkspartei. 2000 trat auch er zurück. Die Macht in der Partei liegt mehr denn je in den Händen regionaler Größen. Dies ist eine Folge des spanischen Föderalismus, der den Regionalparteien einen erheblichen Einfluß auf die Bildung nationaler Mehrheiten zugesteht. Bei den Europawahlen und den Regionalwahlen von 1999 schnitten die Sozialisten trotz dieser Schwierigkeiten (und trotz eines miserablen Ergebnisses in ihrer ehemaligen Hochburg Madrid) nahezu ebensogut ab wie die Volkspartei.

Diese Partei und die Regierung des Ministerpräsidenten José Aznar kann für sich in Anspruch nehmen, in nur drei Jahren denselben Grad an Fähigkeit zur Korruption erreicht zu haben, für den die Sozialisten vierzehn brauchten. Verheerend ist nur, daß die lautstarken gegenseitigen Beschuldigungen der beiden großen Parteien zu jenem entpolitisierten Zynismus beitragen, der die momentane europäische Politik kennzeichnet. Als die Sozialisten 1982 in die Regierung eintraten, profitierten sie von den Nachkriegserfahrungen der anderen sozialistischen Parteien Europas. Diese stellen in den größeren Ländern die Regierung, während ihre spanischen Genossen mit ihrer Oppositionsrolle kämpfen.

Die spanische Gesellschaft ist gebildeter, wohlhabender und urbaner, als sie es 1982 war. Die Demokratisierung und Europäisierung, die die Sozialisten in ihrer Regierungszeit gefestigt haben, werden für selbstverständlich gehalten. Ebensowenig bemerkenswert sind in den Augen der Öffentlichkeit die Institutionen des spanischen Wohlfahrtsstaates. Wie die anderen christlichen Parteien Europas auch hat die Volkspartei nicht die Absicht, den Wohlfahrtsstaat frontal anzugreifen. Es stellt sich aber die Frage, welche Reformen notwendig, welche Erweiterungen wünschenswert – und möglich sind. Aznar besaß die politische Intelligenz (oder Schläue), Tony Blair als öffentlichen Verbündeten für seine Kampagne zu gewinnen, die Volkspartei als eine Partei der Bewegung zu stilisieren.

Die Auseinandersetzung innerhalb der europäischen sozialistischen Parteien über den »Dritten Weg« ist also gegen eine spanische Partei eingesetzt worden, die erkennbar wenig Bereitschaft zeigte, Blairs Agenda zu akzeptieren. Die Sozialistische Partei arbeitete zwar eng mit den expansiven Kräften des spanischen Kapitals zusammen und mußte deswegen auch einige Prügel von den spanischen Gewerkschaften einstecken, aber selbst auf dem Höhepunkt dieser Konflikte stellte sie nie die staatliche Funktion der Wirtschaftssteuerung und der politischen Kontrolle der Wirtschaft in Frage. Die Debatte der spanischen Sozialisten, wie das Volkseinkommen zu verteilen sei, fand in einer ideologischen Umgebung statt, die weit entfernt war von Blairs unerreichter Synthese der anglikanischen Soziallehre mit dem Liberalismus.

Sobald Parteien an der Regierung sind, müssen sie und ihre Führer mit widerspenstigen Verbündeten, einer unverständigen Öffentlichkeit und wirtschaftlichen wie auch sozialen Zwängen rechnen, die häufig die Umsetzung ihrer programmatischen Vorstellungen beeinträchtigen. Um so mehr Bedeutung kommt den Konzepten zu, mit denen sie ihre Konflikte erklären. Die spanische Partei muß sich mit der Internationalisierung des Kapitals auseinandersetzen, mit den Möglichkeiten einer europäischen Kooperation zu dessen Kontrolle und mit der Gefahr, daß die iberische Halbinsel dauerhaft ein abhängiges und relativ armes Randgebiet werden könnte. Dazu kommt noch ein weiteres Problem, der Export von Kapital nach Lateinamerika auf der Suche nach billigen Arbeitskräften. Allerdings streiten sich die Fraktionen eher über die jüngere Vergangenheit als über die unmittelbare Zukunft, was dazu beigetragen hat, die Debatte bislang unfruchtbar zu machen und entscheidende Teile der sozialistischen Öffentlichkeit zu entmutigen.

Die verheerende Niederlage der Sozialisten bei den Wahlen im Jahr 2000 überraschte niemanden, bis auf sie selbst. Sie konzentrierten sich in ihrem Wahlkampf auf das Thema Verteilungsgerechtigkeit – und wiesen immer wieder auf die Korruption der Regierung hin. Doch die Arbeitslosigkeit hatte abgenommen, der Lebensstandard vieler Bürger war, wenn auch langsam, gestiegen. Mitten im Wahlkampf erhöhte die Regierung die Renten und private Banken gewährten großzügig Kredite.

Die Regierung der Volkspartei ist in der Tat korrupt. Bei der Privatisierung der verstaatlichten Industrien nahmen ihre wohlplazierten Freunde Milliarden ein. Doch die konservativ besetzten oberen Ränge der Justiz verhinderten eine gerichtliche Verfolgung von Ministern. Die Regierung brauchte die Wähler nur an die Gesetzesübertretungen der Sozialisten zu erinnern, um das Thema zu bagatellisieren.

Die Sozialisten versuchten, ihre Stammwählerschaft zu mobilisieren, doch nachlassende Erinnerung und Prosperität arbeiteten gegen sie. Eine verspätete und halbherzige Allianz mit der Vereinigten Linken (einem von den Kommunisten dominierten, bunt zusammengewürfelten Bündnis) brachte ihnen keine Stimmen, sondern kostete sie eventuell sogar noch welche. So sehr die Sozialisten auch auf steigenden Investitionen in die Bereiche Kultur, Bildung und Umwelt beharrten, sie schafften es nicht, ein alternatives Gesellschaftsmodell anzubieten. In den zwei Jahrzehnten, die dem Ende des Faschismus folgten (bis 1995), erwuchsen der Partei Kräfte aus den neuerwachten sozialen Bewegungen, vor allem der Frauenbewegung. Doch nun waren diese Bewegungen unabhängig und institutionalisiert, sie konfrontierten selbst die nationale wie regionale und kommunale Regierungen. Inzwischen hatte die Volkspartei erkannt, daß es vorteilhaft wäre, sich direkt mit den Bewegungen auseinanderzusetzen; sie bemühte sich nach Kräften, sich in dieser Hinsicht als moderner zu präsentieren als die Sozialisten.

Spaniens betonter Regionalismus zeitigte ebenfalls seine Wirkung. Die Sozialisten konnten nicht überzeugend darlegen, daß sie kompetenter wären als die Regierung, Probleme zu bewältigen, die der baskische Separatismus und regionale Forderungen überhaupt aufwarfen. Sie waren in Katalonien weniger erfolgreich, als sie erwartet hatten; am stärksten waren sie in ihren traditionellen Bastionen im Süden, in Andalusien und der Extremadura. Ihre Stimmenverluste in Madrid und in anderen Großstädten setzten sich fort. Die Unterstützung der zwei größten Gewerkschaftsverbände (des kommunistischen und des sozialistischen) verschaffte ihnen keine neuen Stimmen – auch die Mitgliederzahl der Gewerkschaften stagnierte. Die Sozialisten hatten guten Grund, sich zu fragen, ob ihnen allmählich nur noch die Rolle zukam, die Verlierer im Prozeß der wirtschaftlichen Expansion zu beschützen, einem Prozeß, den sie selbst so enthusiastisch auf den Weg gebracht hatten. Der moderne spanische Wohlfahrtsstaat war größtenteils ihr Werk – doch die Mehrheit der Wähler sah keinen Grund, ihnen dafür noch einmal zu danken.

Aznars Allianz mit Blair hatte eine wirksame innere Logik. Die im »Dritten Weg« hervorgehobene Bedeutung der Zusammenarbeit zwischen Regierung und den unternehmerisch aktivsten und innovativsten Teilen des Kapitals war auch schon von González gesehen worden. Für das gebildete Segment der Arbeitnehmer lag der Staat in den Händen einer Partei, die diese Zusammenarbeit fortsetzte und offensichtlich die Absicht hatte, die Dynamik der spanischen Wirtschaft zu steigern. Es gab keinen zwingenden Grund, einer Sozialistischen Partei zu vertrauen, die sich uneins war, was sie tun sollte, sobald sie wieder an der Macht wäre. Heute laufen die Sozialisten Gefahr, auf unbestimmte Zeit die Unterstützung der neuen spanischen Eliten (Ingenieure, Unternehmer, Manager, Akademiker, Techniker) zu verlieren, die sie von 1982 an zehn Jahre lang unterstützt hatten. Die neue Parteiführung wird sich damit befassen müssen, wie sie diese Eliten zurückgewinnen, ihre ursprüngliche Verbindung zu den neuen sozialen Bewegungen wieder festigen und die Loyalität der traditionellen sozialistischen Wähler behalten kann. Daß sie in der Wahl 2000 bei den jüngeren Wählern so schlecht abschnitt, weist darauf hin, daß es der Partei an Phantasie mangelt.

Eben diesen Mangel verspricht die neue Parteiführung unter Rodríguez Zapatero zu beheben. Auf einem Sonderparteitag ignorierten die Delegierten die gespaltene alte Garde und sprachen sich für eine neue Generation aus. Das Durchschnittsalter der Parteispitze beträgt etwa 40 Jahre – wie beim Kabinett, das 1982 die Regierung übernahm; allerdings sind heute sehr viel mehr Frauen dabei. Zapateros Versprechen eines neuen, einem veränderten Spanien angemessenen sozialistischen Projekts stellt einen vielversprechenden Anfang dar. Doch dieses Projekt muß noch ausgearbeitet und in der politischen Praxis getestet werden; erst dann läßt sich sagen, wie ernst zu nehmen diese Erneuerung tatsächlich ist.

Die spanischen Sozialisten können sich ein wenig trösten, wenn sie sich mit ihrem italienischen Gegenstück vergleichen. Die Sozialistische Partei Italiens ist verschwunden, ihr intellektuelles und moralisches Vermächtnis liegt ausschließlich in den Händen der postkommunistischen Demokratie des linken Lagers. Der erste sozialistische

Ministerpräsident der italienischen Geschichte, Bettino Craxi, floh vor der Justiz in ein schmähliches Exil nach Tunesien, wo er 2000 starb. Die italienischen Sozialisten sind nicht die einzigen, die das Vertrauen der italienischen Öffentlichkeit erschütterten – eine ganze Generation katholischer Politiker ist ebenfalls in Verruf geraten. Dennoch können wir die Frage stellen, warum die strenge Moral der Partei nur durch Abwesenheit glänzte.[2]

Die sozialistischen Bewegungen katholischer Länder weisen eine Besonderheit auf: Sie werden zu Gegenkirchen, die sich um einen militanten Säkularismus organisieren und mit katholischen Parteien konkurrieren, die über klare Vorstellungen von Solidarität und ihrer Organisation in korporatistischen und hierarchischen Institutionen verfügen. In der Nachkriegszeit gaben die katholischen Parteien ihre autoritäre Einstellung auf und akzeptierten den demokratischen Wechsel und den kulturellen Pluralismus. Im Zuge der fortschreitenden Säkularisierung betrachteten sich Katholiken wie Sozialisten als Träger alter Werte in einer Welt beunruhigender neuer Fakten. Sie standen vor einer um den privaten Konsum organisierten Gegenwart: Die Wertewahl war pluralisiert, ja atomisiert. Sie erlebten eine Trennung des öffentlichen und privaten Bereichs, die viel weiter ging, als sie es sich in der ersten Hälfte des Jahrhunderts vorgestellt hatten. Vor allem war ihre frühere Vorstellung der spirituellen Kontinuität der Psyche veraltet. Es fehlte ihnen die Fähigkeit, mit dem neuartigen Leben von Menschen umzugehen, die – freiwillig oder unfreiwillig – in Beziehungen lebten, die sich radikal von Gemeinschaft, Familie und Tradition gelöst hatten.

Nach Italiens Kapitulation 1943 kämpfte eine Regierung, die äußerst unterschiedliche Elemente verband, einen nationalen Krieg gegen die Deutschen und einen Bürgerkrieg gegen den umgebildeten faschistischen Staat. Nach 1945 fügten sich beträchtliche Teile der politischen Elite in die Rolle von Managern eines amerikanischen Vasallenstaats. Aus dem Widerstand bildete sich eine kleine Partei Radikaler, die die Nation kurze Zeit führte, doch bald wichen sie einer wiederbelebten katholischen Partei. *Democrazia Cristiana* [Christdemokraten] wurde zur führenden Formation. Die Mehrheit der Sozialisten wollte die im Widerstand begonnene Zusammenarbeit mit den Kommunisten nicht aufgeben. Eine Minderheit gründete eine sozialdemokratische Partei, die in der endlosen Reihe von Nachkriegskoalitionen mit den Christdemokraten und den kleineren laizistischen Parteien die Regierung mittrug.

Die Sozialistische Partei legte großen Wert auf gemeinsame Aktionen (und Wahlbündnisse) mit den Kommunisten. Sie sah darin die Grundvoraussetzung für das Erreichen substantieller sozialer Reformen und schließlich einer sozialistischen Gesellschaft. Zudem war es ein Mittel, um die Integration der Kommunisten in den neuen italienischen Staat zu sichern. Nachdem sie 1947 an der Ausarbeitung der Verfassung, die am 1.1.1948 in Kraft trat, mitgewirkt hatten, wurden die Kommunisten im darauffolgenden Jahr aus der Regierung vertrieben. Die Sozialisten berücksichtigten jedoch die besondere Geschichte der Kommunistischen Partei Italiens, die Tatsache, daß sie nie völlig stalinistisch gewesen war. Ihr Widerstand gegen den Faschismus begann, bevor Stalin den Stalinismus perfektionierte, und im Zuge ihrer Ausbreitung in der Nachkriegszeit wurden Italiener Mitglieder (und später auch Führungsfiguren), die radikale Demokraten waren und keine instinktiven Stalinisten. Palmiro Togliatti, der erste Parteivorsitzende der Nachkriegszeit, war ein Überlebender der stalinistischen Säuberungen in Moskau, wo er sich nicht besser als alle anderen benommen hatte. Er war Stalinist, jedoch auch bemerkenswert fähig, sich zu ändern. Er meinte, der einzige Weg an die Macht läge für die Kommunisten darin, Italiens parlamentarische Demokratie und die Integration in den amerikanischen Block zu akzeptieren.

Obwohl die Kommunisten mit weniger Stimmen und weniger Mitgliedern angefangen hatten als die Sozialisten, wurden sie allmählich stärker. Es bestanden große Differenzen bezüglich Ideologie und Sensibilitäten. Die Sozialisten gingen zwar von einer Klassenanalyse aus, meinten jedoch, daß ein parlamentarischer Sozialismus möglich sei. Die Kommunisten nahmen die parlamentarische Vertretung ernst, konzentrierten sich aber darauf, die Partei in den gesellschaftlichen Institutionen, nicht zuletzt am Arbeitsplatz, zu verankern. Vor allem folgten sie der politischen Strategie, die Antonio Gramsci entworfen hatte.[3]

Der Königsweg zur Transformation der Gesellschaft, so Gramsci, läge in der systematischen Herausforderung der herrschenden Kultur und darin, sie durch eine Kultur zu ersetzen, in der Arbeit mehr wert wäre als Eigentum, Wissenschaft mehr als Religion. Gramscis Betonung der Aneignung und Schaffung von Kultur im Alltagsleben trug viel dazu bei, daß die italienischen Kommunisten den Stalinismus letztlich ablehnten. Die Partei hielt eine diktatorische Machtübernahme für unmöglich: Eine erzwungene kulturelle Transformation war nicht zu erwarten. Außerdem waren die sozialen Katholiken und die säkularen Radikalen potentielle Verbündete der italienischen Kommunisten. Von keiner dieser Gruppen konnte erwartet werden, daß sie ihr kulturelles Vermächtnis aufgäbe; die Akzeptanz eines Pluralismus war der Preis für die Integration in die Nation.

Daß sich die Kommunisten auf ein kulturelles Projekt verlegten, war auch als Zuflucht zu sehen in einer Situation, in der eine Regierungsbeteiligung unmöglich war. In dem Chaos, das 1947 der Vertreibung der Kommunisten aus der Regierung folgte, wurde Togliatti von einem Attentäter schwer verletzt. Die spontane Reaktion der Linken bestand in der Besetzung von Präfekturen und Polizeiwachen. Togliatti wies sie an, sich zurückzuhalten. Eine Revolution hätte zum Bürgerkrieg und zu einer Intervention des Westens geführt: Besser sei es doch, eine aufstrebende Kraft zu sein, als eine zerstörte, erneut in den Untergrund getriebene Partei. Die nächsten 15 Jahre wurden schwierig. Italien war zwar eine Demokratie, doch wurden die Kommunisten diskriminiert; im Norden wurden sie mehr oder weniger unterdrückt, im Süden begegneten ihr die Camorra und die Mafia mit Gewalttätigkeiten, die von den Christdemokraten (und den Amerikanern) gefördert wurden. Dennoch konnte sich die Partei organisieren, zu Wahlen antreten und vor allem ihre Ideen propagieren.

Zusammen mit den Sozialisten und einer stattlichen Anzahl Katholiken entwickelten die Kommunisten einen italienischen Marxismus. Er unterstrich Italiens späte Eigenstaatlichkeit und Einheit, die Rückständigkeit des Südens, die Unterentwicklung des italienischen Kapitalismus, die Vorherrschaft der Kirche. Als der italienische Marxismus die Abwesenheit einer italienischen Zivilgesellschaft und eines öffentlichen Raumes aufzeigte (und beklagte), näherte er sich mit dieser Position einem liberalen Sozialismus oder dem Liberalismus überhaupt an. Dabei wurde auf Frankreich, Großbritannien und die USA verwiesen, nicht aber auf die Sowjetunion.

Die Unabhängigkeit des italienischen Marxismus reichte anfangs nicht so weit, daß man begonnen hätte, die Sowjetunion zu analysieren. Die CPI nahm den erzwungenen Stalinismus in Zentral- und Osteuropa hin, begrüßte pflichtschuldigst die chinesische Revolution (trotz der impliziten Herausforderungen von Maos Triumph für die Orthodoxie) und suchte in der Dritten Welt nach der angeblich unvermeidlichen Transformation nationaler Aufstände in sozialistische Revolutionen. Die Intellektuellen der Sozialistischen Partei waren weniger eingeschränkt. Doch die italienischen Kommunisten waren keineswegs hermetisch in ihrer eigenen Kultur gefangen, ganz im Gegensatz zur Rigidität der französischen Kommunisten. Viele ihrer Führer, Mitglieder und Theoretiker zeigten sich zunehmend skeptisch in bezug auf ausschließlich positive Deutungen des sowjetischen Staats und seiner Gesellschaft. Als die Staaten des Warschauer Paktes 1968 in die Tschechoslowakei einmarschierten, kam es zu einem offenen Konflikt mit der KPdSU. Zuvor schon verließen Aktivisten und Theoretiker reihenweise die italienischen Kommunisten. Eine Kette von Ereignissen lag dem zugrunde – angefangen mit dem Moskauer Ärzteprozeß in Stalins paranoiden letzten Tagen, über den Volksaufstand in Ostdeutschland und die Chruschtschow-Rede von 1956, bis hin zur Unterdrückung der ungarischen Revolution. Sie gingen entweder zu den Sozialisten oder zu einer der kleineren linken Sekten, die sich schließlich in der Protestbewegung von 1969 den daran beteiligten Gruppierungen der Kirche anschlossen.

Italienische Kommunisten und Sozialisten verstanden sich als Erben des bürgerlichen Radikalismus Italiens; viele, die sich während des Widerstands diesen Parteien anschlossen, waren in der dritten Generation Nachfahren der Familien, die sich um Garibaldi und Mazzini geschart hatten. Doch was war mit der Arbeiterklasse – und den verarmten Bauern und Landarbeitern, vor allem im Süden?

Im Norden – in Städten wie Bologna, Genua, Mailand oder Turin – wurde eine äußerst militante und selbstbewußte Arbeiterklasse schon vor 1914 sozialistisch und lehnte sich in zunehmend gewalttätigen Streiks gegen den Ersten Weltkrieg auf. Sie kämpfte gegen das ausbeuterische Kapital, aber auch gegen eine Gesellschaft, die sie mit kultureller Verachtung strafte. Es drängt sich der Vergleich mit dem England des 19. Jahrhunderts auf, wenn da nicht auch die katholische Kirche gewesen wäre, die sich selbst als wirksamster Verteidiger der Arbeiterinteressen darstellte. Oft übernahmen die Sozialisten der Arbeiterklasse die Kultur der radikalen Bourgeoisie Italiens und waren dementsprechend antiklerikal.

Die katholische Politik erhielt keineswegs nur aus der Priesterschaft Zulauf, und in Italien gab es eine katholische Bewegung mit einer ausgesprochen sozialen Schwerpunktsetzung, die sich energisch gegen die Sozialisten wandte, bis der Faschismus beide auslöschte. Die katholische Präsenz war im Süden stärker, doch am effektivsten gegen die radikale Kultur war ein modernerer Katholizismus, wo er versuchte, sich mit der Tradition der Aufklärung zu arrangieren. Dies war im Norden der Fall (neben Neapel und einigen anderen Städten des Südens, zum Beispiel Bari), aber dort war die sozialistische Ablehnung kirchlicher Bevormundung dadurch gemildert, daß man sich katholischer Modelle der Solidarität bediente.

Bis zum Faschismus waren ganze Stadtviertel, Ortschaften und Städte sozialistische Hochburgen. In den Jahren 1920/1921 wurden vielerorts Fabriken von streikenden Arbeitern besetzt. In dieser Zeit war die Sozialistische Partei kurz Mitglied der Kommunistischen Internationale. Die Besitzenden und die Verfechter der herrschenden Ordnung hatten guten Grund, Mussolini und die Faschisten zu unterstützen, um so mehr, als die Faschisten den Sozialisten anfänglich die Führung der Arbeiterklasse streitig machten. In der Zwischenzeit verließen kleine (und oft untereinander streitende) Gruppen die Sozialistische Partei, nachdem diese sich der Kommunistischen Internationale angeschlossen hatte, und gründeten die Kommunistische Partei Italiens. Sie blieb klein und war vorrangig mit internen Auseinandersetzungen über Strategie und Taktik beschäftigt (aber auch damit, sich gegen Befehle aus Moskau zu wehren). Mitte der zwanziger Jahre beendete Mussolini den Streit zwischen Kommunisten und Sozialisten, indem er beide Parteien für illegal erklärte.

1945 bauten Kommunisten und Sozialisten auf lokalen Traditionen auf, die in zwei Jahrzehnten des Faschismus unterdrückt, doch nicht völlig ausgelöscht worden waren. Auch der politische Katholizismus gewann durch sein dichtes Netzwerk an lokalen Organisationen wieder an Stärke. In der Mitte und im Norden Italiens wurden große Städte und ganze Regionen von kommunistisch-sozialistischen Koalitionen regiert. Oft gerieten sie in den – häufig verdienten – Ruf des *buon governo*, einer effizienten und ehrlichen Verwaltung. Den Kommunisten gelang es nicht, daraus genügend Kapital zu schlagen, um an der Regierung des Landes beteiligt zu werden, doch er bildete die Grundlage ihres Ansehens im Land und führte auch zu einer zunehmend offeneren Machtteilung mit den Christdemokraten.

In Regionen wie der Emilia-Romagna waren die Kommunisten den mittleren und kleinen Betrieben – manchmal Genossenschaften, manchmal Familienunternehmen – eng verbunden. Der private Sektor lernte, sich auf die aktive Kooperation der Regierung zu verlassen, wenn es um finanzielle Hilfen durch öffentliche Lokal- oder Regionalbanken oder um die Entwicklung der Infrastruktur ging. Natürlich

boten sich auch genügend Gelegenheiten für Korruption und Vettern-
wirtschaft. Die Sozialisten erlagen dieser Versuchung schneller als andere,
vor allem in ihrer Bastion Mailand.

Im Süden gelang es den Kommunisten nicht, wirklich Fuß zu fassen. Die Agrarreform der Nachkriegszeit teilte die großen Latifundien
auf; aus den abhängigen Landarbeitern und den wirtschaftlich abhängigen Kleinbesitzern wurden vorgeblich freie Kleinbauern. Doch die
gewohnte Unterwürfigkeit und die Herrschaft der lokalen Eliten in den
Ämtern des omnipräsenten Staates hielten das Vasallentum am Leben.
In dem Maße, in dem die von der Linken angestrebten Reformen –
Sozialleistungen, in deren Genuß nun auch die Landbevölkerung
kam, und Aufbauhilfen für Landwirtschaft und Industrie – umgesetzt
wurden, konnten die lokalen Angelegenheiten von der den Staat kon-
trollierenden Partei dominiert werden. In Italiens Süden nutzten die
Christdemokraten den Staat als Instrument der Patronage. In dieser
Region ging die Säkularisierung langsamer vonstatten als in anderen
Teilen Italiens. Das Erziehungssystem war mangelhaft, und dort, wo
es funktionierte, brachte es meist nur Staatsbedienstete hervor. Das
Selbstbild der Kommunisten als Partei der Aufklärung machte wenig
Eindruck in diesem Teil Italiens, der für solche Ideen nicht empfänglich war. Als die Kommunisten ihre Offenheit den Katholiken gegenüber unterstrichen, stießen sie auf ein weiteres Problem. Viele katholische Kommunisten fühlten sich den sozialen Idealen der Kirche stärker verpflichtet als die Mehrheit der Bischöfe.

Die Arbeitsemigration führte dazu, daß der tatkräftigere Teil der
Jugend die Heimat verließ; die verbleibende Bevölkerung bestritt
ihren Lebensunterhalt mit einer Mischung aus Überweisungen der
im Norden arbeitenden Verwandten und staatlichen Beihilfen. Es
gab einen Entwicklungsfonds für den Süden, die *Cassa del Mezzo-
giorno*, doch der war notorisch korrupt; verwaltet wurde er hauptsächlich von den Christdemokraten und ihren lokalen Verbündeten:
die sich anbiedernde Sozialdemokratische Partei, gelegentlich auch
die Sozialisten oder die Neofaschisten. Zweifellos hätte die Kommunistische Partei, wäre sie an der Regierung beteiligt gewesen, eine
wesentlich überzeugendere wirtschaftliche (und vor allen Dingen
pädagogische) Kampagne im Süden durchführen können, doch dies
war ihr verwehrt.

Nicht zu vergessen sind die Interventionen der USA, die Italien
unter ihre Vormundschaft gestellt hatten. Im Lauf der Zeit lockerte

sich diese zwar, aber erst ganz am Ende des Kalten Krieges wurde sie gänzlich aufgegeben. Sie führte dazu, daß die christdemokratischen Regierungen beträchtliche wirtschaftliche Beihilfe bekamen, aber auch dazu, daß 1948 im Fall eines kommunistischen Wahlsiegs eine militärische Intervention gedroht hätte und daß die Gelder des Marshallplans für Unternehmen, Städte und Regionen, in denen man die Kommunisten (oder die Gewerkschaften, die mit der Partei verbunden waren) für zu stark hielt, begrenzt wurden. Amerikanische Staatsbürger italienischer Herkunft, vor allem aus dem Süden (die vor dem Dezember 1941 Mussolini oft als Inkarnation der nationalen Erweckung unterstützt hatten), wurden angehalten, ihren Verwandten vor Augen zu führen, daß sie einen Bruch mit den USA riskierten, wenn sie die Kommunisten wählten.

Die Kollaboration zwischen der CIA und dem italienischen Geheimdienst stellte eine reale Gefahr für die parlamentarische Demokratie Italiens dar. Die italienischen Geheimdienstler unterhielten enge Verbindungen zum rechten Lager; auf ihr Konto ging ein Großteil der in Italien verübten terroristischen Anschläge. Die NATO trug das Ihre dazu bei, indem sie eine Geheimorganisation gründete, die im Falle einer Besetzung Italiens durch sowjetische Streitkräfte den Widerstand zu organisieren gehabt hätte. Diese Organisation zeichnete sich dadurch aus, daß sie Listen zu eliminierender »Kommunisten« erstellte, und beteiligte sich möglicherweise ebenfalls an den Terroraktionen. Das Ganze lief auf eine *strage di tensione* (Strategie der Krise) hinaus, um die Furcht vor dem Chaos dazu zu benutzen, ein autoritäres rechtes Regime zu legitimieren.

Obwohl es mehrere Anwärter für die Rolle eines italienischen Pinochet gegeben hätte, ließ sich Italien auch ohne einen Staatsstreich kontrollieren. Die Entführung und Ermordung des christdemokratischen Parteivorsitzenden Aldo Moro im Jahr 1979 durch eine Gruppe, die sich als die Roten Brigaden bezeichnete, ist noch heute obskur.[4] Die Christdemokraten und Kommunisten verhandelten gerade über den Beitritt der Kommunisten zur parlamentarischen Mehrheit – aber nicht in die Regierung. Die Kommunisten weigerten sich gemeinsam mit den Christdemokraten, die Roten Brigaden als politischen Gesprächspartner anzuerkennen; deshalb ermordeten die Entführer schließlich ihr Opfer. Moro war der einflußreichste und prominenteste der vielen Christdemokraten, die eine engere Zusammenarbeit mit den Kommunisten befürworteten.

Doch schon lange vor 1979 wurden die Kommunisten stille Verbündete der Christdemokraten im Staat. Regionale Reformen – ein Handel, der mit den Katholiken vereinbart worden war, als die Beziehungen enger wurden – gaben den Kommunisten mehr Einfluß und Macht. Sie kontrollierten einen der staatlichen Fernsehsender und verwalteten einen Großteil des Sozialversicherungssystems. Auf die bitteren vierziger und fünfziger Jahre und auf die chaotischen Sechziger folgten harmonischere Jahrzehnte. Kommunisten wurden im Staatsdienst, in der Kulturindustrie und im großen staatlichen Wirtschaftssektor immer öfter genauso behandelt wie alle anderen. Die italienische Gesellschaft funktionierte nach dem Prinzip der *lottizazzione* (Aufteilung der Beute) – doch warum durften sich die Kommunisten so offensichtlich daran beteiligen? Sie waren von der Lenkung staatlicher Industrien ausgeschlossen, und somit war ihnen das enorme Potential an Einkünften und Patronage verwehrt, das den Parteien gewährt wurde, die die Hälfte der italienischen Wirtschaft (einschließlich der Banken) lenkten. Dennoch war das, was die Kommunisten hatten, substantiell.

Die Kommunisten spielten eine entscheidende Rolle in der Entwicklung der italienischen Industrie. Ihr Gewerkschaftsverband, der CGIL, war der größte der drei Verbände (die beiden anderen waren sozialistisch und katholisch, daneben gab es noch einige neofaschistische gewerkschaftliche Vereinigungen). Seine Strategie bestand darin, Leistungen und Löhne in die Höhe zu treiben und damit die italienische Industrie zu Rationalisierungen und zur Wettbewerbsfähigkeit auf dem Weltmarkt zu zwingen. Dieser Prozeß verlief in beiderlei Hinsicht erfolgreich, auch wenn mangels langfristiger Planung die italienischen Kapazitäten in den humankapitalintensiven Sektoren mit hoher Wertschöpfung eher gering blieben. Ohne den CGIL konnten keine landesweiten Lohnverhandlungen stattfinden, und die Gewerkschaft übte einen beträchtlichen Einfluß auf die nationale Haushaltsplanung aus.

Das hatte das Paradox zur Folge, daß bei den Wahlen von 1994 prosperierende Wähler aus der Arbeiterklasse, die in traditionell kommunistischen Bezirken lebten, für die Kandidaten aus dem rechten Lager stimmten. Unter kommunistischem Schutz hatte die italienische Arbeiterklasse ihren Lebensstandard stetig steigern können und ihre Integration in eine Gesellschaft vollzogen, die die Partei angeblich zu transformieren bestrebt war. Diese Integration konnte kaum über-

sehen werden, trotz aller Transformationsrhetorik, die von der Praxis
der Partei immer abgehobener erschien. Die Protagonisten der italienischen 68er-Variante, des *autunno caldo* (heißer Herbst) des Jahres
1969, gaben sich große Mühe, gerade darauf hinzuweisen. Für sie waren
die Kommunisten eine Partei des schmachvollen Kompromisses. In
der Kommunistischen Partei wurden sie von jüngeren Mitgliedern –
unter ihnen zwei spätere Parteivorsitzende, Achille Occhetto und
Massimo D'Alema – unterstützt, die ein neues (und radikales) Denken
einforderten.

Die Wurzeln der eindeutig reformistischen Praxis der Partei waren
verworren, doch die Hauptzweige waren deutlich erkennbar. Die
Bindung der Partei an Moskau, die in den Jahren zwischen 1944 (als
Togliatti aus Moskau zurückkehrte und in die Regierung eintrat) und
1964 am engsten war, verstärkte ihre heftige Ablehnung der Revolution. In diesem Zeitraum stiegen die Stimmenanteile für die Partei
stetig von 18 auf 30 Prozent an, wobei weitere 10 Prozent auf die
Sozialisten und kleinere, mit ihnen verbündete Gruppierungen ent-
fielen. Stalin hielt sich strikt an die Abmachungen von Jalta: Italien
lag in der westlichen Einflußsphäre, und da es ohne einen Krieg, den
zu führen sich Stalin weigerte, nicht herausgelöst werden konnte,
mußte die Partei behutsam taktieren. Auf Stalin folgte Chruschtschow,
der abgesehen von der Einleitung der Entstalinisierung eine Strategie
der aktiven Koexistenz verfolgte. Während Togliatti 1956 in Rußland
weilte, um sich dort medizinisch betreuen zu lassen, verfaßte er sein
berühmtes politisches Testament.[5] Er verlieh seiner früheren Vorstellung eines italienischen Wegs zum Sozialismus Substanz, indem er die
Sprache des Klassenkampfes um Konzepte eines demokratischen
Staatsbürgertums ergänzte. Er erkannte den Katholizismus als geistige
und soziale Realität an, mit der sich die Kommunisten und das säkulare Italien zu arrangieren hätten.

Das Zweite Vatikanische Konzil und seine Folgen in der italienischen Kirche erleichterten den Kommunisten das *aggiornamento* (sich
der Welt öffnen). Die sozial orientierten Katholiken hatten, was den
Glauben an Solidarität und ökonomische Gerechtigkeit betraf, viele
Gemeinsamkeiten mit den Kommunisten. Nach Chruschtschows Sturz
1964 begannen die Kommunisten, sich von der Sowjetunion zu distanzieren; ihre Vorstellung eines von den Supermächten unabhängigen Europa trug auch zu ihrer Annäherung an viele Katholiken bei.
Die italienischen Kommunisten begrüßten die Diplomatie des Kardi-

nal Casaroli als »Außenminister« des Vatikan und den von Kardinal König geführten Dialog mit den Eliten des Ostblocks. Sie erklärten den Christdemokraten, daß auch sie möglicherweise eher als Europäer agieren könnten, wenn der Vatikan die Hegemonie der USA ablehnte. Als Enrico Berlinguer 1968 den Vorsitz über die Kommunistische Partei übernahm, ermöglichten seine engen persönlichen und politischen Beziehungen mit dem Katholizismus eine echte Allianz mit wichtigen Teilen der Christdemokraten.

Diese Allianz wurde 1973 durch Berlinguers Angebot eines *compromesso storico* (historischer Kompromiß) an die Christdemokraten konkretisiert. Der Kompromiß war eine Antwort auf die Ängste und Unsicherheiten, unter denen sämtliche etablierten Kräfte Italiens litten – zuerst vom Aufstand der Studenten und Arbeiter 1969 ausgelöst, dann durch den sich ausbreitenden Terror. Was die Kommunisten anging und auch einige der Christdemokraten (einschließlich Giulio Andreotti), die Vorbehalte gegenüber der amerikanischen »Staatskunst« hatten, gab es noch einen weiteren Anreiz, sich zu verbünden. Die amerikanische Initiierung des chilenischen Staatsstreichs durch Pinochet 1973 (gefolgt 1974 von Drohungen, gegen die revolutionäre Regierung Portugals zu intervenieren) überzeugte diese Italiener, daß ihre nationale Souveränität bedroht sei. Die Christdemokraten wußten ziemlich genau (und die Kommunisten nicht wesentlich weniger) Bescheid über die Interventionen der amerikanischen Geheimdienste in Italien. Die faktische Allianz von Kommunisten und Christdemokraten mißfiel der Elite der amerikanischen Außenpolitiker; sie interpretierte sie als geopolitische Drohung, die so manche offene und eine ganze Menge verdeckter Aktionen rechtfertigte.

Die kommunistische Führung handelte aufgrund ihrer Überzeugung, daß ihre Wählerschaft ein großes Interesse daran habe, daß die italienische Demokratie in ihrer parlamentarischen Form effektiv funktioniere. Die häufigen Plädoyers der Kommunisten für die bürgerlichen Tugenden und ihr Beharren auf einer Reform des Staates verband sie mit einem großen Teil der Elite. Es war auch eine Reaktion auf die wachsende Ungeduld der Normalbürger ob der Korruption und der Ineffizienz des öffentlichen Sektors. Die Kommunisten stellten ihre Vision eines Staatsbürgertums mit universellen Rechten dem herrschenden Klientelismus gegenüber. Da ihnen eine Regierungsbeteiligung verweigert war, konnten sie ihr Projekt einer Reform des Staates schlecht verwirklichen. Mit ihren Verbündeten in den Gewerkschaften mußten sie es hinnehmen, daß der Korporatismus ein zentrales Element der italienischen Nachkriegspolitik blieb. Wieder stoßen wir auf eine bekannte Abfolge der sozialistischen Politik des Westens. Die Korrektur der gröbsten Ungleichheiten, die durch die gezielten Aktionen der Parteien und Gewerkschaften erreicht wurde, ließ Interessengruppen mit jeweils eigenem Programm entstehen. Die Koppelung der Löhne an den Index der Lebenshaltungskosten in den gewerkschaftlich organisierten Sektoren der italienischen Wirtschaft kam nur einem privilegierten Teil der Arbeiterschaft zugute. Den Reichen war das egal, ihre Schweizer Bankiers waren kompetent genug, um mit der Inflation zurechtzukommen. Denen, die in weiten Bereichen der Wirtschaft nicht in den Genuß dieser gewerkschaftlichen Vereinbarungen kamen, war es nicht egal; sie mußten so gut sie konnten mit der ungleichen Verteilung des Volkseinkommens zurechtkommen. Ihre Variante des Korporatismus verband sich mit Korruption und einer mehr oder weniger raffinierten Steuerflucht. Die kommunistische Rhetorik von bürgerlichen Tugenden und Solidarität kam denen besonders heuchlerisch vor, die glaubten, die Kommunisten agierten gezwungenermaßen als Sozialdarwinisten. Für sie war die Kommunistische Partei größtenteils identisch mit dem, was sie als eine allmächtige Gewerkschaftsbewegung wahrnahmen.

Und was machte die Sozialistische Partei? Als Erbin einer stolzen Tradition, frei von der institutionellen Bindung an den Stalinismus, gab sie unfreiwillig ihre Führungsposition innerhalb der italienischen Linken preis. Die Kommunisten wurden stärker, weil ihre kulturellen und Massenorganisationen effektiver auf die Anforderungen einer sich ändernden Gesellschaft reagierten. Sie kümmerten sich um die Interessen und Befindlichkeiten einer neuen Generation von Frauen, die besser gebildet und in die Arbeiterschaft integriert waren. Die Sozialisten charakterisierte eine gewisse Archaik, die sich in ihrer Konzentration auf die Politik auf nationaler, regionaler und lokaler Ebene äußerte. Ihre Gewerkschaftspolitik unterschied sich nicht von der der Kommunisten. Es gab kreative sozialistische Intellektuelle wie Norberto Bobbio und Führer vom Format eines Pietro Nenni. Die Bürokratisierung der Partei und die Beschränkungen der italienischen Politik hinderten sie daran, einen Liberalismus und Radikalismus zu entwickeln, mit dem sie von den Kommunisten vielleicht kulturelles Terrain hätten zurückgewinnen können. Sozialistische Intellektuelle schrieben ständig über die vielen Gesichter der Freiheit, doch die Partei blieb in einem engen Korporatismus befangen.

Der traditionelle Liberalismus wurde in Italien durch liberale und republikanische Parteien vertreten, die über eine gebildete und wohlhabende, wenn auch kleine Wählerschaft verfügten. Der Radikalismus explodierte förmlich in der Radikalen Partei, als sie in den siebziger Jahren ihre Kampagnen für die Bürgerrechte führte. Später beschäftigten sich jüngere Kommunisten – in Wahrheit Post-Kommunisten – mit diesen Themen, aber auch die Vertreter des sozialen Katholizismus, die nach einer gemeinsamen philosophischen Basis mit den weltlich orientierten Italienern suchten, sowie Sozialisten, die über das Schicksal ihrer Partei entsetzt waren. Die Progressive Allianz des Jahres 1994 und die ihr 1996 nachfolgende Ölbaum-Koalition waren heterogen, doch wenn sie etwas über die tiefempfundene Abneigung gegen die neue italienische Rechte hinaus gemeinsam hatten, dann ein aktives Verständnis von Staatsbürgertum.

Die Tragödie der Sozialistischen Partei Italiens erfüllte sich schon vor ihrer Auflösung in den Korruptionsskandalen der neunziger Jahre. Als die Kommunisten noch darum kämpften, sich vom Leninismus zu befreien, gelang es der Partei nicht, eine italienische Variante der Sozialdemokratie zu entwickeln. Die Bloßstellung Craxis nach seiner Amtszeit als Ministerpräsident als völlig korrupte Gestalt war nur eine melancholische Fußnote zu der Tatsache, daß der Partei ein größerer gesellschaftlicher Entwurf gefehlt hatte. Mit ihrer einzigartigen Mischung aus Marxismus und italienischem Radikalismus erlangten die Kommunisten die kulturelle Hegemonie im linken Lager. Die Sozialisten kämpften mit ihrem – allerdings zunehmend schwächer werdenden – Parlamentarismus, während die gesellschaftlichen Macht- und Einflußzentren außerhalb des Parlaments lagen.

Die Sozialisten hatten in den Gewerkschaften mindestens ebenso starke Wurzeln wie die Kommunisten und sie verfügten über große regionale Traditionen. Sie hätten auch von der Tatsache profitieren müssen, daß sich viele Menschen, die sich von den Kommunisten aufgrund deren anfänglicher Verbindung zur UdSSR abgewandt hatten, ihrer Partei anschlossen. Ende der fünfziger Jahre, nach den poststalinistischen Erschütterungen, der Chruschtschow-Rede, dem polnischen Oktober, der Unterdrückung des ungarischen Aufstands, hatte die Sozialistische Partei starken Zulauf.

Als die Sozialisten 1963 endlich zusammen mit den Christdemokraten eine Regierungskoalition bilden konnten, gingen sie davon aus, daß sie nun beträchtliche Wahlerfolge und soziale Verbesserungen einfahren würden. Statt dessen wurde die Partei vollständig vom herrschenden System und seinen *combinazioni* (opportunistische Bündnisse) absorbiert. Sie schaffte es nicht, als Brücke zwischen dem katholischen und den laizistischen Bereichen des linken Lagers zu fungieren. Die Katholiken wandten sich vor allem nach dem Zweiten Vatikanischen Konzil direkt an die kleineren laizistischen Parteien und auch an die Kommunisten. 1983 sagte mir Enrico Berlinguer, er könne sich kaum erklären, warum die Sozialisten nicht erfolgreicher gewesen waren;[6] schließlich bildeten sie in Städten und Regionen Koalitionen mit den Kommunisten, in der Regierung auf nationaler Ebene mit den Katholiken.

In den achtziger Jahren verkündete Craxi unermüdlich, er wolle Mitterands Erfolge in Italien übertreffen und die Kommunisten überholen. Statt dessen holten ihn sämtliche Laster des Systems ein: systematischer Klientelismus und Korruption, kurzfristige Manöver anstelle langfristiger Strategien, die nicht auszurottende, wenn auch nicht offen eingestandene Annahme, daß kein größeres Veränderungsprojekt erfolgreich sein könne. Sein Eintreten für eine Reform des Staates und ein italienisches Präsidialsystem war kaum ernst zu nehmen.

Da die Kommunisten von der Regierung ausgeschlossen waren, blieben ihnen die Tiefen der Korruption erspart, doch auch sie kamen nicht ungeschoren davon. Sie konnten die Macht im Staate nicht direkt ausüben, aber sie taten es indirekt und ermöglichten so den anderen Parteien, den grundlegendsten wirtschaftlichen und sozialen Forderungen gerecht zu werden. Doch ihr Anteil an der *lottizazione* (Verteilung der Beute) ließ sie als Teil des zunehmend in Mißkredit geratenen Systems erscheinen. Gorbatschows Reformen und die darauffolgenden drastischen Veränderungen in Zentral- und Osteuropa halfen ihnen wenig. Unter großen Mühen hatten sie es schließlich geschafft, als Unterstützer von Italiens Rolle in der NATO akzeptiert zu werden. Ihre Ablehnung einer Stationierung von Mittelstreckenraketen in Italien war wesentlich weniger heftig ausgefallen als die der deutschen Sozialdemokraten. Gorbatschows Kritik am Sowjetsystem und seinem Imperialismus wiederholte nur Dinge, die sie seit zwei Jahrzehnten geäußert hatten.

Das Ende des Kalten Krieges brachte den Kommunisten keine unmittelbaren Vorteile. Viele Wähler sahen in den sowjetischen Reformen und dem darauffolgenden Zusammenbruch eine Rechtfertigung ihrer anhaltenden Opposition gegen die Kommunisten. Dem allmählichen Schwinden ihrer Basis in der Arbeiterschaft, das mit dem wirtschaftlichen Strukturwandel einherging, entsprachen keine großen oder dauerhaften Einbrüche in die neue Mittelschicht, obwohl sie einen – zunehmend unsicheren – Vorsprung in Regionen wie der Emilia-Romagna behaupten konnten, in der sie lange Zeit führend gewesen waren. Die Auflösung der Sowjetunion verwirrte viele ihrer Mitglieder (von denen einige später zum orthodoxen Rest, der *Rifondazione Comunista* – die neugegründete Kommunistische Partei – überwechselten). Ihre Führer und Mitglieder, die in der Partei blieben, die sich später in die Demokratische Partei der Linken (PDS) umbenannte, meinten, wenn sie der Sozialistischen Internationale beiträten, seien sie dazu berechtigt, im allgemeinen Durcheinander des westlichen Sozialismus mitzumischen.

Die Niederlage des Bündnisses, das sich zur Wahl 1994 gebildet hatte, überraschte ihre Führer. Sie lebten in einem Italien, in dem viele ihrer früheren Anhänger nicht mehr lebten. Sie konnten ihre Ideologie der Solidarität nicht modernisieren, denn deren gesellschaftliche Basis war weggebrochen. Die Sozialleistungen des Wohlfahrtsstaates und die Tarifverträge, die Beschäftigung in den neuen Wirtschaftszweigen, die neue Konzepte von Arbeit und Produktivität erforderlich machten, und ein zum Großteil nicht regulierbarer Arbeitsmarkt führten dazu, daß es immer sinnentleerter wurde, sich auf die Arbeiterklasse als solche zu berufen. Italiener waren vergleichsweise noch immer sehr familienorientiert, aber die Familien lebten zunehmend zerstreut und trafen sich lediglich an Feiertagen oder Wochenenden. Zwar gab es nach wie vor eine regionale, lokale oder nachbarschaftliche Kultur, doch stand diese in einer eher verkrampften Koexistenz zu einer industriell bestimmten Kultur. Die sich daraus ergebenden Umstände ließen sich nicht in politische Kategorien fassen.

Die Postkommunisten legten sich eine ausgesprochen realistische Wahlkampf- und soziale Strategie zu: Sie vereinigten sich mit den Linkskatholiken, den Protagonisten einer laizistischen Kultur und den technokratischen Elementen des Kapitals, um den italienischen Staat zu reformieren. Einige Parteiführer und Verbündete waren der Ansicht, die Debatte um die Gesellschaft könne vertagt werden. Andere meinten, nachdem die alten christdemokratischen und sozialistischen

Parteien unter einem Berg von Gerichtsverfahren begraben seien, hätten sie schon allein deswegen gewonnen, weil sie davon nicht betroffen waren. Problematisch war, daß die Strategie von 1994 auf dem Appell der alten Kommunistischen Partei an die bürgerlichen Tugenden beruhte. Die Partei ging davon aus, daß der Kampf um die radikale Demokratie gewonnen sei, doch in Wahrheit stand dieser Kampf noch aus.

Die alte Kommunistische Partei vertrat bezüglich der Aufteilung des Volkseinkommens die spezifischen Interessen ihrer Wähler. Gleichzeitig forderte sie die anderen Wähler dazu auf, eine neue Vorstellung von Volkseinkommen zu entwickeln und die Gesellschaft in Begriffen der Solidarität neu zu denken. Diese beiden Projekte konnte sie nie richtig vereinen. Die neue Kommunistische Partei wollte sich anders darstellen. Die Postkommunisten beanspruchten für sich, für Verantwortung zu stehen und in der Lage zu sein, die Nation durch die institutionellen Veränderungen zu führen, die für die volle EU-Mitgliedschaft erforderlich seien (und durch den Beitritt zur Währungsunion konkretisiert würden). Gleichzeitig beschworen sie ihre Bindung an die radikale Demokratie.

Die Partei geriet aber in einen noch größeren Widerspruch, der mit der Neuorganisation der Wirtschaft und den Veränderungen im Bereich der Sozialleistungen zu tun hatte, die nach wie vor Sache korporatistischer Verhandlungen waren. Das radikal-demokratische Ethos, das die Postkommunisten einforderten, um die erloschenen chiliastischen Energien einer sozialistischen Transformation zu ersetzen, war in Italien gewiß vorhanden. Doch es war in der Zivilgesellschaft ungleich verteilt und oft bei den Gruppen am stärksten vorhanden, die nicht bereit waren, eine postkommunistische Führung zu akzeptieren. Bürgerinitiativen, Grüne, Laienorganisationen der katholischen Kirche und lokale Verbände erstarkten, doch weder ihre Führer noch ihre Mitglieder fühlten sich in der Demokratischen Partei der Linken heimisch. Einige der Intellektuellen, die über Liberalismus und Pluralismus in abstrakten Begriffen geschrieben hatten, betrachteten die neue Militanz als Ausdruck einer neuen italienischen Moderne.

Eine alte italienische Debatte kehrte in neuem Gewand zurück. Der Marxismus vieler kommunistischer Führer der Nachkriegszeit verband sich nur schlecht mit einem italienischen Nationalismus der Sorgen und Befürchtungen. Der Historiker Galli della Loggia erklärte, es könne keinen authentischen italienischen Konservativismus geben, weil es in den Augen der Eliten kaum ein politisches Vermächtnis der Nation gebe, das es wert wäre, bewahrt zu werden.[7] Als 1971 die Mehrheit der Italiener in einem Volksentscheid dafür stimmte, die Scheidung zu legalisieren, verkündete die Turiner *La Stampa*: »Italien ist ein modernes Land«.[8] Modern sein bedeutete, so zu werden wie das Europa nördlich der Alpen. Italien sollte einen vom Liberalismus beseelten kulturellen Pluralismus entwickeln. Der Staat würde einer Gesellschaft autonomer Bürger dienen, die von Beamten respektiert würden, die weder in arroganter Gleichgültigkeit verharren noch sich parasitär selbst bedienen würden. Gramscis positive Ansichten über den Fordismus waren eine Variation desselben Themas.

Als sich 1994 Silvio Berlusconi als einflußreiche politische Persönlichkeit profilierte, war die schockierte Verzweiflung der Postkommunisten und zahlreicher Eliten Italiens ein kollektiver Ausdruck des Bedauerns über die nach wie vor vorhandene Rückständigkeit ihrer Landsleute.[9] Berlusconi war ein Mailänder Geschäftsmann, der mit Craxis Hilfe zu einem Medienzar geworden war. Er fürchtete, daß neue Gesetze zum Bankrott seiner Fernsehanstalten führen würden, wenn 1994 das Mitte-Links-Bündnis die Wahlen gewönne. Es liefen eine Reihe von Ermittlungen gegen ihn, unter anderem wegen Bestechung der Justiz. Innerhalb weniger Monate organisierte er eine politische Bewegung, die *Forza Italia*.

Seine Gegner betrachteten sich als Opfer eines zynischen Manipulators. Die Verliererparteien mußten Antwort auf viele Fragen finden. Ihre Unfähigkeit, den Wohlfahrtsstaat zu reformieren, brachte Millionen seiner Nutznießer zu der Überzeugung, daß es letztlich besser für sie wäre, sich mit den ökonomisch Bessergestellten zusammenzutun, um ihn zu zerstören. Auch die separatistische Lega Nord, die behauptete, Italiens Rückständigkeit könne nur damit überwunden werden, indem man den Süden und die Verwaltungsmetropole Rom los werde, gehörte zu Berlusconis Bündnis. Sie karikierte die Dezentralisierung, von der Italiens herrschende Eliten oft sprachen, die sie jedoch selten praktizierten. Der Vorsitzende der Neofaschisten, Fini, erklärte, er sei ein Postfaschist, und aus seiner *Alleanza Nazionale* solle eine konservative Gruppierung wie die französischen Gaullisten werden. Er war etwas weiter als viele seiner Parteigenossen und Wähler, die dem übrigen Europa mißtrauten und ausgesprochen xenophob waren. Vor allem im Süden waren sie abhängig von staatlichen

Subventionen. Sie fanden sich in einem Bündnis mit der Lega Nord, die den Staat beschimpfte und der Ansicht war, Norditalien wäre es unter den Habsburgern wesentlich besser ergangen. Diese drei Komponenten von Berlusconis Bündnis traten im Wahlkampf als *Il Polo della Libertà* (Pol der Freiheit) auf.

Berlusconi war intelligent genug, um den Gesichtspunkt von Italiens Modernität auszubeuten, den er instinktiv verstand: die kulturelle Fragmentierung und ein tiefes Unbehagen inmitten großer Prosperität – jemand, oder etwas, könne sie einem wegnehmen. Die Italiener, deren Ängste er ansprach, erwiesen sich als leichtgläubig genug, um ihm abzunehmen, daß seine Regierung ein bis zwei Millionen neuer Arbeitsplätze schaffen würde. Sein Empfehlungsschreiben war sein Reichtum, obgleich ihm eine schmutzige Allianz mit einem korrupten Politiker dazu verholfen hatte.

Berlusconis Triumph war nicht von langer Dauer. Die Lega Nord sprang ab, und mit seiner Mehrheit war es vorbei. Finis postfaschistisches Projekt reifte nur langsam. In seiner Partei tummelten sich alte Neofaschisten, Reste des Wählerklientels der Christdemokraten, Sozialisten und Sozialdemokraten. Lokale Eliten verbanden sich mit ihm, nicht aber bedeutende Persönlichkeiten der nationalen Eliten. Viele von ihnen hatten Berlusconi als potentiellen Garanten der existierenden Ordnung unterstützt, doch er erfüllte ihre Erwartungen nicht. Er schien tatsächlich seinen eigenen Behauptungen über die Verkleinerung des Staates zu glauben und begriff nicht, daß die wirtschaftlichen und technokratischen Eliten ihn nur rationalisieren wollten. Um voll von der Europäischen Union zu profitieren, war politische Kontinuität und Planungssicherheit erforderlich. Geschickter war Berlusconi im Geschäftemachen und Lavieren – etwas, was das von ihm so heftig kritisierte Regime der alten italienischen Republik charakterisiert hatte. Die Eliten setzten nicht ohne Hilfe einiger Postkommunisten Berlusconis Finanzminister Dini als Ministerpräsidenten ein. Dini war bei der Bank von Italien und beim Internationalen Währungsfonds gewesen; er kannte sich aus mit dem neuen internationalen Kapitalismus.

Die zerstreuten Elemente der italienischen Linken – die Postkommunisten und orthodoxen Kommunisten, die Grünen, die Überlebenden des juristischen Debakels der Sozialistischen Partei und die linken Katholiken – organisierten die Koalition, die die Wahlen von 1996 knapp gewann. Ihr Projekt hatte mit der Sprache von Gramsci und

Togliatti definitiv nicht mehr viel gemeinsam. Sie schlugen vor, den Staat zu reformieren, das soziale System effizienter, gerechter und rationaler zu machen und mit den produktiven Elementen des italienischen Kapitals zusammenzuarbeiten, um Italien auf die Vollmitgliedschaft in der Europäischen Union und auf die gemeinsame Währung, den Euro, vorzubereiten.

Der neue Parteichef der Postkommunisten, Massimo D'Alema, ließ sich (und auch sonst keinen aus dem linken Lager) nicht als Kandidat für das Amt des Ministerpräsidenten aufstellen. 1994 nannte sich die linke Koalition *Progressisti* (die Progressiven). 1996 waren sie Teil eines größeren Bündnisses, *L'Ulivo* (die Ölbaum-Koalition), die von dem ehemaligen Christdemokraten Romano Prodi gegründet worden war. Prodi war Wirtschaftsprofessor an der Universität von Bologna gewesen, Präsident des Staatskonzerns IRI (Institut für Industriellen Wiederaufbau), dem zeitweise 40 Prozent der italienischen Wirtschaft gehört hatten, und Minister. Er überwand die Skepsis der Öffentlichkeit gegenüber der politischen Elite, indem er sich als Außenseiter darstellte. Diese Behauptung war ebenso absurd wie Berlusconis Selbstdarstellung als einfacher Unternehmer. Allerdings war Prodi für seine administrativen Kompetenzen und seine Ehrlichkeit bekannt. Er besaß das Vertrauen von Italiens klugen Bankern, Industriellen und Technokraten, und seine Wurzeln im linkskatholischen Milieu gereichten ihm ebenfalls zum Vorteil.

Indem sie sich hinter Prodi scharten, kamen die Postkommunisten drei Zielen der alten Kommunistischen Partei näher. Seit langem hatten sie sich um eine Zusammenarbeit mit den dynamischen Eliten des italienischen Kapitalismus bemüht, um eine Kooperation mit den organisierten Katholiken und eine Öffnung für ein breites Spektrum von Bürgern, die eine Klassenrhetorik nicht sonderlich bewegte, denen aber eine effiziente Regierung wichtig war.

Selbst Pietro Ingrao, der historische Führer des linken Flügels der alten Kommunistischen Partei, der gegen eine Namensänderung der Partei gewesen war, offenbarte, daß zwei Seelen in seiner Brust wohnten. Die eine war die eines überzeugten Maximalisten, des geistigen Vaters der Gruppe *Manifesto* mit ihrer Betonung der neuen Formen des Klassenkampfes und der partizipativen Demokratie. Die andere (schließlich war er Präsident der Deputiertenkammer) war die eines ernsten Gelehrten, der ein Buch über die Reform des Staates geschrieben hatte und ein Institut leitete, das sich dieser Aufgabe widmete.[10]

Er und die Partei waren die Erben einer italienischen jakobinischen
Tradition, die nationale Probleme durch eine stärkere Autorität des
Staates lösen wollte.

Sie waren ziemlich spät dran. Eine ebenso große Bedeutung wie
dem italienischen Staat kam gelegentlich der EU zu, immer aber den
Zentren des organisierten globalen Kapitalismus. Den Staat jetzt zu
modernisieren hatte den Zweck, Italien institutionelle Strukturen zu
geben, die soviel Souveränität sichern sollten, wie die neuen internationalen Gegebenheiten eben zulassen würden. Was die Zuständigkeit
des Staates für eine Erweiterung der Autonomie und Wahlmöglichkeit
für die Bürgerschaft anging, waren gerade die Italiener Experten
darin, dies zu tun, ohne eine höhere Autorität um Erlaubnis zu fragen. Und letzten Endes übersahen die italienischen Intellektuellen,
die nicht an Italiens angebliche Vorliebe für den Staat glaubten und
unermüdlich den Liberalismus anderer europäischer Nationen priesen, etwas: Die Italiener und ihre Nachbarn wurden daran gehindert,
eine durch ihre unsichere Lage zwischen Markt und Staat geprägte
Zivilgesellschaft zu entwickeln. Sowohl die italienischen Jakobiner
als auch ihre girondistischen Gegner waren nicht auf der Höhe der
Zeit.[11]

Die Koalition mit den Katholiken warf ähnliche Probleme auf.
Nicht, daß die beiden Partner erst hätten lernen müssen, miteinander
umzugehen – sie waren längst an die Zusammenarbeit gewöhnt. Doch
selbst gemeinsam gelang es ihnen nicht mehr, die ideologische Tagesordnung zu bestimmen. Das neue Italien war weder eine ausschließlich durch Klassengegensätze entzweite Gesellschaft noch ein Schlacht-
feld, auf dem weltliche und religiöse Heere miteinander fochten.
Italien war eine komplexe, segmentierte Nation, deren Bürger darum
kämpften, unterschiedlichsten Anforderungen und Engagements gerecht zu werden.

Bei den Postkommunisten kam es zu tiefgreifenden Veränderungen.
Der Streit über die Namensänderung ließ den Großteil der Öffentlichkeit (und auch einen erheblichen Teil ihrer eigenen Wähler) völlig
kalt. Er wurde als nostalgische Übung gesehen, ausgelöst von einem
gesteigerten Opportunismus. Die Intellektuellen (und ihre Vertreter
in der italienischen Verwaltungs- und Wirtschaftselite) hatten sich
jahrzehntelang über den Kommunismus und eine angebliche *terza via*
– einen »Dritten Weg« zwischen Leninismus und Sozialdemokratie –
gestritten. Das Konzept eines »italienischen Wegs zum Sozialismus«

schien besonders anachronistisch, als Italien seine eklatanten Widersprüche vor Augen geführt wurden: Es gehörte zur europäischen Vorhut des Kapitalismus, hatte jedoch vor kurzem ein Ausmaß an Korruption erlebt, das wahrscheinlich selbst das Ottomanische Reich in den Schatten gestellt hätte.

Der neue Vorsitzende der Demokratischen Partei der Linken (PDS), Massimo D'Alema, trat an die Stelle des Postmarxisten Occhetto (ein jüngerer Protegé Berlinguers) und seiner Verbündeten mit denjenigen aus seiner Generation, die ihre Generationserfahrung anders interpretierten. D'Alema gewann die Wahl zum Vorsitzenden nur mit einem knappen Vorsprung vor Walter Veltroni, dem noch etwas jüngeren Chefredakteur des früheren Parteiorgans *L'Unità*. Veltroni erklärte später, wenn er auf die Geschichte des zwanzigsten Jahrhunderts zurückblicke, müsse er sich als Anti-Kommunisten bezeichnen. Er verwandte seine Kräfte nun darauf, die Ölbaum-Koalition zustande zu bringen. Die Arbeitsteilung zwischen ihm und D'Alema war klar, ja sogar elegant. D'Alema beharrte darauf, daß die Treue gegenüber den von der Partei vertretenen Werten der Solidarität und der sozialen Gerechtigkeit es erforderten, neue Verbündete zu suchen und realistische Kompromisse einzugehen. Veltroni dagegen meinte, daß die Anforderungen der Moderne ein extremer Belastungstest für die Partei seien: Sie müsse ihre gesamte Mission neu definieren.

Dabei waren die ehemaligen Kommunisten nicht allein. Als ich D'Alema im Juni 1995 fragte, in welcher Beziehung die Partei zur Kirche stünde, sagte er, daß ihr viele Bischöfe freundlich gesonnen seien. Ich mußte an das Sprichwort denken: »Den wahren Freund erkennt man in schwieriger Lage.« Die Bischöfe sahen in der postkommunistischen Partei einen zuverlässigen Gesprächspartner und ein Element der Stabilität in einer Gesellschaft, in der sich Änderungen vollzogen, die sie sich so nie vorgestellt hatten. Sie trösteten sich mit dem Gedanken, daß die Nation ja christlich bliebe, auch wenn sich dies anders äußern würde. Die Wagemutigeren begannen, neue Formen des Engagements in einem Italien zu entwickeln, das ihre Seminarleiter nicht wiedererkannt hätten. Die anderen betrachteten es als ihre Hauptaufgabe, ihr institutionelles Vermächtnis zu verteidigen und verweigerten sich einer kulturellen und kircheninstitutionellen Neuerung. Was immer sie taten oder sagten, alle fürchteten, Italien sei nicht in eine post-christliche, sondern in eine post-katholische Epoche eingetreten.

Die Führer der säkularen Linken Italiens brauchten mindestens eine Generation, um die Tatsache zu akzeptieren, daß es zwecklos sei, sich über den Lauf der Geschichte Sorgen zu machen. Sie nahmen es hin, daß sich Italien auf unbestimmte Zeit nicht auf irgendeine Variante des Sozialismus hinbewegen würde. Was sie beunruhigte, war die Frage: War Italien postpolitisch geworden? Viele Bürger handelten und ganze Segmente der Gesellschaft funktionierten, als wäre der politische Prozeß irrelevant geworden oder nur unnötiger Ballast, den man bei der nächstbesten Gelegenheit abwerfen müsse.

Unter diesen Umständen blieb den Kommunisten kaum etwas anderes übrig, als das breite Wahlbündnis als einen Weg zu akzeptieren, um sich von dem Schock der Wahlniederlage von 1994 zu erholen. Die Führer der Partei hatten angenommen, sie würden einen Großteil des Staates erben, nachdem die wichtigsten Regierungsparteien der Republik – die Christdemokraten und die Sozialisten – durch Korruptionsskandale zugrunde gerichtet worden waren. Die UdSSR war verschwunden, und Zeugnisse ihrer eigenen effizienten und ehrlichen Regierung (auf die sie seit 1944 sorgfältig geachtet hatten), waren vorhanden und wahrscheinlich auch überzeugend. Daß sie die Interessen großer Gruppen der Wählerschaft verteidigten – die geistigen Interessen der kulturell liberalen Intelligenz und die materiellen der Arbeitnehmer, die in einem Modernisierungsprojekt zusammengerückt, wenn auch nicht völlig fusioniert waren – stieß auf breite Zustimmung. Jetzt konnten sie in die Rolle der größten Partei mit anhaltender Verantwortung für Nation und Staat schlüpfen. Sie konnten zu Recht hoffen, von den Sozialisten wie von den Christdemokraten Stimmen, ja sogar Mitglieder und Führungskräfte, zu erben. Dabei vergaßen sie die radikale Diskontinuität der italienischen Gesellschaft, die die Frage einer postpolitischen Nation akut werden ließ.

Achille Occhetto, der 1994 nach der Wahlniederlage sein Amt als Vorsitzender der Postkommunisten niedergelegt hatte, erkannte dies zum Großteil während seiner Zeit der erzwungenen Reflexion.[12] Als Parteivorsitzender war es Occhetto hauptsächlich darum gegangen, Mitglieder und Wähler für sozialistische Ziele mobilisiert zu halten und mit den Koalitionspartnern über gemeinsame Strategien zu verhandeln. Massimo D'Alema, sein Nachfolger, hatte einen ganz anderen Schwerpunkt: Er wollte die Postkommunisten als die Partei der nationalen Verantwortung legitimieren und sich auf eine Wahlreform konzentrieren. Dies war aber in die Frage nach der Beziehung zwi-

schen Staat und Gesellschaft eingebettet. Eher zögerlich betrachtete
D'Alema die Partei als ein Element einer Koalition, die gleichzeitig
breiter, enger und permanenter wurde als ein nur ad hoc gebildetes
Arrangement für eine Wahl oder eine Regierung.

D'Alema wie Occhetto hatten ihre Wurzeln im Marxismus und
waren von Enrico Berlinguer protegiert worden. Beide waren heimisch in der Parteiorganisation, die sowohl eine sorgfältig konstruier-
te Maschine war als auch eine große Familie. D'Alemas taktisches
Gespür war (und ist) auf eine Situation zugeschnitten, in der die großen Pläne hinter einem zurückweichenden Horizont verschwinden.
Als er 1998 das Amt des Ministerpräsidenten antrat, versuchten kritische, jüngere Persönlichkeiten der italienischen Linken, ihn in
Verlegenheit zu bringen, indem sie einige seiner früheren Werke veröffentlichten.[13] Niemand in Italien nahm diese Sache ernst, und
D'Alema bemühte sich weiterhin darum, eine keineswegs immer nur
zustimmende Position in den Diskussionen um den von Blair und
Clinton proklamierten Dritten Weg einzunehmen. Vielleicht wollte
D'Alema seine philosophische Rolle für eine historische Öffnung auf-
sparen – doch diese Öffnung wurde ziemlich rasch geschlossen.

Wie überwanden die Postkommunisten und die Ölbaum-Koalition
die Folgen des tiefen Mißtrauens gegenüber den früheren Kommunisten und der Zweifel an der Glaubwürdigkeit der Christdemokraten
und der Sozialisten, die nun mit ihnen verbündet waren? Berlusconi
und seine Verbündeten führten einen absurden Wahlkampf: Sie
warfen der Linken verdeckte revolutionäre Forderungen vor, obwohl
diese in Wahrheit größtenteils selbst eine minimale Umverteilung nur
höchst zaghaft in Betracht zogen. Die Katholiken und die Sozialisten
der Ölbaum-Koalition, die ehrlichen Überlebenden des moralischen
Schiffbruchs ihrer Parteien, wurden fälschlicherweise als korrupte
Mitläufer hingestellt. Berlusconis Bilanz als Regierungschef war alles
andere als überzeugend. Diesmal unterschätzte dieser Kulturträger,
der Italien von der Commedia dell'arte in die Quizshows gebracht
hatte, die Intelligenz seiner Mitbürger.

Die Ölbaum-Koalition siegte auch, weil sie Berlusconi etwas abnahm, das im Wahlkampf 1994 ihm gehört hatte – die Legitimation
durch das italienische Großkapital. Die Kurse an der Mailänder Börse
stiegen nach dem Sieg des Ölbaum, und Prodi und D'Alema bemühten sich nach Kräften, die Eliten aus Bankwesen und Industrie zu
beruhigen. Zu diesen Bemühungen gehörte auch das Einbinden ange-

sehener Technokraten in den Wahlkampf – etwa des ehemaligen Ministerpräsidenten Carlo Ciampi, der Schatz- und Haushaltsminister wurde und inzwischen Präsident der Republik ist, aber auch Dini. Die widerwillige Entscheidung der Altkommunisten – *Rifondazione Comunista* und eine kleine Splittergruppe, *Comunisti Unitari* –, die Ölbaum-Koalition zu unterstützen, wurde von der Wirtschaftselite begrüßt: Sie nahmen an, Prodi und D'Alema könnten deren hartnäckige Forderung nach einer wachsenden Umverteilung mildern.

Die Konkurrenz unter den Gruppen der Linken – den Postkommunisten, ihren einstigen Genossen in den kleineren orthodoxen Gruppierungen und dem sozialistischen Rest – beschränkte sich nicht auf den Kampf um Stimmen. Es war auch ein Kampf um Führer und aktive Mitglieder der italienischen Gewerkschaften. Die Gewerkschaftsvorsitzenden der drei größten Vereinigungen waren nicht nur mit den Arbeitgebern, sondern auch mit der Regierung direkt verbunden. Nun, da die Linke regierte, wechselten sich Konflikt und Kooperation zwischen Gewerkschaften und Parteien ab.

Die Gewerkschaften selbst änderten sich. Die jüngeren Arbeiter waren besser ausgebildet, hatten einen relativ hohen Lebensstandard und betrachteten ihre Mitgliedschaft in der Gewerkschaft rein funktional; ihre soziale oder moralische Rolle definierten sie darüber kaum mehr. Andererseits waren viele der aktiven Gewerkschaftsmitglieder im Ruhestand, und deren Einstellung war geprägt von ihren Erinnerungen an vergangene Kämpfe und gegenwärtigen Bedürfnissen nach einer angemessenen Rente. Dies traf auch auf die beträchtliche Zahl der Gewerkschafter zu, die während ihrer Arbeitslosigkeit besonders aktiv gewesen waren. Die Gewerkschaften mußten Gruppen mit unterschiedlichen Interessen vertreten, vor allem wenn es um Fragen des Gleichgewichts zwischen kurzfristigen und langfristigen sozialen Gütern ging.

Sowohl die kommunistischen als auch die sozialistischen Parteien sorgten für eine Verbindung zwischen den Intellektuellen der Linken mit den militanten Arbeitern. In dem Maße, in dem sich die Zusammensetzung der italienischen Arbeiterschaft änderte, stieg in den Parteien wie den Gewerkschaften die Präsenz von Gruppen aus dem Management, den akademischen Berufen, dem Verkauf, der Dienstleistung und der Technik. Besonders stark wurden die Gewerkschaften im öffentlichen Sektor. Als die Kommunistische Partei 1991 ihren Namen änderte, fielen alte Stalinisten und ehemalige 69er, das italienische Äquivalent zu den 68ern anderer Länder, von ihr ab und gingen ein neues Bündnis ein, die *Rifondazione Comunista*. Sie pflegten die Reste der italienischen Tradition des *ouvriérisme*, doch eigentlich stammten ihre ideologischen Energien aus zwei sehr unterschiedlichen Quellen: den konkreten Forderungen der aktiven wie der inaktiven Arbeiterschaft und den ideologischen Überzeugungen eines militanten Restes. Diese Aufteilung verschärfte eine Entwicklung, die sich in der alten Kommunistischen Partei schon seit langem gezeigt hatte. Als die Mitgliedschaft in der neuen Kommunistischen Partei zunehmend nur noch nominell wurde, fiel das Aktivitätsniveau der lokalen Sektionen ab. Aus einer ehemaligen Massenorganisation war eine nicht besonders effiziente Wahlkampfmaschinerie geworden.

Lange vor dem Wahlkampf von 1996 bereiteten die Postkommunisten eine umfassende Renten- und Sozialreform vor. Ihrem Projekt mangelte es gewiß nicht an Stringenz, und sie trugen auch dem mangelhaften volkswirtschaftlichen Gleichgewicht, das durch das extrem hohe Rentenniveau – nach manchen Berechnungen sogar das höchste in der gesamten EU – verursacht wurde, voll und ganz Rechnung. Ein Problem lag darin, daß die Übergangsregeln für den Ruhestand (und auch die Definition von dauerhafter Arbeitsunfähigkeit für Invalidenrenten) sehr flexibel waren. Teile des Volkseinkommens wurden innerhalb der Familie umverteilt, von pensionierten Eltern auf arbeitslose erwachsene Kindern. Um solchen Anomalien zu begegnen, nahmen die Postkommunisten die von den italienischen Technokraten vorgebrachte produktivistische Kritik am italienischen Wohlfahrtsstaat sehr ernst. Die Verfasserin des Plans der Postkommunisten, die Wirtschaftswissenschaftlerin Laura Pennacchi, trat als Stellvertreterin des prototypischen Technokraten Carlo Ciampi in die Regierung ein.[14] Die Altkommunisten versprachen im Namen der Arbeiter und Rentner heftigen Widerstand, gesellten sich aber dennoch zur Mehrheit.

Die Wahl brachte Italien den Mechanismen des politischen Wechsels, die nördlich der Alpen praktiziert wurden, etwas näher. Zwei Koalitionen, ein Mitte-Links-Bündnis und ein Mitte-Rechts-Bündnis, traten gegeneinander an. Allerdings konkurrierten die beiden auch um systematische Inkohärenz. Berlusconis Ideologie des freien Marktes stand gegen das Plädoyer des Postfaschisten Fini für eine stärkere Rolle des Staates in wirtschaftlichen Fragen. Auf der anderen Seite verbündeten sich die Postkommunisten mit der wirtschaftlichen und

technokratischen Elite, die sie einst bekämpft hatten. Seit ihrer Regierungsübernahme 1996 mußte sich die Ölbaum-Koalition mit einem
dauernden Guerillakrieg auseinandersetzen, den größere und kleinere
Parlamentarierfraktionen in- und außerhalb der Koalition führten. Sie
lehnten die Logik einer strikten Trennung zwischen Regierungskoalition und Opposition ab und zogen die wechselnden Mehrheiten des
alten Systems vor, um auf diese Weise ihren Einfluß zu maximieren.
Diese Partisanen weigerten sich einzusehen, daß ihre wenig heroische
Kriegsführung beträchtlich zur Politikverdrossenheit der Öffentlichkeit beitrug.

Die Postkommunisten und Prodi hatten ein Programm. Die Staatsschulden sollten abgebaut werden, um Italien für den Eintritt in die
Europäische Währungsunion zu qualifizieren. Das politische System
sollte reformiert werden. Große institutionelle Reformen in den Bereichen Erziehung, Gesundheit und Recht sollten folgen. Die Arbeitslosigkeit vor allem im Süden sollte indirekt bekämpft werden durch
die Stimulierung des allgemeinen Wirtschaftswachstums und Investitionen im privaten Sektor.

Die Linke akzeptierte das Wirtschaftsprojekt des italienischen Kapitals. Die neue Regierung beschleunigte die Privatisierung staatlicher
Betriebe. Als Beitrag der Bürger zum Schuldenabbau und zur Qualifikation für die Europäische Währungsunion erließ sie eine spezielle
Steuer (in der genialen Form einer staatlichen Zwangsanleihe). Doch
dessen ungeachtet wurde sie ob ihres Zögerns nicht nur von der
Mailänder Börse kritisiert, sondern auch von der City und der Wall
Street sowie von der Bundesbank; es wurde ihr nahegelegt, weitere
Einschnitte bei den Sozialleistungen vorzunehmen und die Lohnkosten weiter zu senken. Die Gesprächspartner erklärten den italienischen Bürgern unmißverständlich, daß sie für diese guten Ratschläge
dankbar zu sein hätten.

Die Gewerkschaften favorisierten die europäische Integration, meinten aber, daß die Lohnabhängigen nicht die einzigen sein sollten, die
dafür zu bezahlen hätten. Die regierenden Postkommunisten mußten
die Interessen ihrer Wählerschaft gegen die Forderungen ihrer Koalitionspartner und den unbarmherzigen Druck des internationalen
Kapitals abwägen. Die Gewerkschaften (katholische, postkommunistische und sozialistische) erinnerten die italienische Wirtschaftselite
daran, daß sie endlich an die Nation denken sollte. Sie stellten sich als
politische Avantgarde dar. Sie verlangten Investitionen in den Süden

und ganz allgemein in die öffentliche Infrastruktur. Prodi beschrieb sich selbst als Manager des Unternehmens Italien. Die Gewerkschaften erwiderten, daß er als linkskatholischer Politiker auch für den moralischen Zustand des Unternehmens verantwortlich sei.[15] Im Parlament sorgte D'Alema für die politische Reform. Das alte Verhältniswahlrecht war ideal für die Aufteilung der Beute. Kabinette kamen und gingen, die Politiker tauschten ihre Positionen untereinander, nichts veränderte sich. Die Öffentlichkeit betrachtete dies als mehr oder weniger gehobene Form der Unterhaltung. Doch ab den achtziger Jahren fühlten sich viele Bürger definitiv nicht mehr gut unterhalten. Italien hatte zwar eine vitale Gesellschaft, aber einen sklerotischen Staat. Die Bürger wollten eine moderne Regierung, wie sie in anderen Ländern Europas selbstverständlich war. Die Korruptionsaffären lieferten die Gelegenheit, und die Wahlgesetze wurden geändert. Die meisten Sitze gingen an die Koalitionen, die in den Wahlbezirken die Mehrheit erreicht hatten.

D'Alema gelang es nicht, die Zustimmung zu einer dauerhaften Reform zu erlangen, obwohl er bereit gewesen war, denen, die spezielle Interessen zu verteidigen hatten, große Zugeständnisse zu machen. Die römische Tageszeitung *La Repubblica* beobachtete die Manöver der alten Garde und beschrieb das Spektakel in unmißverständlichen Worten:»Jurassic Park im italienischen Stil: Die Dinosaurier kehren zurück.« Doch das Problem ist kein Defekt im genetischen Code der italienischen Politik. Es liegt darin, daß sich Italien extrem schwertut, die Regeln der politischen Debatte festzulegen.

Wir befinden uns auf schwierigem Terrain. Politische Institutionen können – wenn auch nicht auf kurze, so doch auf lange Sicht – die Resultate sozialer Konflikte bestimmen. Ein Verhältniswahlrecht verleiht Ideen und Interessen eine Stimme, die ansonsten möglicherweise ausgeschlossen wären. Es führt jedoch auch zu wechselnden Koalitionen und flüchtigen Mehrheiten. Dank des britischen Systems hatte Margaret Thatcher eine große Mehrheit im Parlament, obwohl sie nie sehr viel mehr als 40-Prozent der Stimmen gewonnen hat. Die amerikanische Verfassung gibt Staaten mit mehreren Millionen Einwohnern das gleiche Gewicht im Senat wie solchen, die nur einige hunderttausend Einwohner haben. Daneben verlangt die Verfahrensordnung des Senats eine 60-Prozent-Mehrheit, bevor über ein neues Gesetz abgestimmt werden kann. Dies stand in jüngster Zeit der Anpassung des amerikanischen Staats an eine veränderte Wirtschaft und

Gesellschaft im Weg. Auf die politisch unbewegliche Vierte Französische Republik folgte eine die technokratische Macht legitimierende Präsidialherrschaft.

In der Begründung der politischen Reform in Italien wird davon ausgegangen, daß sich gegensätzliche Ansichten über das nationale Interesse in Wahlen äußern. Doch als eines sonnigen Sonntags im Jahr 1999 eine Volksbefragung zur Wahlreform stattfand, zog es die Mehrheit der Wähler vor, an den Strand oder in die Berge zu fahren, und das (positive) Ergebnis war ungültig. Die Postkommunisten auf ihrer Suche nach einer neuen politischen Kultur, die Katholiken, die die nationale Solidarität erneuern wollten, und die Technokraten, die einen modernen Staat zu errichten trachteten, wurden darin bestätigt, mit indirekteren Vorgehensweisen zu experimentieren.

An diese Tradition knüpfte Prodi schließlich an, als es um den dritten Bestandteil seines Programms ging: eine Reihe von Reformen im Bildungs- und Rechtswesen und einen erneuten Versuch, die Verwaltung zu dezentralisieren. Die Vorschläge für die Bereiche Bildung und Recht stießen auf Widerspruch bei Lehrern und Richtern sowie anderen Rechtsbeamten. Die Reformen kamen nicht zustande, doch es kam zu einer öffentlichen Diskussion, die möglicherweise langfristige Ergebnisse zeitigen wird. Die Regierung Prodi und die 1998 folgende Regierung D'Alema schafften es nicht, die völlig unzulänglichen Standards im Gesundheitswesen, dem öffentlichen Verkehr und der gesamten Infrastruktur zu verbessern. Die Arbeitslosigkeit (vor allem im Süden) sank nicht spürbar. Der umfangreiche Sektor der italienischen Wirtschaft, der dereguliert ist und keine Steuern zahlt, weil er schwarzarbeitet, war so sichtbar wie eh und je, wenn nicht sogar noch sichtbarer. Die internen Streitigkeiten der Regierungskoalitionen waren ebensowenig beizulegen und ebenso langweilig für die Öffentlichkeit wie in den Zeiten, als sich Christdemokraten und Sozialisten die Macht geteilt hatten.

Die Art und Weise, wie D'Alema 1998 Ministerpräsident wurde, war besonders anachronistisch. Prodi stellte einen Haushalt vor, den die orthodox-kommunistische *Rifondazione* für unausgewogen hielt: eine zu sparsame Finanzpolitik, zu wenig Geld für den sozialen Bereich. Beim Streit, ob der Rücktritt der Regierung erzwungen werden sollte, brach sie in zwei Fraktionen auseinander. Die Gewerkschaften billigten den Haushalt ebenfalls nicht, sahen jedoch keinen Sinn darin, Neuwahlen zu provozieren, die das Mitte-Links-Bündnis hätte verlieren können. D'Alema vereinte die Fragmente der Linken und gewann die Unterstützung von Abgeordneten, die der Mitte zugeordnet werden könnten, wenn man eine Mercatorprojektion der politischen Landkarte zugrunde legt, die für italienische Koalitionskrisen ausgearbeitet worden ist.

D'Alema trat sein Amt als erster postkommunistischer Ministerpräsident Italiens und Westeuropas und als Vorsitzender einer Partei an, die knapp über 20 Prozent der Stimmen gewonnen hatte. Der Rest der italienischen Linken (mit weiteren 15 Prozent) war zersplittert. Der katholische Koalitionspartner war zahlenmäßig schwach und hatte auch keine besonders starken Überzeugungen. Nach Prodis Abgang schien die Realisierung seines ursprünglichen Projekts einer großen Koalition für Reformen in weite Ferne gerückt. D'Alema und die anderen taten so, als fühlten sie sich durch sein Vermächtnis belastet und bereichert zugleich. Als Postkommunist stand D'Alema nun vor denselben Problemen, die die italienischen Kommunisten die ganze Zeit über bedrückt hatten: Wie ließ sich die sozialistische Transformation der Gesellschaft mit der Entwicklung einer demokratischen politischen Kultur kombinieren? Konnte ein umfassendes Gesellschaftsprojekt das kreative Chaos des Pluralismus aushalten, das mit einer solchen politischen Kultur einherging? Angenommen, die kurzfristige Antithese zwischen Produktivität und sozialer Gerechtigkeit würde zu einer dauerhaften?

Die momentane Offenheit des postkommunistischen kulturellen Projekts erschwert es, italienische Antworten auf diese Probleme zu finden. Die meisten sozialistischen Parteien Europas gaben sich ein kulturelles Profil, indem sie sich an Vorbildern oder Gegenbildern aus der Vergangenheit orientierten. In der Geschichte Italiens gibt es kein überzeugendes Gegenstück zur gebildeten britischen Gentry, zur aufgeklärten französischen Bourgeoisie (oder der späteren Boheme) und noch viel weniger zu der deutschen Mischung aus den Zwängen des Preußentums und dem Humanismus. Die italienische Kultur ähnelt momentan auf sonderbare Weise der amerikanischen, die sich hinsichtlich der Vergangenheit im freien Fluß befindet. Die Postkommunisten denken im kulturellen Bereich nicht mehr in Begriffen des Aufstiegs der Arbeiterklasse zur bürgerlichen Kultur. Sie können die Arbeiterklasse nicht mehr klar bestimmen, sie können aber auch nicht sagen, worin bürgerliche Werte bestehen, wenn es sie denn überhaupt noch gibt.

Walter Veltroni, der 1998 die Nachfolge D'Alemas als Generalsekretär der Partei antrat, war unter Prodi Minister für Kultur gewesen. Er
öffnete nachts die Museen, und viele Leute nutzten das Angebot. Er
ermunterte unabhängige Künstler durch maßvolle Subventionen. Er
akzeptierte eine begrenzte Rolle des Staates bei der Koordination der
Kulturarbeit und verzichtete implizit auf ein großangelegtes pädago-
gisches Konzept. Dadurch konnte die Frage des Verhältnisses von öffentlichen und privaten Investitionen in den Bereichen des Fernsehens und
der elektronischen Medien durch ad hoc getroffene politische Vereinbarungen gelöst werden, wobei kulturelle mit wirtschaftlichen Projekten verschmolzen. Bezüglich ihres wirtschaftlichen Projektes teilt die
postkommunistische Partei jedoch die Meinung des italienischen Kapitals, indem sie der Europäisierung oberste Priorität einräumt.

Der Prozeß der Europäisierung ist mehrdeutig, da er dreierlei beinhaltet: Zum einen verlangt er, daß das Niveau der öffentlichen Verwaltung Italiens auf das der anderen großen europäischen Nationen
gehoben wird. Zum zweiten sollen italienische Firmen wettbewerbsfähig gemacht werden (was sie in vielen Bereichen längst sind). Und
drittens soll ebensoviel italienisches Kapital im Ausland investiert
werden wie europäisches Kapital in Italien. Doch wird Italien auf
lange Zeit hin höchstwahrscheinlich ein Nettoimporteur von Kapital
bleiben.

In der kurzen Zeit, in der Giuliano Amato (einer der Sozialisten,
deren persönliche Lauterkeit dazu führte, daß sie die Katastrophe
unter Craxis Führung unversehrt überstanden) als Minister in der
Regierung d'Alema für die Reform des Staates zuständig war, legte er
ein außerordentlich ehrgeiziges Reformprojekt vor. Verwaltungstech-
nische und fiskalische Funktionen sollten an die Regionen abgegeben
werden; die Autonomie der Städte sollte vergrößert werden; den Ministerien sollte die Verantwortung für die Entwicklung und Aufrechterhaltung der Infrastruktur und der Dienstleistungen der öffentlichen
Hand abgenommen und den neu gestärkten Gebietskörperschaften
übertragen werden. Dadurch würde Italien der BRD oder Spanien viel
ähnlicher werden. Der Präsident der Republik, Carlo Ciampi, unterstützte diesen Plan mit dem moralischen Gewicht seines Amtes. Ein
einflußreicher Teil der italienischen Technokraten glaubt demnach,
daß ihr Staat einfach nicht mehr gerettet werden könne; die einzige
Reform bestünde ihrer Meinung nach darin, ihn zu zerstören und
durch einen ganz anderen zu ersetzen. Doch Amato hatte kein Kon-

zept, um die politische Elite Italiens durch eine andere zu ersetzen. Sein Plan wurde respektvoll aufgenommen, in den ernstzunehmenderen Medien diskutiert und prompt vergessen, als Regierung und Opposition sich wieder ihren kleinlichen Auseinandersetzungen zuwandten, nicht zuletzt denen in ihren eigenen Reihen.

Die Postkommunisten schlossen sich der Ölbaum-Koalition an, weil sie die Aussicht eröffnete, italienische Regierungen durch das Alternieren zwischen zwei kohärenten Lagern in die Lage zu versetzen, langfristige Planungen und strukturelle Reformen vorzunehmen. Bislang sind die Ergebnisse äußerst bescheiden. Da die Postkommunisten die Europäisierung nach den Regeln akzeptierten, die der Markt diktiert, haben sie ihre Fähigkeit eingeschränkt, Alternativen vorzuschlagen. Zwar äußern sie (und die Linkskatholiken) unermüdlich ihre Entschlossenheit, Italiens sozialen Konsens zu verteidigen, doch andererseits bemühen sie sich, ihn zu erweitern, und das mit Mitteln, die besonders von den Gewerkschaften als verordnet und nicht verhandelt betrachtet werden.

Die Postkommunisten sind sich seit langem über die Schwächen der italienischen Wirtschaft im klaren. Kleidung und Textilien werden exportiert, doch Hochtechnologie muß importiert werden. Einige Sektoren der italienischen Wirtschaft (zum Beispiel spezialisierte Maschinen für den industriellen Gebrauch) sind zwar fortschrittlich, doch von einer systematischen Investition in die Zukunft ist weit und breit nichts zu sehen. In wichtigen Bereichen – im Bankwesen, bei den Finanzdienstleistern, der Telekommunikation, den Versorgungsdienstleistungen – nimmt ausländisches Kapital zunehmend überhand. Wenn das staatliche Reformprojekt tatsächlich umgesetzt wird, wird man bei der Entwicklung der materiellen und sozialen Infrastruktur nicht auf lokale und regionale Banken als Partner verzichten können. Doch diese Banken werden rasend schnell von internationalen Finanzkonzernen übernommen. Die Bedürfnisse lokaler Entwicklung gehören aber nicht unbedingt zu deren Schwerpunkten. Die Postkommunisten haben in ein umfangreiches Programm der Privatisierung öffentlicher Unternehmen eingewilligt. Wo aber liegen die Grenzen, die nicht überschritten werden dürfen, um die nationale Autonomie und die Unabhängigkeit politischer Entscheidungen zu bewahren?

In einem seiner letzten Auftritte als Ministerpräsident nahm Prodi zusammen mit Clinton und Blair Anfang 1998 in New York an einer Konferenz über den Dritten Weg teil. Er äußerte sich – wenn auch zurückhaltend – skeptisch, daß seine Kollegen etwas Neues zu sagen hätten. Im Mai 1999 nahm D'Alema zusammen mit Blair, Clinton, Kok und Schröder in Washington an einem Symposium über den Dritten Weg teil. Er stellte fest, daß dem Begriff *Sozialismus* in den USA wenig Sympathie entgegengebracht würde, daß seine Partei jedoch einige Vorstellungen mit den amerikanischen Gesprächspartnern gemeinsam habe. Was das Bildungswesen betreffe, fuhr er fort, seien beide an der Entwicklung der Bürger zu Staatsbürgern interessiert und an der Entwicklung von Menschen mit Mitteln, die keinesfalls bei den Kriterien des Marktes haltmachen dürften. Prompt meinte Clinton, wenn er gerade einen Wahlkampf führen würde, hätte er D'Alema nicht eingeladen. Offensichtlich war man nach wie vor der Meinung, die Postkommunisten würden dem Markt nicht erlauben wollen, die Grenzen der Politik festzulegen. Dieser Vorwurf gereicht ihnen zur Ehre – doch hatten sie die auch verdient?

D'Alemas Regierungszeit, die 2000 abrupt mit der Niederlage der Koalition bei den Regionalwahlen endete, war von deutlichen Ambivalenzen geprägt. Nicht, daß er (und die Postkommunisten, die Gewerkschaften und die Linkskatholiken) gegen die Wirtschaft und die technokratische Elite gekämpft hätten, die die Rationalisierung des italienischen Staates und der italienischen Gesellschaft anstrebten. Er machte sich sogar zu ihrem Sprecher und versuchte, ihre Geschäftspartner in Europa (und auch in den USA), die Italien noch immer mit herablassender Arroganz behandelten, zu beruhigen. D'Alema hatte häufig Auseinandersetzungen mit den Gewerkschaften und brachte gewiß kein großangelegtes nationales Projekt voran, das die Ungleichheiten bei Einkommen und sozialer Infrastruktur zwischen Nord und Süd zu ändern suchte oder das Beschäftigungschancen für die Jugend im ganzen Land entwickelte. Er setzte das fort, was er begonnen hatte, als er unter seinem Vorgänger, Prodi, Fraktionschef im Parlament gewesen war: die Bemühung, mit Berlusconi und der vollkommen gespaltenen Opposition einen Kompromiß zur Reform des Staates auszuhandeln.

Berlusconi profitierte von einer dreifachen Strategie. Er erneuerte die zerbrochene Koalition mit der Lega Nord und der *Alleanza Nazionale.* Aus *Forza Italia,* die früher sein schlecht verkleideter Medien- und Sportkonzern gewesen war, machte er eine richtige Partei mit beträchtlichen lokalen Wurzeln. In der Zwischenzeit scharten sich einige recht ehrgeizige, doch ansonsten ziemlich leichtgewichtige Politiker um ihn. In den Verhandlungen mit D'Alema stellte Berlusconi zwei nicht akzeptable Forderungen: die Erhaltung seines Fernsehimperiums und eine Neuorganisation der Gerichte, die ihn davor bewahren sollte, ins Gefängnis zu wandern. Für seine Verbündeten mit ihren widersprüchlichen und oft genug absurden Forderungen (so sollten zum Beispiel Immigranten in ihre Heimatländer zurückgeschickt werden oder die Bedingungen für die Beteiligung Italiens am Euro und der EU sollten neu verhandelt werden) konnte er nicht einstehen. D'Alemas Koalition war geplagt von internen Auseinandersetzungen über die Frage, wer die Kosten für die Reform des italienischen Rentensystems übernehmen sollte, ein Thema, das Berlusconi geflissentlich überging. Die Jahrzehnte, in denen unzureichend in die Qualität und Quantität der öffentlichen Dienstleistungen (Erziehung, Umweltschutz, Gesundheit, Sicherheit am Arbeitsplatz, Transport) investiert worden war, zeitigten ihre unausweichlichen Folgen: Inmitten allgemeiner Prosperität verschlechterten sich die Lebensbedingungen, was der momentanen Regierung angelastet wurde. Überzeugt, daß sie aus der öffentlichen Unzufriedenheit Kapital schlagen könnte, hielt die Opposition die Konflikte unter der Decke, die fünf Jahre zuvor zum Ende ihrer Regierung geführt hatten. Sie konnte einen großen symbolischen Sieg verzeichnen, als sie 1999 die Wahlen in der ehemals kommunistischen Bastion Bologna gewann. Dem folgte 2000 ein substantieller Erfolg in den Regionalwahlen, bei denen sie in 10 von 15 Regionen die Mehrheit erzielte.

Der Wahlkampf wurde von Berlusconi mit extrem primitiven und vulgären Mitteln geführt. Keine Grobheit oder Unwahrheit war zu krass, um nicht eingesetzt zu werden. Es zeigte sich Italiens offensichtlich riesiges Reservoir an provinziellen Vorurteilen, kulturellen und sozialen Ressentiments und Fremdenfeindlichkeit. Die Postkommunisten, die sich als Erben Gramscis fühlten, und Italiens gebildete Elite ganz allgemein stellte sich die Frage, warum sich so viele Bürger fünfzig Jahre nach der Gründung einer modernen Republik so sehr mit ihren privaten Leiden alleingelassen fühlten. Italiens Linkskatholiken, Postkommunisten und Technokraten hatten es nicht geschafft, ein alternatives Modell von Politik und Gesellschaft vorzuschlagen. Ihre Bemühungen, Unternehmertum und individuelle Verantwortung zu fördern und staatliche Macht an die Zivilgesellschaft zu übertragen, wurden von der Opposition karikiert, die ständig zwischen Klientelismus und Sozialdarwinismus wechselte.

Berlusconis Forderung nach sofortigen Parlamentswahlen wurde vom Präsidenten abgelehnt, der sich beeilte, ein weiteres Mal Amato für das Amt des Ministerpräsidenten zu bestellen. Am Anfang dieses Jahrzehnts hatte er in dieser Funktion maßgeblich zur Überwindung der Finanzkrise beigetragen und genoß außerhalb Italiens großes Ansehen. (Wenn Berlusconi nicht sein Veto eingelegt hätte, wäre er 1994 auch Präsident der EU-Kommission geworden.) Die Frage war allerdings, ob er für den Zeitraum bis zu den Parlamentswahlen im Jahr 2001 mehr würde sein können als ein eleganter Treuhänder.

Italiens Optimisten trösteten sich mit dem Gedanken, daß die Zukunft der politischen und gesellschaftlichen Reform Italiens in den Händen einer neuen Generation von Regionalpolitikern läge: Antonio Bassolino, der postkommunistische Bürgermeister von Neapel (der die Regionalwahlen in der Campagna gewann); Massimo Cacciari, der Bürgermeister von Venedig, und Rutelli, der grüne Bürgermeister von Rom. Wenn regionale Politiker die nationale Bühne betreten, werden sie natürlich auch mit nationalen Problemen konfrontiert. Das, was früher einmal die italienische Linke gewesen war, stand wie auch ihr bürgerliches republikanisches Gegenstück (schon die Begriffe wirken archaisch) fünfzig Jahre nach ihrem Neuanfang wieder vor den alten Problemen. Italiens wirtschaftliche und soziale Probleme lassen sich nur lösen, wenn sich ein neuer politischer Republikanismus entwickelt. In Italien sind klassische Reminiszenzen nie fehl am Platz: Wer wird den gordischen Knoten durchschlagen?

9 »Les Anglo-Saxons«: Großbritannien

Ich habe den Begriff Charles de Gaulles verwendet, dessen kritische Distanz zum Vereinigten Königreich und den Vereinigten Staaten möglicherweise seiner katholisch geprägten Einstellung entstammte, daß man auf den Markt zwar nicht verzichten könne, er jedoch nicht über alles erhaben sei – und daß die englischsprachigen Gesellschaften so stark von ihren Märkten geformt seien, daß sie eigentlich gar keine Nationen seien. Wenn er dies tatsächlich so sah, irrte er. Das moderne Großbritannien und seine Kultur lassen sich schwerlich allein mit dem Kapitalismus erklären, und die Getriebenheit der amerikanischen Existenz entsteht dadurch, daß Ziele verfolgt werden, die weitaus weniger greifbar sind als Reichtum. In beiden Ländern waren (und sind) die protestantischen Varianten sozialen Christentums untrennbar mit sozialreformerischen Bewegungen verbunden.

Dennoch gibt es in der britischen und in der amerikanischen Zivilisation etwas, das ihnen einen besonderen Akzent verleiht und den Institutionen gesellschaftlicher Solidarität Grenzen setzt. Franklin D. Roosevelt betonte, daß sein neues Social Security-Programm eine Sache der individuellen Vorsorge – nur eben mit dem Mittel der Sozialversicherungsbeiträge – sein müsse. Ein späterer Anglikaner, Tony Blair, betont, daß die persönliche Verantwortung vor der kollektiven Bemühung stehe. Lokalpatriotische Traditionen in den USA und Großbritannien beeinflussen die Politik maßgeblich (selbst wenn wir den Mythos von den angelsächsischen Wäldern als Geburtsstätte der Demokratie zu Recht als absurd abtun). Wichtig ist das *Common law* mit seinem Schwerpunkt auf autonomen Rechtssubjekten, die im privaten Raum vertragliche Beziehungen unterhalten. In beiden Gesellschaften hat es extreme und anhaltende Klassenkämpfe gegeben, auch wenn sie heute zwischen gesellschaftlicher Atomisierung und einem korporatistischen Sozialdarwinismus alternieren. Als erste Gesellschaft entwickelte das Vereinigte Königreich eine industriell gefertigte Massenkultur, die die traditionellen Bindungen von Familie, Nachbarschaft und Arbeitsplatz überlagerte. Die Vereinigten Staaten zogen schnell nach.

Im ausklingenden 19. Jahrhundert und in den ersten Jahrzehnten des 20. Jahrhunderts stellten Lloyd George und Theodore Roosevelt die Interessen ihrer Nationen gegen die totale Herrschaft des Marktes. In den dreißiger Jahren betrachtete die britische Labour Party von ihrer Oppositionswarte die Vertreter des New Deal mit Sympathie und auch ein wenig neidvoll. Der amerikanische Sozialvertrag der Nachkriegsjahre und Lyndon B. Johnsons Projekt der *Great Society* wurden von Labour als Fortsetzung des New Deal gesehen. In dieser Zeit überquerten Intellektuelle und Ideen den Nordatlantik in beide Richtungen.[1]

In den ersten Jahrzehnten des 20. Jahrhunderts wurde die Labour Party von anderen westeuropäischen Sozialisten bewundert, und die Vereinigten Staaten galten in ihren Augen schon vor dem New Deal als eine experimentierfreudige und offene Gesellschaft. Die konservativen Regierungen von Churchill, Eden, Macmillan, Hume und Heath, die auf die Attlee-Regierungen von 1945 bis 1951 folgten, griffen den im Vereinigten Königreich herrschenden wohlfahrtsstaatlichen Konsens nicht an. Die republikanischen Präsidenten Eisenhower, Nixon und Ford machten die Reformen Franklin D. Roosevelts, Trumans und Lyndon B. Johnsons nicht rückgängig. Wenn die USA und Großbritannien als Nationen der »sozialen Grausamkeit« bezeichnet werden (der Begriff findet sich in Michel Rocards Beschreibung des Tory-Britanniens der letzten Zeit), ist dies auf das Wirken Ronald Reagans und Margaret Thatchers zurückzuführen.[2] Ihre Projekte gingen mit einem erheblichen Maß an Brutalität, Ausbeutung und Selbstsucht einher. So muß man sich fragen, warum sie von Wählern unterstützt wurden, die langfristig gesehen offenkundig wenig oder nichts durch diese Politik zu gewinnen hatten. Weder die Politik Reagans noch der Thatcherismus können als Übungen ideologischer Natur wegerklärt werden, beide waren kohärente historische Projekte.[3] Ich wende mich als erstes Großbritannien zu, das heißt dem Unvermögen der Labour Party, sich nach ihrer Rückkehr an die Macht 1964 als glaubwürdige und dauerhafte Regierungspartei zu etablieren.

Nach einem Wahlkampf, der eine Variante (oder eine Parodie) von Kennedys Versprechen war, die USA wieder in Schwung zu bringen, wurde Harold Wilson 1964 Premier. Labour hatte vor, den britischen Kapitalismus zu modernisieren, hatte die Rechnung aber ohne die Trägheit und den Provinzialismus beträchtlicher Teile der britischen Gesellschaft gemacht. Alle Labour-Regierungen der Nachkriegszeit hielten an der fiktiven *special relationship* zu den USA fest und zeichneten dafür das unglaubwürdige Bild eines Lehrer-Schüler-Verhältnisses zu den ungebildeten Yankees.

Diese Fiktion und das übertriebene Festhalten am britischen Pfund als Leitwährung schadeten den Beziehungen der beiden großen britischen Parteien zum übrigen Westeuropa. Besonders großen Schaden erlitt Labour, da in der Partei viele eine zu enge und exklusive Beziehung zu den USA mit Skepsis betrachteten. Doch mit der gleichen Beschränktheit wie die Verfechter einer besonderen Beziehung zu Amerika beharrten auch sie auf der Einzigartigkeit der Stellung, die Britannien in der Welt einnähme. Diejenigen, die für den Erhalt der Unabhängigkeit der britischen Atomrüstung eintraten, zogen es vor, die Abhängigkeit der britischen Armee von amerikanischer Technologie zu ignorieren. Diejenigen, die für die nukleare Abrüstung eintraten, beschworen die vermeintlich große Resonanz, die der britische Verzicht als gutes Beispiel für die ganze Welt haben würde. Keine dieser beiden Fraktionen machte sich die Mühe, der offenkundigen Tatsache ins Auge zu blicken, daß sich die Welt wenig darum kümmerte, was Großbritannien tat oder nicht tat.

Die anhaltenden Qualen, die die Frage der Mitgliedschaft in den damaligen Europäischen Gemeinschaften der Labour Party bescherten, ergaben ein verwirrendes und widersprüchliches Desaster. Die Partei versuchte, sich von der politischen Vormundschaft der USA zu befreien, und strebte eine relative Autonomie der Kapitalmärkte an. Dies brachte aber nur wenige Parteimitglieder dazu, die offenkundige Lösung zu erkennen: Wenn sich Großbritannien mit Frankreich und vor allem Deutschland in einem neuen Block zusammenschlösse, könnte Westeuropa mehr Spielraum zwischen den Supermächten erlangen. Wilson kam zu diesem Schluß, nachdem seine Bemühungen, die britische Wirtschaft in einem ausschließlich nationalen Rahmen wiederzubeleben, gescheitert waren – doch wie Macmillan vor ihm wurde er wieder von de Gaulle aufgehalten, der den Briten nicht zutraute, unabhängig von den USA zu agieren. Danach verbrachte

Labour ein Vierteljahrhundert mit fruchtlosen Diskussionen über eine stärkere Anbindung an Europa und isolierte sich von einigen der intelligentesten und einflußreichsten Gruppen des europäischen Sozialismus. Es brachte Labour keine Gewinne in dem chauvinistischen und fremdenfeindlichen Teil der britischen Wählerschaft, der auf die in dieser Angelegenheit authentische Stimme des rechten Lagers der Tories hörte.

Wie die antieuropäischen Tories hegten auch die hartnäckigen Gegner der europäischen Integration unter den Labour-Mitgliedern eine nostalgische Sehnsucht nach dem vergangenen imperialen Glanz. Die antieuropäischen Tories waren Nachfahren des unvergeßlichen Colonel Blimp.[4] Es war ihnen unverständlich, warum die Spitze des britischen Kapitals proeuropäisch eingestellt war. Die wirtschaftliche Elite wollte ein Europa, in dem ein rationalisierter britischer Kapitalismus mit niedrigen Lohnkosten den kontinentalen Volkswirtschaften Konkurrenz machen konnte. Dies war Thatchers Konzept der britischen Beteiligung an Europa – eine erweiterte Freihandelszone, in der der Gemeinschaft keinerlei Souveränitätsrechte zukämen und europäische Sozialstandards undenkbar wären.

Anstatt das britische Kapital an diesem Punkt herauszufordern, blieb Labour jahrzehntelang auf Distanz zu den kontinentalen Parteien, die sich dem Sozialismus in Europa verschrieben hatten, etwa den deutschen Sozialdemokraten. Angesichts der Erfahrungen von Labour – von der Sterling-Krise 1931 bis zu den permanenten Schwierigkeiten der Labour-Regierungen nach 1945 mit den internationalen Finanzmärkten – ist ihr Isolationismus kaum nachzuvollziehen. Der britische Historiker Christopher Hill beschrieb den Mythos des »Normannischen Jochs«, den Glauben der Durchschnittsengländer, daß die Unterdrückung ihrer Klasse von den Nachfahren der Eroberer ausgeübt werde und deshalb illegitim sei, was soziale Gerechtigkeit wie nationale Integrität beträfe.[5] Offenbar hält sich dieser Glauben bis heute.

Viele der intellektuellen Gegner einer europäischen Integration führten schwerwiegende Argumente an, eingebettet in ihre Analyse des britischen Kapitalismus und seiner Beziehung zum Rest der Welt. Wie die jüngeren Ereignisse verdeutlichen, hatten sie recht mit ihrer Annahme, daß das europäische Projekt es mit sich bringe, nationale Hindernisse für die absolute Herrschaft der Märkte aus dem Weg zu räumen.[6] Dennoch gab es bei Labour wortgewandte Fürsprecher der europäischen Integration. Einige der prominentesten unter ihnen sollten sich später von der Partei lossagen und eine neue Sozialdemokratische Partei gründen. Die Position der Sozialdemokraten zu Europa war eng mit ihrer Haltung zum britischen Kapitalismus verknüpft: Internationale Umstände machten nationale Regulierungsbemühungen wirkungslos. In ihrer Analyse des Kapitalismus standen sie den hartnäckigen Gegnern der europäischen Integration nahe, doch nicht mit ihren Schlußfolgerungen. Sie bildeten eine intellektuelle und internationalistische Strömung der Labour Party, die mit ihrer Arbeiterklasse integriert war, bis die neue Entwicklung des Kapitalismus sie dazu brachte, sich zumindest eine gewisse Zeit zu bekämpfen.[7]

Die Tory-Regierungen der Jahre 1951 bis 1964 profitierten von dem anhaltenden Anstieg des Lebensstandards in Großbritannien, der sich nirgends deutlicher zeigte als bei der Arbeiterklasse, wie unpräzise dieser Begriff auch immer sein mag. Ob in der Industrie oder im expandierenden Dienstleistungssektor, die untere Hälfte der Einkommenspyramide hatte mehr Kaufkraft. Ein grundlegendes Element der relativen Prosperität Ende der fünfziger Jahre waren die von den Labour-Regierungen zwischen 1945 und 1951 vorgenommenen Maßnahmen zur Umverteilung und zur sozialen Sicherung sowie die relativ soliden ökonomischen Erfolge der von Labour verstaatlichten Industrien – kurz, der wirtschaftliche Wiederaufbau mit einem festgesetzten Minimum an sozialer Gerechtigkeit. Labour hatte versucht, die britische Klassengesellschaft mit ihrer extremen kulturellen und ökonomischen Fragmentierung durch eine Nation von Staatsbürgern zu ersetzen. Die Arbeiterklasse beziehungsweise ihre beträchtlichen gewerkschaftlich organisierten Teile waren zurückhaltender – oder realistischer. Sie wollten Lohnerhöhungen, sicherere Beschäftigungsverhältnisse und verbesserte Arbeitsbedingungen. Sobald sie diese Ziele erreicht hatten, verteidigten sie die Interessen ihrer Mitglieder durch konsequentes Verhandeln, ohne sich allzusehr um die längerfristigen Ziele einer gesellschaftlichen Transformation zu kümmern.

Natürlich gab es Gewerkschaftsführer aus dem selbstbewußten linken Lager – doch ihre häufig gezeigte Intransigenz führte zu wenig mehr, als sie Teil der europäischen Tradition des *ouvriérisme* werden zu lassen. Vor kurzem veränderte Labour das Parteistatut, und unter den verheerenden wirtschaftlichen und rechtlichen Auswirkungen des Thatcherismus erlitten die Gewerkschaften einen erheblichen Machtverlust; doch bis dahin hatten sie die Labour Party dominiert.

Bei Parteikonferenzen stellten sie einen gewichtigen Stimmenblock, sie stellten viele der führenden Persönlichkeiten im Parlament und nahmen mit anderen privilegierte Beziehungen auf. Trotz vielfältiger Spannungen in der Partei zwischen Arbeiterklasse und Mittelschicht, zwischen den praktischen Zielen der Gewerkschafter und der Nüchternheit der Intellektuellen, die sie führten, gab es einen scheinbar anhaltenden Konsens. Die großen Anstrengungen der Jahre 1945 bis 1951 (und die zwischen 1940 und 1945 vorangegangenen waren noch viel größer gewesen) lagen hinter ihnen; nun fragten sich die Intellektuellen – Gaitskell und Wilson, Crosland und Jenkins, Crossman und Healey – besorgt, wie sie die gemischte Wirtschaftsordnung managen sollten, die sie geschaffen hatten. Visionen einer umfassenden Transformation entwickelte nur das linke Lager von Labour, angeführt von Anthony Benn und Michael Foot; auffallend war die mangelnde Unterstützung, die sie immer, wenn es darauf ankam, von der Arbeiterklasse bekamen, wenn sie sich hilfesuchend an sie wandten.

Diese Klasse hatte sich verändert.[8] Sie gab sich höchst bereitwillig der kapitalistischen Konsumkultur hin. Dieser Prozeß wurde vor vierzig Jahren in den Werken von Richard Hoggart und Raymond Williams eingehend und intellektuell aufregend diskutiert. Die gesamte Weltwirtschaftskrise und den Zweiten Weltkrieg hindurch beruhte die Solidarität der Arbeiterbewegung auf ihrer gemeinsamen Knechtschaft in körperlicher Arbeit, auf dem Stolz der Arbeiter auf ihre Fertigkeiten, auf ihrem Gefühl, daß die Gesellschaft ihnen etwas verdanke, und auf einer gemeinsamen Sprache und Tradition in ihren Wohnvierteln. Die relativen Wohltaten der Prosperität, die ein nicht unerhebliches Minimum an wirtschaftlichen und sozialen Leistungen beinhaltete, änderten vieles; in der Folge erodierte der Wohlfahrtskapitalismus das ehemals in sich geschlossene kulturelle Milieu. Edward P. Thompsons großartiges Buch »The Making of the English Working Class« war wie zuvor auch Eric Hobsbawms »Labouring Men« weit mehr als nur ein Geschichtswerk. Beide waren Traktate für ihre Zeit, darauf angelegt, den Boden für ein neues soziales Denken zu bereiten, indem sie das Spezifische an der Vergangenheit aufzeigten.[9] Inzwischen veränderten administrative, politische und technologische Veränderungen in der Produktion und der wachsende Anteil von Frauen in der Arbeitnehmerschaft die Zusammensetzung der Arbeiterklasse. Wenn der Begriff so verstanden wird, daß er alle diejenigen umfaßt, die abhängig beschäftigt sind, schloß er viele Arbeitnehmer aus der breiten Mitte der Beschäftigungshierarchie ein: Schreibkräfte, Verkaufspersonal, Manager, Techniker und auch Akademiker. Einer der Texte der Neuen Linken, der die älteren Labour-Anhänger verwirrte, war Stuart Halls Untersuchung über die mangelnde kulturelle Bindung an die eigene Klasse – die Befindlichkeit, das Selbstbild und die Wahlmöglichkeiten vor allem jüngerer Angestellter und Arbeiter in der Konsumkultur.[10] Das Thema belastete nicht nur sozialistische Theoretiker und akademische Sozialwissenschaftler. Immer wenn sich die Labour-Regierungen unter Wilson und Callaghan um eine Einigung mit den Gewerkschaften bemühten, stießen sie auf Widerstand, wenn es um die Verringerung von Lohnunterschieden innerhalb der Arbeiterklasse ging. Labours Vorschläge zur Rationalisierung der britischen Wirtschaft kollidierten mit dem, was die Gewerkschaften für die unmittelbaren Interessen ihrer Mitglieder hielten.

Immer mehr Arbeitnehmer waren jedoch in den nicht-gewerkschaftlich organisierten Sektoren der Wirtschaft tätig, und selbst gewerkschaftlich organisierte Arbeiter stimmten häufig nicht mehr für Labour. Von 1945 bis 1992 fiel der Anteil der Labour-Stimmen innerhalb der Arbeiterklasse von rund 60 auf rund 40 Prozent. Teilweise war das auf etwas zurückzuführen, was wir als ein von den Medien geschaffenes falsches Bewußtsein bezeichnen könnten: Unablässig wurden gewerkschaftlich organisierte Arbeiter als gierige Drückeberger gezeichnet, die bereit wären, bei jedem falschen Wort des Vorarbeiters zu streiken. Die Einbrüche der Tories (und der Liberalen) in die Klasse der Lohnempfänger waren schon lange vor Thatchers erfolgreicher Zerstörung der Gewerkschaftsmacht spürbar; Thatchers Feldzug aber machte die Arbeiterklasse selbst fügsam und errang sogar ihre Unterstützung. Es wäre absurd zu behaupten, die von Thatchers Verbündeten in den Medien (etwa Rupert Murdoch) propagierten Slogans hätten das Bewußtsein der Arbeiterklasse so stark verändert, daß sich die traditionellen politischen Präferenzen gewandelt hätten. Thatchers Ideologie des Hyperindividualismus, der Privatisierung und der Entsolidarisierung mußte, um so erfolgreich zu sein, wie sie letztlich war, bereits vorhandene Verhaltensmuster (vor allem in der Arbeiterklasse) ansprechen.

Als Thatcher 1979 zum ersten Mal bei einer Wahl als Spitzenkandidatin antrat, konnte Labour keinen plausiblen Anspruch auf ökonomische Kompetenz erheben. Ihre wichtigste Innovation unter Wilson und Callaghan, das Departement of Economic Affairs [Wirtschaftsministerium], hatte es nicht geschafft, dem Schatzamt oder der Bank of England als Stellvertreter der internationalen Finanzmärkte die Kontrolle über die Wirtschaftspolitik zu entwinden. Die Beziehung zwischen Labour und den Gewerkschaften wurde von den Tories als Knechtschaft betrachtet, selbst wenn sich die Gewerkschaften kooperativ verhielten.

Schon in den ersten Wochen nach Wilsons Amtsantritt 1964 zeigte sich, daß der Nachkriegskonsens aufweichte. Der Gouverneur der Bank of England verlangte von Wilson, die Sozialausgaben eher zu verringern als auszuweiten, um »die Märkte« zu beruhigen. Dies war ein Affront, den sich bislang kein Bankgouverneur geleistet hatte.[11] (*Plus ça change*: Im Jahr 2000 kritisierten die Ökonomen des IWF den britischen Schatzkanzler, weil er die Ausgaben für den in Nöte geratenen National Health Service erhöht hatte. Der Schatzkanzler erinnerte sie nicht daran, daß sie in den Genuß einer ausgezeichneten Krankenversicherung kämen, die die Steuerzahler der Mitgliedsländer bezahlten. Er bestand auch nicht darauf, daß nach wie vor die britischen Wähler über die Staatsfinanzen zu entscheiden hätten; er erwiderte nur, daß er finanziell ebenso orthodox sei wie seine Kritiker.) Da das britische Kapital vom Finanzkapital mit dessen internationalen Interessen dominiert war, konnten sich Aktionäre und Spekulanten auf die höchste britische Tugend, »soundness« [Zuverlässigkeit], berufen. Die Bemühungen Macmillans, Homes und vor allem Heaths, die produktive Seite des britischen Kapitalismus zu modernisieren, gleichzeitig aber den Wohlfahrtsstaat beizubehalten, waren nicht sehr erfolgreich gewesen. Darauf ist auch der Entschluß zurückzuführen, sich Europa anzuschließen; zumindest teilweise hatte man erwartet, daß der kontinentale Wettbewerb und Einfluß den britischen Kapitalismus zu Innovationen anregen würde.

Der scharfsinnigste Betrachter dieser Epoche, Keith Middlemas, faßte das Problem mit der Feststellung zusammen, daß den wohlfahrtsstaatlich gesinnten Tories wie den sozialdemokratischen Labour-Mitglieder etwas fehlte, was die Europäer hatten: eine korporatistische Grundlage für eine staatlich gelenkte Wirtschaftspolitik.[12] Einerseits wurde Labour permanent von den Gewerkschaften untergraben, andererseits konnten die Tories sich nicht auf die gespaltenen Fraktionen des britischen Kapitals verlassen. Ihre Allianz mit der City nutzte ihnen wenig für ihre Beziehungen zur Industrie, denn die City dachte – abgesehen von ihrer Obsession mit dem Außenwert des Pfundes –

nicht in Begriffen nationaler Politik. Und selbst diese verlor mit der Zeit an Bedeutung. Nationale Standortbedingungen stellten kaum ein Hindernis für die City dar. Es lag an der Labour Party mit ihrem nationalen Verantwortungsbewußtsein, die Modernisierung der britischen Wirtschaft in Angriff zu nehmen.

Unter anderem bemühte man sich, es in der Industriepolitik Frankreich gleichzutun – was um so schwerer war, als es in Großbritannien den hohen technologischen Ausbildungsstand der französischen Arbeiterschaft nicht gab, den diese ihrem Bildungssystem zu verdanken hatte. Die Rationalisierung der Industrie stieß bei Eigentümern, Managern und Arbeitern auf Widerstand. Die wiederholten Sterling-Krisen – von den unterschiedlichen Ursachen war eine sehr wesentliche: die unausgeglichene Handelsbilanz, da Verbraucher importierte Waren bevorzugten – machten langfristige Planungen mit einem festen Datenrahmen unsicher. Gleichzeitig fehlte dem Wirtschaftsministerium die Macht, um ein erfolgreiches Erneuerungsprogramm durchzusetzen. Die Bürokraten des Schatzamtes schützten ihren Machtbereich meisterhaft, welchen anderen Beschränkungen auch immer sie unterliegen mochten. Es gab heftige Auseinandersetzungen über die Funktionen der verstaatlichten Industrien. Sollte ihnen bei Investitionen und Gehältern eine besondere Rolle zukommen? Sollten sie Vorbildfunktion für die gesamte Wirtschaft haben? Die bedrängte Labour-Regierung konnte keine sinnvolle Strategie entwickeln. Nach einem sehr knappen Sieg im Jahr 1964 gewann Wilson 1966 deutlicher – und stand 1967 vor einer Abwertungskrise.

In seinen Memoiren gab Wilson einer Verschwörung von City, Wirtschaft und den oberen Rängen des Staatsapparates die Schuld am Scheitern seiner Politik – Labour konnte nicht auf einen Weg gebracht werden, mit dem sie wiederholt Mehrheiten erringen hätte können.[13] Gewiß fühlten sich einige der höheren Staatsbediensteten dem Sozialvertrag der Nachkriegszeit nicht mehr verpflichtet, viele aber taten dies noch. Das Problem war, daß es zunehmend schwieriger wurde, die Vertragsbedingungen auszuhandeln, denn die Partner im Lande waren zu verschieden und die internationale Wirtschaft war Großbritannien nicht wohlgesonnen. Ein erfolgreicher Vertrag hätte vorausgesetzt, daß der Lebensstandard ständig stiege, um die Vertragspartner zu motivieren, die Steuerung durch die Regierung zu akzeptieren. Ein anderer Weg hätte in einer nationalen Mobilisierung bestanden, doch die Erschöpfung infolge des Kriegs und des anschließenden

Wiederaufbaus und daneben die vom Konsum getragene Prosperität der späten Fünfziger und der Sechziger schlossen diesen Weg aus. Labour blieb nur die kurzfristige Steuerung und das Krisenmanagement; 1970 verlor sie abermals eine Wahl gegen die Tories. Edward Heath, Wilsons Nachfolger als Premierminister, war ein Tory-Reformer, der ebenfalls die Modernisierung der britischen Industrie anstrebte. Er war sich sogar mit vielen Vordenkern der Labour Party einig, daß es wünschenswert sei, dem rückwärtsgewandten Provinzialismus eines Großteils der britischen Kultur ein Ende zu setzen. Heath hatte dasselbe Problem wie Labour: Die Wahlen wurden von einer ständig wachsenden Gruppe von Wechselwählern entschieden, die keine familiär oder sozial bedingten Parteiloyalitäten mehr besaßen. Britische Autoren bezeichneten sie als »halb-gebundene« Wähler. Diese Wähler, wie auch die finanziell Bessergestellten, neigten dazu, Regierungen nach kurzfristigen Erwägungen zu beurteilen. Heath mußte gegen ihre Skepsis in bezug auf große Visionen ankämpfen, gegen ihren Rückzug ins Private – und gegen klassenspezifische und nationale Ressentiments, die quer durch alle Parteien gingen. In der Regel gelang es den Tories besser als Labour, diesen unvollständig artikulierten Groll zu mobilisieren, doch Heath tat dies ungern. Er hatte den Vorteil, daß ihn die Medien unterstützten, da die systematische Feindseligkeit der Presse ausschließlich gegen Labour gerichtet war. Viele seiner Parteigenossen betrachteten Heath jedoch in gewisser Weise als »unsolide« – eine Reaktion auf seinen allerdings recht kontrollierten Hang, sich mit Ideen zu beschäftigen. Als einmal mehr die Bergarbeiter streikten, schätzte Heath die Lage falsch ein, verordnete der Nation die Drei-Tage-Woche – und versäumte es, aus der Tatsache, daß die Produktion nicht merklich sank, eine Schlußfolgerung zu ziehen. So hätte zum Beispiel gefolgert werden können, daß moderne Gesellschaften, selbst Großbritannien, so produktiv sind, daß die üblichen Vorstellungen von Arbeit und Wohlstand überkommen sind. Kein Politiker schaffte es, diese Frage anzusprechen. In der vorgezogenen Wahl 1974 stolperte Heath in eine Niederlage. Labours Rückkehr an die Macht konnte kaum als Sieg gelten: Ihr Stimmenanteil war geringer als der bei ihrer Wahlniederlage von 1970. Der Nutznießer war eine wiederbelebte Liberal Party, die es Wilson ermöglichte, die Regierung zu bilden.

Die Regierung von 1974 belebte die Industriepolitik neu, indem sie eine Behörde schuf, die in der Nachfolge des Department of Economic Affairs für die Modernisierung der britischen Wirtschaft zuständig war, das National Enterprise Board (NEB). Ursprünglich war geplant gewesen, diese Behörde damit zu beauftragen, große Segmente der britischen Industrie in öffentlichen Besitz zu überführen, doch letzten Endes mußte sie sich damit begnügen, mit dem privaten Sektor freiwillige Übereinkünfte über Investitionen und Lohnpolitik zu treffen. Nur North Sea Oil und British Aerospace wurden verstaatlicht. Einer skeptischen, vielleicht auch gleichgültigen Öffentlichkeit wurde diese Maßnahme als erheblicher Umbau der britischen Wirtschaft beschrieben, als bedeutendste Maßnahme, die eine Regierung seit dem Attlee-Kabinett von 1945 bis 1951 unternommen hätte, doch letztlich rechtfertigte sie die Gleichgültigkeit der Öffentlichkeit. Der Modus operandi des NEB ähnelte dem der Regierung und des öffentlichen Dienstes, wie er in der populären Fernsehserie *Yes, Minister* dargestellt wurde: Den Entscheidungen lagen kurzfristige Kalküle und Manöver zugrunde und kein großes historisches Projekt. Der amerikanische Automobilhersteller Chrysler wurde von der Regierung subventioniert, nachdem er gedroht hatte, sein Werk in der Labour-Bastion Schottland zu schließen. Nachdem die Subventionen aufgebraucht waren, verkaufte der Konzern, ohne die britische Regierung zu fragen, seine britischen Werke an Peugeot.

Ergänzend zum NEB sollten die Gewerkschaften umfassend reformiert werden. Vor der Wahl 1974 hatte Labour versprochen, die restriktiven Arbeitsgesetze, die die Tories 1971 erlassen hatten, zurückzunehmen – und darüber hinaus in Richtung industrielle Demokratie zu gehen. Eine Kommission unter Leitung des Historikers Alan Bullock schlug eine britische Variante der deutschen Mitbestimmung vor. In Betrieben mit mehr als zweitausend Mitarbeitern sollte eine von den Gewerkschaften gestellte Arbeitnehmervertretung in den Aufsichtsrat entsandt werden. Die Unternehmensvertreter in der Kommission stimmten zwar dagegen, die Vertreter der Öffentlichkeit und der Gewerkschaften bildeten aber die Mehrheit. Doch was passierte? Die Gewerkschaften änderten geschlossen ihre Meinung. Sie befanden, eine Gewerkschaftsvertretung im Aufsichtsrat stünde im Widerspruch zu der gewerkschaftlichen Verpflichtung gegenüber den Arbeitern. Sie zögerten insbesondere, die industrielle Demokratie wörtlich zu verstehen, und lehnten direkt gewählte Arbeitnehmervertreter in den Aufsichtsräten ab. Der Streit zog sich hin und das Projekt wurde begraben. Die Beziehungen der Gewerkschaften zur Wirtschaft, zur Regierung und zur Politik blieben das, was sie schon vorher gewesen waren – ein enormes Problem für Labour.

Als Wilson 1976 zurücktrat und James Callaghan seinen Platz einnahm, waren wieder einmal altbekannte Probleme aufgetaucht. Britanniens Inflationsrate wurde von »informierten« Kreisen als zu hoch erachtet, die Produktivität als zu niedrig, die Sozialausgaben als exzessiv. »Informierte« Kreise sind in unserer Gesellschaft diejenigen, die die Ansichten von Akademikern und Journalisten beeinflussen. Und ebenso wichtig: Sie schaffen Umstände, unter denen eine Meinung weder als eine Ware noch als moralische oder politische Entscheidung erscheint, sondern vielmehr als das Anerkennen einer Tatsache. Das Schatzamt tat das Seine (es bestätigte sämtliche Klischees der Linken vom öffentlichen Dienst), indem es der Regierung 1976 eine maßlos übertriebene Schätzung der öffentlichen Ausgaben vorlegte. Eine Währungskrise war die Folge, und der IWF (de facto die USA) forderte eine Senkung der Staatsausgaben. Wenn wir diversen Memoiren Glauben schenken dürfen, war das Auffallende in den ersten Debatten im Kabinett, wie sich linke und rechte Positionen verbanden.[14] Anthony Crosland, Denis Healey und Peter Shore meinten, daß es möglich sei, trotzige Unabhängigkeit zu demonstrieren: Das Pfund könnte abgewertet werden (die USA befürchteten, daß damit der Weg für einen Angriff auf den Dollar geebnet würde), die Truppen könnten aus Deutschland abgezogen werden und man könnte die staatlichen Anteile an der Ölindustrie verkaufen, um Milliarden von Pfund einzunehmen. Dann würde das Land aufgefordert werden, sich den Befehlen des internationalen Kapitals zu widersetzen, das von gewinnsüchtigen einheimischen Kollaborateuren unterstützt würde. Daß die Vorhersagen des Schatzamtes fragwürdig seien, so Healey, fiele nicht ins Gewicht: Die »Märkte« würden ohnehin nicht zuhören. Letztlich beschloß Labour, sich der herrschenden Meinung der internationalen Wirtschaftswelt nicht zu widersetzen.

Die letzte Labour-Regierung konnte vor allem in der Bildungs- und Familienpolitik beträchtliche Erfolge aufweisen, doch schien sie Mitte der Amtszeit erschöpft zu sein. Ihre Führer waren in den turbulenten Jahren nach 1945 jung gewesen. Es ist keine Verunglimpfung, zu behaupten, daß diese Erfahrungen keine besonders gute Vorbereitung für die eine Generation später deutlich werdende Komplexität des Kapitalismus waren. In seinem 1956 erschienenen »Future of Socialism« beschreibt Crosland in seiner ökonomischen, kulturellen und politischen Analyse den wohlfahrtsstaatlichen Kapitalismus in dessen produktivster Form.[15] Zwanzig Jahre später befand sich die Wirtschaft in einer ganz anderen Lage; sie war weniger denn je fähig, sich an Labours Ziel eines Commonwealth kultureller und politischer Chancen anzupassen. Das zunehmend individualistische und privatistische Credo der siebziger Jahre ließ die Konflikte hinsichtlich der Umverteilung des Volkseinkommens immer heftiger werden, anstatt sie zu dämpfen. Die Gewerkschaftsführer hielten es für wichtiger, die unmittelbaren Interessen ihrer Mitglieder zu verteidigen, als sich zurückzuhalten und somit einen Beitrag zu zukünftigem Wirtschaftswachstum zu leisten. Die Regierung mußte sich vorrangig um die Inflation kümmern und um die sich daraus ergebende Einschränkung der Produktivitätssteigerungen, die der britischen Wirtschaft noch möglich waren, sowie die unaufhaltsame Integration in das internationale Wirtschaftssystem. Es blieb wenig Spielraum und noch weniger Energie für eine Politik der gerechten wirtschaftlichen und sozialen Modernisierung.

Labour verfügte über keine konsensfähigen Konzepte, um mit dem historischen Wandel der Rahmenbedingungen umzugehen. Eine Reihe von Wirtschaftstheoretikern um Stuart Holland verknüpfte eine kulturell und moralisch begründete Kapitalismuskritik mit einer stringenten internationalen Analyse. Ihre Schlußfolgerung lautete, ein britischer Weg zum Sozialismus sei möglich.[16] Doch der Nation mangelte es am politischen Willen, unter den aktuell viel komplexeren und weniger klaren Umständen ein 1945 nachzustellen.

Die Gruppe schlug eine späte Synthese des Keynesianismus mit dem Marxismus vor. Die Labour-Spitze aber hatte sich auf einen wohlfahrtsstaatlichen Kompromiß mit dem Kapitalismus festgelegt; allerdings in einem Moment, in dem dieser Kompromiß ausgesprochen schwierig wurde. Später kritisierten einige (darunter auch Holland) Labour für ihre Politik Ende der siebziger Jahre, die unkritisch die deutlich artikulierten Inflationssorgen der verantwortlichen Meinung hingenommen hätte. Die Labour Party wußte, daß die Diskussion über die Inflation eine verkümmerte Metapher für die harte Auseinandersetzung um die Verteilung des Volkseinkommens war (man erinnere sich an die fruchtlosen Diskussionen des Kabinetts, ob man dem IWF die Stirn bieten solle). Aber es waren hauptsächlich die Folgen ihrer eigenen Entscheidungen, die sie hemmten. Die Inflation ließ die Löhne, aber auch die Kreditzinsen steigen: Ihre frühere Politik lieferte den Tories die Voraussetzungen für die Rhetorik einer Demokratie der Grundbesitzer. Eine Labour-Regierung konnte die Struktur des Volkseinkommens nicht per Dekret ändern, geschweige denn die internationalen Mechanismen des Kapitalismus. Als die sozialistischen Prinzipien den unmittelbaren Forderungen des politischen Managements untergeordnet wurden, vernachlässigte man gerade diejenigen, die eine anständige Umverteilung am nötigsten gehabt hätten.

Nichts in der Pädagogik der Labour Party hatte die Öffentlichkeit darauf vorbereitet, daß der wohlfahrtsstaatliche Kapitalismus (oder in anderen Worten: der herrschende Klassenkompromiß) aufgegeben werden sollte. Wilson war 1974 wiedergewählt worden; 1976 folgte ihm der populäre James Callaghan, doch die Wiederwahl von Labour war kaum ein Vertrauensvotum ähnlich dem, das Labour 1945 aufgrund der Leistungen ihrer Minister in der Koalition während des Krieges zugekommen war. Die Zweifel an Labours ökonomischer Kompetenz waren nicht darauf zurückzuführen, daß es der Partei nicht gelungen wäre, den Kapitalismus zu transformieren, sondern darauf, daß sie Schwierigkeiten hatte, den Kapitalismus am Laufen zu halten – ein ernstes Problem auch für die Konservativen. Daß es unter den britischen Wählern das Potential für einen großen Sprung hin zum britischen Sozialismus gegeben hätte, bleibt als ungeprüfte und durchaus zweifelhafte Hypothese im Raum stehen.[17]

Es gab andere Probleme. Während ihrer Regierungszeit kämpfte Labour mit vielen ihrer Mitglieder (und auch einigen Führungsfiguren, Gewerkschafter eingeschlossen), die den britischen Besitz von Nuklearwaffen und die Integration der britischen Streitkräfte in die NATO als ein Symbol für sämtliche außenpolitische Übel sahen. Dies war zum Teil Ausdruck eines linken Nationalismus, eines verzerrten Spiegelbilds des rechten Nationalismus. Tories und auch einige der Labour-Politiker glaubten (andere neigten dazu, es zu glauben), daß eigene Atomwaffen Großbritannien eine unabhängige Rolle in der Welt und ein größeres Gewicht in internationalen Gremien verleihen würden. Ihre Gegner meinten, daß ein britischer Verzicht auf diese Waffen Großbritannien davor bewahren würde, im Fall eines Krieges der Supermächte ausgelöscht zu werden (vorausgesetzt, daß solch ein Verzicht mit der Schließung amerikanischer Stützpunkte im Vereinigten Königreich einherginge). Außerdem glaubten sie, daß die nukleare Enthaltsamkeit Großbritanniens irgendwie zu einem dauerhaften Frieden zwischen den Supermächten beitragen könnte. Doch die

Anti-Atomwaffen-Kampagne in den sechziger Jahren, angeführt von Bertrand Russell, unterschied sich von der Kampagne Ende der Siebziger und in den Achtzigern, an deren Spitze der Historiker E. P. Thompson stand. Aus »The Campaign for Nuclear Disarmament« (CND)-Kampagne zur Nuklearen Abrüstung – wurde die Europäische Nukleare Abrüstung, und es wurden Verbindungen zu den gleichgesinnten westeuropäischen Bewegungen sowie zu den Dissidentenbewegungen in der DDR und Polen unterhalten.

In Wahrheit spielten diese Waffen in dem internationalen Gleichgewicht des Schreckens kaum eine Rolle – zumindest nicht in Großbritannien; in Deutschland wäre es von Bedeutung gewesen, wenn sich das Land zu einer atomwaffenfreien Zone erklärt hätte. Wenige der Teilnehmer an der Debatte dachten daran, auf das Beispiel Frankreichs zu verweisen, das beide Seiten irritierte – die Befürworter der nuklearen Abrüstung, weil es eine französische Atombombe gab, und die Freunde des Atlantischen Bündnisses, weil Frankreich die US-amerikanische Führung ablehnte und die Briten dafür verachtete, weil sie dies nicht taten. Die Tories (und ihre Presse, das heißt also der Großteil der britischen Presse) griff den Labour-Streit auf, um die Partei nicht nur als gespalten, sondern auch als unentschlossen, schwach und dem nationalen Interesse nicht genügend verpflichtet, darzustellen.

Viele Labour-Mitglieder, vor allem in der Führung, befürworteten von Anfang an die Mitgliedschaft in den Europäischen Gemeinschaften. Sie waren Internationalisten; sie kannten die Grenzen dessen, was in einem mittelgroßen Land wirtschaftspolitisch machbar war, und manche betrachteten die Gemeinschaften als Gegengewicht zur Vormachtstellung der USA. Außerdem wünschten sie sich eine engere politische Zusammenarbeit mit den anderen sozialistischen Parteien Europas. All diese Vorstellungen hatten keinerlei geistige Verwandtschaft zu der antieuropäischen Haltung eines Teils der Tories. Doch die Fraktionen innerhalb der Labour Party und ihre internen Auseinandersetzungen über die von der Partei verfolgte antieuropäische Politik, bevor sie sich Anfang der Neunziger wieder eines Besseren besann, trugen zu dem dominanten Bild eines innerparteilichen Chaos bei.

Daß viele Labour-Mitglieder beim Thema Mitgliedschaft in der EG dieselbe positive Haltung vertraten wie viele Konservative, spiegelte eine ganz ähnliche Situation in der Innen- und Außenpolitik: Es gab eine substantielle Übereinstimmung. Die Labour-Linke war deshalb irritiert, ja sogar wütend; für die Tory-Rechte war dies ein Anlaß, das erhebliche Risiko einzugehen, Heath ins Abseits zu drängen und Thatcher einzusetzen.

Der Begriff *revolutionär* hat in der modernen politischen Sprache eine starke Abwertung erfahren. Es hat den Anschein, als gäbe es plötzlich überall Revolutionäre – sogar in der höchst unerwarteten Verkleidung als rigorose Befürworter des freien Marktes. Vielleicht ist es ein Beweis dafür, wie gründlich der Wohlfahrtsstaat (selbst in seiner amerikanischen Minimalvariante) zum dominanten Modell der modernen westlichen Politik geworden war, daß sich seine Gegner als Revolutionäre bezeichneten. Hervorgegangen aus den gemäßigten oder säkularisierten Strömungen des Sozialismus, ist der Wohlfahrtsstaat an sich alles andere als ein revolutionäres Gebilde. Seine Wurzeln lagen jedoch in der entschlossenen Ablehnung der Brutalitäten des Marktes. Warum sollten sich seine erbittertsten Gegner, die behaupten, sie würden für eine Gesellschaftsordnung eintreten, die gleichzeitig natürlicher und erhabener sei, als Revolutionäre bezeichnen, wo sie doch, wenn überhaupt, Konterrevolutionäre sind?

Doch vielleicht ist die Bezeichnung »Konterrevolutionäre« unpassend: Sie würde die Rückkehr zu einer früheren Ordnung implizieren, aber die modernen Marktbefürworter treten für eine neue Ordnung ein, die noch gründlicher rationalisiert ist als der vom Wohlfahrtsstaat gebändigte Kapitalismus. Thatcher hielt sich für revolutionär, für jemanden, der gegen die Mächtigen im Staatsdienst, im Bildungswesen, im intellektuellen Leben und in der Politik rebelliert; zu diesen Gruppen zählte sie natürlich auch die organisierten Kräfte der Überbleibsel der Arbeiterbewegung. Ihre Revolution – wie auch die Reagans in den USA – beschwor restaurative Ziele: Es sollte das nationale Ethos wiederhergestellt werden, das die säkulare progressive Bewegung untergraben hatte. Vielleicht war es die gänzlich imaginäre Natur der von Reagan wie von Thatcher beschworenen Vergangenheit, die die moralischen Kräfte vieler ihrer Anhänger mobilisierte.[18]

Warum war Labour zunehmend weniger in der Lage, sich gegen den Thatcherismus zu verteidigen? Thatcher konsolidierte ihre Macht zu Beginn ihrer Amtszeit als Premierministerin in einer Zeit, als einige der früheren Labour-Führer ihre ehemalige Partei heftig attackierten. Sie hatten 1981 die Partei verlassen und die Sozialdemokratische Partei gegründet in der Hoffnung, zusammen mit den Liberalen Labour als stärkste Oppositionspartei ablösen zu können und kurz darauf die

Wahlen zu gewinnen. Es gab keinen einzelnen *Casus belli*. Änderungen im Statut der Labour Party hatten die Autonomie der Parlamentsfraktion geschmälert und es erforderlich gemacht, daß die Parlamentarier in ihren Wahlkreisen noch einmal als Kandidaten bestätigt werden mußten. Der Sieg des nuklearen Unilateralismus, die hartnäckig antieuropäische Haltung der Mehrheit des Parteikongresses und die Wahl von Michael Foot zum Nachfolger Callaghans als Fraktionsvorsitzenden im Parlament waren für Roy Jenkins, David Owen, Shirley Williams und die anderen, die aus der Partei austraten, gänzlich unannehmbar. Wirtschaftspolitisch fühlten sich die Sozialdemokraten dem wohlfahrtsstaatlichen Konsens fest verbunden, der vom britischen Kapital aufgegeben worden war: Sie hingen in der Luft.

Nicht anders erging es jedoch den Genossen, die sie verlassen hatten. Von 1979 bis 1992 befand sich die Partei in einem tiefen Sumpf der Verzweiflung: Sie verschliss zwei Parteivorsitzende, Michael Foot von der alten Linken und Neil Kinnock von der neuen Linken; sie verabschiedete die alte Garde derjenigen, die in den Jahren der Attlee-Regierung jung gewesen waren; sie wurde von Konflikten zwischen den antikapitalistischen Militanten und den parlamentarischen Reformern aufgerieben; sie litt unter der anhaltenden, sogar wachsenden Demütigung, daß die Wähler sie in zunehmendem Maße als für ihre Sorgen und Interessen irrelevant betrachteten. Ihre Wahlergebnisse waren verheerend, und als sie 1992 schließlich wieder erwartete, eine Wahl zu gewinnen, wurde sie von Margaret Thatchers Nachfolger, John Major, geschlagen, den sie als ineffiziente Übergangslösung abgetan hatte.

Während ihrer Oppositionszeit beschäftigten – ja, quälten – die Partei zwei Probleme. Wie konnte man die ehemaligen Stammwähler aus der immer fester werdenden Umklammerung der Tories befreien? Die Partei, Führung wie Mitglieder, waren fasziniert von dem Phänomen des Thatcherismus. Es erging ihnen ähnlich wie den amerikanischen Demokraten mit Reagan oder den deutschen Sozialdemokraten mit Kohl, der allerdings deutlich mehr Format besaß. Die Labour-Mitglieder reagierten zum Teil damit, daß sie ihre Gegnerin dämonisierten (was deren hohe Meinung von ihrer historischen Größe bestätigte), zum Teil, indem sie gleichfalls Thatchers Wähler verunglimpften: Nur unverbesserliche Kurzsichtigkeit, das Unvermögen, zu erkennen, wo ihre langfristigen Interessen lägen, wäre schuld, daß ein Großteil der Wähler nicht für Labour stimmte.

Gleichzeitig ließen die Labour-Anhänger ihrem historischen Nar-
zißmus freien Lauf. Nicht das politisch erfolgreiche Projekt ihres Geg-
ners beschäftigte sie, sondern die Tatsache, daß es noch schwieriger
geworden war, die komplexen Bewegungen der Gesellschaft zu deuten.
Sie hofften völlig grundlos, daß sich das Schicksal der Partei wenden
möge, verzettelten sich dabei aber in innerparteilichen Streitigkeiten.
Ihre Verklärung einer siegreichen Vergangenheit und ihre Phantasien
von zukünftigen Siegen hinderte sie, sich mit der Gegenwart auseinanderzusetzen.

Die sektiererischen Energien, die Labour auf die inneren Konflikte
über Personen und Programme lenkte, legte nahe, daß die Säkularisierung, wie weit sie auch immer gegangen sein mochte, diesen Teil
der britischen Gesellschaft verschont hatte.

Der Teil war klein. Aufstrebende soziale Bewegungen haben das
Glück, ihre Anhänger unter den kraftvollsten und talentiertesten Angehörigen der jüngeren Generation rekrutieren zu können. Manchmal profitieren sie auch von den innovativen Energien der *Homines
novi* oder den Rebellen einer Generation, die mit ihren gutsituierten
Eltern gebrochen haben. Einen Großteil des zwanzigsten Jahrhunderts über zog Labour Talente aus sämtlichen gesellschaftlichen Schichten an – jüngere Anwälte und Universitätsdozenten saßen auf den
Hinterbänken des Parlaments neben Altersgenossen aus den Gewerkschaften oder den Büros, der freien Wirtschaft und der Verwaltung.
Doch heute scheint der Beruf des Politikers in der westlichen Welt
selbst den Menschen nicht mehr zuzusagen, die an *Res publica* interessiert sind – sie schlagen andere Karrieren ein. Labour hat in den
Achtzigern keinen angemessenen Ersatz für Crosland, Crossman,
Healey und die anderen gefunden, geschweige denn für die Persönlichkeiten der weiter zurückliegenden Vergangenheit. Die Parteikader
auf der mittleren Ebene schienen in den Achtzigern und Anfang der
Neunziger völlig von der Gesellschaft losgelöst zu sein, die zu vertreten sie behaupteten. Ihre Haltung und ihre Sprache zeugten von den
Nischen, in die sie sich freiwillig zurückgezogen hatten – allerdings
nicht den Nischen der Macht, sondern der systematischen Machtlosig-
keit. Dies traf gewiß nicht auf alle zu, vielleicht nicht einmal auf die
Mehrheit, aber doch auf eine substantielle Minderheit; und auf diese
schoß sich die – ohnehin überwiegend feindselige – Presse ein, um die
Partei in ihrer Gesamtheit zu diffamieren. Michael Foots große Stärke
– seine Verwurzelung in Kämpfen der Vergangenheit – war für ihn als

Parteivorsitzenden gleichzeitig seine große Schwäche: Je mehr er und seine Kollegen mit der Gegenwart kämpften, desto erstaunter reagierte die Öffentlichkeit auf die umständliche Art und Weise, in der die Labour-Politik agierte, und desto mehr neigte sie dazu, der Beschreibung zu glauben, die die Gegner von Labour zeichneten: Diese Partei wäre eine Bedrohung für ihren Wohlstand.

Ungeachtet ihrer Rhetorik war Margaret Thatcher alles andere als revolutionär. Um ihre Spuren in der Geschichte zu hinterlassen, griff sie die existierenden Strömungen in der Gesellschaft auf, was umso überzeugender wirkte, als die Geschichte ohnehin ihre Richtung einschlug. Sie benutzte das kulturelle Ressentiment, den verärgerten oder verwirrten Provinzialismus der unteren Mittelschicht Großbritanniens, der sich nun gegen Künstler und Akademiker, überhaupt gegen die kulturelle Elite wandte – und zwar weniger wegen ihrer hervorgehobenen Stellung oder ihres Status, sondern aufgrund ihres unbritischen Kosmopolitismus und moralischen Liberalismus. In gleicher Weise benutzte Thatcher den Ehrgeiz (und die Energien) talentierter Emporkömmlinge. Für die Tories untypisch, stammten einige ihrer engsten Mitarbeiter aus der kleinen jüdischen Gemeinde Großbritanniens; ihr eifrigster Unterstützer in den Medien war der wurzellose Australier Robert Murdoch. Als das volle Ausmaß ihres Projekts der Ausweitung der Marktherrschaft deutlich wurde, zeigten sich die Wirtschaftseliten zunehmend begeistert.

Für die intellektuelle Substanz ihres Projektes sorgten alte und neue Akademiker in den Reihen der Tories und ein offizieller wie ein inoffizieller Apparat an Forschungszentren und Zeitschriften. Doch warum blieb sie so lang Regierungschefin? Sie hätte ja auch nach ein oder zwei Amtszeiten von der Labour Party oder von einem hypothetischen Aufstieg des liberal-sozialdemokratischen Bündnisses abgelöst werden können, in anderen Worten zwar die Konservative Partei, nicht jedoch die ganze Nation erobert haben können. Aber die Opposition war einfach zu schwach, und das machte einen Großteil ihres Erfolges aus. Doch warum waren Labour und die in der Tradition des »One-nation-Toryism« stehenden Konservativen, die Thatcher nicht mochten, so kraftlos? Thatchers Erfolg lag in ihrer Fähigkeit, ein nationales kulturelles Projekt, die Bekräftigung britischer Tugenden, mit einem gesellschaftlichen Projekt zu verbinden, der systematischen Durchsetzung eines kapitalistischen Modells des Marktes. Sie nutzte die Spaltung innerhalb der arbeitenden Bevölkerung – den

Antagonismus zu den Gewerkschaften, die Identifikation mit den Eliten, den Unwillen, Steuern zu Zwecken der Umverteilung zu entrichten – zu ihrem größtmöglichen Vorteil. Ein beträchtlicher Teil des Wohlfahrtsstaates – staatliche Gesundheitsvorsorge, staatliche Erziehung in den Sekundarschulen, Renten – wurde zwar beibehalten, aber rationalisiert, so daß weniger wohlhabende Bürger mehr dafür bezahlen mußten. Dies wurde durch Steuerreformen erreicht, die eindeutig die höheren Einkommensgruppen begünstigten. In der Zwischenzeit wurde der verstaatlichte Teil der Industrie durch eine systematische Privatisierung nahezu auf Null gefahren. Während ihrer Amtszeit gab es Zeiträume der Arbeitslosigkeit, und in Mittelengland, im Norden, in Schottland und in Wales machte sich eine soziale Verwüstung breit, während der Süden mit seinen Facharbeitern und seinen Angestellten im kaufmännischen oder technischen Bereich florierte. Es erinnerte stark an Orwells beißende Beschreibung der sozialen Geographie Englands: der verbitterte, verarmte Norden als braune Steppe jenseits des grünen Horizonts des Südens.

Thatcher löste eines der Probleme der Labour Party: Sie isolierte die Gewerkschaftsbewegung durch Gesetze, die die Macht der Gewerkschaftsfunktionäre extrem einschränkten, und durch den Einsatz von staatlichen Polizeikräften zur Niederschlagung von Streiks auf eine Art und Weise, die die Bewunderung von Amerikas oberstem Bundesrichter, William Howard Taft, erregt hätte. Die Privatisierung der verstaatlichten Industrien und die staatliche Förderung von Investitionen in Sektoren der Wirtschaft mit niedrigem Organisationsgrad erledigten den Rest: Die Gewerkschaften waren dauerhaft geschwächt. Das Gesamtergebnis ihrer Politik stieß aber nicht in der gesamten Arbeiterklasse auf Ablehnung. Viele waren gutbezahlt und freuten sich über Steuererleichterungen und die Möglichkeit, ihre Wohnungen, die kommunales Eigentum gewesen waren, erwerben zu können. Thatcher erkannte, daß es ein Kapitalismusmodell gab, das in den Augen eines beträchtlichen Teils der Nation sowohl ihre Marktdoktrin als auch ihre leidenschaftlichen Äußerungen zum »Individualismus« rechtfertigte.

Da Labour in vergangenen Regierungszeiten verkündet hatte, daß ihr Hauptanliegen die materielle Prosperität der Bevölkerung sei, war die Partei nun nicht in der Lage, eine Kehrtwende zu vollziehen und Verzicht aus Gründen der Solidarität zu predigen. Allerdings erhielt Thatcher, daran sollte man sich noch einmal erinnern, nie auch nur die Hälfte der Stimmen. Angesichts der Schwäche von Labour und der Spaltung des Teils der Wähler, der die Tories ablehnte, brauchte sie das auch gar nicht. Was passiert wäre, wenn Labour und die Liberalen sich zusammengeschlossen hätten, muß offenbleiben. Es gab gute Gründe, warum sie es nicht taten; ihre Führer, ihre Programme und ihre Traditionen waren einfach zu verschieden. 1983 ließen sich auch Labour und die Sozialdemokraten nicht versöhnen. Daß die Wähler wesentlich weniger rigide waren, war den Parteien – oder zumindest Labour – gleichgültig. 1983 mußte sie den Preis dafür bezahlen, als sie in ihrem schlechtesten Wahlergebnis seit fünfzig Jahren nur einen äußerst knappen Vorsprung vor dem liberal-sozialdemokratischen Bündnis erringen konnte.

Eine Erklärung dafür, was in den Jahren seit 1979 passierte, ist bekannt: Unter dem Parteivorsitz Foots als Nachfolger von Callaghan fiel Labour in die Hände eines Bündnisses zwischen alten und neuen Linken, die beide der Realität gleichermaßen fernstanden. Als Ausdruck ihrer Opposition zu Thatchers Gesetzesreformen (die in Wahrheit die Demokratie in den Gewerkschaften stärkten) drifteten die Gewerkschaften nach links. Der erbitterte Streik der Bergarbeiter in den Jahren 1984 und 1985 bewies der Öffentlichkeit zudem, daß die Gewerkschaften rückständig und unnachgiebig waren. In der Außenpolitik trat Labour für einen einseitigen Verzicht auf Nuklearwaffen ein. Die Partei war ebenso antieuropäisch wie die rechte Fraktion der Tories, wenn auch aus ganz anderen Gründen. Ronald Reagans Präsidentschaft steigerte Labours Begeisterung für die anglo-amerikanische Allianz keinesfalls. Angesichts der Skepsis großer Teile der Öffentlichkeit der europäischen Integration gegenüber erschien diese Allianz vielen unabdingbar.

Politisch-kulturell galt Labour als irritierend permissiv und unentschlossen in Sachen Verbrechensbekämpfung. Labour unterstützte die farbigen Einwanderer – deren Anwesenheit von vielen Durchschnittsbriten als Beweis dafür gesehen wurde, wie wenig sie Herren im eigenen Haus waren. In Wirtschaftsfragen hatte Labour den Eliten der Unternehmer und Manager wenig bis gar nichts zu sagen. Offensichtlich wollte die Partei sie ermutigen, doch ihr Hang zum Deficitspending [Defizitfinanzierung] erschreckte die City, die auf die kompromißlosen Forderungen und den rigiden Monetarismus der internationalen Finanzwelt eingestellt war. Labour verteidigte statt dessen – mit deutlich schwindender Überzeugungskraft – überkommene

Positionen: die Beibehaltung verstaatlichter Industrien und die Fortsetzung der Umverteilung durch das Steuersystem. In der Zwischenzeit veranstaltete die Partei dort, wo sie regierte – etwa im Greater
London County Council (GLC) – illusorische Experimente. Der GLC
konnte schlecht den Sozialismus in einer einzigen Stadt einführen.
Die Medien waren zwar grundsätzlich feindselig, doch die Partei bot
auch ein Bild, das zu karikieren sich aufdrängte.

Als Foot schließlich von Neil Kinnock abgelöst wurde, begann die
mühsame Aufgabe des Wiederaufbaus. Durch eine stete Machtzu-
nahme des Parteiapparates gewann die Parlamentsfraktion allmählich
ihre alte Bedeutung wieder. Militante Lokalpolitiker wurden wegen
ihrer Unbeliebtheit in der Wählerschaft marginalisiert oder ausgesto-
ßen. Dies galt vor allem für eine Gruppe von Trotzkisten, die glaubten,
daß die Weltrevolution, die zunächst von Stalinismus und Faschismus, dann vom vorübergehenden Erfolg des Nachkriegskapitalismus
aufgehalten worden war, in einigen ausgewählten britischen Wahlbezirken ihren Anfang nehmen könnte. Die Labour-Politik in bezug
auf Europa und die einseitige nukleare Abrüstung wurden umgekehrt.
Eine stärkere Solidarität in der Gesellschaft wurde gewiß nach wie vor
befürwortet, doch nun wurde verstärkt die Haltung einer Öffentlichkeit berücksichtigt, die zwar vieles, was Thatcher tat, aus der Fassung
gebracht hatte, die eine fundamentale Veränderung jedoch noch
mehr ablehnte. Es wurde notwendig, der Öffentlichkeit zu versichern,
daß nichts unternommen würde, was ihre gewachsenen Besitzstände
antastete. Viele Bürger fanden, das Gerede einer wesensmäßigen Ungerechtigkeit des Thatcherismus ginge an der Sache vorbei: Wirtschaftlich müßten sie eben die negativen Folgen des Konjunkturzyklus aushalten und gelegentlich hohe Hypothekenzinsen zahlen. Sie
waren nicht davon überzeugt, daß Labour plausible Alternativen hätte.

1992 verlor Kinnock die Wahl gegen einen angeblich schwachen
Major, nachdem die Tories Thatcher als wachsende Belastung losge-
worden waren. Die Labour Party verabschiedete sich ihrerseits von
Kinnock; ihm folgten zwei Schotten ins Amt des Parteivorsitzenden.
Der erste, John Smith, wirkte in seiner Bodenständigkeit sehr beruhi-
gend, der zweite, Tony Blair, war mitreißend in seiner offenkundigen
Leidenschaft, mit Labours Illusion einer totalen Transformation und
ihrer Ideologie der Planwirtschaft zu brechen.

Damit wären wir am Schluß unserer Lektion angelangt. Das Bild ist
so einfach wie Thatchers Darstellung ihres Anklangs bei dem *Common*

sense des britischen Volkes – und ebenso falsch. Die Labour Party verwandte einen Großteil ihrer Leidenschaft auf Belanglosigkeiten und verließ sich letztlich auf die Vernunft des Volkes, was im Widerspruch zu ihrer eigenen Analyse der Manipulation der öffentlichen Meinung stand. Allerdings unterschied sich ihr Schicksal in den Achtzigern nicht wesentlich von dem der amerikanischen Demokraten und der deutschen Sozialdemokraten, denen es damals ebenfalls nicht gelingen wollte, aus der schier unendlichen Opposition auszubrechen. Die französischen Sozialisten, die 1981 die Regierung übernommen hatten, verloren 1986 aufgrund ähnlicher Schwierigkeiten ihre Mehrheit im Parlament: sie waren unfähig, mit dem neuen Kapitalismus fertig zu werden.

Alte wie neue Labour-Anhänger – erstere hatten sich ihre Meinung zum Kapitalismus in den Nachwehen der Weltwirtschaftskrise gebildet, letztere waren abgestoßen vom spekulativen Wahn der britischen Wirtschaft in den Achtzigern – interpretierten den neuen Kapitalismus falsch. Vor allem überschätzten sie erheblich die Fähigkeit Großbritanniens, ihm allein zu widerstehen, und blieben deshalb in Vorstellungen nationaler Wirtschaftspolitik befangen, als Regierungen jeglicher politischer Couleur mit dem Verlust der Kontrolle über ihre Volkswirtschaften zu kämpfen hatten. Die kurz- wie die langfristige Mobilität des Kapitals und die Internationalisierung der Märkte erforderte eine internationale – oder zumindest europäische – Dimension im wirtschaftlichen Denken der Labour Party. Statt dessen wurde zu Anfang der achtziger Jahre ein Großteil der Zeit damit vergeudet, gegen die Windmühlen in Brüssel anzukämpfen. Das Phänomen Brüssel – die europäische Bürokratie – war ein Ergebnis tiefgreifenderer struktureller Veränderungen in der Wirtschaft. Thatchers nationalistisches Gerede wurde von den britischen Bankern und Industriellen toleriert – sie nahmen es nicht allzu ernst, sie machten international Geschäfte. Als Thatcher 1990 schließlich von ihrer eigenen Partei brutal aus dem Amt vertrieben wurde, sahen sie die Bosse der City of London als Belastung; für sie wäre ein Tory-Führer ideal gewesen, der sich eher ihrer Sichtweise gefügt hätte und nicht, wie Thatcher, die Gesellschaft ganz offensichtlich spaltete und die Politik polarisierte.

In den achtziger Jahren beharrte Labours Linke auf einem einzigen Modell staatlicher Unternehmen. Andere Mittel politischer Kontrolle des Marktes (indikative Planung wie im französischen Modell, gestaffelte Zinssätze, diverse steuerliche Maßnahmen, Teileigentümerschaft von Schlüsselindustrien und Betrieben) zog sie zu wenig in Betracht. Labours Unvermögen, den Bullock-Plan als Grundstein der industriellen Demokratie zu realisieren (das Zurückweichen der Partei vor dem Gewerkschaftsapparat) zwang sie in der Folge, eine sehr begrenzte Vorstellung von der Rolle der Gewerkschaften zu verteidigen, die nicht in eine umfassendere, Demokratisierung mit Rationalisierung verbindende Strategie eingebettet werden konnte. Den Gewerkschaften wurde damit auch die Gelegenheit verwehrt, Thatchers Attacken aus einer Position der Stärke im privaten Sektor heraus, in den Aufsichtsräten abzuwehren.

Die nationalen Rahmenbedingungen der Achtziger und Anfang der Neunziger, unter denen sich Labour um eine Neuausrichtung bemühte, waren gekennzeichnet von einer Verengung der öffentlichen Debatte. Die Privatisierung staatlicher Betriebe und Dienstleistungen, die von der Öffentlichkeit (und von den Labour-Wählern) ohne besonders heftige Gegenwehr hingenommen worden war, war eindeutig eine weitreichende wirtschaftliche Maßnahme und bestätigte außerdem implizit die ideologische Behauptung von der Irrelevanz der Labour Party. In der neuen Wirtschaft gab es weder Anreize noch Gründe für eine staatliche Eigentümerschaft. Die Labour-Rückzüge in den Siebzigern wurden im nachhinein als Konzessionen gegenüber der Weisheit des Marktes hingestellt, zwar nur grollend gewährt, doch nützlich, da sie der ökonomischen Disziplin der Tories den Weg geebnet hätten. Wilson, Callaghan und ihre Kollegen hatten sich bemüht, die Wechselkursschwankungen auszugleichen und die Inflation zu kontrollieren, um politischen Boden und Zeit für langfristige Maßnahmen zur Verbesserung der Wirtschaft zu gewinnen. Nach nur wenigen Jahre wurden sie dafür gelobt, langfristige Maßnahmen erst gar nicht getroffen und dem Markt freie Hand gelassen zu haben. Neben diesem Lob wurden ihre interventionistischen Projekte aber als jeglicher ernsthaften Diskussion unwürdig rundweg abgelehnt.

Die Verengung der Debatte über die Beziehung zwischen Staat und Markt hatte eine moralische Folge: Habsucht wurde legitimiert. Selbst bei denen, die das geschmacklos fanden, verhärteten sich die Grenzen zwischen öffentlichem Leben und privaten Belangen. Der Ausdruck von Solidarität wurde als exzentrisch oder als nostalgische Übung empfunden. Und nicht nur das pädagogische Konzept des Sozialismus wurde verspottet, es wurde auch wenig Wert auf die liberale Vorstel-

lung staatsbürgerlicher Verantwortung gelegt. Die Kirchen, einige
Tories, die noch an der Parteitradition der nationalen Verantwortung
hingen, ja selbst die Königin (einer absichtsvollen indiskreten Äußerung aus Kreisen ihres Personals zufolge) kritisierten Thatcher und ihr
Lager für ihre Rücksichtslosigkeit. Doch Labours Reaktion fehlte es
in gewisser Weise an intellektueller und an moralischer Konstanz –
manchmal wurde die nationale Gemeinschaft heraufbeschworen,
dann wieder materielle Interessen. Als Thatcher von ihrer Partei fallengelassen worden war, mußte sich Labour der Tatsache stellen, daß
ihr Gegner nicht eine Person, sondern ein gesellschaftliches Projekt
war: daß die Interessen und Bewegungen, die von Thatcher und ihren
Anhängern vertreten worden waren, auch auf andere Weise die britische Politik dominieren konnten.

Vor Labours Erfolgen in der Zeit zwischen 1945 und 1951 und ihren
Experimenten zwischen 1964 und 1979 wurde vieles ernsthaft disku-
tiert, natürlich teilweise auch von Kapitalismuskritikern außerhalb der
Labour Party. (Beveridge und Keynes als Liberale, Macmillan als ein
Tory, der sich der Idee und der Praxis der sozialen Einheit der Nation
verschrieben hatte, waren vor 1945 besonders einflußreich.) War
Labour danach nur noch eine Partei intellektueller Pensionäre, die
von kargen, schlechtverzinsten Renten lebten?

Die Umstände waren weitaus komplizierter, und nach wie vor gibt
es Unklarheiten, die an dem kaleidoskopartigen Bild schuld sind, das
die New Labour-Regierung selbst nach mehrjähriger Regierungszeit
noch immer abgibt. Artikel, Bücher, programmatische Erklärungen aus
offiziellen und inoffiziellen Quellen gab es zuhauf.[19] Es bildete sich
kein einheitliches historisches Projekt, das die noch vorhandenen
moralischen Energien der Partei heraufbeschworen oder vereint, geschweige denn erneuert hätte. Die Aufgabe, wieder an die Regierung
zu kommen, schien gewaltig genug zu sein, so daß alle Argumente
sich darauf konzentrierten. Die veränderte Wirtschaftsstruktur, der
Einfluß der Technologie, kulturelle und Bildungsfragen, die im Zusammenhang mit den Massenmedien und dem Schulsystem auftauchten,
wurden separat angegangen. Zahllose Untersuchungen lieferten empirisch gesicherte Vorschläge für Maßnahmen in den Bereichen Beschäftigung, Sozialleistungen und Wohlfahrt. Eine Verfassungsreform wurde
erwogen. Die Folgen der europäischen Integration wurden analysiert.
Ein Resultat war eindeutig: Anfang der Neunziger behauptete kein
einziger ernsthafter Labour-Intellektueller mehr, daß die Mehrheit der

Gesellschaft Labours Werte teilen würde und daß nur eine Verkettung unglücklicher Umstände (oder gehässige Manipulationen von Ereignissen und Meinungen) die Partei von der Regierung ferngehalten hätte. Endlich wurde der Gedanke von Stuart Hall, daß der Thatcherismus die Krise des Sozialismus spiegele, akzeptiert – wobei der Thatcherismus eine schlimme Erinnerung war, die sozialistische Krise jedoch nach wie vor akut.

An Tony Blairs parteiinterner Reform und der Politik, die er einleitete, als er 1997 Premierminister wurde, ist vor allem bemerkenswert, daß ein Großteil der historischen Substanz von Labour aufgekündigt wurde. Blairs Politik ist hauptsächlich in einer Hinsicht originell: Er griff Elemente und Themen auf, die latent oder teilweise in der Arbeit seiner unmittelbaren Vorgänger anerkannt worden waren, und machte sowohl die Mittel als auch die Zwecke verbindlich, die jene lieber im unklaren gelassen hatten. Dies beinhaltete die Vermeidung von Konfrontationen mit dem Kapital bezüglich der Kontrolle der Wirtschaft und die Verkündung einer neuen Moral, die nur sehr wenige Veränderungen im privaten Bereich wie bei den öffentlichen Institutionen erforderlich machte. Die Geschichte der langen Oppositionszeit von Labour ist manchmal so geschrieben worden, als habe sie allein aus einer Reihe nahezu fataler Fehler bestanden – bis Blair als neuer St. Georg die verschiedenen Drachen aus Labours Vergangenheit getötet hätte. Die von Kinnock und Smith zustande gebrachten Veränderungen ermöglichten Blairs Innovationen. Woraus bestand nun dieses Vermächtnis? Es war eine singuläre Mischung aus einer Reform der Parteistrukturen, politischer Programmatik und einer weniger greifbaren, aber dennoch umfassenden Veränderung des Ethos.

Die strukturellen Reformen verringerten den Stimmenanteil der Gewerkschaften bei den Labour-Parteitagen – und schmälerten gleichzeitig die Bedeutung der Parteitagsbeschlüsse. Dem Parteiapparat und der Labour-Fraktionsführung im Parlament wuchs direkt und indirekt Macht zu. Parteitagsbeschlüsse und offizielle Strategiepapiere wurden durch ein komplexes System ad hoc gebildeter Beratungsgremien vorbereitet. Die Stimmenmacht der Parteivertreter aus den Wahlbezirken im Nationalen Exekutivkomitee wurde verringert. In der Zwischenzeit wurde der Apparat und seine Fähigkeit, einen dauernden Wahlkampf zu führen, gestärkt. Das veränderte Einfluß und Macht in der Partei, aber auch die Politik, die zunehmend anerkannte, was in bezug auf die Wahl für notwendig gehalten wurde.

Weder Kinnock noch Smith setzten Hugh Gaitskells Bemühung fort, »Clause 4« zu eliminieren, den oft zitierten Teil der Parteisatzung, der Labour auf die Vergesellschaftung der Industrie verpflichtete. Doch keiner der beiden schlug vor, die Teile der Industrie, die Thatcher wieder privatisiert hatte, erneut in staatlichen Besitz zu überführen. In wirtschaftlichen Fragen konzentrierte sich die Partei einerseits auf die Verteilungsgerechtigkeit, andererseits war sie verstärkt bereit, mit dem britischen Kapital zusammenzuarbeiten, um die Wirtschaft effizienter und produktiver zu machen.

Labour hatte sich wie die Tories mit einem zentralisierten und starken Staat identifiziert. In einer Reaktion auf die öffentliche Unzufriedenheit mit der Willkür und gelegentlichen Heimlichtuerei der konservativen Regierung (was sich auch unter Major nicht merklich verändert hatte) leitete Labour eine ernste Diskussion über konstitutionelle Reformen ein. Die Inhalte reichten weit über das bekannte Thema, die Reform der Zusammensetzung und der Befugnisse des Oberhauses, hinaus. Es gehörte auch die »devolution« dazu, faktisch eine weitgehende Autonomie für Schottland und Wales, größere Befugnisse für die kommunalen Verwaltungen und die Untersuchung, ob es möglich sei, ein britisches Äquivalent zur American Bill of Rights zu erarbeiten. Der Teil der Öffentlichkeit, der sich für diese Belange interessierte, war im klassischen Sinn liberal; er fand die – wenngleich revidierte – Wirtschaftspolitik von Labour wohl kaum sehr attraktiv, war aber von der herablassenden Arroganz der Tories abgestoßen.

Labour begann auch, sich systematisch mit neuen sozialen Fragen zu beschäftigen, die nicht unbedingt in die Rubriken Markt oder Staat fielen. Dazu gehörten der Umweltschutz, die Integration der Immigranten und geschlechtsspezifische Themen, vor allem die Rolle der Frauen. Wie die One-Nation-Tories und die Liberalen hatte sich Labour stets um das Thema Bildung als einer Art der Ausweitung staatsbürgerlicher Rechte gekümmert. Belange, für die eine neue Sprache und neue administrative Techniken gefunden werden mußten, wurden wichtig für Wähler, die sich von den traditionellen Labour-Themen relativ wenig angesprochen fühlten. Solche Wähler waren eher in den neuen sozialen Bewegungen anzutreffen und wandten mehr Energie und Kapazität auf für politische Innovationen als viele der konventionelleren Labour-Aktivisten.

In der Außenpolitik gab Labour die Position des einseitigen Verzichts auf atomare Waffen und ihre Ablehnung einer vertieften und erweiterten europäischen Integration auf. Die Argumente, die vorgebracht wurden, um diese Kehrtwende zu rechtfertigen, waren aus den sechziger Jahren bekannt. Damals hatte die Labour-Führung (darunter einstige Befürworter der nuklearen Abrüstung wie Aneurin Bevan und Harold Wilson) behauptet, daß der britische Einfluß stärker wäre, wenn man in den Gremien des Nordatlantischen Bündnisses bliebe. Wilsons Entschluß von 1975, sich endgültig Europa anzuschließen, stützte sich auf dasselbe Argument: Mit *Splendid Isolation* schade man sich nur selbst. Außerdem wurden in den Neunzigern Vorstellungen, die seit langem zum Gedankengut der Labour Party gehört hatten (für die Entwicklung der verarmten Nationen Verantwortung zu übernehmen) mit neuen Ideen hinsichtlich internationaler Menschenrechte verbunden.

Der Prozeß struktureller und inhaltlicher Veränderungen war begleitet vom Aufstieg einer neuen Generation von Führern (und Anhängern). Einige standen aufgrund moralischer Affinitäten oder familiärer Bindungen der alten Labour-Tradition näher. Im Vergleich zur jüngeren Vergangenheit war das Ethos der neuen Führer eher bescheiden. Der Thatcherismus hatte staatliche Industrien und Sozialwohnungen privatisiert, einen Großteil der wirtschaftlichen Aktivitäten mit Ausnahme der Gewerkschaftsarbeit (die einem ehernen Gesetzesregime unterworfen worden war) dereguliert und das Steuerrecht zugunsten der Mittelschicht geändert. In seinen letzten Jahren als Parteivorsitzender konzentrierte sich Kinnock – wie auch John Smith in seiner kurzen Amtszeit – darauf, Anstand und Gerechtigkeit in der Politik wiederherzustellen. Thatchers Reformen wurden stillschweigend akzeptiert; Labour strebte an, eine bürgerliche Verantwortlichkeit in das Regierungsgeschäft mitzubringen, die frei wäre von dem autoritären Gebaren und der Selbstsucht, mit der die Tory-Regierung in zunehmendem Maße identifiziert worden war. Die Skandale der Major-Regierung verliehen Labours Forderungen Nachdruck. Schließlich war Thatcher von ihren Kollegen nicht wegen eines Streits um Prinzipien verstoßen worden: Sie hatte das ihr anfänglich entgegengebrachte Wohlwollen aufgezehrt und galt nun als Belastung für die Wahlen. Die Tories, die noch immer an der Begrifflichkeit der One Nation festhielten, blieben weiterhin in der Minderheit; die neueren Kämpfer dominierten die Partei, die ihren Streit bezüglich Europa nicht im Zaume halten konnte.

Blair trat 1994 also unter ungewöhnlich günstigen Umständen den Parteivorsitz der Labour Party an. Die innerparteilichen Reformen waren bereits ziemlich weit fortgeschritten, selbst die orthodox sozialistischen Führer gaben sich zufrieden mit einem äußerst behutsamen Vorgehen im Wahlkampf; unter den Neumitgliedern befanden sich viele technokratisch und reformerisch eingestellte Manager und Akademiker. Sie waren völlig unempfänglich für die Ansicht, Großbritannien müsse seine Klassenstruktur ändern, um so mehr, als sie sich an deren Spitze oder zumindest in ihrer Nähe befanden. In seiner zweijährigen Amtszeit verband John Smith schottische moralische Strenge und christliches Solidaritätsgefühl mit dem Eindruck von Kompetenz im öffentlichen Bereich. Er unterdrückte zwar seine sozialistischen Überzeugungen, doch leugnete er sie nie. Blair ist da ganz anders: Er ist der erste Labour-Vorsitzende, der keine Bindung an die sozialistische Tradition hat.[20]

Manchmal wird Blair beschrieben als ein Anglikaner, der mit einer späten Variante von Noblesse oblige ausgestattet ist, manchmal als Liberaler à la Gladstone, der eine Wiederauferstehung der Moral in der britischen Politik erreichen will. Blair als Liberalen zu charakterisieren ist solange überzeugend, bis man sich daran erinnert, daß Lloyd George den modernen britischen Wohlfahrtsstaat errichtet hat, dem Blair ganz offensichtlich ambivalent gegenübersteht. Blairs philosophischer Hintergrund ist allerdings weniger wichtig als seine Fähigkeit, immenses taktisches Geschick mit intellektueller Flexibilität zu koppeln (darin ist er mindestens so geschickt wie sein geistiger Verwandter Bill Clinton). Dem Dritten Weg, der von Blair als Beschreibung seiner Politik angeführt wird, fehlt die Kohärenz und die historische Substanz, vor allem aber die Anerkennung des Umfangs, in dem er sich dem herrschenden Wirtschaftsmodell verbunden fühlt. Doch immerhin hat man den Eindruck, daß das ideelle Vakuum des Übergangs von der erschöpften Old Labour zur New Labour, die sichtlich eine Menge neuer Energien und Ideen hat, ausgefüllt wird.

Als Premier faßte Blair die Öffentlichkeit anfangs mit Samthandschuhen an, seine Partei dagegen regierte er mit eiserner Faust. Im Büro des Premiers hat man eine Zentrale für einen dauernden Wahlkampf eingerichtet. Blairs enge Mitarbeiter scheinen einflußreicher zu sein als viele seiner Minister. Die Konzentration der Macht in den Händen des Premierministers ist in der britischen Politik nichts Neues, doch Blair übt sie mit einer fast beispiellosen Härte aus (was ihm das Lob der ehemaligen Meisterin in dieser Disziplin, Margaret Thatcher, eingebracht hat).

Die große parlamentarische Mehrheit hatte nicht zur Folge, daß die Parteidisziplin gelockert wurde, wie es eigentlich der modernen britischen Politik entsprochen hätte – sie wurde sogar noch strenger. Unter den neuen Labour-Abgeordneten befinden sich viele talentierte Leute, so daß die Karrierechancen relativ rar gesät sind und vom Wohlwollen des Premierministers abhängen. Viele der neuen Parlamentarier haben dieselben Prioritäten wie Blair: Sie wollen die Unterstützung der Mittelschichtwähler aus Südengland und die ihrer Herrn und Meister in der City gewinnen. Die sozialistische Opposition in der Labourfraktion ist proportional gesehen kleiner als die der alten Fraktion der Progressivisten unter den Demokraten im amerikanischen Repräsentantenhaus. Inzwischen reicht Blairs Kontrolle des Parteiapparates bis hin zur Aufstellung und Wiederaufstellung von Kandidaten in den Wahlkreisen. In der eigentlichen Parteispitze (unter den wichtigen Ministern) aber gibt es soviel latente und stille Opposition gegen Blairs Kurs, daß die dominante Stellung des Premierministers schnell kippen könnte. Letztlich hängt sie nicht von PR oder Patronage ab, sondern von politischen Erfolgen.

Ein Erfolg hat sich bereits eingestellt: die Übertragung von Regierungsverantwortung an die Regionen. Es gibt ein schottisches Parlament und eine schottische Exekutive mit beträchtlicher Macht – und sichtbaren Ambitionen nach mehr – sowie eine walisische Regierung, die jedoch deutlich zurückhaltender ist. Blair ist dafür kritisiert worden, Schritte unternommen zu haben, die eher zum Auseinanderfallen des Vereinigten Königreichs als zur Neuorganisation führen könnten, aber vor allem wegen des Fehlens eines umfassenden Plans. Was, fragen die Kritiker, wird aus dem Parlament von Westminster, wenn die Regionen neue Befugnisse bekommen? Doch die Kritik kommt aus den Reihen derer, die die britische Politik gemeinhin deswegen loben, weil sie gewöhnlich Veränderungen schrittweise vornimmt und großangelegte Projekte scheut. Mit einer Sache haben die Kritiker von Labours Zögerlichkeit jedoch recht: Aus dem Oberhaus sind die meisten erblichen Lords endgültig vertrieben worden – eine Maßnahme, die nach demokratischen Maßstäben seit gut zwei Jahrhunderten überfällig war; doch der Regierung fällt es äußerst schwer zu sagen, wie das Oberhaus zukünftig aussehen und welche Befugnisse es haben soll.

New Labour hielt sich auffällig bedeckt bei der Frage, die in den Achtzigern und Neunzigern von vielen, die 1997 die Partei gewählt hatten, häufig erörtert wurde: eine charter of liberties, ein britisches Gegenstück zur Bill of Rights. Die ungeschriebene Verfassung des Vereinigten Königreichs, wie sie von den Gerichten und letztinstanzlichen Urteilen des Oberhauses interpretiert wird, war kaum je ein Hindernis für Regierungswillkür und Hinterlist. In Anbetracht von New Labours Rhetorik der Modernität muß die Partei in dieser Richtung vorankommen – doch in den ersten 36 Monaten ihrer Amtszeit hat sie dieser Angelegenheit keine Dringlichkeit eingeräumt. Tatsächlich betrachten viele die vorgeschlagene Reform des Rechtssystems als zu autoritär.

Andere Entwicklungen waren alles andere als liberal – wenn wir diesen Begriff in seiner historischen Bedeutung verstehen als eine positive Sicht des öffentlichen Raums. Unter Thatcher wurden eine ganze Reihe staatlicher Dienste privatisiert, meist mit belanglosen oder negativen Folgen. Blair hat wiederholt behauptet, seine Regierung sei an Maßnahmen interessiert, die funktionieren. In seinen ersten Jahren im Amt war er offenbar überzeugt, daß Thatchers Politik diesem wie auch anderen Kriterien entsprach. New Labour bemühte sich nicht, das Privatisierungsprogramm ihrer Vorgängerregierungen zurückzunehmen. Ob sie die ausbeuterische Haltung, die Ineffizienz und das Profitstreben der neuen Besitzer in ausreichendem Maße in Betracht gezogen hat, ist eine Frage, die man sich in Großbritannien häufig gestellt hat, und zwar nicht nur innerhalb der sozialistischen Überreste der Labour Party.

Wir kommen zur Frage des Verhältnisses von Markt und Staat. Blairs zweitwichtigster Mann ist der Schatzkanzler Gordon Brown. 1994 entschloß sich Brown, nicht mit Blair um den Parteivorsitz zu konkurrieren, und arbeitete eng mit ihm zusammen, um New Labours Projekte zu entwickeln. Er hat die ohnehin schon weitreichende Kontrolle des Schatzamts über die anderen Ministerien noch erweitert. Mit Unterstützung von Partei und Öffentlichkeit könnte er Blair herausfordern. Solche Mutmaßungen sollte man am besten der britischen Presse überlassen (die der amerikanischen keineswegs darin nachsteht, zur Oberfläche der Politik »durchzudringen« und dort zu bleiben). Doch Brown hegt eine Vorstellung sozialer Gerechtigkeit, die tatsächlich Umverteilung miteinschließt. Trotz aller politischen Vorsicht sorgten seine Haushaltsentwürfe für eine – wenn auch begrenzte – Erweiterung des Wohlfahrtsstaates. Er hat New Labours Projekt, die Einkommenssteuer auch für Wohlhabende und Reiche nicht zu erhöhen, unterstützt und hat die Festsetzung der Zinssätze der alleinigen Kontrolle der Bank of England unterstellt. Blair führt die postsozialistische Labour-Fraktion an, Brown befindet sich nach wie vor innerhalb der Parteitradition.

Die Zukunft hängt von verschiedenen, vor allem wirtschaftlichen Umständen ab. Blair und Brown sind sich einig, was die Einschätzung der Zeit angeht, die ihnen zur Verfügung steht, um ihre ersten Ziele zu erreichen. Blair trachtet danach, sein Regierungsethos, eine ganz eigene Kombination von Managertum und Moralismus, zur akzeptierten Norm der britischen Politik zu machen. Brown hat vor, das britische Kapital zu überreden und zu drängen, wettbewerbsfähig zu werden, und den Wohlfahrtsstaat soweit zu erhalten, daß Labours Kernwählerschaft mit dem Projekt zu versöhnen ist. Sie gehen davon aus, daß sie mindestens noch eine weitere Amtszeit zur Verfügung haben, bevor sie sich ernsten Herausforderungen stellen müssen.

Nehmen wir einmal an, daß die Wirtschaftslage, die für Labour in ihren ersten drei Regierungsjahren eher vorteilhaft war, sich entschieden weniger günstig entwickelt. Die Partei hat wenig getan, um eine Pädagogik der Solidarität zu erneuern. Die Vordenker und Technokraten von New Labour haben das Unternehmertum auf eine Art und Weise gepriesen, die implizit und manchmal auch explizit abstreitet, daß es überhaupt neue gemeinschaftliche Institutionen oder Maßnahmen geben könne, die einen qualitativ und quantitativ höheren Lebensstandard ermöglichten als der private Sektor. Die Minister von Old Labour versuchen, dies in Bereichen wie Bildung, Umwelt oder Transport zu widerlegen. Doch ihnen ist die schwierige Aufgabe zugewiesen worden, die Fehlentwicklungen zu berichtigen, zu denen achtzehn Jahre konservative Regierung geführt haben. Ganz sicher wurde ihnen nicht die Aufgabe zugewiesen, die Grenzen zwischen öffentlichem und privatem Sektor neu zu überdenken. Die ihnen zur Verfügung stehenden Haushaltsmittel waren begrenzt.

Noch auffälliger ist Labours stillschweigende Akzeptanz enger Grenzen für staatliches Handeln und das generelle Vermeiden von Experimenten. Ungeachtet der Bestrebungen der liberalen Wählerschaft, an die sich Labour wandte, reagierte die Partei nur sehr zögerlich und unsicher auf die Feststellung, daß ein Großteil des öffentlichen Lebens nach wie vor demokratisiert werden müßte. Ich erwähnte bereits, daß New Labour damit fortfährt, öffentliche Dienstleistungen nach außen zu geben. In den Achtzigern und Neunzigern ist die konservative

Regierung häufig kritisiert worden, weil sie darauf beharrte, auf das Regieren zu verzichten. Nicht nur die öffentlichen Dienstleistungen wurden an Private vergeben, sondern ganze Bereiche öffentlicher Zuständigkeit wurden an Körperschaften delegiert, die in einiger Entfernung zu ministerieller und parlamentarischer Aufsicht tätig wurden. Die Schritte der Labour Party für Regionalregierungen, ihr Plan, die kommunale Selbstverwaltung wiederzubeleben, haben das Problem eher umgangen, als es zu lösen.

Eine großangelegte Reform der Sozialleistungen, die als wichtiges Labour-Projekt eingeleitet worden war, ist verzögert worden. Ein Programm, nämlich das Projekt zur Aus- und Weiterbildung Ungelernter und Arbeitsloser, war erfolgreich – zu einer Zeit, als es relativ viele Arbeitsplätze gab. Blair persönlich proklamiert unermüdlich, daß es die Aufgabe der Regierung sei, Großbritannien auf die Erfordernisse der New Economy vorzubereiten. Es gibt jedoch kein staatliches Beschäftigungsprogramm, etwa in der Art des holländischen Modells.[21] Es gibt nicht einmal so etwas Ähnliches wie das problematische »Bündnis für Arbeit«, das die beiden jüngsten deutschen Regierungen entwickelt haben.

New Labour hält sich erkennbar fern von den Gewerkschaften. Dabei geht es nicht nur darum, den (ziemlich falschen) Ruf von Old Labour abzuschütteln, Sklavin der Gewerkschaften gewesen zu sein. Die Regierung revidierte die Arbeitsgesetzgebung, was es den Gewerkschaften nun etwas erleichterte, neue Mitglieder zu rekrutieren und sich in den Betrieben zu organisieren. Blairs Wahlkampfparole der »Aktionärs-Gesellschaft« führte allerdings nicht dazu, daß er sich als Premier für eine direkte Beteiligung der Arbeitnehmer an der Führung oder dem Besitz der Betriebe einsetzte, in denen sie arbeiten. Seine Vorstellung von Zivilgesellschaft betont eben nicht deren Ausweitung auf den Markt.

In der Regierungstätigkeit der Labour Party zeigt sich noch eine weitere, gänzlich unphilosophische Diskrepanz: Blair und seine Kollegen versprachen, Großbritanniens immer wieder erkennbare Zweifel an der EU-Mitgliedschaft zu beseitigen und in der Gemeinschaft eine führende Rolle zu übernehmen. Labour unterzeichnete zwar die Sozialcharta, doch prompt erklärte Blair, daß sie für britische Arbeitsgesetze keinerlei Verbindlichkeit habe. Seine Regierung wird keine Vorschläge unterstützen, die eine einheitlichere Steuerpolitik und Marktregulierung in der Union vorsehen. Das Datum für das versprochene Referendum über den Eintritt in die Währungsunion ist inzwischen immer weiter nach hinten in die erwartete zweite Legislaturperiode von Labour, ja sogar in eine hypothetische dritte verschoben worden. Die britische Öffentlichkeit ist skeptisch in bezug auf die gemeinsame Währung. Blairs Zögern, eine Überzeugungskampagne durchzuführen, hat wichtige Teile des Finanzsektors und der Industrie enttäuscht.

Sie zeigen allerdings auch Verständnis für seine Motive, die nicht nur etwas mit Wahlkampftaktik zu tun haben. Blair betrachtet die europäischen Wohlfahrtsstaaten nicht als ein Vorbild für Großbritannien. Er ist bis zur Unhöflichkeit skeptisch gegenüber der »pluralistischen Linken« Frankreichs, er ist sich nicht sicher, ob die deutschen Sozialdemokraten vernünftig genug sein werden, seinem Dritten Weg zu folgen, und er hält er sich auch von den Postkommunisten und den Linkskatholiken Italiens fern. Würde das britische Pfund für den Euro aufgegeben, könnte es für New Labour schwieriger werden, sich mit dem Kapital zu versöhnen, denn dann würde sich Großbritannien einem europäischen System der Umverteilung und Regulierung unterwerfen müssen, falls sich denn ein solches entwickelte. Durch die Verschiebung konnte Blair Zeit gewinnen, seine Macht festigen und an seiner öffentlichen Wirkung innerhalb und außerhalb Großbritanniens feilen. Die offen ausgesprochene Prämisse der Strategie Blairs lautet, daß der Wohlfahrtsstaat in sämtlichen historischen Erscheinungsformen obsolet geworden ist. Zusammen mit Clinton und Schröder unternahm er systematische intellektuelle Anstrengungen, um eine Alternative zu entwickeln.

Für diese Alternative stellen sich drei Schwierigkeiten: Bei Blairs Drittem Weg und der darin enthaltenen Interpretation der Wirtschaft wird davon ausgegangen, daß sich der wirtschaftliche Aufschwung, der Ende der neunziger Jahre im Vereinigten Königreich stattfand, fortsetzen wird. Des weiteren wird davon ausgegangen, daß sich die Weltwirtschaft – abgesehen von einigen vorübergehenden Schwierigkeiten – weiterhin positiv entwickeln wird: Noch mehr Waren und Dienstleistungen, Handel, Beschäftigung und noch höhere Lebensstandards werden überall dort hervorgebracht, wo es den Märkten erlaubt wird zu wirken. Zwar sprachen Blair und Brown während der Asienkrise von 1998 in sehr vagen Begriffen von neuen internationalen Regulierungsmechanismen, um schädliche Kapitalbewegungen zu verhindern. Doch seitdem war davon nichts mehr zu hören. Blair hat den Keynesianismus aufgegeben. Er hält es nicht für notwendig, ein post-keynesianisches System staatlicher Interventionen in die Wirtschaft zu erarbeiten. Er hat seine Partei gegenüber einer möglichen größeren wirtschaftlichen Krise entwaffnet. Wenn es zu einer kommt, wird Labour entweder improvisieren oder den Befehlen des Marktes gehorchen oder aber eine unbeständige und armselige Synthese beider Möglichkeiten bilden müssen.

Und die zweite Schwierigkeit: Bei Blair scheinen sich liberale Anklänge zu finden, wenn er danach strebt, in das Geschäft des Regierens eine moralische Verantwortung einzuführen. Genaugenommen denkt er, daß das Regierungsgeschäft darin besteht, Bedingungen zu schaffen, unter denen die Bürger einen Großteil ihres sozialen Lebens selbst regeln können. Doch sein Liberalismus ist vulgär: Er hebt kein vorbildliches Verhalten und keine Norm gegenüber anderen besonders hervor und seine Ziele sind willkürlich. Blair sagt nichts darüber, wie eine öffentliche Kultur beschaffen sein soll, die einer verwirklichten Demokratie angemessen ist, nichts darüber, welcher Typ Mensch aus dem Privatleben hervorgehen und als Staatsbürger handeln und kommunizieren soll. Wir können jedoch unsere Welt nicht neu erschaffen. Das Privatleben eines jeden einzelnen ist unauflöslich eingebunden in Institutionen von begrenzter Autonomie und systematischer Ungleichheit. Die moralischen Möglichkeiten, die Blair heraufbeschwört, sind wie die Zivilgesellschaft, die diese in sich tragen soll, eine leere Abstraktion, ja eine grausame Fiktion, die die Machtlosen verhöhnt. Das letzte der Probleme von Blairs Drittem Weg besteht darin, wie achtlos er mit der Demokratie selbst umgeht. Der ursprüngliche sozialistische Radikalismus weitete die staatsbürgerlichen Rechte und die Vorstellung von Autonomie bis auf einen Bereich aus, der vorher von unveränderlichen Mechanismen der Herrschaft geregelt war, schlechtgetarnt als wirtschaftlicher Austausch. Labour übernahm die liberale Idee des politisch verantwortungsvollen Staatsbürgers und vertiefte sie durch für ihr Gedankengut zentrale Vorstellungen einer wirtschaftlichen Demokratie. Blairs Sprache ist eine andere: Das Problem und der Kampf zu seiner Lösung beschäftigen ihn nicht.

Politische Krisen, ob groß oder klein, stellen die Fähigkeit von Führern, mit Widrigkeiten umzugehen, auf die Probe. Krisen zwingen diese auch dazu, ihre intellektuellen und geistigen Ressourcen zu nutzen. Es stellt sich jedoch die Frage, ob Blairs fundamentale Glaubenssätze seinen Führungsanspruch legitimieren können, falls oder wenn ein substantieller Teil der Nation zu den früheren Vorstellungen von Solidarität zurückkehrt. Das interne Konfliktpotential von Labour und die potentielle Herausforderung für Blair und New Labour insgesamt bleiben nach wie vor sehr groß.[22]

Als sich Labour auf die Wahlen von 2001 vorbereitete, deuteten die Ereignisse von Anfang 2000 darauf hin, daß Blairs Bemühungen, die Vergangenheit der Partei Historikern zu überlassen, definitiv verfrüht waren. Es artikulierte sich eine Strömung unter Parlamentariern und lokalen Parteifunktionären, die erklärte, daß die Konzentration auf die prosperierenden Wähler in Südengland die Bedürfnisse (und manchmal auch die Armut) der Midlands und des Nordens ignorierte.

Die wohlhabenden Südengländer in London erteilten Labour einen strengen Verweis, indem sie Ken Livingstone zum Londoner Bürgermeister wählten. Die Partei lehnte ihn offiziell aufgrund seiner Vergangenheit als Vorsitzender des Greater London Council ab. Seine Bemühungen, in *einer* Stadt den Sozialismus zu praktizieren, hatten Margaret Thatcher dazu gebracht, den Council abzuschaffen. Weil er dafür eintrat, die Londoner U-Bahn in öffentlichem Besitz zu belassen, aber auch, weil er den Ruf eines unnachgiebigen Sozialisten hatte, wollte Blair ihn sechzehn Jahre später nicht als offiziellen Kandidaten der Labour Party nominieren. Dieser Nominierungsprozeß wurde von den Tories zu Recht so beschrieben, daß er auch Nordkorea gut zu Gesicht gestanden hätte. Livingstones Erfolg in London spiegelt die öffentliche Unzufriedenheit mit Labours zögerlichen Leistungen bei der Verbesserung von Bildung, Gesundheitswesen und Transport. Er drückt auch eine gewisse Verärgerung darüber aus, daß sich Labour ständig selbst bejubelt, und daß der Premier auf wenig überzeugende Art Cromwell als Lordprotektor nachahmt. Das eine ist Blairs PR-Fixierung geschuldet, das andere seiner Annahme, daß das Kabinett, das Parlament und die Partei nur mit eiserner Hand – mit seiner eigenen – geführt werden könnten. Es bleibt abzuwarten, ob Livingstone das Zeug zum nationalen Führer der Sozialisten hat, die es noch bei Labour gibt, und als Persönlichkeit, die eines Tages sämtliche mit Blair Unzufriedenen mobilisiert, in den Vordergrund treten wird. Wenn die Unzufriedenheit wächst, wird es selbstverständlich eine ganze Reihe von Leuten geben, die Anspruch auf die Nachfolge erheben, und Brown wird dabei ganz vorne stehen. Blairs ursprüngliches Vorhaben, mit den Liberal Democrats eine dauerhafte Allianz einzugehen, um die

Tories solange wie möglich von der Macht fernzuhalten, hat zu nichts geführt. Die Wahlrechtsreform (in der wahrscheinlich das Verhältniswahlrecht das Mehrheitswahlrecht ersetzen soll) ist verschoben worden. Hier hat sich Blair der Opposition eines beträchtlichen Teils seiner eigenen Partei gebeugt. Die Einführung des Euro ist ebenfalls verschoben worden, weil man sich dem erheblichen öffentlichen Zweifeln ob des Aufgebens des Sterling beugte – obwohl die Londoner City und die Industrie den Eintritt in die Währungsunion befürwortet hatten. Blairs taktische Vorsicht in diesen Angelegenheiten wurde nicht durch Mut in anderen Bereichen aufgewogen. Im Frühjahr und Sommer 2000 brachte ihn eine breit geführte öffentliche Diskussion über seinen Hang, Politik als reine PR-Angelegenheit zu behandeln, in Verlegenheit. Jedenfalls mußte die Partei in Umfragen vor der Wahl erhebliche Sympathieeinbußen hinnehmen. Blair ließ fast nichts mehr von der universellen Bedeutung seines Dritten Wegs verlauten – was allerdings die meisten, sei es in Großbritannien oder im Ausland, nicht unbedingt als Verlust empfanden.

Unter diesen Umständen bestritt Labour die für 2001 geplanten Wahlen ganz klassisch. Der Haushalt des Jahres 2000 enthielt mehr als nur ein anständiges Minimum an Umverteilung und versprach zudem beträchtliche Mittel für das staatliche Gesundheitswesen. Der Haushalt für 2001 betonte abermals Umverteilungsmaßnahmen und Investitionen in die öffentliche Infrastruktur. So unterscheidet sich New Labour unter den Bedingungen einer Wahl also kaum von Old Labour.

Blair verdankte seinen Aufstieg an die Führungsspitze der Labour Party größtenteils dem Fehlen überzeugender politischer Alternativen. Sein Erfolg als Premier ist größtenteils der Schwäche einer inkohärenten konservativen Opposition zu verdanken. Sein persönliches Projekt, der Dritte Weg, ist kraftlos. Es ist zweifelhaft, ob ihn seine rhetorischen Fähigkeiten und seine Agilität als Politmanager viel weiterbringen werden. Auf der Hundertjahrfeier der Labour Party Anfang 2000 mußte sich Blair für Kontinuität zu seinen Vorgängern bekennen. Er tat dies sichtlich wenig begeistert, aber vielleicht doch aufrichtiger, als er eigentlich würde zugeben wollen.

10 »Les Anglo-Saxons«: Die USA

In keiner anderen industriellen Demokratie sind Ungleichheiten bei Einkommen und Vermögen so eklatant wie in den USA. In keiner anderen ist das Fehlen organisierter Bemühungen zur Behebung dieser Ungleichheiten in der letzten Zeit so auffällig. In keiner anderen verdrängen kulturelle Unterschiede so durchgehend Klassenpolitik. In keiner anderen ist der Rückzug aus dem öffentlichen Raum – die Hälfte der Wähler enthält sich ihrer Stimme – so verbreitet. In keiner anderen schließlich stehen die Interpretationen der Bürger von Vergangenheit und Gegenwart in so geringem Zusammenhang mit den Werken der Intellektuellen der Nation. Die USA sind eine Klassengesellschaft, die es nicht wagt, diesen Namen auszusprechen; ein Großteil ihrer Bürger hat sich in historischer Zeit und im sozialen Raum verirrt.

Gleichzeitig ist Amerika eine instinktiv demokratische Gesellschaft: Traditionen des Ungehorsams gegenüber Autorität und Konvention, der systematischen Idiosynkrasie, sind nach wie vor lebendig. In Protestprojekten sammeln sich oft die unterschiedlichsten Segmente der Nation. Die Kirchen und ein Spektrum säkularer Gruppierungen verbreiten Interpretationen der ersten und letzten Dinge, die sich oft auf groteske Weise von der metahistorischen Flachheit der Theologien der Existenz abheben, die die allgegenwärtige Kulturindustrie fabriziert.

Erklärt der Kampf zwischen Moderne und Gegenmoderne in ihrer amerikanischen Variante ebensoviel oder mehr über die amerikanische Existenz als der Klassengegensatz? Die politischen Implikationen der amerikanischen Kultur sind zu dissonant und abgehackt, um das so einfach zu beantworten. Die römisch-katholischen Bischöfe betrachten den Feminismus mit äußerster Skepsis, sie verteidigen jedoch aktiv die Ansprüche in Armut geratener Frauen auf ökonomische und moralische Solidarität. Die Protestanten sind geteilt – eine Mehrheit akzeptiert die Autonomie der säkularen Welt, eine aufgeregte Minderheit versucht, die Nation wieder zu ihrer Variante des Christentums zu bekehren. Die schwarzen Kirchen sind wie einige der weißen Kirchen noch immer Orte sozialer Prophezeiung. Die jüdische Gemeinde, einst Quelle befreiender Energie, ist nach ihrer erfolgreichen Integration in die dominante Gesellschaft weitaus alltäglicher geworden. Viele sonntägliche Kirchgänger ehren den Rest der Woche die säkularen Götter der Gesellschaft, Status und Reichtum.

Streben Kultur und Politik also einfach auseinander? Angesichts der wachsenden Verschmelzung von »höherer« Kultur, Massenkultur und Politik lassen sich oft genug keine klaren Grenzen erkennen. Vieles von dem, was die amerikanische Existenz ausmacht, scheint von innen betrachtet eine multimediale Inszenierung zu sein, ein endloses Happening. Das ständige Chaos, die Scheinrationalität und die unechte Transparenz des öffentlichen Bereichs der USA vermögen aber nicht völlig zu verbergen, daß es Themen gibt, die so alt sind wie die Republik: Das Selbst und die Gesellschaft; Nachbarschaft und Nation; Rasse, Region, Religion und Staatsbürgertum; Habsucht und eine Mindestform des Anstands; arrogante Macht und haßerfüllte Unterordnung; faktische Ungleichheit, fiktive Gleichheit – dies alles prallt ständig aufeinander und verbindet sich ständig neu. Oft meiden oder fliehen die wortgewandtesten und sensibelsten Amerikaner die Politik und schreiben amerikanische Geschichte in Form ihrer Autobiographie. Der Schwund, der sich daraus ergibt, ja das völlige Verschwinden des öffentlichen Gedächtnisses, macht die amerikanische Gesellschaft ärmer als notwendig. Neue Interpretationsversuche, wie unvollständig und einseitig auch immer, könnten das Leben in den USA dichter und reicher machen – und letztlich freier.[1] Im folgenden ein solcher Versuch:

Die amerikanische Urheberschaft am Kalten Krieg erfand die nationale Ideologie einer Mission im Dienste einer globalen Hegemonie neu. Diese wurde durch den Sozialvertrag der Nachkriegszeit und den dadurch erzeugten Konsens ermöglicht. Der Vertrag setzte das Kriegsprogramm der relativen Vollbeschäftigung fort und führte zu einem – gelegentlich mit Unbehagen verbundenen – gesellschaftlichen Waffenstillstand. Er wurde zwischen den Gewerkschaften und denjenigen ausgehandelt, die über die amerikanische Wirtschaft herrschten. Ab und zu intervenierte die politische Elite, doch Harry Truman war der letzte Präsident, der als Vertreter der Interessen der Normalbürger eine vom Klassendenken geprägte Sprache benutzte. Aber er war nicht gewillt, sich mit den Gewerkschaftern (angeführt von Walter Reuther von den United Auto Workers) zu verbünden, die mehr Macht für die Industriearbeiter forderten und ein sozialdemokratisches Regierungsmodell anstrebten.[2]

Der Sozialvertrag beruhte auf dem steten Wachstum der Produktivität und einem damit verbundenen Anstieg des Lebensstandards für die Mehrheit der Bevölkerung. Die Kosten des Kalten Krieges bildeten eine wichtige Grundlage für die wirtschaftliche Expansion. Eine große Armee brauchte ständig neue Waffen. Die im Zuge des Marshall-Plans gewährleistete Hilfe für Europa führte zu hohen Kapitalaufwendungen auch in den USA, ebenso wie der Koreakrieg, der kurz danach ausbrach. Staatlich garantierte günstige Hypotheken, Steueranreize für den Erwerb von Eigenheimen und der staatlich finanzierte Bau von Highways führten zu einer neuen suburbanen Landschaft. Der Markt für Konsumgüter wuchs enorm. Die weltweite Vorherrschaft gewährleistete billige Rohstoffe für die Binnenwirtschaft und offene Märkte für den Export von Investitionsgütern. In den ersten fünfundzwanzig Nachkriegsjahren wurde die Vormacht der amerikanischen Wirtschaft noch zusätzlich durch die Rolle des Dollar als Reservewährung gestärkt.

Der New Deal rettete den amerikanischen Kapitalismus. Die Demokratische Partei der Nachkriegszeit zeichnete sich unter Truman, Kennedy, Johnson und schließlich Clinton durch ihr ausgezeichnetes Politmanagement aus. Truman und Johnson als überzeugte Vertreter des New Deal, Kennedy als nomineller Anhänger eines sozialen Katholizismus und eingefleischter Technokrat und Clinton, wenn sein protestantisches Gewissen mit wahltaktischen Überlegungen zusammenfiel, benutzten alle die Rhetorik der Solidarität. Carter dagegen scheiterte vollständig dabei, seine authentische Moralität mit komplexen politischen Anforderungen in Einklang zu bringen. Es fiel ihm extrem schwer, das Vermächtnis des New Deal aufzukündigen, doch noch schwerer, es wiederzubeleben.

Dieses Vermächtnis beinhaltete wichtige und ausgesprochen populäre soziale Programme wie Social Security und Medicare, aber auch Darlehen für die höhere Bildung. Andere Projekte (Gelder für den öffentlichen Personennahverkehr, Darlehen für Grund- und weiterführende Schulen) waren für Kommunen und Bundesstaaten unverzichtbar. Mit der Unterstützung im Kongreß konnten deren Regierungen und unterschiedlichste Interessengruppen die von ihnen benötigten staatlichen Programme verteidigen (und manchmal sogar ausweiten oder initiieren). Staatliche Programme zur Bekämpfung der Armut waren höchst umstritten. Die regulativen Befugnisse des Staates in den Bereichen Verbraucher-, Umwelt- und Gesundheitsschutz, seine Rolle als Schlichter zwischen Kapital und Arbeit, führten zu ständigen Konflikten. Staatliche Eingriffe in die Rassenbeziehungen verursachten ebenso wie staatliche Maßnahmen zur Familienpolitik oder in der Politik der Geschlechterbeziehungen große Spannungen.[3]

Die beiden großen Parteien vertraten in diesen Feldern unterschiedliche Standpunkte, obwohl innerparteiliche Spaltungen häufig ebenso deutlich wurden wie zwischenparteiliche Meinungsverschiedenheiten. Das sich daraus ergebende politische Patt wirkte manchmal wie ein Konsens. In der Außenpolitik waren beide Parteien explizit einer Meinung: Es galt, die amerikanische Vorherrschaft aufrechtzuerhalten. In der Wirtschaftspolitik fanden sie einen Modus vivendi: Die USA sollten eine Demokratie des plebiszitären Konsums bleiben.

Eine Weile schienen die Parteien die stillschweigende Übereinkunft getroffen zu haben, kulturellen und sozialen Themen Priorität einzuräumen, Reichtum und Macht aber von der politischen Tagesordnung zu nehmen. Diese politische Strategie verfolgte zumindest das amerikanische Kapital, das unermüdlich verlauten ließ, die amerikanische Wirtschaft sei ein unabänderliches historisches Faktum und gleichzeitig eine geniale Errungenschaft freier Frauen und Männer. Kritik zeuge deshalb entweder von der Dummheit oder der Verlogenheit der Kritiker oder auch von beidem. Dies kam vielen Demokraten gelegen, deren Wähler zunehmend befürchteten, daß es ihren gesellschaftlichen Status gefährdete, wenn sie Fragen der ökonomischen Gerechtigkeit stellten. In der Vorstellung sozialer Solidarität sahen sie das implizite Risiko, mit der Unterstützung von Faulenzern belastet zu werden – die zu allem Übel auch noch überwiegend schwarz waren.[4]

Ab der Mitte der Regierungszeit Reagans bis in die letzten Jahre der Clinton-Regierung wurden kulturelle Themen betont. Der Versuch, Clinton aufgrund unmoralischen Verhaltens seines Amtes zu entheben, unternommen von Gegnern, die selbst keine sehr vielversprechenden Anwärter auf die Heiligsprechung waren, veränderte einiges: Öffentliche Gleichgültigkeit und Abneigung nahmen erheblich zu. Viele Bürger stellten klar, daß es ihnen lieber wäre, ihre gewählten Vertreter würden sich mit Fragen der Erziehung, Gesundheit und wirtschaftlicher Sicherheit beschäftigen. Es schien, als hätte Roger Williams einen bescheidenen Sieg über John Winthrop errungen. Eine Rückkehr zum Denken und zur Rhetorik des New Deal und der Great Society schien nicht bevorzustehen, doch es tauchten wieder Fragen zu staatlichen Eingriffen in den Markt und zur Umverteilung auf. Zur Überraschung derjenigen, die die amerikanische Öffentlichkeit entweder für ein intellektuelles Vakuum oder für materiell gesättigt gehalten hatten, gab das politische Gemeinwesen am Vorabend des Präsidentschaftswahlkampfes des Jahres 2000 deutliche Lebenszeichen von sich. In den letzten zwei Jahrzehnten des 20. Jahrhunderts hatten Spitzenfunktionäre der Parteien politisches Marketing eingesetzt, um ihre Programme – und sich selbst – neu zu erfinden. Ende dieses Jahrhunderts schien es mit dem Marketing nicht mehr zu klappen.

Trotz der Brüche in der sozialen Erfahrung und den Aussetzern des öffentlichen Gedächtnisses mußten die Parteien sich ihren Wählern und ihrer eigenen Geschichte stellen. Die Demokraten integrierten die Katholiken und Juden in die amerikanische Politik zu einer Zeit, als die meisten Angehörigen dieser Gruppen noch Arbeiter waren. Veränderungen in der Arbeitswelt und die deutliche Abnahme von Vorurteilen führten dazu, daß beide Gruppen gebildeter und wohlhabender wurden. Katholiken und Juden leisteten wichtige Beiträge zu sozialen Reformen, die die Partei der Nation auf säkularem politischen Terrain vorstellte. Zugleich war die Partei der bevorzugte Sammelpunkt für die liberalen und sozial eingestellten Protestanten, nachdem der New Deal die progressiven Republikaner für sich gewonnen hatte. Die weitaus konservativeren Protestanten aus den Südstaaten blieben in der Partei, bis nach dem New Deal der Zweite Weltkrieg und das Wirtschaftswachstum der ersten Nachkriegsjahre den Süden aus seiner endemischen Armut erlösten. Die Ablehnung der Rassenintegration brachte die einstigen Demokraten dazu, für Gouverneur Strom Thurmond zu stimmen, Trumans Gegner in der Wahl von 1948 und Kandidat einer Südstaatenpartei, der sogenannten Dixiecrats, und in späteren Wahlen für die Republikaner.

Die Demokraten waren auch die Partei der Gewerkschaften, die während Johnsons Präsidentschaft ein Drittel der Arbeiterschaft repräsentierten. Die Strategie der Gewerkschaften in der Nachkriegszeit basierte auf folgender Vereinbarung: Die Gewerkschaften verzichteten auf die Mitwirkung in der Betriebsführung zugunsten eines steten Anstiegs von Löhnen und betrieblichen Leistungen. Sie waren federführend in der Demokratischen Koalition, die eine nationale Sozialgesetzgebung wie etwa Trumans – erfolglosen – Vorschlag einer staatlichen Krankenversicherung anstrebte. Einige Gewerkschaften verwandelten ihre Branchen in private Wohlfahrtsstaaten. Die United Auto Workers waren besonders aktiv – aber immer innerhalb der Grenzen, die ihnen gesetzt worden waren, als ihre Bemühungen nach dem Krieg, Sitze in den Aufsichtsräten der Betriebe zu bekommen, in denen ihre Mitglieder arbeiteten, fehlgeschlagen waren.[5]

Die Demokratische Partei unterhielt enge Beziehungen zur Kulturindustrie und der Branche der Finanzdienstleistungen. Die einen (Film, Verlage, Rundfunk und Fernsehen) schätzten politische Maßnahmen, die die Kaufkraft erweiterten, sie schätzten eine Öffentlichkeit, die Geld ausgeben konnte. Die anderen schätzten den Internationalismus der Partei und daß sie sich der Disziplin eines Sozialvertrags unterwarf. Nun, da sie mit am Verhandlungstisch saßen, konnten die Gewerkschaften leichter von der Weisheit und Legitimität der Wächter des freien Marktes überzeugt werden. Programme der Stadtentwicklung wurden von der Bauindustrie unterstützt. Rüstungsausgaben sorgten für enge Beziehungen zur Luftfahrt und zum technologischen Kapital.

Die Republikaner waren überwiegend protestantisch; sie wurden von nahezu allen kleinen und mittleren Unternehmen unterstützt und größtenteils von denjenigen bevorzugt, die in den größeren Banken und Unternehmen das Sagen hatten. Letztere waren jedoch flexibel und auch bereit, die Demokraten zu unterstützen, wenn man ihnen dafür entgegenkam. Sie glaubten an ein »American Century«, wie es sich Henry Luce vorgestellt hatte, eine effiziente Utopie, in der Macht und Produktivität eins wären. Die Republikaner aus der Provinz taten sich mit dieser Vorstellung schwer. Sie hatten eine Rentiers-Mentalität: Gedanken an die Welt außerhalb Amerikas und an deren Bewohner machten sie nervös.

In all den Diskussionen über die angebliche Amerikanisierung der Welt wird ständig übersehen, daß die USA selbst erst vor kurzer Zeit amerikanisiert worden sind. Die Ausbreitung einer vorherrschend urbanen Kultur, die die metropolitanen und lokalen Eliten gleichermaßen umfaßt, war neu und noch keineswegs abgeschlossen, als der

Konflikt zwischen Dwight Eisenhower und Robert Taft 1952 die Republikaner in anpassungsfähige Eliten und störrische Provinzler spaltete.[6]

Die Republikaner hatten ein anderes Konzept des Föderalismus als die Demokraten. Die Doktrin der Rechte der Einzelstaaten, die so alt war wie die Republik, wurde erneuert. Der Regierung wurde fortan (oft von republikanischen Richtern) untersagt, in die Jurisdiktion der Einzelstaaten einzugreifen, vor allem dann, wenn diese Gesetze die Unternehmen begünstigten. Wenn ein Staat allerdings Sozialgesetze auf den Weg bringen wollte, beeilte sich das republikanische Rechtswesen, auf das Primat des Bundes zu pochen. Die Gesetzgebung der Einzelstaaten wurde auch zur Verteidigung der Rassentrennung im Süden eingesetzt – ein letztlich erfolgloses Unterfangen, das den Republikanern jedoch einen großen Stimmengewinn unter den weißen Südstaatenbewohnern bescherte. Doch die Republikaner fühlten sich der Macht des Bundes ebenso verbunden wie die Demokraten. Unterschiedlich waren nur die Vorstellungen, wie diese Macht eingesetzt werden sollte.

In zwei Dingen waren sich die Parteien einig: Beide hielten starke Streitkräfte und eine interventionistische Außenpolitik für unabdingbar. Nicht nur die oberen Ränge der Beamten, sondern auch die Akademiker, Banker, Manager und Anwälte, die immer wieder temporär in der Außenpolitik der Regierung arbeiteten, unterhielten Verbindungen zu einer der beiden Parteien. Diese Verbindungen waren locker, und die Unterschiede zwischen den Parteien waren in der Praxis kaum von Belang, wenn man sie auch lautstark diskutierte. Der Ansatz der Republikaner war eher unilateral geprägt, sie neigten spürbar weniger dazu, mit Verbündeten oder Gegnern zu verhandeln, und sie bestanden darauf, daß China eine Gefahr darstelle. Die Demokraten waren multilateral gesinnt, an Europa stärker interessiert als an Asien und gegenüber neutralen Mächten der Dritten Welt wie Indien weniger offenkundig feindselig.

Dennoch war es der Republikaner Eisenhower, der sich weigerte, in Indochina einzugreifen, um die französische Herrschaft zu retten, und der mit der Sowjetunion Verhandlungen zur Rüstungskontrolle aufnahm. Die Demokraten begannen den Kalten Krieg, gründeten die NATO und riefen den Geheimdienst ins Leben, dessen Aktionen fünfzig Jahre lang ein unbeabsichtigter Kommentar zum moralischen Führungsanspruch der amerikanischen Macht waren.

Die Parteien waren sich ebenfalls einig, daß ein vergrößerter Bundesstaat die Wirtschaft und die Lasten der Investitionen in die Infrastruktur – Bildung, Gesundheit und Wissenschaft, Transport, städtische Belange – durch fiskalpolitische Maßnahmen lenken sollte. Umstritten war allerdings die Richtung und die Wahl des Zeitpunktes für steuerliche Eingriffe wie auch der Umfang und die Art der Infrastrukturinvestitionen.

Die noch heute von den Republikanern eifrig propagierte Idee, sie seien für weniger Regierung, ist eine Fiktion. Wie andere Fiktionen auch birgt sie eine vom wörtlichen Sinn abweichende Bedeutung. Weniger Regierung bedeutet den republikanischen Grundsätzen zufolge weniger Umverteilung, weniger Eingriffe zugunsten Benachteiligter, aber auch der Beschäftigten insgesamt, dafür aber mehr Beachtung der Bedürfnisse derer, die die Märkte beherrschen. Weniger Regierung heißt auch, daß staatlichen Versuchen, die starren Institutionen rassischer und sexueller Diskriminierung und Unterdrückung abzubauen, Grenzen gesetzt sind. Republikanische Vorstellungen von weniger Regierung standen im Einklang mit einem Steuerkodex und einer Reihe regulativer Beschlüsse, die genau darauf zugeschnitten waren, den Interessen der Wirtschaft und der Wohlhabenden zu dienen.[7]

Eisenhowers Präsidentschaft, die erste republikanische Präsidentschaft nach dreißig Jahren, bestätigte den amerikanischen Konsens. Einen Großteil seiner Amtszeit mußte er sich mit demokratischen Mehrheiten im Senat und im Repräsentantenhaus herumschlagen. Die Demokraten wollten eine expansive Wirtschaftspolitik, waren aber mit Eisenhowers wichtigsten außenpolitischen Entscheidungen zufrieden, die das Gleichgewicht zwischen den Supermächten bewahrten.

Zwei wichtige Ereignisse kennzeichneten die Ära Eisenhower. Zum einen fiel das allmähliche Ende des McCarthyismus in diese Zeit. Dieses Phänomen wurde nach einem seiner Urheber, Senator Joseph McCarthy aus Wisconsin, benannt. Er war davon überzeugt, daß die amerikanische Öffentlichkeit, vor allem die kulturellen und die Bildungsinstitutionen und die Regierung, von einer kommunistischen Verschwörung bedroht seien. Ein weiterer einflußreicher Protagonist war der Kongreßabgeordnete Richard Nixon. Beide hatten ebenso verfolgungseifrige wie repressive Vorgänger, die sich bis zu den Alien and Sedition Acts von 1798 und den Kampagnen gegen die Kommunisten und Sozialisten zurückverfolgen ließen, die während und nach dem Ersten Weltkrieg stattgefunden hatten.

Das Schlimmste am McCarthyismus war die Feigheit der nationalen Eliten. Anfangs widersetzte sich fast niemand der Welle von Denunziationen und Verleumdungen, die über das Land hereinbrach und das öffentliche Leben vergiftete. Im McCarthyismus wurde jegliche Kritik an der amerikanischen Gesellschaft als freiwilliger oder unfreiwilliger Dienst für eine ausländische Macht hingestellt. De facto wurde damit das Vermächtnis des New Deal angegriffen, was die Demokraten jedoch nicht daran hinderte, ebenso schändlich zu reagieren wie die Republikaner. Letztlich verband sich die republikanische Elite mit Eisenhower, um McCarthy zu beseitigen. Er hatte einem einzigen Zweck gedient: die Vorstellung einer alternativen amerikanischen Politik gänzlich zu marginalisieren. Danach wurde er ins politische Abseits gedrängt, damit seine Demagogie nicht schließlich noch die Eliten selbst bedrohte. Auf das Ende des McCarthyismus folgte eine Wiederbelebung radikalen kulturellen und sozialen Gedankenguts, das mit politischen Gruppierungen und sozialen Bewegungen nicht in Verbindung stand und als »Sozialkritik« geehrt, aber auch abgetan wurde. Natürlich gab es auch in den USA Kommunisten, die sich systematisch Illusionen machten über die Sowjetunion der Nachkriegszeit, und manche wurden zu Spionen. Der McCarthyismus war ein Mittel, mit dem sich eine Demokratie selbst hätte zugrunde richten können: Amerika zollte dem Stalinismus Tribut, indem es ihn kopierte.[8]

Das zweite Ereignis war der Anfang der »Second Reconstruction«, mit der die Rassentrennung im Süden endlich beseitigt und viele amerikanische Schwarze so weitgehend in die Gesellschaft integriert wurden, wie man es sich vor einem halben Jahrhundert nur in kühnen Träumen vorgestellt hatte. Die »Second Reconstruction« begann mit einer Widerstandsbewegung der Schwarzen im Süden, angeführt von den Kirchen, Studenten und ganz gewöhnlichen schwarzen Bürgern, die alle außergewöhnlich mutig handelten. In diese Zeit fiel auch eine Reihe von Gerichtsurteilen zur rechtlichen Gleichstellung. Begonnen hatte es 1954 mit einem Prozeß *Brown gegen Board of Education of Topeka,* in dem das Prinzip der »separate but equal« zu Fall gebracht worden war. Diese Urteile legitimierten und schützten die Bewegungen.[9]

Die Bürgerrechtsbewegung mußte sich an die Gerichte wenden, denn im Süden hatten die Schwarzen kein Wahlrecht, und die im Norden lebende Mehrheit war nicht bereit, ihnen zu Hilfe zu kommen. In den Augen der amerikanischen Sozialreformer waren die Gerichte oft nur die Verteidiger ökonomischer Privilegien gewesen, doch nun arbeitete diese Bewegung eine umfassende juristische Strategie aus, um die formale und informelle Diskriminierung im Schulsystem, im Wohnungswesen, im öffentlichen Dienst und am Arbeitsplatz abzuschaffen. Die Zuflucht zu den Bundesgerichten verärgerte viele Bürger, die meinten, daß ihnen ihre Rechte (und dazu gehörte auch das Recht auf Rassismus und die Unterdrückung von Frauen) willkürlich verwehrt würden. Hätten die Gerichte nicht als Gewissen der Nation fungiert, wäre sehr viel weniger erreicht worden. Doch da die Reformer darauf verfielen, sich auf die Gerichte zu verlassen, vernachlässigten sie die politische und die gesellschaftliche Pädagogik, die zu den typischen Instrumenten früherer Reformbewegungen gehört hatten. Sie schienen zunehmend zu einer Vereinigung von Interessengruppen zu werden, der die Gerichte besonders gewogen waren, was die Abneigung der Reformgegner verstärkte.

Die Reformer hatten aber auch noch ein anderes Problem: Ihre Rhetorik der Chancengleichheit war zwiespältig; sie legitimierte Regierungsmaßnahmen zur Veränderung der Gesellschaft, verhalf aber auch der Ideologie des Individualismus zur Geltung. Wenn alle die gleichen Chancen hatten, hing das Schicksal von Familien und Individuen von ihren eigenen Bemühungen ab. Viele Weiße sahen ein, daß die Rassendiskriminierung eine Belastung war, doch sie waren dem Argument gegenüber unempfänglich, daß die Schwarzen die Last der amerikanischen Geschichte auf ganz besondere Weise zu tragen hatten. Regierungsprogramme, mit denen Schwarze einen systematischen Zugang zu Arbeitsplätzen und zum Bildungswesen erhalten sollten, wurden als gegenüber Weißen diskriminierend betrachtet. Dasselbe Argument wurde auch gegen Programme vorgebracht, die für die Beschäftigung von Frauen sorgen sollten und bei denen sich Männer als benachteiligte Gruppe fühlten. Die im New Deal propagierte Ideologie der Solidarität war in ein progressives Geschichtsbild eingebettet gewesen, in dem ökonomische Rechte unauflöslich mit kollektiven Erfahrungen verbunden waren. Auch wenn dieses Geschichtsbild vereinfacht war, vermittelte es doch das Gefühl einer gemeinsamen Geschichte. Die Ansicht, daß das Nachkriegsamerika Chancen für einen wirtschaftlichen Aufstieg bot, bedeutete, daß die historische Leistung Amerikas vollbracht war: Nun lag es nur noch am einzelnen, die Früchte zu ernten.[10]

Die Bürgerrechtsbewegung und die herausragende Rolle, die die Gerichte und die Bundesregierung spielten, spalteten schließlich die Demokratische Partei. Der Prozeß setzte 1948 ein, als die Demokraten bei den weißen Südstaatlern Verluste hinnehmen mußten, und endete mit Richard Nixons Wahlsieg 1968 über den reformerisch gesinnten Demokraten Hubert Humphrey. Die Spaltung der Partei betraf neben der Rassenproblematik auch umfassendere kulturelle Themen. Die Präsidentschaften Kennedys und Johnsons waren von Koalitionen ermöglicht worden, die sich auf wirtschaftliche und außenpolitische Themen konzentriert hatten, doch sie waren belastet gewesen von den Spannungen, die schließlich zu Humphreys Niederlage führten.

Er wollte als Mensch leben, doch jetzt wird man sich an ihn nur als Legende erinnern, sagte Kennedys Ehefrau 1963 nach der Ermordung ihres Gatten.[11] Als erster katholischer Präsident der Nation zeichnete sich Kennedy nicht gerade durch seine Bindung an die katholische Soziallehre aus. Sein Katholizismus hätte ihn beinahe um seinen Wahlsieg gebracht: Seinen Erfolg verdankte er der Tatsache, daß er in Harvard gelernt hatte, sich wie ein amerikanischer Patrizier zu geben. Er schien eine idealistische, jüngere Nation zu verkörpern; damit bestärkte er den in Amerika ständig vorhandenen, doch nie verwirklichten Traum einer vollständigen moralischen Erneuerung. Sein Aufruf zum Einsatz im Dienst der Öffentlichkeit begeisterte eine jüngere Generation, doch in seiner kurzen Präsidentschaft fehlten wirkliche Initiativen. In der Wirtschaftspolitik verließ er sich auf einen marktorientierten Keynesianismus, auch wenn er sich gegen Ende seiner Amtszeit für die Beseitigung der strukturellen Ursachen der Armut zu interessieren begann. Das große moralische Problem der Nation, das Rassenproblem, ging er extrem zögerlich an, bis ihn die Bürgerrechtsbewegung (und die Sympathien eines großen Teils der weißen Bevölkerung) dazu zwang, stärker zu intervenieren.

In der Außenpolitik war er ein liberaler Imperialist, wobei die imperialistische Seite anfangs stärker zum Tragen kam als die liberale. Kurz vor seinem Lebensende begann er tatsächlich den Anspruch der Nation darauf zu hinterfragen, der alleinige Träger der Moral zu sein. Er ließ sich, was er später sehr bedauerte, von der Maschinerie des Kalten Krieges in die Demütigung an der Schweinebucht treiben. Während der Kubakrise schaffte er es, eine Katastrophe abzuwenden. Offenbar erwog er, das Engagement Amerikas in Vietnam zu verringern. Seine bemerkenswerteste Äußerung zur Außenpolitik war eine Rede, die er im Juni 1963 hielt und in der er dazu aufrief, nicht mehr die bedingungslose Kapitulation der UdSSR zu fordern, und eine Koexistenz vorschlug. Ob diese Rede zu dem Anschlag gegen ihn geführt oder dazu beigetragen hat, ist eine ungeklärte Frage.

Warum ist der Mythos Kennedy noch heute lebendig? Die Öffentlichkeit, die nicht wußte, wie zynisch er in vielen seiner politischen Geschäfte vorging, sah in ihm einen Hoffnungsträger, jemanden, der sich für die *res publica* einsetzte zu einer Zeit, als viele Bürger Grobheit und Selbstsucht satt hatten. Es stimmt allerdings nicht, daß er eine große Zahl Intellektueller in das öffentliche Leben eingeführt hätte. Die meisten Gefolgsleute Kennedys waren Technokraten, sie lasen eher den *Economist* als das *Times Literary Supplement* – und sie waren, ihrem ganzen Kosmopolitismus zum Trotz, davon überzeugt, daß ihr Land die Welt führen könnte und sollte.

Seit Franklin D. Roosevelt sind sämtliche amerikanischen Regierungen, selbst die Regierungen militanter Philister wie Nixon, Reagan und Bush, von vielen Intellektuellen zahlreich unterstützt worden. Im Grunde sind die USA Ideen und ihren Trägern gegenüber weder mehr noch weniger feindselig eingestellt als andere westliche Nationen, und Ideen sind in den USA ebenso politisiert wie anderswo. Kennedys Rhetorik und die Tatsache, daß in seine Regierung Leute eintraten, die unter Roosevelt und Truman aufgewachsen waren, spiegelte einen Generationenwechsel. Die Bürgerrechtsbewegung und die verstärkten Zweifel an den vermeintlich sicheren Annahmen des Kalten Krieges führten zu einem Erstarken kritischer Politik. Niemand war konsternierter als die Kennedy-Mannschaft selbst: Sobald sie die Höhen erklommen hatten, mußten sie sich vor denjenigen verteidigen, von denen sie eigentlich gedacht hatten, sie würden ihrem Aufstieg Beifall zollen.

Angesichts einer so starken politischen Mobilisierung kehrte Lyndon B. Johnson zu seinen New-Deal-Wurzeln zurück. Obwohl er gebürtiger Texaner war, unterstützte er die Bürgerrechtsbewegung wesentlich offener als der aus Boston stammende Kennedy. Sein Programm der Great Society umfaßte die größten Sozialreformen seit dem New Deal: Programme zur Förderung von Kunst und Kultur, Bildung, Familie, Wohnen und Altersvorsorge. Zum letzten Mal im zwanzigsten Jahrhundert schlossen sich die Organisationen der Schwarzen, die liberalen Kirchen (Katholiken, Juden und Protestanten), die Gouverneure und Bürgermeister der industriell geprägten Staaten, die Gewerkschaften und viele der im expandierenden Angestelltenbereich Tätigen zu einem gemeinsamen Projekt zusammen. Die amerikanische Wirtschaft und das Finanzwesen traten ebenfalls bei: Das Programm der Great Society würde soziale Spannungen lindern können, ohne dabei der Wirtschaft zusätzliche Kosten abzuverlangen; es könnte die Qualifikation der Arbeiterschaft verbessern und den Konsum steigern. Johnson hatte klugerweise allen etwas zu bieten.[12]

Doch seine Klugheit ließ ihn im Stich, als seine Berater darauf drängten, den Bürgerkrieg in Vietnam zu amerikanisieren. 1964 hatte er die Wahlen gewonnen, nachdem er die Republikaner als kriegslüstern hingestellt hatte; doch dann ließ er sich von der außenpolitischen Elite die Verantwortung für ein militärisches Desaster in Vietnam und die politischen Unruhen in den Vereinigten Staaten aufbürden. Die Kriegstreiber überlebten, viele von ihnen, um sich für neue Schlachten zu rüsten. Ihr Präsident dagegen zog sich trotz großer innenpolitischer Erfolge aus dem öffentlichen Leben zurück. Sein Schicksal hatte er sich größtenteils selbst zuzuschreiben: Von den Dogmen des Kalten Krieges konnte er sich nicht lösen, und als er es versuchen wollte, befürchtete er wüste und erfolgreiche Attacken der amerikanischen Rechten.

Der Krieg wurde an den Universitäten und im Pentagon ersonnen. Er diente dem imperialen Apparat der USA als Rechtfertigung seiner Macht. Auf die Forderungen nach Verhandlungen antworteten die imperialen Manager, indem sie an das Münchner Abkommen erinnerten – und als Gefangene ihrer eigenen Vorstellungswelt waren sie jahrelang unfähig, die Friedensvereinbarungen zu schließen, nach denen zu trachten sie gezwungen waren. Lauthals stellten sie fest, daß die Intervention eine unmißverständliche Willensbekundung der amerikanischen Nation in Richtung China und der Sowjetunion darstellte – und beschworen die kommunistischen Mächte im gleichen Atemzug, wenn auch wesentlich leiser, zu vermitteln.[13]

Große Teile der Öffentlichkeit befreiten sich ziemlich rasch von der Vorstellung eines nahezu allmächtigen und omnipräsenten kommunistischen Feindes, der unbedingt vor Saigon aufgehalten werden müsse, damit Los Angeles nicht falle. Eine nicht unerhebliche Zahl der Bürger unterstützte jedoch den Krieg und bedauerte das trotz aller Härte eintretende Versagen, das sie zuerst Johnson und dann Nixon zuschrieben. Alle waren jedoch von der Tatsache geschockt, daß zwei Regierungen offensichtlich unfähig waren, die Nation aus einer

Situation herauszuführen, die in zunehmendem Maße als hoffnungslos betrachtet wurde. Diejenigen, die die Fortsetzung der Intervention forderten, ließen sich allerdings weniger von Artikeln in *Foreign Affairs* über die historische und moralische Mission ihres Landes berühren.[14] Sie gehörten eher zu den unreflektierten Chauvinisten und Rassisten, die den Gedanken nicht ertragen konnten, daß asiatische Bauern amerikanische Truppen schlugen.

Rassen- und Klassenprobleme machten Appelle an die nationale Einheit fruchtlos. Die Einheit wurde von einer weißen Elite gefordert, deren eigene Söhne kaum nach Vietnam gingen, die jedoch durchaus bereit war, dort 59 000 ärmere Amerikaner, darunter viele Schwarze, sterben zu lassen. Die kämpfenden Einheiten waren widerspenstig, gelegentlich rebellisch und zunehmend demoralisiert.

Richard Nixon und sein außenpolitischer Berater und späterer Außenminister Henry Kissinger haben bestätigt, daß die Bewegung gegen den Vietnamkrieg ihrem Handeln Grenzen setzte.[15] Sie nahm an den Universitäten ihren Anfang und weitete sich auf die gebildete Mittelschicht und schließlich auf sämtliche Teile der Gesellschaft aus. Selbst diejenigen, die nicht dazu neigten, den Krieg zu kritisieren, kamen – solange sie ihn nicht gerade eifrig befürworteten – letztlich zu dem Schluß, daß die dadurch im Land verursachten Unruhen einen zu hohen Preis forderten. In gleicher Weise reagierte schließlich auch die nationale Elite, die Johnson zunächst gedrängt hatte, ihn dann aber mit der mühsamen Aufgabe allein ließ, einen Weg zurück zu finden.[16]

Die amerikanische Protestbewegung gegen den Vietnamkrieg trägt ähnliche Züge wie der lange Kampf in Großbritannien in der Indienfrage oder die französische Opposition gegen den algerischen Krieg. Mit der schwarzen Bürgerrechtsbewegung und ihren Unterstützern im weißen Amerika hauchten die Kriegsgegner einer amerikanischen Neuen Linken Leben ein. Doch viele Anhänger der Bürgerrechtsbewegung und viele, die der Ansicht waren, daß die amerikanischen Truppen aus Vietnam abgezogen werden sollten, waren anfangs gegenüber der Neuen Linken skeptisch. Ihre Skepsis wuchs sich rasch zur Feindseligkeit aus.

Die Führer der Neuen Linken waren überwiegend jung, die Theoretiker, von denen sie beeinflußt waren, im allgemeinen älter. In ihren Augen war das amerikanische Rassenproblem und der Vietnamkrieg der Beweis für eine Pathologie der amerikanischen Kultur und Gesellschaft, die so tief ging, daß die normale Politik sie nicht kurieren könne. Die Alltagspolitik, die sie bestenfalls für unabänderlich flach, schlimmstenfalls für auf zynische Weise betrügerisch hielten, lehnten sie ab. Sie traten für eine Politik der direkten Aktion ein, der Mobilisierung der Öffentlichkeit, der täglichen Ausübung einer neuen Art von Bürgerrechten, eigentlich für ein neues Leben. Diese modernen Jakobiner ähnelten eher den Abolitionisten oder den Populisten als den kommunistischen, sozialistischen und gewerkschaftlichen Gruppen, die von ihren Großeltern unterstützt worden waren. (Ihre Eltern hatten sich eher in Lehrer-Eltern-Organisationen engagiert.) Sie strebten eine amerikanische Republik der Tugend an.

Sie machten sich über den Puritanismus des amerikanischen Lebens lustig, der in ihrer Vorstellung allerdings höchst übertrieben war. Obgleich viele an der Schwelle zu einer elitären Karriere standen, verachteten sie beruflichen Erfolg als seelenlose Kapitulation vor einer bürokratisierten Routine. Sie interpretierten den amerikanischen Sozialvertrag als »corporate liberalism«, der nur einen »Warfare-Welfare State« hervorgebracht habe. Ihrer Meinung nach beherrschten die ideologischen Verteidiger des Staates und seine technokratischen Verwalter die amerikanischen Universitäten. Darin sah die Neue Linke einen Beweis für den Illiberalismus, der sich hinter dem amerikanischen Liberalismus verbarg. Die öffentliche Diskussion des Jahres 1967 über Eingeweihten längst bekannte Dinge – die CIA hatte einige Aktivitäten der bekanntesten liberalen Vordenker der Nation verdeckt finanziert –, steigerte kaum die Glaubwürdigkeit der Kritik an der Neuen Linken. Beide Fraktionen dieses erbitterten Streits hatten durchaus recht, was die Schwächen der jeweils anderen Seite anging.[17]

Der Neuen Linken ist Dummheit vorgeworfen worden, doch dieser Vorwurf ist nicht berechtigt. Im Gegenteil, sie studierte ihre Universitätslektüren sehr gewissenhaft. William Holly Whytes »The Organization Man« und David Riesmans »The Lonely Crowd« porträtierten die amerikanische Psyche als von der Konvention geknechtet, der Oligarchie in den Unternehmen und den Erzeugern des Massengeschmacks ausgeliefert. C. Wright Mills analysierte in »The Power Elite«, »White Collar« und »The Origins of World War Three« die Sterilität der amerikanischen Politik. Arthur Schlesinger jr.s »The Vital Center« wurde ins Gegenteil verkehrt und diente – daß der Historiker für Kennedy gearbeitet hatte, bestätigte diese These nur – als Beweis für die dauerhafte Unfähigkeit der liberalen amerikanischen Politik,

neue politische Inhalte auf die Tagesordnung zu setzen. Zur Bekräftigung dieser These wurde Louis Hartz (»The Liberal Tradition of
America«) zitiert. Bei der Frage nach möglichen Alternativen wandte
man sich an Michael Harringtons »The Other America« und vor allem
an Paul Goodmans »Growing Up Absurd«. Daß Harrington das Programm der Great Society inspiriert hatte, das ansonsten als Inkarnation des korporativen Liberalismus mit einem Bannfluch belegt
worden war, wurde ignoriert. Gleichermaßen wurde ignoriert, daß
Goodmans Analyse die Herausbildung der Neuen Linken unerklärlich
machte.

Umstritten ist, ob ein amerikanischer Hedonismus seine Spuren
hinterlassen hat. Norman Mailers Ideen waren zwar bekannt, doch
eine ihrer Quellen, die Werke Wilhelm Reichs, wurden in den USA
nicht viel gelesen. Herbert Marcuses »Eros and Civilization« [»Triebstruktur und Gesellschaft«] wurde 1951 veröffentlicht und als ernste
Kritik an Freud und der westlichen Gesellschaft diskutiert, doch als
Charta für die sexuelle Befreiung, zu der sich die Neue Linke bekannte
und die sie manchmal auch praktizierte, diente dieses Werk nicht. Der
Anteil der Neuen Linken, der dieses Buch gelesen hat, liegt gewiß
unter einem Prozent. Das Sexualverhalten der Neuen Linken erinnerte
an Marcuses ironische Abhandlung über die »nicht-repressive Sublimierung«. Lionel Trillings Überlegungen zum »Modernismus auf der
Straße« waren überzeugender als vieles andere, was damals über die
Neue Linke geschrieben wurde. Er nahm an, daß der Imperativ der
modernen Literatur – daß man, um persönlich authentisch zu sein,
mit der Konvention brechen müsse –, die Bewegung beflügelte. Doch
einen ihm durchaus bekannten Aspekt führte er nicht an: Helden und
Heldinnen der Moderne waren normalerweise unterlegen.[18]

Die Bewegung (wie sie ihre Anhänger nannten) war keine theoreti-
sche Übung. Bestärkt durch einige ältere Bilderstürmer, die sich wun-
derten, daß man sie nach Jahrzehnten tatsächlich las und hörte,
nahm sie von den Universitäten ihren Ausgang, breitete sich von dort
aber rasch auf große Teile der gebildeten Mittelschicht aus und sprach
auch viele jüngere Mitglieder der Arbeiterklasse an. In den Zeiten, in
denen auf der nationalen Bühne keine Massendemonstrationen stattfanden, gaben dort die bunten jungen Helden der Bewegung ihre
Vorstellung.

Selten ist eine Bewegung, deren (wechselnde) Führung von einer
unkontrollierten Dynamik geschubst und gezerrt wurde, dezentrali-

sierter, ja chaotischer gewesen. Der Widerstand gegen den Krieg und die Unterstützung der Bürgerrechtsbewegung waren relativ klare Ziele. Die Forderung nach der vollständigen Umstrukturierung des amerikanischen Lebens öffnete die Büchse der Pandora an Beschwerden – und Möglichkeiten. Dazu gehörte die Wiederbelebung des Feminismus und die Umwandlung der Sekte der Selbstfindung in eine Kirche. Aber auch der schwarze Separatismus entfaltete sich in totalem Widerspruch zu Martin Luther Kings Doktrin der Integration von Schwarzen und Weißen im Rahmen einer Vertiefung der Bürgerrechte.

Die Führer der Neuen Linken und ihre Anhänger glaubten, daß sie ihre Sympathie für die Marginalisierten und Unterdrückten als besonders tugendhaft auszeichnen würde. Sie taten so, als wären sie die ersten, die Ungerechtigkeit und Ungleichheit anprangerten – ebenso wie sie sich absurderweise für Pioniere der sexuellen Befreiung hielten. Diejenigen, die voll in die amerikanische Gesellschaft integriert waren, betrachteten sie als Opfer von Bürokratisierung, Konformismus oder Materialismus. Sie schlugen eine andere spirituelle Marschroute ein und erklärten den Opfern (ihren Eltern und Lehrern), daß auch sie Erlösung finden könnten, wenn sie sich nur irgendeinem ihrer größeren oder kleineren Projekte anschlössen. Die Art und Weise, in der sie sich mit denen, die am Rand der Gesellschaft standen, identifizierten, eine allgemeine Solidarität, war gewiß prämarxistisch, die missionarischen Aufforderungen an diejenigen, die in der Gesellschaft die Arbeit taten, sich nach alternativen Beschäftigungsformen umzusehen, waren ganz sicher postmarxistisch. Sie gingen davon aus, daß die Probleme der Gesellschaft bei der Produktion und bei der materiellen Verteilung leicht gelöst werden könnten: Wichtig war, was mit dem Produkt gemacht wurde.

Erstaunlicherweise ignorierte die Neue Linke die amerikanische Gewerkschaftsbewegung – oder sie betrachtete sie als Hindernis für eine neue Gesellschaftsordnung. Die Studenten aus der Mittelschicht arbeiteten lieber in den Slums, als Arbeiter in den Fabriken zu organisieren. Das libertäre Ethos der Neuen Linken (leichten Drogen wurde der Vorzug vor dem akzeptierten amerikanischen Rauschmittel, dem Alkohol, gegeben) stand im Widerspruch zu den Werten eines Großteils der Arbeiterklasse. Viele gewerkschaftlich organisierte Arbeiter waren erbitterte Antikommunisten und unterstützten trotz ihrer Zweifel den Vietnamkrieg. Den Programmen der Great Society, die Schwarze auf Kosten der Weißen zu begünstigen schienen, begegneten sie mit

Skepsis, und häufig fühlten sie sich vom aufkeimenden Feminismus der Bewegung angegriffen. Jüngere Arbeiter dachten zwar anders, doch die Neue Linke war weder fähig noch bereit, sich mit den Gewerkschaften zu verbünden. Im 20. Jahrhundert war kein amerikanisches Reformprojekt erfolgreich, das nicht ernsthaft von der organisierten Arbeiterschaft unterstützt worden war. Ein Großteil der Mittelschicht blieb zurückhaltend oder gar ablehnend. Die Neue Linke war in der Tat eine historische Avantgarde. Das Problem war, daß nur sehr wenige bereit waren, ihr zu folgen.[19]

1968 versanken die Demokraten im Chaos, das sich auf ihrem Parteitag in Chicago höchst dramatisch offenbarte. Ein korrupter Bürgermeister ermunterte seine Polizisten, gegen die jugendlichen Demonstranten vorzugehen, deren Held, Robert Kennedy, ermordet worden war. Hubert Humphrey schaffte es nicht, sich als Vorsitzender einer verstörten Partei bei dem Thema Vietnamkrieg von Lyndon B. Johnson zu distanzieren, und auch die Demokraten aus der Arbeiterklasse konnte er nicht davon überzeugen, daß er ihre Interessen vertreten würde. Er war nicht fähig, sich mit den zwar formlosen, aber doch tiefreichenden Forderungen der Neuen Linken nach einer Erneuerung Amerikas auseinanderzusetzen. Schlimmstenfalls wirkte er wie ein müder Opportunist, bestenfalls wie jemand, der vergangene Schlachten schlug. Wallace, der rassistische Gouverneur aus Alabama, und auch Richard Nixon schlugen Schneisen in die demokratische Wählerschaft; wer auch nur minimale Sympathien für die Neue Linke hegte, stimmte schließlich für Humphrey, betrieb aber nicht aktiv Wahlkampf für ihn. Dennoch kam Humphrey dem Sieg nahe, was darauf schließen ließ, daß die demokratische Koalition noch existierte.[20]

Nixons Präsidentschaft endete mit seiner Amtsenthebung aufgrund der Watergate-Affäre, dem Einbruch in die Büroräume der Demokratischen Partei – und aufgrund von vielen anderen halblegalen oder einfach nur schmutzigen Geschäften. Schon vor Watergate hatten die Demokraten gegen Nixon gewütet – als Reaktion darauf, wie er das politische Feld nach dem Krieg beherrschte. Die Demokraten hatten es bereitet und gingen fälschlicherweise davon aus, daß sie den alleinigen Anspruch darauf hätten. Nixon überflügelte sie, sowohl was seine Härte im Kalten Krieg betraf als auch seine Fähigkeit, mit den wichtigen kommunistischen Regierungen Geschäfte zu machen. Er war völlig frei von der bei den Demokraten noch in Resten vorhandenen Vorstellung eines Gemeinwohls und benutzte den amerikani-

schen Wohlfahrtsstaat, um seine Mehrheit zu festigen. Die Demokraten hielten die moderne Präsidentschaft mit ihrer Machtkonzentration und ihrer geringen Achtung der Feinheiten der Verfassung für
ihre Erfindung und mußten entsetzt feststellen, daß Nixon sie einfach
übernahm. Doch am meisten schockierte sie Nixons Taktik, die ihnen
große Wählerblöcke raubte und loyale Wählergruppen dazu brachte,
sich gegenseitig zu bekämpfen. Anfangs begriffen sie nicht, daß für
Nixon Strategie und Taktik ein und dasselbe waren.

Er nutzte den Konflikt aus, der einen Großteil der Gesellschaft
gegen die von der Neuen Linken vertretene Kultur stellte. Es gab mehrere Antithesen: Alkohol und Drogen, schuldbeladene Sexualität und
offen eingestandene Sinnlichkeit, männliche Autorität und weibliche
Freiheit, die traditionelle Familie und die Vielfalt der Beziehungen,
biblische Religiosität und modernistische Anschauungen, starre Moral
und situative Ethik. Außerdem sind die bekannten amerikanischen
Gegensätze – Großstadt und kleiner Ort, Urbanität und Provinzialismus – nie verschwunden. Zwar hat sich vieles verändert, doch ein
wiedergeborener Walt Whitman wäre in den republikanischen Vororten mit offenen Armen empfangen worden. Nixon mobilisierte Klas-
senressentiments in kultureller Form und lenkte sie auf diejenigen,
die gegen die Fortsetzung des Vietnamkriegs protestierten. Nachdem
in Ohio einige Studenten von der National Guard erschossen worden
waren, was viele Bürger gutgeheißen hatten, bezeichnete er die stu-
dentischen Demonstranten als »Gammler«.[21]

In der Rassenfrage zeigte sich Nixon ambivalent. Weiße, die sich
über die gleichen Rechte für die Schwarzen ärgerten oder deshalb verunsichert waren, stimmten für die Republikaner. Nixon versicherte
ihnen, sie müßten nicht befürchten, daß die Regierung ihnen Steuern
auferlegen würde, um die schwarzen Armen zu unterstützen, die dies
nicht verdienten – oder daß sie in ihren Wohnvierteln und Schulen
eingreifen würde, um die Rassengleichheit durchzusetzen. Aber er
arbeitete mit der demokratischen Mehrheit im Kongreß zusammen,
um bundesstaatliche Programme zu initiieren oder auszuweiten, die
für die Schwarzen von großer wirtschaftlicher Bedeutung waren.

Sein innenpolitischer Berater war anfangs ein traditioneller Demokrat, Daniel Patrick Moynihan. Er drängte den Präsidenten, Maßnahmen zu befürworten, die die wirtschaftliche Integration der Schwarzen förderten, und gleichzeitig das Thema Rasse im Hintergrund zu
halten. Er überredete Nixon sogar, ein garantiertes Mindesteinkom-

men für alle Amerikaner vorzuschlagen. Wie Nixons späterem Projekt einer staatlichen Krankenversicherung war auch diesem kein Erfolg beschieden. Nixon initiierte oder akzeptierte eine ganze Reihe von Programmen, die das komplexe, dichte System an Sozialleistungen der Great Society erweiterten. Die staatlichen Ausgaben für Alterssicherung, Bildung, Gesundheit, Armutsbekämpfung und Städteplanung stiegen während seiner Amtszeit merklich an. Neue Strukturen zur Kontrolle und zum Schutz der Umwelt wurden eingeführt. Da Nixon der Bundesbürokratie mißtraute, gab er den Bundesstaaten mehr Einfluß bei der Durchführung vieler dieser Programme. Da die Bundesstaaten sofort von staatlichen Finanzhilfen abhängig wurden, festigte dies sowohl das Projekt der Great Society als auch Nixons wichtige Ergänzungen. Wähler, die vom amerikanischen Wohlfahrtsstaat in seiner uneingestandenen Ausdehnung profitierten, hatten gute Gründe, Nixon zu unterstützen.

Nach Nixons erzwungenem Rücktritt kamen aus anderen Nationen Stimmen, die ihr Unverständnis darüber äußerten, wie Amerika einen erfolgreichen Präsidenten behandelte. (Ich erinnere mich an einen einflußreichen französischen Kommunisten, der 1974 sagte: »Keine ernsthafte Nation würde aufgrund eines derart trivialen Vorfalls wie dem Abhören von Telephongesprächen auf einen effizienten Führer verzichten.«[22]) Vielleicht verstanden sie etwas, was die Demokraten nicht verstanden: Nixons Synthese von wohlfahrtsstaatlicher Innenpolitik und imperialer Außenpolitik setzte die Arbeit seiner demokratischen Vorgänger fort. In der Watergate-Affäre wiederholte sich eigentlich nur die Art und Weise, wie die Demokraten in der Innenpolitik Institutionen und Verfahren des Kalten Krieges eingesetzt hatten.

Nixon konnte sich mit kritischen Intellektuellen nicht anfreunden, doch in der Außenpolitik verließ er sich auf einen Harvard-Professor, der die moralischen Skrupel, die beide in der amerikanischen Außenpolitik zu erkennen glaubten, verachtete. Henry Kissinger übertrieb: Er war nicht der erste Außenminister, der außergewöhnlich brutal vorging, doch mit dem, was er als »Realismus« bezeichnete, lieferte er eine grobschlächtige philosophische Rechtfertigung. Dieser Realismus zielte darauf ab, die amerikanische Macht mit allen zur Verfügung stehenden Mitteln auszuweiten – und eine Außenpolitik fern von demokratischer Rechenschaftspflicht und Transparenz zu betreiben.

Nixon unternahm Schritte, um die Konfrontation zwischen den

Mächten des Kalten Krieges zu verringern: Vereinbarungen zur Rüstungskontrolle mit der Sowjetunion, eine Wiederannäherung an China, die Billigung von Brandts Versöhnungspolitik in Mitteleuropa. Doch er verlängerte auch den Vietnamkrieg, da ihn ein Rückzug hätte schwach erscheinen lassen, und bereitete den Militärputsch in Chile vor. Er und Kissinger glaubten nicht an die Fähigkeit der Öffentlichkeit, anders über die Stellung der USA in der Welt denken zu lernen. Sie zogen die Manipulation der öffentlichen Meinung einem ernsthaften pädagogischen Projekt vor. Kissinger beklagte später, daß die Israel-Lobby ihre eigenen Interessen vor die der Nation gesetzt hätte und die Détente damit behindert hätte. Wenn dies wirklich so war, dann müßte er die Schuld ausschließlich bei sich und seinem Präsidenten suchen: Sie stellten die Öffentlichkeit bei dieser wie auch bei vielen anderen Fragen nie vor eine Wahl.[23]

Die Angst und Feindseligkeit, mit der Nixon auf jegliche organisierte Opposition reagierte, die unterschwellig vorhandene Heimlichtuerei, Repression und Gewalt in seiner Regierungsweise erinnerten an die Stimmung eines Bürgerkrieges. Darin spiegelte sich ein großes amerikanisches Problem. John F. Kennedy wurde 1963 ermordet, Martin Luther King und Robert Kennedy 1968. 1972 fand ein Anschlag auf Gouverneur George Wallace statt, als er gegen Nixon antrat. Keiner dieser Vorfälle ist zufriedenstellend erklärt worden. Wenn einflußreiche Führer auftauchen, die in der Lage sind, das Gleichgewicht der politischen Kräfte zu verändern, sind sie gefährdet. Ob wir es nun mit einer unglücklichen Verkettung von Unfällen oder (wie ich und eine ganze Reihe von Bürgern glauben) einer Reihe von Verschwörungen zu tun haben, ist schwer zu sagen. Die Unfälle, wenn es denn solche waren, waren keine Zufälle. Die Bitterkeit der politischen Konflikte und die sozialen Verwerfungen in den USA, der Haß und die Entfremdung in der Gesellschaft können dazu führen, daß Attentate und politische Gewalt in Krisenzeiten wie ganz gewöhnliche Verbrechen erscheinen.

Nixons Verdrängung aus dem Amt war um so bemerkenswerter, als sie nach einem überwältigenden Wahlsieg stattfand. 1972 übernahm die Neue Linke die Kontrolle in der Demokratischen Partei: Militante Schwarze, Feministinnen, spanischstämmige Amerikaner, die kritische Intelligenz und die Bewegung gegen den Vietnamkrieg, Vorkämpfer der sexuellen Befreiung und die Anwälte der Armen schienen die bisherigen Manager des Sozialvertrags abzulösen, die katholischen und jüdischen Lobbies, die Bürgermeister und Gouverneure, die akademischen Technokraten, Gewerkschafter, Kalten Krieger und die versammelten Strippenzieher in Washington, die die Partei seit 1945, wenn nicht schon früher, kontrolliert hatten. Es ist kein Wunder, daß Senator George McGovern als ihr Kandidat mit 38 Prozent der Stimmen so schlecht abschnitt. Die Frage ist vielmehr, warum er überhaupt so viele bekam.

Die Neue Linke sollte sich weiterhin dauerhaft und tiefreichend in der amerikanischen Politik bemerkbar machen, allerdings in fragmentierter und sublimierter Form. Vor allem veränderte sie die amerikanische Kultur und gab indirekt die Themen der politischen Tagesordnung vor. 1972 allerdings verärgerte und verängstigte sie viele Wähler, oder sie ließ sie kalt. McGoverns Unterstützer verwendeten dermaßen viel Energie darauf, sich von der alten Demokratischen Koalition abzugrenzen, daß ihnen zum Aufbau einer neuen nur wenig Kraft blieb. Sie verwechselten ihre moralische Aufrichtigkeit mit einem politischen Projekt. Sie waren Sektierer, die nicht begriffen, daß sie eine Kirche hätten gründen oder sich einer hätten anschließen müssen. Nixons Rücktritt zwei Jahre später war kaum ein im nachhinein erfolgter Sieg der Unterstützer McGoverns. Der offenkundige Machtmißbrauch des Präsidenten machte es seiner eigenen Partei unmöglich, ihn zu verteidigen. Die wirtschaftliche und politische Elite kam zu dem Schluß, daß ihr treuer Diener zu einer Belastung geworden war. Nachdem die Öffentlichkeit bemerkt hatte, daß sie bezüglich des Vietnamkriegs getäuscht worden war, reagierte die Mehrheit auf den Watergate-Skandal damit, daß sie sich zynisch von der Politik abwandte, anstatt sich nachhaltig moralisch zu empören. Dies ließ die politischen Machtbestrebungen der Neuen Linken noch aussichtsloser werden. Doch es ermunterte auch einige der früheren Aktivisten, ihre Version des langen Marsches durch die Institutionen unter den profanen Umständen des Alltagslebens anzutreten.[24]

Die wichtigste Leistung des Präsidenten Gerald Ford war unbeabsichtigt: Andrei Gromyko und Henry Kissinger sahen in den in Helsinki getroffenen Menschenrechtsvereinbarungen reine Rhetorik. Doch letztlich wurden damit die Bewegungen legitimiert, die den Stalinismus zu Fall brachten. Es wurden damit auch internationale Interventionen möglich, um minimale Standards hinsichtlich der Menschenrechte durchzusetzen und um Figuren wie den chilenischen General Pinochet gerichtlich zu verfolgen. Die selbsternannten Hüter der nationalen Interessen Amerikas und der Sowjetunion waren sich nicht der Tatsache bewußt, daß in ihren eigenen, aber auch in anderen Gesellschaften eine weitaus universellere Politik aufkeimte.[25]

Die kurze Regierungszeit Fords war innenpolitisch durch ein Patt geprägt. Der Lebensstandard der Durchschnittsamerikaner begann zu sinken. Amerikanische Schlüsselindustrien – Automobilbau, Maschinenbau, petrochemische Industrie und Stahl – mußten sich einer zunehmend erfolgreichen ausländischen Konkurrenz stellen. Einige Unternehmen exportierten Kapital, die meisten reduzierten ihre Belegschaft. Die amerikanischen Gewerkschaften schrumpften. Der amerikanische Sozialvertrag wurde nicht sofort aufgekündigt, doch die Ideologen in den Unternehmen erklärten ihn für zunehmend obsolet. Immer mehr Frauen wurden berufstätig, wenn auch meist an unterbezahlten Arbeitsplätzen, doch dank ihrer Berufstätigkeit sanken die Haushaltseinkommen langsamer.

Viele Amerikaner glaubten noch immer, daß ihr Land die reichste Nation der Welt wäre und daß ihr Reichtum so gerecht wie nur möglich verteilt wäre. Das Ende der Prosperität der Nachkriegszeit fiel mit dem nahezu völligen Verschwinden von Klassenfragen in der öffentlichen Diskussion zusammen. Viele Amerikaner bezogen ihr Weltbild aus amerikanischen Zeitschriften. Die elektronischen Medien und das Zeitungswesen sind umfangreiche kapitalistische Unternehmungen. Eine Pädagogik aber, die die Öffentlichkeit dazu ermuntern würde, kritisch über Wirtschaftsfragen nachzudenken, ist nicht profitträchtig. Amerikanische Journalisten haben wenig historische Tiefe, und es gibt für sie auch wenig Anreiz, ihre intellektuelle Unabhängigkeit zu pflegen. In einem bestimmten Zusammenhang wurde die Klassenfrage jedoch sehr wohl gestellt: Man entdeckte, daß es eine Unterschicht gab, für deren Armut Mängel in Kultur und Charakter verantwortlich gemacht wurden – woraus folgte, daß eine Umverteilung zu ihren Gunsten zwecklos, ja sogar unmoralisch wäre – und daß somit die Grundlagen und die Praxis des Great-Society-Projektes falsch seien.[26]

Wir kommen nun zu der Collage an alten Ideen und neuartigen Propagandamethoden, an obsessiven Überzeugungen und kalkulierendem Ehrgeiz, an alternden Erinnerungen und jugendlicher Energie, desillusioniertem Radikalismus und glühender Religiosität, aus denen sich der Neokonservatismus zusammensetzt. Zur Entwicklung und Verbreitung neokonservativer Ideen finanzierten die amerikanische Wirtschaft und die Wohlhabenden Forschungszentren, Stiftungen, Universitätsinstitute, Zeitschriften und Verlage. Diese Ideen bilden, auch wenn sie bei genauerer Betrachtung immense Widersprüche aufweisen, eine systematische Gegenbewegung zu den Ideen der Neuen Linken, der Great Society und der gesamten progressiven Tradition der USA. Zu erklären bleibt, warum sie für einen Großteil der amerikanischen Politik so rasch die Tagesordnung diktieren konnten.[27]

Herrschaft des Marktes und Unantastbarkeit des Eigentums, patriotische Pflichten, starre Moralvorstellungen und die Unverzichtbarkeit der Institution Familie – all diese Ideen sind wohl kaum eine Erfindung der letzten Jahrzehnte des zwanzigsten Jahrhunderts. Neu daran ist lediglich die Art und Weise, in der sie gegen die Verwirrung und Enttäuschung einer Epoche gesetzt wurden, um die Aufgabe eines Schemas sozialer Reformen zugunsten eines anderen zu rechtfertigen. Der frühere amerikanischen Konservativismus beharrte zum Großteil darauf, daß staatliches Tun begrenzt und der sozialen Natur freier Lauf gelassen werden müsse. Der Neokonservativismus, der scheinbar immer wieder dem Liberalismus Achtung zollt (indem er an die »Zivilgesellschaft« oder an »Gemeinschaften« appelliert, was bei genauerer Betrachtung eine Rechtfertigung der herrschenden Machtverteilung darstellt), ist eine durch und durch interventionistische Doktrin. Ihre bevorzugten Akteure sind jedoch nicht autonome Bürger, die ihre eigene Geschichte konstruieren. Der Neokonservativismus berücksichtigt nicht die Legitimität von Entscheidungen, die nach reiflicher Überlegung und Reflektion gefällt werden. Die Lehre behält sich vor, die Richtigkeit von Entscheidungen zu beurteilen, und legt dabei ihren eigenen Kanon als Kriterium zugrunde. Für die Neokonservativen ist eine Verurteilung des Totalitarismus durchaus vereinbar mit einem kulturellen Autoritarismus, den sie für den Weg zur Erlösung halten.[28]

Die Neokonservativen, die ihre Überzeugungen aus der Bibel (dem Alten wie dem Neuen Testament) ziehen, behaupten, die Deutungshoheit über die Glaubenssätze und die Praktiken ihrer historischen Gemeinden zu haben, und werfen anderen bestenfalls vor, vom rechten Weg abgekommen zu sein, und schlimmstenfalls, unmoralisch zu handeln. Der Großteil ihres Zorns entlädt sich über emanzipatorische Lehren und moralische Experimentierfreude. Daraus erwächst ihnen allerdings ein Problem für ihre Befürwortung des Individualismus.

Die Vertreter des Traditionalismus in den USA glauben nicht, daß Seelen ihren Weg bindungslos durchs Leben gehen. Sie lehnen zwar die Zwänge staatlichen Handelns ab, preisen aber die wohlwollenden Bande von Kirche, Familie und Nachbarschaft.

Die moralische Rigidität, die ziemlich rasch in Wut umschlägt, legt nahe, daß das neokonservative Fußvolk an den Karten seiner Offiziere zweifelt, die das Terrain der Moderne vermessen sollen. Sie spüren, wenn auch nur widerstrebend, daß die Welt komplexer ist und daß man einer Vielfalt an Wahlmöglichkeiten nicht aus dem Weg gehen kann, daß es einen Unterschied gibt zwischen der Predigt am Sonntag und dem Verhalten am Montag. Die neokonservativen Ideologen verhöhnen amerikanische Radikale, weil sich deren Populismus im Ansatz mit ihrer Alltagsferne verbindet. Es sind jedoch die großstädtischen Befürworter ländlicher Tugenden, die Fiktionen propagieren. Die Großstädter praktizieren nicht immer die Ethik, die sie in Ehren halten – und die überwiegend nur in ihrer eigenen polemischen Vorstellung existiert. Den ganz gewöhnlichen Amerikanern, denen sie so viel Respekt zu zollen behaupten, sind sie wahrlich keine große Hilfe. Diese Amerikaner werden alleingelassen in ihrem Kampf gegen Alkoholismus, häusliche Gewalt, Drogenmißbrauch, familiäre Konflikte und psychosexuelle Störungen. Entweder leugnen die Neokonservativen diese Probleme oder sie führen sie auf weitverbreitete moralische Verkommenheit zurück, und manchmal bedienen sie sich auch beider Erklärungsmuster gleichzeitig.[29]

Das Bedürfnis nach einer idealisierten Vergangenheit ist ebenso groß wie das nach einer idealisierten Gegenwart. Nichts erzürnte und erzürnt die Neokonservativen so sehr wie der »Anti-Amerikanismus« – die Annahme, daß die USA nicht der Gipfel der Zivilisation sind. Die Neokonservativen kämpften einen kulturellen Kalten Krieg – nicht gegen die Sowjetunion, sondern gegen die mutlose, stark dezimierte Neue Linke oder die alternden Vertreter des New Deal. Die neokonservative Theologie verband religiöse mit säkularen Interpretationen der Nation. Die religiöse Integration der Vereinigten Staaten auf der Basis christlicher Werte (beziehungsweise jüdisch-christliche, wenn es um heikle Themen oder um jüdische Spenden ging) in unterschiedlichen Zusammenhängen wich einem progressivistischen Geschichtsbild, in dem die Nation das verwirklichte Utopia war. Wer diese Verteidigung der nationalen Einheit hinterfragte, war de facto und potentiell subversiv.

Die Definition von subversiv war ziemlich breit gefaßt. Als subversiv galt die These, daß eine Entspannung mit der Sowjetunion möglich wäre, und daß die Sowjetunion sich ändern könne. Als subversiv galt auch, wenn man treue Verbündete der USA – zum Beispiel Pinochet oder die koreanischen und pakistanischen Generale – wegen deren Geringschätzung der Menschenrechte kritisierte. Mit besonderer Feindseligkeit wurde denjenigen begegnet, die Solidarität mit dem wirtschaftlichen und sozialen Elend der Dritten Welt zeigten, und noch stärker angefeindet wurden diejenigen, die andeuteten, daß die Palästinenser gleichwertige moralische Ansprüche hätten wie die Israelis. Wer Verständnis, vor allem aber Solidarität mit den westeuropäischen Bewegungen zeigte, die gegen die Vorbereitung eines Atomkriegs protestierten, wurde verspottet: Diese Europäer seien doch einfach nur feige.

Kurzum, die Vereinigten Staaten führten einen Krieg, und ihre Bürger mußten sich wie Soldaten verhalten. Es herrschte ein permanenter Notstand, und die üblichen demokratischen Kriterien waren nicht anwendbar. Die Trilaterale Kommission legte einen Bericht vor, daß demokratische Gesellschaften unregierbar seien, was sie auf die sonderbare Überzeugung der Bürger zurückführten, sie hätten Rechte und eine Stimme. Die innere Bedrohung, die die Demokratie darstellte, wurde zu einem fast ebensogroßen Problem wie die äußere des um sich greifenden Kommunismus.[30]

Die Autorität des Staates, eines omnipräsenten kollektiven Willens, sollte in der Außenpolitik gestärkt werden. Doch bei Wirtschaftsfragen äußerten die Neokonservativen ihr Mißtrauen gegenüber dem Staat. Ein Programm systematischer Deregulierung trat an die Stelle der Ansicht, daß der Staat den Markt beherrschen könne und solle. Gefälschte Wirtschaftsgeschichte, vulgärer philosophischer Liberalismus, eine krude, ja sogar niederträchtige Psychologie des Eigennutzes vereinten sich mit abstrusen ökonomischen Analysen, um die Herrschaft des Marktes wiederherzustellen. In Westeuropa wurden der staatliche Sektor und die extensiven Umverteilungssysteme als ökonomisch ineffizient angegriffen. Der Angriff auf den amerikanischen Sozialvertrag fiel um so belastender aus, als der Vertrag immer fragiler wurde. Wenn man neokonservative Wirtschaftswissenschaftler der siebziger Jahre las, bekam man den Eindruck, Amerika hätte Schweden in punkto Sozialismus weit überholt.[31]

Ernste wirtschaftliche Probleme entstanden aus der Inflation in den Siebzigern und dem damit einhergehenden Rückgang von Beschäftigung und Einkommen als Folge der beginnenden systematischen Deindustrialisierung. Die meisten Gegner der politischen Hegemonie des Keynesianismus waren selbst nicht in der Lage, eine neue Synthese herzustellen. Statt dessen griffen sie auf ältere Ideen über die Funktionsweise ungezügelter Märkte zurück. Sie konkretisierten Konzepte wie Nachfrage, Gleichgewicht und Angebot. Ihre Vorstellung von Markt war ein unhistorisches, irreales Konstrukt, das völlig losgelöst war von den politischen Mechanismen der amerikanischen Wirtschaft.

Doch die politischen Rahmenbedingungen verschafften ihnen die besten Chancen. Das Schwächerwerden der Gewerkschaften, die Konflikte innerhalb der Demokratischen Koalition, die durch den Vietnamkrieg und den Anstieg des Erdölpreises ausgelöste Inflation und die Unfähigkeit vieler Bürger, sich ihre wirtschaftlichen Nöte zu erklären – dies alles ermunterte das amerikanische Kapital zu einer intellektuellen Offensive. Die Fähigkeit, das alltägliche Denken zu prägen, war langfristig gesehen wesentlich wertvoller, als Staatssekretäre, Kongreßabgeordnete und Gouverneure zu gewinnen. Darin lag kein Widerspruch: Ersteres erleichterte letzteres. Die Publizisten und Gelehrten, die die neokonservative Botschaft formulierten, kamen intellektuell wie politisch aus verschiedenen Lagern, was durchaus vorteilhaft war: Sie sprachen in mehreren Sprachen zu einer geteilten Nation. Marktökonomen und dirigistische Juristen, strikte Liberale und moralische Absolutisten, fundamentalistische Protestanten und konvertierte Marxisten, weinerliche Patrizier und ethische Eiferer brachten in die politische Debatte weitaus stärkere Energien ein als die konventionellen Republikaner.

Ein Element des Neokonservativismus stammte aus der Demokratischen Partei – von den Gewerkschaften und ihren intellektuellen Verbündeten. Sie befürworteten die globale Hegemonie Amerikas und betrachteten die Entspannungspolitik mit Skepsis. Außerdem repräsentierten sie die ablehnende Haltung weißer Arbeiter gegenüber der Verbesserung der Lage der Schwarzen. Die Umverteilung in früheren Jahren, die durch die politischen Apparate in den Städten, durch den New Deal und die Gewerkschaftsbewegung zustande gekommen war, war ein Ergebnis kollektiven Drucks auf die besitzenden Eliten gewesen. Diejenigen, die sich in eigener Sache organisiert hatten, taten sich nun schwer, zu akzeptieren, daß die Schwarzen genauso handelten. Die Regierung und die Gerichte, die früher als Verbündete betrachtet worden waren, betrachtete man nun als willkürlich und aufdringlich. Vielen Männern wurde die Sache zusätzlich durch die Tatsache erschwert, daß sich ihre Frauen und Töchter mit feministischem Gedankengut befaßten.

Viele der Neokonservativen in der Demokratischen Partei waren Juden. Die Sorge um die militärischen Interessen Israels und die Solidarität mit den sowjetischen Juden führten dazu, daß sie den Kalten Krieg unnachgiebig fortsetzen wollten. Kritik an Israel, die nach dem Krieg von 1967 von europäischen Regierungen und denjenigen in den USA (wie etwa der National Council of Churches) geäußert wurde, die die Palästinenser als unterdrückt darstellten, brachte jüdische Internationalisten dazu, eine unilaterale amerikanische Außenpolitik zu befürworten. Die USA wären in Gefahr; Israel selbst befände sich in »schlechter Nachbarschaft«, wo die Beschäftigung mit universalistischen Konzeptionen von Gerechtigkeit eine sentimentale Nachgiebigkeit sei.

Der Begriff »schlechte Nachbarschaft« wurde aus den Klassen- und Rassenkonflikten in den USA entlehnt. In den Anfängen der Bürgerrechtsbewegung unterstützte die organisierte jüdische Gemeinde die Schwarzen. In dem in New York ausgetragenen Konflikt um die Frage, ob die einzelnen Stadtviertel ihre Schulen selbst kontrollieren sollten, traten lokale Initiativen, deren Mitglieder häufig schwarz oder spanischstämmig waren, gegen die Lehrergewerkschaft an, die eine große jüdische Mitgliedschaft hatte. Die Bewegung für die Selbstbestimmung der Schwarzen war intellektuell häufig recht mager und politisch leichtsinnig. Nach dem Tod Martin Luther Kings waren manche der schwarzen Führer ausgesprochen nachlässig, was den Antisemitismus in ihren Reihen anging.

Das politische Bündnis zwischen Schwarzen und Juden zerbrach. Die amerikanischen Juden hatten vergessen, wie sehr die Anti-Diskriminierungskampagnen in den Gerichten und in der Gesetzgebung, die die späteren Affirmative-Action-Programme vorwegnahmen, dazu beigetragen hatten, ihre Integration in die amerikanische Gesellschaft zu fördern. In den Forderungen der Schwarzen nach Rechten für ihre Gruppe sahen sie eine Bedrohung ihrer Fähigkeit, sich auf dem Arbeitsmarkt und in der Gesellschaft ganz allgemein auf Kriterien des persönlichen Verdienstes zu verlassen. Diese Reaktion war am ausgeprägtesten bei den weniger wohlhabenden und weniger säkularisierten amerikanischen Juden, deren Erinnerungen an eigene Unsicherheiten noch am lebendigsten waren. Die Sozialreformer konnten nicht mehr auf die Gesamtheit der intellektuellen und zivilgesellschaftlichen Energien der jüdischen Gemeinde zählen.

Dies wiederholte sich bei anderen Gruppen, wenn auch mit jeweils unterschiedlichen Akzenten. Die Katholiken, die von den Veränderungen, die in ihrer Kirche nach dem II. Vatikanischen Konzil stattgefunden hatten, beunruhigt und desorientiert waren, zeigten sich besonders empfänglich für die Ideologie des Neokonservativismus, der es zentral um die Erhaltung bedrohter Werte ging. Die fundamentalistischen Protestanten, die der Anpassung des liberalen Protestantismus an eine noch nicht erlöste Welt schon seit langem kritisch gegenübergestanden hatten, kamen aus ihren Enklaven im Süden und Westen und wurden wieder zu einer einflußreichen nationalen Kraft.[32]

Seine besondere Durchschlagskraft verdankt der Neokonservativismus der Tatsache, daß sich in ihm religiöse und weltliche Energien verbinden. Öffentliche Autorität sollte eine Moral stärken, an deren Ausübung sie durch eine übertrieben liberale Rechtsprechung gehindert worden waren. Zur Verantwortung erzogene Individuen würden die protektionistischen und redistributiven Institutionen des Wohlfahrtsstaates, die psychologisch schädlich und wirtschaftlich ineffizient seien, nicht mehr benötigen. Enthaltsamkeit und religiöse Disziplin würden private Impulse zügeln, dem Erwerb und der Produktion aber sollten keine Grenzen gesetzt werden. Die USA sollten entschieden traditionell und gleichzeitig hypermodern sein. Ihr Staat würde im Umgang mit einheimischen Kriminellen und internationalen Übeltätern keine Gnade kennen und die Schaffung von Wohlstand fördern. Die Bibel und der zehnte Federalist-Artikel bildeten die Satzungen der Bewegung, wobei letzterer nützlicher war, weil er hinsichtlich des Stellenwerts des Privatbesitzes eindeutiger war.

Die Widersprüche von Ideologien und ihr Unvermögen, die von ihnen geschätzten menschlichen Tugenden hervorzubringen, standen ihrem Erfolg nie im Wege. Der Neokonservativismus, wie er sich in den siebziger Jahren entwickelte, war kohärent genug in seiner Ablehnung des alten Sozialvertrags und der wirren Versuche der Neuen Linken, diesen zu überwinden. Die neokonservative Lehre begann, der amerikanischen Politik die intellektuelle Tagesordnung zu diktieren. Die Empörung der Anwälte des Sozialvertrags und die höhnische Wut der Neuen Linken wurden von den Neokonservativen sogar begrüßt. Sie hatten eine gewisse »Umwertung der Werte« erreicht und konnten von sich behaupten, die wahrhaft radikale Partei zu sein. Außerdem flossen ihnen die Energien derjenigen zu, die sich im sozialen Aufstieg befanden.

Die glücklose Unbeweglichkeit der Carter-Regierung spiegelte die sich vertiefende Krise der Demokratischen Partei. Carter siegte über Ford, indem er im Wahlkampf zeitweise die Einheit der Partei wiederherstellte. Als Protestant aus dem Süden erhielt er die Stimmen von schwarzen und weißen Südstaatlern sowie die Unterstützung der Gewerkschaften und der wohlfahrtsstaatlich orientierten Demokraten. Doch gleich nach seinem Amtsantritt verspielte er sein politisches Kapital.

In der Außenpolitik folgte er dem Rat der außenpolitischen Eliten und stolperte damit den Ereignissen hinterher. Seinen größten Fehler beging er auf Kissingers Rat hin: Er ließ den Schah von Persien in die Vereinigten Staaten einreisen, was zur Besetzung der amerikanischen Botschaft in Teheran führte. Als die sowjetische Gerontokratie in völliger Verkennung ihrer Interessen ihre Truppen nach Afghanistan schickte, erklärte Carter, er sei nun von den Illusionen der Détente befreit. Er ließ es zu, daß die Kalten Krieger (die in seiner Regierung von seinem Berater Zbigniew Brzezinski vertreten wurden) ein Klima nationaler Belagerung schufen. Verdienstvollerweise brachte Carter immerhin einen minimalen Anstand in die Beziehungen zu Mittelamerika. Er lehnte es ab, die nicaraguanischen Sandinisten anzugreifen, und versuchte, die Mordlust der militärischen Vasallen der USA in El Salvador und Guatemala zu zügeln. Außerdem leitete er das Treffen in Camp David, das zum Friedensschluß zwischen Ägypten und Israel führte. Carter war stark den Menschenrechten verpflichtet, hatte jedoch abgesehen von moralischen Ermahnungen keine wirtschaftliche oder politische Strategie, um das Thema in der amerikanischen Außenpolitik in den Vordergrund zu rücken.

Carters Innenpolitik wies kein sozioökonomisches Projekt für die Gesellschaft als Ganzes auf, sondern bestand in der Patronage der organisierten Klientel der Demokratischen Partei. Bürgerrechte und Umweltschutz wurden mit einer gewissen Intensität verfolgt, allerdings nicht immer mit Billigung der Partei. Der Wohlfahrtsstaat wurde aufrechterhalten, doch systematisch untergraben, da die Federal Reserve Bank die Zinsen erhöhte, um die durch den Vietnamkrieg und den Anstieg der Erdölpreise verursachte Inflation zu bremsen. Die Inlandsinvestitionen nahmen ab, und die Durchschnittsamerikaner mußten mit belastenden Krediten und Hypotheken sowie mit der Arbeits-losigkeit kämpfen. Die Deindustrialisierung wurde zwar heftig disku-tiert, in der politischen Praxis jedoch nicht weiter berücksichtigt.

Carter siegte über Senator Edward Kennedy im Rennen um die Präsidentschaftskandidatur, wurde aber in den Wahlen selbst vom früheren Gouverneur Kaliforniens, Ronald Reagan, geschlagen. Rea-gan errang die Stimmen einer beträchtlichen Zahl von Demokraten aus der Arbeiterklasse. Die Wahlbeteiligung lag nach wie vor bei etwa 50 Prozent: Reagans Sieg zeugte vom Auseinanderbrechen der Demo-kratischen Koalition, aber auch von seinem nicht unerheblichen poli-tischen Geschick.

Die Ideologie Reagans war eine Ideologie der Restauration. Die USA sollten ihre Macht in der Welt zurückerlangen; mit Reagans Worten, die Nation müsse »aufrecht stehen«. In Anbetracht der Potenzängste vieler Amerikaner kann sich dieser Appell auch noch anders deuten lassen. In den Vereinigten Staaten müsse die Diskussion über eine Koexistenz aufhören. Diejenigen, die meinten, die Welt sei geplagt von Seuchen, Hungersnöten, Armut und Krankheit, waren eben die »bleeding heart Liberals« (die Liberalen mit dem blutenden Herzen), die glaubten, die USA bräuchten einen Wohlfahrtsstaat. Verlorenge-gangene amerikanische Werte, verkörpert in der patriarchalischen Familie, sollten wiederauferstehen. Vor allem, so erklärte Reagan, solle die Regierung »keine Sozialgesetze machen«. Es gäbe eine natür-liche Gesellschaftsordnung, die das neokonservative Projekt mit un-nachahmlicher Klarheit verkündete, und Reagan ging dazu über, die-ses Projekt umzusetzen, wobei ihn die neue republikanische Mehrheit im Senat beträchtlich stärkte.[33]

Der private Sektor und die wohlhabenden Steuerzahler kamen sogleich in den Genuß großer Steuererleichterungen. Die Einnahmen des Staates sanken, doch stellten die Steigerungen der Militäraus-gaben einen – wenn auch nicht offen eingestandenen – keynesiani-schen Multiplikator dar; das Defizit wuchs. Senator Moynihan wies wiederholt auf Reagans nicht unbedingt versteckte Absichten hin:[34] Das große Haushaltsdefizit diente als Argument gegen Vorschläge, die staatlichen Ausgaben für das Sozialsystem zu erhöhen. Der Erwerb von Waffen kam der republikanischen Wählerklientel im Süden und Westen, vor allem in Kalifornien, Florida und Texas, immens zugute. Die bundesstaatliche Regulierung des Bankenwesens und der Finanz-dienstleistungen, des Verbraucherschutzes, der Umwelt, der Sicher-

heit und Gesundheit am Arbeitsplatz und des Transportwesens wurde systematisch abgebaut. Hinsichtlich der Bürgerrechte und der
Chancen für Schwarze, Hispano-Amerikaner und Frauen kippten von
Reagan ernannte Richter die bisherigen Maßnahmen, und die Regierungsbehörden sabotierten sie sogar aktiv. (Reagan hatte seinen Wahlkampf in einem Ort im Süden begonnen, in dem Bürgerrechtler
ermordet worden waren.) Der dünne Schutz durch die Arbeitnehmerrechte wurde noch dünner. Die zu Beginn der Reagan-Regierung erfolgte Entlassung streikender Fluglotsen spiegelte die Verachtung, mit
der Reagan der Gewerkschaftsbewegung begegnete, die sich kampflos
fügte.

In der Außenpolitik zeigte sich eine sonderbare Mischung aus
Abenteurertum und Vorsicht. Das Abenteurertum war dort am ausge-
prägtesten, wo die Gegner schwach waren (zum Beispiel bei den
Sandinisten oder der linksgerichteten Regierung Grenadas) oder die
CIA verdeckte Operationen durchführen konnte. Vorsicht herrschte
in den direkten Beziehungen zu China und der Sowjetunion, trotz der
Phrasen vom »Reich des Bösen« (die später vom Präsidenten mit einiger Dreistigkeit auf dem Roten Platz widerrufen wurden). Das Weiße
Haus verkaufte Waffen an den Iran, um damit die Hilfe für die nicaraguanischen Rebellen zu finanzieren, was eindeutig der amerikanischen Verfassung widersprach. Darauf erfolgten zwar lautstarke Proteste, doch die Demokraten bemühten sich nach Kräften, ihren Vorteil nicht bedingungslos auszuspielen. Inspiriert von Kohl und Thatcher hatte Reagan die Annäherung an die Sowjetunion eingeleitet, die
den Kalten Krieg beenden sollte. Damit schockierte er viele seiner
Anhänger, die beharrlich leugneten, daß es keinen Krieg mehr zu
kämpfen gäbe.[35]

Der Eifer, mit dem der Präsident Gorbatschows Vorschlag einer allgemeinen Détente aufgriff, zeugte von dem Konzept seiner Amts-
führung, das ihn so erfolgreich machte. Die Alliierten favorisierten
die Entspannung, ebenso die Demokraten und – wohl am wichtigsten
– ein großer Teil der amerikanischen Öffentlichkeit sowie das amerikanische Kapital. Reagan war ebensowenig geneigt, sich mit den un-
versöhnlichen Kalten Kriegern zu verbünden, wie er dazu bereit war,
nach den fundamentalistischen Werten zu leben, die er unermüdlich
pries. Er agierte wahlweise als Initiator oder als Manager eines amerikanischen Konsenses und gab sich alle erdenkliche Mühe, große Teile
der demokratischen Wählerschaft einzubeziehen. Die Demokraten

schafften es nicht, dem wirklich etwas entgegenzusetzen, und waren deshalb gezwungen, sich von Reagan die nationale Tagesordnung diktieren zu lassen.

Die Demokraten hatten in den gesamten acht Jahren der Präsidentschaft Reagans die Mehrheit im Repräsentantenhaus und in den letzten vier Jahren auch im Senat. Sie stellten die Mehrheit der Gouverneure und kontrollierten mehr als die Hälfte der Legislativen in den Bundesstaaten. Zusammen mit der geschrumpften, doch sehr lautstarken Gruppe von Fürsprechern der sozialen Gerechtigkeit aus der jüdischen Gemeinde protestierten die liberalen protestantischen Kirchen und die katholischen Bischöfe anhaltend gegen Reagans Wirtschafts- und Sozialpolitik. Unter Eisenhower, Nixon und Ford hatten die Demokraten einen beträchtlichen Einfluß auf die Innenpolitik ausgeübt. Warum waren sie unter Reagan so schwach?

Die Erfahrungen unter Carter waren traumatisch gewesen. Die Demokraten waren zwar an der Regierung gewesen, hatten aber feststellen müssen, daß sie die wirtschaftliche Elite ignorierte. Das Finanzministerium und vor allem die Federal Reserve Bank wurden dazu benutzt, die Löhne zu senken und die Arbeitslosigkeit zu erhöhen. In der Außenpolitik war die Lage ähnlich: Der außenpolitische Apparat machte die Vorgaben für eine nur sehr begrenzte Strategie-Debatte. Edward Kennedy hatte sich mit einem Programm, dessen Schwerpunkte auf Entspannung, auf wirtschaftlichen und sozialen Investitionen sowie auf der Umverteilung lagen, vergeblich um die Nominierung zum Präsidentschaftskandidaten bemüht. Sein Scheitern bedeutete das Ende des New-Deal-Vermächtnisses. Unter Reagan gab es nur noch Rückzugsgefechte zu schlagen.

Die Demokraten konnten lediglich auf ihre schwarzen Wähler im Süden und in den Städten des Nordens, auf die schrumpfenden Gewerkschaften, auf Teile der gebildeten Mittelschicht, die von der Kultur der Republikaner abgestoßen waren, und auf nahezu die Hälfte der weiblichen Wähler zählen – von denen einige sich von dem patriarchalischen Gebaren der Republikaner und ihrer Ablehnung der freien Entscheidung zur Abtreibung angegriffen fühlten, andere entsetzt waren, daß die Republikaner eine Gesellschaft ohne Solidarität anstrebten. Doch Reagans Innen- und Außenpolitik spaltete und lähmte die Demokraten. Reagan schaffte es, seine Programme als neu hinzustellen, und er eignete sich dabei sogar noch eine progressive Rhetorik an. Den Demokraten wurde vorgeworfen, zu abgehoben zu sein, mit öffentlichen Geldern verantwortungslos umzugehen, nur ihre Klientel zu bedienen und die nationalen Werte abzulehnen. Die Partei zeigte wenig Energie und noch weniger Begeisterung für ein neues Denken. Ihre schwarzen und religiösen Gruppierungen (die sich sehr nahestanden) mußten die elementaren Interessen der Armen verteidigen. Reagans Attacken gegen die Regierungsbürokratie waren auch Attacken gegen Schwarze, Hispano-Amerikaner und Frauen, die in den Regierungsbehörden sichere Arbeitsplätze gefunden hatten. Die Gewerkschaften gaben weitreichendere Ziele auf und konzentrierten sich ganz auf die unmittelbaren Interessen ihrer Mitglieder; Verhandlungen wurden oft unter wirtschaftlichem Druck geführt. Die kulturelle Offensive der Neokonservativen zwang diejenigen in die Defensive, die sich für eine Liberalisierung der amerikanischen Moralvorstellungen eingesetzt hatten. Auf alle Fälle wurde die Alltagsmoral um Verhaltensweisen erweitert, die die neuen Zensoren lieber ignorierten (selbst wenn sie sich in ihrem eigenen Privatleben zeigten).

Die Konzentration der öffentlichen Diskussion auf Fragen der Moral hatte politische Folgen: Diskussionen über die wirtschaftliche Substanz der staatsbürgerlichen Rechte und Pflichten fanden so gut wie nicht mehr statt. Andererseits erschwerte die systematische Forderung und Verbreitung bemerkenswert kruder wirtschaftswissenschaftlicher Theorien ernsthafte öffentliche Auseinandersetzungen erheblich. Der amerikanischen Öffentlichkeit wurde so oft erklärt, daß die Sozialleistungen, für die sie gezahlt hatten, einfach nur »Ansprüche« seien, bis sie es schließlich glaubte; doch allein der Begriff ist schon eine grobe Verfälschung. Die Tatsache, daß viele Demokraten – bis auf wenige ehrenhafte Ausnahmen – zögerten, die Politik Reagans anzugreifen, führte zur Isolation der Wirtschaftswissenschaftler und Vordenker in Recht, Politik und Sozialwissenschaften, die sich darum bemühten, ein Gegenprojekt zu formulieren. Ihr zunehmend begrenzter Zugang zu den wichtigsten Medien verschlimmerte die Lage zusätzlich.

Nach zwei trostlosen Präsidentschaftswahlen in den Jahren 1984 und 1988 versank die Demokratische Partei noch tiefer in einen Sumpf aus Verzweiflung und Vorwürfen. Carters Vizepräsident Walter Mondale tat recht daran, auf ökonomischem Terrain gegen Reagan anzutreten. Wenn Reagan sich solche Sorgen wegen des Defizits mache, meinte Mondale, solle er doch die Steuern erhöhen. Prompt stellten es die Republikaner so hin, als plane Mondale einen Angriff auf die

Durchschnittsamerikaner; dabei hatte er nur Steuererhöhungen für
große Unternehmen und die Reichen (die von Reagans Großzügigkeit
besonders profitiert hatten) vorgeschlagen. Mondale besaß das Format, sein Argument ein weiteres Mal ins Feld zu führen.

Als der Gouverneur von Massachusetts, Michael Dukakis, 1988
seinen Präsidentschaftswahlkampf führte, schlug er trotz der verschlechterten Wirtschaftslage kein Reformprojekt vor. Statt dessen
entschied er sich für den einfältigen Slogan: »In dieser Wahl geht es
nicht um Ideologien, sondern um Kompetenz.« Als er später im
Wahlkampf beschloß, daß es doch um Ideologien ginge, und die
ungleiche Einkommensverteilung und die Verbindungen der Republikaner zum Kapital anprangerte, kam es zwischen ihm und Bush
fast zum Gleichstand. Doch es war zu spät. Bush, ein Patrizier, der es
zuließ, daß andere sich in seinem Namen mit plebejischer Rohheit
aufführten, stellte Dukakis erfolgreich als jemanden hin, der »Verbrechen gegenüber zu weich« sei.

Die Präsidentschaft Bushs setzte der Innenpolitik Reagans ein Ende,
indem sie sie karikierte. Der amerikanische Kapitalismus verstärkte
seine brutale Rationalisierung des Arbeitsmarktes unter einem Präsidenten, dessen intellektuelle und moralische Fähigkeiten, die wirtschaftliche Lage der meisten seiner Mitbürger zu verstehen, nicht
besonders ausgeprägt waren. Absurderweise versprach er, die Steuern
nicht zu erhöhen, was er schließlich doch als Teil einer Vereinbarung
über den Haushalt mit der demokratischen Mehrheit im Kongreß tat.
Er erzürnte die Wirtschaftsfundamentalisten in seiner Partei, ohne mit
den Demokraten ein gemeinsames Projekt zu erarbeiten, mit dem die
langfristigen Bedürfnisse der Nation nach Investitionen in die Infrastruktur hätten befriedigt werden können. Die unter ihrer Lähmung lei-
denden Demokraten taten, was sie konnten, um ihre eigene Klientel
zufriedenzustellen, und warteten darauf, wieder einmal an die Reihe zu
kommen. Dabei versuchten sie einerseits, sich dem neuen Kapitalismus
zu unterwerfen, und beteten andererseits die alten Parolen herunter.

Bushs außenpolitischer Erfolg – die Vertreibung der Irakis, der ehemaligen Verbündeten Amerikas gegen den Iran, aus Kuwait – war teuer
erkämpft. Die Europäer und Japaner waren verärgert über finanzielle
Forderungen durch die USA und begannen, wenn auch zögerlich,
ihren Gehorsam den USA gegenüber zu überdenken. In Reaktion auf
den absurden Triumphalismus des Golfkrieges forderte die Öffentlichkeit eine einleuchtende, einfache und unmittelbar erfolgreiche Außen-

politik. Bush selbst ging davon aus, daß ihm die Wiederwahl sicher
sei, übersah aber die Tatsache, daß die Öffentlichkeit zwar wenig von
Geopolitik verstand, ihre eigenen Probleme am Monatsende aber
durchaus begriff.

Die Demokratische Partei war ebenso überrascht wie Bush von der
Labilität der Wählerschaft 1992 und ebensowenig darauf vorbereitet.
Beträchtliche Teile beschlossen, sich von der Vergangenheit der Partei
zu distanzieren. Sie wollten ein neues Image für die Partei; sie sollte
als kompetenter Träger der Rationalisierung des amerikanischen Kapitalismus erscheinen. Die »New Democrats« traten in den Vordergrund
und bekräftigten etwas, was nur wenige Bürger anzweifelten: die
Überlegenheit des Marktes über den öffentlichen Sektor. Sie priesen
das Unternehmertum und meinten, diejenige Regierung sei die beste,
die am engsten mit dem Kapital zusammenarbeitet. Ihre Vorstellungen waren eng verwandt mit denen der Kulturindustrie, der Finanz-
dienstleistungen und der neuen Technologien, die alle eine systematische Deregulierung und die Unterstützung der Regierung bei ihren
Bemühungen, ausländische Märkte zu durchdringen, anstrebten. Die
»New Democrats« taten es den Republikanern gleich in der systematischen Verunglimpfung der Armen, was bei den Wählern aus den
Vorstädten besonders gut ankam, die selbst von ökonomischen Ängsten geplagt waren. Forderungen nach einer Reform des sozialen
Systems waren teilweise herzlose Übungen in technokratischem Realismus, teilweise verdeckter Rassismus.

Die spontan gebildete Koalition, die versuchte, die Demokraten auf
Reformkurs zu halten, fand keinen gemeinsamen Nenner für ein langfristiges Projekt. Sie bestand aus Spitzenfunktionären im Kongreß
– den Senatoren Kennedy und Mitchell, dem demokratischen Mehr-
heitsführer – und Gouverneuren wie Cuomo aus New York und
Richards aus Texas. Außerhalb dieser Koalition bemühte sich Jesse
Jackson nach Kräften, doch er wurde fälschlicherweise als Sprecher
der Schwarzen und Marginalisierten hingestellt und nicht als Ver-
künder einer prophetischen Botschaft für die ganze Nation. Das
außergewöhnliche Geschick der amerikanischen Gesellschaft, die Opposition im Inneren zu neutralisieren, indem sie sie als eine höhere Form
von Unterhaltung integriert, verschonte nicht einmal Martin Luther
Kings Nachfolger.

An den Wahlkampf von 1992 erinnert man sich heute vielleicht als
einen, in dem sich das Auseinanderfallen des Zweiparteiensystems

andeutete. Der Kandidat einer dritten Partei, der durch seine bemerkenswerte, persönliche Unattraktivität auffallende, exzentrische Milliardär Ross Perot, gewann 19 Prozent der Stimmen. Bush erreichte 38 Prozent, und der Gouverneur von Arkansas, Bill Clinton, wurde mit 43 Prozent zum Präsidenten gewählt. Clinton ist ein New Democrat, ein Mensch von ungewöhnlicher Anziehungskraft und Empathie, ein Politiker mit ungewöhnlichen Fähigkeiten (vor allem, wenn es darum geht, hartnäckige Gegner ins Abseits zu drängen), der im allgemeinen nicht exzessiv mit Überzeugungen belastet ist.

Als er 2001 aus dem Präsidentenamt schied, hatte er seine Partei um die Mehrheiten in beiden Häusern sowie um die Mehrheit der Gouverneursposten und der Legislativen in den Bundesstaaten gebracht und die ideologische Spaltung vertieft. Seine Wahl 1992 verdankte er der Tatsache, daß er die Schaffung neuer Arbeitsplätze durch Regierungsmaßnahmen zu seinem zentralen Thema gemacht hatte. Seine Wiederwahl 1996 verdankte er der Tatsache, daß er die Hälfte der Wählerschaft davon überzeugt hatte, der zuverlässigste Wächter von zwei immens populären sozialen Programmen zu sein: der Rente und einer umfassenden Krankenversicherung für alle über 65. Dennoch wurde in seiner Regierungszeit wiederholt von dem Prinzip Abstand genommen, daß die Regierung für die Wirtschaft und die soziale Solidarität im allgemeinen Verantwortung trage. Drei Schritte vor, zwei zurück – das ist eine auch heute noch zutreffende Beschreibung des Leninismus; Clintons Politik dagegen zeichnete sich durch einen Schritt nach vorn und zwei zurück aus.

Kaum hatte er sein Amt angetreten, akzeptierte er den Vorschlag seiner Wirtschaftsberater, die (anthropomorphisierten) Märkte nicht durch die Einleitung eines öffentlichen Investitionsprogramms zu stören. Er schlug einen Plan für eine nationale Krankenversicherung vor, mit der die Versicherungsgesellschaften besänftigt werden sollten, denn ihre Privilegien sollten nicht angetastet werden, und vertraute die Wahrung des öffentlichen Interesses einem komplexen und obskuren Management an. Von den Versicherern geschlagen (von denen er gedacht hatte, er hätte sie für sich gewonnen), entglitt ihm die Kontrolle über die gesamte öffentliche Debatte. Die neuen republikanischen Mehrheiten im Repräsentantenhaus und im Senat, die es seit 1994 gab, waren so offensichtlich dem Kapital (und den christlichen Fundamentalisten, die nur 15 Prozent der tatsächlichen Wähler ausmachten) verpflichtet, daß der Präsident 1996 seinen Wahlkampf mit einer Roosevelt-Rhetorik führte. Nach seiner Wiederwahl schloß er mit den Republikanern bei zwei wichtigen Themen Kompromisse. Das eine war die Senkung des Haushaltsdefizits, das andere eine Reform der Sozialleistungen, die ihre Empfänger enorm belastete und von einem Großteil der Demokratischen Partei sowie den Kirchen abgelehnt wurde.

Die Bemühungen der Republikaner, ihn aufgrund von privaten Verfehlungen aus dem Amt zu drängen, waren ein Zugeständnis an die moralischen Forderungen ihrer Anhänger. Der Sonderermittler war erkennbar voreingenommen, und das ganze folgende Spektakel wurde von einem Großteil der Nation mit Abscheu und Ekel aufgenommen. Die Mehrheit der Öffentlichkeit war der Ansicht, die Hexenjagd von Salem solle eigentlich der Vergangenheit angehören; andere wollten die Trivialisierung der Politik nicht hinnehmen. Clintons eifrigste Unterstützer gehörten zu eben den Gruppierungen in der Partei, die er nach Kräften ins Abseits hatte drängen wollen: Schwarze und Vertreter einer progressiven Wirtschafts- und Sozialpolitik. Sie erkannten die symbolische Bedeutung des Kampfes, der möglicherweise die Institution der Präsidentschaft gelähmt und wichtige Sozialreformen auf unbestimmte Zeit unmöglich gemacht hätte. So mußten sie also schließlich bis zum bitteren Ende einen Präsidenten unterstützen, dessen wichtigste Erkenntnis gewesen war, daß die Zeiten des »big government« vorüber seien.

Clinton schien besser geeignet für die Rolle des nationalen Pastors oder Talk-Show-Gastgebers, der auf die Gefühle der Öffentlichkeit einging, als für die eines politischen Führers. Er war durch und durch ein Geschöpf der Gegenwart, Produkt und auch Förderer einer Verschmelzung von Politik und Unterhaltung. Eine dem Gewissen verpflichtete Politik schien in einer fernen amerikanischen Vergangenheit begraben zu liegen, nicht jedoch die Politik der Interessen. Clintons Distanz, seine Fähigkeit, mühelos von einer Position zu ihrem Gegenteil zu wechseln, machte ihn besonders effizient. Die Politik des Gewissens, die die Republikaner verfolgten, war eine verbitterte Ablehnung der Moderne. Clinton handelte unter der Annahme, daß die meisten Amerikaner so sehr in die Moderne verstrickt wären, daß sie den Versuch, sie zu beherrschen, längst aufgegeben hätten.

Problematisch war nur, daß Clinton mit der Allmacht der Märkte ebenso verfuhr: Mit einem fatalistischen Schulterzucken machte er die Parole »If you can't fight them, join them« zu seinem Leitspruch.

Unterdessen wurden Verfasser von Gesetzesvorlagen, die von ihrem Gewissen geleitet wurden, etwa Edward Kennedy (in seinem Kampf, den Mindestlohn zu erhöhen, und seiner anhaltenden Kampagne zur Ausweitung der Krankenversicherung) oder David Bonior, von den Medien entweder systematisch ignoriert oder als altmodisch abgetan. Als Senator Moynihan verkündete, daß er in den Ruhestand gehe, wurde er um einiges mehr gelobt als in den langen Jahren, in denen er versucht hatte, den Herrschaftsbereich des öffentlichen Anstands auszuweiten.

Im Weißen Haus war unter Clinton ein ständig wechselnder Stab junger Karrieristen beschäftigt. Sie kamen aus allen möglichen Gegenden des Landes und aus verschiedenen Klassen, Geschlechtern, Rassen und Religionen, doch allen war ihr Ehrgeiz gemein. Die Freunde des Präsidenten und die Gäste des Weißen Hauses waren älter und häufig auch wesentlich reicher. Viele verdienten in den von der Mobilität des Kapitals bestimmten neuen Segmenten der Wirtschaft ihr Geld – der Kulturindustrie, den Finanzdienstleistungen, der Technologie. Die Beziehung zwischen dem labilen Charakter des Präsidenten und den psychokulturellen Erfordernissen der New Economy würde niemanden überraschen, der Erik Erikson oder Wilhelm Reich gelesen hat.[36]

In den Darstellungen seiner Politik, die die intellektuelle Kohärenz liefern sollten, die ihr eigentlich fehlte, nahm Clinton für sich in Anspruch, eine wichtige Rolle bei der Stimulierung des amerikanischen Wirtschaftswachstums zu spielen.[37] In Wahrheit wurde dieses Wachstum, das seine Wiederwahl und sein politisches Überleben ermöglicht hatte, von seinem Finanzminister Robert Rubin und dem Präsidenten der Federal Reserve Bank, Alan Greenspan, zuwege gebracht. Ihre große Leistung für die Nation bestand darin, daß sie nicht auf die Dogmen der Wirtschaftswissenschaften, sondern auf sichtbare Beweise hin tätig wurden, und daß sie niedrige Zinssätze ihr Werk tun ließen. Dies konnten sie, weil Gelder, die zu sehr niedrigen Zinssätzen in Japan entliehen wurden, und beträchtliche Summen aus anderen Ländern in die USA flossen. Der starke Dollar ermöglichte es den amerikanischen Verbrauchern, ihre Ausgaben zu steigern, ohne eine Inflation zu riskieren. Außerdem konnte dadurch das amerikanische Kapital mit Hilfe der unablässigen und gelegentlich auch skrupellosen Unterstützung der Clinton-Regierung einen Großteil der Weltwirtschaft durchdringen. Während die neuen Technologien zu einem

Boom enormen Ausmaßes führten, verschwammen die Grenzen zwischen Investition und Spekulation immer mehr.[38] Einige der Folgen für das Land waren offenkundig. Die Arbeitslosigkeit sank, und sogar den mit endemischer Armut Geschlagenen wurde geholfen. Doch die Idee einer Nation von Shareholdern ist weit übertrieben. Weniger als 50 Prozent der Haushalte besitzen Aktienanteile, meist jedoch nur relativ wenige und in Form von Rentenfonds. Die Löhne stiegen trotz des Aufschwungs langsamer als in anderen Zeiten wirtschaftlicher Expansion. Das durchschnittliche Realeinkommen der Haushalte liegt nur geringfügig über dem von vor zwei Jahrzehnten. Das Wachstum konzentrierte sich auf die oberen 20 Prozent der Einkommensskala. Die mittleren 60 Prozent mußten sich bemühen, nicht abzufallen. Die unteren 20 Prozent (zu denen auch viele der jährlich neu ins Land strömenden legalen und illegalen Einwanderer gehören, die die Löhne konstant nach unten drücken) konnten nur ganz am Ende der neunziger Jahre einen gewissen Anstieg verzeichnen. Vielleicht profitieren sie ein wenig von der Erhöhung des lächerlich geringen Mindestlohns.[39]

Die sozialen Folgen der jüngsten Expansion sind nicht so einfach zu messen wie die wirtschaftlichen. Klar ist, daß manche Gruppen – die Ungelernten oder die mit einer minimalen Ausbildung – davon nicht profitieren konnten und andere in unsichere oder marginale Positionen auf dem Arbeitsmarkt gedrängt wurden. Die Zahl der Arbeitnehmer mit Teilzeit- oder einem Zeitvertrag, die gewöhnlich ohne Sozialleistungen arbeiten, ist gestiegen. Ungleichheiten im Einkommen oder bei den Lebenschancen zeigen sich deutlicher und haben die Ruhe der Nation – aber auch ihr Solidaritätsgefühl – nicht eben gefördert. Die Verbrechensrate ist gesunken, doch die Belastungen des Arbeitsmarktes wirken sich schädlich auf Familien und die Psyche der einzelnen aus. Was passieren wird, wenn es zu einer Rezession kommt, ist unmöglich vorherzusagen, aber schon die Prosperität hat genügend Krankheitsbilder erzeugt.

Der Haß, den der kränkelnde Sozialkörper absondert, richtet sich weniger gegen die Vertreter und Besitzer des Kapitals, sondern vielmehr gegen die, die sich oft genug in einer noch schlechteren und machtloseren Lage befinden als diejenigen, von denen sie gehaßt werden: Asiaten, Schwarze, Immigranten. Das Bombenattentat auf das Bundesgebäude in Oklahoma, rassistische Gewalttaten, apokalyptische und paranoide Darstellungen in den elektronischen und den

Print-Medien legen die Existenz eines tiefverwurzelten und weitverbreiteten antipolitischen Affekts nahe. Es handelt sich um eine Gegenkultur, die durch eine moralische Verwandtschaft mit den fanatischeren Teilen der christlichen Rechten verbunden ist. Diejenigen, die medizinische Einrichtungen angreifen, in denen Schwangerschaftsabbrüche vorgenommen werden, sind keine isolierten Terroristen. In der gewalttätigen Ablehnung von Schwangerschaftsabbrüchen kommt ein tiefes Unbehagen gegenüber dem Körper zum Ausdruck, was sich in anderer Form auch in dem Feldzug gegen die Homosexualität äußert. Unklar ist, ob sich eine aus auf diese Weise Enteigneten zusammengesetzte Bewegung landesweit organisieren kann. Warum sollten die USA als einzige der großen industriellen Demokratien Immunität vor den heutigen Formen des Faschismus beanspruchen können?[42]

In der modernen Umkehr der Werte werden die Demokraten, die noch immer an die progressive Vertiefung der bürgerlichen Rechte glauben, die Franklin D. Roosevelt 1944 in seinem Vorschlag für eine »ökonomische Bill of Rights« verkündet hatte, als Traditionalisten bezeichnet.[41] Aber die Tradition hat noch immer ihre Reize. Den neuen Gewerkschaftsführern sind immense Hindernisse in den Weg gelegt worden. Viele der von den Republikanern ernannten Richter und republikanische Regierungen in den einzelnen Bundesstaaten beschneiden systematisch die Möglichkeiten der Gewerkschaften, sich zu organisieren. Die Struktur des Arbeitsmarktes erledigt den Rest: Teilzeitarbeiter und Arbeiter mit Zeitverträgen, aber auch viele Beschäftigte in den Technologie- und Dienstleistungssektoren werfen organisatorische Probleme auf, die sich stark von denen der industriellen Vergangenheit unterscheiden.[42]

Die Führer, vor allem die jüngeren (mit John Sweeney, der im Herzen und im Geist ebenfalls noch jung ist) der neueren Gewerkschaftsbewegung begreifen jedoch offenbar zweierlei: Zum einen, daß man nicht darauf verzichten kann, eine breiter angelegte gesellschaftliche Agenda zu vertreten, wenn man die Loyalität der neuen Arbeitergeneration gewinnen möchte; zum anderen, daß die Weltwirtschaft in ihren komplexen Auswirkungen auf die Quantität und Qualität der in den USA vorhandenen Arbeit zu bedeutend ist, um sie den Ökonomen des IWF, der OECD und der Privatbanken zu überlassen.

Dies führt jedoch zu zwei bislang ungelösten Problemen: Die Organisation gesellschaftlicher Kräfte in den USA stößt effektiv oft an ihre Grenzen, wenn sie die bestehenden Machtverhältnisse herausfordert.

Die in der Öffentlichkeit herrschenden Vorstellungen über wirtschaftliche Prozesse, über ihre (Vor-)Gegebenheit und Legitimität, werden
oft von denen erzeugt, die sich deutlich der Nachteile bewußt sind,
die sie unter anderen Bedingungen zu gewärtigen hätten. Die Rhetorik der Medien wie ihre sichtbaren Eigentumsverhältnisse sind alles
andere als neutral.[43]

Als die Nation zu Beginn des zwanzigsten Jahrhunderts oder zu den
Zeiten des New Deal von einem akuten Krisengefühl geplagt war,
stellten Massenorganisationen die herrschende Ideologie in Frage. In
der diffuseren Krise oder der Serie von Krisen der letzten Jahrzehnte
gibt es eine Vielzahl von Herausforderungen quer über das fragmen-
tierte politische Spektrum. Ein neuer gesellschaftlicher Radikalismus,
ein gemeinsamer Nenner, ist nicht vorhanden.

Es gibt landesweite Organisationen, die sich mit den bürgerlichen
Freiheiten beschäftigen, mit Verbraucherschutz, mit Bildung, Umwelt,
Gesundheit, internationalen Menschenrechten, den Rechten der Frauen
und einer Vielzahl anderer wichtiger Themen. Sie werden durch Stiftungen und Mitgliedsbeiträge finanziert und konzentrieren ihre Bemühungen auf Lobbyistentätigkeit im Kongreß und öffentliche Aufklärung. Daß es ihnen bis zu einem gewissen Grad gelungen ist, die
politische Agenda neu zu gestalten, ist klar.[44] Es ist ihnen jedoch
nicht gelungen, das allgemeine Bewußtsein zu schärfen, das heißt die
Alltagserfahrungen der vielen Bürger, deren Namen nicht auf ihren
Adreßlisten stehen, mit umfassenderen Vorstellungen zu verbinden.
Die 18 Prozent der Nation, die keine Krankenversicherung haben,
und viele andere, die beunruhigt sind, weil sie von ihren Versiche-
rungsfirmen schlecht behandelt werden, sind nicht direkt organisiert.

Die amerikanische Tradition der Basisdemokratie, der »Grassroots«,
ist nach wie vor vorhanden. Zahllose lokale Initiativen befassen sich
mit Fragen der Bildung, Arbeit und Umwelt. Einige Koalitionen auf
lokaler Ebene haben es geschafft, daß diejenigen, die mit kommunalen oder einzelstaatlichen Behörden Geschäfte machen, höhere Löhne
zahlen müssen. Bei kommunalen oder einzelstaatlichen Wahlen gelingt
es gelegentlich einer um ein spezifisches Thema organisierten Gruppe,
ihre Kandidaten durchzubringen, was ebenfalls ein Beweis für das
große Potential scheinbar begrenzter Aktionen ist. Doch häufig haben
die Initiatoren wenig Kontakt zu ähnlichen Gruppen, die sich andernorts organisiert haben, sie haben kein klar formuliertes Konzept eines
zusammenhängenden bundesweiten Projektes. Gelegentlich sind sol-

che lokalen Initiativen eine politische Schule; manche lernen dort ihr Handwerkszeug und wenden sich dann anderen Aufgaben zu, wobei sie manchmal ihre Wurzeln vergessen.

Doch manchmal wäre das Vergessen eine zu simple Erklärung. Wie sollen wir die Karriere Bill Clintons verstehen, der als junger Mann gegen den Vietnamkrieg protestierte und für George McGovern Wahlkampf machte? Seine Politik ist absichtlich ambivalent – sie nimmt die quer zum politischen Spektrum erfolgende Reaktion auf seine Präsidentschaft vorweg. Clintons unverhohlener innerer Konflikt zwischen der Akzeptanz der engen Grenzen amerikanischer Politik und dem (gelegentlichen) Versuch, diese Grenzen auszuweiten, kennzeichnet ihn als einen Provinzler, der in der Metropole unsicher ist. Tatsache ist, daß in den USA fast jeder provinziell und gleichzeitig großstädtisch gesinnt ist. In einer Sache ist Clinton jedoch wie seine politischen Vorgänger Johnson und Carter fest geblieben: in seiner Solidarität mit den Afro-Amerikanern. Und auch bei den Rechten der Frauen wankte er nicht. Seine Präsidentschaft bleibt eine Abfolge enormer, jedoch verpaßter Möglichkeiten – die Rhetorik der Solidarität wieder der politischen Praxis zu verbinden.

Clinton gab denjenigen, die seine Nachfolge anstrebten, in gewisser Weise ein Beispiel. In der Anfangsphase des Wahlkampfes 2000 ging es um die Frage, in welchem Ausmaß es öffentliche oder private Lösungen für die Probleme in den Bereichen Bildung, Gesundheit und Renten geben sollte. Die zwanghafte Kalkuliertheit und das moralisch Hölzerne der zwei Spitzenkandidaten führte zu der Schlußfolgerung: Jeder versprach sich etwas davon, die positiven Funktionen des Staates herauszustellen. Gouverneur Bush schlug zwar vor, die Social Security zum Teil zu privatisieren, und wies darauf hin, daß auch die New Democrats ein solches Projekt zuvor unterstützt hätten. Der Vizepräsident Gore reagierte jedoch wie ein traditioneller Demokrat und lehnte die Idee ab, weil sie der umfassenden Qualität der Social Security und ihrer Funktion als einer bundesweiten Sozialversicherung schaden würde. Er meinte, Social Security wäre am besten dadurch gedient, wenn man die Schulden des Bundes aus den von der Regierung erwirtschafteten Überschüssen abbezahlte. Er hatte nicht genügend Phantasie für den Vorschlag, die Gelder aus der Social Security in neue bundesweite Projekte zu investieren, die die Infrastruktur erneuern oder krasse Ungleichheiten (im Bildungs- und Gesundheitswesen) mildern sollten. Gores frühere Behauptung, er habe wesentlich zur Entwicklung des Internets beigetragen, zeigte seine Bereitschaft, einer produktiven wirtschaftspolitischen Funktion des Staates Geltung zu verschaffen. Doch dies außer acht lassend, verknüpfte er die Verteidigung der Social Security mit dem Bekenntnis zur Haushaltsdisziplin: Wie Clinton zog es Gore vor, die herrschende Meinung zu akzeptieren und nicht zu versuchen, sie zu verändern. Gelegentlich bot sich ein Blick auf die unruhigen Tiefen der Nation. Buchanans Schmähreden gegen die Eliten und Naders Angriffe auf den Unternehmerkapitalismus hatten mehr Resonanz, als es die seichten Vorstellungen einer wahlentscheidenden (und größtenteils fiktiven) »Mitte« für möglich halten wollten. Zwar wurden Bill Bradley und John McCain geschlagen, doch sie traten als ihre nobelsten Akteure von der Bühne ab. Ihre Forderung nach der Erneuerung öffentlicher Anliegen hinterließ bei den Amerikanern ein Gefühl des Bedauerns: Ist die Vorstellung einer amerikanischen Republik veraltet?

Die Lektionen der Geschichte sind meist mehrdeutig, doch eine Lektion der amerikanischen Geschichte ist ziemlich klar: Ohne die Macht der Bundesregierung, die von einem Präsidenten geführt wird, können keine großen Reformen gelingen. Initiativen des Präsidenten aber provozieren unweigerlich starke und manchmal (beispielsweise 1937 und 1938) auch überwältigende Gegenangriffe. Nur eine anhaltende Mobilisierung der Nation kann diese überwinden, und diese Art von Mobilisierung wird von dem politischen System der USA (man denke wieder an den zehnten Federalist-Artikel) zur Wirkungslosigkeit verdammt, wenn nicht gar von vornherein vereitelt. Eine Wiedergeburt des alten Republikanismus, der Idee einer Nation autonomer Bürger, würde Amerika weit bringen.

11 Ist Solidarität möglich?

In den Ländern der Europäischen Union und in den USA gibt es eine tiefverwurzelte Tradition der Solidarität, die in den Umverteilungsmechanismen und den Sozialversicherungssystemen ihrer Wohlfahrtsstaaten institutionalisiert ist. Die EU-Staaten organisierten ihre Volkswirtschaften im allgemeinen so, daß sie den Markt gesellschaftlichen Zielen unterordneten, während die USA den Markt betonten. Dennoch befürwortet die amerikanische Öffentlichkeit trotz intensivster Bemühungen, sie umzustimmen, weiterhin die großen wohlfahrtsstaatlichen Einrichtungen Medicare und Social Security. Die europäische Öffentlichkeit widersetzt sich den direkten Angriffen auf ihre Wohlfahrtsstaaten, die einige aus ihrer Elite unternehmen.

In Europa kam es in jüngster Zeit zu einem verringerten Wachstum und hoher Arbeitslosigkeit. Die Amerikaner hingegen kamen in den Genuß eines außergewöhnlichen Anstiegs der volkswirtschaftlichen Produktion und der Beschäftigung. Allerdings stehen sie vor den Problemen einer wachsenden Ungleichheit der Einkommens- und Vermögensverteilung und sind auch unzufrieden mit der Lebensqualität, die ihnen die Prosperität beschert. Aber weder die europäische Rezession noch die amerikanische Prosperität haben zu größeren Reformen der jeweiligen Wirtschaftsordnungen oder der Gesellschaften geführt. Die Eliten der großen Nationen beschränken sich auf technokratische Stümpereien – in Europa beschuldigen sie die Bürger, sich dem Wandel hartnäckig zu widersetzen, in Amerika beanspruchen sie die Lorbeeren für etwas, was sie kaum selbst zustande gebracht haben. Wenn ihnen vor Augen geführt wird, daß einige Nachbarn neue Institutionen geschaffen haben – die Niederlande mit ihrer Arbeitsmarktreform, Schweden mit seiner Neuorganisation des Wohlfahrtsstaates, Frankreich mit der Beschäftigungspolitik –, beharren die Europäer darauf, daß es sich dabei um besondere nationale Umstände handelt. Amerikaner finden den Vorschlag, sie könnten etwas von Europa lernen, entweder exzentrisch oder böswillig, doch auf alle Fälle absurd. Die Rhetorik verkündet die Ankunft einer neuen historischen Epoche (wie etwa in der triumphalen Verkündigung eines Dritten Wegs). Die alltägliche Praxis bleibt entschieden prosaisch. Die Eliten wie auch die Öffentlichkeit scheuen die Risiken neuer sozialer Visionen.

Die Industrie der Meinungsmacher, zu der sich eine Vielzahl intellektueller Krämerseelen gesellt hat, beharrt auf ihrer Aussage: Es gibt keine Alternative zur Mobilität des Kapitals. Auf das Argument, daß Mobilität häufig ein Euphemismus für Herrschaft sei und unweigerlich die Frage nach der Zukunft der Demokratie aufwirft, wird stets dieselbe Antwort kommen: Gerade im langfristigen allgemeinen Interesse der Gesellschaft müßten die kurzfristigen Interessen des Kapitals freies Spiel haben. Daß diese Antwort oft aus dem Munde der Theoretiker kommt, die ansonsten darauf beharren, daß es kein langfristiges allgemeines Interesse gebe, wird nur diejenigen stören, die es sonderbar finden, daß Wirtschaftswissenschaftler in fester Anstellung eine höhere Mobilität der Arbeitskräfte fordern. Akademiker, Politiker und Publizisten propagieren zusammen mit den Managern des Kapitals das, was in Frankreich *la pensée unique* (in eine Richtung denken) genannt wird. Zweifellos ist dieser Begriff deshalb in Frankreich geprägt worden, weil viele der dortigen Intellektuellen und ein Großteil der Öffentlichkeit darauf beharrt haben, andere Wege einzuschlagen. Die Kritik an der Weltkarte des Kapitals ist tatsächlich weitverbreitet, doch die Kartographen sind unnachgiebig. Seit dem Marxismus des späten 19. Jahrhunderts hat die Vorstellung von der Unausweichlichkeit historischer Entwicklung keine so entscheidende Rolle mehr in einer sozialen Doktrin gespielt wie heute.

Das Chaos unter den amerikanischen Sozialreformern (trotz oder wegen der Präsidentschaft Clintons), aber auch die ziemlich durchwachsenen Leistungen der regierenden sozialistischen Parteien Europas tragen zur Überzeugungskraft der Anwälte des Kapitals bei. Es gibt mehrere mit ihnen konkurrierende Interpretationen, doch keine einheitliche, überzeugende Botschaft. Die Artikulation von Interessen in modernen Gesellschaften ist ein sehr komplexes Phänomen: Die Gegner der Herrschaft des Kapitals sprechen in vielen Zungen. Die Verteidigung bereits erworbener Rechte ist wichtiger geworden als die Bildung neuer Institutionen, um diese Rechte zu sichern und zu vertiefen.

Fremdenfeindlichkeit, Rassismus und ein aggressiver Provinzialismus sind verstärkt in die europäische Politik zurückgekehrt. In den USA, wo die Jahre 1933 bis 1945 einen anderen Stellenwert haben, sind diese Kräfte nie verschwunden. Der Generationenkonflikt, die Kluft zwischen denen, die einen sicheren Arbeitsplatz haben, und denen, die den Zwängen der drastisch verschärften Bedingungen des Arbeitsmarktes ausgesetzt sind, aber auch die systematische Benachteiligung arbeitender Frauen zeigen sich in Europa ebenso deutlich wie in den USA. Doch dort gibt es für die Arbeitnehmer kaum Schutzmaßnahmen wie in Europa, weshalb in den Randgruppen ein Krieg der Schwachen gegen die noch Schwächeren ausgebrochen ist. Die weitverbreitete öffentliche Abneigung gegenüber der »Wohlfahrt« – oft von zynischen Politikern gefördert – ist gewiß dort am stärksten, wo die Amerikaner ihre persönliche Sicherheit gefährdet sehen. Anders als die Europäer glauben die meisten amerikanischen Arbeiter nicht, daß sie noch viele Rechte haben, sobald sie die Schwelle zu ihrem Arbeitsplatz überschritten haben. Familientradierte Erinnerungen an den New Deal, an den nationalen Sozialvertrag der USA, werden immer schwächer.

Es gibt also mehrere gravierende Unterschiede, doch auf beiden Kontinenten sind die politischen Eliten gelähmt und beschränken sich darauf, hin und wieder für Reparaturen einzutreten. Die Forderung nach einer umfassenden Vision oder nach Führern von Format ignoriert eine Lektion der Geschichte: In Zeiten intellektueller und sozialer Enge ist es wenig wahrscheinlich, daß große Ideen oder sie verkörpernde Führer in den Vordergrund treten. Die Universitäten haben umfangreiches Wissen über die moderne Gesellschaft und ihre Wirtschaftsordnung zusammengetragen, doch die Anwendung dieses Wissens wird von Kriterien der politischen Nützlichkeit gelenkt. Ohnehin lassen sich akademische Gesellschaftsmodelle unmöglich von moralischen und politischen Wertungen trennen.

Es besteht wenig Hoffnung, daß wir den ideologischen Vulgaritäten bald entkommen können. Selbst wenn unsere Vordenker wesentlich kreativer wären, ist es keineswegs sicher, daß ihnen unmittelbar Gehör geschenkt würde. Nichtsdestotrotz wollen wir an dieser Stelle noch einmal über die Ursprünge unserer solidarischen Institutionen nachdenken, die neuen Dimensionen der Gegenwart betrachten und die Elemente eines Projekts skizzieren, mit dem einige unserer offenkundigeren Probleme gelöst werden könnten. Die Tradition sozialer Reformen wurzelt in Europa wie in den USA in den liberalen Vorstellungen von bürgerlichen Rechten, in christlich-sozialen Konzepten der Gemeinschaft und in sozialistischen Vorstellungen von Emanzipation (was sich in den USA in der ersten Hälfte des 20. Jahrhunderts sehr deutlich zeigte).

Der Sozialismus war ein Projekt der Emanzipation vom biblischen Fluch: »Im Schweiße deines Angesichts sollst du dein Brot essen« (Gen. 3, 19). Auf das Reich der Notwendigkeit sollte das Reich der Freiheit folgen. Die Menschen sollten zu Künstlern werden und ihre eigene Existenz neu gestalten. Sie würden sich wandeln und einander in Gleichheit, Brüderlichkeit und Freiheit verbunden sein.

Offensichtlich hatten Marx und Engels wie auch die utopischen Sozialisten, die sie so heftig und fälschlicherweise verhöhnten, mit den liberalen und radikalen Parteien des 19. Jahrhunderts viel gemein. Sie alle kamen von der Aufklärung her, teilten den unveränderlichen Glauben an den Fortschritt und die metahistorische Überzeugung, daß eine säkulare Transzendenz möglich sei. Daß das ausgebeutete industrielle Proletariat der Geschädigte war und der industrielle Kapitalismus das Erhabene der menschlichen Existenz blockiert und nahezu ausgelöscht hatte, waren Vorstellungen, die die Sozialisten mit Liberalen, Radikalen und christlichen Konservativen teilten.

Die sozialistische Botschaft lautete, das Proletariat sei von der Geschichte auserwählt worden, um die Welt zu richten. Vergangene Geschichte sei die Geschichte von Klassenkämpfen gewesen. Diese sollten nun ein Ende haben, sobald die erste universelle Klasse die Geschicke der Gesellschaft bestimmen würde. Die Revolution, die den Kapitalismus beseitigen würde, würde durch die inneren Widersprüche des Kapitalismus ermöglicht. Durch Konzentration würden die Produktionsmittel vergesellschaftet und die Machtübernahme seitens des organisierten Proletariats würde offenkundig und einfach sein. Im Zuge der Ausbreitung des Kapitalismus auf der ganzen Welt würden die Profite sinken, traditionelle Gesellschaften würden zerstört werden und die Ausbeutung der Menschen würde zum weltweiten Phänomen werden. Die Revolution würde das – nicht nur in materieller Hinsicht herrschende – Elend beenden. In ihrem Kampf gegen die ökonomische und spirituelle Entfremdung würden die Menschen ihr geistiges Potential ausschöpfen können. Im historischen Materialismus des Karl Marx hatte das Seelenheil einen zentralen Stellenwert. Anfangs und einen Großteil seiner Geschichte über war der Sozialismus eine säkulare Religion.

Aus diesem Grund waren seine Hauptgegner nicht die diversen

Formen des Liberalismus oder Radikalismus, sondern andere Religionen, in manchen Fällen das Christentum, in anderen die Nationalismen. Nach den quälenden Problemen mit der französischen Revolution und dem industriellen Kapitalismus bot die Kirche mit der Sozial-Enzyklika *Rerum novarum* ein alternatives Projekt für eine moderne Gesellschaft. Früheren Varianten des sozialen Christentums fehlte eine Vorstellung von der Funktion bürgerlicher Rechte und Pflichten und von Gleichheit. Die Menschen, gleich vor Gott, sollten nach wie vor in natürliche Hierarchien eingebunden sein – in die Institutionen der Autorität und der Herrschaft. Das soziale Christentum hatte sich einen Großteil seiner Geschichte mit undemokratischen und antidemokratischen Regimes verbündet, wobei seine amerikanischen Varianten glückliche Ausnahmen waren. Die Schrecken des Faschismus delegitimierten dieses Bündnis, und so konnten die Christdemokraten die sozial-christliche Erbschaft für sich beanspruchen und weiterhin einen ambivalenten Kampf mit dem Sozialismus ausfechten, wobei sie oft genug den Sieg davontrugen.

Nach den Verbrechen des Stalinismus konnten die Sozialdemokraten behaupten, die einzig legitimen Erben der westlichen sozialistischen Tradition zu sein; ein Anspruch, der von der westlichen Wählerschaft honoriert wurde. Das Problem des demokratischen Sozialismus ist das der Verwirklichung bürgerlicher Rechte. Marx erklärte, die Französische Revolution habe *le citoyen* geschaffen; was noch geschaffen werden müsse, sei der Mensch. Diese historische Hypothese war eine absurde Verkürzung. Tatsächlich sollte der Kampf um die bürgerlichen Rechte und die demokratische Teilhabe bis weit ins 20. Jahrhundert hinein einen Großteil der Energien der sozialistischen Bewegung beanspruchen. Vielleicht liegt einer der Gründe für die nur oberflächliche Verwurzelung des Sozialismus in den USA darin, daß so viele – ausgenommen Schwarze und lange Zeit auch Frauen – so früh formal in den Genuß bürgerlicher Rechte gekommen waren.

In Europa kam es zu einem beunruhigenden Paradoxon: Sobald die demokratischen Sozialisten staatsbürgerlichen Rechten zur Durchsetzung verholfen hatten, erhoben dem entgegengesetzte Vorstellungen von Politik in Gestalt des autoritären Nationalismus und seines leiblichen Sprosses, des Faschismus, Anspruch auf die Loyalität von Teilen der neuen Wählerschaft. Allerdings waren die USA gewiß auch nicht frei von einem fanatischen Nationalismus und von Rassismus, die beide beträchtliche Wirkungen auf die Wählerschaft ausübten.

Bis zu welchem Grad birgt eine entwickelte Konzeption bürgerlicher Rechte wirtschaftliche und soziale Rechte? 1944 schlug Franklin D. Roosevelt eine ökonomische »Bill of Rights« vor. In der Folge davon erreichte die Gewerkschaftsbewegung zwar keine Rechte, aber Sozialleistungen – die sie allerdings in jüngster Zeit wieder verloren hat. Das politische Bewußtsein der USA ist momentan sonderbar vergeßlich. In den europäischen Ländern herrscht – aus sozial-christlichen wie sozialistischen Ideen resultierend – ein breiteres Verständnis der staatsbürgerlichen Rechte und Pflichten.

Die demokratischen Sozialisten akzeptierten das Prozedere und die moralische Substanz der parlamentarischen Demokratie und eroberten damit einen Platz in der Gesellschaft. Dieser war jedoch fest umrissen. Der Staat war ein unverzichtbares Instrument, gehörte ihnen aber keineswegs allein. Neben und manchmal auch gegen den parlamentarischen Sozialismus wurden andere Ideen gesetzt: direkte Demokratie und Arbeiterräte. In Großbritannien gab es den Gildensozialismus, in Italien und Spanien den Anarchismus, und die Bewegungen in den sechziger Jahren entwickelten Forderungen nach einer partizipativen Demokratie in einer Vielzahl von sozialen Institutionen. Nichts von alledem war so dauerhaft oder effektiv wie die Verbindung zwischen dem Korporatismus und der Politik der Interessengruppen im europäischen Sozialismus oder in der reformistischen Praxis der amerikanischen Demokraten.

Damit stehen wir vor unserem momentanen Problem: Im Wohlfahrtsstaat gibt es eine Kranken- und Rentenversicherung, ein Minimum an Einkommenssicherheit und, was die europäischen Länder betrifft, eine umfassende Arbeitsgesetzgebung. In seiner erweiterten Form beinhaltet der Wohlfahrtsstaat Wirtschaftsplanung und -steuerung, aktive staatliche Eingriffe zur Organisation des Marktes und auch beträchtliche Investitionen in Kultur, Bildung und die soziale Infrastruktur. Ein kohärentes emanzipatorisches Projekt beinhaltet er definitiv nicht. Er geht von dem aus, was der Sozialismus eigentlich erst schaffen sollte: autonome und kritische Bürger. Mit dem philosophischen Liberalismus, dem sich der Sozialismus beständig annähert, hat er auf ein größeres progressives Projekt verzichtet. Wenn ich zeitgenössische liberale Argumente recht verstehe, wird davon ausgegangen, daß unsere Gesellschaften bereits den Fortschritt repräsentieren, auf den wir hoffen können. Die meisten Vordenker der Parteien der Sozialistischen Internationale und der Demokraten würden dem wohl zustimmen.

In die Defensive getrieben, trachten die sozialistischen Parteien des Westens danach, alte Dämonen auszutreiben, die sich in ihren Gesellschaften erneut regen: Rassismus und Fremdenfeindlichkeit. Auf internationaler Ebene sind sie diejenigen, die für die Menschenrechte eintreten, doch die sozialistischen und sozialdemokratischen Regierungen des Westens (die Niederlande und Schweden ausgenommen) tun sich kaum damit hervor, daß sie ein neues Verhältnis zu den verarmten Gebieten der Welt propagieren.

Das, was sie nun versprechen, ist nicht eine neugestaltete Welt, sondern eine, die leicht verbessert ist. Ihre Bescheidenheit scheint berechtigt. Vielleicht haben wir das universelle Zeitalter der bürgerlichen Rechte betreten oder auch nicht, aber wir haben es auf jeden Fall mit Abermillionen von scheinbar souveränen Konsumenten zu tun. In unseren Gesellschaften gibt es viele Arme, und so manche anderen bangen um ihr wirtschaftliches Auskommen. Sie beteiligen sich nicht an dem, was von der politischen Kultur des Progressivismus noch übrig ist. Berlusconi, Haider und Le Pen werden von vielen Arbeitern gewählt. In den USA drücken George Wallace und in jüngster Zeit Patrick Buchanan dieselbe regressive Reaktion aus.

Die sozialistischen Parteien Europas und die amerikanischen Demokraten sind überzeugend in ihrer Rolle als Verteidiger bedrohter Interessen, doch nicht als Initiatoren neuer wirtschaftlicher oder sozialer Projekte. Die Kontrolle, die das Kapital über die Massenmedien ausübt, beschneidet jedoch ihre Fähigkeit, selbst defensive Themen auf die politische Tagesordnung zu bringen. Verzweifelt bemühen sich die Parteien, mit einem Volk zu kommunizieren, für das sich die politische Aktivität auf die Stimmenabgabe beschränkt, wenn es das Wählen überhaupt noch für sinnvoll hält. Marx sagte, daß wir über den *citoyen* hinaus zum Menschen voranschreiten müßten. Zum momentanen Zeitpunkt ist die Frage eher, ob wir der staatsbürgerlichen Idee, das heißt dem Vermächtnis der amerikanischen und der Französischen Revolution und auch der Bewegung der Chartisten, zu neuer Geltung verhelfen können.[1]

Auf ihrem Parteitag vor der Wahl 1998 ersetzten die deutschen Sozialdemokraten ernsthafte Debatten durch ein inszeniertes Medienspektakel. Doch in der Regierung stellten sie fest, daß es nicht ausreicht, sich um sein Image zu kümmern. Sie werden wohl – hoffentlich bald – zur Einsicht gelangen, daß dies zum Zerfall demokratischer politischer Mechanismen beiträgt, und sich auf Inhalte konzentrieren. Es gibt genügend ernsthafte Probleme, um die sie – und auch alle anderen – sich kümmern müssen. Viele ehemalige oder potentielle Wähler der Sozialisten in Europa glauben, daß ihre Interessen von anderen Gruppierungen besser gewahrt würden. Eisenhower, Nixon und Reagan bezogen einen Teil ihrer Unterstützung aus dem Wählerstamm der Demokraten. Dauerhafte sozialistische Mehrheiten waren kein fester Bestandteil des europäischen sozialen Konsenses der jüngeren Zeit. Konservative Parteien, die sich von der Ideologie des Marktes distanzierten, Christdemokraten, Gaullisten oder die One-Nation-Torys brachten den Konsens ebensogut zustande wie die Sozialisten, wenn nicht sogar besser. Die italienische Linke hat es nur in Koalition mit den Linkskatholiken und den technokratischen Anwälten des modernen italienischen Kapitals geschafft, an die Regierung zu kommen, und ihre Position ist keineswegs gesichert. Bill Clintons soziale Programme setzen ein Bündnis mit einem Kapitalismus voraus, der so erfolgreich ist, daß er die Aufwendungen für eine minimale Umverteilung problemlos abschreiben kann.

Sind die europäischen Sozialisten und die Demokraten, die ihre Partei als Träger der Solidarität begreifen, ideologische Pensionäre, die aus dem intellektuellen und moralischen Kapital dessen schöpfen, was einst eine große transatlantische Bewegung war? Blair und Clinton, zu denen sich später auch Schröder gesellte, behaupteten dies und erklärten, sie würden ihre Parteien von dem Ballast der Vergangenheit befreien. In einer Kampagne, in der sie sich als kühne Innovatoren und gleichzeitig als treue Diener der historischen Zwänge darstellten, formulierten sie die Doktrin des Dritten Weges.

Der Dritte Weg vermeidet die politische Kontrolle und die Steuerung der Wirtschaft. Er definiert den demokratischen Staat neu als einen gelegentlichen Mittler zwischen den Anforderungen der wirtschaftlichen Effizienz und den Forderungen nach sozialer Gerechtigkeit, spricht ihm aber das Recht ab, für ein Gemeinwohl zu stehen. Der Dritte Weg legt das Gemeinwohl in die Hände der Zivilgesellschaft, die überall zu finden ist – Kirchen, Nachbarschaftshilfen, Gemeinschaften, freiwillige Zusammenschlüsse. Sie ist aber auch nirgends zu finden: Nichts soll die Souveränität des Marktes in Frage stellen. Die Rolle des Staatsbürgers soll in der individuellen Ausübung wirtschaftlicher und sozialer Verantwortung bestehen. Die Funktionen des Wohlfahrtsstaates sollen nach und nach privatisiert werden. Der Dritte Weg sagt nichts darüber, worin eine demokratische Kultur bestehen könnte, abgesehen davon, daß man sich in einer gemeinsamen Sprache verständigt, die Bertelsmann, Murdoch und Time Warner vorgeben. Er nimmt das Ende der wirtschaftlichen Selbstbestimmung der Nationen hin und überläßt die globale Wirtschaft den internationalen Banken und multinationalen Konzernen.

Ursprünglich war der Dritte Weg eine Wahlkampfmaßnahme. Clinton wandte sich an die Wähler aus den Vorstädten, Blair an die Pendler in Südengland, Schröder an die deutsche Mittelschicht (die Neue Mitte). Ihre Wähler sollten für solche, die weniger fleißig oder weniger »verdienstvoll« waren, keine Steuern zahlen müssen. Sie machten aber auch dem Kapital in ihren Ländern ein Angebot: Wenn es sein finanzielles Engagement im Inland zurückziehe, solle es dies doch bitte diskret tun, auf keinen Fall während der Wahlen, und dafür wurde ihm die Deregulierung versprochen.

Diese Lehre ist von Intellektuellen ersonnen worden, die sich nicht allzusehr der kritischen Distanz verpflichtet fühlten. Doch ihre ursprünglichen Verfechter haben begonnen, die Richtung zu wechseln. Da die Wähler aus den amerikanischen Vorstädten nun Gelder für Bildung, Gesundheit und Verbraucherschutz fordern, erinnert sich die Demokratische Partei schwach an die Tugenden des New Deal. New Labour hat ein ausgesprochenes Old-Labour-Projekt zur Bekämpfung der Armut und Arbeitslosigkeit verkündet. Die deutschen Sozialdemokraten haben ihrem Kanzler klargemacht, daß sie lieber an den Traditionen ihrer Partei festhalten wollen. Zwar herrscht nach wie vor die Betonung wirtschaftlicher Zwänge vor, doch inzwischen wird, wenn auch schwach, von den gesellschaftlichen Möglichkeiten gesprochen.

Die sozialistische Bewegung in Europa wiederzubeleben und ein breites Bündnis für Sozialreformen in den USA zu schmieden ist weiterhin extrem schwierig, aber nicht unmöglich. Der politische und soziale Aktivismus, der früher ein Teil der amerikanischen Sozialreformbewegung und des europäischen Sozialismus war, ist nicht mehr vorhanden. Professionalisierte Führer und Funktionäre kontrollieren die Parteien und Gewerkschaften. Sie lenken die öffentlichen Interessengruppen in den USA und in Europa. Diese Organisationen sind keine staatsbürgerlichen Schulen mehr. Staatsbürger engagieren sich andernorts, und werden auch andernorts herangebildet. Gesellschaftlicher Aktivismus versetzte die Teilnehmer in die Lage, sich selbst zu bilden und mehr über ihre Mitbürger und ihre Gesellschaften zu erfahren.

Ein Großteil der heutigen Politik hat diese Unmittelbarkeit, diese Offenheit verloren und ist deshalb distanzierter und öder geworden. Andererseits findet sich eine Menge an Selbstaktivierung und Energie in den Neuen Sozialen Bewegungen, die sich mit einem außergewöhnlich breiten Spektrum an Themen beschäftigen. Manche artikulieren spezifische Interessen: Umweltschutz, Feminismus, verschiedene Arten der ethnischen und regionalen Mobilisierung. Andere verleihen Idealen oder der Solidarität ganz allgemein Ausdruck: Die weltweite Gewährung der Menschenrechte oder Maßnahmen, um Seuchen, Hungersnöten, Ausbeutung und Armut in der südlichen Hemisphäre ein Ende zu setzen, werden gefordert. Die sozialistischen Parteien Europas haben einen beträchtlichen Teil ihrer angestammten oder potentiellen Wähler an Gruppierungen wie die Grünen verloren, die diesen Bewegungen eine Heimat geboten haben. In den USA werden die Demokraten von einer völlig heterogenen Ansammlung (der Begriff *Koalition* ist hier kaum zutreffend) von Gruppen, Lobbies und Bewegungen unterstützt.

Die Probleme, die diese aufwerfen, haben keinen unmittelbar erkennbaren gemeinsamen Nenner. Sie sind gleichzeitig global und lokal, sozial und häufig individuell. Die Liste ließe sich noch lange fortsetzen, ohne daß ein gemeinsamer Kern erkennbar würde. Die Art und Weise, wie die Parteien diese Belange mit den bekannten Themen wirtschaftliche Effizienz und Gerechtigkeit verbunden haben, hat ebenfalls eine rein additive Logik. Die sozialistischen Parteien und die amerikanischen Demokraten können die von den Neuen Sozialen Bewegungen aufgeworfenen Themen kaum mit ihrem eigenen Vermächtnis wirtschaftlichen Denkens verbinden: Dieses Vermächtnis bedürfte selbst der Erneuerung.

Die Beteiligung der Umweltbewegung an den Regierungen mancher Länder ist zwar instruktiv, aber nicht gerade vielversprechend. Die Grünen haben es in der Koalition mit den Sozialdemokraten nicht verstanden, das Ende der Kernkraftwerke in Deutschland auch nur einen Tag vorzuziehen. Außerdem werden sie von der Neigung ihres Partners blockiert, für sämtliche Reformen die Zustimmung des Kapitals zu suchen. Den Grünen in der französischen Regierung machte weniger die Komplizenschaft der Sozialisten mit dem Kapital zu schaffen als vielmehr deren unauflösliche Verflechtung mit der technokratischen Elite. In Italien haben die Grünen festgestellt, daß sie ihre Ziele nicht auf dem üblichen italienischen Weg der »Verteilung

der Beute« würden verwirklichen können: Umweltprobleme sind einfach unteilbar. Auf kommunaler Ebene sind sie erfolgreicher. Der
grüne Bürgermeister Roms hat es zumindest verhindert, daß die Stadt
noch unbewohnbarer wurde. Die Umweltschützer in den USA können
in den demokratisch regierten Bundesstaaten, aber auch in der Bundesregierung gewisse Erfolge verbuchen. Trotz der anhaltenden Opposition einer ihnen nicht gewogenen Kongreßmehrheit ist es ihnen
gelungen, Mobilisierungen auf kommunaler Ebene, die um einzelne
Fragen herum gelangen, dazu zu benutzen, Präzedenzfälle zu ihren
Gunsten zu schaffen, wobei sich gelegentlich sogar spontane Koalitionen über Parteigrenzen hinweg bildeten.

Ob wir nun an das große erzieherische Experiment namens Demokratie denken oder an die Bemühungen der Umweltschützer, die
Zerstörung unseres Planeten abzuwenden – das vorrangige Problem
ist nach wie vor die Vorherrschaft des Kapitals. Tiefgehende, vielleicht
sogar tiefergehende Fragen, wie etwa die Beziehungen der Geschlech-
ter, haben ihre eigene innere Struktur und können nicht auf ökonomische Dimensionen reduziert werden, doch sie lassen sich auch
nicht von ihnen trennen. Die Prozesse, in deren Verlauf Männer lernen, auf die unverdienten Gewinne, die sie aus ihrer ererbten Macht
ziehen, zu verzichten, sind in wirtschaftlich sicheren Verhältnissen
möglicherweise weniger schmerzlich.

Die Ausdehnung des Kapitalismus auf die ganze Welt schließt jede
Sicherheit aus. Die Unabhängigkeit des Finanzkapitals, die unablässige
Suche nach billigeren Arbeitskräften und neuen Märkten, die Umwandlung von Wissenschaft und Technologie in Unternehmenseigen-
tum verifizieren die Vorhersagen von Marx. Eines sah Marx jedoch
nicht voraus: daß die politische Organisation des Kapitalismus der Aufgabe der Aufrechterhaltung der Herrschaft gewachsen sein würde. Die
Fähigkeit nationaler Gesellschaften, ja jeglicher politischen Organisation, den Kapitalismus zu regulieren, schwindet unablässig. Wer glaubt
heute noch, die Konzentration des Kapitals sei der Königsweg zum Sozialismus? Dennoch gibt es strategische Öffnungen für einen Gegenangriff
auf die Allmacht des Marktes. Finanzielle Transaktionen können gelenkt und besteuert werden, Investitionen können in sozial produktive
Projekte geleitet werden, die Arbeiter können besser ausgebildet werden
und ein gewisses Maß an Kontrolle in den Betrieben ausüben, in denen
sie arbeiten, die Nützlichkeit eines autonomen öffentlichen Sektors kann
verteidigt werden – nicht zuletzt aus Gründen der sozialen Effizienz.

Dafür werden völlig neue Vorstellungen von Karriere und Arbeit, von der Beziehung zwischen Lebenszeit-Einkommen und Beschäftigung benötigt. Ansatzweise hat dieser Prozeß bereits seinen Anfang genommen (im Kernland des Kapitalismus, den USA, gibt es heute eine negative Einkommensteuer). Doch solange die Reformer nicht die konventionellen Vorstellungen der jüngsten Vergangenheit aufgeben – eine strikte Abgrenzung der Erwerbstätigkeit von anderen Aktivitäten, eingeschränkte Vorstellungen davon, welche Arbeit einer Entlohnung würdig ist –, werden sie diese Probleme als von den Produktionsprozessen getrennt und zum Bereich der Wohlfahrt gehörend interpretieren.

Die Krise des Wohlfahrtsstaates in den fortgeschrittenen industriellen Demokratien ist durchaus real, aber es ist nicht nur eine Krise der demographischen Strukturen, der moralischen Solidarität, der sozialen Verantwortlichkeit, sondern auch eine Krise der Ideen. Die Neuorganisation der medizinischen Versorgung, von Renten und wohlfahrtsstaatlichen Dienstleistungen, ihre Anpassung an die differenzierten Bedürfnisse der heutigen Zeit und die Integration kommunaler, lokaler und familiärer Mitbestimmung in die Verwaltung der Dienstleistungen sind Aufgaben, die mit einer enggefaßten Kosten-Nutzen-Analyse nicht zu lösen sind. Diese Aktivitäten sind mehr als nur schmückendes Beiwerk, sie sind ein fester Bestandteil der Volkswirtschaft. Wenn man sie separat angeht, wird die intellektuell unhaltbare Unterscheidung zwischen produktiven und nichtproduktiven Aktivitäten bestärkt, die die Grundlage eines Großteils des konventionellen ökonomischen Gedankenguts bildet. Neue Kategorien und Strukturen ökonomischen Denkens sind notwendig, wenn Dinge, die momentan unter der Rubrik »Humankapital« abgehandelt werden, einen zentralen Stellenwert in unserem Denken einnehmen sollen.

Die Internationalisierung ist zu einem immensen Hindernis für die Entwicklung effektiver demokratischer Entscheidungen in nationalen wirtschaftlichen Belangen geworden. Kapitalflucht ist nichts Neues, doch heute wird sie als Suche nach Investitionsmöglichkeiten gerechtfertigt. Dies umfaßt so unterschiedliche Sachverhalte wie die Ausplünderung Rußlands durch Gangster, die sich ihren eigenen Reim auf den Markt machen, und die Drohung deutscher Unternehmen, das Land zu verlassen, wenn die Sozialdemokraten nicht Steuern und Sozialabgaben senken, oder die Verlegung der Produktion amerikanischer Großbetriebe nach Mexiko. Der Transfer von Souveränitätsrechten an die Welthandelsorganisation (WHO) hat organisierte Proteste hervorgerufen und zur Bildung einer internationalen Bewegung geführt, die verschiedene Segmente des politischen Spektrums vereinen könnte. Moralisch inspirierte Interessenverbände wie die Kirchen und andere Organisationen, die sich mit den Ausgebeuteten und Armen solidarisieren, widersetzen sich Seite an Seite mit Verbraucherschutz- und Umweltgruppen, Bauern, kleinen Betrieben und Gewerkschaften dem internationalen Kapital. Um sich zu verteidigen, stellen sich die internationalen Banker und Spekulanten, die Beamten des IWF und die diversen Akademiker, Bürokraten, Politiker und Publizisten in ihrem Gefolge als Wohltäter der Armen dar. Seitdem der von Claude Rains dargestellte französische Polizist in *Casablanca* erklärte, er sei schockiert, daß in Rick's Bar um Geld gespielt würde, hat es keine überzeugender vorgetragene Behauptung gegeben. Allmählich bröckelt der Volksglaube, daß die Welt nun einmal so ist, wie sie ist, und gar nicht anders sein könne.

Die Hindernisse sind ziemlich groß. Gruppen, Parteien und Gewerkschaften fällt es schwer, innenpolitische Reformbündnisse zu schließen, und es wird ihnen noch schwerer fallen, sich über die nationalen Grenzen hinweg mit Verbündeten zusammenzufinden. Selbst in der relativ homogenen politischen Kultur der EU haben die Sozialisten bei der Formulierung einer Sozialcharta nur bescheidene Erfolge erzielt. Als Präsident der EU-Kommission vermochte es der Sozialist Jacques Delors nicht, die europäischen Regierungen dazu zu bewegen, sein Projekt umfangreicher sozialer Investitionen zur Überwindung der Arbeitslosigkeit umzusetzen. Daß die europäischen Sozialisten auf ambivalente Weise, doch schließlich resigniert die Wirtschaftspolitik der europäischen Befürworter der Deregulierung und des Monetarismus hingenommen haben und die Politik der Zentralbanker nur halbherzig in Frage stellten, hat ihre Wahlchancen gemindert. In den Ländern, in denen die Sozialisten relativ gut abschnitten, etwa in Frankreich, Portugal oder Schweden, koalierten sie mit Gruppierungen links von ihnen, die ihre Kritik an der Vorherrschaft des Marktes klarer äußerten.

Auf das Argument, die Sozialabgaben in den westlichen Nationen seien zu hoch und die Reallöhne müßten gesenkt werden, gibt es Antworten auf der Basis kurzfristiger wie auch langfristiger Erwägungen. Auf lange Sicht gesehen könnte eine weltweite Sozialcharta eingeführt werden mit Klauseln ähnlich denen, die die amerikanischen

Gewerkschaften vergeblich bemüht waren, dem North American Free Trade Agreement NAFTA hinzuzufügen. Dann würde der Internationalismus es als seine Aufgabe sehen, den Lebensstandard der höchstbezahlten Arbeiter der Welt zu verteidigen, aber auch die Rechte der niedrigstbezahlten Arbeiter auf anständige und steigende Mindestlöhne zu fördern. Menschenrechte, etwa das Recht, unabhängige Gewerkschaften zu organisieren, haben auch eine wirtschaftliche Bedeutung.

Diese Form der Verteidigung würde jedoch unweigerlich nur rudimentär und sogar rückschrittlich sein, solange sie nicht in eine neue soziale Analyse eingebunden würde. Wir zahlen nun (auf beiden Seiten des Atlantik) den Preis dafür, daß sich die amerikanischen Demokraten wie auch die europäischen Sozialisten einseitig darauf konzentriert haben, ihre Wählerschaft in eine Konsumdemokratie zu führen. Die pädagogische Dimension der amerikanischen Sozialreform und des europäischen Sozialismus ist vernachlässigt worden; die Herausbildung von Staatsbürgern ist größtenteils ebenfalls vernachlässigt und anderen Institutionen überlassen worden, die nicht alle hehre Motive haben. Das, womit sich viele Intellektuelle in jüngster Zeit beschäftigen, trägt nicht gerade zum Ansehen dessen bei, was ich angesichts seiner hermetischen Natur nur als unsere Zunft bezeichnen kann. Zweifellos sind Diskussionen über Identitätspolitik oder die Methodologie der Dekonstruktion wertvoll. Doch dieser Wert verschwindet völlig hinter der Abseitigkeit, Ritualisierung und gänzlichen Trivialisierung dieser Erörterungen. Daß einige Intellektuelle in jüngster Zeit von früheren gesellschaftspolitischen Überlegungen Abstand nehmen, ist auf die intrinsische Schwierigkeit der Aufgabe zurückzuführen, die Demokratie neu zu denken. Auf welche metahistorische Basis sollen wir uns stützen, nun, da der Fortschrittsglaube verschwunden ist? Welche Vorstellungen von Solidarität können an die Stelle der defensiven, aber gleichzeitig intensivierten Forderungen treten, die sich auf Kultur, Geschlecht, Nation oder Rasse berufen? Welche Plausibilität kann die Gewährung und Ausübung staatsbürgerlicher Rechte haben, wenn Gesellschaften so komplex und differenziert sind? Und vor allen Dingen: Wer kann angesichts der Fehlschläge des 20. Jahrhunderts noch ernsthaft an ein Projekt der Emanzipation glauben? Der übliche Einwand – wir sollten bescheidener werden – versiegelt nur die ausgesprochen widersprüchlichen Ergebnisse der letzten Jahrzehnte. Wir haben es mit der Bescheidenheit versucht. Mehr Phantasie wäre vonnöten: die Phantasie, nicht uns selbst neu

zu erfinden, sondern die moralischen Quellen der Tradition zu überdenken, die uns früher einmal geadelt hat. Ohne moralische Energie
sind wir kaum in der Lage, neu zu denken, und verfallen in eine
Resignation, die sich nur schlecht mit dem tarnt, was sie ganz sicher
nicht ist: *sagesse*.

Vielleicht konzentrieren wir uns auf drei Themen: die politische
Kontrolle des Marktes, eine Neudefinition der Arbeit und staatsbür-
gerliche Erziehung. Verschiedene Elemente der politischen und sozialen Traditionen der westlichen Gesellschaften könnten als Ansatz-
punkte für neue Reformprogramme dienen.

Pauschale Argumente zur Arbeitsteilung zwischen Markt und Staat,
dem privaten und dem öffentlichen Sektor haben einen nur sehr
begrenzten Wert. Es gibt Bereiche, in denen selbst diejenigen unserer
Mitbürger, die nur sehr wenig nachdenken, merken, daß die Anwendung der Kriterien des Marktes moralisch zweifelhaft ist – zum Beispiel im Gesundheitswesen. Es gibt Bereiche, in denen die öffentliche
Förderung unternehmerischer Initiative völlig legitim ist – zum Beispiel auf den diversen Feldern technologischer Innovation. Aber eine
Gesellschaft ist kein Markt, und Bürger sind keine Kostenfaktoren.

Unsere Gesellschaften sind überfällig für die Wiederaufnahme einer
öffentlichen Diskussion, welche wirtschaftlichen und sozialen Rechte
mit dem Status eines Bürgers verbunden sind. Gibt es bestimmte Min-
deststandards, die Regierungen gewährleisten sollten? Das deutsche
Bundesverfassungsgericht stellte vor kurzem klar, daß es der Regierung
obliegt, bundesweit gleiche Lebensbedingungen zu garantieren. Im
Gegensatz dazu wies die gegenwärtige Mehrheit im amerikanischen
Senat darauf hin, daß sie die Berufung eines meiner Kollegen an ein
Appellationsgericht nicht dulden würde. Er hatte in einer juristischen
Fachzeitschrift bemerkt, daß es die Pflicht der Regierung sei, vor Krankheit und Hunger zu schützen.[2] De facto aber gibt unsere Regierung solche Garantien. Letztendlich könnte ihre Verankerung in der amerikanischen Verfassung die Debatte vielleicht auf ein Niveau heben, auf dem
die schrittweise Verwirklichung sozialer Rechte funktionieren könnte.

Zwischenzeitlich haben es einige spezielle Bereiche verdient, näher
untersucht zu werden: Daß mehrere Zentralbanken (einschließlich
der neuen Zentralbank der EU) der politischen Kontrolle entzogen
wurden, könnte überdacht werden. Wenn die europäischen Regierungen dies nicht tun, könnten sie, wenn auch unbeabsichtigt, ihre
Wähler dazu bringen, Schritte hin zu einer weiteren Integration abzu-

lehnen. Was die USA angeht, so läßt sich in keiner Weise die außergewöhnlich große Macht des Federal Reserve Board rechtfertigen, weder
auf der Basis demokratietheoretischer Überlegungen noch auf der Basis
sozialer Vernunft. Ein Schritt hin zur Kontrolle der internationalen
Finanzmärkte könnte eine Transaktionssteuer für Währungsgeschäfte
sein, die James Tobin vorgeschlagen hat; mit deren Erträgen könnten
dann Investitionen in den ärmsten Ländern finanziert werden.

Sollen jedoch finanzielle Institutionen stringenter kontrolliert werden, müßte die grundlegende Frage nach den politischen Mechanismen der Allokation von Investitionen neu überdacht werden. In Europa
wurden staatlichen Unternehmen wichtige Rollen zugewiesen, mit
gestaffelten Zinssätzen ist experimentiert worden und es wurden vielfältige Maßnahmen im Rahmen einer aktiven Industriepolitik getroffen. In den USA sind ähnliche Maßnahmen passenderweise oft in der
Rubrik Verteidigungspolitik versteckt worden. Mittlerweile besitzt die
Regierung einen substantiellen Teil des Landes.

Die Diskussion über die Investition eines Teils der Gelder der Social
Security im privaten Sektor hat zu neuen Möglichkeiten für eine
Teilnahme der Öffentlichkeit am Marktgeschehen geführt. An diesem
Punkt sollte man vielleicht bemerken, daß die Finanzbranche momentan schwankt zwischen ihrer Freude angesichts der Aussicht auf
zusätzliche Geschäfte in Milliardenhöhe und ihrer Furcht vor einer
öffentlichen Kontrolle.

Ein zentrales Element der transatlantischen Diskussion, daß exten-
sive und intensive Arbeitnehmerrechte angeblich obsolet (und schädlich) wären, ist die mechanische, ja ritualisierte Klage über die Arbeits-
kosten. Erheblich weniger erfahren wir über die sozialen Kosten, die
eine schlechtbezahlte Arbeiterschaft mit sich bringt. Offenbar müssen wir unsere Vorstellungen über Volkseinkommen, unsere Kriterien
für Produktivität und die Idee der Arbeit an sich neu überdenken.
Ersetzen technologische Investitionen die menschliche Arbeit, dann
hat eine Gesellschaft um so weniger Arbeit (nach konventionellen
Kriterien) anzubieten, je reicher sie ist. Eine systematische Verkürzung
der Arbeitszeiten, eine Aufteilung der vorhandenen Arbeit und alternative Vorstellungen beruflicher Karrieren könnte eine adäquate Antwort darauf sein. Es gibt eine immense Bandbreite menschlicher
Betätigung, die systematisch aus der Kategorie Arbeit ausgeschlossen
sind – etwa Aktivitäten innerhalb der Familie oder der Kommune –,
und andere sind momentan systematisch unterbewertet.

Will man Arbeit neu überdenken, muß man unweigerlich unser Verständnis von dem Verhältnis zwischen Arbeit und Einkommen kritisch betrachten. Es gibt keine starre oder natürliche Ordnung der Dinge: Innerhalb des westlichen Kapitalismus gibt es beträchtliche Unterschiede bei der Einkommensverteilung (und natürlich auch bei der Vermögensverteilung). Wir müssen uns also wieder die Frage stellen, ob wir gesellschaftlich vereinbarte Minima als moralische Rechtfertigung für die Kontrolle des Marktes wollen.

Ich habe die sozialistischen Parteien Europas und die um Reformen bemühten Fraktionen in den USA kritisiert, weil sie sich zu sehr um die Steigerung des Lebensstandards und zu wenig um die gesellschaftliche und moralische Erziehung gekümmert haben. Den christlichsozialen Bewegungen muß man zumindest zugute halten, daß sie ein höheres Maß an Bewußtsein für die dadurch verursachten aktuellen und potentiellen Probleme besitzen. Heutzutage, wo bezweifelt wird, daß es weiterhin zu anhaltenden materiellen Verbesserungen kommen wird, fehlen die intellektuellen Ressourcen, mit denen die Öffentlichkeit ihre Lage überdenken könnte; genaugenommen sind auch diese Ressourcen in der Gesellschaft zu ungleichmäßig verteilt. Es gibt auch Unterschiede zwischen den Gesellschaften bezüglich der Mittel, die den Öffentlichkeiten zur Verfügung stehen, um an der Debatte über die Zukunft teilzunehmen. Im allgemeinen stellen Gewerkschaften oder reformerisch gesinnte Gruppierungen dort, wo sie noch stark sind, Anziehungspunkte dar für einige der Intellektuellen der Gesellschaft. In der Europäischen Union ist der akademische, literarische und journalistische Widerstand gegen die Transformation der gesamten Kultur und Gesellschaft in einen Markt stärker spürbar als in den USA. Dies hat weniger mit einer größeren Voraussicht der Europäer zu tun als mit ihrer Öffentlichkeit.

Auf keinen Fall aber ist die Vorstellung, daß die Aufgabe des Denkens gebildeten Eliten überlassen werden soll und daß der Mehrheit der Bürgerschaft nur eine gelegentliche plebiszitäre Rolle zusteht, mit irgendeinem Verständnis von liberaler Demokratie vereinbar. Wir kommen wieder auf jene Erziehungsfragen zurück, die John Stuart Mill, Matthew Arnold und später John Dewey beschäftigt haben. Unter Erziehung kann man sehr Unterschiedliches verstehen. Im täglichen Kontakt mit Studenten an der Spitze des amerikanischen Bildungssystems fällt mir immer wieder ihr mangelnder Sinn für historische Kontinuität auf. Die Enkel und Urenkel des New Deal haben meist keine klaren Vorstellungen von dieser Zeit. Ähnlichen Phänomenen bin ich auch in Westeuropa begegnet. Wie in den USA hat auch dort die familiäre Vermittlung sozialer Erfahrungen weniger Gewicht als Kino und Fernsehen. Diskussionen über die Kontrolle, den Inhalt und die Qualität der Massenmedien sind also auch Diskussionen über die Orte, an denen Erziehung heutzutage stattfindet. Die Konzentration der Besitzverhältnisse und die Homogenisierung der Inhalte stellen zusammen mit der Vulgarisierung der Medien eine große Bedrohung für die Demokratie dar. Eine Möglichkeit, diesen Tendenzen entgegenzuwirken, bestünde darin, die Chancen von lokalen und in gemeinschaftlichem Besitz befindlichen Medien zu erhöhen – neben Medien, die von ihren Mitarbeitern besessen und geleitet werden.

Nichts weist wirklich darauf hin, daß die neuen Medien zu einer Demokratisierung der öffentlichen Meinung beigetragen haben, einiges aber darauf, daß die Kommunikation via Computer die Fragmentierung der Öffentlichkeit, das Verhaftetsein einzelner und Gruppen in ihren persönlichen Ideologien verstärkt hat. Die Geschwindigkeit, mit der ein neues Zeitalter der Aufklärung als Folge der Ausbreitung des Internet verkündet worden ist, ist weniger auf die Anerkennung eines historischen Wandels zurückzuführen als vielmehr auf das unstillbare Verlangen nach Beruhigung, das unsere Gesellschaft hat – und auf ihre Anfälligkeit für intellektuellen Betrug.

Der Markt der Rechtfertigungen ist die einzig sichere Wachstumsbranche. Man denke an das Argument, daß die neuen, von Diskontinuitäten geprägten Beschäftigungsverhältnisse individualisierte Sozialleistungen und Sozialversicherungen notwendig machen. Das ist zwar richtig, doch daraus folgt keineswegs, daß diese privatisiert werden sollten. Eine Gesellschaft, die mit den Folgen rapiden technologischen Wandels zu kämpfen hat (und für konjunkturelle Schwankungen anfällig ist) braucht mehr, nicht weniger, vergesellschaftete Alternativen zum gewerbsmäßigen Verkauf von Krankenversicherungen, vor dem Veralten intellektueller und technischer Fähigkeiten und vor Arbeitslosigkeit, die die kapitalistische Unternehmensform selbst verursacht.

Diskussionen über diese Alternativen, über neue Formen der Kooperation von öffentlichem und privatem Sektor in der Produktion von Waren und Dienstleistungen, über eine neue Grenzziehung zwischen dem öffentlichen Raum und der Privatsphäre sind eine Form demokratischer Erziehung. Erziehung zur Demokratie durch ihre Ausübung ist genau die Art von Experimentalismus, die John Dewey vor Augen hatte, als er versuchte, der politischen Tradition der USA eine universelle Bedeutung zuzuweisen. Die moderne Demokratie mit ihren staatsbürgerlichen Rechten und Pflichten bildete sich heraus und wurde gefestigt, als der moderne Nationalstaat historisch Gestalt annahm.

Der Internationalismus, die Ausübung von Solidarität über nationale Grenzen hinweg, hat bislang darin bestanden, in einem nationalen Umfeld entstandene Ideen und Institutionen international auszudehnen. Die Umgestaltung der Welt zu einem riesigen Markt ist ein neuer politischer Kontext. Christlich-soziale Vorstellungen von Gemeinschaft und Solidarität, radikaldemokratische Vorstellungen von staatsbürgerlichen Rechten und Pflichten, sozialistische Projekte der Unterordnung der Wirtschaft unter die Bedürfnisse der Menschen sind – wenn auch nur teilweise – auf nationaler Ebene verwirklicht worden.

Die Aufgabe, Mittel und Zweck der Demokratie angesichts der Tatsache, daß ökonomische Prozesse ihre jeweilige nationale Form untergraben, neu zu überdenken, konfrontiert die heutigen Intellektuellen mit der unbequemen Realität ihrer Lage. Die Intellektuellen, die früher für bestimmte Anliegen eintraten, die Bewegungen verbunden waren und sich an die Öffentlichkeit wandten, müssen heute zu fragmentierten kulturellen Märkten sprechen oder ihren Arbeitgebern gehorchen. Die extreme Aufsplitterung intellektueller Tätigkeit in den Universitäten und die Art und Weise der Aneignung ihrer Arbeit durch Technokraten tun ein übriges. Seit dem 18. Jahrhundert standen originäre Ideen in einer engen, deutlich erkennbaren Beziehung zu den Forderungen der Öffentlichkeit nach Aufklärung.

Wir stoßen auf einen beunruhigenden Teufelskreis. Solange nicht eine Vielzahl von Bürgern in den Demokratien nach neuen Ideen, neuen Formen von Politik suchen, werden sich diese nicht herausbilden. Eine passive, resignierte Gesellschaft könnte jedoch unter plötzlich auftretenden Spannungen und Bedrohungen nachgeben – und auf eine Politik des Ressentiments oder etwas noch Schlimmerem zurückfallen. Politische Mobilisierung ist nicht an sich schon gut. Hier bietet sich eine Gelegenheit für eine authentische demokratische Führung, die sich an die Worte Eugene Debs' erinnern sollte, als er erklärte, er könne das amerikanische Volk nicht in das Gelobte Land führen. Würde er dies tun, so würde es ein anderer vielleicht bald wieder herausführen. Kein Gelobtes Land, aber ein Terrain des Dialogs und des Experiments gilt es zu kultivieren, um die ungeheuer fragile und fragwürdige Ordnung unserer Gesellschaften zu ersetzen.

Anmerkungen

1 Einleitung

1 Mary Wollstonecraft: *Ein Plädoyer für die Rechte der Frau*, Weimar 1999.
2 Isaac Deutscher: *Der verstoßene Prophet: 1929–1940*, Stuttgart 1963.
3 Eric Hobsbawm und Terence Ranger, Hrsg.: *The Invention of Tradition*, Cambridge (England) 1983.
4 Max Weber: *Die protestantische Ethik und der »Geist« des Kapitalismus.* Textausgabe auf der Grundlage der 1. Fassung von 1904/05 mit einem Verzeichnis der wichtigsten Zusätze und Veränderungen aus der 2. Fassung von 1920, Bodenheim 1993.
5 Basil Davidson: *Africa in Modern History: The Search for a New Society*, London 1978; V. Y. Mudimbe: *The surreptitious Speech*, Chicago 1992.
6 Sir John Maynard: *Russia in Flux*, New York 1948.
7 Karl Kautsky: *Vorläufer des neueren Sozialismus*, Hannover 1968–1969.
8 Friedrich Engels: *Der Deutsche Bauernkrieg*, Berlin 1908; Karl Marx: *Über die Religion*, Berlin 1958.
9 Bertolt Brecht: *Leben des Galilei*, Frankfurt a. M. 1998; Fjodor M. Dostojewski: *Die Brüder Karamasow*, Wien 1930.
10 A. S. P. Woodhouse, Hrsg.: *Puritanism and Liberty*, Cambridge 1970.
11 Karl Marx: *Zur Kritik der Hegelschen Rechtsphilosophie*, Leipzig 1986.
12 Tom Bottomore, Hrsg.: *A Dictionary of Marxist Thought*, Cambridge (Mass.) 1983; George Lichtheim: *Marxism: A Historical and Critical Study*, New York 1964.
13 François Furet und Mona Ozouf, Hrsg.: *Kritisches Wörterbuch der Französischen Revolution*, Frankfurt a. M. 1996.
14 Mary Trevelyan: *William Wordsworth, a Biography*, Oxford 1957–1965.
15 Friedrich Schiller: *Über die ästhetische Erziehung des Menschen in einer Reihe von Briefen.* Hrsg.: Klaus Berghahn, Stuttgart 2000.
16 Karl Kautsky: *Die Diktatur des Proletariats*, Wien 1918; Ann Arbor (Mich.) 1964; Robert Tucker, Hrsg.: *The Lenin Anthology*, New York 1975.
17 Harold W. Wardman: *Ernest Renan: A Critical Biography*, London 1964.
18 Karl Marx: *Briefe*, Berlin 1963.
19 U. S. Catholic Conference, Hrsg.: *Contemporary Catholic Social Teaching* (enthält den Wortlaut von *Rerum novarum: On the Condition of Workers, Quadragesimo anno: On Reconstructing the Social Order*), Washington D.C. 1991; U.S. Catholic Conference, Hrsg.: Pope John Paul II.: *On the*

Hundreth Anniversary of Rerum novarum: Centesimus annus, Washington D.C. 1991; U.S. Catholic Conference, Hrsg.: John Paul II.: *Laborem exercens: On Human Work*, Washington D.C. 1981; U.S. Catholic Conference, Hrsg.: John Paul II.: *Sollicitudo rei socialis: The Twentieth Anniversary of Populorum progressio*, Washington D.C. 1988; Henri Desroche: *Jacob and the Angel: An Essay in Sociologies of Religion*, Amerherst (Mass.) 1973.

20 Eric de Bodman: *Changer les Relations sociales: La politique de Delors*, Paris 1976.

21 Arno J. Mayer: *Der Krieg als Kreuzzug. Das deutsche Reich, Hitlers Wehrmacht und die Endlösung*, Reinbek 1989.

22 Arthur Mitzman: *The Iron Cage: A Historical Interpretation of Max Weber*, New York 1971; Max Weber: *Gesammelte Aufsätze zur Soziologie und Sozialpolitik*, Tübingen 1924.

23 H. Richard Niebuhr: *The Social Sources of Denominationalism*, Hamden (Conn.) 1954; Ernst Troeltsch: *Die Soziallehren der christlichen Kirchen und Gruppen*, Tübingen 1924.

24 Norman F. Cantor: *The Sacred Chain: The History of the Jews*, New York 1994.

25 Jerrold Seigel: *Marx's Fate: The Shape of a Life*, Princeton (N.J.) 1978.

26 Shlomo Avineri: *Profile des Zionimus: Die geistigen Ursprünge des Staates Israel*, Gütersloh 1998; Benjamin Ginsberg: *The Fatal Embrace: Jews and the State*, Chicago 1993; Jacob Katz: *Vom Vorurteil bis zur Vernichtung: Der Antisemitismus 1700–1933*, München 1989; H. Richard Niebuhr: *Der Gedanke des Gottesreichs im amerikanischen Christentum*, New York 1948; Cushing Strout: *The New Heavens and the New Earth: Political Religion in America*, New York 1973.

2 Die ersten Kämpfe

1 Eric Hobsbawm: *Nationen und Nationalismus: Mythos und Realität seit 1870*, Frankfurt a. M. 1991.

2 Charles Darwin: *The Darwin Reader*, New York 1990.

3 Jacob Katz: *Vom Vorurteil bis zur Vernichtung: Der Antisemitismus 1700 bis 1933*, München 1989.

4 Robert Michels: *Zur Soziologie des Parteiwesens in der modernen Demokratie: Untersuchungen über die oligarchischen Tendenzen des Gruppenlebens*, Leipzig 1911.

5 Marianne Weber: *Max Weber. Ein Lebensbild*, 4. Aufl., München 1989.

6 Ann Douglas: *The Feminization of American Culture*, New York 1977; Donald Egbert und Stow Persons, Hrsg.: *Socialism and American Life*, Bd. 1 und 2, Princeton (N.J.) 1970–72; Philip Fisher: *Still the New World: American Literature in a Culture of Creative Destruction*, Cambridge (Mass.) 1999; Lawrence Goodwyn: *The Populist Moment: A Short History of the Agrarian Revolt in America*, New York 1978; Leo Marx: *The Machine in the Garden*, Neuaufl. New York 1999; Nell Irwin Painter: *Standing at Armageddon*, New York 1987; Frederick Jackson Turner: *Die Grenze: ihre Bedeutung in der amerikanischen Geschichte*, Bremen-Horn 1947.

7 James J. Hennesey: *American Catholics: A History of the Roman Catholic Community in the United States*, New York 1981; David O'Brien: *American Catholics and Social Reform: The New Deal Years*, New York 1968.

8 Louis Hartz: *The Liberal Tradition in America: An Interpretation of American Thought Since the Revolution*, San Diego 1991.

9 Daniel Ernst legte diese Meinung überzeugend 1998 in einem Gespräch im Georgetown University Law Center dar.

10 Alexander Hamilton, James Madison und John Hay: *The Federalist Papers*, Darmstadt 1993.

11 Nick Salvatore: *Eugene V. Debs: Citizen and Socialist*, Urbana (Ill.) 1982.

12 Robert Morse Crunden: *Ministers of Reform: The Progressives' Achievement in American Civilization, 1889–1920*, New York 1982; Richard Hofstadter: *The Age of Reform: From Bryan to F.D.R.*, New York 1955.

13 T.J. Jackson Lears: *No Place of Grace: Antimodernism and the Transformation of American Culture*, New York 1981; Daniel T. Rodgers: *Atlantic Crossings: Social Politics in a Progressive Age*, New York 1982; Alan Trachtenberg: *The Incorporation of America: Culture and Society in the Gilded Age*, New York 1982.

14 Frederic Jameson: *Postmodernism, or, The Cultural Logic of Late Capitalism*, Durham (N.C.) 1991; Andreas Huyssen: *After the Great Divide: Modernism, Mass Culture, Postmodernism*, Basingstoke (England) 1988; Harold Rosenberg: *Tradition of the New*, New York 1960.

15 Steven Marcus: *Engels, Manchester, and the Working Class*, New York 1974.

16 T.S. Eliot: *What Makes a Classic?*, London 1945.

17 Theodor W. Adorno: *Prismen*, Berlin 1955, 1963; Martin Jay: *Dialektische Phantasie: Die Geschichte der Frankfurter Schule und des Instituts für Sozialforschung 1923–1950*, Frankfurt a. M. 1976.

18 Nadezdhda Mandelstam: *Hope Against Hope*, New York 1999; Jane und William Taubman: *Moscow Spring*, New York 1989.

19 Carl Schmitt: *Der Begriff des Politischen*, Neuausgabe, Berlin 1963.

20 Wladimir Iljitsch Lenin: *Der Imperialismus als höchstes Stadium des Kapitalismus: gemeinverständliche Studie*, Wien 1930.

21 Wolfgang J. Mommsen: *Max Weber und die deutsche Politik 1820–1920*, Tübingen 1974.

22 Edward Bellamy: *Ein Rückblick aus dem Jahre 2000 auf 1887*, Magdeburg 1890.

3 Die Revolution in Rußland und ihre Folgen

1 Franz Borkenau: *The Communist International*, London 1938; Edward Hallet Carr: *Die Russische Revolution: Lenin und Stalin 1917–1929*, Stuttgart 1980; Stephen F. Cohen: *Bukharin and the Bolshevik Revolution: A Political Biography*, New York 1973; Orlando Figes: *Die Tragödie eines Volkes: Die Epoche der Russischen Revolution 1891–1924*, Berlin 1998; François Furet: *Das Ende der Illusion: Der Kommunismus im 20. Jahrhundert*, München 1996; Boris Souvarine: *Stalin: Anmerkungen zur Geschichte des Bolschewismus*, München 1980; Robert C. Tucker, Hrsg.: *Stalinism: Essays in Historical Interpretation*, New York 1977; Bertram David Wolfe: *Drei Männer, die die Welt erschütterten*, Wien 1948.

2 Isaac Deutscher: *Der verstoßene Prophet: Trotzki, 1929–1940*, Stuttgart 1963.

3 Benjamin Isadore Schwartz: *Chinese Communism and the Rise of Mao*, New York 1967.

4 Heinrich August Winkler: *Weimar 1918–1933: Die Geschichte der ersten deutschen Demokratie*, München 1993.

5 J. P. Nettl: *Rosa Luxemburg*, Frankfurt a. M. 1965.

6 Richard H. Crossman, Arthur Koestler, Hrsg.: *Ein Gott, der keiner war*, München 1962; Erik H. Erikson: *Kindheit und Gesellschaft*, Stuttgart 1965; Irving Howe: *The American Communist Party: A Critical History*, New York 1974; Annie Kriegel: *The French Communists: A Profile of a People*, Chicago 1972; Wolfgang Leonhard: *Die Revolution entläßt ihre Kinder*, Frankfurt a. M. 1967; Robert Jay Lifton: *Der Verlust des Todes: Über die Sterblichkeit des Menschen und die Fortdauer des Lebens*, München 1986.

7 Mark Mazower: *Der dunkle Kontinent: Europa im 20. Jahrhundert*, Berlin 2000; George L. Mosse: *The Fascist Revolution: Toward a General Theory of Fascism*, New York 1999; Stanley Payne: *Geschichte des Faschismus: Aufstieg und Fall einer europäischen Bewegung*, München 2001; Stev Sternhell: *Die Entstehung der faschistischen Ideologie: Von Sorel zu Mussolini*, Hamburg 1999.

8 Lewis Corey: *The Crisis of the Middle Class*, New York 1935; Rudolf Hilferding: *Das Finanzkapital: Eine Studie über die jüngste Entwicklung des Kapitalismus*, Wien 1910; John Strachey: *The Coming Struggle for Power*, London 1932.

9 Peter Baldwin: *The Politics of Social Solidarity: Class Bases of the European Welfare State 1875–1975*, New York 1990; Eric Hobsbawm: *Das Zeitalter der Extreme: Weltgeschichte des 20. Jahrhunderts*, München 1995; Donald Sassoon: *One Hundred Years of Socialism: The West European Left in the Twentieth Century*, London 1997.

10 Philippe Burrin: *La dérive fasciste: Doriot, Déat, Bergery, 1933–1945*, Paris 1986; Peter Dreier, Hrsg.: *A Documentary Study of Hendrik de Man, Socialist Critic of Marxism*, Princeton (N.J.) 1979; Robert Skidelsky: *Oswald Mosley*, New York 1975; Denis Mack Smith: *Mussolini: Eine Biographie*, München 1983.

11 Amintore Fanfani: *Catholicism, Protestantism, and Capitalism*, Notre Dame (Ind.) 1984. [*Cattolicismo e Protestantismo nella Formazione Storica del Capitalismo*, 1934, 2. Aufl. 1944.]

12 Karl Dietrich Bracher: *Die Deutsche Diktatur: Entstehung, Struktur, Folgen des Nationalismus*, Köln, Berlin 1969; Ian Kershaw: *Hitler*, Stuttgart 1998; Franz L. Neumann: *Struktur und Praxis des Nationalsozialismus 1933–1944*, Köln 1977; Ernst Nolte: *Der Faschismus in seiner Epoche. Die Action française. Der italienische Faschismus. Der Nationalismus*, München 1963.

13 Jacob Katz: *Vom Vorurteil bis zur Vernichtung: Der Antisemitismus 1700–1933*, München 1989.

14 Thomas Mann: *Doktor Faustus: Das Leben des deutschen Tonsetzers Adrian Leverkühn, erzählt von einem Freunde*, Frankfurt a. M. 1990.

15 Götz Aly: »*Endlösung«: Völkerverschiebung und der Mord an den europäischen Juden*, Frankfurt a. M. 1995; Michael Burleigh und Wolfgang Wippermann: *The Racial State: Germany, 1933–1945*, New York 1991; David Crew, Hrsg.: *Nazism and German Society, 1933–1945*, New York

1994; Robert J. Lifton: *Ärzte im Dritten Reich*, Stuttgart 1988; David Schoenbaum: *Die braune Revolution: Eine Sozialgeschichte des Dritten Reiches*, Köln 1968.

16 Karl Dietrich Bracher: *Die Deutsche Diktatur: Entstehung, Struktur, Folgen des Nationalsozialismus*, Köln, Berlin 1969; Joseph Goebbels: *Revolution der Deutschen, 14 Jahre Nationalsozialismus*, Oldenburg 1933.

17 Carl Schmitt: *Der Begriff des Politischen*, Neuausgabe. 1963.

18 Heinrich August Winkler: *Weimar 1918–1933: Die Geschichte der ersten deutschen Demokratie*, München 1993; Heinrich August Winkler: *Der Weg in die Katastrophe: Arbeiter und Arbeiterbewegung in der Weimarer Republik 1930–1933*, Berlin, Bonn 1987.

19 Wilhelm Reich: *Massenpsychologie des Faschismus*, Kopenhagen 1933; Wilhelm Reich: *Die sexuelle Revolution*, 7. Aufl. 1971; Paul Robinson: *The Freudian Left: Wilhelm Reich, Geza Roheim, Herbert Marcuse*, New York 1969.

20 Martin Jay: *Dialektische Phantasie: Die Geschichte der Frankfurter Schule und des Instituts für Sozialforschung 1923–1950*, Frankfurt a. M. 1976.

21 Erich Fromm: *Die Furcht vor der Freiheit*, Frankfurt a. M. 1945 und 1966.

22 Herbert Marcuse: *Triebstruktur und Gesellschaft: Ein philosophischer Beitrag zu Sigmund Freud*, Frankfurt a. M. 1965.

23 Sigmund Freud: *Das Unbehagen in der Kultur*, Bd. XIV der Ges. Werke, London 1940–1952.

24 David Kennedy: *Freedom From Fear: The American People in Depression and War, 1929–1945*, New York 1999.

25 Joyce Oldham Appleby: *Liberalism and Republicanism in the Historical Imagination*, Cambridge (Mass.) 1984.

26 Morton Horwitz: *The Transformation of American Laws, 1870–1960: The Crisis of Legal Orthodoxy*, New York 1992; Morton Gabriel White: *Social Thought in America: The Revolt Against Formalism*, New York 1949.

27 Melvyn Dubofsky: *We Shall Be All: A History of the Industrial Workers of the World*, Urbana (Ill.) 1988; Nelson Lichtenstein: *The Most Dangerous Man in Detroit: Walter Reuther and the Fate of American Labor*, New York 1995; David Montgomery: *The Fall of the House of Labor: The Workplace, the State, and American Labor Activism, 1865–1925*, New York 1987.

28 Nancy F. Cott: *The Grounding of Modern Feminism*, New Haven (Conn.) 1987; Christopher Lasch: *The New Radicalism in America, 1889–1963: The Intellectual as a Social Type*, New York 1965; Daniel T. Rodgers: *Atlantic Crossings: Social Politics in a Progressive Age*, Cambridge (Mass.) 1998.

29 Michael Hunt: *Ideology and U.S. Foreign Policy*, New Haven (Conn.) 1987; Ronald Steel: *Walter Lippmann and the American Century*, Boston 1980.

30 Harold Cruse: *The Crisis of the Negro Intellectual*, New York 1967; W. E. B. Du Bois: *The Souls of Black Folk*, Millwood (N.Y.) 1973; David Levering Lewis: *W. E. B. Du Bois: Biography of a Race, 1868–1919*, New York 1993.

31 Joseph Alois Schumpeter: *Kapitalismus, Sozialismus und Demokratie*, Bern 1946.

32 Alan Brinkley: *The End of Reform: New Deal Liberalism in Recession and War*, New York 1995; Blanche Wiesen Cook: *Eleanor Roosevelt* (Bd. 1 und 2), New York 1992–1998; David Kennedy: *Freedom From Fear*, New York 1999; William Edward Leuchtenburg: *Franklin D. Roosevelt and the New Deal, 1932–1940*, New York 1963; Arthur Schlesinger jr.: *The Coming*

of the New Deal, Norwalk (Conn.) 1987; Arthur Schlesinger jr.: *The Age of Roosevelt, Franklin D.*, Boston 1988; Arthur Schlesinger jr.: *The Politics of Upheaval*, Boston 1988.

33 Barton J. Bernstein, Hrsg.: *Towards a New Past*, London 1970; Norman Birnbaum: *The Radical Renewal: The Politics of Ideas in Modern America*, New York 1988; John Kenneth Galbraith: *Gesellschaft im Überfluß*, München 1958; Richard Pells: *The Liberal Mind in a Conservative Age: American Intellectuals in the 1940s and 1950s*, New York 1985; Arthur Meier Schlesinger: *The Vital Center: The Politics of Freedom*, Boston 1949.

4 Die dreißiger Jahre und der Krieg

1 Ernst Nolte: *Der Europäische Bürgerkrieg 1917–1945: Nationalsozialismus und Bolschewismus*, Berlin 1987.

2 François Furet: *Das Ende der Illusion: Der Kommunismus im 20. Jahrhundert*, München 1996.

3 Will Hutton: *The Revolution that Never Was: An Assessment of Keynesian Economics*, London 1986; Robert Skidelsky: *John Maynard Keynes: A Biography, Vols. 1 and 2*, London 1983.

4 Allen Guttmann: *The Wound in the Heart; America and the Spanish Civil War*, New York 1962.

5 Paul Buhle: *Marxismus in den USA*, Berlin 1974; Hendrik de Man: *Zur Psychologie des Sozialismus*, Jena 1926; Karl Korsch: *Three Essays on Marxism*, London 1971; Richard Löwenthal, Paul Sering: *Jenseits des Kapitalismus: Ein Beitrag zur sozialistischen Neuorientierung, mit einer ausführlichen Einführung: Nach 30 Jahren*, Berlin 1977; André Malraux: *Anti-Memoiren*, 1968; George Orwell: *Mein Katalonien*, 1964; Carlo Rosselli: *Liberal Socialism*, Princeton (N.J.) 1994; Victor Serge: *Die große Ernüchterung. Der Fall Tulajew*, Hamburg 1950; Alan M. Wald: *The New York Intellectuals: The Rise and Decline of the Anti-Stalinist Left from the 1930s to the 1980s*, Chapel Hill (N.C.) 1987; Michael Wreszin: *A Rebel in Defense of Tradition: The Life and Politics of Dwight Macdonald*, New York 1994.

6 »Wenn wir merken, daß Deutschland gewinnt, sollten wir Rußland helfen, und wenn Rußland gewinnt, sollten wir Deutschland helfen, und auf diese Weise sollten wir dafür sorgen, daß sie sich gegenseitig in größtmöglicher Zahl umbringen, obgleich ich Hitler unter keinen Umständen als Sieger sehen will. Keiner von beiden hält auch nur das geringste von seinem Wort.« Alfred Steinberg: *The Man from Missouri*, New York 1962, S. 186.

7 Robert Graves: *The Long Weekend: A Social History of Great Britain, 1918-1939*, New York 1941.

8 Peter Gay: *Freud: Eine Biographie für unsere Zeit*, Frankfurt a. M. 1989.

9 Anthony Howard: *Rab: The Life of R.A. Butler*, London 1987; Arthur Marwick: *War and Social Change in the Twentieth Century*, London 1974; Philip Maynard Williams: *Hugh Gaitskell: A Political Biography*, London 1979.

10 Alan Brinkley: *The End of Reform: New Deal Liberalism in Recession and War*, New York 1995; James Patterson: *Grand Expectations: The United States 1945–1974*, New York 1996.

11 Michael Harrington: *Das andere Amerika: Die Armut in den Vereinigten Staaten*, München 1964.

12 Carol Brightman: *Writing Dangerously: Mary McCarthy and her World*, New York 1992; «Our Country and Our Culture: A Symposium«, *Partisan Review*, Mai–Juni 1952, S. 282–326.

13 Ralf Dahrendorf: *Gesellschaft und Demokratie in Deutschland*, 1965; Jürgen Kocka: *Kapitalismus, Klassenstruktur und Probleme der Demokratie in Deutschland 1910–1940*, Göttingen 1979.

5 Der Wohlfahrtsstaat

1 Peter Baldwin: *The Politics of Social Solidarity: Class Bases of the European Welfare State, 1875–1975*, New York 1990; Gosta Esping-Anderson: *Die drei Welten des Wohlfahrtskapitalismus: Zur politischen Ökonomie des Wohlfahrtsstaates*. In: *Welten des Wohlfahrtskapitalismus: Der Sozialstaat in vergleichenden Perspektiven*, Frankfurt a. M. 1998, S. 19–56.

2 Hans Mommsen: *Die verspielte Freiheit. Der Weg der Republik von Weimar in den Untergang 1918–1933*, Berlin 1990.

3 John Lewis Gaddis: *We Now Know: Rethinking Cold War History*, Oxford 1997; Alfred Grosser: *Das Bündnis: Die westeuropäischen Länder und die USA seit dem Krieg*, München 1978; Melvyn P. Leffler: *A Preponderance of Power: National Security, the Truman Administration, and the Cold War*, Stanford (Calif.) 1992.

4 William Appleman Williams: *«Der Welt Gesetz und Freiheit geben«: Amerikas Sendungsglaube und imperiale Politik*, Hamburg 1984; Joseph S. Nye: *Bound to Lead: The Changing Nature of American Power*, New York 1991; Tony Smith: *America's Mission: The United States and the Worldwide Struggle for Democracy in the Twentieth Century*, Princeton (N.J.) 1994.

5 Jürgen Habermas: *Die Normalität der Berliner Republik*, Frankfurt a. M. 1995.

6 Volker Rolf Berghahn: *Modern Germany: Society, Economy, and Politics in the Twentieth Century*, New York 1982.

7 Giuseppe Mammarella: *Italy After Fascism: A Political History, 1943–1965*, Notre Dame (Ind.) 1966; Patrick McCarthy: *The Crisis of the Italian State: From the Origins of the Cold War to the Fall of Berlusconi*, New York 1995; Sidney Tarrow: *Power in movement: social movements, collective action and politics*, New York 1994.

8 Carlo Levi: *Christus kam nur bis Eboli*, Frankfurt a. M. 1960.

9 John McKay Cammett: *Antonio Gramsci and the Origins of Italian Communism*, Stanford (Calif.) 1967; Antonio Gramsci: *Gefängnishefte: Kritische Ausgabe in vier Bänden*, Hamburg 1991.

10 Henri Saint-Simon: *Neues Christentum*, Leipzig 1911.

11 Eric Hobsbawm: *Das Zeitalter der Extreme: Weltgeschichte des 20. Jahrhunderts*, München 1995; H. Stuart Hughes: *Consciousness and Society: The Orientation of European Social Thought, 1890–1930*, New York 1958; T. Jackson Lears: *No Place of Grace: Anti-Modernism and the Transformation of American Culture, 1880–1920*, New York 1981; Bernard Rosenberg und David Manning White: *Mass Culture: The Popular Arts in America*, New York 1964; Hans Speier: *Die Angestellten vor dem Nationalsozialis-*

mus: Ein Beitrag zum Verständnis der deutschen Sozialstruktur 1918–1933;
Fritz Richard Stern: *Kulturpessimismus als politische Gefahr*, Bern,
Stuttgart, Wien 1963; Graham Wallas: *The Great Society: A Psychological
Analysis*, New York 1914; Robert H. Wiebe: *Segmented Society: An Intro-
duction to the Meaning of America*, New York 1975; Raymond Williams:
*Gesellschaftstheorie als Begriffsgeschichte: Studien zur historischen Semantik
von «Kultur»*, München 1972.

12 Hannah Arendt: *Elemente und Ursprünge totaler Herrschaft*, Frankfurt a. M.
1958.

13 David Apter: *The Politics of Modernization*, Chicago 1965; Cyril Edwin
Black: *The Dynamics of Modernization: A Study in Comparative History*,
New York 1966; Zbigniew Brzezinski: *Amerika im technetronischen Zeitalter*, o. J.; Theodore Hermann von Laue: *The World Revolution of Wester-
nization: The Twentieth Century in Global Perspective*, New York 1987;
Alex Inkeles und David Horton Smith: *Becoming Modern: Individual
Change in Six Developing Countries*, Cambridge (Mass.) 1974; Walt Whitman Rostow: *Stadien wirtschaftlichen Wachstums: eine Alternative zur
marxistischen Entwicklungstheorie*, Göttingen 1960.

14 Edward Mead Earle: *Modern France: Problems of the Third and Fourth
Republics*, Princeton (N.J.) 1952 (siehe insbesondere Teil IV: »Social and
Economic Problems in present-day France«).

15 Norman Birnbaum: *The Radical Renewal: The Politics of Ideas in Modern
America*, New York 1988; Carl Schmitt: *Der Begriff des Politischen*,
Neuausg. 1963.

16 Francis Fukuyama: *Das Ende der Geschichte: Wo stehen wir?*, München
1992; (siehe E. O. Wilson et al.: *National Interest* Nr. 56 (Sommer 1999),
S. 16–44; Abbott Gleason: *Totalitarianism: The Inner History of the Cold
War*, New York 1995; Christopher Hitchins: *Isaiah Berlin: A Life by
Michael Ignatieff*, London Review of Books 20, Nr. 23 (1998), S. 3–5; Karl
Popper: *Die offene Gesellschaft und ihre Feinde*, Bern, Bd. 1 1957, Bd. 2
1958; Peter Steinfels: *The Neoconservatives: The Men Who Are Changing
America's Politics*, New York 1979.

17 Ferdinand Tönnies: *Gemeinschaft und Gesellschaft: Abhandlung des
Communismus und des Socialismus als empirische Culturformen*, Leipzig
1887; Herbert Spencer: *Herbert Spencer on Social Education Evolution:
Selected Writings*, Chicago 1972.

18 Arno J. Mayer: *Dynamics of Counterrevolution in Europe, 1870–1956: An
Analytical Framework*, New York 1971.

19 T. H. Marshall: *Citizenship and Social Class*, London 1992.

20 Tony Judt: »A la recherche au temps perdu«, New York Review of Books
45, Nr. 19 (1998), S. 51–58; Pierre Nora, Hrsg.: *Realms of Memory:
Rethinking the French Past*, Bde. 1–3, New York 1996.

21 Stuart Hall und Paddy Whannel: *The Popular Arts*, New York 1964;
Richard Hoggart: *Uses of Literacy: Changing Patterns in English Mass
Culture*, Boston 1961; Göran Therborn: *Die Gesellschaften Europas
1945–2000: Ein soziologischer Vergleich*, Frankfurt a. M. 2000.

22 Simone de Beauvoir: *Memoiren einer Tochter aus gutem Hause*, Hamburg
1960; Siegfried Mandel: *Group 47: The Reflected Intellect*, Carbondale (Ill.)
1973.

23 Giuseppe Alberigo, Hrsg.: *Geschichte des Zweiten Vatikanischen Konzils 1959–1965*, Mainz 1997; Marie Dominique Chenu: *Nature, Man, and Society in the Twelfth Century: Essays on New Theological Perspectives in the Latin West*, Chicago (Ill.) 1968; Yves Congar: *Dialogue Between Christians: Catholic Contributions to Ecumenism*, London 1966; Hans Urs von Balthasar: *Gottbereites Leben: Der Laie und der Rätestand. Nachfolge Christi in der heutigen Welt*, Einsiedeln 1993.

24 Günter Grass: *Die Blechtrommel*, Darmstadt 1959.

25 Annie Cohen-Solal: *Sartre 1905–1980*, Reinbek 1988.

26 Daniel Bell: *Die kulturellen Widersprüche des Kapitalismus*, Frankfurt a. M. 1991; Salvador Giner: *Mass Society*, New York 1976; Edgar Morin: *Les Stars*, Paris 1962; William Philips: *A Partisan View: Five Decades of the Literary Life*, New York 1983; Michael Wreszin: *A Rebel in Defense of Tradition: The Life and Politics of Dwight Macdonald*, New York 1994.

27 »...der Erzieher muß selbst erzogen sein.«, Karl Marx: *Thesen über Feuerbach*, Berlin 1998.

28 Gustav Mayer: *Friedrich Engels: Eine Biographie*, Berlin 1920.

29 Tony Judt: *Past Imperfect: French Intellectuals, 1944–1956*, Berkeley (Calif.) 1992.

30 Pierre Frank: *Die Geschichte der Vierten Internationale: Im Anhang des 10. Weltkongresses der 4. Internationale*, Zürich 1975; Pierre Naville: *L'Intellectuel communiste*, Paris 1956; Boris Souvarine: *Stalin: Anmerkungen zur Geschichte des Bolschewismus*, München 1980.

31 Maurice Merleau-Ponty: *Humanismus und Terror*, Frankfurt a. M. 1990; Jean Paul Sartre: »Le Fantôme de Staline«, *Les Temps Modernes* 12, Nrn. 129, 130 und 131 (Januar 1957), S. 577–696.

32 Thomas Bender: *New York Intellect: A History of Intellectual Life in New York City, from 1750 to the Beginning of Our Time*, New York 1987.

33 Annie Kriegel: *The French Communists: Profile of a People*, Chicago (Ill.) 1992.

34 Jean-Yves Calvez: *Questions venues de l'Est: Marxisme, foi chrétienne, utopie*, Paris 1992; Jacques Le Goff und René Rémond: *Histoire de la France religieuse*, Bde. 3 und 4, Paris 1988–1992; René Rémond: *Le Catholicisme français et la société politique: Écrits de circonstance, 1947–1991*, Paris 1995.

35 Alain Bergounioux und Gérard Grunberg: *Le long remords du pouvoir: Le parti socialiste français, 1905–1992*, Paris 1995.

36 Pierre Birnbaum: *The Heights of Power: An Essay on the Power Elite in France, with a New Postscript, 1981*, Chicago (Ill.) 1980.

37 Phillipe Herzog: *Politique économique et planification en régime capitaliste*, Paris 1971.

38 Charles de Gaulle: *Frankreichs Stoßarmee: Das Berufsheer – die Lösung von morgen*, Potsdam 1935.

39 Pierre Rosanvallon, Patrick Viveret: *Pour une nouvelle culture politique*, Paris 1977.

40 Pierre Mendès-France: *A Modern French Republic*, Westport (Conn.) 1975.

41 Michel Rocard: *Der Sozialismus der Zukunft*, Bonn 1991.

42 Baron Richard Austen Butler of Saffron Waldon: *The Art of the possible: The memoirs of Lord Butler*, Boston 1972; Harold Macmillan: *The Middle Way*, London 1938; Harold Macmillan: *Tides of Fortune, 1945–1955*, New York 1969.

43 Samuel Hutchinson Beer: *Britain Against Itself: The Political Contradictions of Collectivism*, New York 1993; Alan Bullock: *Ernest Bevin, Foreign Secretary, 1945–1951*, Oxford 1984; Keith Middlemas: *Power, Competition, and the State*, Bd. 1: *Britain in Search of Balance, 1940–61*; Bd. 2: *Threats to the Postwar Settlement: Britain, 1961–74*; Bd. 3: *The End of the Postwar Era: Britain since 1974*, London 1986–1991; Ralph Miliband: *Parliamentary Socialism: A Study in the Politics of Labour*, London 1961; Kenneth O. Morgan: *Labour in Power, 1945–1951*, Oxford 1984; Isaac Kramnick und Barry Sheerman: *Harold Laski: A Life on the Left*, New York 1993.

44 Sir Isaiah Berlin: *Two Concepts of Liberty*, Oxford 1958.

45 Karl Popper: *Die offene Gesellschaft und ihre Feinde*, Bern 1957/58.

46 Friedrich A. von Hayek: *Der Weg zur Knechtschaft*, Zürich 1945.

47 Michael Oakeshott: *Rationalismus in der Politik*, Neuwied 1966.

48 Anthony Crosland: *The Future of Socialism*, London 1956, New York 1957; R. L. Leonard: *Crosland and New Labour*, London 1999; Norman MacKenzie, Hrsg.: *Conviction*, London 1958; E. P. Thompson et al.: *Out of Apathy*, London 1960.

49 Richard Hoggart: *The Uses of Literacy: Changing Patterns in English Mass Culture*, Boston 1961; Raymond Williams: *Gesellschaftstheorie als Begriffsgeschichte: Studien zur historischen Semantik von «Kultur«*, München 1972.

50 Edward Shils und Michael Young: »The Meaning of the Coronation«, *The Sociological Review* 1, Nr. 2 (1953), S. 63–81; Norman Birnbaum: *Monarchs and Sociologists: A Reply to Professor Shils and Mr. Young*, *The Sociological Review* 3, Nr. 1 (1955), S. 5–23; Michael Dunlop Young: *The Rise of the Meritocracy, 1870–2033*, London 1958.

51 Michael Dunlop Young: *The Rise of the Meritocracy, 1870–2033*, London 1958.

52 John Braine: *Der Weg nach oben*, Gütersloh 1960; John Osborne: *Blick zurück im Zorn*, Frankfurt a. M., Hamburg 1958.

53 Michael Foot: *Aneurin Bevan: A Biography*, London 1966; W. T. Rodgers, Hrsg.: *Hugh Gaitskell, 1906–1963*, London 1964, S. 124.

54 David Butler: *The British General Election of 1955*, London 1969.

6 Konkurrierende Varianten des Sozialismus

1 Raymond Aron: *Opium für Intellektuelle oder Die Sucht nach Weltanschauung*, Köln 1957.

2 Norman Birnbaum, *Students, Professors, and Philosopher Kings*, in Carl Kaysen, Hrsg.: *Content and Context: Essays on College Education*, New York 1973, S. 401; Jürgen Habermas: *Protestbewegung und Hochschulreform*, Frankfurt a. M. 1969; Russell Jacoby: *The End of Utopia: Politics and Culture in an Age of Apathy*, New York 1999; Peter Novick: *That Noble Dream: The »Objectivity Question« and the American Historical Profession*, Cambridge (England) 1988; Richard Rorty: *Stolz auf unser Land: Die amerikanische Linke und der Patriotismus*, Frankfurt a. M. 1999; Fritz Ringer: *Die Gelehrten: Der Niedergang der deutschen Mandarine*, Stuttgart 1983; Helmut Schelsky: *Die Arbeit tun die anderen: Klassenkampf und Priesterherrschaft der Intellektuellen*, Opladen 1975; Christopher Simpson, Hrsg.: *Universities and Empire: Money and Politics in the Social Sciences During the*

Cold War, New York 1999; Kurt Sontheimer: *Das Elend unserer Intellektuellen: Linke Theorie in der Bundesrepublik Deutschland*, Hamburg 1976; Immanuel Wallerstein: *The End of the World as We Know It*, Minneapolis (Minn.) 1999.

3 Daniel Patrick Moynihan: *Miles to Go: A Personal History of Social Policy*, Cambridge (Mass.) 1996.

4 Persönliches Gespräch mit John Kenneth Galbraith.

5 Heinz Fischer: *Die Kreisky-Jahre*, Wien 1993; Erich Fröschl, Maria Mesner und Helge Zditel: *Die Bewegung: Hundert Jahre Sozialdemokratie in Österreich*, Wien 1990; Gerard Hutterer: *Kreisky: Ansichten des sozialdemokratischen Staatsmannes*, Wien 1993; Egon Matzner und Thomas Nowotny: *Notizen zur Gesellschaftsreform: Aufruf zu einem zeitgemäßen Humanismus*, Wien 1976; Anton Pelinka und Gunter Bischof (Hrsg.): *Austro-Corporatism: Past, Present, Future*, New Brunswick (N.J.) 1996.

6 Walter Korpi: *The Democratic Class Struggle*, London 1983; Klaus Misgeld, Karl Molin, Klas Amark, Hrsg.: *Creating Social Democracy: A Century of the Social Democratic Labor Party in Sweden*, University Park (Penn.) 1992; Jonas Pontusson: *Wage Distribution and Labor Market Institutions in Sweden, Austria and Other OECD Countries*, Ithaca (N.Y.) 1996; Donald Sassoon: *One Hundred Years of Socialism: The West European Left in the Twentieth Century*, London 1996, S. 479; John D. Stephens: *The Consequences of Social Structural Change for the Development of Socialism in Sweden*, Ann Arbor (Mich.) 1976.

7 Raymond Aron: *Die intellektuelle Gesellschaft: 18 Vorlesungen*, Frankfurt a. M. 1964; Daniel Bell: *The End of Ideology: On the Exhaustion of Political Ideas*, New York 1965; Charles A. Crosland, *The Future of Socialism*, London 1957; John Kenneth Galbraith: *Die Gesellschaft im Überfluß*, München 1959; Eric Hobsbawm: *Das Zeitalter der Extreme: Weltgeschichte des 20. Jahrhunderts*, Frankfurt a. M. 1996; Gunnar Myrdal: *Jenseits des Wohlfahrtsstaates: Wirtschaftsplanung in den Wohlfahrtsstaaten und ihre internationalen Folgen*, Stuttgart 1960/1961.

8 Hans Matthöfer: *Humanisierung der Arbeit und Produktivität in der Industriegesellschaft*, Köln 1980.

9 Nelson Lichtenstein: *The Most Dangerous Man in Detroit: Walter Reuther and the Fate of American Labor*, New York 1995.

10 André Gorz: *Zur Strategie der Arbeiterbewegung im Neokapitalismus*, Frankfurt a. M. 1967; András Hegedüs: *Sozialismus und Bürokratie*, Reinbek 1981; Edmond Maire: *Demain l'Autogestion*, Paris 1976; Serge Mallet: *Die neue Arbeiterklasse*, Neuwied 1972; Hans Matthöfer, op. cit., s.o.; Raniero Panzieri: *Spontaneità e organizzazione: Gli anni dei »Quaderni Rossi«, 1959–1964*, Pisa 1994; Bruno Trentin: *Arbeiterdemokratie: Gewerkschaften, Streiks, Fabrikräte*, Hamburg 1987.

11 Ad Hoc Committee on the Triple Revolution: *The Triple Revolution: An Appraisal of the Major U.S. Crises and Proposals for Action*, Washington, (D.C.) 1964; David Riesman: *Wohlstand wofür?*, Frankfurt a. M. 1966.

12 Guiseppe Boffa: *Inside the Khrushchev Era*, London 1960; Abraham Brumberg: *Poland: Genesis of a Revolution*, New York 1983; Abraham Brumberg: *In Quest of Justice; Protest and Dissent in the Soviet Union Today*, New York 1970; Giulietto Chiesa: *Time of Change: An Insider's View of*

Russia's Transformation, London 1991; Stephen Cohen: *Rethinking the Sovjet Experience: Politics and History Since 1917*, New York 1992; Isaac Deutscher: *Russia in Transition and Other Essays*, New York 1957; François Fetjö: *A History of the People's Democracies: Eastern Europe Since Stalin*, New York 1971; Wolfgang Leonhard: *Kreml ohne Stalin*, Köln 1959; Zdenek Mylnár: *Nachtfrost: Das Ende des Prager Frühlings*, Frankfurt a. M. 1988; Adam Bruno Ulam: *The Communists: The Story of Power and Lost Illusions*, New York 1992.

13 Palmiro Togliatti: *Comunisti, socialisti, cattolici*, Rom 1974.

14 Peter Christian Ludz: *Die DDR zwischen Ost und West: Politische Analysen 1961–1976*, München 1977.

15 Stuart R. Schram: *Mao Tse-Tung*, Frankfurt a. M. 1969 oder: *Mao Tse-Tung: A Preliminary Reassessment*, New York 1983 ; Jonathan D. Spence: *Das Tor des himmlischen Friedens: Die Chinesen und ihre Revolution 1895–1980*, München 1985.

16 Abbott Gleason: *Totalitarism: The Inner History of the Cold War*, New York 1995.

17 Ad Hoc Committee on the Triple Revolution: *The Triple Revolution: An Appraisal of the Major U.S. Crises and Proposals for Action*, Washington (D.C.) 1964.

18 Isaac Deutscher: *Stalin: Eine politische Biographie*, Berlin 1989.

19 Radovan Richta: Zivilisation am Scheideweg: Soziale und menschliche Zusammenhänge der wissenschaftlich-technischen Revolution, Prag 1968; Andrei Sakharov [Sacharow]: *Progress, Coexistence, and Intellectual Freedom*, Harmondsworth 1982 oder: Andrei Sacharow: *Wie ich mir die Zukunft vorstelle*, Zürich 1969.

20 Benjamin Schwartz: *Chinese Communism and the Rise of Mao*, New York 1967; Roderick MacFarquhar: *The Origins of the Cultural Revolution*, London 1974.

21 André Malraux: *Anti-Memoiren*, Frankfurt a. M. 1968.

22 Peter L. Berger: *Welt der Armen, Welt der Reichen*, München 1976; Jeane Kirkpatrick: »Dictatorship and Double Standards«, *Commentary* 68, Nr. 5, November 1979, S. 34–45.

23 Willy Brandt et al.: Independent Commission on International Development Issues: *North-South: A Programme for Survival*, Cambridge (Mass.) 1980 oder: Willy Brandt: *Hilfe in der Weltkrise*, Reinbek 1983.

24 Pierre Bourdieu und Jean Claude Passeron: *The Inheritors: French Students and Their Relation to Culture*, Chicago (Ill.) 1979; Noam Chomsky: *Amerika und die Neuen Mandarine*, Frankfurt a. M. 1969; Joschka Fischer: *Die Linke nach dem Sozialismus*, Hamburg 1992; Richard Flacks: *Making History: The American Left and the American Mind*, New York 1986; Stuart Hall: *The Hard Road to Renewal: Thatcherism and the Crisis of the Left*, London 1988; Maurice Isserman und Michael Kazin: *America Divided*, New York 1998; Henri Lefebre: *Critique of Everyday Life as History*, New York 1994; Norman Mailer: *Heere aus der Nacht*, München 1968; Herbert Marcuse: *Konterrevolution und Revolte*, Frankfurt a. M. 1973; Andrei S. Markovits und Philip S. Gorski: *Grün schlägt rot: Die deutsche Linke nach 1945*, Hamburg 1997; Allen J. Matusow: *The Unraveling of America: A History of Liberalism in the 1960s*, New York 1984; Juliet Mitchell:

Psychoanalyse und Feminismus: Freud, Reich, Laing und die Frauen-
bewegung, Frankfurt a. M. 1985; Juliet Mitchell: Frauen – die längste
Revolution: Feminismus, Literatur, Psychoanalyse, Frankfurt a. M. 1987;
Edgar Morin, Claude Lefort und Cornelius Castoriadis: *Mai soixante-huit:
la Brèche; Vingt ans après*, Brüssel 1988; Situationist Group, Universität
Straßburg: *On the Poverty of Student Life: Considered in its Economic,
Political, Psychological, Sexual, and Particularly Intellectual Aspect, and
a Modest Proposal for Its Remedy*, London 1985; Donald Sassoon: *One
Hundred Years of Socialism: The West European Left in the Twentieth
Century*, London 1996; Massimo Teodori: *The New Left: A Documentary
History*, Indianapolis (Ind.) 1969; Alain Touraine: *L'après-socialisme*, Paris
1983; Immanuel Wallerstein und Paul Starr, Hrsg.: *The University Crisis
Reader*, New York 1971; Sheldon S. Wolin und John H. Schaar: *The
Berkeley Rebellion and Beyond: Essays On Politics and Education in the
Technological Society*, New York 1970.

25 Ernst Troeltsch: *Die Soziallehren der christlichen Kirchen und Gruppen*,
Tübingen 1924.

26 Hubert Beuve-Méry: *Onze ans de règne: 1958–1969*, Paris 1974.

27 Alain Touraine: »Des collectivités devenues explosives«, *Le Monde*,
7. März 1968, lc; Alain Touraine: »Des conflits sociaux de les facultés«,
Le Monde, 8. März 1968, lla.

28 Jürgen Habermas: Protestbewegung und Hochschulreform, Frankfurt a. M. 1969.

29 Paolo Corsini, Laura Novati und Giuliano Amato, Hrsg.: *L'eversione nera;
cronache di un decennio, 1974–1984*, Mailand 1985; Patrick McCarthy:
*The Crisis of the Italian State: From the Origins of the Cold War to the Fall of
Berlusconi and Beyond*, Basingstoke 1997.

30 Immanuel Wallerstein, *After Liberalism*, New York 1995; Donald
Sassoon: *One Hundred Years of Socialism: The West European Left in the
Twentieth Century*, London 1997, S. 355.

31 André Malraux: Anti-Memoiren, Frankfurt a. M. 1968.

32 Norman Birnbaum: »Culture«, in *The Crisis of Industrial Society*,
London 1970 S. 106 oder: *Die Krise der industriellen Gesellschaft*,
Frankfurt a. M. 1972; Norman Birnbaum: *Toward a Critical Sociology*,
New York 1971.

33 Todd Gitlin: *The Twilight of Common Dreams: Why America Is Wracked by
Culture Wars*, New York 1995; Michael Lind: *The Next American Nation:
The New Nationalism and the Fourth American Revolution*, New York 1996;
Richard Rorty: *Stolz auf unser Land: Die amerikanische Linke und der
Patriotismus*, Frankfurt a. M. 1999; Arthur Schlesinger jr.: *Disuniting of
America*, New York 1992.

34 Jürgen Habermas: *Protestbewegung und Hochschulreform*, Frankfurt a. M. 1969.

35 Erwin K. Scheuch: *Die Wiedertäufer der Wohlstandsgesellschaft: Eine
kritische Untersuchung der »Neuen Linken« und ihrer Dogmen*, Köln 1968.

36 Dick Howard und Karl E. Klare: *The Unknown Dimension: European
Marxism Since Lenin*, New York 1972.

37 Robert Kuttner: *Everything for Sale: The Virtues and Limits of Markets*, New
York 1997; Robert L. Heilbroner und William S. Milberg: *The Crisis of
Vision in Modern Economic Thought*, New York 1995.

38 Ulrich Beck: *Politik in der Risikogesellschaft: Essays und Analysen*, Frankfurt a. M. 1991; Robin Blackburn, Hrsg.: *After the Fall*, New York 1991; Anthony Giddens: *Jenseits von Links und Rechts: Die Zukunft radikaler Demokratie*, Frankfurt a. M. 1997; André Gorz: *Capitalism, Socialism, Ecology*, London 1994; H. Stuart Hughes: *Sophisticated Rebels: The Political Culture of European Dissent, 1968–1987*, Cambridge (Mass.) 1988; Andrei S. Markovits und Philip E. Gorski: *Grün schlägt rot: Die deutsche Linke nach 1945*, Hamburg 1997; Interview mit Walter Riester, *Spiegel* 35, 30. August 1999, S. 35.

39 Stuart Hall, David Held and Tony McGrew: *Modernity and Its Futures*, Cambridge (England) 1992; David Held: *Global Transformations: Politics, Economics, and Power*, Stanford (Cal.) 1999; Saskia Sassen: *Globalization and Its Discontents*, New York 1998 oder Saskia Sassen: *Machtbeben: Wohin führt die Globalisierung?*, Stuttgart, München 2000; Amartya Sen: *Ökonomie für den Menschen: Wege zu Gerechtigkeit und Solidarität in der Marktwirtschaft*, München 2000.

40 Herman E. Daly und John B. Cobb: *For the Common Good: Redirecting the Economy Toward Community, the Environment, and a Sustainable Future*, Boston (Mass.) 1994; Erhard Eppler: *Wege aus der Gefahr*, Hamburg 1985; Alain Lipietz: *Towards a New Economic Order*, New York 1992.

41 Adam Michnik: *Letters from Prison and Other Essays*, Berkeley (Cal.) 1987.

7 Das Goldene Zeitalter und wie es auf verschiedene Weise zu Ende ging

1 Eric Hobsbawm: *Das Zeitalter der Extreme: Weltgeschichte des 20. Jahrhunderts*, München 1995.

2 Ronald Inglehart: *Kultureller Umbruch: Wertewandel in der westlichen Welt*, Frankfurt a. M. 1989; Peter Glotz: *Manifest für eine neue Europäische Linke*, Frankfurt a. M. 1985; Göran Therborn: *Die Gesellschaften Europas 1945–2000: Ein soziologischer Vergleich*, Frankfurt a. M. 2000.

3 Joel Rogers und Richard Freeman: *What Workers Want*, Ithaka (N.Y.) 1999.

4 Rudolf Meidner: »Why Did the Swedish Model Fail?«, *Socialist Register*, London 1993.

5 Willy Brandt: *Erinnerungen*, Frankfurt a. M. 1981; Susanne Miller und Heinrich Potthoff: *Kleine Geschichte der SPD*, Bonn 1981.

6 Anatoly Dobrynin: *In Confidence: Moscow's Ambassador to America's Six Cold War Presidents (1962–1986)*, New York 1995.

7 Helmut Schmidt: *Helmut Schmidt, Perspectives on Politics*, Boulder (Col.) 1982. [Anmerkung des Verlages: Der Titel enthält aus dem Deutschen übersetzte Materialien.]

8 Karl Popper: *Die offene Gesellschaft und ihre Feinde*, Bern 1957/58.

9 Tony Blair und Gerhard Schröder, «The Way Forward for Europe's Social Democrats» (Prime Minister's Office London und Bundeskanzleramt Berlin, 8. Juni 1999); Gernot Erler und Michael Müller, »Kohl wurde abgewählt, aber die Wirtschaftslobby trommelt weiter«, *Frankfurter Rundschau*, 9. April 1999; Reinhard Höppner, »Ein provokativer Denkanstoß«, *Die Zeit*, 29. Juli 1999; Oskar Lafontaine: *Das Herz schlägt links* , München 1999.

10 Bruno Heck, *Vaterland Bundesrepublik?*, Zürich 1984.

11 Jeffrey Herf: *Zweierlei Erinnerung: Die NS-Vergangenheit im geteilten Deutschland*, Berlin 1998; Charles S. Maier: *Die Gegenwart der Vergangenheit: Geschichte und nationale Identität der Deutschen*, Frankfurt a. M. 1992; Heino Schwilk und Ulrich Schacht, Hrsg.: *Die selbstbewußte Nation*, Berlin 1994.

12 Jürgen Habermas: *Die Normalität einer Berliner Republik*, Frankfurt a.M. 1995.

13 Ulrich Mählert: *Kleine Geschichte der DDR*, München 1998; Charles S. Maier: *Das Verschwinden der DDR und der Untergang des Kommunismus*, Frankfurt a. M. 1999; Erhart Neubert: *Geschichte der Opposition in der DDR, 1949–1989*, Berlin 1997.

14 Tony Judt: »›In Europe's Name: Germany and the Divided Continent‹ by Timothy Garton Ash«, *New York Review of Books* 40, Nr. 21, 16. Dez. 1993, S. 52–59; Norman Birnbaum: »Letter to the Editor«, *New York Review of Books*, 24. April 1994 (»The West German Left and the East«), S. 68–69.

15 Timothy Garton Ash: *The Magic Lantern: The Revolution of '89 Witnessed in Warsaw, Budapest, Berlin, and Prague*, New York 1993; Bärbel Bohley et al.: *40 Jahre DDR ... und die Bürger melden sich zu Wort*, Frankfurt 1989; Robert Darnton: *Der letzte Tanz auf der Mauer: Berlin Journal, 1989–1990*, New York 1993; Hubertus Knabe, Hrsg.: *Aufbruch in eine andere DDR*, Hamburg 1989.

16 Erhard Eppler: *Komplettes Stückwerk: Erfahrungen aus fünfzig Jahren Politik*, Frankfurt 1996; Erhard Eppler: *Reden auf die Republik: Deutschlandpolitische Texte, 1952–1990*, München 1990; Thomas Meyer: *Transformation der Sozialdemokratie: Eine Partei auf dem Weg ins 21. Jahrhundert*, Bonn 1998; Albrecht Müller: *Mut zur Wende*, Berlin 1997; Fritz-Wilhelm Scharpf: *Sozialdemokratische Krisenpolitik in Europa*, Frankfurt a. M. 1987.

17 Gespräch in Washington, 1990; Günter Gaus: *Kein einig Vaterland*, Berlin 1998.

18 Daniel Bell: *Die kulturellen Widersprüche des Kapitalismus*, Frankfurt a. M. 1991; Robert Bellah et al.: *Gewohnheiten des Herzens: Individualismus und Gemeinsinn in der amerikanischen Gesellschaft*, Köln 1987; Anthony Giddens: *Jenseits von Links und Rechts: Die Zukunft radikaler Politik*, Frankfurt a. M. 1997; John Gray: *Falsche Verheißung: Der globale Kapitalismus und seine Folgen*, Berlin 1999; Kees van Kersbergen: *Social Capitalism: A Study of Christian Democracy and the Welfare State*, New York 1995; Richard Sennett: Der flexible Mensch: die Kultur des neuen Kapitalismus, Berlin 1998.

19 Patrick McCarthy: *The French Socialists in Power, 1981–1986*, New York 1987.

20 Gespräch in Paris mit Mme. Nicole Questiaux, 1982.

21 Régis Debray: *Que vive la République*, Paris 1991; Claude Lefort: *Democracy and Political Theory*, Minneapolis (Minn.) 1988; Pierre Mendès-France: *Frankreich morgen: Vorschläge*, Neuwied 1963; Michel Rocard: *Les moyens d'en sortir*, Paris 1996; Pierre Rosanvallon: *La nouvelle question sociale*, Paris 1995; Vivien Ann Schmidt: *Democratizing France: The Political and Administrative History of Decentralization*, New York 1990.

22 Hans-Georg Betz: *Radical Right-Wing Populism in Western Europe*, Basing-stoke (U.K.) 1994; Peter Jonathan Davies: *The National Front in France*, New York 1999; Donald L. Horowitz: *Immigrants in Two Democracies: French and American Experience*, New York 1992; Patrick Weil: *The Transformation of Immigration Policies*, Florenz 1998.

23 Danielle Tartakowsky: *Le pouvoir est dans la rue: Crises politiques et mani-festations en France*, Paris 1997.

24 Lionel Jospin: *L'invention du possible*, Paris 1991; Interview mit Lionel Jospin (Télévision France 2, 12. Sep. 1999); Alternative Economique, »Appel des economists pour sortir de la pensée unique«, *Pour un noveaux plein emploi*, Paris 1997.

8   Ist der Sozialismus des Mittelmeerraumes anders?

1 Raymond Carr und Fusi Aizpurúa: *Spain: Dictatorship to Democracy*, London 1991; Raymond Carr: *Spain: 1808–1939*, Oxford 1970; Santiago Carillo: *Memorias*, Barcelona 1993; Eusebio Mujal-León: *Communism and Political Change in Spain*, Bloomington (Ind.) 1983; José Maria Maravall: *The Transition to Democracy in Spain*, London 1982; Benjamin Martin: *The Agony of Modernization: Labor and Industrialization in Spain*, Ithaca (N.Y.) 1990; Jesé Félix Tezanos et al.: *La transición democrática española*, Madrid 1993.

2 Maurizio Degl'Innocenti: *Storia del PSI*, vol. 1–3, Bari 1993; Giuseppe Mammarella: *L'Italia contemporanea, 1943–1992*, Bologna 1993; Gianfranco Pasquino und Patrick McCarthy, Hrsg.: *The End of Post-War Politics in Italy*, Boulder (Col.) 1993.

3 Nicola Badaloni: *Il marxismo italiana degli anni sessanta*, Rom 1971; Enrico Berlinguer: *La »Questione Communista«*, vo. 1 u. 2, Rom 1979; Palmiro Togliatti: *On Gramsci and Other Writings*, London 1979.

4 Richard Drake: *The Aldo Moro murder case*, Cambridge (Mass.) 1995; Leonardo Sciascia: *Die Affäre Moro*, Königstein/Ts. 1978; Giuseppe Zupo und Vincenzo Marini Recchia: *Operazione Moro*, Mailand 1984.

5 Palmiro Togliatti: *Opere scelte*, Rom 1974 [Deutsche Ausgaben: *Ausge-wählte Reden und Aufsätze*, Berlin 1977; *Ausgewählte Schriften*, Frank-furt a. M. 1967].

6 Gespräch, Rom, Feb. 1983.

7 Ernesto Galli Della Loggia: *Intervista sulla Destra*, Rom 1994.

8 *La Stampa*, 13. Mai 1974.

9 Norman Birnbaum: »Italy: The Republic in Crisis«, Bericht, dem Committee on Foreign Relations des US-Senats, Subcommittee on European Affairs vorgelegt am 21. Sep. 1994, Senate Document 103–890, 1994.

10 Umberto Terracini und Pietro Ingrao: *La riforma dello stato*, Rom 1968.

11 Siehe Zeitschrift *Micro-Mega*, Rom ab Mitte der 80er Jahre; Salvatore Veca: *Della lealtá civile*, Mailand 1994.

12 Giuseppe Chiarante: *Da Togliatti a D'Alema*, Rom 1996; Achille Occhetto: *Il sentimento e la ragione*, Mailand 1994.

13 Massimo D'Alema: *La sinistra nell'Italia che cambia*, Mailand 1997.

14 Laura Pennacchi: *Lo stato sociale del futuro: Pensioni, equità, cittadinanza*, Rom 1997.

15 Sergio Cofferati: *A ciascuno il suo mestiere: Lavoro: sindicato e politica nell'Italia che cambia*, Mailand 1997.

9 «Les Anglo-Saxons«: Großbritannien

1 Christopher Hitchens: *Blood, Class, and Nostalgia*, New York 1990; James T. Kloppenberg: *Uncertain Victory: Social Democracy and Progressivism in European and American Thought, 1870–1920*, New York 1986; Isaac Kramnick und Barry Sherman: *Harold Laski: A Life on the Left*, New York 1993; Daniel T. Rodgers: *Atlantic Crossings: Social Politics in a Progressive Age*, New York 1998.

2 Robin Oakley, »Let's Have Tact Instead of Attack Paris Summit«, *Times of London*, 18. Juli 1989.

3 Steve Fraser und Gary Gerstle, Hrsg.: *The Rise and Fall of the New Deal Order, 1930–1980*, Princeton (N.J.) 1989; Stuart Hall: *The Hard Road to Renewal: Thatcherism and the Crisis of the Left*, London 1988; Joel Krieger: *Reagan, Thatcher, and the Politics of Decline*, Cambridge (England) 1986.

4 Bernard Crick: *George Orwell: Ein Leben*, Frankfurt a. M. 1984; A.L. Kennedy: *The Life and Death of Colonel Blimp*, Chicago 1997.

5 Christopher Hill, »The Norman Yoke«, in *Puritanism and Revolution*, London 1958, S. 50–122.

6 Stuart Holland: *Beyond Capitalist Planning*, New York 1979; s. *Marxism Today*, 1980 ff.

7 Roy Jenkins: *A Life at the Center*, New York 1991; Leo Panitch und Colin Leys: *The End of Parliamentary Socialism*, London 1988.

8 David Cannadine: *The Rise and Fall of Class in Great Britain*, New York 1999; John H. Goldthorpe: *Social Mobility and Class Structure in Modern Britain*, London 1981; A. H. Halsey, Hrsg.: *British Social Trends Since 1900*, Basingstoke (U.K.) 1988; R. I. McKibbin: *Classes and Cultures: England 1918–1951*, New York 1988.

9 Eric Hobsbawm: *Labouring Men: Studies in the History of Labour*, London 1964; Raphael Samuel: *Theatres of Memory*, New York 1994; Edward P. Thompson: *The Making of the English Working Class*, New York 1964 [*Die Entstehung der englischen Arbeiterklasse*, Frankfurt a. M.].

10 Stuart Hall, Paddy Whannel: *The Popular Arts*, London 1964.

11 Anthony Howard, Hrsg.: *The Crossman Diaries: Selections*, London 1979.

12 Keith Middlemas: *Power, Competition, and the State, Bd. 1–3*, London, 1986–1991.

13 Ben Pimlott: *Harold Wilson*, London 1992; Sir Harold Wilson: *Die Staatsmacht: Erinnerungen des britischen Premiers 1964–1970*, Wien 1972.

14 James Callaghan: *Time and Chance*, London 1987; Denis Healey: *The Time of My Life*, London 1989.

15 Charles A. Crosland: *Future of Socialism*, New York 1956; Dick Leonhard: *Crosland and New Labour*, Basingstoke (U.K.) 1999.

16 Stuart Holland: *The Global Economy*, London 1987; Will Hutton: *The Revolution That Never Was: An Assessment of Keynesian Economics*, London 1986.

17 Ralph Miliband: *Parliamentary Socialism: A Study in the Politics of Labour*, London 1965.

18 Ian Gilmour: *Dancing with Dogma*, New York 1992; John Gray: *Beyond the New Right*, New York 1993; Roger Scruton: *The Politics of Culture and Other Essays*, Manchester (U.K.) 1981; Hugo Young: *The Iron Lady: A Biography of Margaret Thatcher*, New York 1989; Joel Krieger: *Reagan, Thatcher, and the Politics of Decline*, Cambridge (England) 1986.

19 Gordon Brown: *Where There Is Greed: Margaret Thatcher and the Betrayal of Britain's Future*, Edinburgh 1989; David Marquand: *The Unprincipled Society*, London 1988; David Miliband, Hrsg.: *Reinventing the Left*, Cambridge (Mass.) 1994; Robin Wright: *Socialism Old and New*, New York 1996.

20 Tony Blair: *The Third Way*, London 1998 [*Dritter Weg, zweiter Akt*. In: Joachim Bischoff und Christoph Lieber: *Epochenbegriff »Soziale Gerechtigkeit«*, Hamburg 2001]; Tony Blair: *New Britain*, Boulder (Col.) 1997 [*Meine Vision*, Stuttgart 1997]; Tony Blair: *Socialism*, London 1994.

21 Jelle Visser und Anton Hemerijck: *Ein holländisches Wunder? Reform des Sozialstaates und Beschäftigungswachstum in den Niederlanden*, Frankfurt a. M. 1998.

22 Philip Gould: *The Unfinished Revolution*, London 1998; Anthony Stephen King, Hrsg.: *New Labour Triumphs*, Chatham (N.J.) 1998; David Marquand, »After Euphoria: The Dilemmas of New Labour«, *Political Quarterly* 68, Nr. 4, 1997, S. 335; *Marxism Today*, Sonderheft zu New Labour, November 1998; Gerald R. Taylor, Hrsg.: *The Impact of New Labour*, New York 1999.

10 «Les Anglo-Saxons«: Die USA

1 Peter Novick: *That Noble Dream*, New York 1988.

2 Nelson Lichtenstein: *The Most Dangerous Man in Detroit*, New York 1995.

3 Barton J. Bernstein, Hrsg.: *Towards a New Past*, New York 1969; Alan Brinkley: *The End of Reform*, New York 1995; Walter Dean Burnham: *The Current Crisis in American Politics*, New York 1982; James Burns: *The Deadlock of Democracy*, Englewood Cliffs (N.J.) 1963; Ira Katznelson: *Schooling for All: Class, Race, and the Decline of the Democratic Ideal*, New York 1985; James T. Patterson: *Grand Expectations*, New York 1996.

4 E. J. Dionne: *Why Americans Hate Politics*, New York 1991; Thomas Edsall: *Chain Reactions*, New York 1991; Todd Gitlin: *The Twilight of Common Dreams*, New York 1995; James Hunter: *Culture Wars*, New York 1991; Garry Wills: *Reagan's America*, New York 1988.

5 Paul Buhle: *Taking Care of Business*, New York 1999; Steve Fraser: *Labor Will Rule*, Ithaca (N.Y.) 1993; Steve Fraser und Gary Gerstle, Hrsg.: *The Rise and Fall of the New Deal Order*, Princeton (N.J.) 1989.

6 Stephen Ambrose: *Eisenhower*, New York 1990; Alonzo Hamby: *Beyond the New Deal*, New York 1973.

7 Thomas Ferguson und Joel Rogers: *Right Turn*, New York 1986; John Kenneth Galbraith: *Die moderne Industriegesellschaft*, München 1973; C. Wright Mills: *Die amerikanische Elite: Gesellschaft und Macht in den Vereinigten Staaten*, Hamburg 1962; Erik Olin Wright: *Interrogating Inequality*, New York 1994.

8 Daniel Bell: *The Radical Right*, Garden City (N.Y.) 1963; Norman Birnbaum: *The Radical Renewal*, New York 1988; Sigmund Diamond: *Compromised Campus*, New York 1992; Victor Navasky: *Naming Names*, New York 1981; Ellen Schrecker: *No Ivory Tower*, New York 1986.

9 Taylor Branch: *Parting the Waters*, New York 1988; Taylor Branch: *Pillar of Fire*, New York 1988; Paul Murphy: *The Constitution in Crisis Times, 1918–1969*, New York 1972; Stephen B. Oates: *Martin Luther King: Kämpfer für Gewaltlosigkeit*, Hamburg 1984.

10 Benjamin DeMott: *The Imperial Middle*, New York 1990; Michael Kazin: *The Populist Persuasion*, Ithaca (N.Y.) 1998; Sidney Verba und Gary Orren: *Equality in America*, Cambridge (Mass.) 1985.

11 Barton Bernstein: *Towards a New Past*, New York 1968; Arthur M. Schlesinger jr.: *Die Tausend Tage Kennedys*, Bern 1965.

12 Doris Kearns Goodwin: *Lyndon Johnson and the American Dream*, New York 1991; Allen J. Matusow: *The Unravelling of America*, New York 1984; Daniel Patrick Moynihan: *Maximum Feasible Misunderstanding*, New York 1969; John E. Schwarz: *America's Hidden Success*, New York 1983.

13 Kai Bird: *The Color of Truth*, New York 1998; Noam Chomsky: *Amerika und die neuen Mandarine. Politische und zeitgeschichtliche Essays*, Frankfurt a. M. 1969; Paul Hendrickson: *The Living and the Dead*, New York 1996; Gabriel Kolko: *Anatomy of a War*, New York 1985; Robert S. McNamara: *Vietnam: Das Trauma einer Weltmacht*, Hamburg 1996.

14 Samuel Huntington: »The Bases of Accomodation«, *Foreign Affairs*, Juli 1968, S. 642–656.

15 Henry Kissinger: *Memoiren 1: 1968–1973*, München 1979; Henry Kissinger: *Memoiren 2: 1973–1974*, München 1982; Richard Nixon: *In the Arena*, New York 1998.

16 Robert Dallek: *Flawed Giant: Lyndon Johnson and His Times, 1961–1973*, New York 1998.

17 Siehe 6. Kap. Anm. 2; Frances Saunders: *Wer die Zeche zahlt ... : der CIA und die Kultur im Kalten Krieg*, Berlin 2001.

18 Norman Birnbaum: *The Radical Renewal*, New York 1988; Richard Flacks: *Making History*, New York 1988; Lionel Trilling: *Das Ende der Aufrichtigkeit*, Frankfurt a. M. 1989.

19 Norman Birnbaum: »The Making of a Vanguard«, *Partisan Review 2*, 1969, S. 220–252; Irving Howe: »New Styles in ›Leftism‹«, *Dissent 12*, Nr. 3, Sommer 1965, S. 295–323.

20 Garry Wills: *Nixon Agonistes*, New York 1979; Maurice Isserman und Michael Kazin: *America Divided*, New York 2000; Joan Hoff-Wilson: *Nixon Reconsidered*, New York 1994.

21 Alan J. Matusow: *The Unravelling of America*, New York 1984; James T. Patterson: *Grand Expectations*, New York 1996.

22 Gespräch mit Pierre Juquín, Paris, Dez. 1974.

23 Walter Isaacson: *Kissinger: Eine Biographie*, Berlin 1993.

24 Rudi Dutschke: *Mein langer Marsch*, Hamburg 1980; Marcus Raskin: *Being and Doing*, New York 1971.

25 Richard Falk: *Human Rights Horizons: A Critique*, New York 2000; William Korey: *Human Rights and the Helsinki Accord*, New York 1983.

26 James Galbraith: *Created Unequal*, New York 1998; Frances Fox Piven

und Richard A Cloward: *The Breaking of the American Social Compact*, New York 1997.

27 Daniel Bell: *Die kulturellen Widersprüche des Kapitalismus*, Frankfurt a. M. 1991; Sidney Blumenthal: *The Rise of the Counter-Establishment*, New York 1986; Peter Steinfels: *The Neoconservatives*, New York 1980; James Q. Wilson: *Das moralische Empfinden: Warum die Natur des Menschen besser ist als ihr Ruf*, Hamburg 1994.

28 Jeane Kirkpatrick: »Dictatorships and Double Standards« *Commentary* 68, Nr. 5, Nov. 1979.

29 William J. Bennett: *The Devaluing of America*, New York 1992; Gertrude Himmelfarb: *The de-moralization of Society*, New York 1996; Katha Pollitt: *Reasonable Creatures: Essays on Women and Feminism*, New York 1994; Alan Wolfe: *One Nation, After All*, New York 1998.

30 Michel Crozier, Samuel P. Huntington und Joji Watanuki: *The Crisis of Democracy*, New York 1975; Simon Dalby: *Creating the Second Cold War*, New York 1990.

31 Gary Becker: *Der ökonomische Ansatz zur Erklärung menschlichen Verhaltens*, Tübingen 1993; Milton Friedman: *Kapitalismus und Freiheit*, Frankfurt a. M. 1984; Donald McCloskey: *The Rhetoric of Economics*, Madison (Wis.) 1998.

32 Nancy T. Ammerman: »North American Protestant Fundamentalism«, in Martin Marty und R. Scott Appleby, Hrsg.: *Fundamentalism Observed*, Chicago (Ill.) 1991; Norman F. Cantor: *The Sacred Chain*, New York 1994; George Marsden: *Fundamentalism and American Culture*, Westport (Conn.) 1996; Martin Marty: *Righteous Empire: The Protestant Experience in America*, New York 1970; Robert Wuthnow: *Der Wandel der religiösen Landschaft in den USA seit dem Ende des Zweiten Weltkriegs*, Würzburg 1996.

33 Thomas Edsall: *Chain Reaction*, New York 1991; Garry Wills: *Reagan's America*, New York 1988.

34 Daniel Patrick Moynihan: *Family and Nation*, San Diego (Cal.) 1987; Daniel Patrick Moynihan: *Miles to Go*, Cambridge (Mass.) 1996.

35 John Lewis Gaddis: *We Now Know*, New York 1997; Abbott Gleason: *Totalitarianism*, New York 1995.

36 E. J. Dionne: *They Only Look Dead*, New York 1996; Christopher Hitchens: *No One Left to Lie To*, New York 1999; David Maraniss: *First in His Class*, New York 1995; Will Marshall und Martin Schram: *Mandate for Change*, New York 1993.

37 White House Press Office: »Strengthening Democracy in the Global Economy«, Konferenz an der New York University, 21. Sep. 1998; White House Press Office: »Remarks by the President and Other Participants in Democratic Leadership Forum the Third Way«, 6. Feb. 1998; White House Press Office: »Press Conference by the President«, 24. April 1999.

38 Jeff Madrick: »How New Is the New Economy?« *New York Review of Books* 46, Nr. 14, 23. Sep. 1999, S. 42, 44–50; Jeff Madrick: »In the Shadows of Prosperity«, *New York Review of Books*, Nr. 13, 26. Aug. 1997, S.40–44; Paul Krugman: *The Age of Diminished Expectations*, Cambridge (Mass.) 1997; Robert Reich: *Goodbye, Mr. President: Aus dem Tagebuch eines Clinton-Ministers*, München 1998.

39 Center on Budget and Policy Priorities: »Poverty Rates Fall, but Remain High for a Period with Such Low Unemployment«, 8. Okt. 1998; Susan Faludi: *Männer – das betrogene Geschlecht*, Reinbek 2001; Richard B. Freedman und Joel Rogers: *What Workers Want*, New York 1999; Lawrence Mishel, Jared Bernstein und John Schmitt: *The State of Working America*, Ithaca (N.Y.) 1999; Katherine Newman: *Declining Fortunes*, New York 1993; Ruy Teixeira und Joel Rogers: *America's Forgotten Majority: Why the White Working Class Still Matters*, New York 2000.

40 Michael Barkun: *Religion and the Racist Right*, Chapel Hill (N.C.) 1997; Elinor Langer: »The American Neo-Nazi Movement Today«, *The Nation* 251, Nr. 3, Juli 1990.

41 David M. Kennedy: *Freedom from Fear*, New York 1999, S. 784–785.

42 Stanley Aronowitz: *From the Ashes of the Old*, Boston 1989; John J. Sweeney: *America Needs a Raise*, Boston 1997.

43 Robert McChesney: *Rich Media, Poor Democracy*, Urbana (Ill.) 1999; Herbert Schiller: *Information Inequality*, New York 1996.

44 Jeffrey Berry: *The New Liberalism*, Washington (D.C.) 1999; Harry Boyte und Nancy Kari: *Building America*, Philadelphia 1996; John Nichols: »Exit Left«, *The Progressive* 62, Nr. 2, Feb. 1998, S. 33–35; Theda Skocpol und Morris Fiorina, Hrsg.: *Civic Engagement in American Democracy*, Washington (D.C.) 1999.

11 Ist Solidarität möglich?

Im folgenden eine Auswahl aus der aktuellen Literatur

1 Elmar Altvater et al.: *Turbo-Kapitalismus: Gesellschaft im Übergang ins 21. Jahrhundert*, Hamburg 1997.

Appel des economistes pour sortir de la pensée unique, *Pour un nouveau plein emoploi*, Paris 1997.

Daniel Archibugi, David Held, Martin Koehler, Hrsg.: *Re-imagining Political Community: Studies in Cosmopolitan Democracy*, Stanford (Cal.) 1998.

»Auf dritten Wegen ins dritte Jahrtausend?« *Gewerkschaftliche Monatshefte* Nr. 7–8, Wiesbaden 1999.

Selya Ben-Habib, Hrsg.: *Democracy and Difference*, Princeton (N.J.) 1996.

Barry Bluestone: *Growing Prosperity*, Boston 2000.

Robert Brenner: »The Economics of Global Turbulence«, *New Left Review* Nr. 228, 1998.

Jean-Cristophe Cambadelis: *Pour une nouvelle gauche*, Paris 1996.

»Comment peut-on être capitaliste?« *Recherches, La Revue du MAUSS* Semesttrielle 9, 1997.

René Cuperus und Johannes Kandel, Hrsg.: *European Social Democracy: Transformation in Progress*, Amsterdam 1998.

Caspar Einem: *Gegenwind: Auf der Suche nach der sozialdemokratischen Identität*, Wien 1998.

Erhard Eppler· *Die Wiederkehr der Politik*, Frankfurt 1998.

Jeff Faux: *The Party's Not Over: A New Vision for the Democrats*, New York 1996.

Iring Fetscher: *Neugier und Furcht: Versuch, mein Leben zu verstehen*, Hamburg 1995.

Robert Frank: *The Winner-Takes-All Society*, New York 1995.
Steven Fraser und Joshua Freeman: *Audacious Democracy: Labor, Intellectuals, and the Social Reconstruction of America*, Boston 1997.
James Galbraith und Martha Berner, Hrsg.: *Inequality and Industrial Change: A Global View*, New York 2000.
Anthony Giddens: *Der Dritte Weg*, Frankfurt a. M. 1999.
John Gray: *Die falsche Verheißung: Der globale Kapitalismus und seine Folgen*, Frankfurt a. M. 2001.
Stanley Greenberg und Theda Skocpol, Hrsg.: *The New Majority*, New Haven (Conn.) 1998.
William Greider: *Endstation Globalisierung: Der Kapitalismus frißt seine Kinder*, München 1998.
Robert Heilbroner und William Milberg: *The Crisis of Vision in Modern Economic Thought*, New York 1995.
Friedhelm Hengsbach und Matthias Möhring-Hesse: *Aus der Schieflage heraus: Demokratische Verteilung von Reichtum und Arbeit*, Bonn 1999.
Joel Krieger: *British Politics in the Global Age: Can Social Democracy Survive?*, Cambridge (England) 1999.
Rubert Kuttner: *Everything for Sale*, New York 1997.
Erwin Lanc: *Sozialdemokratie in der Krise: Zwischen ökonomischer Globalisierung und gesellschaftlicher Atomisierung*, Wien 1996.
Michael Lind: *The Next American Nation: The New Nationalism and the Fourth American Revolution*, New York 1995.
Alain Lipietz: *La société en sablier: Le partage du travail contre la déchichure sociale*, Paris 1996.
Raimon Obiols: *Globalización y socialismo del siglo XXI*, Barcelona 1999.
Robert Putnam: *Bowling Alone: The Collapse and Revival of American Community*, New York 2000.
Saskia Sassen: *Globalization and Its Discontents: Essays on the New Mobility of People and Money*, New York 1998 oder Saskia Sassen: *Machtbeben: Wohin führt die Globalisierung?*, Stuttgart, München 2000.
Richard Sennett: *Der flexible Mensch: Die Kultur des neuen Kapitalismus*, München 2000.
John Sweeney: *America Needs a Raise: Fighting for Economic Security and Social Justice*, Boston 1996.
Alain Touraine: *What is Democracy?*, Boulder (Col.) 1997.
Bruno Trentin: *Die Gewerkschaften, die Linke und die Krise des Fordismus*, Hamburg 1999.
Immanuel Wallerstein: *The End of the World as We Know It*, Minneapolis (Minn.) 1999.
William Julius Wilson: *The Bridge Over the Racial Divide*, Boston 1999.
2 Peter B. Edelman: »The Next Century of Our Constitution: Rethinking Our Duty to the Poor«, *39 Hastings Law Journal 1*, Nov. 1987.

Bibliographie

Theodor W. Adorno und Max Horkheimer: *Dialektik der Aufklärung*, Frankfurt a. M. 1987

Theodor W. Adorno: *Studien zum autoritären Charakter*, Frankfurt a. M. 1973

Hannah Arendt: *Elemente und Ursprünge totaler Herrschaft*, Frankfurt a. M. 1958

Raymond Aron: *Die intellektuelle Gesellschaft: 18 Vorlesungen*, Frankfurt a. M. 1964

Shlomo Avineri: *Profile des Zionismus: Die geistigen Ursprünge des Staates Israel*, Gütersloh 1998

Peter Baldwin: *The Politics of Social Solidarity: Class Bases of the European Welfare State 1875–1975*, New York 1990

Bernard Baylin: *The Ideological Origins of the American Revolution*, Cambridge, Mass. 1967

Simone de Beauvoir: *Memoiren einer Tochter aus gutem Hause*, Hamburg 1960

Daniel Bell: *Die kulturellen Widersprüche des Kapitalismus*, Frankfurt a. M. 1991

Robert Bellah: *The Broken Covenant*, Chicago 1992

Robert Bellah: *Beyond Belief*, New York 1970

Robert Bellah et al.: *Gewohnheiten des Herzens: Individualismus und Gemeinsinn in der amerikanischen Gesellschaft*, Köln 1987

Adolf Berle: *The Modern Corporation and Private Property*, New York 1933

James Billington: *Fire in the Minds of Men: Origins of the Revolutionary Faith*, New York 1980

Ernst Bloch: *Das Prinzip Hoffnung*, Berlin 1954

Franz Borkenau: *The Communist International*, London 1938

Bertolt Brecht: *Leben des Galilei*, Frankfurt a. M. 1998

Walter D. Burnham: *The Current Crisis in American Politics*, New York 1982

Edward H. Carr: *The Romantic Exiles*, Cambridge, Mass. 1981

Noam Chomsky: *Amerika und die neuen Mandarine*, Frankfurt a. M. 1969

John Aloysius Coleman, Hrsg.: *One Hundred Years of Catholic Social Thought: Celebration and Challenge*, Maryknoll, N.Y. 1991

Lewis Coser: *Men of Ideas: A Sociologist's View*, New York 1965

Harvey Cox: *The Secular City*, New York 1966

Charles Anthony Crosland: The Future of Socialism, New York 1957

Robert Morse Crunden: *Ministers of Reform: The Progressives' Achievements in American Civilization, 1889–1920*, New York 1982

David Brion Davis: *Slavery and Human Progress*, New York 1984

Jacques Delors and Dominique Wolton: *L'unité d'un homme*, Paris 1994

Hendrik de Man: *Zur Psychologie des Sozialismus*, Jena 1926

Henri Desroche: *Jacob and the Angel: An Essay in Sociologies of Religion*, Amherst, Mass. 1973

Isaac Deutscher: *Der verstoßene Prophet, Trotzki 1929–1940*, Stuttgart 1963

John Dewey: *Human Nature and Conduct: An Introduction to Social Psychology*, New York 1930

John Dewey, Vorsitzender: *Commission of Inquiry into the Charges Made Against Leon Trotzky in the Moscow Trials*, New York 1937

John Dos Passos: *U.S.A.*, Berlin 1979

Fjodor M. Dostojewski: *Die Brüder Karamasow*, Wien 1930

Ann Douglas: *The Feminization of American Culture*, New York 1977

W. E. B. Du Bois: *The Souls of Black Folk: Essays an Sketches*, Millwood, N.Y. 1973

Friedrich Dürrenmatt: *Die Physiker*, Frankfurt a. M. 1986

Donald D. Egbert und Stow Persons: *Socialism and American Life*, Vols. I and 2., Princeton, N.J. 1952

Ralph Ellison: Der unsichtbare Mann, Reinbek 1998

Richard Flacks: *Making History: The Radical Tradition in American Life*, New York 1988

Eric Froner: *Free Soil, Free Labor, Free Men*, New York 1970

Sigmund Freud: *Das Unbehagen in der Kultur*, Bd. XIV der Ges. Werke, London 1940–1952

Francois Furet und Mona Ozouf, Hrsg.: *Kritisches Wörterbuch der Französischen Revolution*, Frankfurt a. M. 1996

John Kenneth Galbraith: *Die moderne Industriegesellschaft*, München 1973

Peter Gay: *Freud: Eine Biographie für unsere Zeit*, Frankfurt a. M. 1989

Clifford Geetz: *Local Knowledge: Further Essays in Interpretative Anthropology*, New York 1983

Ernest Gellner: *Nations and Nationalism, Ithaca*, N.Y. 1983

Lawrence Goodwyn: *The Populist Movement: A Short History of the Agrarian Revolt in America*, New York 1978

Antonio Gramsci: *Gefängnishefte: Kritische Ausgabe in vier Bänden*, Hamburg 1991

Günter Grass: *Die Blechtrommel*, Darmstadt 1959

Jürgen Habermas: *Erkenntnis und Interesse*, Frankfurt a. M. 1979

Michael Harrington: *Das andere Amerika: Die Armut in den Vereinigten Staaten*, München 1964

Louis Hartz: *The Liberal Tradition in America: An Interpretation of American Thought Since the Revolution*, San Diego 1991

James J. Hennesey: *American Catholics: A History of the Roman Catholic Community in the United States*, New York 1981

Christopher Hill: *The Intellectual Origins of the English Revolution*, Oxford 1997

Eric Hobsbawm: *Labouring Men*, London 1964

Eric Hobsbawm: *Das Zeitalter der Extreme: Weltgeschichte des 20. Jahrhunderts*, München 1995

Richard Hofstadter: *The Age of Reform: From Bryan to F.D.R.*, New York 1955

Irving Howe: *A Margin of Hope: An Intellectual Autobiography*, San Diego, Cal. 1982

Will Hutton: *The Revolution That Never Was*, London 1986

Henry James: *Die Prinzessin Casamassima*, Berlin 1979

Jacob Katz: *Vom Vorurteil bis zur Vernichtung: Der Antisemitismus 1700–1933*, München 1989

John Maynard Keynes: *Allgemeine Theorie der Beschäftigung, des Zinses und des Geldes*, Berlin 1936 und 1955

James T. Kloppenberg: *Uncertain Victory: Social Democracy and Progressivism in European an American Thought, 1870–1920*, New York 1986

Isaac Kramnick und Barry Sheerman: *Harold Laski: A Life on the Left*, New York 1993

Emil Lederer: *Der Massenstaat: Gefahren der klassenlosen Gesellschaft*, Graz 1995

Henri Lefebre: *Everyday Life in the Modern World*, New Brunswick, N.J. 1984

Claude Lefort: *The Political Forms Modern Society: Bureaucracy, Democracy, Totalitarism*, Cambridge, U.K. 1986

William Edward Leuchtenburg: *Franklin D. Roosevelt and the New Deal 1932–1940*, New York 1963

Moshe Lewin: *The Gorbachev Phenomenon: A Historical Interpretation*, Berkeley, Cal. 1988

Nelson Lichtenstein: *The Most Dangerous Man in Detroit: Walter Reuther and the Fate of American Labor*, New York 1995

George Lichtheim: *Marxism: An Historical and Critical Study*, New York 1964

George Lichtheim: *Kurze Geschichte des Sozialismus*, Frankfurt a. M. 1977

György Lucács: *History and Class Consciousness: Studies in Marxist Dialectic*, Cambridge, Mass. 1971. [In: Georg Lukács: Werke, Darmstadt o. J.]

John Lukacs: *The Passing of Modern Age*, New York 1970

Norman Mailer: *Heere aus der Nacht*, München, Zürich 1968

Norman Mailer: *Die Nackten und die Toten*, Berlin 1978

Edmond Maire: Nouvelle frontières pour le syndicalisme, Paris 1987

Serge Mallet: *Die neue Arbeiterklasse*, Neuwied und Berlin 1981

André Malraux: *So lebt der Mensch*, Berlin 1981

Thomas Mann: *Der Zauberberg*, Frankfurt a. M. 1981

Karl Mannheim: *Ideologie und Utopie*, Frankfurt a. M. 1985

Herbert Marcuse: *Triebstruktur und Gesellschaft: Ein philosophischer Beitrag zu Sigmund Freud*, Frankfurt a.M. 1965

Herbert Marcuse: *Der eindimensionale Mensch*, Frankfurt a. M. 1989

Carlo Maria Cardinal Martini: *After Some Years: Reflections of the Ministry of the Priest*, San Francisco 1991

F. O. Matthiessen: *American Renaissance: Art and Expression in the Age of Emerson and Whitman*, London 1968

Maurice Merleau-Ponty: *Die Abenteuer der Dialektik*, Frankfurt a. M. 1968

Johann Baptist Metz: *Glaube in Geschichte und Gesellschaft: Studien zu einer praktischen Fundamentaltheologie*, Mainz 1992

Robert Michels: *Zur Soziologie des Parteiwesens in der modernen Demokratie: Untersuchungen über die oligarchischen Tendenzen des Gruppenlebens*, Leipzig 1911

Keith Middlemas: *Power, Competition, and the State*, Bd. 1: *Britain in Search of Balance, 1940–61*; Bd. 2: *Threats to the Postwar Settlement: Britain, 1961–74*; Bd. 3: *The End of the Postwar Era: Britain since 1974*, London 1986–1991

Perry Miller: *The New England Mind: The Seventeenth Century*, New York 1939

Perry Miller: *The New England Mind: From Colony to Province*, Cambridge, Mass. 1953

C. Wright Mills: *Die amerikanische Elite: Gesellschaft und Macht in den Vereinigten Staaten*, Hamburg 1962

Juliet Mitchell: *Psychoanalyse und Feminismus: Freud, Reich, Laing und die Frauenbewegung*, Frankfurt a. M. 1985

Jürgen Moltmann: *Theology of Hope*, New York 1967

David Montgomery: *The Fall of the House of Labor: The Workplace, the State, and American Labor Activism, 1865–1925*, New York 1987

Iris Murdoch: *Under the Net*, New York 1966 [auch: Iris Murdoch: *Under the Net*, Hamburg, Vintage, London 2002]

Gunnar Myrdal: *Jenseits des Wohlfahrtsstaates: Wirtschaftsplanung in den Wohlfahrtsstaaten und ihre internationalen Folgen*, Stuttgart 1960/1961

Gunnar Myrdal: *An American Dilemma*, New York 1966

J. P. Nettl: *Rosa Luxemburg*, Frankfurt a. M. 1965

H. Richard Niebuhr: *Der Gedanke des Gottesreichs im amerikanischen Christentum*, New York 1948

Ernst Nolte: *Der Faschismus in seiner Epoche. Die Action française. Der italienische Faschismus. Der Nationalismus*, München 1963

Ernst Nolte: *Marxismus und industrielle Revolution*, Stuttgart 1983

Pierre Nora, Hrsg.: *Realms of Memory: Rethinking the French Past. Bd. 1, Conflikts and Divisions; Bd. 2, Traditions; Bd. 3, Symbols*, New York 1996–1998

Alec Nove: *The Economics of Feasible Socialism Revisited*, New York 1991

Leo Panitch und Colin Leys: *The End of Parliamentary Socialism*, London 1988

Daniel T. Rodgers: *Atlantic Crossings: Social Politics in a Progressive Age*, New York 1982

Pierre Rosanvallon und Patrick Viveret: *Pour une nouvelle culture politique*, Paris 1977

Dorothy Ross: *The Origins of American Social Science*, Cambridge, U.K. 1991

Edward S. Said: *Culture and Imperialism*, New York 1948

Jean Paul Sartre: *Anti Semite an Jew*, New York 1948

Jean Paul Sartre: *Kritik der dialektischen Vernunft*, Reinbek 1980

Donald Sassoon: *One Hundred Years of Socialism: The West European Left in the Twentieth Century*, London 1996

Carl Schmitt: *Der Begriff des Politischen*, Berlin 1963

Joseph Alois Schumpeter: *Kapitalismus, Sozialismus und Demokratie*, Bern 1946

Charles Sellers: *The Market Revolution: Jacksonian America, 1815–1846*, New York 1991

Victor Serge: *Die große Ernüchterung. Der Fall Tulajew*, Hamburg 1950

Stendhal: *Die Kartause von Parma*, Frankfurt a. M. o. J.

Stev Sternhell: *Die Entstehung der faschistischen Ideologie: von Sorel zu Mussolini*, Hamburg 1999

John Strachey: *The Coming Struggle for Power*, London 1932

Richard. H. Tawney: *The Acquisitive Society*, New York 1960

Edward P. Thompson: *Die Entstehung der englischen Arbeiterklasse*, Frankfurt a. M. o. J.

Palmiro Togliatti: *La via italiana al socialismo*, Rom 1956

Alain Touraine: *The May Movement, Revolt and Reform: May 1968*, New York 1971

Alain Touraine: *Die postindustrielle Gesellschaft*, Frankfurt a. M. 1972

Ernst Troeltsch: *Die Soziallehren der christlichen Kirchen und Gruppen*, Tübingen 1924

Franco Venturi: *Roots of Revolution*, New York 1960

Alan Wald: *The New York Intellectuals*, Chapel Hill, N.C. 1987

Max Weber: *Wirtschaft und Gesellschaft*, Tübingen 2002

Max Weber: *Schriften zur Soziologie*, Ditzingen 1997

Max Weber: *Gesammelte Aufsätze zur Religionssoziologie*, Tübingen 1988

Morton White: *Social Thought in America*, Boston 1957

Raymond Williams: *Culture and Society, 1780–1950*, New York 1983

Heinrich August Winkler: *Weimar 1918–1933: Die Geschichte der ersten deutschen Demokratie*, München 1993

Bertram David Wolfe: *Drei Männer, die die Welt erschütterten*, Wien 1948

S. P. A. Woodhouse, Hrsg.: *Puritanism and Liberty: Being the Army Debats (1647–9) from the Clarke Manuscripts, with Supplementary Documents*, Cambridge, U.K. 1970

Yerushalmi, Yosef Hayim: *Freud's Moses: Judaism Terminable and Interminable*, New Haven, Conn. 1991

Register